가능성들

위계·반란·욕망에 관한 에세이

Possibilities: Essays on Hierarchy, Rebellion, and Desire
by David Graeber

Copyright © 2007 David Graeber
English edition © 2007 AK Press
Korean translation copyright © 2016 by Greenbee Publishing Co.
All rights reserved.
This Korean edition published by arrangement with David Graeber through Shinwon Agency Co.,
Seoul

가능성들 — 위계·반란·욕망에 관한 에세이

초판 1쇄 발행 _ 2016년 12월 15일

지은이 데이비드 그레이버 | **옮긴이** 조원광·황희선·최순영
펴낸곳 (주)그린비출판사 | **펴낸이** 이희선 | **신고번호** 제25100-2015-000097호
주소 서울 은평구 증산로1길 6, 2층 | **전화** 02-702-2717 | **이메일** editor@greenbee.co.kr

ISBN 978-89-7682-798-2 93300
이 도서의 국립중앙도서관 출판시도서목록(CIP)은 서지정보유통지원시스템 홈페이지(http://seoji.nl.go.kr)와 국가자료공
동목록시스템(http://www.nl.go.kr/kolisnet)에서 이용하실 수 있습니다.(CIP제어번호: CIP2016029324)

나를 바꾸는 책, 세상을 바꾸는 책 www.greenbee.co.kr

가능성들

위계 · 반란 · 욕망에 관한 에세이

데이비드 그레이버 지음

조원광 · 황희선 · 최순영 옮김

ᅙB
그린비

서문

나는 이 글 모음을 '가능성들'(possibilities)이라 부르기로 결정했다. 왜냐하면 가능성이라는 단어는 내가 인류학자가 되는 데 처음 영감을 주었던 요소들을 포괄하고 있기 때문이다. 나는 인류학에 매력을 느꼈다. 인류학은 인간의 사회적 실존이 구성되는 여러 다른 형태들을 볼 수 있는 창을 열어주기 때문이었고, 우리가 변치 않는다고 가정하는 대부분의 것들이 다른 시공간에서는 전혀 다르게 조정되며, 그렇기 때문에 인간의 가능성은 우리가 보통 상상하는 것보다 거의 모든 면에서 훨씬 크다는 사실을 계속해서 알려주기 때문이다. 또한 인류학은 익숙한 문제를 새롭게 바라볼 수 있는 관점을 제시한다. 말하자면 서아프리카의 관점에서 자본주의의 발생을 살펴 보거나, 아마존의 관점에서 유럽식 예절을 생각해 보거나, 중국 축제나 중세 유럽 카니발의 관점에서 서아프리카나 아마존의 가면무도회를 바라볼 수 있도록 한다.

　이 책에 실린 글들은 한 가지 공통점이 있다. 가능성들을 열어둘 것을 이야기한다는 점이다. 이 글들은 어떤 의미로든, 임의의 주제는 물론 세상 만사에 대한 거대 단일 이론을 구상하려는 시도가 전혀 아니다. 대신 이 글들을 내가 뒤의 글들에서 옹호하고 있는 어떤 다원주의

(pluralism)를 실천에 옮기려는 시도로 생각해 주었으면 한다.

나는 통약 불가능성(incommensurability)이 (적어도 이론적 문제로서는) 과대 평가되었다고 주장할 때가 많다. 심지어 같은 가족이나 공동체에서도, 두 사람을 꼽으면 쉽게 통약 불가능한 관점들을 예닐곱 가지 발견할 수 있다. 누구도 서로를 완벽히 이해하지 못한다. 우리가 서로를 완벽히 이해하지는 못해도, 함께 살아가거나 같이 일하고 서로 사랑하는 데는 거의 지장이 없으며, 현실에서 발생하는 공동의 문제를 해결할 때에는 오히려 이점이 될 때가 많다. 통약불가능성이 거의 존재론적인 딜레마로 변하는 것은 세계가 우리가 설명하는 대로 생성된다고 상상할 때뿐이다. 물론 세계는 절대 우리 설명대로 생성되지 않는다. 우리가 설명한 적 없는 세계의 어떤 측면이 갑자기 뒤통수를 갈길 때(때로는 비유적으로, 때로는 그렇지 않게) 우리가 강제로 깨닫게 되는 것처럼 말이다. 이 책에는 바로 이처럼 현실 세계에 대한 아주 다르고 때로는 심지어 통약 불가능한 일련의 시각들을 담을 작정이다. 이런 다양한 시각들은 무엇보다도 세계가 지금과 아주 다른 모습으로 보일 수 있다는 생각에 충실하다는 점에서 하나로 묶일 수 있다. 하지만 아마도 이에 못지 않게 다음과 같은 믿음에 의해서도 하나로 묶일 수 있을 것이다. 가치 있는 비판사회이론을 만들어내는 데 쓰이는 분노와 호기심, 지적 유희와 창조적 기쁨의 조합 자체가, 세상을 보다 낫게 변화시킬 수 있는 힘과 같은 것을 이룬다는 믿음이다. 그러니까, 이 책에 실린 여러 글들을 묶어주는 것은 하나의 유토피아적인 이상이다.

3부로 이루어진 이 책은 크게 보면 자전적으로 구성된다. "현재 우리가 처한 곤경의 기원에 대한 몇 가지 생각들"이라고 이름 붙인 1부는 내가 시카고대학 대학원에 있던 시절인 1980년대에 했던 작업들을 보여준다. 그 대부분은 자본주의 기원에 대한 연구에서 출발했다. 내 예전 스승인 마샬 살린스(Marshall Sahlins)가 계속 지적하듯이, 자본주의는 인간의 본성이나, 욕망 그리고 바로 인간이 맺는 사회관계가 갖는 바로 그 가능성들에 대한 근본 가정들이 구성되는 과정에서 아주 근본적인 역할을 해왔기 때문에, 1부의 모든 글들은 동시에 필연적으로 이처럼 보다 광범위한 질문들에 대한 생각을 설명한 것이다. 나는 우선 1987년에 제출한 내 석사논문에서 다룬 주제 몇 가지를 떠올리기 시작했다. 그 논문은 1장에 있는데, 분량은 훨씬 적고 더 진전된 논의를 담고 있다. 표면적으로 예절의 역사를 다루는 이 논문은, 매우 특이한 과정을 통해 탄생했다. 내가 이 논문을 마친 직후에, 시카고대학 인류학과에는 프랑스 사회학자인 피에르 부르디외(Pierre Bourdieu)가 방문해 있었다. 부르디외는 그 당시 대중적 인기의 정점에 있었으며, 누구나 그를 만나고 싶어했다. 하지만 그는 교수들보다 학생들과 이야기하는 데 더 관심이 많았다. 왜냐하면, 부르디외가 나중에 우리에게 언급했듯이, "학생들과는 실제로 아이디어를 의논할 수 있습니다. 하지만 동료들은 반박하고 싶어하지요." 그는 방문 가능 시간을 알렸으며, 미리 며칠 동안 신청서가 문 앞에 놓여 있었다. 나는 너무 겁이 나서 차마 내 이름을 적어넣을 수 없었다. 나중에 알고 보니, 대부분의 사람들이 그랬다고 한다. 부르디외를 만날 수 있는 날 오후 늦게, 내 친구 베키가 부르디외와 한 시간가량 이야기를 하고 학생 라운지로 내려와 나를 안심시켜주었다. 베키의 말로는 부르디외는 아주 친근하고 편하게 말을 나눌 수 있는 데다가, 그의 일정 마지막에 아직 빈 자리가 남아 있다는 것이다. 나는 올라가서 내 이름을 썼다. 그리고 결국에는 부르디외가 머무는 호텔로 가서 예절에 대해서 이야기했다. 부르디외는 이 주제가 아주 매력적이라고 했다. 부르디외는 내 논문을 한 부 달라고 했으며, 다음 날 내게 다시 전화해 매우 독창적인 주장이라고 말하면서, 짧게 다듬은 뒤 프랑스에서 출판하라고 권유했다.

문제는, 곧 드러났듯이, 짧게 줄이기가 무척 어려웠다는 점이다(논문의 주장은 매우 복잡했다). 함께 앉아 논문을 요약하는 것이 최선임을 우리둘 모두가 알았지만, 나는 파리에 체류할 경비를 도저히 마련할 수 없었다. 그건 부르디외 자신이 많이 발표했던 학계에서의 사회계급 재생산 메커니즘의 모범적 사례였다. 학과에 몇 안 되는 노동 계급 출신 학생 중 한 명이었던 나는 형식적으로는 무수히 많은 영예를 누렸지만, 부모가 의사나 법조인이나 학자였던 학생들에게는 마법과도 같이 나타나는 학내외의 연구비를 십원 한 장 못 받을 사람인 것 같았고, 이 사실은 우연의 일치 같지 않았다(사실, 부르디외는 파리에 가면 내가 쓸 수 있는 돈을 찾아줄 수 있을 것이라고 말했다. 하지만 이것 역시 그의 이론의 또 다른 사례임이 드러났다. 지적 명성은 결코 학계의 권력을 보장하지 않는다는 이론 말이다. 내부 사정을 잘 아는 사람들은 부르디외가 실제로 돈을 보장해줄 수 있는 자리에 있지 않다고 나에게 알려주었다).

나는 결국 10년이 더 지난 후에야 『사회와 역사에 대한 비교 연구』 (*Comparative Studies in Society and History*)라는 학술지에 이 글을 간추린 논문을 기고할 수 있었다. 이는 별 주목을 받지 못했는데, 아마 그 논문이 인류학도 역사학도 아닌, 그 사이 어딘가에 속하기 때문이었을 것이다. 나는 그때쯤 부르디외와 연락이 끊겼다. 하지만 4년 후 지구정의운동 (global justice movement)이 정점을 찍을 시기, 우리는 다시 한 번 연락을 주고받을 만큼 가까워졌다.

당시 부르디외는 '행동의 논리'(Raisons d'Agir)라 불리는 프로젝트에 참가하고 있었다. 그 프로젝트는 학자와 활동가와 급진성향의 노동조합을 연계하는 연합을 만드는 것을 목표로 삼고 있었다. 듣기로는, 부르디외가 미국에서도 비슷한 프로젝트에 참여하는 학자를 만들어내려고 여러 해 동안 노력해왔었지만 별다른 성공을 거두지 못했다. 그리고 그때 부르디외는 내가 뉴욕직접행동네트워크(New York City Direct Action Network)와 했던 공동작업에 대한 소식을 들었었다. 나는 중간 전달자로부터 9월 11일에 부르디외가 전화를 할 테니 받으라는 전갈을 받았다. 불행히도, 그날은 2001년 9월 11일이었다. 나는 당시 맨해튼에 살고 있었다. 무역센터 건물이 무너지는 바람에 당연히 전화가 먹통이 되었다. 나는 왜 부르디외가 나중에 다시 전화를 하지 않았을까 조금 혼란스러웠다. 하지만 그가 이미 몸이 많이 좋지 않다는 사실을 알게 되었다. 그는 얼마 지나지 않아 암으로 세상을 떠났다.

하지만 여기서 앞으로 훌쩍 뛰겠다.

나는 예절에 대한 논문에 중요한 주장이 있다는 직감이 있었다. 그 논문은, 부르디외라면 분명 소유적 개인주의(possessive individualism)의 '아비투스'라고 불렀을 예절에 대한 것만은 아니다(이 맥락에서 아비투스란, 사람들이 부지불식간에 주변의 모든 것을 현실적으로나 잠재적으로 상거래용 소유물로 우선 간주하는 데 익숙해질 때 출현하는 세계를 생각하고 느끼는 습관이 깊이 내면화된 것을 뜻한다). 이 논문은 또한 위계의 본성과 기본 요소들, 그리고 비속어 및 음주가무(merrymaking)처럼 미묘한 저항 형식과 수상하게 보이는 개인 위생 습관이 위계를 문제 삼고 동시에 강화하는 방식을 설명한다. 분명한 정치적 의도를 갖고 이 논문을 쓴 것은 아니었지만, 이와 같은 정치적 함의는 (복잡하고도 끝없는 논쟁을 낳을 수 있지만) 늘 충분히 분명해 보였다. 이 책에 실은 글에서는 그 점을 조금 더 강조하려고 했다.

1부에 있는 다른 세 편의 글은 나중에 썼지만 같은 주제를 많이 다루고 있으며, 정치적 함의는 훨씬 분명하다. 소비에 대한 글은 새로 썼지만, 내가 1990년대 초반 외롭게 학위논문을 쓰던 기간에 처음 구상했다. 시카고대학은 논문 작성 단계에 있는 학생들에게 지원을 전혀 하지 않았다. 그래서 몇 년 동안 일과 시간에는 상호대차 업무 등 여러 잡무를 하는 데에 시간을 쓰고, 밤이 되어야 논문 작업을 진행하려고 애를 썼다. 그리고 내 지도교수들이 (대개) 조심스럽게 나를 피하는 와중에, 치아 관리를 제대로 못해서 이가 빠져도 무시하려고 노력했다. 도서관에서의 내 일이 가져다준 가장 큰 은총 중 하나는(대체로 유쾌했던 동료들을 제외하고 말이다. 게일과 윌리는 항상 특별히 기억하게 될 친구들이다.) 내 일을 감독하는 사람이 다른 건물에 있었다는 사실이다. 그래서 나는 이따금 레겐슈타인[1] 서고에 숨어 다른 계기로는 절대 읽을 것 같지 않을 책들을 틈나는 대로 삼사십 분씩 읽어보곤 했다. 내가 처음 콜린 캠벨(Colin Campbell)의 『낭만주의 도덕과 근대 소비주의 정신』(*The Romantic Ethic and the Spirit of Modern Consumerism*)을 발견한 것도 이런 과정에서였다. 이 책은, 한 때 반문화적 성향을 지녔다가 나중에 잘 나가는 중산층 교수가 된 사람들이, 본인들은 소비지향적 삶을 살고 있지만 사실은 완전히 매수되었다고 볼 수 없다는 까닭을 설명하려고 노력할 때 나오는, 지루하기 십상인 책들 중에서는 단연 창의적이고 흥미롭다. 탁월했지만 어쨌든 분명 틀린 책이었다. 이 문제 때문에 고민이 되었다. 무언가 중요한 점이 있고 말해야 할 것 같

---

1) [역주] Regenstein. 시카고대학 도서관의 이름.

은데, 정확히 무엇인지 알 수가 없었다.

　구급차와 경찰차들이 이룬 대열을 지나쳐서, 루마니아인 종교사학자인 요안 쿨리아노(Ioan P. Couliano)가 우리 옆 건물인 스위프트 홀(Swift Hall) 3층에서 암살된 사실을 알게 된 것은, 내가 도서관에서의 일을 끝내고 하스켈 홀(Haskell Hall)에 있는 인류학과의 내 사무실로 돌아올 때 즈음이었다(한 남자가 3층에 있는 남자화장실 옆 칸에서 소음기를 장착한 총으로 쏘았다. 다음날 일하다가, 도서관에서는 소식을 듣자 마자 쿨리아노의 연구실에 사람을 보내서, 경찰이 증거 보존을 위해 사무실을 닫기 전에, 도서관 대출 자료를 전부 걷어 오게 했다는 말을 들었다). 시카고 대학의 루마니아 출신 종교사학자들에게는 아주 좋지 않은 시기였다. 미르치아 엘리아데(Mircea Eliade)는 그 전년도에 죽었으며, 후에 그의 도서관에는 원인 모를 화재가 발생했다. 어쨌든, 나는 쿨리아노에게 조의를 표하기 위해 그의 마지막 책인 『르네상스 시대의 에로스와 마법』(*Eros and Magic in the Renaissance*)을 읽기로 결정했다. 그리고, 이 책은 파렴치할 만큼 선정적이지만 어쨌든 중요했고, 캠벨의 논의를 보완한다고 바로 판단하게 되었다. 나는 문화연구 및 당시 유행하던 이론을 휩쓸던 '소비' 개념에 대한 신봉에는 큰 문제가 있다는 느낌을 줄곧 받았던 터였고, 캠벨과 쿨리아노의 관계를 이해할 수 있다면 문제의 핵심에 다가갈 수 있을 것이라고 생각했다.

　이렇게 아이디어가 시작되었다. 하지만 이 아이디어가 실제로 합쳐진 것은 내가 몇 년 후 벤 조르조 아감벤(Giorgio Agamben)의 새로운 번역서인 『스탠자』(Stanzas)를 읽게 되었을 때였다. 그 책을 읽고 나는 쿨리아노가 그의 핵심적인 생각의 대부분을, 당시에는 무명이었던 이탈리아 철학자에게서 도용했음을 알 수 있었다. 쿨리아노는 어쩌다가 아감벤에게 동의할 수 없을 때 무뚝뚝하게 비판적인 각주를 두 차례 다는 것 이외에는 전혀 아감벤을 인용하지 않았다(그렇다고 아감벤을 용의자 목록에 올려야 한다고 말하는 것은 아니다. 쿨리아노가 루마니아 비밀경찰에 의해 살해되었다는 것은 아주 잘 입증된 것 같다). 나는 결국 이런 아이디어들을 글로 만들었다. 2003년 미국 인류학 연합 모임에서 로렌 르브(Lauren Leve)와 함께 조직한 "새로운 키워드들: 떠오르는 통설들의 용어 파헤치기"라는 행사의 패널로 참여하기 위해서였다.

그러다 보니 1부에 있는 글들은 쓰여진 기간이 다들 제각각이다. 예를 들어 자본주의와 노예제도에 대한 글은 애초에는 마다가스카르에서 임금노동과 노예제도의 밀접한 관계를 목격한 뒤, 학위논문을 쓰는 과정에서 19세기 마다가스카르에 대한 문헌들을 읽다가 그 점을 다시 깨닫고 구상하게 되었다. 시간이 지나, 나는 마다가스키르가 전혀 예외적이지 않음을 깨닫기 시작했다. 임금노동 계약은 노예제도 안에서 발전하게 되었음이 드러났다. 고대 그리스로부터 스와힐리 및 말레이 사람들이 이룬 인도양 연안의 상업 도시 국가들에 이르기까지, 여러 시대와 장소에서 말이다. 나는 역사적으로 임금노동이 노예제도로부터 발생했다고 생각한다. 적어도 계약적 협의로서의 임금노동은 말이다. 나는 다른 곳에서 이 지점을 아주 자세하게 다루고 싶다. 하지만 이 특이한 주장은 내가 예일대학에서 이매뉴얼 월러스틴(Immanuel Wallerstein)을 알게 되고, 더 정교한 각도에서 세계-체제 분석과 씨름하면서 구체화되었다. 마지막으로, 물신주의(fetishism)에 대한 에세이는 본래 『가치이론에 대한 인류학적 접근』(*Toward an Anthropological Theory of Value*)의 마지막 장의 일부분으로 쓰여졌다. 하지만 분량 문제로 그 책에는 싣지 못했다. 이 글 역시 대학원 시절에 내가 매혹되었던 주제로 거슬러 올라간다. 이 경우 나를 매혹시킨 것은 윌리엄 피에츠(William Pietz)의 연구였다. 나는 피에츠의 논의가 중요하다고 바로 직감했다. 왜 중요한지 알아 내는 데는 거의 10년이 걸렸지만 말이다. 또한 이 마지막 글은, 자본주의가 중세와 근대 초기 유럽에서 기원했다는 관점에서 벗어나, 아프리카에 주목하기 시작하고 2부 전체에서 두드러지는 권위의 문제를 일부 다루기 시작한다.

2부, "잠정적 자율지대: 마다가스카르 농촌에서 권위의 딜레마"(Provisional Autonomous Zone: Dilemmas of Authority)는 내가 1989년과 1991년 사이에 안타나나리보(Antananarivo) 지방에 있는 아리부니마무(Arivonimamo) 도시 근처 지역을 조사한 뒤 1년 동안 쓰고 또 고쳐 쓴 글들로 이루어져 있다. 대부분의 글은 표면적으로 주술이나 사술(witchcraft), 친족관계나 장례의식 같은 전통적인 인류학적 주제들과 관련되어 있다. 하지만, 나는 이 글들 역시 정치적 함의가 충분히 뚜렷하다고 생각한다. 이 모두를 함께 묶어주는 것은 그 글들이 궁극적으로 권위의 본성에 대한 고찰이라는 점이다.

내가 스스로를 아나키스트라고 오랫동안 여겨온 것에 대해 설명해야 하겠다. 이는 내가 어린 시절 양육된 방식 때문에 아주 자연스럽게 형성된 것 같다. 내 부모님들이 아나키스트였다는 말이 아니다. 차라리 나는 내가 아나키스트가 된 것이, 아나키즘이 실행 가능한 정치 철학(즉 국가나 계급 없는 사회를 자발적인 연합과 자생적인 조직과 상호 호혜의 원리를 토대로 만드는 일이 가능하다는 것)이라고 믿는 사람은 누구나 아나키즘이 그리 나쁘지 않은 발상이라고 여길 것 같았기 때문이라고 말할 것이다. 만약 대부분의 사람들이 아나키즘에 문제가 있다고 느낀다면(즉, 아나키즘이 무엇인지에 대한 명확한 개념을 가진 사람들이라면), 아나키즘이 매력적인 정치관이 아니라고 생각하기 때문이 아니라, 그런 사회는 불가능하다고 여기도록 배워왔기 때문이다. 나는 이런 내용을 배운 적이 없다. 나는 1930년대 급진주의자들이 이룬 가정에서 자라났다. 아버지는 스페인 내전에 참전했고, 어머니는 유명한 노동자 뮤지컬인 「핀과 바늘」(*Pin and Needles*)의 주연 배우였다. 내 부모님은 1930년대에 급진화 된 많은 미국인들처럼, 처음에는 공산당에 매력을 느꼈고, 나중에는 공산당과 갈라섰다. 우리 가족은 부유하지 못했지만(내 아버지는 사진 오프셋 인쇄를 하면서 접시 닦기를 했었다. 사진 오프셋 인쇄는 처음부터 별로 돈이 되지 않았다. 그리고 아버지가 퇴직할 무렵 산업 자체가 와해되면서 연금이 거의 다 깎였다.), 나는 책과 아이디어가 가득한 집, 더 나아가 인간 가능성에 대한 인식이 충만한 환경에서 자라났다. 예를 들어 내 아버지는 스페인 내전 중에 국제 여단에서 구급차 운전자로 복무했다. 아버지의 근무처는 바르셀로나였기 때문에, 노동자들이 공식 정부 없이 운영하는 곳에서 일정 기간을 살아 볼 기회가 있었다. 물론 여러 인터내셔널(the internationals)들에는 아나키스트에 맞서는 정치선전이 아주 많이 퍼져있었지만, 아버지 본인은 알고 지내던 사람들에게 깊이 감명받았으며(그의 구급차에 배치된 위생병도 아버지에게 감명을 준 사람이다. 아버지와 그는 좋은 친구였다.), 공화국 정부의 혁명 탄압에 깊이 분노하게 되었다. 나중에 아버지는 전시에 지역 군청과 조합에서 발행한 비상용 지폐에 깊이 매혹되었으며, 스페인에서 아나키스트들이 발행한 화폐에대해 학술논문을 출판하기도 했다. 아마 유일한 논문일 것이다(지금 내 곁에 있는 책상에는 어떤 화폐학회가 그 글에 수여한 '명예 표창' 판이 있다. 1972년이라 기록되어 있는데, 아버지의 이름 철자를 잘못 적었다). 어쨌든, 나는 아나키즘이 몽상에 지나지 않은 것이라고 결코 배우지 않았다. 내 부모님과 친구분들 사이에서는, 아나키즘은 항상 적어도 실현 가능한 정치 철학이었다. 그러니 내가 결국 아나키즘을 받아들이게 된 것은 거의 필연이었던 것 같다. 하지만, 적어도 1980년대에는, 나는 대체로 원칙으로서만 받아들이고 있었다. 나는 가끔 아나키스트 정치에 참여하려고 조금 노력을 했었지만, 결과는 거의 한결같이 실망스러웠다. 서로 말꼬리를 잡고 싸우는 자의식 과잉인 사람들이 분위기를 장악해서, 공동체적 감성은 거의 없고 각자가 분파주의 정당처럼 행동하는 것으로 보였기 때문이다. 이에 관해서는, 나는 그냥 운이 나빴던 것 같다. 진정한 공동체의 공간은 그 당시에도 실제로 존재했다. 단지 내가 만나지 못했을 뿐이었다. 한동안 현지 조사처를 찾아 헤매다가, 국가가 실질적으로 존재하기를 멈춘 장소로 들어가게 되고, 그런 곳이라는 점을 깨닫지도 못했다는 사실은 참으로 아이러니한 일이었다. 2부의 첫번째 에세이인 "잠정적 자율 지대"는 이런 상황을 설명한다.

2부의 다른 글들은 미리 말했듯이 권위에 관한 것들이다. 내가 마다가스카르에서 알고 지내던 사람들은 그들을 압박하는 다양한 권위에 대해 효과적으로 저항하는 모습을 보여주었다. 실제로 그들은 과거의 식민 체제에서 가장 불쾌하다고 느꼈던 것들에 반항했으며, 그 결과 그런 요소들을 피할 수 있도록 일상의 대부분을 재조직했다. 내가 관찰한 사회가 평등주의적이라고 말하기는 어려울 것이다. 거기에는 오래된 계층 분할이 존재했다. 내가 살았던 주민들은 안드리나(andriana) 혹은 '귀족들'의 후예들, 즉 메리나(Merina) 왕국 시절 자유민의 후예들과, 전에 노예였던 이들의 후예로 나뉘어 있었다. 거기에는 부자와 빈자가 있다. 부자였어도 아마 큰 부자는 아니었을 것이다. 특히 시골에서는 더욱 그러했다. 그리고 대부분의 사람들은 엇비슷하게 가난했지만 그 분할은 예리하게 느껴졌다. 그리고 당연하게도 가족이나 소규모 공동체 안에서는 좀더 기본적인 분할이 존재했다. 비록 가족이나 공동체 내의 분할은 그 측면을 제외하면 평등주의 원칙으로 보였을 것들과 신기하게 얽혀 있는 경우가 많았지만 말이다. 연장자는 젊은이에 대해 권위를 가진다. 하지만 연장자들은 공동체의 다른 모든 사람들 때문에, '지도자'처럼 보이는 행동을 할 가능성이 제일 적다고 대부분의 사람들이 주장할 것이다. 남자는 대부분의 상황에서 여자보다 더 권위가 있었다. 하지만 남자가 여자에 비해 다른 사람들에게 명령하는 경향이 덜하다고 보았기 때문이었다. 2부의 모든 글들은 이처럼 겉보기에 역설적인 상황들을 이런저런 방법으로 무언가를 정말로 이해하려면(이 경우 권위의 핵심적 본성) 그 무언가가 가장 익숙하지 않은 형태로 발현된 것을 조사하는 것이 가장 좋은 방법이라는 전통적인 인류학적 가정에 기대어서 말이다.

2부는 "억압"이라는, 전에 출판되지 않은 글로 끝을 맺고 있다. 이 글은 권위의 본성에 대한 주장을 더 멀리 밀고 나가면서, 보통 쓰는 의미에서의 문화상대주의라는 인류학 전통 개념이, 사실은 권위의 구조를 제외한 모든 것을 상대화한다는 주장을 담고 있다. 나는 문화상대주의를 대체하는 것으로, 다소 어설픈 이름이긴 하지만, '변증법적 상대주의'(dialogic relativism)를 제안하고 싶다. 전통적인 권위들이 진리나 아름다움 혹은 인간 본성에 대해 말하는 내용은 문화마다 큰 차이를 보인다. 하지만 그럼에도 불구하고 이런 전통적 권위가 어떤 도전도 받지 않고 군림하는 곳은 지구상 어디에도 없다. 이 사실과 더불어 사람들이 권위에 도전하는 방법은 우리의 예상을 넘어 훨씬 더 많은 공통점을 가지고 있다는 사실을 관찰함으로써 변증법적 상대주의가 시작된다.

3부, "직접행동, 직접민주주의, 그리고 사회이론"(Direct Action, Direct

Democracy, and Social Theory)은 내가 2000년에 시작된 지구정의운동에 참여하면서 시작되었다. 나는 당시 예일대학에서 근무하고 있었다. 그리고 여전히, 이론적으로는 아나키스트였지만, 그와 같은 조직활동에는 거의 참여하지 않고 있었다. 그때까지, 내가 미국 정치에 개입한 가장 큰 일은 시카고에 근거를 둔 좌파 잡지 『현시대』(In These Times)에서 우연히 문화학 논평을 기고한 것이었다. 그 글은 「뱀파이어 해결사」(Buffy the Vampire Slayer)[TV 시리즈]의 전복적 함의에 대한 에세이였다(나는 여전히 이 글을 자랑스럽게 생각한다. 그것은 「뱀파이어 해결사」라는 주제에 대해 글을 쓴 학자는 내가 처음이었고, 이 점은 공식적으로 인정되었다고 생각한다. 내가 버피[뱀파이어 해결사 주인공] 연구를 창시한 셈이다! 덕분에 나는 「이 주의 연예소식」Entertainment Weekly에서 간단히 언급될 수 있었다. 하지만 이것을 미국의 정치적 삶에 유의미한 기여를 했다고 보기에는 무리가 있는 것 같다).

그런데 1999년 11월 어느 날, "권력, 폭력, 그리고 우주론"이라는 강의의 마지막 시간을 막 마쳤을 때, 산책을 하다가 줍게 된 신문에서 시애틀에 계엄령이 선포되었다는 머리기사를 보게 되었다.

다들 놀랐지만, 나도 놀랐다. 다음 날 나는 『현시대』에서 내글의 편집자였던 편집자 조 놀스(Joe Knowles)에게 한 통의 이메일을 받았다. 그는 이렇게 적고 있었다(정확히 이렇게 적혀 있었는지는 기억이 나지 않는다). "아나키스트이시죠. 검정색 복면을 하고 유리창을 마구 깨는 애들이 누구인지 알아내실 수 있을지요? 왜 한 걸까요? 경찰에서 심은 프락치였나요? 아니면 진짜 아나키스트인가요?" 오래지 않아, 나는 현대의 아나키즘에 대해서 얻을 수 있는 모든 정보를 모으게 되었고, 실제 있기를 바랐던 운동이, 내가 주의를 기울이지 않았던 동안 실제로 생겨났음을 알게 되었다. 그 직후에, 나는 2000년 4월 워싱턴에서 있었던 IMF 반대 행동에 내 친구 스튜어트와 참가했으며, 직접행동네트워크(Direct Action Network, DAN)의 뉴욕시 지부에 참가하게 되었다. 곧 나는 직접행동네트워크 회의에 계속 나가면서 행동 조직을 돕고, 소통 촉진과 합의 기술 훈련에 수없이 참가했다.

처음 2년 정도는 직접행동네트워크와 일하면서 여기에 대한 글은 전혀 쓰지 않았다(언론 기고문, 행동 호소문, 『현시대』에 실었던 보고서를 제외하면 말이다). 내가 처음 참여했을 때, 나는 그 참여를 내 연구 프로젝트의 일환으로 만들 계획이 전혀 없었다. 그럼에도 불구하고, 합의를 기초로 한 집단에서 일한 경험은 일종의 지적 위기를 불러왔다. 이 지점에서 당시의 상황을 설명해야 한다. 현대 경제의 복잡성을 이해하지 못하는 몰지각한 꼬마들의 무리가 아니라면, 이념적 단일성을 필사적으로 바란 나머지 앞뒤가 맞지 않는 수많은 대의들을 비호하려는 사람들이, 이 운동을 일축해 버리는 것이 당시의 유행이었던 것이다. 나는 이런 방식으로 사태를 바라보는 관찰자는 자신이 바라보는 것이 무엇인지 모르고 있거나 알 생각도 없다는 사실을 바로 깨달았다. 사실, 이런 집단들은 무엇보다 민주적 과정의 형식을 재발명한다는 사명에 근거하고 있었다. ——이런 참여는 추상적인 이데올로기가 아니라 새로운 실천 양식을 개발하는 것이 근본이었다. 직접행동네트워크와 다른 아나키스트들이 만들어낸 조직에게 이념이 있었다면, 이와 같이 새로운 민주적 조직과 실천 양식이 그 이념이었다고 할 수 있다. 이런 과정을 통해, 그것들은 마오주의나 레닌주의나 트로츠키주의 분파들보다 보통 민주적 실천을 전제로 구성하는 일은 먼 미래의 가설적 시점에 할 일로 남겨 둔 채, 위대한 지식인 지도자의 가르침에 따라 전략적 시점을 규정하려 하고, 교리의 세부 사항을 놓고 옥신각신한다.

　나는 거의 동시에 일어난 두 가지 깨달음의 결과로 지적 충격을 경험했다. 첫번째는 아나키스트 모임에서 배운 합의의 과정이, 내가 다름 아닌 마다가스카르의 일상에서 목격했던 의사결정형태의 극히 공식적이고 자기 의식적인 형태라는 점이었다. 그것은 공식적이고 자기 의식적이어야만 했다. 모든 것이 다시 발명되는 중이었기 때문이다. 퀘이커 교도들로부터 배운 것, 미국 원주민으로부터 배운 것, 책에서 읽은 것, 반反-권위주의적 전선에서 단체와 네트워크를 조직하려는 시도에서 활동가들이 30년 동안 경험한 시행착오에 의해 그야말로 발명된 것, 그리고 적어도 초기 페미니즘 시절까지 거슬러 올라가는 전통들이 서로 혼합되었다. 이 중 우리에게 그냥 주어진 것은 없다. 적어도 초기에는 우리들도 능숙하지 못했다. 하지만 이것만은 분명했다. 만약 우리가 누구도 다른 이에게 무언가를 강요할 수 없는 공동체에서, 실제 작동하는 의사결정과정을 발명하려고 한다면, 그 기술의 형태가 수천 년 동안 그와 같은 방식으로 살아온 공동체에 의해 사용되는 기술들을 닮아갈 수밖에 없다는 사실 말이다. 그때 나는 내가 마다가스카르 농촌에서 보았던 것을 실제로 해보려고 노력하다가 지극히 어려운 일이라는 사실을 깨달을 수 있었다. 내가 경험한 두번째 지적 충격은, 이런 실천이 매우 어려운 이유 중 하나가, 내가 받은 지적 훈련이 (우리에게는) 새로운 민주주의의 형태들과 일치하는 사유나 주장을 이끌어내는 대신, 미련한 맑스주의 분파들이 옥신각신하며 내놓는 미련한 말들과 훨씬 닮은 사유와 주장의 습관을 내게 심어 두었기 때문이라는 사실을 깨달은 것이다.

　3부의 글들은 모두 이처럼 다소 불편한 깨달음에서 자라난 것이고, 첫 글인 "전위주의의 황혼"은 내가 이 문제의 서로 다른 차원들을 종합하려 시도했던 첫 글이다. 나는 궁금해지기 시작했다. 진정한 민주주의와 공명하는 지적 실천은 어떤 모습일까? "민주주의"라는 말은 사용하기에 적합한 단어일까? 만약 혁명적인 지식인들의 역할이 대중을 올바른 길로 인도하기에 적합한 거대 전략 분석이나 현실 규정을 제안하는 것이 아니라면, 우리의 역할은 정확히 무엇이 되어야 할까? 지구정의운동을 함께 하면서 내가 휩쓸리게 된 그와 같은 전략적 논쟁 같은 것들에서 일반적 함의를 지닌 이론적 성찰로 옮겨가는 것이 과연 가능했을까? 나는 그때부터 내가 썼던 거의 모든 글에서 어느 정도는 이런 종류의 문제와 씨름했다. 2003년에 썼던 짧은 글인 『아나키스트 인류학을 위한 단상』(*Fragments of an Anarchist Anthropology*)으로부터 내년에 출판 예정인 대작 『직접행동의 민족지』(*Direct Action: An Ethnography*), 심지어 표면적으로는 보다 전통적인 주제를 다룬 부채(debt)의 이론과 가치이론에 대한 연구에서까지 말이다. 물론 나는 확정된 답안을 발견했다고 주장하지 않는다. 마지막 세 개의 글은 영어로는 처음 발표되는 것으로 사회이론의 역사와 민주주의 개념의 역사, 지구정의운동 초기에 나타난 경찰과 활동가의 전쟁의 이미지를 차례로 검토함으로써 같은 딜레마의 다양한 측면들을 다루려는 시도이다. 각각은 사유이며 경험이다. 하지만 무엇보다도, 각각의 글은 선물이자 초대이며, 학자들이나 급진적 사회운동에 참여한 이들, 혹은 인간이 처한 조건에 열정적 관심을 가진 이들 사이에, 피에르 부르디외가 6년 전 9월 11일에 나와 나누려 했던 것과 같은 대화를 촉발하려는 시도이다.

그 특별한 대화는 결코 이루어지지 않았다. 종종 그러하듯이, 상황을 설명할 때 미처 깨닫지 못했던 현실은 우리의 뒤통수를 친다. 하지만 나는 이런 질문이 재미있고 중요하다고 발견하는 사람이라면 누구든지 읽을 수 있도록 쓰였기를 바라고, 보통의 학계가 이루는 게토 바깥에서 출판된 이 책이, 그 자체로 오늘날 그런 대화를 여는 하나의 작은 발걸음이라고 생각하고 싶다.

2007년 3월

맨해튼에서

차례

서문 · 4

1부 | 현재 우리가 처한 곤경의 기원에 대한
       몇 가지 생각 · 27

1장 _ 예절, 공경, 그리고 사적 소유 · 28
- 혹은 위계의 일반이론을 위한 요소

농담과 회피, 물질과 소유 · 33 ┃ 위계에 대하여 · 49 ┃ 회피의 일반화 · 62 ┃

교육과 젊은이의 운명 · 74 ┃ 잉글랜드 청교도 · 82 ┃ 관점 · 89

2장 _ 소비에 대한 생각 · 96
- 욕망, 환상, 그리고 중세부터 현재까지 일어나고 있는 해체의 미학

어원 · 100 ┃ 욕망 이론 · 105 ┃ 연인과 소비자 · 112 복잡한 문제 1.

개인주의 · 118 ┃ 복잡한 문제 2. 계급과 젠더의 선을 변화시키기 · 120 ┃

케이크를 먹기도 하고 갖고도 있으려는것, 그리고 그로 인해 불가피 한

문제 · 124 ┃ 희생 제의 · 129 ┃ 결론: 하지만 소비주의는? · 130

3장 _ 생산양식의 안팎을 뒤집기 · 137
- 혹은 왜 자본주의는 노예제의 변용인가 (간단한 버전)

관찰 1. '생산양식'이라는 개념은 확실히 덜 다듬어졌다 · 139 ┃

관찰 2. '생산양식' 개념은 국가라는 틀에서 벗어나면 대부분 무화되어

버렸다 · 142 | 관찰 3. 생산양식 개념이 쇠퇴하여 나타난 주요한 결과는

자본주의의 자연화였다. 이는 특히 '연속론자'가 임노동과 노예제를 다루는

방식을 보면 명백하게 드러난다 · 147

4장_ 사회적 창조성으로서의 물신주의 · 175

– 물신은 구성 과정 중에 있는 신이다

왜 물신주의인가? · 181 | 물신주의에 대한 피에츠의 이야기 · 183 |

물신과 사회적 계약: 두 개의 사례 연구 · 190 | 권력의 물질성 · 206 |

사회계약의 다양한 종류 · 210 | 우리 자신에게 되돌아오는 우리의 행동 ·

216 | 필수적인 환영? · 220

2부 일시적 자율지대: 마다가스카르 농촌에서 권위의 딜레마 · 237

5장_ 잠정적 자율지대 · 238

– 혹은 마다가스카르의 유령-국가

아리부니마무와 베타푸 · 239 | 국가의 존재 자체 · 246 | 소유관계의 보

증자로서의 국가 · 251 | 잠정적 자율지대 · 263 | 마지막 질문 · 271

6장 _ 시체와의 춤에 대한 재고찰 · 274
　　– 마다가스카르 아리부니마무에서 행하는 파마디아나 의례의 해석

　　몇 가지 배경 · 276 | 간략한 설명 · 279 | 혈연집단 · 285 | 시체와 놀
　　기 · 288 | 저주와 금기 · 294 | 일차 종합 · 299 | 이동의 정치 · 301 |
　　지역 가문과 그 묘소 · 304 | 어른은 모두 돌아가셨다 · 307 |
　　성과 기억의 정치 · 310 | 관계의 역전으로서 파마디아나 · 319 | 조상의
　　축복 · 320 | 죽음에 맞선 전쟁? · 326 | 몇 가지 결론 · 329

**7장 _ 1875~1990년, 마다가스카르 중부 지역의 애정 주술과
　　　정치적 도덕성 · 332**

　　논점 · 333 | 주술 사용의 윤리 · 337 | '욕정의 광기'에 빠트린다는 것 ·
　　340 | 전문가의 관점 · 344 | 오늘날 우드 피티의 다양성: 혹은, 다시 살펴
　　본 도덕의 경계 · 348 | 배경: 부역과 노예제 · 353 | 노동의 형태 · 355 |
　　노예제로서의 파눔포나 · 360 | 밤에 돌아다니는 마녀들 · 365 | 그럼,
　　왜 하필 여성인가? · 370 | 결론　374

8장 _ 억압 · 377
　　1. 가정에서 짊어지는 짐 · 385 | 2. 상징 노동과 19세기 왕국 · 394 | 3. 아
　　리부니마무와 영매 · 409 | 4. 결론 · 421

3부 | 직접 행동, 직접 민주주의,
그리고 사회 이론 · 439

9장 _ 전위주의의 황혼 · 440

왜 학계에는 아나키스트가 이토록 적은가? · 442 | 전위주의 사상의 아주

소략한 역사 · 448 | 소외되지 않은 생산 · 455

10장 _ 과학으로서의 사회이론과 유토피아 · 457

– 일반 사회학 이론은 세계화 시대에 여전히 의미를 가지는가?

사회적 실재에 대하여 · 458 | 사회학과 잔해에 대하여 · 460 | 세계화에

대한 질문들 · 465 | 이 시점을 개념화 하기 위해 · 467 | 자율과 혁명적 합

의 · 472 | 규제적 원리에 관하여 · 475 | 규제적 원리의 부재 속에서 ·

476 | 예시적 사회이론? · 479

11장 _ 하나의 서구는 없었다 · 482

– 혹은 민주주의는 사이 공간에서 발생한다

1. '서구적 전통'이라는 개념의 모순에 대하여 · 487 | 2. 민주주의는

발명되지 않았다 · 502 | 3. '민주적 이상'의 발생에 대하여 · 508 | 4. 회복

(Recuperation) · 514 | 5. 국가의 위기 · 541

12장 _ 거대한 꼭두각시들의 현상학에 대하여 · 551

　　－ 깨진 유리창, 상상의 소변통, 그리고 미국 문화에서 경찰의 우주론적 역할

　　문제 지점 · 553 | 미디어 이미지 · 558 | 경찰 측의 상징적 전투 ·

　　572 | 부대를 결집시키기 · 581 | 분석 1. 할리우드 영화의 원리 ·

　　587 | 분석 2. 창조적 파괴와 욕망의 사유화 · 589 | 분석 3. 전쟁의 규칙 ·

　　594 | 그래서 왜 경찰은 꼭두각시를 싫어하는가? · 607 | 몇 가지

　　아주 보잘것없는 결론 · 616

옮긴이의 말 · 621

참고문헌 · 623

찾아보기 · 660

1부

현재 우리가 처한 곤경의 기원에 대한 몇 가지 생각

1장_ 예절, 공경, 그리고 사적 소유
혹은 위계의 일반이론을 위한 요소

이 글은 위계의 본성에 대한 것이다. 그중에서, 나는 위계의 가장 기본적인 형태들을 탐구하고자 한다. 사람들이 시선을 돌리거나 차렷 자세를 취하는 방식, 격식을 갖춘 대화에서 피하려고 하는 주제의 종류, 다른 누군가를 매우 추상적이고 신성하고 초월적인, 그러니까 통상적인 물질적 실존이 가진 완전한 물질적 혼돈과 끝없는 뒤엉킴으로부터 분리된 것 같은 그런 존재로 여기는 것이 가지는 의미, 그리고 이런 일들이 어떤 사람이 다른 이들보다 본성적으로 우월하다고 여겨질 때 항상 일어나는 이유 같은 것들 말이다. 내가 보기에 이런 탐구는 중요하다. 왜냐하면 이런 질문을 던짐으로써, 우리는 통상 '위계'(hierarchy)라는 단어로 뭉뚱그려 말해버리는 특징들 중에서 어떤 것이 정말로 인간의 사회적 삶에서 필연적인 모습인지, 그리고 어떤 것이 없어도 상관없는 것인지에 대해 생각할 수 있기 때문이다.

이 글은 자본주의의 기원에 대한 것이기도 하다. 『프로테스탄트 윤리와 자본주의 정신』(1930)에서 막스 베버(Max Weber)는 근대 초기 유럽에서의 상업 경제의 등장, 그러니까 근대 자본주의로의 길을 열어젖힌 거의 수도승 같은 노동 훈련과 강박적인 축적전략의 출현은, 종교, 특히 청교도주의의 역할을 고려하지 않고서는 파악할 수 없다고 주장한다. 베버의 주장은 수없이 논의되었다. 나는 칼뱅주의 선언에 대한 베버의 특정한 주장들을 검토하는 것에는 별 흥미가 없다. 대신 내가 보기에 흥미로운 것은 베버가 묘사한 이 같은 칼뱅주의가, 대중적인 차원의 청교도주의 확산과(특히, 섹스와 떠들썩하게 노는 일에 대해 신중하고 까다롭게 생각하는 것의 확산) 합류하게 되었다는 점이다. 이것은 프로테스탄티즘에 한정되지 않는다. 영국 칼뱅주의자들이 '예절의 개혁'을 언급했을 때 주요 목표는 대중문화에서 수치라고 여기는 요소를 개혁하기 위해서였다. 피터 버크(Peter Burke 1978: 207)가 언급했듯이, 대륙의 가톨릭 당국도 동시에 거의 동일한 일을 했다. 16세기가 시작되자, 종교 당국들은 공적인 생활이나 의식에서 부도덕하다 여기는 요소를 일소하는 일련의 공동 캠페인을 시작했다. 그 결과 매우 말썽스러운 사회적 충돌이 생겨났다. 사실, 영국 혁명 전 여러 해 동안 일어났던 청교도와 왕당파 사이의 많은 대중적 충돌은, 대중의 삶에서 축제의 공간을 공격하는 것에 대한 투쟁으로 정확히 옮겨졌다. 비록 더 중요한 변화가 동시에 일어났던 듯하지만, 그 중 많은 것은 당대 대부분의 사람들이 잘 인식하지 못했던 수준에서 진행되었다. 노베르트 엘리아스(Norbert Elias 1978 : 70~84)는 16세기가 서구 유럽에서 사람들의 직접적인 물질적 감각에 상당한 변화가 일어나기 시작한 시기라고 지적했다. 특히, 그는 "수치와 당혹감을 불러오는 경계의 확대"(advance of thresholds of shame and embarrassment)에 대해서, 분노나 극단적 감정을 공개적으로 드러내는 것을 억제하는 경향이 점점 확산되는 것에 대해서, 나아가 일상적 상호작용에서 신체적 기능을 드러내는 것을 점점 더 많이 억제하는 일에 대해서 이야기한다. 사람들이 먹고, 마시고, 잠자고, 배설하고, 사랑하는 표준적인 방법이 완전히 바뀌어버렸다. 라블레(François Rabelais, 1494~1553)의 세계에서 빅토리아 여왕의 세계로의 변화는 역사적인 관점에서 볼 때 매우 빠르게 진행되었기 때문에——겨우 3세기 만에 일어났다.——엘리아스가 이런 변화를 처음 지적힌 이래로, 많은 역사가들은 이 현상에 대해 계속해서 고민해왔다. 이 모든 것이 청교도주의의 등장과 청교도주의가 불러일으킨 좀더 공식적인 '예절의 개혁'과 어떤 의미에서 분명히 연결되어 있었던 것으로 보인다. 하지만 그 연결고리에 대해서 설득력 있는 해석을 제시한 사람은 없다.

이 글에서, 나는 비교 민족지학(comparative ethnography) 방법들을 사용하여 주장을 전개할 작정이다. 나는 '농담 관계'(joking relations)와 '회피 관계'(relations of avoidance)라고 불리는 두 가지 진부한 민족지적 범주를 가져옴으로써 이 글을 시작하겠다. 이 용어들은 원래 19세기~20세기 초에 미국과 유럽의 인류학자들이, 그들이 '원시적' 사회라고 여겼던 곳에 널리 퍼져 있던 극단적이고 이국적인 형태의 행위 양식을 묘사하기 위해 만들어졌다. 나는 농담과 회피의 논리가 예절과 위계의 기본적인 이론을 만드는데 매우 유용한 도구가 될 수 있겠다는 생각이 떠올랐다. 이 이론들로 무장하고 근대 초기 유럽으로 되돌아가서, 어떻게 위에서 묘사된 이 세 가지 과정들(베버의 칼뱅주의, 엘리아스의 행위양식의 표준설정, 그리고 버크의 대중문화 개혁)이 어떻게 사실 다 같이 폭넓은 역사적 과정의 일부인지를 보여줄 것이다. 이 역사적 과정은 절대적 사적 소유물의 이데올로기를 탄생시켰으며, 모든 일상적 생활의 상품화를 촉진시켰다.

이런 접근이 누군가에게는 조금 이상하게 보일 것이라는 점을 잘 알고 있다. 이런 광범위한 이론을 사용하는 것은 확실히 최근 들어 한물 간 방법이다. 심지어 인류학자들조차 '농담과 회피'에 대해서 더 이상 많이 언급하지 않는다. 이런 용어는 뉴기니나 네팔의 커다란 먼지투성이의 무덤에 대한 기억을 떠오르게 하며, 도저히 대화 상대가 될 수 없어 보이게 끔 의도적으로 촬영된 사람들의 사진을 생각나게 하고, 불가사의한 도식과 불합리한 일반화("나야인Nayar[1]은 이렇게 말한다…….")를 떠올리게 만든다. 오늘날 대부분의 인류학자처럼, 나도 상당한 정도의 양가 감정을 가지고 이런 이론과 책을 읽고 접한다(심지어 어떤 점에서는 그것들이 다소 섬뜩하다고 생각한다). 그 이유라는 것이 단지 그런 용어와 이론들이 매우 명백하게 그리고 은연중에 제국주의의 산물이라는 것 밖에 없어도 마찬가지다. 하지만 또한 나는 그것들 안에는 비판적 사회이론에 매우 유용하게 쓰일 요소가 존재한다고 생각한다. 그렇게 생각하는 한 가지 이유는, 그런 이론을 만들었던 사람들이, 어떤 행위가 너무 이상하고 이국적이라서 그것에 딱 들어맞는 익숙한 항목을 발견할 수 없었던 상황을 자주 경험했다는 사실 때문이다. 예를 들어 멜라네시아의 한 집단에서 살던 연구자는, 젊은 남자가 길을 가다 교차 사촌(cross-cousin)을 만나면 그에게 모욕을 주게 되어 있는 관습을 발견한다. 사실, 그 남자는 모욕을 가하지 않는데 관찰자가 모욕이라 생각한 것일 수도 있다. 관찰자는 한가지 용어를 만들어낸다('농담 관계'). 또 아마존 어딘가에 있는 연구자는, 교차 사촌(cross-cousin)이 앞에서 설명한 것과 정확히 동일한 방식으로 행동하는 것을 발견한다. 심지어 모욕도 비슷하다. **무언가** 분명히 여기서 일어나고 있었다. 적어도, 인류학자들이 '농담 관계' 같은 용어를 사용하면서 연구 대상이 되는 사람들에게 단순히 설익은 유럽-아메리카적 범주를 부과하고 있었던 것은 아니다.

---

1) [역주] 인도 북동부와 버마 북서부 지방에 사는 부족들을 통칭하는 말. 공식적으로만 15개 부족이 여기에 해당하며, 그 이외에 많은 부족이 속해 있다.

인류학의 초기 역사를 살펴보면, 이런 인지와 혼란의 순간들을 많이 발견할 수 있다. 그리고 그 결과 발생하는 필사적인 노력들, 즉 서구와는 아주 달라 보이는 방식으로 물질과 사회적 실재를 정의하는 것을 이해하기 위한 필사적인 노력으로 가득 차 있다. 그 시기의 이론적 어휘들에는 이상하게 발음되는 용어들, 그러니까 '농담 상대' 혹은 '회피 관계' 혹은 비-유럽 언어로부터 완전히 차용된 용어들(샤머니즘, 마나, 토템, 터부)이 가득하다. 그 다음 단계는 가장 이질적으로 보이는 것이 사실 많은 경우 결국에는 그리 이질적이지 않다는 점을 발견하는 것이었다. 농담과 회피의 관계와 매우 비슷한 것이 유럽의 중산층 가정에서 존재한다는 것이나, 제1차 세계대전에서 미국 원정군의 부대들이 연대의 마스코트와 상징을 둘러싸고 토테미즘 형태의 관습을 행했던 것처럼 말이다. 그런 부대의 모습은 오스트레일리아 선주민(aborigines)의 관습과 사실상 구분이 불가능하다(Linton 1924). 하지만 이런 선주민의 관습이 없었다면, 누구도 군대가 연대 깃발을 둘러싸고 행하는 이상한 관습에서 뭔가 알아둘 만한 것이 있다고 생각하지 못했을 것이다. 이런 방식으로, 거리두기(estrangement)의 첫번째 순간과 역-해설의 두번째 순간은, 그 둘 사이에서 바로 인류학의 본질이라고 할 만한 것을 구성한다. 인류학은, 만약 인간 혹은 인간 사회 일반에 대해 어떤 진실을 말하는 것이 가능하다면, 아주 이례적인 사례로부터 출발해야 한다고 가정한다는 점을 말이다. 최근 인류학이 고유한 기술적 어휘를 만들어내는 것을 중단하고 유럽 이론으로부터 현학적인 용어(생명 권력, 통치성, 신체, 혹은 하이데거나 들뢰즈에서 차용한 새로운 전문적 용어)를 도입하는 것을 보면 조금 불안하다. 누군가는 이런 [용어의] 도입이 인류학의 장기적인 생명력에 미치는 영향을 염려할 것이다.

그래서 이 글에서, 나는 이러한 위대한 전통에 이르기 위해 내가 택한 것으로 돌아가려 한다. 무엇보다, 나는 전통이 새로운 정치적 관점(가장 잘 될 경우, 지배와 권력의 형태의 바로 그 근원을 탐구하는 데 본질적인 관점)을 생산하는 데 거의 무한한 능력을 가졌다는 점을 보여주고 싶다. 그러므로 위계를 강조하고자 한다. 나는 이 주제를 내 나름의 방식으로 구성하겠다. 그렇게 하는 것이 자본주의의 기원에 대해서 오랫동안 존재해왔던 지적 문제를 해결하는 데 도움이 된다고 생각하기 때문만은 아니다. 더불어 그것은 예절에 대한 이론이, 어떻게 우리가 사회적 지배의 형태들을 가능한 가장 밀접하고 사적인 방식으로(신체적 습관, 욕구나 혐오감의 본능) 체험하는지 이해할 수 있는 가능성을 열어주기 때문이기도 하다. 이런 체험은 많은 경우 그 세계에서 우리가 가지는 존재 감각을 형성하는 것으로 보이며, 심지어 반항하고자 하는 우리의 본능도 많은 경우 이런 존재 감각을 강화하는 것으로 나타난다. 나는 이런 딜레마에서 벗어나는 분명한 길을 발견했다고 주장하는 것이 아니다. 하지만 그러기 위해서는, 딜레마가 무엇인지 분명히 하는 것이 적어도 도움은 될 것이다.

농담과 회피, 물질과 소유물

그러면 '농담'과 '회피'에 관한 민족지학적 문헌을 살펴보도록 하자.

'농담 관계'에 대하여 강조해야 할 첫번째 것은 그 명칭이 다소 기만적이라는 점이다. 그것들은 실제로 유머에 대한 것이 아니다.[2] 인류학적

---

2) 이 주제에 대한 여러 이론적 문헌이 이런 약점을 잘 지각하지 못하고 있다. 예를 들어 메리 더글라스(Mary Douglas)가 쓴 '농담'(jokes)에 대한 글은 농담 관계를 분석하면서 시작한다. 그

문헌에서, '농담 관계'라는 표현은 실제로 서로 농담을 주고받는 관계를 가리키지 않는다. 차라리 그것은 장난스러운 공격성이라는 특징을 가진 관계를 가리킨다고 할 수 있다. '농담 상대'는 서로 조롱하고, 희롱하고, 괴롭히고, 심지어 (많은 경우) 장난으로 서로 공격하게 되어 있는 사람들을 말한다. 그것들은 극단적인, 심지어 강제적이라고까지 할 만한 무례와 비격식성이 존재하는 관계이다. 반면 '회피 관계'는 여기에 참여하는 하나의 집단이 다른 한 집단에게 결코 말할 수 없고 심지어 쳐다보는 것조차 용납되지 않는 극단적인 존중과 격식성을 갖는다.

몇몇 민족지학자들(예를 들어 Eggan 1937)은 이런 용어를 좀더 느슨하게 사용한다. 그들은 이런 용어를 사용하여, 의무적인 농담에서 관대한 친밀함의 관계를 거쳐 점점 더 엄격한 격식과 공경의 특징을 갖춘 관계를 통과해 극단적이거나 문자 그대로의 회피에까지 닿게 되는, 일종의 상호작용 양상의 폭넓은 연속체를 묘사한다. 이런 방법을 사용하면 농담과 회피는 두 개의 관념적 극단을 표상하는데, 상상컨대 두 사람 사이에서 일어나는 거의 대부분의 관계는 그 둘 사이의 연속체 어딘가에 있을 것이다. 당사자들이 이런 관점을 취했든 그렇지 않았든, 인류학자들은 항상 농담과 회피를 행위에서 명백하게 대립되는 양태로 파악해왔다. 사실, 그둘은 많은 측면에서 서로에 대한 논리적 상대처럼 보인다. 농담 관계가 상호적인 경향이 있는 곳에서, 욕설의 동등한 교환은 지위의 동등성을 강조해준다. 반면 회피는 일반적으로 위계적이며, 명백히 아래에 있기에 존경을 표할 것을 강제당하는 집단에 의해 일어난다. '농담 상대'라는 용어

결과는 유머의 본성에 대한 멋진 설명이었다. 하지만 이것은 전통적인 인류학적 의미에서 말하는 농담 관계의 본성을 이해하는 데 별 도움이 되지 못한다.

를 문헌에서 종종 들어봤을 것이다. 반면 '회피 상대'라는 용어는 들어보지 못했을 것이다.[3] 회피 관계에서는 두 집단 간의 모든 종류의 접촉이 금지되는 경향이 있다. 이런 관계는 아래에 있는 집단이 먼저 말하거나 많이 말하거나 속삭이는 것 이상으로 말하거나 하면 안 되는 것, 눈을 마주치면 안 되는 것, 먼저 건드리면 안 되거나 아예 건드려서는 안 되는 것 등에 대한 규약으로 가득 차 있다. 거의 모든 상황에서 열위집단은 먹는 일/배설/섹스/신체적 공격성 같은 신체적 기능을 언급하거나 보이는 것을 피해야 한다. 또한 다른 집단이 먹는 것을 본다거나, 그녀의 침대를 만진다거나, 그녀 앞에서 폭력적으로 행동한다거나, 일상적 대화에서 배설에 대해서 언급한다거나 기타 등등을 하지 않도록 하는 명령을 종종 듣는다. 강조되는 지점들은 다르지만, 이런 금지의 일반적 목표는 놀랍게도 세계적으로 동일하다. 그리고 마치 규칙인 것처럼, 농담 관계는 널리 알려지는 반면 회피 관계는 그렇지 않다. 가짜 싸움이나 성적으로 거친 장난에 가담하는 농담 상대에 대한 이야기나 추잡한 비난이나 외설적인 농담은 끊임없이 들을 수 있다. 어떤 경우에는, 공격적인 요소가 매우 강해질 수도 있다. 서로 배설물을 던질 수 있도록 되어 있는, 심지어 밀랍으로 끝을 봉한 창을 던질 수 있도록 되어 있는 농담 상대에 대한 이야기를 접할 수도 있다.

그 두 태도는 다른 방법으로도 대비될 수 있다. 예를 들어 회피에 대한 거의 모든 설명은 수치스러움에 대해 언급할 것이다. 흔히 하위 집단은 상위 집단이 있는 곳에서는 수치스러움에 대한 일반적인 감각을 가져야 한다고들 이야기한다. 그렇지 않으면, 즉 그들이 이런 규칙들을 깬다

---

3) Stasch 2002 참조..

면, 그들은 당연히 수치스러워질 것이라 여긴다. 농담 상대들 간의 농담이 일어나면, 그 명칭에서도 드러나듯이, 거기에 참여하는 모든 이들이 그 과정에서 매우 재미있어 하곤 한다. 하지만 농담 상대들 사이에서 일어나는 것이 단순한 유머가 아니라는 점을 강조하는 것이 중요하다. 이것은 매우 특별한 종류의 유머이며, "수치를 모르는" 일이라고 불릴 만한 것이다. 이런 농담은 다른 상황에서라면 사람들이 당황해할 만한 의도적인 주문(呪文, invocation)이라 할 수 있다.

(이 두 가지를 좀더 추상적인 수준에서 대립시킬 수도 있다: 클로드 레비스트로스(Claude Lévi-Strauss)가 '보편과 특수'라고 불렀던 관점에서 말이다[1966: 161]. 회피나 매우 격식있는 관계에서, 사람들은 공경해야 하는 인물을 그에게 고유한 이름을 사용하여 부르지 않는다. 친족 명칭이나 다른 지위의 명칭을 대신 사용한다. 우리 사회에서도 성과 이름이 비슷한 방식으로 사용된다. 어느 경우에나 그 주체는[공경해야 하는 인물], 말하자면 분류학적 사다리에서 한 계단을 차지하도록 격상된다. 그리고 사람들은 그들이 다른 이들보다 더 보편적이며 더 추상적인 존재라고 여기는 방식으로 이 주체들에 대해 이야기한다. 여러 가지 자잘한 증거가 이런 종류의 추상화가 회피의 전형임을, 보다 일반적으로 말하자면 아마도 격식을 갖춰 공경을 보이는 방식의 전형임을 잘 보여준다. 반대로 농담은 친밀성의 덜 극적인 형식과 더불어, [보편이 아닌] 특수에 초점을 맞추는 경향이 있다. 별난 것들, 개인적 변덕(실제건 상상된 것이건)이나 기타 등등과 관련된다는 말이다. 이것은 나중에 내가 위계의 문제를 다룰 때 중요한 요소가 될 것이다.)

내가 이야기한 것들 중 대부분은 농담과 회피에 대한 인류학적 문헌에서 아주 당연하게 여기는 것들이다. 비록 인류학자들이 왜 이런 것들이 그런 방식으로 일어나는지 거의 질문하지 않기는 하지만 말이다. 왜 세계 여러 곳에서 공통적으로, 장모나 왕 앞에서는 그들과 눈을 마주치지 않도록 해야 하는 것인가? 또한 이처럼 눈을 마주치지 않아야 할 사람을 만날 때, 배변이나 성에 대해서 이야기하는 것이 항상 부적절한 이유는 또 무엇인가? 이 문제에 답을 제시하려고 노력했던 몇 안 되는 인류학자 중 하나가 에드먼드 리치(Edmund Leach)이다. 그는 섹스나 배설과 같은 영역을 터부로 둘러싸는 것은 그것들이 자아와 타자, 신체와 외부 세계 사이의 분할을 흐리기 때문이라는 설명을 내놓았다(1964: 40). 내 생각에 이는 꽤 가능성 있는 방향의 설명이지만, 그 자체로 이 문제에 대한 답이 되지는 않는다. 궁극적으로, 자아와 외부 세계 간의 분명한 구별을 유지하는 것이 왜 그토록 중요한가? 아마 리치가 이 점을 어떤 종류의 보편적인 심리적 욕구라고 설명하려고 한 것은 아니었을 것이다. 혹은 어쨌든 만약 그가 그러려고 했다면, 그는 분명 실수한 것이다. 왜냐하면 농담 관계에서 강조되고 심지어 찬양되는 것이 정확히 바로 이런 애매성이기 때문이다. 농담하는 신체(Joking body) —— 만약 이 용어를 농담 관계 안에서 포착된 인간을 묘사하는 데 쓸 수 있다면 —— 는 기본적으로 그것을 둘러싼 세계와 연속되어 있는 신체로 그려진다. 이런 상상에서, 농담하는 신체는 미하일 바흐친이(Mikhail M. Bakhtin) "신체에 대한 그로테스크한 상"이라고 언급했던 것과 매우 닮아 있다. 그것은

> 생성하는 몸이다. 이러한 몸은 결코 완성되거나 종결되지 않는다. 이 몸은 언제나 세워지고, 만들어지며, 스스로 다른 몸을 세우고 만드는 것이다. 게다가, 이러한 몸은 세계를 삼키고 스스로 세계에게 삼켜 먹힌다. … 그러므로, 그로테스크한 몸에서 가장 본질적인 역할은, 원래 자신의 크기보다 더 커지고 개별적인 경계들을 넘어서며 새로운(두번째의) 몸을

수태할 수 있는 신체 부위들이 하게 된다. 예를 들면, 배와 남근이 그러하다. …… 그로테스크한 몸에서 배와 생식기 다음으로 중요한 역할을 하는 것은, 삼켜진 세상이 들어가는 입이고, 그 다음은 엉덩이이다. 실제로 이 모든 융기된 부분과 구멍들에는 공통된 특징이 있다. 바로 이들 안에서 두 몸들 사이의 경계와 몸과 세상 사이의 경계들이 극복되며, 상호교환과 상호관심이 일어나는 것이다. (1984: 317)

이것이 바로 농담 관계가 사람들 사이의 접촉(바라보기, 만지기, 말하기, 때리기, 성적 관계)과 먹기/배설하기/콧물 흘리기/부패/아물지 않은 상처 같은 현상 사이의 유사점을 보여줄 수 있는 이유다. 후자가 공통으로 보여주는 것은 그것들이 인간의 육체를 통과하거나 혹은 육체에서 빠져나가는 여러 종류의 요소나 물질과 관련되어 있다는 점이다. 즉, 신체와 세계의 접촉이다.

그럼에도, 농담하는 신체가 세계와 연속적이라고 간단하게 말하는 것은 충분하지 않다. 농담에서 일어나는 모든 상호관계의 형태 ─ 먹기, 섹스, 배설, 그리고 공격 ─ 는(그리고 미하일 바흐친의 지적에 따르면) 매우 특별한 **종류**의 연속성을 포함한다.

농담 상대자들은 서로 '희롱'하고 '욕'한다. 그들은 모욕적인 말을 툭툭 던지고, 심지어 퍼붓는다. 그와 동시에, 우리는 농담 상대들이 서로의 소유물을 엉망으로 만들어도 된다는 이야기를 계속 들을 수 있다. 그리고 이런 종류의 허가는 다른 모든 것의 일부분으로 간주된다. 이런 놀이에는 일종의 상징적 등가성이 존재한다. 말하자면, 좋은 것을 취하고 나쁜 것을 주는 것 사이의 등가성 말이다. 나는 이런 종류의 표현이 농담 관계의 변치 않는 특징이라고, 좀더 넓은 의미에서 "신체 사이의, 신체와 세계 사이의 관계"의 특질이라고 과감하게 말하겠다. 예를 들어 모든 인류학자들에게 친숙한, 섹스와 먹는 것에 대한 유명한 상징적 동일시를 살펴보자. 클로드 레비스트로스가 지적했듯이(1966 : 100, 105~6), 섹스를 먹는 것과 동일하게 파악한다면, 섹스를 특별히 상호적인 활동으로 보기가 어렵다. 먹는 일은 본래 일방향적인 관계이다. 물론 먹는 쪽으로 나타나는 사람과 먹히는 존재로 나타나는 사람은 맥락에 따라 달라진다. 때때로 여성이 포식자로 묘사될 수도 있다(예를 들어 바기나 덴타타vagina dentata[4] 모티프에서처럼). 때로는 남자가 그럴 수도 있다. 레비스트로스는 "요루바인(Yoruba)의 언어에서 '먹기'와 '결혼하기'는 모두 '이기다, 획득하다'라는 일반적인 의미를 가진 하나의 동사로 표현된다"고 지적한다.(ibid : 105)

요루바인이 성관계를 소비와 혹은 전용(轉用, appropriation)과 유사한 것으로 여긴다면, 반면 아프리카의 다른 언어는 성 관계를 아주 다른 방식으로 이해하고 표현한다. 토머스 비들먼(Thomas Beidelman)은 칸구루인의 언어에서, 성적 교류를 가리키기 위해 사용되는 용어가 '모욕적인 말'이나 '욕설' 혹은 '남들 앞에서 음란한 행위를 하는 것'을 의미할 수 있다고 지적한다(1966: 366). 이는 농담 상대들의 전형적인 행위를 묘사하기 위해 사용되는 어휘이기도 하다. 한편에서 좋은 것을 취하고, 다른 한편에서 나쁜 것을 준다.

이런 종류의 비교를 끊임없이 계속 제시할 수 있다. 분명히 이것은 농담 신체가 세계와 상호작용하고(만약 먹는 것이 좋은 것을 취하는 것이라

---

4) [역주] 라틴어로 '이빨 달린 질'을 의미. 칼 융의 제자였던 에리히 노이만(Erich Neumann) 등의 연구로 널리 알려지기 시작했다. 이빨 달린 질이 남성의 성기를 절단하는 것이 주요 내용이다. 2007년도에 개봉한 영화 「티스」(Teeth)가 여기에서 영감을 받았다.

면, 배설은 나쁜 것을 주는 것이다.), 다른 신체와 상호작용하는(서로 잡아먹겠다고 위협하거나 똥을 던지는 농담 상대는 거의 비슷한 일을 하고 있다.) 모든 원리적 방식에 적용되는 것처럼 보인다.

이를 통해 농담 관계는 오로지 최종적으로 봤을 때만 평등주의적이라고 말할 수 있음을 알 수 있다. 주어진 예들은 어떤 관점에서도 결코 평등주의적이지 않다. 그건 공격이다. 하지만 농담 상대들 사이의 허가는 상호적이며, 그런 공격은 항상 종국에는 거의 균형을 이루리라고 예상된다.

여기서 다시 한 번, 회피는 농담을 뒤집어놓은 것으로 여겨질 수 있다. 회피의 수준에서, 신체는 닫히고, 신체의 모든 구멍은 막히고 폐쇄된다. 어떤 것도 안으로든 밖으로든 흘러가지 않는다. 신체는 완벽하고, 추상적이고, 그 자신에게 자기 충족적인 것으로, 다른 신체나 세계와 교환할 필요가 없는 것으로 구성된다. 자, 이런 종류의 분리는 그 자체로 위계의 관계를 포함할 수 없다. 왜냐하면 두 개를 분리한다는 것은 그 둘 사이에 아무런 관계가 없다는 뜻이기 때문이다. 하지만 회피는 궁극적으로 위계적이다.

회피의 관계에는 일종의 상호성이 있다. 만약 내가 영국 여왕 앞에서 서 있다면, 나는 코를 파서는 안 되고 외설적인 농담을 해서도 안 된다. 그리고 나는 이와 동일한 것을 여왕에게서 기대한다. 다른 한편, 회피의 책임은 분명히 나에게 있다. 그리고 모든 종류의 접촉은 더 높은 위치에 있는 이로부터 시작되는 것이 적절하다. 대화, 눈 맞춤 같은 것 말이다. 그리고 나아가, **만약** 내가 여왕 앞에서 코를 파거나 외설적인 농담을 한다면, 나는 죽을 때까지 상류사회에서 추방되리라는 것을 충분히 예상할 수 있다. 반면 만약 여왕이 내 앞에서 이런 일들을 한다면, 나는 아마도 이것을 관대한 친밀함의 제스처로 받아들이고 어쩌면 화답을 하게 될 것이다(비록 여왕만큼 자유롭게 할 수는 없지만 말이다). 엘리아스는 16세기에 있었던 예절에 대한 설명서에 나온 말을 인용하여 들려준다.

> 상대를 향해 등이나 뒤쪽을 보인채 앉아서는 안된다. 허벅지를 너무 높게 들어서 항상 옷으로 가려져야할 신체의 일부가 타인에게 보여서는 안된다. 부끄러워하지 않아도 될 사람들 사이에 있는 경우를 제외하고는, 이런 일은 일어나지 않기 때문이다. 물론 위대한 왕이 부하나 자신보다 지위가 낮은 친구 앞에서 이런 일을 할 수 있다. 하지만 그것은 왕이 오만하기 때문이 아니라, 상대에게 특별한 애정이나 우정을 표현하고 있기 때문이다. (1978: 138)

내 주장의 논리에 따르면, 여왕 앞에서 코를 파는 것은 엄지손가락을 코에 대고 여왕을 비웃는 것[5]과 마찬가지이다. 이것은 일종의 농담 공격 (joking attack)[6]이다. 나는 여왕을 회피의 수준에서 대함으로써 자기 폐쇄적인 존재로 구성해야 하는 의무를 갖는다. [반면] 여왕은 아무런 거리낌 없이 나와 접촉을 시작할 수 있으며, 나를 농담의 수준에 보다 가깝게 있는 존재로 만들 수 있다. 만약 이 해석이 미약해 보인다면, 이를 보충할 여러 다른 증거가 있다. 전혀 다른 문화적 환경을 살펴보자. 대부분의 폴리네시아 언어에서 '타부'(tabu)라는 용어와 '타푸'(tapu)라는 용어는 회

---

5) [역주] 손바닥을 편 채 엄지를 코에 대고 상대를 놀리는 제스쳐를 의미한다.
6) 다시 한 번 독자들에게, '농담'(joking)이라는 용어를 특별하고 기술적인 의미에서 사용하고 있다는 점을 지적해두고 싶다. 이는 "농담 관계의 전형을 보여주는 어떤 종류의 인간관계를 만들어내는 것을 따라"라는 의미이다. 단순히 "유머러스한"이라는 뜻을 나타내는 것이 아니다.

피 관계들을 서술하기 위해 사용된다.[7] 그 회피 관계가 장인과의 관계에서 일어나든, 혹은 추장과의 관계에서 일어나든 말이다. 이 단어는 또한 '분리된', '건드려서는 안되는' 그리고 당연히, '신성한'(sacred)[8]이라는 뜻을 갖는다. 하지만 아랫사람과의 관계에서 '타부(tabu)를 가진' 사람은 장인이나 추장이다. 말하자면 그들은 떨어져 있고 구분되며, 그들의 신하를 포함하여(혹은 경우에 따라서는 인척들) 다른 모두를 잔여적인 범주로 포괄하고 있는 세계로부터 분리된다. 뿐만 아니라 이 용어는 또한 근대 사회 이론에서 흥미로운 역사를 가지고 있다. 왜냐하면 에밀 뒤르켐(Émile Durkheim)이 종교에 대한 그의 작업에서, 타부라는 폴리네시아의 개념을 현세의 세계에서 떨어져 건드릴 수 없는 '성스러운' 것에 대한 보편적인 규정으로 사용했기 때문이다. 이후, 어빙 고프만(Erving Goffman)은 뒤르켐의 개념을 빌려 서구 근대의 일상적 상호작용을 분석했는데, 그는 우리 사회에서 인간이 신성한 어떤 것으로 통상 간주되고 있다고 주장한다. 왜냐하면 보이지 않는 장벽이 인간을 둘러싸고 있으며, 그 장벽은 타인에게 건드릴 수 없는 한계지점을 형성하기 때문이다. 명확하게 자각하지 못한 채, 고프만은 본래의 폴리네시아적 개념과 매우 비슷한 개념으로 돌아가게 되었다.

농담의 영역에 있는 신체는, 말하자면 주로 물질(흘러나오거나 흘러들어오는 요소)로 이루어졌다. 회피의 영역에 있는 신체는 결코 그렇지 않

---

7) '타부'(tabu)와 '타푸'(tapu)는 폴리네시아 전통 용어다. 잘 알려진 영어식 표현인 터부(taboo)가 여기에서 나왔다. 저자는 인용한 연구결과나 맥락에 맞추어 이 두 단어 중 하나를 선택하여 사용하고 있다.

8) '신성한'이라는 말은 거의 모든 유럽 언어에서 '건드려서는 안 되는'이라는 뜻도 함께 가진다(뒤르켐이 이를 지적했다). 하지만 이 말이 다른 곳까지 얼마나 넓게 퍼져 있는지는 잘 모르겠다.

다. 그것은 세계로부터 분리된다. 많은 경우 물리적 신체는 그 자체로 부정되고 인간은 좀더 높고 추상적인 수준으로 변환된다. 사실, 나는 농담하는 신체는 세계와 필연적으로 대응하고(거의 '본성'이라 할 만한 것이다.), 세계와 동일한 물질들로 구성되는 데 반해, 회피의 신체는 완전히 다른 어떤 것으로 구성된다고 주장할 것이다. 그것은 '소유물'(property)로 구성된다.

자, 나는 이것이 제법 대담한 주장이라는 것을 알고 있다. 특히, 소유물이라고 여겨지는 것이 문화마다 매우 다를 수 있기 때문이다. 하지만 나는 소유물이라는 관념에 대해 거의 일관할 수 있을 만한 기본적 논리를 만들어낼 수 있다고 생각한다. 재미있게도, 이런 논리는 회피의 논리와 매우 유사하다.

사회과학자들은 통상적으로 법학자를 따라 소유물을 사회적 관계로, 어떤 대상과 관련되어 있는 권리와 특권의 뭉치로 정의한다. 한 사람이나 집단이 이런 권리와 특권의 뭉치를 차지하게 되며, 다른 모두는 이것으로부터 배제된다. 이것이 근본적으로 사람과 사물의 관계가 아니라는 점을 강조하는 것이 중요하다. 이것은 사람들 사이의 관계이다. 로빈슨 크루소(그는 부르주아 개인주의자였다. 아닐 수도 있지만.)는 그의 섬에서 소유물에 대해 걱정할 필요가 전혀 없었다. 왜냐하면 다른 사람이 없었기 때문이다.

하지만, 길고 자세한 민족지 연구 서적에서 큰따옴표 속의 "소유"(owns)라는 단어가 등장하지 않는 경우는 흔치 않다. 말하자면, 책의 저자들은 소유라는 단어를 큰따옴표 속에 놓을 수 밖에 없었다. 왜냐하면 소유물의 소유권을 언급하는 어떤 단어가 그런 종류의 정의로는 의미가 통하지 않는 전혀 다른 방식으로도 사용되기 때문이다. 진짜 임의적인 예를 하나 들어보자. 피지의 라우 섬에 대한 민족지적 설명에서, 로라 톰슨(Thompson 1940 : 109~111, 126)은 이 섬들에 존재하는 모든 귀족 · 씨족들이 동물 종 하나를, 한 종류의 물고기를, 그리고 한 종류의 나무를 "소유"한다고 지적한다. 그녀가 말하길, 이런 종들은 그들에게 타부(tabu)다. 그 종에게 해를 끼치는 것은 그 종을 소유하고 있는 스스로에게 해를 끼치는 것에 다름 아니다. 소유물로부터 다른 이들을 배제하는 권리를 가지는 것과는 아주 다르게, 이 사람들은 그들 스스로가 그들이 가지고 있다고 여기는 것을 건드릴 수 없다. 사실, 이것은 동일화의 매우 분명한 예다. 많은 연구자들이 많은 언어가 일방적인 소유권에 해당되는 동사를 결여하고 있다는 사실을 지적해왔다. "나는 카누를 가진다"고 말할 수 없다. 단지 카누와 내가 서로 특별한 관계를 맺는다고 말할 수 있을 뿐이다.[9] 차라리 영어에서처럼 [일방적 소유와 특별한 관계를 지칭할 때] 동일한 단어를 쓴다. "그건 내 차야"(that's my car)라고 말할 때와 "그가 내 상사야"(that's my boss)라고 말할 때 동일한 단어를 쓰는 것처럼 말이다. 'property'라는 영어 단어가 두 가지 의미를 지닌다는 것을 지적하는 것은 흥미로운 일이다. 한편에서, 내 소유물은 내가 가진 어떤 것, 즉 그 자신의 정체성을 [소유자인] 나로부터 받아가는 어떤 것이다. 다른 한편, "뜨거워지는 것은 불의 속성(property)이다"(It is a property of fire to be hot)라고 말할 수 있다. 여기서 'property'는 무언가를 그 자신으로 만들어주는 것이며, 그것의 정체성을 형성하는 것이다.

---

9) 예를 들어 티코피아인(Tikopians)은 레이먼드 퍼스(Raymond Firth)가 "연결된"이라고 번역한 단어를 써서 사람과 카누를 동일시한다. 이 용어는 결속된 친구(bond-friend)를 나타낼 때도 사용한다.

'Property' 라는 단어가 가진 두 번째 용법은("뜨거운 것은 불의 속성 (property)이다."), 주로 의미를 전달하는 일에 사용되는 기호적 양식이라고 볼 수도 있다. 하지만 심지어 이런 용법에서조차 동일한 배제의 논리를 발견할 수 있다. 다시 라우 섬으로 돌아가 보자. 동물이나 새의 종들을 '소유'하는 것은 귀족 · 씨족 뿐이었다. 평범한 씨족은 그러지 않았다. 그들은 집합적으로 '땅의 소유자들'이라고 여겨졌다(L. Thompsom, op cit.). 그리고 마셜 살린스(Marshall David Sahlins. 1981)가 관찰한 것처럼, 피지 제도의 이런 '땅의 소유자들'은 자연이나 자연적 과정과 통합되는 경향이 존재했다. 그들을 바흐친이 말한 "물질적이며 신체적인 하부"(the material bodily lower stratum)로 만들기 위해서 말이다. 이런 계층의 사회적 체현이 신체에 대한 그로테스크한 상이 되는 것이다. 달리 말하자면, 귀족 집단은 세계와 거의 융합되어 있는 잔여적 범주들에 반하여 스스로를 구분하고 분리한다. 이것은 정확히 회피의 논리이다.[10]

이것은 개인에게서도 완전히 동일하게 나타난다. 타부(tabu)라는 단어가 또다시 적절한 설명을 제공해준다. 뉴질랜드의 마오리인을 연구하는 민족지학자들은(Firth 1959; Johansen 1954; Shirres 1982; Smith 1984) 모든 사람이 어느 정도의 '타푸'(tapu)[11]를 가지는 것으로 여겼다고 지적

---

10) 레비스트로스는 토템적 체계는 동일성(identity)이 아니라 유비(analogy)에 대한 것이라고 지적했다. 즉, 토템은 X라는 부족이 곰 같다고, 혹은 Y라는 부족이 독수리 같다고 이야기하는 것이 아니다. X부족과 Y부족의 관계가 곰과 독수리의 관계와 같다는 것이다. 물론 이는 매우 유명한 주장이다. 하지만, 후기작에서(1966), 레비스트로스는 또한 이런 토템적 체계가 거의 동등한 지위를 공유하는 두 집단 사이에서 발달했다고 지적한다. 그리고 흥미로운 말을 하는데, 부족 X가 곰과 실제로 닮았다는 이야기를 듣기 시작하게 되면, 그것은 통상 어떤 위계적 요소가 생겼기 때문이라는 것이다. 다른 곳은 몰라도, 이는 라우 섬에서는 사실인 것 같다.
11) 그리고 마오리인은 이런 관점에서 전형적인 폴리네시아 사회의 성격을 가지는 것처럼 보인다.

한다. 사실, 모든 사람이 가지는 것은 아니었다. 노예들은 가지지 않는다 (그들은 다른 이들의 소유물이었다). 여자들도 가지지 않았다(왜냐하면 대부분의 여성은 소유물을 가지지 못하기 때문이다). 달리 말하자면, 타푸의 한도는 사회적 지위에 따라 나르다. 사회적 계급이 높아질수록, 더 많은 타푸를 가졌다. 예를 들어 추장의 타푸는 그의 모든 소유물에까지 확장되었다. 마치 추장이 일상적 세계에서 분리되었듯 그의 소유물도 분리되었다. 평범한 부족민이 추장의 물건을 만지는 것은 추장의 몸을 만지는 것만큼이나 위험한 일이었다. 게다가 위대한 추장의 터부는 매우 강력했고, 그 추장의 인격성은(person) 매우 신성했기에, 추장의 인격성을 건드렸던 것은 무엇이건 추장의 매혹적인 신성의 원환으로 끌려들어갔다고들 한다. "홍이(Hongi)의 이름[12]이 붙은 돼지는 다른 사람이 먹을 수 없었다. 그런 것은 그 사람을 먹는 것과 마찬가지였다."(Firth 1959: 345) 그의 소유물(property)은 그가 가진 인격성의 연장이었으며, 그의 인격성은 세계로부터 따로 분리되어 있었다.

만약 소유물이 회피와 그토록 밀접하게 연관되어 있다면, 그리고 이런 동일화와 배제의 두 가지 원리가 정말로 함께 작동한다면(나는 그렇게 작동한다고 생각한다.), 인격성이 회피의 영역에서 소유물을 통해서 구축된다고 주장하는 것이 정말로 그렇게 대담한 일일까? 혹은 적어도, "소유물들"로부터 구성된다고 주장하는 것이?

'인격'(Person)이라는 단어의 어원은 그 자체로 많은 것을 알려준다. 마르셀 모스(Marcel Mauss)가 전에 지적했듯이(1938[1968]) 라틴어 *persona*(페르소나)는 가면을 의미하는 에트루리아 단어에서 차용되었다.

---

12) [역주] 한 마오리 추장의 이름

우리가 쓰는 person이라는 단어의 의미와 거의 비슷하게 법률적 용어로 사용될 때 조차, 여전히 그 단어는 물질적 대상들(소유물들과 여러 종류의 훈장들)을 통해 확인되는 추상적 사회적 존재라는 의미를 가지고 있다. 노예들, 그리고 대부분의 여자들은 마오리인의 노예와 여성이 타푸(tapu)를 가지지 못하는 것과 동일한 이유로 *personae*(페르소나)를 가지지 못한다.

이로부터 두 가지 중요한 관찰을 끌어낼 수 있다. 첫 번째는 교환과 관련되어 있다. 모스(1925[1954])는 선물을 줄 때, 선물을 주는 사람은 그 자신의 일부를 주는 것이라고 주장했다. 그 사람의 인격이 정말로 소유물의 집합으로 이루어져 있다면, 이것은 분명 사실일 것이다. 하지만 여기서 문제가 되는 '자기'라는 것이 매우 특별한 종류의 '자기'라는 점을 기억하는 것이 중요하다. 명확히 말해, 그 자기는 회피의 수준에서 구성되는 종류의 것이다. 모스류의 선물 증여는, 내가 알기로는, 어떤 종류의 전형적인 농담 관계와도 함께 일어나지 않는다. 대신 그것은 많은 경우 회피와 함께 일어난다.[13)]

두 번째로, 소유물이 이런 방식으로 인격을 구축하는 한에서, 소유물

---

13) 다시 한 번, 내가 농담 행위가 선물을 수여하는 행위(gift giving)와 함께 일어나지 않는 것 같다고 말하는 것은, 농담 행위에서 교환(exchange)이 존재하지 않는다는 말은 아니다. 교환은 함께 일어날 수 있다. 가장 분명한 예가 물물교환의 매우 공통된 형식에 존재한다. 다른 경우 조금 더 모호한 예는, 베네수엘라의 야노마미인에 의해 수행되었다는 촌락 간 교환의 형식에서 찾아볼 수 있다(Changnon 1968). 한쪽이 다른 쪽 마을에 온갖 조롱과 위협을 가하면서 등장한다. 당하는 쪽은 그 위협을 침착하게 무시한다. 방문한 쪽은 소유하고 있는 물품들을 요구한다. 이를 거절할 수 없다. 이런 요구에는 한계가 있다. 나중에 당하는 쪽이 거꾸로 마을에 가서 똑같은 일을 벌일 권리가 있고, 이를 알고 있기 때문이다. 여기서 재미있는 것은, 우리가 모스 도식의 일종의 거울 이미지를 다루고 있다는 것이다. 상호적인 증여가 아니라, 대신 상호적인 상품 수탈이 일어난다. 이것이 농담의 낌새를 보이는 행동과 함께 나타나야 한다는 사실은 그리 놀라운 것이 아니다.

은 어떠한 실질적 용도도 가질 필요가 없다.[14] 용도를 가지지 않는 편이 여러 면에서 아마 더 나을 것이다. 소유물은 그저 그 소유주에 대해 무언가를 이야기하면 된다. 이 지점은 다른 글(Graeber 1996)에서 좀 길게 논의했던 주제인데, 여기에서는 대상들이 이처럼 소유주에 대해 이야기를 할 수 있게 해주고, 소유물이 비교하고 대조할 수 있게 해주는, 더 큰 의미의 규칙이 핵심이라는 점만 말해두기로 하자. 이런 의미의 규칙이 꼭 교환 가치의 일종일 필요는 없지만, 교환 가치가 가장 두드러진 예이다. 나는 유럽에서 교환 가치가 사회적 관계들의 매개로 일반화한 것이 회피의 일반화와 동반하여 일어났던 것은 우연이 아니라고 주장할 것이다. 하지만 이에 대해서는 조금 후에 다시 이야기해야 할 것 같다. 위계로 나아가기 전에, 명료하게 정리할 필요가 있다. 농담과 회피 관계를 장난치는 친밀성에서 격식을 갖춘 식사까지 모든 것을 포함하는 연속체의 양극으로 다루면서, 모든 행위가 반드시 농담 혹은 회피에 속한다고 말하려는 것은 아니다. 모든 존경의 관계가 예속을 포함한다고 말하려고 한 것도 당연히 아니다. 모든 친밀성의 관계가 경쟁이나 공격의 어떤 요소를 포함한다고 말하는 것은 더욱 아니다. 차라리 내가 설명하고 있는 것은 잘해봐야 이런 것의 한 측면을 보여주는 논리이다(비록 이런 논리가 여러 사회에서 다양한 방식으로 작동한다고 할지라도 말이다). 항상 다른 논리들이 존재하기 마련이다. 예를 들어 나는 인류학자가 '물질을 공유하는 관계'(relations of common substance)라고 부르는 것에 대해서는 설명하지 않았다. 그 관계

---

14) 셰익스피어에서 헨리 5세가 프랑스는 자신의 광대의 장신구라고 말할 때, 그는 장신구 혹은 휘장이 우리가 '물질적 소유물'(real property)이라고 부르는 것과 의미상 완전히 동등하다는 것을 표현하고 있다. 이에 대해서는 내 글(1996)을 참조하라.

에서는 신체적인 요소나 물질을 부르는 완전한 물질주의적 어법이, 인간 사이의 상호 배려와 책임의 기초로 여길 수도 있다.[15] 결국에는 성적 관계가 한쪽이 다른 한쪽을 소비하는 문제로 표상되지 않아도 된다. 두 사람이 음식을 공유하는 것으로 그려질 수도 있다.

위계에 대하여

대부분의 그리스 사상에서 '선(善)'이라는 용어는 무엇보다 어떤 분명한 특성을 함축하고 있다. 비록 그것이 여전히 본질적으로 부정적인 의미이기는 하지만 말이다. 이는 소크라테스에서 연원한 거의 모든 그리스 도덕철학 학파가 주장한 것이다. 이상주의적인 견유주의자였던 디오게네스적 정신에서 말이다. 디오게네스는 에피쿠로스적 냉담함과 스토아적 무관심 속에서, 사람들이 그에게 주는 것조차 원하지 않았다. good의 본질은, 평범한 사람들의 경험에서조차, 자기 충족, 즉 개체 외부에 있는 것들에 대한 의존으로부터 자유로운 것에 있다. (Lovejoy 1936: 42)

차덴의 궁금증은 아직 다 풀리지 않았다. 그는 한동안 이리저리 생각하더니 묻는다.

"왕도 황제 앞에서는 부동자세를 취해야 할까?"

아무도 이를 정확히 아는 사람은 없지만 우리는 그러리라 생각하지 않는다. 두 사람 다 신분이 너무 높아서 확실히 부동자세 같은건 취하지 않

---

15) 이것은 많은 경우 마셜 살린스(1972)가 "일반화된 호혜성"(generalized reciprocity)이라고 부른 것과 함께 나타난다.

을 것 같다.

"넌 무슨 그런 쓸데없는 궁리를 하는 거냐?" 카친스키가 말한다.

"중요한 것은 넌 부동자세를 취해야 한다는 사실이야."

하지만 차덴은 완전히 매료되어 있다. 평소에는 너무나 메마른 그의 상상력이 잔뜩 부풀어 오른다.

"이봐" 그가 분명한 어조로 말한다.

"난 황제도 우리처럼 화장실에 간다는 사실이 도무지 이해가 되질 않아."

우리 중 누구도 이것에 대해서 완전히 확신할 수 없었다. 하지만 우리는 그러지 않아야 한다고 추측했다. 그들은 둘 모두 너무 고귀하기 때문에 뻣뻣하게 서 있는 것은 아마 권장되지 않을 것이다.

"말도 안되는 소리" 카트가 말했다.

"핵심은 너희들이 스스로 꼿꼿이 서 있는 거야."

하지만 드자덴은 아주 매력적이었다. 그의 다른 한편의 지루한 상상은 비눗방울 불기였다.

"하지만 보라고." 그가 말했다.

"나는 단지 왕이 내가 그러는 것처럼 변소에 가야 한다는 것을 믿을 수 없을 뿐이야."

- 레마르크, 『서부전선 이상없다』

'위계'는 오늘날 사회과학에서 아주 자주 쓰는 용어가 되었다. 비록 그것이 자주 별 생각 없이 사용되어서, 어떤 저자가 이 단어를 쓸 때 그것이 정확히 무엇을 의미하는지 파악하기가 매우 어렵지만 말이다. 어떤 항목의 집합이 위계적으로 조직되었다고 하는 것은, 결국 그 집합의 항목에 어떤 방식으로든 순위가 매겨졌다는 말이다. 하지만 순위를 매기는 방식은 여러 가지이다.

가장 즉각적으로 떠오르는 것은 '선형적 위계'라고 불릴 수 있을 만한 방법이다. 이는 항목들을 자를 재서 배열하듯 순위를 매기는 방식이다. 만약 어떤 두 항목을 제시하면, 어느 것이 더 높고 어느 것이 더 낮은지 바로 알 수 있도록 말이다. 이런 선형적 위계의 고전적인 예로는 아마 아서 러브조이(Arthur Oncken Lovejoy 1936)에 의해 유명해진 존재의 거대한 고리(Great Chain of Being)를 들 수 있을 것이다. 이것은 중세와 르네상스 학자들이 존재하는 모든 피조물을 이끼와 달팽이에서 인간과 천사에 이르기까지, 이성적인 영혼을 가진다고 여겨지는 정도에 따라 배열하는 체계였다. 러브조이는 이런 체계 안에 순위를 매기는 방식이 단 한 가지만 존재한다는 점이 매우 중요하다고 지적한다. 다른 기준이 도입되자마자, 전체 체계는 혼란스럽게 해체될 것이다(1936: 56~7).

하지만 인류학자들이 '사회적 위계'를 언급할 때, 염두에 둔 것은 아마 아주 다른 형태의 함축적 모델일 것이다. 존재의 위대한 고리보다 식물학자나 동물학자가 사용하는 분류학적 위계에 더 가까운 것 말이다. 이것들은 종종 포함적 위계(hierarchies of inclusion)라고 불린다. 각각의 수준이 그 아래에 있는 수준을 포괄하기 때문이다. 사자는 고양이의 한 종류이다. 고양이는 포유류의 한 종류이다. 포유류는 척추동물의 한 종류이다. 기타 등등. 더 많이 포괄하고 더 추상적일수록, 수준이 더 높다. 즉, 더 큰 일반성을 가지는 한에서 더 수준이 높다는 말이다. 이런 종류의 분류학적 위계는 단순한 선형적 위계와는 명백히 아주 다르다. 하지만 사회과학자들은 그 둘을 잘 구분하지 않는다. 루이 뒤몽(Louis Dumont) 같은 프랑스 인류학자는(이 사람이 사실 위계라는 용어가 대중적으로 사용되는 데 가장 큰 역할을 했는데) 아주 의식적으로 이런 구분을 매길 필요가 없다고 주장한다. 사회적 범주에 순위가 매겨질 때, 그것은 **항상** 더 큰 일반성과 포괄성의 바탕 위에서 이루어진다는 말이다.

위계의 본성에 대한 뒤몽의 주장을 좀더 자세히 이야기해보겠다. 왜냐하면, 내가 보기에 뒤몽의 주장이 이후에 이어지는 엄청난 혼란의 근원이 되는 듯하기 때문이다.

이 주장들은 인도 카스트 제도, 특히 바르나(varna)의 4중 분할을 설명하는 뒤몽의 독창적인 구조적 분석으로 거슬러 올라간다. 여기서 이 체계에 대한 뒤몽의 공식적인 분석을 슬쩍 살펴보는 것이 유용할 것이다. (Dumont 1970: 67) 이 분석은 사실 아주 간단하다. 뒤몽은 간단한 선형적 위계를 묘사하면서 시작한다. 모든 것은 순수함에 기초해 있다. 브라만 (성직자들)은 크샤트리아(전사들)보다 더 순수하다. 크샤트리아는 바이샤 (상인)보다 더 순수하다. 그리고 바이샤는 수드라(농민들)보다 더 순수하다. 하지만 이렇게 말하고 나서, 그는 이 순위 매기기가 "일련의 연속적인 이분법 혹은 포섭"을 통해 이루어진다고 계속해서 설명한다(이렇게 함으로써 분류적 위계가 존재함을 의미하고 있는 것이다).

네 개의 바르나는 두 개로 나뉜다. 마지막 범주인 수드라는 처음 세 개의 블록에 대립한다. 그 세 개 범주의 구성원은 "두 번 태어난다". 이 두 번 태어나는 이들은 차례로 둘로 나뉜다. 다시 바이샤는 브라만과 크샤트리아에 의해 형성된 블록에 대립한다. 그리고 그 블록은 둘로 나뉜다 (위의 책).

조금 복잡하지만 기본적인 생각은 아주 단순하다. 사다리의 어떤 지점에서건, 어떻게 보면 꼭대기에 있는 것은 서로 뭉쳐 있는 것으로 보인다. 그것들이 바로 밑에 있는 것들에 비해 우월하다는 점에서 말이다. 이것은 어떤 의미에서는 명백한 진실이다. 사다리의 꼭대기를 향해 있는 자의 관점에서 본다면 특히 그렇다. 하지만 이렇게 상황을 표현하는 것은 다른 대부분의 사람이 계층 제도에서 가장 중요한 특징이라고 생각하는 것을 회피하려는 의도적 노력인 것처럼 보인다. 바닥에 있는 사람의 관점에서 보면, [위계는] 포함의 체계가 아니라 배제의 체계라는 점 말이다. 사실 이는 꼭 바닥에 있는 자의 관점에서만 그런 것은 아니다. 최상위 집단인 브라만은 그들 자신이 다른 모든 것으로부터 분리된 이들이라고, 특별히 깨끗하고 신성하다고 생각한다. 그들이 보기에 다른 모든 이들은 브라만의 순수함을 모두 결여하고 있다는 점에서, 어떤 종류의 분화되지 않은 덩어리이자 서로에게 스며들며 심지어 인간이 아닌 어떤 것과도 융합되는 것이다. 그러나 그 다음으로 높은 집단인 크샤트리아의 관점에서, 좀더 적절한 대립선은 크샤트리아와 브라만 둘 모두를 다른 잔여적 범주(상대적으로 순수하지 못한)로부터 분리하는 것이다. 그리고 이제 두 번 태어난 이들과 그렇지 않은 다른 자들 사이의 대립이 등장한다. 여기서 다른 이들이란 수드라와 불가촉천민을 모두 포함하고, 불가촉천민이란 아주 바닥이라 네 단계의 구분에서 완전히 떨어져 나간 이들이며, 그래서 뒤몽이 전혀 고려하지 않은 사람들이다. 기타 등등.

아마 이 모든 선형적 위계를 '포함적'이라기보다는 '배타적'이라고 묘사하는 것이 가장 적절할 것이다. 우리는 이런 논리가 회피의 논리와 매우 비슷하다는 것을 관찰할 수 있다. 왜냐하면 더 높은 집단이 그 외의 다른 모든 것으로 이루어진 잔여적 범주와 구분되고 있기 때문이다.

그러나 만약 그렇다면, 어떻게 사회과학자들이 두 가지 다른 종류의 위계를 구분하지 않고 심지어 그것이 똑같다고 주장하게 되는지 좀더 쉽게 이해할 수 있을 것이다. 그것은 현실에 존재하는 모든 사회적 위계가 그 두 가지를 융합하려고 하기 때문이다. 항상, 무언가를 포함하는 더욱 더 높은 수준이 존재한다(가세에서 혈통, 씨족, 부족에 이르는 포함의 관계, 혹은 가계에서 교구, 도시, 나라에 이르는 관계). 하지만 상승하면서 점차 배타적이 되는 일련의 집단들도 존재한다. 그 배타적인 집단은 전체를 모든 수준에서 대변할 수 있게 됨으로써 배타적 지위를 얻는다.[16] 선형적 위계와 분류적 위계는 이와 같이 서로 겹쳐지는 경향이 있다.

다시 마오리인의 전통적인 혈통 체계로 돌아가자. 한편에서 보면, 사회는 인류학자들이 선분적인 혈통적 체계(사회집단들에 대한 일종의 분류학적 범주화)라고 부르는 것에 따라 이상적으로 조직되어 있었다. 모든 가계는 혈통에 속하고, 모든 혈통은 씨족에 속하고, 모든 씨족은 부족에 속했다. 각각의 분류학적 수준에서, 이 각각의 집단들은 그 대표를 가졌다. '지도자'(headman) 혹은 '추장'이라고 불리는 자 말이다. 그리고 이 지도자나 추장은 그의 혈통 혹은 씨족 혹은 부족에 속한 모든 것을 '소유한다'고도 여겼다.[17] 말할 필요도 없이, 그 대표가 분류학적 위계에서 더 높은 지위를 차지할수록, 그는 더 많은 타푸(tapu)를 가졌다. 바로 이 지점이 재미있어지는 부분이다. 왜냐하면(내가 지적했듯이), 배타적 요소가 도입되는 것이 바로 타푸의 관념을 통해서이기 때문이다. 이것은 주어진 어

---

16) 사실, 서로 다른 체계들은 어느 한 쪽에 더 많이 치우쳐 있다. 인도의 카스트 체계는 당연히 선형적 위계 쪽으로 강하게 치우쳐 있다. 유명한 예를 들자면, 누어(Nuer)인의 분절적 체계는 그 반대로 치우쳐 있다. 하지만 완전히 한쪽 측면만 보이는 사회를 발견할 수는 없을 거라 생각한다.

17) 이런 의미에서의 '소유'(ownership)는 어떤 종류의 권리나 의무와도 일반적으로 별 관련이 없다.

떤 대표자의 권한이 클수록 그가 대표하는 집단은 좀더 포함적이 되고, 대표자는 다른 모든 것들로부터(자신의 씨족이나 혈통의 다른 구성원도 포함해서) 좀더 분리된다는 것을 의미한다.[18] 씨족의 우두머리로서, 나는 씨족의 다른 모든 이들을 대신한다. 특히, 외부인과의 거래에서 그렇다. 그러므로 씨족민들은 어떤 의미에서 내 정치적 페르소나에 '포함되어 있다'. 하지만 이것은 결과적으로 나를 좀더 높고 '배타적인' 종류의 사람으로 만들며, 나와 같은 수준에 있는 다른 씨족의 추장과 나란히 상호작용할 수 있도록 만든다. 하지만 나에게 포함되어 있는 이들과는 상호작용하기에 적합하지 않도록 만든다. 그리고 당연히, 부족의 우두머리의 지위는 더[씨족장보다 더] 배타적이다.

조금만 생각해보면, 사회가 점점 더 포괄적인 집단으로 구성되어 있는 거의 모든 장소에서, 이런 일이 발생하고 있다는 점을 분명히 알 수 있다. 만약 이 집단이 대표자를 가진다면(남작, 공작, 왕, 시장, 도지사, 대통령), 이 대표자는 대표하는 사람들로부터 떨어져서 더욱더 배타적인 사람으로 설정될 것이다. 분류학적 위계에서 그들이 대표하는 집단이 더 높을수록, 대표자는 좀 더 추상적이고 보편적인 존재가 된다. 그래서 그들은 세계와 더 분리된다. 그들이 대표하는 이들까지 포함해서 말이다.

이런 논리가 결국에는 사회 계급의 이데올로기와 같은 것으로 이어지는 것을 쉽게 확인할 수 있다. 또한 이런 논리는 사람들이 계급에 대해

---

18) 언어학적 용어를 쓰자면, 언급해야 하는 사람이 높으면 높을 수록, 점점 더 그는 무표항 (unmarked term)이 된다. 이 무표항은 "인간"을 의미할 뿐만 아니라, "가계", "씨족", "부족" 등등을 의미하게 된다. 이것은 회피와 보편주의에 대한 내 의견과(분류학적 위계에서 위로 이동하는 것) 아주 잘 맞아 떨어진다. 하지만 이는 타푸를 다소 역설적인 과정으로 만들어 버린다. 무표적인 것에 표식을 다는 과정 말이다.

생각하는 방식에서 나타나는 희한한 일관성을 설명하는 데도 도움이 된다. 예를 들어, 사회의 상층 계급 사람들이 그 아래에 있는 사람들보다 더 세련되고 품위 있고 잘생겼고 재치 있고 감정을 잘 절제한다는 이야기를 얼마나 많이 듣곤 하는가? 혹은 또 하층 계급이 생긴 것이나 예절에서나 상스럽고 못생겼다는 이야기를 얼마나 자주 듣게 되는가?(하지만 동시에 감정을 표현하는 데 자유롭고 좀더 자연스럽다는 이야기도 듣게 된다.) 대부분의 사람들은 상층과 하층이 이런 방식으로 달라야 하는 것이 당연한 것이라 여기는 것 같다(만약 사람들이 이런 구분에 대해 생각해본다면, 아마도 사람들은 이를 건강이나 직업 혹은 여가 활동의 차이 탓이라고 치부할 것이다). 혹은 적어도, 상층과 하층 계급은 그렇게 표상되어야 한다. 사실 이런 전형(典刑)은 중세 유럽처럼 상위 계층이 힘없는 농민으로부터 보호세를 갈취하는 무장한 깡패와 다를 바 없는 이들로 설명될 수 있는 시대와 장소에까지 거슬러 올라가 발견된다.

바로 이 지점에서, 개인적 관계의 역학에서 작동하는 농담과 회피의 역할에서 벗어나, 하나의 사회 계급 혹은 계층이 자기 집단의 구성원을 서로 지도하고 관리함으로써 자기 집단보다 아래에 있다고 여기는 이들과 거리를 만들고 구분하는 방식으로 옮겨가야 하겠다. 노르베르트 엘리아스(Norbert Elias, 1978)는 중세 귀족과 귀부인이 자신을 신민들과 구분하기 위해 사용했던 예절 교본(courtesy manual)에 대해 얼마간 쓴 적이 있었다. 엘리아스에 따르면, 이 지침서는 일차적으로 독자들[귀족]이 신체적 기능을 억제하고(적어도 아랫사람들 앞에서는), 자연적인 충동과 폭력적인 감정 모두를 통제하며, (내가 말했듯이) 어떤 "당혹감이나 수치의 경계"를 유지하도록 하는 데에 초점이 맞추어져 있다. 다시 말하자면, 회피 행위의 선을 따라 나타나는 어떤 것을, 혹은 어찌되었건 격식을 갖춰

경의를 표하는 상황에서 지켜야 하는 행위를 다루고 있다는 말이다. 차이점은 요구되는 표준이 어떤 수준에서는 상호적이라는 점이다. 이런 규범을 지키면서, 한쪽 편은 다른 편을 세계(그 자신의 공손한 자아를 포함하고 있는 세계)에 반하는 것으로 떼어내지 않는다. 대신 이런 세련됨을 갖추지 못하고 상호작용하는 이들로부터 둘 모두를 떼어놓게 된다. 그리고 이 모든 것은 이 예절 지침서에서 아주 명백하게 나와 있으며, 끊임없이 환기된다. 농부나 동물처럼 행동해서는 안된다고 말이다.

평범한 사람을 짐승과 같은 존재로 여기는 경향은, 행동거지의 표준을 설정하는 것이 귀족으로 하여금 자신들을 "세계와 거의 융합되어 있는 잔여적 범주"에 대립되고 그것을 넘어서 존재하는 회피의 수준에 위치 짓도록 하는 방법이라는 관념과 완벽하게 조화되었다. 이와 비슷한 태도를 농노가 "거의 인간이 아닌 괴물"로서 파악되는 문학적 진형에서 발견할 수 있다(Le Goff 1978: 93). 그리고 중세 미술에서도 발견할 수 있다. 중세 미술에서,

> 인간은 종종 자연의 일부로 묘사되었다. 동물-인간이나 식물-인간의 이미지, 인간의 머리를 가진 나무, 사람의 모습을 닮은 산, 많은 손과 많은 다리를 가진 존재는 고대와 중세를 거쳐 끊임없이 반복되었고 피터르브뢰헐(Pieter Brueghel)이나 히에로니무스 보스(Hieronymus Bosch)의 작품에서 가장 완전하게 표현되었다(Gurevich 1985: 53).

귀르비치는 이를 지적하지 않지만 —— 굳이 지적할 필요가 없었다. —— 그가 언급하는 '인간'은 평범한 인간이다. 제사장이나 귀족은 반은 나무로

되어 있는 존재로 묘사되지 않는다.[19]

그러나, 신체와 물질이 혼재된 물질세계의 이런 이미지에서 정말 재미있는 것은, 그것들이 단순히 귀족의 관점을 반영하는 것이 아니라는 사실이다. 예를 들어 미하일 바흐친(1984)은 라블레에 대한 그의 유명한 연구에서, 중세와 근대 초기에 대중문화와 대중적 이미지 내부에는 강한 긴장이 있었다고 설명한다. 그에 따르면, 특권층과 그들의 대표자가 사회의 하층을 격하하기 위해 전형적으로 동원된 여러 성질(호색하고 취했으며 신체의 충동에 따라 행동하고 괴물 같고 투박한)을 반영한 문화와 이미지가 있는가 하면, 대신 이를 지지하고 찬양한 문화와 이미지가 있었다. 이런 경향이 카니발 같은 축제에서 가장 잘 나타나기 때문에, 바흐친은 이를 '카니발적인 것'(carnivalesque)이라 부른다. 하지만 그는 또한 이것이 대중문화에도 널리 퍼져 있었다고 주장한다. 이런 경향은 시버리(Charivaris)[20]부터 옛날이야기, 기적극들, 그리고 떠돌이 의사와 약장수들의 만담 혹은 아주 복잡한 외설적인 관용구 그리고 중세 시장에서 흔히 나타나던 욕설 등에 색조와 특성을 부여했다. 많은 경우 바흐친은 이런 종류의 그로테스크한 이미지를 딱딱하고 억압적이고 위계적인 그 시대의 '공식적 문화' 정반대에 놓였던 것으로 파악한다. 이것은 교회와 세속 권위가 대중에게 속여서 떠안긴 정적이고 생명력 없는 금욕주의에 대한 저항이라 할 수 있다.

---

19) 여기서 농부를 땅을 소유하는 존재만큼이나 '땅에 소유되는' 존재로 설명하는 법적 개념들에 대해 이야기해볼 수도 있을 것이다. 혹은 오늘날에도 여전히 흔히 사용되는 어원들에 대해서도 이야기해 볼 수 있을 것이다. 예를 들어 옥스포드 영어 사전에 보면 'clown'(광대)이라는 영어 단어는 '농부'와 '멍덩어리' 둘 모두를 뜻하는 독일어 어원에서 나왔다고 한다(clod(흙덩어리)라는 단어도 동일한 어원을 가지고 있다).

20) [역주] 신혼부부를 위해 냄비, 주전자 등으로 시끄러운 장단을 치는 것.

바흐친은 분명히 뭔가를 알고 있었다. 하지만 바흐친은 우리가 상위 문화와 하위 문화라고 부르는 것을 너무 날카롭게 갈라놓았던 것 같다. 내가 이제껏 만드려고 했던 위계의 관점이 가진 장점 중 하나는 이런 날카로운 선을 그릴 필요가 없다는 점이다. 히에로니무스 보스와 피터르 브뤼헐의 작품에 있는 그로테스크한 요소들은 대중문화에서 나온 것일까, 아니면 특권층이 가진 보통 사람들에 대한 관념에서 나온 것이었을까? 정말 이런 질문을 던져야 하는 것일까? 결국 카니발에 참여하는 것은 농노나 떠돌이 장인뿐만이 아니었다. 상인, 수도자들, 그리고 남작들도 참여했다. 만약 카니발에서의 주안점이 분명 농담하는 신체에 있었다면(섹스, 탐욕, 폭력, 명랑한 욕설), 아마 우리가 정말 질문해야 하는 것은 이 모든 요소가 각각 다른 참가자들에게 무엇을 의미했는지, 그리고 그것이 항상 동일한 것이었는지 그렇지 않았는지의 여부이다.

두 가지 극단적 관점 사이에 참으로 넓은 연속성이 있다는 것을 보여주는 증거에는 어떤 것이 있을까? 가장 고위층에게, 카니발은 대중을 위한 방종이며, 대중들이 바보 노릇을 하며 자신들의 바탕과 죄 많은 본성을 터트릴 기회였다. 좀 더 신중한 기능주의적 이론도 가능했다. 평범한 사람들이 약간은 기운이 나도록 해줘라. 심지어 며칠 동안 세상을 뒤집으며 놀도록 하라. 그러면 사람들이 그 이외의 기간 동안 좀더 쉽게 인내할 수 있을 것이다.[21] 심지어 하위 기사나 장인 기술자도 종종 카니발에 참

---

21) 버크(Berke 1978: 199~204)는 '김 빼기'(letting off steam)라는 은유가 기술적으로 가능해진 시점에서 사용되기 시작했다고 지적한다. 그 전에 사람들이 즐겨 사용하던 은유는 포도주 통의 압력을 낮추는 것이었다. 하지만 당시에도 많은 이들은 안전 밸브가 풀리면서 대중적 축제가 엄청나게 빈곤해졌다는 지적에 반대했다. 수많은 진심어린 저항이 축제로부터 발전해 나왔기 때문이다(Bercé 1976 ; Berke op cit.; Davis 1980). 버스(Bercé)는 16, 17세기 프랑스 도시에서 카니발이 준비되는 모습에 대해 생생하게 설명한다. 카니발이 준비되던 동안, 도시 성

여했을 것이다. 반은 재미삼아, 그리고 반은 경멸을 감추고서.

그러나 가장 하부에 있는 이에게 ── 그리고 그렇게는 낮지 않은 많은 이에게 ── 농담 요소는 진정 전복적으로 보일 수 있었다. 그리고 이것은 전체적으로 '카니발적인 것'에서 분명한 사실이었다.

내가 이제껏 말한 것을 받아들인다면, 이것이 이루어지는 적어도 두 가지 서로 다른 방식도 쉽게 파악할 수 있다. 첫 번째는 아주 간단하다. 농담 관계들은 공격적 방식으로 유발된다. 좋은 것을 취하고 나쁜 것을 쥐버리는 방식으로 말이다. 그 시대의 대중적 문화에서, 이런 공격적 언어는 많은 경우 암시적으로 정치적 효과를 일으키는 데 사용된다. 젊은 농노 친구가 매우 빈번히 주인의 허를 찌르고, (로버트 달턴이 지적하듯이) 그것이 무엇이건 어떻게든 얻어내고 적을 욕되게 하곤 하는 옛날이야기는 아주 좋은 예다. "영리한 약자들은 강력한 억압자를 제물로 삼아 이구동성의 웃음소리를 불러일으킴으로써 그를 비웃는다. 이는 많은 경우 외설적인 방식으로 이루어진다. 그는 왕이 엉덩이를 보이게 만들어서 체면을 잃도록 한다." 그래서 이것은 풍자적인 시버리나 다른 종류의 '거친 음악'과 함께 이루어진다. 바흐친(1984: 197, 등등)은 카니발에서 왕을 놀리거나 왕위를 박탈하는 것이 보다 보편적으로 나타나는 공격이라고, 위계 그 자체의 원리에 반하는 것이라고 봤다.

이 마지막 예는 농담에 존재하는 두번째 전복적 요소에 근접한다. 내가 보기에 이것 또한 훨씬 심오한 것이다. 카니발에서는, 위계가 일시적으로 중단되거나 뒤집어졌을 뿐만 아니라, 전체 세계가 '환락의 영토'

벽을 순찰하던 군인은 성벽 난간에 있는 대포의 방향을 조정해서 도시를 향하도록 했다. 심각한 소란이 일어날 상황에 대비한 것이다.

(Land of Cockaigne)로 재구축되었다. 흔히 말하는 것에 따르면, 그곳은 세계를, 그리고 서로를 행복하게 먹어 치워버리는 육체만이 있는 곳이었다. 바흐친은 이런 기괴한 모습이, 그 농담과 웃음이, 위계를 누그러뜨리는 보편적 수단임을 암시한다. 오로지 농담하는 신체만을 재현함으로써 공식적 문화의 구조가 무너졌고, 그럼으로써 가장 고상한 첨탑들조차 어쩔 수 없이 땅바닥에 내팽개쳐졌다. 내가 이 논문에서 사용했던 범주에 따르면, 이것은 완전히 이치에 맞다. 만약 회피의 원리를 모두 거부한다면, 만약 어떤 것도 분리되거나 신성화되지 않는다면, 위계는 존재할 수 없다. 농담 세계에는 오직 육체들만이 있으며, 그들 사이의 유일한 차이는 어떤 것이 다른 것보다 더 크거나 더 강하다는 것뿐이다. 강한 것은 좋은 것을 더 많이 가져가고 나쁜 것을 더 많이 줘버린다. 이것이 현대 사회 질서의 관점에 대해서 가지는 함의는, 특히 세계의 권력자나 상위층이 가진 도덕 표준에 대해서 가지는 함의는 말할 필요가 없을 것이다.

언제나처럼, 상황이 이보다 더 복잡하다는 것을 나도 알고 있다는 점을 말해둬야 할 것 같다. 나는 특정한 하나의 측면을 다루고 있다. 예를 들어 카니발에서는 농담 싸움이 아니라 한가로운 황금시대를 강조하는 요소도 존재했다. 이것은 교회 사상가들과 인기있는 반란자들 사이에서 사회를 비판하는 데 사용된 중요한 요소였다. 그리고 이런 요소는 고전적 테마를 떠오르게 한다. (Cohn 1970 참조) 하지만 여전히, 농담 관계를 통한 유비는 유용한 분석적 틀이다. 모든 종류의 재미있는 가능성들을 열어젖히는 것 이외에는 다른 이유가 없다고 하더라도 말이다.[22] 공공 의식에

---

22) 어쨌든, 그것이 카니발과 같은 의례의 분석을 잠재적으로 더 잘 할 수도 있도록 해준다는 점이 (빅터 터너Victor Turner의 리미널리티liminality와 코뮤니타스communitas 관념보다) 나로서는 충

서 일상적 실천으로 시선을 옮길 때, 특히 이를 잘 볼 수 있다. 바흐친 자신은 중세와 근대 초기 문화에서 시장에서 사용된 언어와, 모욕적이고 외설스러운 대중적 속어에 많은 관심을 보였다(1984: 145~195). 이것이 카니발에서 발생하는 신체적 수준의 세계 재구축과 비슷한 것을 수반한다고 주장하는 것이 정말 너무 무리한 일일까? 만약 그렇다면, 이것은 하위 계층이 상위 계층이 가졌던 심상과 전형을 확실히 강화해 준 실천의 사례가 될 것이다. 비록 의도와는 정반대이지만 말이다. 그리고 마지막으로, 이것은 일회적인 현상이 아닌 것처럼 보인다. 하층 계급들 음란한 언어를 특권 계급보다 좀더 자유롭게, 혹은 적어도 좀더 개방적이고 지속적으로 사용하는 것처럼 보이는 사회는 굉장히 많다. 이것이 사실상 어떤 종류의 전복이라는 인상을, 적어도 인간 존재 조건에 대한 본질적으로 전복적인 관점을 도입한다는 의미로의 전복이라는 인상을 지우기란 쉽지 않다.

회피의 일반화

지금까지, 나는 인간의 인격(human person)을 파악하는 두 가지 서로 다른 방법을 설명해왔다. 인간을 주위의 세계와 궁극적으로 연속되어 있는 신체적 물질의 집합으로 묘사하는 방법과, 세계로부터 분리된 소유물의 추상적 집합으로 묘사하는 방법이었다.[23] 물론 이들이 인간 인격성을 인식하는 가능한 유일한 방법은 아니다. 하지만 이 두 가지는 위계와 격식

격적이다. 빅터 터너의 용어는 너무 일상적으로 쓰여서, 그런 단어를 쓰는 것이 새로운 논의를 자극하기보다는 억압해버린다.
23) 각각은 자기 나름의 특징적인 교환의 관념을 낳게 된다. 한편에서는 물질의 폭력적 교환이 만들어진다면, 다른 한편에서는 소유물의 자선적 교환이 만들어진다.

을 갖춘 공경이 등장하는 상황에서 항상 나타나리라 예상할 수 있을 듯하다.

이 지점에서, 나는 유럽에서 일어난 '문명화 과정'에 대한 엘리아스(Norbert Elias)의 주장과(1978[1939]) 대중 문화의 개혁에 대한 버크(Peter Burke)의 개념을(1978: 207-243) 살펴보려 한다.

엘리아스의 관찰은 유럽 역사에서 다양한 시기에 아이들을 가르치기 위해 쓰였던 입문서들을 비교하는 것에 주로 근거하고 있다. 그 관찰은 12세기부터 시작해서 18세기와 19세기에서 막을 내린다. 엘리아스는 시간에 따라 "당혹감과 수치를 느끼는 경계의 확대"가 계속되는 것을 발견하며, 신체적 기능들, 배설, 공격성, 죽음, 부패(사실상, 회피 관계에서 통상 수치스럽거나 당혹스럽다고 여겨지는 모든 것들)에 대한 어떠한 공적인 승인도 허락해서는 안 된다는 요구가 증가한다는 점을 발견한다. 내가 보기에 엘리아스의 글에서 가장 흥미로운 것은, 중세 예절에 관한 책들에서는 윗사람 앞에서 이루어질 경우에만 수치스럽다고 표상되던 행위들이(예를 들면 테이블보로 코를 푼다든가), 점점 동등한 대상 앞이나 심지어 아랫사람 앞에서조차 곤란한 것으로 표상되게 되었으며, 결국에는 아무도 없다 해도 원칙적으로 피해야 하는 행위로 묘사되었던 과정이다.[24] 나의 방식으로 표현하자면, 회피가 일반화되었다고 말할 수 있을 것이다. 격식을 갖춘 공경과 경의가 오고가는 관계에 적용되었던 행위의 원칙이 점점 모든 사회적 관계를 위한 용어로 설정되었다는 의미에서 말이다. 그

---

24) 심지어 의학이 '개인적 위생'에 대한 주장을 펼치기도 전에, 에라스무스는 아이들에게 혼자 있더라도 예절을 지키라고 말했다. 왜냐하면 우리는 알아채지 못하는 천사가 이를 보고 있을 수 있기 때문이다.

것들은 아주 완전히 내면화되어, 결국 사람들이 자기 자신을 둘러싼 세계와 맺는 가장 기초적인 관계를 바꾸어버렸다.

자, 엘리아스 자신은 주로 중세 궁정이나 궁정의 귀족에 대해 관심을 가지고 있다. 엘리아스는 여기에 변화를 추동하는 동력이 있었다면, 그것은 국가가 점점 강제력의 합법적 사용을 독점하게 되었던 것이라고 말한다. 국가의 강제력 독점은 신하들이 그들의 공격적 충동을 안으로 억누르도록 강제했으며, 그 결과 자기 조절의 일반적 원리로 도입하게 되었다. 하지만 또한 엘리아스는 이런 새로운 이상이 정신적으로 완전히 내면화되기 시작한 것은, 이것들이 궁정 너머로 확산되었을 때, 그래서 신흥 부르주아지에게 영향을 미치기 시작했을 때라고 지적한다. 이런 확산은 16~18세기에 광범위하게 일어났다. 중간계급 개혁가들은 궁정 예절이 세련된 부자연스러움을 가졌다고 폄하하곤 했다. 그들은 궁정 예절이 주로 불쾌한 차별을 만들어내고, 어떤 사람들을 다른 사람보다 상위에 놓는다고 비판했다. 그리고 자신들이 가지고 있는 행동의 표준이 더 정직하고 도덕적이고 자연적이어서 전체 사회에서 받아들여지기에 적합한 것이라 내세웠다(Elias, 1978: 42~50).[25]

버크가 말하는 '대중문화의 개혁'은 이와 동일한 운동의 일부였다. 본질적으로 그것은 많은 부분 중간계급의 종교적 권위에 기반하여, 다음과 같은 예절을 발전시키는 시도로 귀결되었다. 그 시도의 대부분은 대중적 삶에서 카니발적인 요소의 모든 흔적을 지우는 것이었다. 버크는 없애

---

25) '문명화 과정'이라는 엘리아스의 아이디어는 아주 대놓고 진화론적이며, 많은 비판을 받았다. 많은 이들이 엘리아스가 궁정 사회에 지나치게 많은 관심을 기울이고, 청교도나 기타 중간계급을 무시하고 있으며, 이는 그의 분석에서 핵심적인 결점이 된다고 지적했다.

야 했던 것으로 (그중 몇 가지만 적자면) "배우, 민요, 곰 곯리기, 소싸움, 카드, 싸구려책, 시버리, 허풍선이, 춤사위, 주사위 던지기, 점술, 행운, 이야기꾼, 점치기, 마법, 가면, 음유시인, 꼭두각시, 선술집, 마녀" 등을 꼽는다(Burke 1978: 208). 영국에서, 청교도는 실제로 그들의 캠페인을 '예절의 개혁'이라고 불렀다. 청교도는 이 명목으로 대폿집을 문 닫게 했으며, 성적 도덕과 관련된 법을 강제했으며, 무엇보다도 메이 폴(May pole)[26]이나 가장 무도(Morris dancing)나 크리스마스 파티 같은 대중적 양식의 오락을 규제했다. 가톨릭이 지배적인 유럽에서는, 반-종교개혁 당국이 비슷한 캠페인을 전개했다. 이런 캠페인은 거의 항상 엄청난 반대를 낳았다. 하지만 대부분, 이 개혁은 놀랄 만한 성공을 거뒀다.

내가 보기에는 중간계급의 역할이 결정적이다. 이 시기에 '중간계급'은 본질적으로 "전체 주민 중 가장 충실하게 당대의 상업적 삶을 영위하던 사람"을 의미한다. 상인이나 상점주뿐만 아니라 부유한 농민이나 도시 장인도 중간계급이다. 예를 들자면, 이들이 영국 청교도주의에 가장 큰 매력을 느꼈던 계층이라는 것은 매우 악명높은 사실이다(Tawney 1937: 20; Hill 1964; Wrightson 1984). 또한 이들의 삶은 많은 부분 사적 소유물의 관계에 의해 지배되었으며, 이 역시 매우 중요한 사실이다. 내가 여기서 발전시켜온 용어를 사용하자면, 회피의 일반화는 사회의 모든 성원들이 점점 더 배타적 소유라는 추상적 논리에 의해 규정되는 과정일 것이기 때문이다. 사회의 모든 계급 간의 사회적 삶이 점점 더 시장의 논리에 의해 형성될수록, 한때 상업 계급에게 전형적으로 나타나던 예절이 일반적

---

26) [역주] 5월절(May Day) 기념 기둥. 사람들이 기둥 주위를 돌면서 기둥에 리본을 감고 춤을 춘다.

으로 쓰이게 되었다고 상상해볼 수 있다.

그러면 이러한 질문이 떠오른다. 이런 일과 유사한 민족지적 선례가 존재하는가? 교환관계의 확산이 일상적 행동거지의 상이한 표준으로 이어진 사례가 존재한 적이 있는가? 근대 초기 유럽에서 인격의 개념으로 돌아가기 전에, 이것에 대해 간단히 대답해보겠다.

민족지적 증거가 아주 명확하게 보여주는 하나의 사실은, 두 사람 혹은 두 집단 사이의 관계가 본질적으로 교환을 둘러싸고 정의될 때(그리고 말하자면 물질을 공유한다는 말로 정의되지 않을때), 그 관계에서는 회피의 규칙이 나타나는 강한 경향이 보인다는 것이다. 인척 사이의 관계가 고전적인 예다. 특히 두 가족이 결혼 지불금(marriage payment)을 주고받는 확장된 원환에 들어와 있는 경우 더욱 그러하다.

회피의 규칙이 존재하는 데 그것이 점차 약해져왔던 곳에서는, 굉장히 많은 경우 상황을 바로잡기 위해 어떤 격식을 갖춘 교환이 요청된다. 때때로 이것들은 벌금의 형식을 취하는데, 꼭 그럴 필요가 있는 것은 아니다. 맥컬리스터(MacAllister 1937: 131)는 우연히 장모와 마주치게 된 키오와 아파치인(Kiowa-Apache)[27] 남자의 사례에 대해 이야기해준다. (그들은 장모와 접촉해서는 안된다.) 이를 바로잡기 위해, 둘은 말을 교환하게 되었다. 로이 와그너(Roy Wagner)에 따르면, 비슷한 일이 뉴기니(New Guinea)의 다리비인(Daribi) 사이에서도 일반적으로 이루어진다. 거기에서 남자는 장모에게 눈길도 줘서는 안 된다. 우연히 이런 일이 일어나면, 둘은 서로 만나서 동등한 가치의 남성 재화와 여성 재화를 교환해야 한다. 그리고는 이전의 상황으로 다시 돌아갈 수 있게 된다. 분명히, 이 두

---

27) [역주] 주로 오클라호마 아파치라고 알려진 아메리카 원주민.

가지 사례에서 우리는 처벌이나 보상을 다루고 있는 것이 아니다. 두 집단은 결국 그 전에 그들이 가졌던 것과 정확히 동일한 가치의 물건을 가지게 되었다. 이것은 보상의 문제라기보다는, 단순한 회복이나 수리의 문제인 것처럼 보인다. 두 사람은 일어나서는 안 되는 접촉을 하게 되었다. 회피의 형식에 생긴 균열은 교환의 수단을 통해서만 회복될 수 있다. 왜냐하면 상품을 교환하는 행위는 그 자체로 관계를 신체와 실체의 수준에서 추상적인 소유의 수준으로 전환시키기 때문이다.[28]

더 자주 일어나는 일은, 만약 회피의 규칙이 위배되면, 적은 액수의 벌금이 하위계층집단(회피의 의무를 지고 있는 집단)에게 부과되는 것이다. 하지만 여기에서조차, 벌금은 단순한 보상 이상이다. 뭔가를 주는 바로 그 행위는 관계를 적합한 추상 수준으로 회복시키는 기능도 한다. 그리고 사람이나 다른 사람의 재산에 실제로 손상이 생겨 벌금이 부과되었을 때에도 이런 일이 일어난다. 이런 관점에서라면 인척 간 지불(affinal payment)도 마찬가지이다. 사실, 인류학자들이 '선물 경제'라고 부르는 것을 형성하기 위해 조직되는 여러 종류의 거래는 모두 이러하다.

선물의 목적에서 보다 재미있는 것은, 이런 격식을 차린 교환의 네트워크가 너무 중요해져서 그것들이 사회적 삶의 관점을 정립하는 중심적 제도라고 여겨지게 될 때 사회에 일어나는 일이다. 이런 사회에서, 상호작용의 일상적 표준은 다른 사회에서는 많은 경우 가벼운 회피로 여겨지

---

28) 회피 관계를 위반하는 것은 아니지만, 지나치게 내밀하다고 여겨지는 신체적 접촉(해당 관계를 고려해봤을 때)이 일어나는 유사한 사례들이 있다. 뉴헤브리디스[오스트레일리아 북동 남태평양상의 군도]에서는 "계보상 상관이 있는 두 남성 사이의 남색은 근친상간으로 여겨졌다. 하지만 이는 그리 심각하게 여기지 않았으며, 여기에 가해지는 벌은 두 집단이 돼지를 죽여 교환하는 것이었다"(Corlette 1935 : 486).

는 것을 닮기 시작한다.

　이런 현상을 지적하는 것이 내가 처음은 아니다. 하지만 앞선 인류학자들은 그것을 묘사할 언어를 결여하고 있었던 것 같다. 어떤 이는 베버에 호소했다. 예를 들어 마거릿 미드(Margaret Mead)는 뉴기니의 아드미랄티(Admiralty) 군도의 마누스(Manus) 섬에서 "일종의 자본주의"가 실행되고 있다고 파악했다. 미드는 마누스 섬이 금욕주의와 자기 부정의 에토스에 기초하고 있다고 말했다. 앨프리드 크로버(Alfred Kroeber)는 캘리포니아 유록(Yurok) 인디언의 "기업가 정신"에 대해서 이야기했다. 크로버는 그것이 청교도 윤리와 비슷한 것에서 유래했다고 지적했다. 현대인의 관점에서 보면, 이런 용어는 정말이지 부적합해 보인다. 만약 뉴기니의 어부가 자본가가 될 수 있다면, '자본주의'라는 단어는 상당부분 설득력을 잃을 것이다. 그리고 여러 명의 시계 만드는 임금노동자를 고용하는 주식회사의 수장을 지칭하기 위해 새로운 용어를 찾아내야 할 것이다. 하지만 이런 저자들의 생각을 폐기해버리는 것은 지혜롭지 않은 일일 것이다. 마누스 섬의 주민과 유록족 인디언은 확실히 둘 다 사적 소유물에 대한 유럽-아메리카적인 관념들을 떠올리게 하는 어떤 것과, 일종의 통화로 기능하는 조개껍질 화폐를 가지고 있었다. 소유물은 가치의 추상적 매개물에 따라 사고 팔릴 수 있었다. 두 사회 모두 소유물의 교환이 사람들 사이의 관계가 스스로 기능하는 중요한 방식 중 하나인 곳이었다. 심지어, 때때로는 가까운 친족 사이의 관계에서도 말이다. 일상 생활에서 발생하는 상투적인 우여곡절은 많은 부분 누가 무언가를 주고, 누가 무언가를 빚지고, 누가 누군가로부터 무언가를 받는 일로부터 일어났던 것처럼 보인다. 그리고 "금욕주의"가 두드러지게 되었던 일은, 그 관계의 대부분이 교환으로 매개되는 관계 안에서 상당한 정도로 발생한다. 유록 인디언의 격언에는 이런 말이 있다. "섹스는 돈을 가져가 버린다."[29] 이런 관계들 안에서 인간은 소유물을 둘러싸고 있는 제약만큼이나 엄격한 배타적 제약으로 스스로를 구속했던 듯하다.

이 모든 예들은, 사람들 사이에 위계적 관계를 구축하는 일이나 한 계급을 사회의 나머지 다른 부분과 대립시키는 일과 직접적으로 관련을 가지지 않는 회피 관계가 있을 수 있음을 확실히 보여준다. 두 사람이 서로 말(horse)을 교환할 때, 그들은 동등한 가치를 가진 소유물과 그들을 동일시함으로써, 사람으로서의 그들의 동등성을 만들어낸다. 유사하게, 마누스나 유룩인의 사례에서, 모든 사람을 비교할 수 있었던 것은 화폐(소유물의 어떤 부분이든 그 가치를 비교 가능할 수 있게 만들어주는 추상적 체계)가 있었기 때문이다. 교환을 포함한 맥락에서는, 개인은 그들이 가진 것을 통해 규정되었다. 왜냐하면 화폐는 모든 소유물을 직어도 잠재적으로는 동등한 것으로 만들었으며, 사람도 그렇게 만들었기 때문이다. 그리고 교환의 실질적 과정은 실제로 사람들은 이런 일시적인 동등성을 끊임없이 구성하고 있었음을 의미했다.[30]

이 모든 것은 근대 초기 유럽에서 살펴야 할 가장 중요한 영역은 엘리아스의 궁정 사회가 아니라(그 궁정사회는 주로 자신을 사회의 나머지 부분과 구분하는 것에 관심을 가졌다.), 사적 소유물의 체제와 상업적 교환의 부상과, 그런 체제를 둘러싸고 삶이 조직되고 있기에 이런 배제의 논리를 자기 자신의 사회적 인격을 규정하는 방법으로 삼아야 했던 사람들의 출

---

29) 마누스인 사이에서 일어나는 유사한 일에 대해서는 미드의 저작을(Mead 1934: 191, 308) 보라.
30) 분명히, 어떤 시점에서 두 사람이 정확히 동일한 가치를 지니는 일은 흔하지 않다. 하지만 그렇게 될 수도 있다.

현이라는 점을 확증해준다.

사실, 사적 소유물의 이상은 천천히 그리고 불균등하게 발생했다. 특히 땅의 소유에 대해서 그러했다. 중세 체제에서, 거의 모든 부분의 땅에는 한 사람 이상의 '소유주'가 있었다. 통상, 소유권에는 서로 다른 여러 수준이 있었다. 그것들이 서로 충돌할 때, 그 시대의 법적 원리는 가장 포괄적인 수준이 궁극적인 권리를 가진다는 점을 거의 항상 인정했다. 예를 들어 촌락 공동체가 가지는 권리는 한 지점의 실질적 점유자의 권리보다 우선한다. 중세의 보유권(tenure)은 땅에 대한 권리를 의미하는데, 그것은 소유자들을 둘러싼 계층화된 위계를 따라 분배되곤 했다. 평범한 농사꾼이 한 지점을 실질적으로 소유하고 지역의 기사나 남작이 실질적으로 그것을 처분할 수 있었을지라도, 법관들은 여전히 진정한 지배권이나 절대적 소유권은 오로지 왕에게만 속한다고 주장했다. 왕은 모든 것에 대해 가장 높고 가장 포괄적인 수준을 표상했다.

이 모든 것은 그 시대의 위계적 원리와 관계가 있었을 것이다. 하지만 이것은 토지 시장이 발전하는 데에는 별로 도움이 되지 않았다. 영국에서, 대부분의 땅은 16세기와 17세기에 일어난 첫번째 인클로저의 거센 물결 이후에야 비로소 자유롭게 처분 가능하게 되었다. 개방된 토지 체계에서, 농부는 주어진 지점에서 곡물을 기를 배타적인 권리를 가질 수는 있었을 것이다. 하지만 추수가 끝난 이후에는 양을 그루터기에 데려가 꼴을 먹이려 하는 촌락 사람들에게 땅을 개방해야 했다. 농한기에는 울타리를 허물어야 했다는 뜻이다. 인클로저와 함께, 울타리 대신 땅에서 공동체의 어느 누구도 접근할 수 없도록 쫓아낼 수 있는 배타적 권리를 확정하는 장벽과 담이 들어섰다. 또 다른 경우에서는 인클로저가 촌락의 공유물로 여겨져왔던 숲이나 목초지를 더 이상 공용으로 사용하지 못하게 묶어버리는 조치를 동반했다(이런 공유지에 빌붙는 것은 땅이 없거나 가난한 촌락민이 살아나갈 수 있었던 비결이었다). 닫힌[인클로저의 결과로] 땅에 대한 소유권은 이제 더 이상 더 거대한 집단에 소속되었다는 사실에 좌지우지되지 않는다. 그 소유권은 나머지 "모든 세계에 대항하여" 한 소유주가 행사하는 배타적인 권리였다(Thrupp 1977; E. P. Thomson 1976). 이후, 땅은 자유롭게 사고 팔 수 있게 되었다. 이런 땅은 실질적으로 사적 소유물이었다. 비록 이를 완전히 인정하기 위해서는 법이 필요했지만 말이다. 왜냐하면 사법관이 공식적으로 왕이 아닌 누군가의 지배권을 기꺼이 인정한 것은 종교 개혁 즈음이었기 때문이다(Alymer 1980).

"모든 세계에 반"하는 "인클로저"라는 문장은 당연히 어떤 회피의 논리를 함축한다. 이런 새로운 정의가 개인이나 사회나 그 둘의 관계의 본성에 대한 사람들의 상식에 얼마나 영향을 미쳤는지 확실히 하기란 더욱 어렵다. 하지만 불가능하지는 않을 것이다. 적어도 역사학자 크로포드 맥퍼슨은(C. B. MacPherson, 1962) 18세기에 개인적이고 배타적인 사적 소유물의 원리가 평범한 영국 사람들에게 매우 폭넓게 받아들여졌으며, 그 결과 대중정치가들은 자연권과 정치적 자유를 요구하는 기초로 개인적/배타적 사적 소유에 호소할 수 있었다는 의견을 제시해왔다. 아마도 맥퍼슨은 홉스나 로크의 정치 이론에 깔려 있는 소유물에 대한 가정을 다룬 주장으로 가장 많이 알려져있을 것이다. 하지만 그의 가장 흥미로운 저작은 영국 청교도 혁명 기간에 크롬웰의 새로운 군대 조직에서 급진적인 정치 분파였던 레벌러스(Levellers)[31]라는 이들에 대한 것이다. 예를

---

31) [역주] 수평파, 평등파 등으로 불리는, 청교도 혁명 당시 소부르주아지의 이익을 주장한 당파.

들어 1646년에 레벌러였던 리처드 오버턴(Richard Overton)[32]은 「모든 독재에 저항하는 화살」이라는 그의 팸플릿에서 다음과 같이 썼다.

> 자연의 모든 개인에게는 본래 개인적 소유물이, 누구에게도 침해받지도 찬탈당하지도 않을 소유물이 주어진다. 누구든 그가 그 자신인 것처럼, 그는 자신의 소유물을 가진다. 그는 그 자신 이외에 누군가가 될 수 없고, 다른 누군가가 그를 넘보아 빼앗는 것은 불가능하다. 자연의 원리와 사람과 사람 사이의 평등과 정의의 원리를 모욕하고 더럽히지 않고는 말이다. …… 모든 인간은 그 자신의 자연적인 범위와 한계에서 왕이며 주교이며 예언자다. 그의 자연적인 권리와 자유에 의한 대리나 위임이나 자유로운 합의에 의하지 않고서는 이를 침해할 수 없다(MacPherson 1962: 140~141).

달리 말하자면, 한 사람의 인격(신체, 소지품 같은 것)은 그의 배타적 소유물이었으며 그러므로 그는 그 신체로부터 "해가 되고 불쾌한 모든 것"을 배제할 절대적 권한을 가지고 있었다.[33] 왕일지라도 이 권리를 침해할 수 없었다. 이것은 아마 인간의 인격이 신성하다는 원리에 대한 첫번째 정치적 환기였을 것이다. (고프만에 따르면) 영국 청교도 혁명 시절, 이런 주장이 일반 병사에게 설득력을 가졌다는 사실은, 사적 소유물이라는 개념이 인격성의 대중적 개념들이 다시 형성되는 데 확실히 큰 역할을 했다는

---

32) [역주] 당시 레벌러스의 지도자.
33) 오버턴은 아주 분명하게 여성이나 하인을 포함시키지 않았다. 레벌러스가 임금노동자에게까지 선거권을 주려 했는지 그렇지 않은지를 둘러싸고는 여러 논쟁이 존재한다.

것을 보여준다. 그리고 맥퍼슨(C. B. MacPherson)이 지적하듯이, 이 선언은(그는 이것을 "소유적 개인주의"라고 부르는데) 당시 발생한 정치적 자유개념의 기초가 되었고, 그것은 오늘날까지 인간 권리들에 대한 지배적인 이론들의 기초로 남아왔다(위의 책: 142~159).

맥퍼슨의 주장은 활발한 논쟁을 불러일으켰다(e.g. Laslett 1963; MacPherson 1964; Arblaster 1981). 하지만 그 근본적인 통찰은 결코 심각하게 도전받지 않았다. 근대적 개인주의는 부르주아의 부상을 통해서만 발전한 이데올로기가 아니다. 그것은 처음에는 무엇보다 소유물의 은유를 통해 발생했다. 이미 홉스(Thomas Hobbes)나 로크(John Locke) 같은 저자에게 암묵적으로 포함되어 있던 이런 가정은 영국 중상주의자들과 프랑스 중농주의자들에 와서 좀더 명백해졌고, 결국 정치경제학의 기초가 되었다. 사적 소유물의 논리는 보나 거대한 인간 사회의 발전에 선행하며, 그런 면에서 사적 소유는 자연적인 제도라는 가정 말이다. [이런 가정에서] 사실, 사회 그 자체는 사람들이 자신의 소유물을 보호하고 그것의 교환을 규제할 필요 때문에 만들어져야 했다. 그 전의 위계적 관점은 사람들의 정체성(말하자면, 소유물)이 사회에서 그들의 위치에 의해 규정된다고 가정했다면, 이제 누군가가 어떤 사람인가는 다른 것이 아니라 바로 그가 가진 것에 기초하여 규정된다는 가정이 들어섰다.[34]

결국 우리에게는 경제학이 제시한 세계관이 남게 되었다. 그것은 인간이 경계지어지고 자율적인 존재라는 점을, 정체성은 그가 가진 것에 의해 규정되고, 그의 상호적 교류가 합리적 계산이라는 원리에 따라 이런

---

34) 엘리아스 스스로 이런 생각이 예절의 개혁에 가장 적극적이었던 중간계급의 상식에 얼마나 완전하게 자리잡게 되었는지 지적한다(Ellias, 1978: 42~50).

소유물을 서로 교환하는 것에 일차적으로 근거한다고 당연하게 여긴다. 이것이 이후의 사회 이론의 근간을 이루는 인간 사회의 관점이며, 사회 이론들은 이것에 기초하여 혹은 이것에 반발하여 발전했다. 또한 이런 관점은 회피에서 인간의 인격성을 상상하는 방식과 거의 모든 측면에서 유사한 방식으로 인간의 인격성을 상상한다.

교육과 젊은이의 운명

지금까지, 나는 예절을 개혁함으로써 사회를 개혁한다는 관념을 처음 받아들인 이들이 근대 초기 유럽에서 떠오르던 상업 계층이라고 주장했으며, 그들이 받아들인 소유물의 기준이 궁극적으로 사적 소유의 이데올로기에 기반하고 있다고 주장했다. 나는 또한 개혁 활동이 성공적이었다면, 그 성공은 상당 부분 시장과 상업의 논리가 점점 모든 계급 사이에서 사회적 삶의 관점을 규정했기 때문이라고 주장했다. 대폿집을 문 닫게 만들고 무언극을 금지하려는 시도는, 아주 결사적이고 원한 가득한 반대를 만들어냈지만 결국 성공할 수 있었다. 이보다 더 많은 지속적인 변화가 더 깊숙이 내화된 수준에서 이루어졌다. 여기 있는 엘리아스의 글 중 한 부분이 이를 특히 잘 보여준다. 예를 들어 1558년에 이탈리아 궁중 신하는 여전히 이렇게 말할 수 있었다.

> 이와 같은 이유로, 길에서 역겨운 뭔가를 마주쳤을 때 같이 가던 이에게 돌아서서 그것을 가리키는 것은 세련된 습관이 아니다.
> 고약한 냄새가 나는 것을 손으로 쥐고 다른 이에게 그 냄새를 맡아보게 하는 것은 아주 부적절하다. 이런 더러운 냄새가 나는 것을 그의 코로 가

저가 "이게 냄새가 얼마나 고약한지 알고 싶어"라고 하며 다른 사람에게 이를 강제로 맡게 하는 것처럼 말이다. 이렇게 말하는 게 더 나을 것이다. "냄새가 고약해서 나는 그 냄새를 맡지 않을 거야." (Della Caso, Galateo, in Elias 1978: 131)

100년이 지나서라면, 대부분의 독자는 이런 행동이 혐오스러운 행동임을 발견하게 될 것이다. 현대인이 그러하듯이 말이다. 하지만 이 수준에서의 변화를 어떻게 설명할 것인가? 사람들이 자신을 둘러싼 세계에 대해 반응하는 가장 자연스럽고 본능적인 반작용이라는 수준에서의 변화 말이다. 소유물의 체제와 예절 사이에 논리적 연결이 있다고 말하는 것에 대해 설명하는 한 가지 방법이다. 하지만 어떻게 이런 변화가 일어나는지 이해하는 것은 전혀 또다른 문제다.

분명히 주목해야 할 장소는 아이들의 교육이다. 예를 들어 엘리아스가 글에서 사용하는 소재는 거의 대부분 젊은이를 교육하기 위해 작성된 지침서에서 나온다. 나는 이 부분에서 중세와 근대 초기 사회에서 교육에 대한 관념과 젊은이의 대중적 역할에 대해 간략히 스케치 해보려 한다. 내 생각에 이 스케치는 임금노동 체제의 발생이 왜 거의 필연적으로 사회 개혁의 프로젝트로 이어지게 되는지를 분명히 알려준다. 이 스케치가 정확히 말해 설명이라고 할 수는 없다. 하지만 이것은 전체 설명이 가지게 될 윤곽을 그려줄 것이다.

중세에 글을 읽을 줄 알았던 거의 모든 사람은 "예절 교본"을 보면서 문자를 습득했다. 최소한 부분적으로는 말이다. 그 책은 아주 많이 출판되었다. 처음에는 라틴어로 출판되었다. 그건 성직자 그리고 아마도 상층 귀족을 교육시키기 위함이었을 것이다. 하지만 14세기에 이르러, 자국어로 된 예절 교본이 일반화되었다. 하위 귀족이나 도시의 상인 혹은 무역업자 사이에서 문자해독능력에 대한 필요가 점점 늘어났는데, 이 책이 그 수요를 충족시켰다(Nicholls 1985: 57~74).[35] 필립 아리에스(Philippe Aries)의 언급에 따르면, 이런 책들은 손톱을 자르는 법에 대한 충고부터 적합한 아내를 선택하는 일에 대한 조언에 이르기까지 상당히 넓은 범위의 주제를 다루곤 했다. 또한 이 책들은 식사하는 방법에 대한 규칙과 식탁에서 기다리는 방법에 대한 규칙을 함께 다루는 경향이 강했다. 식탁에서 기다리는 수칙은 매우 중요하다. 왜냐하면 젊은 사람들이 예의를 배우던 때는 그들이 도제살이를 하게 되는 시기와 거의 항상 일치했기 때문이다.

아리에스는 14세기 후반 이탈리아에서 온 여행객이 쓴 영국에 대한 설명을 언급한다.

영국에는 아이들에 대한 애정이 절실히 필요하다. 기껏해야 아이들이 7살에서 9살 정도 될 때까지 집에서 보살핀 후, 남자 아이건 여자 아이건 다른 사람 집에 가사 일을 하도록 보내버린다. 일반적으로 7년에서 9년 동안 그것을 하게 한다. 이것을 도제(apprentice)라고 부르는데, 이 시기 동안 아이들은 가장 비천한 일을 도맡아 한다. 이것을 면제받는 아이는 거의 없다. 비록 부자라 할지라도 모두 아이들을 다른 사람의 집으로 보낸다. 대신 그도 다른 집의 아이를 받아들이는 것이다. (「영국에서의 관계」에서 발췌. 익명 저자, 아리에스가 1962: 365에서 언급)

---

35) 글쓰기 수업과 예절 수업은 서로 같은 수업인 경우가 많았다.

"이 이탈리아 사람은 이 관습을 잔인한 것으로 여겼다. 영국인이 이런 일을 하는 이유가 다른 아이들에게 일을 시키는 것이 자신의 아이들에게 일을 시키는 것보다 더 나은 효율을 얻을 수 있다고 생각했기 때문이라고 은근히 말하면서 말이다." 하지만 아리에스는, 충분히 현실적인 태도를 취하면서, "영국인이 이탈리아 관찰자에게 설명한 내용이 아마 진실이었을 것"이라고 주장한다. 그 설명에 따르면 이런 관습은 "아이들이 더 나은 예절을 익히도록 하기 위함이었다"(위의 책).

이 이탈리아 관찰자는 대부분의 시간을 큰 도시에서 보냈던 것 같다. 하지만 이런 풍경은, 크게 보면, 교외에서도 마찬가지로 나타났던 것으로 보인다. 이는 영국뿐만 아니라 북유럽에서도 나타났고, 고중세 시대 [36] 이후 계속 이어졌다. 젊은 남자들과 여자들은 아주 어린 나이에 집을 떠나 ─ 9살까지 떠나지 않았나넌 10내 초반에는 떠난다. ─ 이후의 10년이나 15년 동안 '근무'(service)를 하게 된다. 그 일은 기본적으로 그들의 고용주의 집에 살면서 임금노동자로 일하는 것을 의미했다. 예를 들어 시골의 젊은이들은 임금을 받기 전 1년 동안 지역 시장(local fair)에 고용되어 일을 하곤 했다. 그렇지 않은 이들은 부모가 일을 시켰다. 하지만 대부분의 젊은이들은 그들보다 사회적 지위가 높은 장인과 함께 했다. 농사꾼의 아들은 독립자영농(yeoman)의 집에 들어갔으며, 독립자영농의 딸은 고만고만한 그 지역 지주(gentry)의 하녀로 들어갔다. 기타 등등(Laslett 1972, 1977, 1983; Wall 1983; Kussmaul 1981).

이런 상황은 25살이나 심지어 30살까지 지속되었다. 왜냐하면 누구

---

36) [역주] High Middle Age. 11~13세기를 일컫는 말이다. 당시 인구 증가가 급격히 일어났고, 이에 따라 많은 사회 변화와 발전이 있었다. '중세 성기'라고 번역하기도 한다.

도 스스로 독립된 가계를 꾸릴 수 있을 만한 충분한 자산을 모으기 전까지는 결혼하지 않았기 때문이다. 달리 말하자면, 임금노동은 기본적으로 생애 주기적 현상이었다. 그리고 젊은 시기 혹은 청춘은 자율적이고 완전히 성숙한 존재로서 자신을 정립할 자산을 모으는 기간이었다. 또한 그 기간은 사람들이 자신의 미래의 직업을 익히는 기간이기도 했다. 심지어 농장의 하인도 사실상 도제의 형식이었다.[37] 농가에서 하인은 훈련을 받는다(이들은 염색공이나 포목상의 도제들이나 다름없었으며, 이런 점에서는 기사의 급사나 다름없었다). 비록 추상적으로 봤을 때, 그 상황에서 익히게 되는 노하우는 몸가짐이나 행동거지 같은 흔한 것들과 다른 종류의 것이었지만, 배우는 과정은 실질적으로 거의 동일했다.[38]

중세에 그리고 심지어 어느 정도는 근대 초기 동안, 사람들은 권위에 대해 말할 때 젊음과 나이들어감에 대한 관용구들을 가장 흔하게 사용했다. 나이를 먹는 것이 신체를 진정시키는(drying out)[39] 긴 과정이라

---

37) 아리에스가 지적하는 것처럼 "도제와 하인이 혼합되어" 있었다기보다는, 애초에 그들은 결코 구분되지 않았다고 하는 편이 적당하다.

38) 중세와 근대 초의 하인 제도를 입회(initiation)에 대한 인류학적 연구의 측면에서 바라보는 것은 흥미로운 일이 될 것이다. 특히 어떤 종류의 '가상적 친족관계'가 포함되는 입회식 말이다. 라틴아메리카의 콤파드라스고(compadrazgo: 대부와 실제 부모 사이에 긴밀한 관계를 맺는, 가상적 친족관계)에 대한 연구는 이와 확실히 유사한 요소를 알려준다. 울프(Wolf 1966) 같은 저자는 이런 연계가 계급을 가로질러 일어나는 후원의 관계를 만들어낸다고 강조하는 반면, 상징적 분석(예를 들어 Gudeman 1971, Bloch and Guggenheim 1981)은 가정적인 여성과, 공적 영역의 남성을 구분하는 분할을 강조한다. 이는 서구 문화에서 일반적으로 정신과 육체의 구분이라는 관점으로 제시되었다. 나는 유럽에서 대부분의 젊은이가 자신보다 약간 상위의 계급을 가진 주인에 대해 하인 노릇을 했다고 이미 언급한 바 있다. 상징적 측면에서, 아리에스는 "7세 혹은 9세"의 나이(위에서 언급된 이탈리아 저자가 영국에서는 대부분의 가족이 아이를 생판 모르는 집에 보낸다고 설명했을 때 그 나이)는 "오래된 프랑스 작가들이 보기에, 남자 아이가 여자들의 돌봄으로부터 벗어나 학교를 가거나 어른의 세계로 들어가게 되는 나이"이다(위의 책에서). 정신과 육체의 대립은(혹은 뭐 이와 비슷한 것은) '젊음' 자체의 정의에서도 작동하고 있었다.

39) [역주] drying-out은 알코올 중독에서 벗어나는 치료과정을 의미한다. 여기서는 '진정시키

는 주장은 르네상스 이론에서 흔히 볼 수 있는 것이다. 젊은 사람들은 '야성적 충동'(animal spirit)에 지배되어 있다. 그래서 폭력적인 탐욕과 정념(passion)과 여러 가지 과도함에 빠지기 쉽다. 서른 정도는 되어서 그의 물리적 힘이 꺾일 때가 되면, 그의 영혼 혹은 이성의 힘(영혼과 이성의 힘은 동일한 것으로 여겨졌다.)이 그 육체적 충동을 이길 수 있다고 여겨졌다(Thomas 1971: 208~210, 1976). 서른은 그의 첫 번째 아이가 태어날 때이기도 하며, 안정된 가구주이자 공동체의 완전한 성원으로서 사회적 인격을 최종적으로 정립하는 때이기도 했다. 그에 따르는 책임과 함께 말이다. 다른 한편 "젊은 사람이 명령을 하는 것은 '자연의 법칙'에 어긋나는 일이었다. 젊은이는 그들의 근원적인 욕망에 대한 통제권을 획득할 때까지 복종해야 했다"(Brigden 1982: 37~38). 자율을 감당할 수 없을 때, 젊은이들은 성숙한 주인(이상적으로라면, 이 주인은 친족이어서는 안 된다. 왜냐하면 친족은 권위를 다소 누그러뜨릴 수 있기 때문이다.)의 주의 깊은 감시와 엄한 관리를 받아야 했다. 그들의 에너지를 적합하게 사용하기 위해서 말이다.

이들이 어떻게 농담과 회피의 논리와 연관이 되는지는 아주 명확하다. 젊은이들은 단지 미숙하다고 여겨진 것만이 아니었다. 그들의 전형적인 악덕은 육체적인 폭력과 방탕이었다. 그들은 본성상 분방하고, 연장자의 정당한 권위에 반항적이었다. 반면 성숙한 사람은 합리적이고 자기-억제적이었다. 그들은 자율적이고 경계가 명확한 자급 자족적인 가구의 주인이었다. 하지만 잡일이 교육적 가치를 지닌다는 관념은, 사물을 표상하는 이런 상대적으로 명쾌한 방법에, 이론과 실천의 복잡한 어우러짐을

는'으로 번역하였다. 해당 단어가 충동이나 욕망의 지배에서 벗어난다는 의미로 사용되고 있기 때문이다.

부여했다. 모든 회피 관계에서, 회피의 부담은 항상 하위 계층에게 주어진다. 주인이 자연스러운 행동거지를 취하면, 이는 좀더 세련되고 훈련된 모습으로 여겼을지도 모른다(그들은 좀 더 나은 예절을 갖추고 있었다). 하지만, 그들의 하인은 여전히 격식을 갖춘 존경과 공경의 행동거지를 보여야 했다.[40] 실제로, 이런 행동을 통해, 즉 주인 앞에서 공손하게 복종함으로써, 하인은 주인을 좀더 높고 추상적인 존재로 구성했다. ──동시에, 하인은 궁극적으로는 주인의 지위에 오를 수 있도록 주인이 하는 것과 동일한 훈련된 행동거지를 점점 익히게 되었다.

다른 한편, 중세에서 젊은이들 방식의 예절이 완전히 거부된 것은 아니라는 점을 강조하는 것도 똑같이 중요하다. 젊은이들은 그들의 장소를 가지고 있었다. 그 장소는 카니발적인 장소와 정확히 일치했다. 나탈리 제먼 데이비스(Natalie Zemon Davis 1975)는 젊은 남자들이 섹스와 폭력의 영역에 대한 일종의 자치적인 '관할권'을 가졌다고 말하기까지 한다(섹스와 폭력은 젊은이의 자연적 행위의 영역이라 여겼다). 프랑스에서, 모든 촌락이나 도시 지역에는 "젊음의 사원(youth abbeys)"이 있었다. 이 장소는 지역 의용군의 근거지였을 뿐 아니라 카니발 같은 의식을 조직하거나 부도덕한 촌락민을 모욕하기 위한 시버리가 기획되는 곳이기도 했다. 영국의 경우, 이런 조직은 덜 공식화되어 있었다. 그리고 젊은이의 지도자들(크리스마스에서 사회를 보는 크리스마스 사회자처럼)은 의례가 일어나는 시기의 특정한 시점에서만 출현하는 경향이 있었다. 하지만 원리는 대체

---

40) 이와 확실히 유사한 것이 직업 군인 장교의 사례이다. 그는 신병이 그에게 해야 하는 만큼 엄격하게 꼿꼿한 자세를 유지하거나 경례를 하지 않아도 된다. 하지만 장교는 신병보다 통상 더 '군인적'이라고 여겨진다.

로 동일했다.

젊음과 나이에 대한 이런 이데올로기가 존재하고 있었던 것은, 근대 초기에 일어난 생산 조직의 변화를 이해하는 방식에 큰 영향을 미쳤다. 전형적인 중세 도시에서, 젊은 남자의 대다수는 연장자인 주인 장인에게 고용된 도제나 수습이었다. 이론적으로, 어떤 도제든 언젠가는 스스로 장인이 되고 길드의 완전한 멤버가 될 것을 꿈꿀 수 있었다. 길드가 한 명의 장인이 가질 수 있는 도제의 수를 제한하는 것도 이 이유에서였다. 하지만 점점 자본주의적 관계가 산업을 지배하게 되자, 완전한 어른의 지위와 아내와 가정과 자신의 가게를 얻을 수 있을 때까지 기다려야 하는 시간이 길어졌다. 기다리는 동안, 젊은이는 장인을 위해서 계속 일해야 했다. 그 결과 노동인구의 상당수가, 서른 혹은 마흔에 이른 남자가, 사회적 미성년의 상태에 머무른 채 살게 되었다. 결국, 많은 이들은 완전한 자율적 삶의 이상을 포기하기 시작했다. 그리고 일찍 결혼을 해버리고 영속적인 임금노동자의 지위를 체념한 채 받아들였다. 16~17세기에 일어난 인클로저 운동과 상업적 노동의 부흥은, 교외의 빈자들 중 많은 사람들이 이와 비슷한 처지에 이르도록 만들었다.

이 모든 것은 매우 점진적으로 일어났기에, 사람들이 임금노동의 필요성에 대하여 가지고 있는 이면의 가정들은 한 번도 진지하게 검토되지 않았다. 전통적으로, 임금노동은 영속적인 상태라기보다는 미성숙한 것이었다. 임금노동은 미성숙을 극복하는 수단이었다. 심지어 임금노동 상태가 영속적인 지위가 되어버린 이후에도, 여전히 사람들은 임금노동 상태를 전환 과정으로 생각했다. 고용자의 눈에, 노동 계급은 본성상 육욕적이고 훈련되지 않은 이들이라기보다는(농담하는 잔여물, 그들의 악덕이 고용자가 가진 내적 우월성을 증명하는 것으로 사용되는 하층), 신중하게 관리된 노동을 통해 훈련되고 교정될 필요가 있는 사나운 미성숙한 존재들이었다.

사태를 이런 식으로 묘사하게 되면, 적어도 영국 사회의 상업화와 초기 부르주아지의 발생을 둘러싸고 일어난 현실의 사회적 투쟁이 왜 그런 형태를 취했는지 좀더 쉽게 이해할 수 있게 된다. 많은 부분 그것은 공동체에서 젊은이의 장소를 둘러싼 끝없는 싸움, 그리고 축제와 유흥을 둘러싼 투쟁이었다. 여기서 잠깐 영국에서 튜더왕조와 스튜어트 왕조에서 있었던 청교도들의 '예절의 개혁'으로 돌아가보자.

잉글랜드 청교도

잉글랜드 칼뱅주의자는('청교도'라는 단어는 사실 남용되고 있다) 그들 공동체의 '중간 계층'에서 주로 충원되었다. 이 공동체는, 말했듯이, 발흥하던 전국 시장(national market)에 가장 강하게 결합되어 있었다. 잉글랜드 칼뱅주의자는 그 지역의 가장 많은 수의 젊은이를 하인으로 고용하고 있는 부유한 가구주이기도 했다. 교외에서 귀족이 몰락하자, 칼뱅주의자는 대부분의 촌락에서 신흥 지주(gentry)와 함께 전략적으로 중요한 위치를 차지했다. 그리고 재빨리 이를 활용했다. 독실한 개혁가들은 팸플릿과 성경을 돌리고 설교자(목사)를 고용하기 위해 기금을 모았으며, 자치도시와 교구 정부의 통제권을 얻기 위해 최선을 다했다. 이들은 교구위원과 행정관으로서, 전통 예배에서 마음에 들지 않는 것을 모두 없애기 시작했다. 장례식에서는 더 이상 종이 울리지 않았다. 결혼식에서 곡물을 던지지도 않았다. 백파이프 연주자와 피들 연주자는 더 이상 종교 의식에 참여할 수 없게 되었다(Thomas 1971: 66~67). 이들이 없애려고 했던 것들 중 대부분은 주기적인 축제와 관련된 것이었다. 특히 크리스마스나 오월절 그리고 마을 공터(village green)[41]에서 계속되는 축제를 없애려했다. 키스 토머스(Keith Thomas)가 지적하듯이, 이런 공격은 동시에 촌락 문화에 존재했던 젊은이의 공적 공간에 대한 공격이기도 했다.

> 젊은이들이 복종하는 데 방해가 되는 모든 것을 금지하려고 하지 않는다면, 예절의 개혁을 위한 캠페인이 대체 무엇이란 말인가. 휴일에 젊은이들이 주인의 관리로부터 벗어나는 때. 극장, 그들이 모여서 타락하는 곳. 선술집, 그들이 무질서하게 되는 곳. 거기에는 '스무 살도 안 된 주정뱅이들'이 많이 있다. 게임, '젊음에 유해하고 파괴적인 것'. 메이폴, '오래되고 명예로운 것들'에 대한 교만한 '소란'을 부추기고 '젊은 사람들에게 건방짐과 반항'을 가르치는 것. 춤, 왜냐하면 "젊은 남자들과 처녀들이 춤추는 곳이 아니면 어디서 만나겠는가?" 안식일을 지키지 않는 것. '하인과 젊은 것들'이 이걸 깨는 일. 그리고 젊은이들이 일시적으로 사회적 질서를 전복하게 되는 매년의 무질서한 의식들 (Thomas 1976: 221).

하지만 젊은이들에 대한 우려는 이들이 소속된 계급에 대한 우려와 이미 구분하기 어렵게 되었다. 청교도의 팸플릿에서 지속적으로 제기된 하나의 불만은 가난한 가구가 늘어나는 것이었다. 청교도가 보기에 문제는 젊은 남자와 여자가 가정에서 하는 하인 일을 내팽개치고 둘 다 제대로 된 가정을 꾸릴 자산이 없음에도 빨리 결혼해버리는 것이었다. 이런 우려는 '주인이 없는 자들'에 대한 우려와 연결되었다(이에 더해 소속이 없는 빈자

---

41) [역주] 마을 한 가운데에 축제를 위해 만들어져 있는 광장.

들, 행상인의 음산하고 무질서한 세계, 걸인, 음유시인과 방랑자들에 대한 우려와도 연결되었다). 이상적인 사회에서, 이런 사람들 모두는 경건한 사람이 지도하는 가정 교육을 받아야 했으며, 이 경건한 사람은 기도문에서처럼 이들이 노동하는 것을 감독하게 될 것이었다(Hill 1979, Wrightson & Levine 1979).[42)]

더 급진적인 칼뱅주의자는 이런 권위주의적 가족만이 존재할 필요가 있는 유일한 위계적 조직이 되는 유토피아적인 상을 만들어냈다. 이상적 공동체는 '연장자'의 집단에 의해 통치되며, 그 연장자는 더 큰 가구의 지도자였다. 새로운 영국에서, 그러니까 청교도들이 이런 이상을 실천해 볼 수 있는 위치에 실제로 있었던 곳에서, 공동체의 수장은 '무질서한 가구'에 혼자 살고 있는 젊은 남자나 여자를 좀더 존경할 만한 연장자의 집에 살도록 할 수 있는 법적 권위를 부여받았다.──필요하다면 강제로 말이다(Morgan 1944: 45~47, 85~89).

달리 말하자면, 청교도들은 하위 계급들을 겨냥한 사회개혁 프로젝트와 젊은이를 교육하는 과정을 서로 다른 것으로 보지 않았다. 그 두 범주의 사람들은 완전히 구분되지 않았다. 그들은 말하자면, 일종의 무질서한 잔여를 형성했다. 어느 쪽이건 해결책은 내적 규율을 부과하는 것이었다. 그들이 그리는 이상적 사회에서는, 가족을 부양할 방법이 없거나 그러한 훈련을 받지 못한 자는 더 큰 가구에 통합되어야 했고, 훈련받은 주

---

42) 말이 난 김에 하위 계층을 교육한다는 개념이 칼뱅주의 교리와 양립하기가 다소 어렵다는 점을 지적해야겠다. 칼뱅주의 교리는 대부분의 가계주에게 그들의 임무가 애초부터 지옥에 가는 것으로 정해져있다는 (최소한으로 봤을 때) 강한 의심을 불러일으켰다(cf. Hill 1964). 하지만 이것은 이 프로젝트가(사회적 계급을 생애 주기의 단계라는 관점에서 정의하는 것) 그 자체로 모순적이라는 점을 강조할 뿐이었다.

인의 세심한 감독을 받고 급여를 받으며 일해야 했다. 그 주인은 그들에 대한 교리문답과 윤리적 교육을 시행할 책임을 가진다.

짐작할 수 있듯이, 이런 상상, 그러니까 공동체의 의례적 삶이 설교와 성경 읽기로 축소될 수도 있다는 전망에 모든 교구민들이 열광했던 것은 아니다. 영국 촌락민은 설교를 듣는 것에 특별한 반감을 가졌던 것으로 보인다. 스티븐 가디너(Stephen Gardiner)는 1547년에 다음과 같은 일을 목격한다. "교구목사가 단상으로 가서 자신이 적어온 것을 읽으려고 할 때, 잡놈(multitude)들이 교회에서 갑자기 빠져나가 술을 마시러 집에 가버렸다"(Thomas 1971: 161). 그리고 일단 의문이 제기되자, 일상적인 습관들, 예를 들어 선술집에 일이 끝난 후 들른다거나, 마을 광장에서 파이프 연주를 한다거나 하는 일들이 명백한 정치적인 쟁점이 되었다. 메이데이 행사(대륙의 카니발에 해당하는 영국의 행사)는 이 싸움이 일어나는 가장 중요한 초점이 되었다.

리처드 백스터(Richard Baxter)가 우리에게 말하듯, 그 촌락의 메이폴은 이튼 콘스탄틴에 있는 그의 아버지 집 근처에 있었다. "그래서 우리는 성경을 읽을 때마다 거리에서 들려오는 피리 소리나 백파이프 소리의 엄청난 소음을 감내해야 했다." 백스터는 종종 그 주연에 함께 하고 싶었으나, 아버지가 청교도임을 기억하면서 참았다. 남근의 메이폴(The phallic maypole)은 교외의 하층 계급에게는 손윗사람으로부터 독립하는 것의 상징이었다. 백스터의 아버지는 파이프 연주자가 자신의 소작인이었음에도 불구하고 그 흥을 깰 수 없었다(Hill 1964: 184).

어떤 경우에 이들은 공공연하게 적대했다.

1604년 성실재판소(Star Chamber)[43] 판례는 사우섐(Southam)의 알턴(Alton) 교구에서 어떻게 한 집단이 음유시인을 초빙하고 성령강림절에 춤을 췄는지 말해준다. 치안관과 교회 관리자가 음악가를 잡으려고 하자, 그들은 음악가의 지지자들에게 제압당했다. 지지자들은 음악가를 촌락의 다른 장소로 옮겨서 집에 모셔놓고, 지지자들 중 하나를 집 지붕에 배치하여 감시하게 한 후, 그 집의 열린 창문으로 흘러나오는 음악에 맞추어 계속 즐겁게 춤을 추었다(Wright & Lones 1938: 299).

이런 상황이 얼마나 자주 직접적인 폭력으로 이어졌는지 판단하기는어렵다(우리가 보는 대부분의 자료는 통상적인 교회 축제를 '이교도적 폭동'이라고 언급하는 청교도들에 의해 작성된 것들이다). 하지만 폭동은 분명 일어났으며, 그 폭동은 인클로저 같은 경제적 사안에 한정되지 않았다.

통상적으로, 열성 칼뱅주의자 간부들이 사회를 개혁하려 시도하는 공동체라면 어디에서든지, 촌락의 명사들 또한 거기에 존재하고 있었다(전통적인 성직자, 소지주, 부유한 자영농). 그들은 칼뱅주의자 집단을 광신자이자 도덕군자인 척 하는 사람들로 봤다. "까다로운 놈들", "바쁜 관리인", [이들은 칼뱅주의자 집단을] 이렇게 불렀으며 과거의 방식을 무너뜨린다고 여겨졌다. 이런 사람들은 종종 반-청교도 분파의 비공식적 지도자가 되었다. 그리고 지역 선술집에서 재판을 열거나 매주 일요일마다 오두막 댄스파티를 주재했다. 물론 그들은 그들의 설교자에게는 독실하게

---

43) [역주] 영국 웨스트민스터 궁전의 '별의 방'에서 열리던 형사재판소. 튜더/스튜어트 왕조에 성행했다. 정치적 범죄 등을 다루었으며, 정적을 제거하기 위함이라는 비판에 1641년 폐지되었다.

대했다(Hunt 1983: 150~151; Collinson 1983: 408~409).

> 청교도와 '정직하고 선량한 친구' 사이의 충돌 —— 혹은 청교도의 입장에서 보자면 독실한 자와 이교도의 충돌 —— 은 영국 남부의 모든 교구를 잠재적으로 갈라놓았다. 1630년대 월트셔(Wiltshire)와 도싯셔(Dorsetshire)[영국 지명]의 많은 교구에서는 교구 위원으로 한 사람은 청교도를 뽑고 다른 한 사람은 '정직한 사람'을 뽑아서 분파 간 균형을 맞추는 것이 관습으로 자리잡았다. 내가 보기에, 이 충돌이 사회계급이나 심지어 경제적 이해에 분명히 기반한 적대들보다도 훨씬 더 널리 존재했고 강렬했다. (Hunt 1983: 146)

이런 쟁점이 통상적으로 더 큰 쟁점들에 결부되어 있는 것은 아니었냐는 의문을 가질 수 있다. 헌트 역시 또한 정말 문제가 되었던 것은 공동체에 대한 두 가지 서로 다른 이미지 사이의 충돌이라고 말한다. 청교도적 이미지에 대해서는 앞서 이미 설명했다. 그리고 이에 대항하여 등장한 이미지는 덜 분명하게 표현되었지만, 지금 크게 문제되고 있는 바로 그 대중적인 축제나 의식들에 오랫동안 함축되어 있던 에토스에 아주 많은 부분 뿌리를 두고 있었던 것처럼 보인다. 그 결과, 청교도주의에 대한 반대는 카니발 자체와 동일한 이중적 성격을 가지게 되었다. 농담 공격과 이상적 유토피아가 혼합되는 동일한 모습이 나타났다는 말이다.

가장 단순한 수준에서, 청교도에 대한 반대는 아마 단순한 조롱이었을 것이다. 설교나 교리 문답 중에 이를 방해하는 야유가 날아들었고, 무례한 연극이 밤에 선술집에서 즉석 공연되었다. 만약 누군가가 '성자'들 중 한 사람에 대해 시버리를 할 수 있는 핑계거리를 찾아냈다면, 더할

나위 없었다. 요컨대 이들은 청교도가 깔끔떠는 겉모습을 가지고 있지만 사실은 그 이면에서 끔찍하게 부패했을 것이라는 의심을 공통적으로 품고 있었다(Hunt 1983: 145). 결국, 메이데이 같은 축제가 정치적 쟁점이 됨으로써, 그들의 전복적 측면은 점점 더 수면 위로 드러나게 되었다. 예를 들어 로빈 후드에 대한 연극과 민요가 영국 전역에 걸쳐 메이 게임(May game)들에서 등장한 것은 16세기에서였다(Wright & Lones 1938 II : 230~231; Hutton 1994 : 66~67).

[청교도에게] 욕을 쏟아붓는 일과 더불어, 보다 유토피아적인 측면도 존재했다. 한때 축제는 평등한 자의 공동체가 분명히 나타나는 순간이었다. 이제, 그들이 일상생활의 구조에서 끌어내어져 위로부터 도전을 받은 이후, 축제는 완전히 새로운 의미를 획득하기 시작했다. 대륙에서의 카니발처럼, 축제는 평등과 육체적 행복이 과거에 지나가버린 일이 아니었던 [즉, 실제로 일어나고 있었던] 황금 시기를 기념하게 되었다. 축제는 환락의 시간이었으며 모든 잉글랜드 사람이 한번은 기쁘게 되는 순간이었다. "즐거운 잉글랜드"라는 표현이 사용된 원래 방식을 기억해 두는 것이 좋겠다. "나는 당신이 철저히 청교도임을 안다. 당신은 늘 설교만 하는 새로운 종자 중 한 명이다. 그런 분파가 우리들 사이에 생겨난 후로, 이곳은 즐거운 세계가 아니게 되었다."(Collinson 1983: 1) "교리를 이해할 수 없는 단순한 종자들은 설교를 좀 덜하고, 모든 물건이 싸져서 1페니로 달걀을 20개 살 수 있게 되는 즐거운 세계에 대해 이야기한다."(Hunt 1983: 148) 혹은 심지어 "억지로 교회를 가게 되기 때문에 결코 즐거운 잉글랜드가 아니었다."(Thomas 1971: 151)[위와 같은 말들이 그 예다.] 이어지는 시대에 토리당 정치인은 메이폴과 즐거운 잉글랜드를, 반동 정치를 뒷받침하는 회고적이고 감성적인 이미지로 여겼다. 16세기에, 이 이미지는 회고적

이었다. 그리고 어떤 점에서는 심지어 반동적이었다. 하지만, 함의는 전혀 달랐다. 예를 들어 그것은 서로 연대성을 느끼며 도와줄 '좋은 이웃'이 사라지는 것에 대한 계속되는 불만을 반영했다(특히 이는 음식을 나누거나 교회 축제나 영혼의 축제 등등과 같은 것에서 나타났던 자선에서 잘 보인다). 사람들은, 이웃들이 서로를 도와주는 일은 아주 보편적인 모습이었다고 서로 이야기하곤 했다. 탐욕스러운 요먼과 칼뱅주의자인 설교자들이 이를 파괴하기 위해 음모를 꾸미기 이전에는 말이다. 시간이 지나면서, 과거는 점점 더 환락향처럼 보이게 되었다.

1647년 새로 매사추세츠(Massachusetts)주의 플리머스(Plymouth)에 건설된 청교도 식민지에서, 한 무리의 반체제 인사들과 젊은 고용자들은 그들의 가구를 버리고 지역의 인디언과 합류했다. 그리고 그들은 새로운 독립을 축하하기 위해 60피트의 메이폴을 세웠다. 플리미스의 연장자들은 그 즉시 군사 원정대를 보내서 기둥을 쪼개어 내고 주모자를 체포했다.

관점

나는 이 글을 비교 민족지학이 여전히 유효하다고 주장하면서 시작했다. 농담이나 회피 같은 용어의 장점은 다른 문화들에 유럽-아메리카적 범주를 투사하지 않는다는 사실에 있었다. 사실 처음 이 용어를 만든 사람들은 그들의 사회에는 존재하지 않는 어떤 요소를 다룬다는 느낌을 가지고 있었다. 그럼에도 불구하고, 그들이 밝혀낸 암묵적 논리는 격식을 갖춘 공경과 위계의 양식에 다시 적용될 수 있다. 그 공경과 위계가 어디에서 작동하는 것이건 말이다. 유럽-아메리카 사회들에도 마찬가지로 적용할 수 있다. 이 글의 첫 번째 부분은 이런 이론의 윤곽을 그리는 데 대부분 할

애되었다. 나는 인간 인격성을 규정하는 두 가지 방법을 구분하면서 시작했다. 세계, 혹은 다른 이들과 내적으로 연속적인 물질의 집합으로써 정의하거나, 세계나 다른 이들로부터 분리된 추상적 소유물의 집합으로서 정의하거나. 신체들 사이의 '농담' 관계는(나는 이 용어로 농담 상대자 사이에서 전형적으로 일어나는 행위를 의미했다.) 적어도 장난스러운 적대성을 띤다. 하지만, 물질을 공유하는 관계(relations of common substance)의 경우, 그들은 좀더 이상적인, 심지어 유토피아적인 색채를 띨 수도 있다. 이것은 내가 시도한 위계의 분석에서, 그리고 위계가 카니발적인 장소에서 조롱하며 분해되는 국면에서 특히 잘 드러난다(카니발적인 공간은 모든 집단이 세계에 대항하기 시작하는 공간이다). 나는 또한 카니발이 단순히 위계를 전복하는 문제가 아니라, 세계를 인지하는 근본적으로 전혀 다른 방식을 불러옴으로써 위계의 토대와 대결하는 일임을 주장했다. 비록, 윗사람의 관점에서, 위계에 도전하는 바로 그 행위가 많은 경우 그들의 우월성을 증명하는 것으로 기능할 수도 있지만 말이다.

하지만. 사실 이 모든 관점은 어떤 사회적 지위에 있건 누구나 채택할 수 있는 것이다. 그리고 동일한 개인이 여러 다른 상황에서 이런 관점을 사용하곤 한다. 위계를 강력한 사회적 원리로 만드는 것은 바로 이것이다. 하지만 나는 다른 이들처럼 위계가 변치 않으며 모든 것을 포괄하고 그것을 향하는 어떤 도전도 모두 흡수할 수 있는 체계라 결론내리는 것이 분명 틀렸다고 생각한다.[44] 저항의 카니발적 의식은, 주인의 눈에서는, 사회적 질서를 강제할 명분이다. 하지만 그것은 통제를 벗어나 확대될 끔찍한 힘을 지니고 있다. 저항은 거의 모든 곳에서 일어난다. 위계들

---

44) 자본주의에서도 유사한 주장이 이루어질 수 있다.

은 분쇄되고 전복된다. 비록 위계가 다시 출현하도록 하는 잠재성과 원리는 완전히 없어질 수 없지만 말이다. 그것은 사회적 삶의 가장 근저에 있는 역학에 뿌리박혀 있는 것 같다.

이 글 후반부는 예절과 사적 소유에 대한 질문에 특히 초점을 맞추었다. 그 주장을 다시 반복하는 대신, 내 분석과 루이 뒤몽을 비교하면서 끝을 맺도록 하겠다. 루이 뒤몽의 저작에는, 위계적 사회에서 상업적 개인주의 원리에 입각한 사회로 변화하는 과정에 대해 설명하는 매우 재미있는 부분이 있다(Dumont 1981, 1986).

뒤몽은 위계적 사회를 무엇보다 전체주의적인 것으로 인식한다. 사회적 위계는 서로 다른 집단이 전체와의 관계 속에서 위치를 부여받게 되는 하나의 시스템이다.[45] 만약 한 집단이 다른 집단보다 높게 분류된다면, 그것은 항상 그 집단이 두 집단 모두가 속하는 전체를 표상하는 집단이기 때문이다. 힌두교의 카스트 시스템으로 다시 돌아가면, 전사들은 고귀하게 여겨지는데, 왜냐하면 왕이나 일시적 통치자가 그러하듯이, 그들은 사회 전체를 표상하기 때문이다. 성직자는 그보다 더 높은 지위를 가지는데, 왜냐하면 그들은 전체 우주 앞에 놓인 인간성(humanity)을 표상하기 때문이다. 뒤몽의 논리에 따르면, 모든 것은 사실 포함에 관한 것이다(오웰식으로 말하자면, 이것은 뭔가가 다른 것에 비해 단지 좀더 포괄적이라는 뜻이다). 배제에 대해서 이야기하는 것은 전혀 다른 논리를 불러오는 것이 될 것이다. 사실, 뒤몽은 위계 시스템에서 배제를 이야기할 수 없다고 주장한다. 배제는 사회를 개인주의의 원리에 기반한 사회를 다룰 때에

---

45) 뒤몽 역시 모든 전체주의적 체계가 위계적이라고 가정하는 것 같다. 하지만 이는 다른 문제다.

만 적용할 수 있다. 뒤몽이 주장하길, 이것이야말로 중세의 오래된 위계적 세계를 정말 파괴해버린 것이었다. 상업 사회의 등장은 개인주의의 이데올로기를 불러왔다. 이것은 그 전에 있었던 모든 것을 근본적으로 깨뜨렸다. 개인주의의 이데올로기는 각 인간이 특별하고, 그러므로 통약불가능한 가치를 지닌 존재로 여기는 것을 의미했다. 만약 인간의 가치가 비교될 수 없다면, 그 누구도 다른 누구보다 더 우월할 수 없다. 만약 누구도 다른 이들보다 우월할 수 없다면, 삶에서 좋은 것에 접근하고 재산이나 행복을 추구하는 데에 누군가가 남들보다 더 쉽게 혹은 더 어렵게 되는 것을 설명하는 합당한 이유가 존재하지 않게 된다. 그 좋은 것들이 어떻게 표현되건, 혹은 어디에서 발견되건 말이다. 그러므로 인간 평등의 이데올로기는 사실 개인주의의 부산물이다. 물론 실제로는, 평등주의적 이상은 결코 완전히 실현되지 않는다. 미국 같은 가장 평등한 사회에서도 어떤 두드러진 예외가 있다. 여기서 어떤 범주의 사람들은 국가 공동체에서 완전히 배제된다. 뒤몽에 따르면, 미국의 '인종 장벽'은 정확히 이런 배제의 이데올로기이며, 이것은 위계와 상관이 없다. 이것은 근본적으로 다른 종류의 것이다.

뒤몽의 개인주의에 대한 주장은 대단히 통찰력 있는 분석이다. 나는 이것을 폐기해야 한다고 단순하게 주장하지 않을 것이다. 그럼에도 여기에 담긴 정치적 함의는 (그의 작업들이 많은 경우 그러하듯이) 굉장히 불편하다. 사회적 위계는 항상 포함과 배제의 결합이라는 내 주장은 전혀 다른 함의를 가진다. 우선, 두 시기 사이에 절대적 단절선을 그을 필요가 없다. 청교도주의의 이데올로기를 예로 들어보자. 이것은 분명 위계적이다. 중세 체계의 특징은 끝없는 단계적 차이 대신에 2단계 혹은 3단계의 최소한의 위계가 남겨진 것뿐이다. 여성, 어린이, 그리고 하인은 가구주의 인격에 포함되었다. 그리고 가장 급진적인 설명을 제외한 모든 설명에서, 가구주들은 왕이나 국가에 포함되었다. 가구주들은 왕이나 국가에 포함된다. 청교도가 "사악한 교구"와 "주인 없이" 떠돌아다니는 이들에 대해 가졌던 우려는, 오늘날 비도덕적이며 지나치게 아이를 많이 낳는다고 여겨지는 '최하층 계급'에 대한 우려와 그리 다르지 않았다. 사실, 그 시대의 역사가들이 지적하는 바에 따르면(Hill 1972; Hunt 1984), 이 주제에 대한 청교도의 견해는 오늘날 미국 보수주의자가 가지고 있는 견해와 무시무시한 동형성을 가진다(이 주제란 가난의 문제는 실질 임금과 관련이 없고 가난한 사람의 도덕성이나 자기 통제력의 부족, 그리고 제대로 된 가정을 꾸리려 하지 않았기 때문이라는 견해를 말한다). 위계가 없어졌다기보다는 위계적 잔여가 압축된 것처럼 보이고, 그것의 이미지는 더 강해져온 것 같다.

이것은 내가 지적하고자 하는 두 번째 초점을 향한다. 격식을 갖춘 공경의 원리 위에서 진정한 평등주의적 에토스를 만드는 것은 궁극적으로 불가능하다. 여기에는 근본적인 모순이 있다. 추상적 존재를 뜯어놓는 논리는 필연적으로 그것을 뭔가에 대조시키게 마련이다. 실제로, 이 논리는 항상 어떤 잔여적 범주의 사람들을 만들어내는 것 같다(인종적이거나 민족적 범주가 아니라면, 노동자일 수도 있고, 빈자 혹은 경제적 패배자 등). 이 잔여적 범주의 사람들은 혼란스럽고 육체적이며 동물 같고 위험하다고 여긴다. 이런 논리에 따르면, 예를 들어 북아메리카의 인종주의는 이 나라가 근거하고 있는 소유적 개인주의에 대한 예외라고 볼 수 없다(여러 이유로 이상한 이것은 결코 사라지지 않는다). 차라리 소유적 개인주의가 가진 본성에 본질적인 것이다. 끊임없이 '시장'이 자유나 민주주의와 동일하다고 강요하는 오늘날의 세계에서, 시장의 옹호자들이 지구상에 있는 모든 것과 모든 이를 '개혁'할 권리를 가지고 있다고 주장하는 세계에서, 이것은 자유주의자들도 생각해볼 만한 지점이다. 어떤 위계도 불변하지 않는다. 자본주의가 그러하듯, 정말로 모든 위계들은 그 내적인 논리에 의해 필연적으로 반항적인 무질서의 이미지를, 그 자신을 부정하는 이미지를 만들어낸다고 말할 수 있다. 위계는 이를 억누르기 위해 엄청난 양의 에너지를 써야 한다. 그것이 상상의 수준에서 [현실로] 터져나오지 않도록 하기 위해서다. 이런 시스템은 항상 취약하다. 하지만 같은 이유로, 진정한 평등주의적 체계라면 어느 것이건 반드시 평등한 메커니즘을 택해야 하는 듯하다. 체계 안에 깊이 내재한 위계적 가능성을 억누르기 위함이다.[46)]

이런 위계적 가능성에 대해서 마지막으로 한마디만 하겠다. 용어의 혼란에서 오는 위험이 한 가지 있다. '위계'(종종 동시에 두 가지 혹은 세 가지 다른 방식으로 정의되는 용어)를 만드는 것이 사회적 삶에서 필연적인 측면으로 보일 수 있다는 점이다. 물론 어느 정도는 그렇다. 항상 차례로 포개어진 범주들의 집합이 있기 마련이다. 그리고 사람들은 어떤 것을 다른 것보다 더 좋게 혹은 더 나쁘게 분류하는 경향이 있다. 하지만, 이중 어느 것도 특정한 방향으로의 필연적인 사회적 함의를 가지지 않는다. 우리가 쉽게 사회적 위계라고 생각하는 것은 이런 원리들의 특정한 배치(constellation)다. 그리고 아서 러브조이(Lovejoy, 1936)가 지적하듯, 이것은 아주 불안정하다. 왜냐하면 모든 것을 포괄하는 단일한 위계적 시스템을 부과하기 위해서는, 모든 사람을 하나의 척도로 측정해야 하기 때문이다. 존재의 거대한 고리(the Great Chain of Being)에 하나 이상의 기준을 도입하려고 하는 순간, 전체는 무너진다. 분명, 이것만으로 사회적 조직의

---

46) 나는 이 주장에 대해 전에 썼던 글에서 더 자세히 서술했다(Graeber 2004 : 24~37).

위계적 형태가 파괴되지는 않는다. 뒤몽주의자가 자주 지적하듯이, 이런 문제에 대한 통상적인 해법은 척도들의 위계를 만드는 것이다. 예를 들어 카스트 시스템에서 순수성의 척도가 가장 높은 위상을 가진다. 그것이 브라만이 가장 고귀한 사람들인 이유다. 힘의 척도가 두 번째이며, 부의 척도가 그 다음이다. 기타 등등. 이는 어느 정도까지는 사실이다. 하지만(뒤몽주의자들이 지적하는 것처럼 진짜로 체계가 그렇게 통합되어 있는지 불분명하다는 문제를 차치하고서도) 얼마나 많은 상이한 차별의 축이 흡수될 수 있는지에 대해서 매우 현실적인 한계가 존재한다. 선형적 위계를 계속해서 증식시키려는 시도나 그렇게 하려는 체계는, 필연적으로 허물어진다. 다른 어떠한 시스템도 그러하듯이 말이다. 차별의 수백만 가지 다른 양식은 그 모든 실제적 의도와 목적의 측면에서, 서로 전혀 동일하지 않다.

2장 _ 소비에 대한 생각
욕망, 환상, 그리고 중세부터 현재까지 일어나고 있는 해체의 미학

이 글은 소비주의에 대한 비판이 아니다. 오늘날의 소비자 관습이나 대중 소비의 유해성을 보여주려는 것도 아니다. 나는 대신 도대체 왜 우리가 '소비'나 '소비자 관습'에 대해서 이야기하는지에 대해서 묻고 싶다. 누군가가 냉장고 자석을 살 때, 누군가가 아이라이너를 그릴 때, 저녁 식사를 준비할 때, 노래방에서 노래를 부를 때, 그냥 앉아서 TV를 볼 때, 우리는 이 모든 사람이 어떤 차원에서는 동일한 행동을 하고 있다고 생각한다. 그것은 '소비' 혹은 '소비자 행동'이라고 설명될 수 있으며, 어떤 점에서는 음식을 먹는 것과 유사하다고 가정한다. 왜 이렇게 생각하는 것일까? 나는 이 용어[소비]가 어디에서 왔는지, 왜 우리가 그 용어를 쓰기 시작했는지, 이런 용어가 우리가 계속 가지고 있는 가정(소유물과 욕망과 사회적 관계에 대한 가정)에 대해서 무엇을 알려주는지에 대해 질문을 던지고 싶다. 최종적으로는, 나는 이런 용어를 사용하는 것이 그런 현상에 대해 사유하는 최선의 방법은 아니며, 우리가 더 나은 어떤 뭔가를 만들어내는 것이 나을 것이라는 점을 제안하고 싶다.

이렇게 하는 것은 필연적으로 지난 수십 년간 소비에 대한 연구를 둘러싸고 발달한 전체 지식 산업을 검토하는 것을 의미한다. 대부분의 학자

는, '소비'라는 범주가 중요한 것은 자명하다고 여길 뿐만 아니라, 이전 사회이론가가 가지고 있는 가장 큰 문제 중 하나가 소비에 대해서 알아내지 못한 것이라 생각한다.[1] 1980년대 초반 이래로, 인류학에서 소비에 대한 이론적 논의는(이 문제에 한해서는 사회학, 기호학, 혹은 문화연구도 마찬가지다.) 거의 예외 없이 이 주제에 충분한 주의를 기울이지 않았던 과거의 학자를 비난하면서 시작한다. 통상 소비에 대한 이론은 조금은 도덕적인 이야기를 꺼내게 된다. 이야기는 이렇게 시작한다. 옛날 옛적에 우리는 생산을 역사의 동력이자 사회적 갈등이 발생하는 유일하게 진정으로 정당한 영역으로 여기는 맑스주의 정치경제학을 지지했다. 심지어 우리가 소비자의 수요에 대해서 고민할 때조차, 소비자의 수요는 대부분 인위적으로 만들어지는 것으로, 광고회사와 상인이 실제로는 아무도 필요로 하지 않는 상품을 처분하려고 교묘한 기술을 부린 결과물로 여겼다. 이 이야기는 계속되어서, 결국 우리는 이 시각이 잘못되었을 뿐만 아니라 매우 특권층주의적이고 청교도주의적임을 깨닫기 시작한다. 실제로 일을 하는 사람은 인생에서 대부분의 즐거움을 소비에서 발견한다. 사람들은 상인이 던져주는 것을 생각 없는 로봇처럼 단순히 집어삼키지 않는다. 사람들은 자기 곁에 두려고 선택한 상품으로부터 자기 고유의 의미를 만들어낸다. 사실, 사람들이 자신의 정체성을 형성할 때, 정체성은 그들이 모는 차나, 입는 옷이나, 듣는 음악이나, 보는 비디오에 많은 부분 기반하고 있다. 소비를 폄하하면, 우리는 우리가 해방시키고 싶다고 말하는 바로 그

---

1) 예를 하나 들자면, 얼마 전에 『소비자 사회 읽기』(*The Consumer Society Reader*, Schor & Holt 2000)라는 책이 나왔다. 그 책에는 소스타인 베블런부터 톰 프랭크까지 28명의 학자가 쓴 소비와 소비주의에 대한 글이 실려 있다. 하지만 그중 어느 글도 이 용어에 대한 정의를 내리지 않으며, 왜 다른 것이 아닌 이 용어가 쓰이는지 묻지 않는다.

사람들의 삶에 의미를 부여하는 것을 폄하하고 있는 것이다.

　이런 이야기를 듣게 되면 재미있는 질문이 떠오른다. 문제가 되는 '우리'란 대체 누구냐는 것이다. 어쨌든, 장 보드리야르(Jean Baudrillard, 보드리야르는 사실 소비주의에 대한 맑스주의적 비판가로 시작했던 사람이다.) 같은 사람으로부터 이런 주장을 듣게 되는 것은 이해할 수 있다. 하지만 1990년대 문화 인류학자인 대니얼 밀러(Daniel Miller 1995)나 조너선 프리드먼(Jonathan Friedman 1994) 같은 사람으로부터 이런 이야기를 듣는 것은 다른 문제이다. 내가 알기로 처음에는 이들이 속한 학문 분과에서 소비에 대해 이런 상황주의자나 프랑크푸르트 학파 스타일의 분석을 내놓지않았기 때문이다. 그런데 왜 수십년이 지나서까지 우리는 이런 똑같은 도덕적 이야기를 반복하고 있는 것인가?

　분명 여러 이유가 있을 것이다. 아마 그 이유 중 하나는 그 이야기가 교수들이 공통적으로 가지고 있는 삶의 경험을 상기시킨다는 점일 것이다. 교수들은 나이가 들어가고 자리를 잡아감에 따라 많은 경우 그들이 소비문화에 대해 가졌던 미성숙한 혐오감에 대해 고민해야 했다. 하지만, 이런 이야기의 실제 효과(상당히 비뚤어진)는 정치경제학의 범주들을(두 가지 넓은 영역으로 세계를 구분한다. 하나는 산업 생산이고, 다른 하나는 소비다.) 이전에는 이런 범주가 결코 존재하지 않았던 곳에서 도출해내는 것으로 나타났다. 이런 시각이, 세계 자본주의 체계에 도전하려고 했던 맑시스트 이론가에게나, 현재 자본주의 세계 질서를 관리하고 있는 신자유주의 경제학자 둘 모두에게 똑같이 세계를 바라보는 소중한 관점으로 자리하고 있는 것은 우연이 아니다.

　내가 여기서 질문하고 싶은 것이 바로 이런 그림[모든 것을 생산과 소비로 나누는 것]이다. 어쩌다 우리가 어떤 종류의 행위를 다른 것이 아니라 '소비'라고 부르게 되었는지 질문하고 싶다. 예를 들어, 소비에 대해서 글을 쓰는 어느 누구도 이 용어를 제대로 정의하지 않았다는 점은 매우 신기한 사실이다. 나는 이것이, 부분적으로는, 저자들이 사용하고 있는 소비에 대한 암묵적인 정의가 기이할 정도로 매우 넓기 때문이 아닌가 의심해 본다. 통상적인 학계의 용례에서 '소비'는 '생산이나 다른 상품과의 교환이 아닌 그 이외의 어떤 목적을 위해, 제조품이나 농업 생산물을 즐기거나 사용하거나 구매하는 것을 포함하는 어떤 활동'을 의미한다(이는 거의 어느 정도는 대중적으로 사용되는 용법이기도 하다). 대부분의 임금 노동자에게, 이렇게 정의된 소비는 임금 노동을 하지 않을때 일어나는 거의 모든 활동을 의미하게 된다. 예를 들어 10대 청소년 네 명이 밴드를 만들기로 했다고 상상해보라. 그들은 장비를 긁어모으고, 연습을 한다. 곡을 쓰고, 실제로 연주해 보며, 차고에서 오랜 시간 동안 연습을 한다. 자, 이런 행위는 일종의 생산이라고 보는 것이 합리적인 것 같다. 하지만 현존하는 사회과학문헌에서, 이것은 소비의 영역에 위치짓기 훨씬 쉽다. 왜냐하면 기타를 직접 만들지 않았기 때문이다![2] 사람들이 돌아서서 소비가 수동적인 묵인으로 잘못 묘사되고 있으며, 사실 소비를 아주 중요한 창조적 자기표현의 형태라고 주장할 수 있는 것은, 바로 소비를 이처럼 넓게 정의했기 때문이다. 아마 진짜 질문은 이렇게 던져야 할 것이다. 공산품(manufactured good)이 활동에 포함되어 있다는 사실이 왜 그 활동의 본성을 자동적으로 결정하게 되는가?

---

2) 특히 이 밴드가 아직 레코드 계약을 하지 않았거나, 여러 유료 공연을 하지 않는다면 더욱 그러하다. 만약 밴드가 어떤 종류의 상품을 팔 수 있다면, 다시 이 활동은 생산으로 여겨질지도 모른다.

내가 보기에 이런 이론적 선택(일을 하고 있지 않은 사람들이 하는 대부분의 일은 뭔가를 '소비하는' 것이라는 가정)은 그 안에 암묵적 우주론을 동반하고 있는 것 같다. 인간 욕망과 성취에 대한 이론 말이다. 우리는 그 함의에 대해서 생각해볼 필요가 있다.[3] 이 글의 나머지 부분에서 내가 알아보고 싶은 것이 바로 이 점이다.

우선 이 단어 자체의 역사를 살피는 것으로 시작해보자.

어원

영어에서 '소비하다'(to consume)는 라틴어 동사인 *consumere*에서 파생되었다. 이는 뭔가를 '완전히 꽉 쥐거나 취하다'를 의미한다. 그리고 확장해서, '먹어치우다, 삼키다, 버리다, 파괴하다, 혹은 쓰다'를 의미한다. 불에 의해 소비되다(consumed), 혹은 분노로 소비된다(consumed)는 말은 그런 면에서 여전히 동일한 함의를 가진다. 그것은 단순히 완전히 정복되는 것을 의미하는 것이 아니라, 그 사물의 자율성을 해체해버리는 방법으로 지배되는 것, 혹은 심지어 사물 그 자체를 파괴하는 것을 함축한다.

'consumption'(소비)은 14세기 영어에 처음 등장한다. 초기 프랑스어나 영어의 용법에서, 소비는 거의 항상 부정적인 뜻을 함축했다. 뭔가를 소비하는 것은 그것을 파괴하고, 태우고, 증발시키고, 낭비하는 것을 의미했다. 그러므로, 소모성 질환(wasting disease)은 병자를 '소비했다'. 옥스퍼드영어사전에 따르면 이런 용법은 1395년에 이미 글로 기록되어

---

3) 또한 나는 여기서 가치에 대한 내 책(『가치이론에 대한 인류학적 접근』, 그린비, 2009) 마지막에서 남겨두었던 몇몇 질문에 대해 답을 하고 싶다.

있다. 이것이 결핵이 '소비'(consumption)라고 알려지게 된 이유이다.[4] 지금 우리에게 아주 익숙한, 먹거나 마신다는 뜻의 소비는 처음에는 아주 부차적인 의미에 불과했다. 차라리, 물질적 재화에 적용될 때 소비는 낭비(waste)와 거의 동일한 의미를 가졌다. 그것은 꼭 파괴될 필요는 없는 어떤 것(적어도 그렇게 완전하게 파괴될 필요는 없는 어떤 것)을 파괴하는 것을 의미했다.[5]

현재의 용법은 상대적으로 최근에 나타났다. 만약 우리가 여전히 14세기 혹은 심지어 17세기의 언어를 사용한다면, '소비자 사회'는 낭비자와 파괴자의 사회를 의미했을 것이다.

현대적 의미의 소비는 사실상 18세기 후반에 이르러서야 정치경제학 문헌에 등장했다. 애덤 스미스(Adam Smith)나 데이비드 리카도(David Ricardo) 같은 저자들은 소비를 '생산'의 반대말로 사용하기 시작했다.[6] 당시 등장하고 있던 산업 자본주의의 핵심적 특징 중 하나는 노동하는 공간과 사는 공간 사이에 나타나는 분할이었다. 결국 이것은 '경제'(그 자체로 매우 새로운 개념)가 완전히 분리된 두 개의 영역으로 되어 있다고 상상하는 것을 가능하게 했다. 재화가 '생산'되는 작업장, 그리고 그것들이 '소비'되는 가정. 한쪽의 영역에서 생산된 것이 다른 영역에서 사용된

---

4) [역주] 영어 단어 consumption에는 결핵이라는 뜻이 있다.

5) 프랑스어에서 consummation이라는 단어는 이와 다른 어원을 가지는데, 결국 consumption 이라는 단어를 대체했다. 하지만 어떤 사물을 소유한다는 생각은 여전히 남아 있는 것으로 보인다. 그리고 많은 학자들이 성적 전용(sexual appropriation)과 음식을 먹는 것 사이의 유사점에 대해 언급했다.

6) '생산'(produce)은 '꺼내다'(bring out)나 '내놓다'(put out)라는 뜻의 라틴어에서 파생된 단어이다(꺼내다의 경우 여전히 "변호사가 증인을 불러냈다"the defence produced a witness거나 "그가 망토에서 손전등을 꺼냈다"he produced a flash light from under his cloak 같은 말에서 여전히 남아 있는 용법이다).

다는 것(궁극적으로 써 없어지고 파괴된다는 것). 와인 장인이 와인을 만든다. 소비자는 그것을 집에 가져가 마신다. 화학 공장이 잉크를 만들고, 소비자는 그것을 집에 가져가 펜에 찍어서 쓴다. 기타 등등. 물론, 심지어 애초부터, 어떤 의미에서 소비자가 은그릇이나 책을 '소비'하는지 파악하는 것은 어려운 일이었다. 왜냐하면 이것들은 사용한다고 파괴되지는 않기 때문이다. 하지만 입어서 닳거나 교체되어야 하는 것들 덕분에, 이 용법을 받아들이기가 완전히 어려웠던 것은 아니다.

당연히, 이 모든 것은 자본주의의 핵심적 특징 중 하나를 불러오게 된다. 소비는 끊임없는 생산의 동력이라는 점이 그것이다. 사실 자본주의는 계속적인 성장을 통해서만 그 균형을 유지할 수 있다. 필연적으로, 끊임없는 파괴의 사이클은 성장과 생산의 다른 면인 것처럼 보인다. 새로운 상품에 길을 열어주기 위해서는, 오래된 것은 어떻게든 사라져야만 한다. 파괴되든가, 유행에 뒤떨어지거나 적절하지 않다면 적어도 한쪽으로 치워져야 한다. 그리고 이것이 바로 통상적으로 '소비 사회'(consumer society)를 설명할 때(특히 비판자들이 설명할 때) 나타나는 핵심적 특징이다. 일시성의 끊임없는 순환 속에서 영속적인 가치들은 한쪽으로 치워버리는 특징. 이것은 희생과 파괴의 사회이다. 그리고 근본적으로 전혀 다른 경제적 상황에 살고 있는 사람들에 대해 서구 학자(그리고 서구 대중)가 가장 매력적으로 느꼈던 것은, 여러 가지 방식으로 그들이 이런 소비 사회와는 거울처럼 반대되는 모습을 보여준다는 점이었다. 조르주 바타유(George Bataille, 1937)는 여기서 문화 자체의 본성에 대한 하나의 증거를 발견했다. 바타유는 문화의 본질이 야생의 희생적 파괴에서 나타나는 명백히 비합리적 행동에 존재한다고 봤다. 그는 그것에 대한 예를 아즈텍의 인신공희나 콰키우틀인의 포틀래치(potlatch)에서 가져왔다.[7] 혹은 포틀래치 그 자체가 가진 매력을 고찰한다. 북서부 연안의 포틀래치를 생각하면, 바로 엄청난 양의 재화더미에 추장이 불을 붙이는 이미지가 떠오른다(이런 이미지는 바타유에게서만 중심적 역할을 하는 게 아니라, 이후에 나온 '선물 경제'에 대한 모든 대중적인 글들에서 중요하게 사용된다). 하지만, 만약 이 자료를 잘 살펴본다면, 대부분의 콰키우틀인의 포틀래치는 웅장한 경우는 별로 없었던 재분배 행사였음을 알 수 있다. 우리가 그리는 이미지는 사실 1900년대 전후에 서너 번 정도 아주 예외적으로 일어났던 행사에 기반하고 있다. 그때는 콰키우틀인의 인구가 병으로 인해 줄어들게 됨과 동시에, 굉장한 경제적 활황을 겪었을 때였다. 분명히, 지위를 얻기 위해 경쟁하면서 담요나 기타 가치 있는 물건들을 쌓아두고 불을 붙이는 추장들의 모습은 우리의 상상력에 충격을 준다. 하지만, 이는 우리 사회에서는 대부분 억압된, 인간의 근원적 본성을 드러내기 때문이 아니다. 대신 그것이 우리 자신이 살고 있는 소비자 사회에 대한 진리를, 별로 감추어지지 않고 있는 진리를 반영하고 있기 때문이다.

그렇다면 "소비"는 북대서양 세계에서 산업 혁명 시기 즈음하여 처음 등장한, 인간 실존을 보여주는 하나의 이미지라 할 수 있다. 인간이 작업장 바깥에서 하는 일의 대부분을 사물을 파괴하거나 써 없애는 것으로 본 이미지 말이다. 이런 이미지가 인간 욕망이나 만족에 대해 논하는 방식을 얼마나 빈곤하게 만들었는지를, 욕망과 만족에 대해 이야기한 초기

---

7) 바타유는, 맑스는 인간적인 활동의 정수로 본 생산이, 실제적 고려 때문에 가장 많이 제약된 활동의 영역이기도 하다고 주장한다. 반면 소비는 가장 제약이 적은 활동이다. 그러므로 문화에서 진짜 중요한 요소를 파악하기 위해서는, 사물이 어떻게 만들어지는지에 주목할 것이 아니라, 그것을 어떻게 파괴하는지에 주목해야 한다.

서구 사상가들과 비교하여 밝히는 것은 어려운 일이 아니다. 예를 들어 성 아우구스티누스(St. Augustine)나 토머스 홉스는 둘 다 인간 존재를 무제한적인 욕망을 가진 피조물로 보았다. 그러므로 가만히 내버려두면 인간은 언제나 결국 경쟁에 사로잡힐 것이라고 결론내렸다. 마샬 살린스가 지적했듯이(1996), 아우구스티누스와 홉스는 여기서 후대에 등장한 경제학 이론의 가정을 정확하게 예견했다. 하지만 인간이 **무엇을** 욕망하는지 일별할 때, 두 사람 모두 소비에 대한 근대적 관념 비슷한 것은 전혀 강조하지 않았다. 사실, 둘은 거의 비슷한 목록을 작성하게 되었다. 그들이 말하기를 인간은 ① 감각적 쾌락, ② 부의 축적, ③ 권력을 욕망한다.[8] 이 중 어느 것도 근본적으로 뭔가를 써 없애는 것이 아니었다.[9] 심지어 근대적 의미의 '소비'라는 용어를 『국부론』에서 최초로 도입한 애덤 스미스조차, 『도덕감정론』에서는 욕망의 이론을 발전시키는 데 전혀 다른 틀을 사용했다. 여기서 애덤 스미스는 대부분의 인간이 무엇보다 원하는 것이 타인의 동정적 주목의 대상이 되는 것이라 가정했다.[10] 욕망 그 자체가 소비하려는 욕망으로 여겨지기 시작한 것은 경제학 이론이 성장하여 점차 다른 분과를 식민화하면서야 비로소 생긴 현상이었다.

---

8) 이와 유사한 목록이 서구 전통 전반에 걸쳐 등장한다. 칸트 역시 세 가지를 꼽았다(부, 권력, 위신). 하지만 칸트는 흥미롭게도 쾌락을 뺐다.

9) 그들이 염두에 두고 있는 감각적 쾌락은 음식을 먹는 것만큼이나 섹스를 하는 것에, 향이나 대마를 피우는 것만큼이나 비단 베개를 베고 눕는 것에 초점이 맞추어진 것처럼 보인다. 그리고 염두에 두고 있는 것으로 보이는 '부'는 써서 없어지는 것이 아니라 주택이나 토지 자산이나 화려한 보석처럼 영원히 지속되는 것에 무엇보다 초점을 두고 있는 것 같다.

10) 누군가는 심지어 욕망과 그것의 충족의 문제에 대한 스미스의 접근이 지나치게 일방적이라고, 사회적 인정과 비물질적 대가에 거의 전적으로 초점을 두고 있다고 비판할 수도 있다. 있다(그의 체계에서, 부유함은 오로지 부유한 사람이 다른 사람의 관심이나 자발적으로 공감하는 염려를 받기 쉽다는 측면에서만 매력을 가지게 된다). [이러한 입장에서 보면] 이러한 강조는 스미스의 경제적 저작에서 발전하게 될 소비 모형의 가능성 자체를 차단하게 된다.

그렇다면, 인간 성취의 대부분이 (거의 의식儀式적인 일이라 볼 수 있는) 물질적 파괴 행위에 대한 것이라고 여기는 소비의 개념은, 서구 전통에서 나타난 상당한 수준의 단절이다. 이런 개념에 대한 서술은, 이 개념을 정확히 예견했던 18세기 이전에는, 찾아보기 힘들다. 이것은 영국이나 프랑스 같은 나라에서, 이 지역의 역사가들이 '소비자 사회' 혹은 간단히 '소비주의'라고 부르는 것의 부상에 대해 이야기하기 시작하게 된 때에 갑자기 등장한다. 이때란, 말하자면 그 나라 인구에서 상당 부분의 사람들이 '소비자 재화'라 불리는 것을, 그러니까 필수품이 아니라 다양한 재화 중에서 선택되었고 변덕스러운 유행을 타는, 어떤 의미에서 욕망의 대상이라고 할 수 있는 재화를 추구하는 일을 자기 삶의 중요한 지점으로 여기게 된 때를 의미한다. 동전의 양면처럼 등장한 것 같다.

욕망 이론

이런 설명은 이런 이야기가 실제로 1750년 즈음에 시작되었다고, 혹은 심지어 1776년에 시작되었다고 말하는 것처럼 들린다. 하지만 사람들이 삶은 무엇이라고 여기는 이런 근본적 가정이 그토록 갑자기 변할 수 있을까? 내 생각에는 이 역사를 전달할 다른 방법이 있는 것 같다. 이 방법은 훨씬 더 거대한 연속성을 드러낸다. 그 중 하나는 "욕망"이라는 개념 자체를 분석하는 것이다. 서구 철학 전통에서 등장했을 때의 "욕망"이라는 개념 말이다.

자, 이 작업은 힘들어 보인다. 왜냐하면 이 문제에 대한 서구 사유는 상당수의 명백히 모순적인 계열을 내포하기 때문이다. 플라톤 이래, 욕망을 바라보는 가장 일반적인 접근은 '결여나 부재'의 느낌에 기반을 두고 있다. 이는 직관적으로 굉장히 이해하기 쉽다. 사람들은 가지지 않은 것을 욕망한다. 사람들은 부재를 느끼고, 어떻게 이를 채워 넣을지 상상한다. 바로 이런 마음의 작용이 우리가 '욕망'이라고 생각하는 어떤 것이다. 하지만 최소한 스피노자(Spinoza)까지 그 기원을 추적할 수 있는 대안적 전통도 존재한다. 이 전통은 부재하는 사물을 열망하는 것에서 시작하지 않고, 좀더 근본적인 어떤 것에서 출발한다. 자기 보존, 계속 존재하려 하는 욕망이 그것이다(니체(Nietzsche)의 "삶은 그 자체를 욕망한다"는 말을 참고하라). 여기서, 욕망은 시간이 지나도 개인이 계속 자기 자신이 될 수 있도록 하는 근본적 에너지 덩어리다. 이 두 전통은 현대 사회 이론에서 계속 전투를 벌이고 있다. 결여로서의 욕망은 특히 자크 라캉(Jacques Lacan)의 저작에서 발달되었다. 여기서 핵심 관념은 '거울 단계'인데, 그 단계에서 유아는, 그 자신의 존재를 별개의 경계지어진 전체로 파악하지 않는 충동(drive)과 감각의 묶음이며,[11] 어떤 외부 이미지 주위에서 자기에 대한 감각을 구성한다. 예를 들어, 거울에 비친 자기 자신의 모습을 바라보면서 말이다. 여기서 훨씬 광범위한 욕망의 이론을 일반화할 수도 있다. 욕망의 대상은 항상 어떤 완벽함의 이미지이며, 그것은 파열된 자기 자신의 감각에 대한 상상적 보충물이다(Graeber 2002 : 237~58). 하지만 들뢰즈(Deleuze)와 가타리(Guattari, 1983) 같은 저자들

---

11) [역주] 이 절에서 저자는 여러 사상가들의 욕망 이론을 요약하고 있다. 이 때문에 기존 번역에서 한국어 단어로 동일하게 옮겨지는 서로 다른 단어들이 등장하는데 drive와 appetite과 urge가 그것들이다. 정신분석학에서 drive는 보통 충동으로 옮겨지며, 스피노자 철학에서 appetite 역시 충동으로 옮겨진다. urge 역시 보통 충동이라 번역한다. 기존 번역어와의 일관성을 위해 본 절에서는 해당 단어들을 모두 충동이라는 단어를 사용하여 옮기고 혼란을 피하기 위해 원어를 병기하였다. 더불어 needs는 '욕구'로, intention은 '의도'로 옮겼음을 밝혀둔다.

에 의해 도입된 접근방법도 존재한다. 이들은 『앙티오이디푸스』를 썼는데(이 책은 그들의 유명한 정신분석학 비판이다), 주로 이런 종류의 생각을 공격한다. 스피노자와 니체의 전통에 기대어, 그들은 욕망이 결여의 감각에서 발견된다는 것을 부정한다. 차라리, 그것은 모든 이들과 모든 것들 사이에 있는 '흐름'이다. 푸코(Foucault)의 권력에서처럼, 그것은 모든 것을 직조하는 에너지가 된다. 이처럼, 욕망은 모든 것인 동시에 아무것도 아니다. 그러다 보니 이런 욕망에 대해 실제로 이야기할 수 있는 것은 매우 적다.

여기서 누군가는 '욕망'이 별로 유용한 이론적 개념이 아니라고 결론 내리고 싶을지도 모르겠다(즉 욕망은 욕구나 충동(urge)이나 의도와 유의미하게 구분되는 개념이 아니다). 왜냐하면 동일한 서구적 전통 안에서 연구하는 저자들도 그것이 무엇을 의미하는지 결정하지 못하기 때문이다.[12] 하지만 스피노자에게서 발견되는 대안적 전통의 기원으로 거슬러 올라가보면, 서로 다른 두 가지 계열이 겉으로 보이는 것처럼 그토록 다른 것은 아니라는 점을 발견할 수 있다. 스피노자가 모든 존재를 그 존재 안에서 지속하도록 하며 활동력을 확장하도록 하는, 모든 존재 내부에 있는 보편적 추동력을 언급할 때, 그는 실제로 욕망(*cupiditas*)에 대해 이야기하기보다는 코나투스(*conatus*; 보통 '의지'will라고 번역된다)라고 부르는 어떤 것에 대해서 이야기한다. 신체적 수준에서, 코나투스는 충동(appetite)의 무리(host)라는 형태를 취한다. 끌림(attraction)이나 상

---

12) 여기서 나는 어떠한 지적 전통이든 주의깊게 검토한다면, 이처럼 "중요한 질문들"(big questions)에 대한 진정으로 통찰력 있는 분석의 재료들을 발견할 수 있으리라는 가정하에 작업을 진행하고 있다. 즉, 만약 내가 불교 전통의 문헌들을 철저히 살펴본다면, 정말 유용한 결과를 얻어낼 수 있을지도 모른다. 내게 그럴 능력이 없기는 하지만 말이다.

태(disposition) 그리고 기타 등등의 집합 말이다. 욕망은 '충동(appetite) 의 관념'이다. 어떤 끌림이나 상태에 부과하는 상상적 구조물이라는 말이다.[13] 달리 말하자면, 이런 모든 정의에서 지속적으로 발견되는 하나의 요소는 욕망이(욕구나 충동(urge)이나 의도와 달리) 필연적으로 상상을 포함한다는 점이다. 욕망의 대상들은 항상 상상적 대상들이다. 그리고 통상 어떤 종류의 상상적 총체다. 왜냐하면 대부분의 총체는 그 자체로 상상적 대상들이기 때문이다.

욕망이 욕구나 충동(urge)이나 의도와 다르다고 말하는 또 다른 방법은, 츠베탕 토도로프(Tzvetan Todorov)가 설정하는 것처럼, 욕망이 어떤 종류의 사회적 관계를 위한 것이라고 말하는 것이다. 언제나 인정(recognition)에 대한 추구가 존재했다. 문제는 서구 철학의 전형적 전통에 존재하는 극단적 개인주의 때문에, 이런 인정에 대한 추구가 방해 받아왔다는 점이다. 그렇지 않을 때 조차, 인정에 대한 욕망은 어떤 특별한 종류의 실존적 충돌의 근간이라고 간주된다. 이에 대한 고전적인 문헌은 헤겔(Hegel)의 『정신현상학』에 있는 '주인과 노예론', 즉 그 유명한 '주인-노예 변증법'이다. 이 글들은 이후의 이론가들이 이런 종류의 욕망을 폭력과 지배를 벗어나서는 생각하기 힘들도록 만들었다.

헤겔의 논의를 감히 요약하자면 이렇다. 인간은 동물이 아니다. 왜냐하면 그들이 자기-의식의 능력을 가지기 때문이다.[14] 자기의식적이 된

---

13) 스피노자의 욕망 이론에 대한 글들을 모아놓은 책으로는, 요벨의 책(Yovel 1999)을 보라. 상상 이론에 대한 책으로는 게이트와 로이드의 책을 보라(Gates & Lloyd 1999).
14) 나는 이 구절에 대해서 알렉산더 코제브(Alexandre Kojève, 1969)가 내놓았던 유명한 "강한 해석"에 특히 의지하여 이야기를 풀어나가겠다. 이 해석은 사르트르에게 많은 영향을 미쳤고, 그를 통해 보부아르와 파농 등에게도 영향을 미쳤다.

다는 것은 자신을 외부의 관점에서 바라볼 수 있게 된다는 뜻이다. 이는 필연적으로 다른 인간의 관점에서 보는 것을 의미한다. 이 모든 것은 당시에 익숙한 주장들이었다. 헤겔의 위대한 혁신은 욕망을 끌어온 것이었다. 이런 방식으로 자신을 보기 위해서는, 그렇게 하고 **싶어 하는** 어떤 이유를 가져야만 한다(헤겔은 이 점을 지적했다). 이런 종류의 욕망[15]은 헤겔에 따르면 본래적인 인간 본성이다. 왜냐하면 동물과 달리, 인간은 인정(recognition)을 욕망하기 때문이다. 동물은 욕망을 단순히 뭔가의 부재로 경험한다. 동물은 배가 고프다. 그러므로 동물은 음식을 얻음으로써 "부정을 부정하기를" 원한다. 동물들은 성적인 충동(urge)을 지닌다. 그러므로 그들은 짝을 찾는다.[16] 인간들은 더 나아간다. 그들은 단지 섹스하기만을 원하는 것이 아니다(적어도 만약 그들이 진짜 인간이라면). 인간들은 파트너에게 함께 섹스를 할 만한 사람으로 인정받기를 원한다. 즉 그들은 사랑받기를 원한다. 우리는 다른 이의 욕망의 대상이 되기를 욕망한다. 여기까지 이것은 그런대로 간단해 보인다. 인간 욕망은 상호 인정을 포함한다. 문제는 헤겔에서, 상호 인정에 대한 추구가 필연적으로 폭력적 투쟁으로, 우월함을 위한 "생과 사의 충돌"로 이어진다는 점이다. 그는 짧은 우화를 들려준다. 시초에 두 사람이 마주보고 있었다(이런 모든 이야기에서 그렇듯이, 사람은 땅에서 완전히 형상이 갖추어진 채 솟아난 40세 남자 정도로 그려진다). 각각은 상대에게 자유롭고 자율적인 완전한 인간으로 인정받고 싶어 한다. 하지만 상대의 인정이 의미를 가지기 위해서는, 그 상

---

15) [역주] 타인의 시선으로 자신을 바라보려고 하는 욕망.
16) 헤겔의 용어로 말하자면, 동물은 그들 스스로를 부정으로 구성한다. 그러므로 동물은 다른 무언가를 부정함으로써(즉, 먹음으로써) 그 부정을 부정하려고 한다.

대가 완전한 인간이며 인정할 만한 가치가 있음을 증명해야 한다. 이를 이루는 유일한 방법은 상대가 자유나 자율을 목숨을 걸 만큼 중요하게 여기는지 살피는 것이다. 필연적으로 싸움이 일어난다. 하지만 인정을 위한 싸움은 본질적으로 이길 수 없는 싸움이다. 왜냐하면 만약 상대방을 죽인다면, 나를 인정해줄 사람이 없어진다. 반면 상대가 도망간다면, 상대는 결국 인정을 위해서 목숨을 걸지 않는다는 것을 그 행동을 통해 증명하는 것이고, 그러므로 그의 인정은 의미가 없는 것이 된다. 물론 패배한 상대방을 노예로 만들 수도 있다. 하지만 그것조차 자기-패배이다. 왜냐하면 한번 타자를 노예로 만들어버리면, 그 사람은 물질적 생존을 그 노예에게 의존하게 되어버린다. 반면에 그 노예는 적어도 자신의 삶을 생산하고 노동을 통해 어느 정도까지 자기 자신을 실현하게 된다.

이것은 하나의 신화이며 우화이다. 분명히 여기에는 어떤 심원한 진실이 있다. 그럼에도, 상호 인정에 대한 추구가 필연적으로 타자를 지배하거나 심지어 절멸시키려는 시도로 전락할 계속되는 위험을 가진다고 말할 수 있기는 하지만, 애초부터 상호적 인정은 불가능하다고 가정하는 것은 또다른 문제이다. 마지드 야르(Majeed Yar)가 지적하듯이, 이런 가정은 이후에 이 주제에 대해 나온 거의 모든 서구 사유를 지배하게 되었다. 특히, 사르트르(Sartre)가 '시선'(사르트르가 주장하기에 시선은 필연적으로 타자를 못박고, 으깨고, 대상화한다)으로서 인정을 다시 파악한 이후에 말이다.[17] 토도로프(Todorov)는 이것의 상당 부분은 성인 남자의 집

---

17) 라캉의 '거울 단계' 자체는 실제로 헤겔의 주인-노예 변증법에 직접적으로 의존하고 있다(Casey & Woody 1983). 또한 '타자'(Other)를 쓸 때 대문자 'O'를 사용하는 습관(타자를 본질적으로 완전히 알 수 없는 무언가로 표현)은 헤겔-코제브-사르트르의 계열에서 나왔다는 것도 지적해야 하겠다.

합을 사례로 들기 시작하면서 나타난 결과라고 지적한다. 그가 주장하길, 정신분석학적으로, 우리가 완전한 인간 존재로서 활동하는 첫번째 순간이 타인의 인정을 구하는 때라고 주장하는 것은 분명 가능하다. 하지만, 이렇게 볼 수 있는 까닭은 동물의 새끼는 하지 않지만 인간 아기는 하는 첫번째 행동이 엄마의 시선을 끌려고 노력하는 것이기 때문이다. 이런 행동은 상당히 다른 함의를 가진다(위의 책: 66~67).

이 지점에서 나는 우리가 예비적 종합의 요소들을 확보했다고 생각한다. '욕망'이라 불리는 것을 욕구나 충동(urge)이나 의도와 구분하는 것이 유용하다면, 그것은 욕망이.

① 항상 상상에 기반하고,

② 그 자신을 사회적 관계(실제적인 것이든 상상적인 것이든)를 향하도록 하고,

③ 그 사회적 관계가 일반적으로 어떤 종류의 인정 욕망을 수반하고 따라서 자기의 상상적 재구축을 수반하기 때문이다. 이것은 이 사회적 관계를 파괴할 위험을 가진, 혹은 그것을 어떤 종류의 끔찍한 충돌로 이끌하나의 과정이다.

자, 이 모든 것은 이론을 제안하는 것이라기보다 가능할 법한 한가지 이론의 요소들을 정리해본 것에 가깝다. 이런 정리는 이 요소들이 상호작용하는 방식에 대한 현실적 메커니즘에 대해서는 가능성을 열어두고 있다. 하지만, 이런 정리는 적어도 '욕망'이라는 단어가 현대 소비주의(소비주의는 모두 상상적 쾌락에 대한 것이라고, 그리고 정체성을 구축하는 것에 대한 것이라고들 한다.)에 대해서 연구하는 작가들에게 그토록 인기를 가지는

이유를 설명해준다. 하지만, 여기서도 개념들 사이의 역사적 연결을 살피기는 어렵다.

연인과 소비자

콜린 캠벨(Colin Campbell)의 『낭만주의적 윤리와 현대 소비주의의 정신』(*Romantic Ethic and the Spirit of Modern Consumerism*, 1987)에서부터 시작해보자. 이 책은 이 주제에 관한 더욱 창의적인 저작 중 하나다. 캠벨의 책은 소비문화에 대한 통상적인 비판에 수정을 가한다. 소비문화에 대한 통상적인 비판들은 우리가 어떤 상품을 구매할 때 얻게 되는 멋진 환상들을, 그리고 상품을 얻고 난 후 필연적으로 우리를 실망하게 만들 환상들을 두드러지게 만든다. 이런 주장은 다음과 같이 이어진다. 소비를 추동하는 것은 이런 만족의 지속적인 결여이다. 그러므로 이는 생산의 끊임없는 확장을 가능하게 한다. 만약 이 체계가 애초에 약속한 것을 제대로 충족시켰다면, 전체적인 기능이 마비되었을 것이다. 캠벨은 이런 일이 일어나는 것을 부정하기보다는, 이런 과정 자체가 정말로 대다수의 설명들이 의미하는 것처럼 그렇게 절망적이며 불쾌한 일인지를 질문한다. 그가 말하기를, 실제로 이것은 그 자체로 쾌락의 한 형태가 아닌가? 캠벨은 현대 소비주의가 쾌락주의(hedonism)의 진정 새로운 형태를 창조하는 것에 이바지하였으며, 이는 독특한 성취라고 주장한다.

캠벨은 '전통적 쾌락주의'가 쾌락의 직접적 체험에 기반했다고 주장한다. 술, 여자, 그리고 노래, 섹스, 마약, 로큰롤, 그리고 지역에 따라 달라지는 어떤 요소들. 자본주의적 관점에서, 문제는 이 모든 것에 내적인 한계가 있다는 점이다. 사람들은 만족하게 되고 지겨워진다. 논리적 문제가 있는 셈이다. "현대의 자기-환상적 쾌락주의"(캠벨이 사용하는 용어다)는 이 딜레마를 해결한다. 왜냐하면 여기서 사람들이 진정으로 소비하는 것은, 어떤 상품이 **이럴 것이**다라는 환상과 공상이기 때문이다. 캠벨이 주장하길, 이런 새로운 종류의 쾌락주의는 세상을 놀라게 했던 청교도적인 종교적 삶의 형태로까지 거슬러 올라갈 수 있다. 하지만, 근본적으로는, 극한적인 상태와 감정의 대리 체험을 통한 쾌락에 대한 새로운 관심으로, 공포 소설이 인기를 얻으면서 등장한 관심으로, 그리고 18세기 낭만주의 자체와 함께 절정에 달한 관심으로까지 거슬러 올라간다. 그 결과 나타난 것은 많은 경우 공상을 유행시키는 거대한 기구가 된 사회 질서였다. 이런 몽상은, 어떤 특정한 소비 재화나 그런 재화의 집합이 가져다 줄 것이라 간주되는 쾌락에의 약속과 관련되어 있다. 이것들은 끝없이 욕망을 생산하고 소비를 추동한다. 하지만 결국, 진짜 즐거움은 물리적 대상을 소비하는 데 있지 않다. 몽상 그 자체에 있다.

이런 주장에 존재하는 문제점은(혹은 여러 문제 중에 하나는. 여러 문제를 지적할 수 있다.) 이 모든 것이 새로운 것이라 주장하는 데 있다. 극단적 경험을 대리 체험함으로써 얻는 쾌락이 17세기에 처음 중요한 사회적 현상으로 나타난 것이 아니라는 지적은 단지 뻔하기만 한 주장이 아니다. 욕망이 상당 부분 환상에서 쾌락을 얻는 것이라는 사실은 11세기 초에 이미 일반적으로 인정되는 지혜였다.

여기서, 나는 이탈리아 철학자인 조르조 아감벤(Giorgio Agamben, 1993)과, 중세와 르네상스 시기 사랑에 대한 이론들을 연구한 루마니아인 종교사가 이안 쿨리아노(Iouan Couliano, 1987)를 주목하려고 한다.[18]

---

18) 쿨리아노 저작의 많은 부분은 아감벤의 저작에서 영감을 얻은 것으로 보인다. 비록 쿨리아노가 아감벤을 가끔 인용할 뿐이며, 항상 작은 문제를 빌미로 아감벤을 공격하지만 말이다.

이 이론들은 모두 '영적 체계'(pneumatic system)라고 불리는 개념에 관심을 기울인다. 중세 형이상학의 가장 큰 문제 중 하나는 어떻게 정신(혹은 마음)이 물질적 세계에 있는 대상들을 지각할 수 있는지를 설명하는 것이었다. 왜냐하면 그 둘은 완전히 다른 본성을 가졌다고 여겼기 때문이다. 해결책은 영(pneuma) 혹은 영혼이라고 불리는 매개적이며 신성한 물질이 존재하는데, 이것들이 감각적 인상들을 환영적 이미지들로 만들어준다고 가정하는 것이었다. 이 환영적 이미지들은 정신의 지적 능력에 의해 이해되기 전에, 신체의 영적 체계(가슴에 집중된)를 순환한다. 이것은 본질적으로 상상의 영역이기에, 모든 감각, 심지어 추상적인 생각조차, 마음에 다다르기 전에 상상을 통해 처리되어야 한다(이 과정에서 감각과 관념에 감정이 부과된다). 이에 따라 성애이론(erotic theory)은, 남자가 여자와 사랑에 빠질 때, 그는 여성 그 자체와 사랑에 빠지는 게 아니라, 그녀의 이미지와 사랑에 빠지는 것이라고 주장하게 되었다. 한번 그의 영적 체계에 들어온 그 이미지는 점점 그의 상상을 납치하고 빨아먹어, 결국 그의 신체적·영적 에너지를 모두 빼내버린다. 의학 저술가들은 이것을 치유되어야 할 병으로 표상하는 경향이 있었다. [반면] 시인과 연인에게는, 이것은 본질적으로 영적인 가치나 그 자체로 신화적인 가치와 쾌락을 혼합해버리는 초인적인 상태를 의미했다(이런 혼합은 환상 안에서, 하지만 동시에 다소 비뚤어져서, 좌절과 거부의 경험 안에서 일어난다). 하지만 그럼에도 불구하고, 모두가 동의했던 한 가지 지점은, 환상의 대상을 '감싸안기'(embrace)로써 문제를 해결할 수 있으리라는 생각을 가진 사람은 핵심을 놓치고 있다는 사실이었다. 바로 이런 생각은 가장 엄청난 정신장애, 일종의 **우울증**(*melancholia*)의 한 증상으로 여겨졌다.

아감벤은 피치노(Ficino)[19]에 대해 이렇게 말한다.

동일한 구절에서, 피치노는 우울한 에로스라는 독특한 성격을 분리/분열과 과다로 파악했다. 피치노는 이렇게 적고 있다. "이런 경향은 잘못된 사랑을 하는 바람에 사유를 통해 파악해야 할 것을 감싸안고자 욕망해버리는 사람들에게 나타나는 경향이 있다." 우울증적 장애를 발생시키는 성적 지향은, 단지 사유의 대상이어야 하는 것을 소유하고 만지려 하는 어떤 것으로, 가질 수 없는 것을 가지려 하는 내적으로 모순된 거동에 그 뿌리를 두는 음침한 비극적 광기로 자신을 표현한다(1993a : 17~18).

아감벤은 계속해서 프랑스의 스콜라 철학 신학자인 앙리 드 강(Henry of Ghent)이 우울증의 효과에 대하여 이처럼 "비육체적인 것(the incorporeal)은 파악할 수 없다"고 말한 것을 인용한다. 왜냐하면 그들은 "어떻게 공간과 크기를 넘어 지성을 확장"하는지 모르기 때문이다. 이런 우울한 인물들은 홀로 사색하는 중 실제로 잡을 수 없는 것을 잡으려는 절망적인 충동에 사로잡히게 된다.[20]

자, 누군가는 사람들이 정말 이런 글들에 나온 것처럼 그들의 감정에 한결같이 순수했는지 따져 물을지도 모르겠다. 다른 곳에서처럼, 중세 유럽에서도 상당히 많은 양의 '감싸안기'가 당연히 계속되었다. 하지만, 이

---

19) [역주] 르네상스 시기, 이탈리아의 플라톤주의 철학자. 주요 저서에 『기독교에 대하여』 (*Liber de Christiana religione*, 1478), 『플라톤 신학(神學)』(*Theologia Platonica*, 1482) 등이 있다.

20) "그것은 비육체적인 것을 파악할 수 없는 무능력이며, 그것을 감싸안을 수 있는 대상으로 만들려는 욕망은 동전의 양면이다. 우울함에 대한 전통적인 사색적 소명이 그것을 내부에서 위협하는 욕망의 거친 소용돌이에 노출되는 과정이 보여주는 양면이라는 말이다."(1993a : 18)

것은 이상적인 것이었다. 그리고 핵심적으로, 이것은 단지 성적 욕망만이 아니라 욕망 일반에 있어 모델이 되었다. 이것은 재미있는 주장으로 이어졌는데, 중세 정신의학 이론의 관점에서 우리 문명 전체가 (캠벨이 설명하는 것처럼) 임상적 우울의 한 형태라는 주장이었다. 이는 어떤 측면에서는 실제로 상당히 일리가 있다.[21)]

쿨리아노는 어떻게 성애 이론이 조르다노 부르노(Gioradno Bruno) 같은 르네상스 시기 마술사에게 차용되었는지에 더 많은 관심을 가졌다. 부르노에게 성적 매력의 메커니즘은 모든 형태의 매력이나 욕망의 대표적인 전형이 되었고, 그러므로 사회적 권력의 핵심적 요소가 되었다. 만약 인간 존재가 감정적으로 고조된 막강한 이미지들에 의해 지배되는 경향이 있다면, 이런 이미지들이 작동하는 메커니즘을 포괄적이고 과학적으로 이해하는 사람은 완전한 조종자가 된다. 다른 이의 마음에 영향을 미치거나 그것을 '구속하는' 기술을 발전시키는 것도 가능할 것이다. 예를 들어 사람들의 머릿속에 어떤 감정적으로 고조된 이미지를 심어넣는다든가,[22)] 혹은 심지어 사람들이 거부함에도 불구하고 계속 떠오르게 제

---

21) 실제로 소비 지향적 사회에서 병리적 우울의 수준이 가파르게 증가한다고 보여주는 수많은 증거가 있다. 당연히도 대부분의 기간 동안 미국에서도 우울증의 수준이 점차 늘어왔다. 덧붙여서, 아감벤과 쿨리아노가 이러한 아이디어를 유럽 문헌에만 근거하여 끌어내고 있지만, 이 아이디어들은 이슬람 세계에서 더 일찍 그리고 더 광범위하게 발달했으며, 유럽 문헌들은 궁극적으로 거기에서 파생한 것이라는 점을 강조해두어야 하겠다. 불행히도 이런 작업은 거의 번역이 되어 있지 않고, 유럽 언어로 된 오늘날의 저작들에서 논의되는 상상에 대한 아랍과 페르시아 이론의 역사도 번역되어 있지 않다. 하지만 이는 우리가 "서구적 전통"에 대해서 말할 때, 특히 이 시기에서는, 이슬람 문명 역시 동등하게 가리키는 것이라고, 혹은 심지어 그것을 일차적으로 가리키는 것이라고 생각해야만 한다는 점을 보여주고 있음을 강조해둬야겠다.
22) 이 이미지들은 당대의 기억술(Art of Memory)에 의해 발달한 방식을 통해 사람들의 상상력에 영향을 미쳤던 것으로 보인다. 예이츠(Yates 1964)를 참고하라.

작된 한 소절의 음악을 심어넣어 사람들을 하나의 방향 혹은 다른 방향으로 끌어당긴다든가. 쿨리아노는 이 모든 것에서 처음으로 등장한 자기 의식적 형태의 현대적 선전·광고 기술을 목격한다(그리고 이는 불합리하지 않다). 부르노는 그의 일이 군주나 정치가들에게 큰 이득이 될 것이라고 느꼈다.

이런 최초의 광고(proto-advertising) 기술을 정치적 목적이 아니라 경제적 목적에 적용하는 것은, 초기에는 분명히 부르노를 비롯한 누구도 생각하지 못했다. 정치는 결국 사람들 사이의 관계에 대한 것이다. 타자를 조종하는 것은 정의상 정치적인 일이며, 내 생각에 이것은 중세 욕망의 개념과 캠벨이 묘사하는 것 사이에 나타나는 근본적인 차이를 드러낸다. 만약 욕망의 대상이 인간으로 설정되는 욕망의 모델에서 시작한다면, 대상을 완전히 소유할 수 없다는 설명만이 타당할 것이다('감싸안기'는 실제로 좋은 은유다. 왜냐하면 욕망의 대상은 본성적으로 빠져나가려 하기 때문이다). 그리고 아마도 대상을 의식적으로 파괴하려고 하지는 않을 것이다.

누군가는 (논의를 시작하는 지점으로) 중세와 르네상스에 지배적이었던 종류의 욕망 모델에서 캠벨이 설명하는 종류의 소비주의적 모델(환상적 쾌락에서 일어나는 계속되는 방종을, 이것이 실제로는 끝없이 늘어나는 소비 상품들을 소비하는 것이라고 주장함으로써 정당화하는 모델)로 변화하는 것은, 성적인 패러다임을 가진 모델에서 음식을 섭취하는 것을 가장 중요한 은유로 가지는 모델로 넘어가는 전환이라고 말할지도 모르겠다.

복잡한 문제 1. 개인주의

하지만 본래의 중세적인 설명을 살펴더라도, 이러한 기본적인 이해는 이미 극히 개인주의적이다. 왜냐하면 이것이 굉장히 수동적인 방식의 이해이기 때문이다. 여기서 욕망은 개인이 외부로부터 받아들이는 감각적 인상의 결과다. 자, 이것이 욕망에 대한 아주 공통적인 경험임은 분명한 사실이다. 우리의 의식적 통제 바깥에서 우리를 사로잡는 무언가가, 좋은 판단을 하게 하기는커녕, 많은 경우 우리가 완전히 책임질 수 없는 어떤 것을 하도록 만들어버리는 방식의 경험 말이다. 하지만 동시에 그것은 욕망이 사람 사이의 관계에서 나온다는 사실을 간과하도록 한다.

이러한 욕망의 서구적 모델(중세와 르네상스 이론에서 명백하게 발전되었고 캠벨이 묘사하는 종류의 소비자 실천을 통해 암묵적으로 나타난)을 내가 다른 글에서 발전시키려고 했던(Graeber 2001) 가치기반적 접근과 비교해보면, 더욱 명백하게 드러난다. 예를 들어 맑스주의적 관점에서 화폐는 노동을 사회적으로 측정하고 조정하는 수단일 뿐만 아니라, 생산적 노동(인간의 창조적 활동)의 가치(중요성)를 표상하는 것으로 여긴다. 하지만 또한 화폐는 자신이 보여 주는 바로 그것이 존재할 수 있도록 해주는 표상이기도 하다. 왜냐하면 결국 시장경제에서 사람들은 돈을 얻기 위해 노동하기 때문이다. 비슷한 일이 모든 곳에서 일어난다. 그렇다면 가치는 누군가의 활동의 중요성이 상상에 표시되는 방식이라고 말할 수 있다. ─그런 표시는 항상 더 큰 사회적 언어나 의미 체계로 번역됨으로써 일어나며, 더 큰 사회적 전체로 통합됨으로써 일어난다. 이것은 항상 어떤 종류의 구체적 매개를 통해 발생한다. ─무엇이든 이 매개가 될 수 있다. 왐펌[23]이 될 수도 있고, 말로 하는 퍼포먼스가 될 수도, 사치스러운 테이블보가 될 수도, 쿨라에서 사용되는 물건이 될 수도, 이집트의 피라미드가 될 수도 있다. 그리고 이런 사물들은 결과적으로(만약 그것들이 순전한 잠재성을 표상하는 화폐처럼 극히 일반적인 실체가 아니라면), 자신을 존재하게 만들어준 창조적 행위 형태의 도식적 모델을 자기 구조 안에 포함하게 된다. 하지만 동시에 이것은 결국 행위자가 바로 그런 행동을 수행하도록 만드는 욕망의 대상이 된다. 마치 돈에 대한 욕망이 노동하도록 만드는 것처럼 말이다. 명예의 표식을 욕망하는 것은 명예로운 행위의 형태를 고무한다. 사랑의 표식을 욕망하는 것은 낭만적인 행위를 하도록 한다. 기타 등등.[24]

이에 반해, 영적 이론은 행위에서 시작하지 않고 '정념'(passion)이라 불려왔던 것에서 시작한다. 과거 고드프리 린하르트(Godfrey Lienhardt 1961)는 행위와 정념이 논리적 집합을 이룬다고 지적했다. ── 당신이 세계에 대해 작동하든가, 세계가 당신에 대해 작동한다. ── 하지만 우리가 우리 자신을 수동적 수용자로 보는 관념을 너무 불편하게 여긴 나머지, 이처럼 정념을 강조하는 관점은 우리 경험을 설명하는 방식에서 거의 완전히 사라져버렸다. 하지만 중세와 르네상스의 작가들은 이런 불편함을 느끼지 않았다. 영적 이론에서, '열정'은 누군가가 하는 게 아니라,

---

23) [역주] 북미 원주민들이 화폐 또는 장식으로 사용했던 조가비 구슬.
24) 거의 대부분의 경우에, 이것 역시 또한 어느 정도의 물신화를 포함하게 된다. 행위자의 관점에서, 그 대상들은 사실 그 자신이 만들어진 바로 그 힘의 근원인 것처럼 보이게 된다. 왜냐하면, 행위자의 입장에서, 이것은 사실일 수 있기 때문이다. 또한 많은 경우 이 대상들은 라캉의 거울-대상과 비슷한 역할을 하는 상상적인 미시적 총체가 되거나, 상품, 그러니까 자본주의 자체에 의해 파편화된 사회 안에서 총체성에 대한 환상적 감각을 포획하는 움직임이라 할 수 있는 상품에 대한 비판이 된다 (Graeber 1996a; Debord 1994).

누군가에게 일어나는 것이다(여기서 누군가는 행위자가 아니라, 피동작주 patient이다). 동시에 중세 · 르네상스의 작가들은 (지금도 그러하듯이) 우리 의지에 반하여 우리를 사로잡는 것처럼 보이는 강한 감정을 언급했다. 이 두 가지는 연결되어 있었다. 사랑과 같은 감정은 사실 영적 체계에 나타나는 바로 그런 인상에 의해 추동되는 것처럼 보였다. 행위의 모델과는 아주 다르게, 여기서 상황의 수동성은 그 자체로 미덕인 것처럼 나타났다. 대상을 관조하기보다 장악하려 하고, 자신의 열정을 어떻게 해보려고 시도하는 사람들은 정말로 핵심을 놓치고 있는 것이었다.

이런 수동적 관점에서 사물을 규정하자, 극단적인 개인주의를 향한 길이 열렸고, 이는 서구적 욕망 이론의 또다른 독특한 측면이 된다. 행위의 도식은 거의 필연적으로 집합적 산물이다. 아름다운 이미지가 가지는 인상은 오직 두 사람, 또는 (사랑이 신비한 현상이 된 한에서) 욕망하는 사람과 신 사이의 관계를 함축한다고 상상할 수 있는 어떤 것이다. 낭만적인 사랑에서조차, 사랑은 지속적인 사회 관계로 전환되어서는 안되었고, 사색과 환상의 문제로 남아 있는 것이 이상적이었다.

복잡한 문제 2. 계급과 젠더의 선을 변화시키기

이 모든 것은, 성적 환상으로부터 근대적 '소비' 관념과 비슷한 어떤 것으로의 전환이 어떻게 가능했는지 좀더 쉽게 이해할 수 있도록 해준다. 하지만 내가 보기에 이 변환은 수많은 다른 개념적 전환과 대체를 또한 필요로 했다. 계급의 측면과 젠더의 측면에서 말이다.

예를 들어 중세와 근대 초기 유럽에서 낙원의 이미지가 사회적 환경에 따라 어떻게 달랐는지 비교해보자. 농민, 장인, 그리고 도시 빈민이 모든 욕망이 실현된 땅을 상상할 때면 음식이 풍족한 데에 초점을 맞추는 경향이 있었다. 그러므로 환락향(Land of Cockaigne)은 뚱뚱한 사람들이 빈둥거리고 있으면 완전히 요리된 거위가 그들의 입을 향해 날아오고, 맥주로 된 강이 흐르고, 기타 등등이 일어나는 곳이다. 바흐친이 충분히 설명했듯이, 카니발은 이와 동일한 테마 위에서 확장된다. 모든 종류의 신체적 방종과 무법이 뒤섞인다. 모든 종류의 미식성뿐만 아니라 성적 쾌락까지 말이다. 하지만 여전히 그것을 지배하는 형상은 항상 소시지, 맥주통, 양 다리 고기, 돼지기름과 내장과 포도주 통에 초점이 맞추어져 있다. 음식에 대한 강조는 놀랍게도 당시 세계의 다른 지역에서 나타나는 지상 낙원의 이미지(그러니까 이슬람 세계에서 유행했던 이미지들)와 상반된다. 그것들은 대부분 섹스에 관한 것이었다. 성적 환상은 통상 환락향에 대한 문헌에서는 발견되지 않는다. 존재한다 해도, 나중에 추가된 것처럼 보인다.

헤르만 플레이(Herman Pleij 2001 : 421)가 지적했듯이, 중세 고급문화에서 설명했던 낙원은 많은 부분에서 대중적인 낙원과 직접적으로 상반되었다. 고급문화의 설명에서도 성적 쾌락을 강조하지 않았다. 대신, 그것은 특권층들의 소모품이라고 여겨지는, 당시의 이국적 상품들에 초점을 맞췄다. 그것들은 대부분 향료들이었다. 무엇보다 향신료가 있었고, 또한 향, 향수, 그리고 비슷하게 섬세한 향기와 향들이 있었다. 환락향 대신, 동양 어딘가 이야기 속에 나오는 존 프레스터 왕국 근처에 있을 거라 여겨지는 잃어버린 에덴의 정원을 갈망하는 것을 발견할 수도 있다. 어쨌든 (유향이나 몰약은 말할 것도 없고) 카르다몸, 육두구, 후추, 쿠민이 재배되는 냄새 좋은 곳 근처 어딘가에 있는 정원 말이다. 완전함의 땅이라기보다는, 모든 종류의 음식에 대한 기름진 탐닉이 존재하는 땅. 이곳은 그곳에 사는 천상의 거주자들이 음식을 먹지 않아도 전혀 상관없는 곳이었지만, 그 아름다운 향 때문에 음식을 먹게 되는 땅으로 여겼다. 정제된 향에 대한 이런 강조는, 결과적으로 전혀 다른 경험의 영역을 열어젖힌다. 이것은 '맛'의, 일시성의, 날아다니는 향료의, 그리고 궁극적으로는 유행과 스타일과 잡히지 않는 고귀함을 쫓아다니는 익숙한 특권층 소비 세계의 영역이다. 다시 말해, 이 특권층은(이들은 물론 실제로 무엇이든 붙잡고 감싸안으려는 경향이 있다.) 영원히 감싸안기라는 도저히 불가능해보이는 어떤 것을 둘러싸고 욕망의 이상향을 구축했다. 그래서 근대 소비자 정신은 일종의 혼합, 즉 이런 두 가지 계급의 이상이 혼합된 토대 위에 구축되었다고 말할 수도 있다. 성적 사랑에 의해 설계된 욕망의 개념에서 음식에 대한 욕망에 기초한 욕망 개념으로의 ('소비') 전환은 분명 대중적 담론 쪽으로의 전환이었다. 하지만 동시에, 누군가는 근대적이며 소비주의적 욕망 이론의 혁신적인 측면은 소비에 대한 대중적인 물질적 강조를, 일시적이고 붙잡을 수 없는 이미지의 관념(이것들은 생산을 극대화하는 추동력이다.)과 혼합한 것이라고 말할 수 있을 것이다.

이것은 적어도 하나의 해결책을 제시해 줄지도 모른다. 항상 내게는 늘 충격적이었던 서구 사회 이론에 존재하는 하나의 심오한 역설에 대해서 말이다. 내가 이미 지적했듯이, 인간이 원죄에 더렵혀진 피조물이며 그 때문에 무한한 욕구를 가지도록 저주받았다는 생각은(유한한 우주에 살고 있는 존재들은 필연적으로 일반화된 경쟁 상태에 빠지게 된다.), 성 아우구스티누스 같은 작가들이 이미 충분히 전개했던 것이었고, 중세 내내 기독교 교리의 일부로 받아들여지게 되었다. 동시에, 아주 소수의 사람들만이 실제로 이렇게 행동했던 것으로 보인다. 경제적으로, 중세는 여전히 '목표 소득'(target incomes)의 시대였다. 이 시기에 경제적 호황이 일어날 때 사람들이 보이는 전형적인 반응은 일하지 않고 노는 것이었다. 도시

장인이나 대부분의 초기 부르주아지들조차 그러했다. 이것을 보면 **욕망**을 극대화하는 개인은 현실에 실제로 출현하기 이전에 마치 이론 속에서 미리 존재했던 것처럼 보인다. 이에 대한 하나의 설명은, 적어도 근대 초기까지, 고급문화(기독교적 버전이건, 가장 궁정적인 버전이건)는 탐욕·취향·물욕을 공개적으로 드러내는 것을 가치절하하는 경향이 있었고, 반면 대중문화는(대중문화는 때때로 이런 충동을 진심으로 감싸안을 수 있었다.) 본질적으로 집합적인 형태로 이를 드러냈다는 사실에 있다. 환락향이 현실화되는 경우에는 카니발과 같은 대중적 축제의 형식을 취했다. 대중적 부가 조금이라도 늘어나면, 그것은 모두 바로 공동의 축제, 퍼레이드, 집합적인 사치에 쓰였다. 자본주의를 가능하게 한 과정 중 하나는 욕망의 사유화라고 부를 수 있는 어떤 것이었다. 그 특권층의 극히 개인주의적 관점은 바흐친이 '물질적 저층'(material lower stratum)이라고 불렀던 이들의 물질주의적 사치와 혼합되어야만 했다.

내가 보기에 이 상태에서 소비에 대한 자본주의적 관념 같은 것으로 옮겨가는 데에는 한 가지 변화가 더 필요했다. 이번에는, 계급의 선이 아니라, 젠더의 선을 따른 변환이다. 궁정 연애 문학과 그와 연관된 욕망 이론은 순전히 남성적인 관점을 보여준다. 환락향과 이와 비슷하게 음식에 대한 욕망이 실현된 이상화된 세계 역시 마찬가지였다.[25] 하지만 여기서, 당시의 통속 심리학이 여성을 남성보다 더 욕정이 강하고 탐욕스러우며, 일반적으로 욕망이 더 강하다고 여겼던 사실이 상황을 복잡하게 만든다. 탐욕스럽다고 표상된 이들은 다 여자였다. 게걸스럽게 음식을 먹어치우면서 더 많은 섹스와 음식을 원하는 여성의 이미지와 운 나쁘게도 이

---

25) 심지어 여성들도 사랑에 대한 시를 쓸 때, 남성의 관점을 차용하는 경향이 있었다.

를 충족시키기 위해(하지만 궁극적으로 불가능한) 끝없이 일하는 남성의 이미지는 적어도 헤시오도스까지 거슬러 올라가는 남녀차별론자들의 일반적인 주제였다. 기독교 교리는 원죄에 대한 일차적인 비난을 여성들에게 부과하고 그렇기에 여성들이 형벌을 크게 감당해야 한다고 주장함으로써 이런 주제를 강화하기만 했다. 이런 종류의 수사가 없어진 것은 산업혁명 무렵 일터와 가정이 완전히 분리된 시점이었다. 신기하게도, 이는 소비가 본질적으로 여성적인 일이라고 여기기 시작한 것과 정확히 동시에 일어났다.

케이크를 먹기도 하고 갖고도 있으려는 것, 그리고 그로 인해 불가피한 문제

그러니까 내가 말하고 있는 것은, 중세 윤리학자들이 인간은 끝없는 욕망을 가지도록 저주받았음을 추상적으로 받아들였음에도 불구하고(아우구스티누스의 말에 따르면, 인간이 신에 대해서 반항을 하듯이 인간의 본성은 이것에 저항한다.), 이것이 자신에게 개인적으로 영향을 미치는 실존적 딜레마라고 여겼던 사람은 거의 없었다는 점이다. 차라리 그들은 이런 나쁜 선호와 욕망이, 그들이 사회적 · 도덕적으로 열등하다고 생각하는 사람들 때문에 생겼다고 여기곤 했다. 남성들은 여성들을 탐욕스럽다고 봤다. 부유한 자는 빈곤한 자를 욕심이 많고 물질적이라고 봤다. 기타 등등. 이 모든 것이 바뀌기 시작한 것은 근대 초기였다.

아감벤은 이런 변화가 일어난 까닭에 대해 의견을 하나 제시한다. 아감벤은 모든 인간들이 무한하고 충족될 수 없는 욕망에 의해 추동된다는 생각은, 상상과 경험을 서로 갈라놓을 때에만 비로소 가능하다고 말한다. 중세 심리학에 의해 규정된 세계에서, 욕망은 그것이 진짜로 환상을 향하고 있다는 바로 그 이유 때문에 실제로 충족될 수 있었다. 상상은 주체와 객체가, 사랑하는 사람과 사랑받는 사람이 진정으로 만나 함께 할 수 있는 공간이었다. 아감벤이 주장하길, 데카르트(Descartes)에 와서 이것이 변화하기 시작했다. 상상은 경험과 본질적으로 구분되는 어떤 것, 경험했다고 느끼지만 실제로는 그렇지 않은 것으로 재정의되었다(꿈들, 상상의 나래, 마음속 그림들). 사람들이 욕망을 '실제 세계'라고 부르는 것 안에서 충족하려고 하게 되자, 경험과 '감싸안기'에 존재하는 오래 지속될 수 없다는 성질이 해결 불가능한 딜레마로 떠오른다. 아감벤에 따르면, 이런 딜레마가 사드에게서 이미 작동하고 있었던 것을 볼 수 있다. 이는 소비자 문화가 깨어나기 시작한 시기와 동일한 시기이다.

이런 주장은 자료를 문학적이고 철학적인 문헌에 국한할 때(아감벤이 그러했듯이), 나올 만한 주장이다. 마지막 몇 부분에 걸쳐, 나는 좀 더 사회적인 뉘앙스를 가진 접근방식을 만들어내려고 노력했다. 그 접근방식은 '소비'에 대한 근대적 개념(누구나 원하는 것에는 끝이 없다는 암묵적인 가정을 그 안에 가지고 있다)은 욕망에 대한 특권층적 개념(덧없는 것과 환상을 쫓는 것)과 음식에 대한 대중적인 강조가 서로 혼합됨으로써 성립될 수 있다고 주장한다. 하지만 나는 이것이 완전하거나 충분한 설명이라고는 생각하지 않는다. 내 생각에, 이 모든 것을 가능하고 필연적인 것으로 만드는 또다른 요소가 있다. 그 요소는 맥퍼슨이 처음으로 '소유적 개인주의'라고 불렀던 것이 16~17세기에 부상한 일이다. 맥퍼슨은 소유적 개인주의를 통해, 사람들이 점차 사회적 관계가 아니라 소유권의 관점에서 자신이 세계와 맺는 관계를 규정하는 고립된 존재로 자신을 여기게 되었다고 지적한다. 사람들이 어떤 사물을 혹은 그런 측면에서 어떤 경험을

'가지는' 방법에 대한 문제가("we'll always have Paris")[26] 진짜 위기에 처한 것은 바로 이때이다.[27]

근대적 의미의 사적 소유물 개념은 매우 새로운 것이었다. 나는 "소비"라는 개념이 사적 소유물이라는 개념 안에 내재하는 어떤 모순을 해결한다고 본다. 물론 분석적 관점에서 소유물은 사회적 관계의 일종일 뿐이다. 가치있는 상품을 배치(disposition)하는 문제에 대해서 공동체와 사람들 사이에서 이루어진 합의라고 할 수 있다는 말이다. 사적 소유물은 한 개인이 특정한 집 혹은 셔츠, 땅 등에서 다른 모든 이들을(세상 전부를) 몰아낼 수 있도록 하는 특별한 양식이다. 하지만 아주 광범위한 관계는 상상하기 힘들다. 그래서 사람들은 마치 이것이 사람과 사물의 관계인 양 다루었다. 하지만 사람과 사물 사이의 관계는 실제로 무엇으로 이루어져 있는가?

영국 법은 이런 관계를 아직 주권의 논리에 따라 설명한다. 즉, 지배의 관점에서 서술한다는 뜻이다. 시민이 자신의 소유물에 대해 행사하는 힘은 왕이나 군주가 가진 힘과 정확히 동일하다. 국가는 이런 힘을 '수용권'(eminent domain)이라는 형태로 여전히 보유하고 있다. 이것이 사적 소유권이 법에 명기되는 데 오랜 시간이 걸렸던 이유다. 이런 방식의 변화를 선도했던 영국에서조차, 18세기가 되어서야 법학자들이 왕 이외의 사람들에게 귀속되는 지배권을 인정하게 되었다.

그러면 사물에 대한 '주권'을 구축한다는 것은 무엇을 뜻하는가? 법

---

26) [역주] 영화 카사블랑카에 나온 대사. 주인공들이 파리에서 나눴던 좋은 경험을 계속해서 기억할 것이라는 뜻

27) 달리 말하면, 어떤 사물이나 경험을 어떻게 진정으로 '가지'거나 소유할 수 있는지 묻는 대신, 애초에 왜 그런 욕망을 품게 되었는지 물어야 할지도 모른다.

적인 관점에서, 왕의 지배권은 땅과 신민 들과 신민 들의 소유물에까지 미치게 된다. 신민은 왕의 인격에 '포함'된다. 왕은 다른 왕국과 거래할 때 그들을 대표한다. 가족의 아버지가 그의 아내와 아이들과 하인을 법 앞에서 대표하는 것과 마찬가지다. 아내, 아이들, 그리고 하인은 세대주의 소유물처럼 세대주의 법적 인격에 '포함'된다. 그리고 사실, 왕권은 늘 부권에 비유되었다. 차이는 왕이 아버지와 달리 신민에 대한 생사여탈권한을 가지고 있다는 점뿐이다(왕이 훨씬 강한 힘을 가졌다는 것은 제쳐두자). 이것이 주권의 가장 궁극적인 지점이다. 군주들은 물론 이런 권능을 위임하려고도 나누려고도 하지 않는다.[28) 누군가가 다른 사람들에 대해 주권적 힘을 가진다는 궁극적인 증거는 그가 그 사람들을 처형할 수 있는 능력에 있다. 이와 비슷하게, 소유권, 곧 사람이 물건에 대해 갖는 개인적 지배권의 궁극적 근거는 그 물건을 파괴하는 능력에 있다고 할 수 있다. 그리고 확실히 이것은 오늘날까지 **지배권**을 정의하는 핵심적인 법적 방법으로 남아있다. 소유권으로 정의하는 방식 말이다. 하지만 여기에는 명백한 문제가 있다. 누군가 물건을 파괴하면 자신이 소유자임을 확실히 증명할 수 있지만, 파괴의 결과로 그 물건을 더 이상은 소유할 수 없다.

그러면 우리는 결국 헤겔의 주인-노예 변증법의 특별히 비뚤어진 변형판처럼 보이는 것과 마주하게 된다. 이런 변증법 안에서 행위자는 생명이 없는 사물에 대한 완전한 지배라는 불가능한 인정을 꿈꾸지만, 그 인정이 해당 사물을 파괴함으로써만 가능하다는 것을 깨닫는다. 하지만, 나

---

28) 추정컨대, 초기 로마법에서는 가장은 노예뿐만 아니라 그의 자녀들을 처형할 수 있는 권한을 가졌다. 하지만 이런 권한이 실제로 존재했다 해도, 이 두 가지 권한은[노예와 자녀에 대한 처형권] 매우 일찍 사라져버렸다.

는 이것이 주인과 노예 딜레마의 변형판이라고 생각하지 않는다. 내 생각에 헤겔이 설명할 딜레마를 더 잘 도출할 수 있는 사례가 만들어질 수 있을 것 같다. 결국, 헤겔의 설명에서 가장 제대로 해명되지 않은 한 지점은, 충돌의 필연성이 어디에서 오느냐이다(결국 상대에게 깊은 인상을 주기 위해 목숨을 거는 데에는 여러 방법이 있을 수 있다. 상대를 살해하려고 노력하는 것을 포함하지 않으면서도 말이다). 헤겔에게서 인정에 대한 추구는 소유물의 파괴로 귀결되지 않는다. 대신 그것은 타자를 파괴하거나 타자를 소유물로 축소시킨다는 선택지로 귀착된다. 소유물에 근거하지 않은 관계는 ── 혹은 좀더 정확히 말해, 두 가지 형태의 주권 사이의 모호한 종합에 근거하지 않은 관계는 ── 갑자기 상상하기 힘들어진다. 그리고 헤겔이 소유적 개인주의의 모델에서 출발한 것을 고려할 때, 이는 사실이다.

어쨌든, 역설이 존재한다. 그리고 '소비'에 대한 은유가 매력적으로 다가오는 지점은 바로 이곳이다. 왜냐하면 이 은유는 이런 역설에 대한 완벽한 해결책이기 때문이다. 혹은 적어도 사람들이 얻을 수 있는 한에서 가장 완벽한 해결책이다. 만약 당신이 무언가를 먹는다면, 당신은 분명 그것을 파괴하는 것이다(완전히 자율적인 총체로서는 말이다). 하지만 동시에 그것은 가장 물질적인 의미에서 당신에게 '포함'된 채 남아 있다.[29] 그러자 음식을 먹는 것은, 모든 사물과 인간관계가 소유의 문제로서 다시 상상되고 있는 세계에서, 욕망과 만족을 이야기하는 완벽한 표현양식이 되었다.

---

29) 그리고 이것은 왕들이 그들의 신민에 대해 가질 수 없었던 거의 유일한 권력이라는 점에서 더욱 매력을 가진다. 16세기 한 스페인 법학자가 아메리카의 식인 풍습이 자연법을 위반하고 있다고 주장한 것에서처럼 말이다. "어떤 사람도 다른 이를 식량으로 쓸 때만큼 완전히 소유할 수는 없다."(Pagden 1984 : 86)

희생 제의

이제까지 우리가 보아왔던 것은 파괴와 포함의 형태를 가진 인간의 성취에 대한 한 가지 이해방식이다. 인간 존재를 먹는 기계로, 환상을 끝없이 쫓으면서 자기 주위의 세계를 흡수하는 원소로, 세계를 태우고 분해하는 존재로 다시 개념화하는 것이 이 이해방식이었다. 마지막 분석에서, 이 모든 것을 이해하는 유일한 방법은, 바타유와 같은 사람들이 주장했듯이 아마 일종의 희생양 이데올로기와의 관계를 통해서 일 것이다. 만약 희생양 이데올로기에 대한 완벽한 계보를 그리려면, 동물 희생 제의에 대한 인류학적 · 역사적 문헌들에서 시작하는 것이 최선이 아닐까 생각한다.

확실히 이런 문헌들은 도발적이다(예를 들어 Lienhardt 1964; Valeri 1985). 이러한 의식은 궁극적으로 가치 있는 재화(보통 살아있는 것들이다.)를 파괴함으로써, 우리가 욕망하는 상태의 초월적(transcendental) 이미지를 만들어내는 일이라고 주장하는 점에서 말이다. 이것은 파괴의 행위이며, 동물을 죽이는 행위이고, 영혼의 화폐를 태우거나 그 대상을 말살하는 행위이다. 이 행위는 아마도 영속적인 초월적 이미지를 세속적이고 일시적이고 물질적인 요소들로부터 몰아낸다. 예를 들어 이제는 먹을 수 있게 된 동물의 살점으로부터 그런 영속하는 이미지를 제거해버린다는 말이다. 그 이후에야 집합적 소비가 일어나면서, 즉 축제가 일어나면서 이런 일이 종료될 수 있다. 혹자는 조로아스터교 이후로 유라시아 세계의 종교가(종종 기축시대[30]의 종교라고 불러진다.) 많은 경우 이런 종류

---

30) [역주] Axial Age: 기원전 800~200년 즈음을 일컫는 말. 당시 노자, 공자, 소크라테스, 부처 등이 나타나 많은 가르침을 주었다 하여 이런 명칭으로 불림.

의 희생 제의나 그것이 표상하는 것에 반대함으로써 등장한 점을 볼 수 있을 것이다. 그들은 진정한 반-희생적 이데올로기들이다. 이것은 동물 희생제의의 고전적 형태를 완전히 거부하는 것에서부터(힌두교에서는 소의 도살이 금지되어 있다.) 희생제의의 논리를 뒤집어 버리는 것에 이르기까지(기독교에서 죽는 건 다름 아닌 신이다.), 그리고 이 둘 사이에 있는 무한한 변종들까지, 실제 여러 가지를 의미할 수 있다. 각각의 전통은 전통적인 희생제의 장면의 요소를 지속적인 강조를 위해 계속 유지하는 경향이 있다(조로아스터교의 경우는 불이고, 유교에서는 향이고, 기독교의 경우 제단이다). 이런 일을 하면서, 각각의 전통은 인간 욕망에 대한 철학적 이해를 개발시킬 필요성과 마주하게 된다. 우리가 이 글에서 탐색한 중세 유럽은 (비록 표면적이지만) 당대의 유태계와 기독교계와 이슬람 문화 사이의 대화로부터 발전한 하나의 특이한 변형판으로 여겨질 수 있다.[31] 동일한 실존적 문제에 대한 다소 다른, 하지만 많은 부분에서 더욱 섬세한 접근이 불교와 힌두교와 도교 사이에서 일어난 유사한 대화에서 발달하기도 했다. 더욱 흥미롭게도, 불교의 다양한 분파 사이의 대화를 통해서도 새로운 접근이 제시되었으며, 그밖에도 하나의 전통 안에서의 대화를 통해서도 또 다른 접근이 나타났다.

결론 : 하지만 소비주의는?

이 모든 것은 현재 사용하고 있는 '소비'라는 용어와 관련하여 무엇을 함

---

31) 위에서 지적했듯이, 아감벤이나 다른 이들이 논의한 중세 철학의 대부분은 처음에는 아랍과 페르시아 문헌에서 발달했으며 나중에야 유럽에 들어왔다.

의하고 있는가? 우선 한 가지 함축은, 내 생각에는 우리가 이 은유를 얼마나 멀리까지 확장하고자 하는지 생각해보아야 한다는 사실이다(왜냐하면 결국 이 모든 것은 하나의 은유이기 때문이다). 화석 연료의 '소비'에 대해서 말하는 것은 분명히 말이 된다. 텔레비전 프로그램의 '소비'를 이야기하는 것은 아주 다른 문제이다. 텔레비전 프로그램의 소비가 수없이 많은 책과 글의 주제였음에도 말이다. 정확히 왜 우리는 이것을 '소비'라고 부르는가? 내가 찾을 수 있는 유일한 이유는 텔레비전 프로그램이 시청자가 보는 장소가 아닌 다른 곳에서 임금을 받는 사람들에 의해 만들어진다는 점이다. 달리 말하면, 그렇게 불러야 할 이유가 전혀 없다. 프로그램은 심지어 상품도 아니다. 왜냐하면 시청자는 보통 프로그램을 보는 대가로 돈을 지불하지 않기 때문이다. 그것은 어떻게 말해도 직접적인 의미에서 '소비'되지 않는다. 이것은 사람들이 획득하려는 환상을 갖는 대상도 아니다. 그리고 사실 정확히 말해 획득할 수 없다. 쓴다고 파괴되는 것도 아니다. 차라리, 우리는 잠재적인 환상적 물질의 계속되는 흐름을 대하고 있다고 해야할 것이다. 이 중에는 시장 상품으로 만든 것도 있고 그렇지 않은 것도 있다. 문화연구자들이나, 비슷한 맥락에서 글을 쓰는 인류학자들은, 이런 이미지들이 '소비자'에게 단순히 수동적으로 흡수되지 않는다고 주장한다. 이들에 따르면 이 이미지들은 생산자들이 전혀 예상하지 못한 방식으로 해석되고 적용되며, 정체성을 변형하는 수단으로 사용된다. '창조적 소비'라는 모델이 다시 등장하는 것이다. 하지만 이런 것들이 TV를 보는 데 얼마만큼 적용될 수 있는가? 물론 조금은 적용될 수 있을 것이다. 「스타트렉」 광팬들처럼, 특정한 드라마를 둘러싸고 무궁무진한 상상적 삶을 꾸려가는 사람들이 있을 수 있다. 이들은 팬들의 하위문화에 참여한다. 그 팬들은 그들이 좋아하는 캐릭터에 관한 만화를 그리거나 이야기를 쓰고, 모임에 참석하고, 의상을 만드는 등의 일을 한다. 하지만 16살 소녀가 커크와 스팍[「스타트렉」 등장인물]의 금지된 사랑에 대해서 이야기를 쓸 때, 이를 더 이상 소비라 할 수 없다. 이런 사람들에 대해 말할 때는, (상대적으로 소외되지 않은) 생산 양식에 맞춰 복잡하게 조직된 공동체에 참여하고 있는 사람들을 보고 있다고 해야 한다. 이런 행위는 특히 시간이 많고 에너지가 넘치는 젊은 사람에게 전형적으로 나타난다.[32] 다른 쪽 극에는, 하루 종일 극단적으로 소외된 형태의 생산에 참여하고 온 사람들이 하는 방식의 텔레비전 시청이 있다. 이 사람들은 틀림없이 지겹거나 극단적으로 스트레스가 많은, 혹은 둘 모두에 해당하는 일을 일주일에 40~50시간 하고, 통근을 한다. 그 뒤에는 너무 지치고 감정적으로 진이 빠져서 집에 오기 때문에, 진정 보람이 있거나 즐겁거나 의미 있는 활동을 할 수가 없다. 그저 텔레비전 앞에 털썩 주저 앉을 뿐이다. 그게 제일 쉬운 일이기 때문이다. 몇몇이 지적했듯이(예컨대 Lodziak 2002), 소비를 의미를 창조하는 자율적 영역으로 해석하는 사람들은, 노동의 영향을 거의 전혀 고려하지 않는다.

바꿔 말하면, '창조적 소비'가 가장 창조적일 때 그것은 소비가 아니다. 반면 그것이 명백히 소비의 형태를 취할 때, 그것은 창조적이지 않다.

다른 무엇보다, 나는 생산과 소비를 분리된 두 영역으로 바라보는 정치경제학적 관습(기껏해야 생산, 소비, 교환의 세 영역으로 보곤 한다.)을 문화 분석에 적용하는 것을 주의해야 한다고 생각한다. 이렇게 하는 것은 소외되지 않은 생산의 거의 모든 형태를 어쩔 수 없이 '소비자 행위'라고

---

32) 덧붙이자면, TV쇼를 근본적으로 재해석해버리는 다른 문화권의 사람들을 사랑하듯이, 인류학적인 미디어 이론가들은 이들을 매우 좋아한다.

보게 만든다.

> 요리하고, 스포츠를 즐기고, 정원을 가꾸고, DIY를 하고, 집안을 가꾸고,
> 춤을 추고, 작곡을 하는 것은, 어떤 참여를 포함하는 소비자 행위의 예들
> 이다. 하지만 이런 활동들 자체로는 1950년대부터 일어난 상업적 이해
> 집단의 소비 영역에 대한 침투를 바꿔놓지 못한다(Bocock 1993 : 51).

위에 인용된 논리에 따르면, 만약 내가 야채를 사서 가스파초(gazapacho)[33]
를 준비해서 친구들과 나눠 먹으면, 그것은 사실상 소비주의다. 사실, 아
마 내가 직접 야채를 길러서 해먹어도 소비주의일 것이다(아마 내가 씨앗
을 돈 주고 샀기 때문일 것이다). 우리는 다시 록밴드를 하는 10대로 돌아간
다. 시장에서 파는 것을 목표로 삼지 않는 모든 생산이 소비의 형태로 취
급된다. 그리고 이런 태도는 우리가 참여하는 모든 종류의 소외되지 않은
경험을 대실업가들이 부여한 선물로 여기게 만드는 매우 반동적인 정치
효과를 가진다.

어떻게 이 상자에서 빠져나갈 수 있을까? 분명 엄청나게 많은 길이
있다. 이 논문은 해결책을 찾기보다는, 문제를 제기하고 역사를 추적하
며 딜레마를 드러내려는 목적으로 썼다. 하지만, 한 두 가지 정도의 제안
을 내는 것이 적절할 것 같다. 한 가지 분명히 제안하고자 하는 점은, 소비
를 분석적 용어가 아니라 탐구해야 할 이데올로기로 다루자는 것이다. 분
명히 세상에는 공산품들에 대한 파괴적 포괄의 관점을 중심으로 자기 정
체성의 핵심적 측면을 구축하는 사람들이 있다. 이 사람들이 실제로 누군

---

33) [역주] 스페인 남부 안달루시아 지방에서 유래한 음식.

지 찾아보자. 그리고 언제 이들이 자신을 이런 형태로 파악하는지, 또 언제 그러지 않는지를 알아보자. 그들이 자신과는 다른 형태로 물질적 세계와 관계 맺는 사람들과는 어떻게 관계 맺는지 알아보자. 우리가 정치 경제학으로부터 차용된 용어를 계속 적용하기 위해서는(내가 다른 글에서 시도했던 것처럼, 예를 들어 Graeber, 2001, 2006 참조), 우리가 '소비' 영역이라고 불러왔던 것을 차라리 인간을 생산하는 영역으로 보는 것이 좀더 통찰을 주는 방식일 것이다. 노동력으로서의 인간 존재가 아니라, 유의미한 사회적 관계의 내화된 연쇄(internalized nexus)인 개인으로서의 인간 존재를 만들어내는 생산의 영역 말이다. 따지고 보면 사회적 삶이란 실제로는 인간 생산의 문제이며(사물의 생산은 이 과정에 종속되는 계기일 뿐이다.), 우리가 이와 다르게 상상하도록 만드는 것이 가능한 까닭은 자본주의의 매우 특이한 조직 양상일 뿐이다.

모든 것을 생산이나 소비의 형태로 여겨야 한다는 말은 아니다(소프트 볼 경기를 보라. 그건 분명히 둘 다 아니다). 하지만 적어도, 이제까지 무시되었던 질문들, 곧 소외되거나 소외되지 않은 노동형태의 문제 같은 것을 볼 수 있게 해 주고, 이론화되지 않은 채 남아 있던 관점들이 시야로 들어오게 해 준다. 소외되지 않은 생산에 참여하는 것은 실제로 무엇을 의미하는가? 이런 질문은 우리가 자본주의 세계화나 저항에 대해 사유해보려 할 때 매우 중요해진다. 잠비아나 브라질 사람들을 보고 "저것 봐! 저들이 정체성을 형성하기 위해 소비를 하고 있어!"라고 말하는 대신(이런 주장은 그들이 의식적으로 혹은 무의식적으로 신자유주의 자본주의의 논리에 복종하고 있다는 함의를 가진다.), 우리가 연구한 많은 사회들에서, 물질적 재화의 생산은 항상 인간 존재의 상호적 구성에 종속되어 있음을 고려해야만 할 것이다. 사람들은 적어도 부분적으로는, 마치 이러한 점이 사실인 것마냥 계속해서 행동한다. 심지어 다른 곳에서 생산된 물건을 사용할 때조차 말이다. 다른 말로 표현하자면, 아마 이것은 잠자코 따르는 묵인과 정반대의 행동일 것이다.

내 생각에는 한 가지 만큼은 확실히 주장할 수 있다. 사회적 관계가 인간 존재의 상호적 구성이라면, 소비 이데올로기는 이 지점을 망각하게 하는데 한없는 효과를 발휘해 왔다는 점이 그것이다. 무엇보다도, 소비의 이데올로기는 이렇게 말하면서 이런 망각 효과를 일으킨다.

① 인간 욕망은 본질적으로 사람들 사이의 관계의 문제가 아니라 개인과 환상 사이의 관계의 문제이다.

② 우리가 다른 개인과 맺는 기본적인 관계는 우리의 주권과 자율성을 구축하기 위한 끊임없는 투쟁이다. 이 투쟁은 상대방을 둘러싸고 있는 세계의 면면을 통합하고 파괴함으로써 일어난다.

③ 이런 이유에서 다른 사람들과 맺는 어떤 진정한 관계도 문제적이다 ('타자'의 문제).

④ 그러므로 사회는 생산과 파괴의 거대한 엔진처럼 여긴다. 그 안에서 이루어지는 유의미한 인간 행위는 물건을 제조하거나, 더 많은 물건을 만들기 위해 이미 만들어진 물건을 의식적으로(ceremonial) 파괴하는 데 참여하는 것뿐이다. 이런 모습은 현실의 사람들이 실제로 하는 대부분의 일들을 설명할 수 없다. 그것이 실제 경제 행위로 옮겨지면, 명백하게 지탱 불가능하다.

비록 인류학자들과 다른 사회이론가들이 세계에 대한 이런 관점과 직접적으로 대결하고 있지만, '소비'와 같은 단어를 별 생각 없이 사용하는 일은(그리고 이런 관점을 아주 독선적으로 전파하는 일은) 결국 그런 노력을 갉아먹을 것이고 우리가 의문에 부치려 하는 암묵적인 이데올로기적 논리를 오히려 재생산할 것이다.

3장 _ 생산양식의 안팎을 뒤집기
혹은 왜 자본주의는 노예제의 변용인가 (간단한 버전)

이 글은 내가 다른 곳에서 상세히 전개시키고 싶은 좀더 긴 논의의 요약본이다. 여기서 다루고 있는 많은 주제 ― 맑스주의 국가이론, 생산양식 개념, 세계-체계 분석 ― 들은 미국 내 대부분의 인류학자(혹은 대부분의 정치 활동가)들이 성가시고 시대에 뒤떨어진 것으로 여기고 있는 것들이다. 그러나 잘만 쓴다면 이러한 개념들은 아직도 우리가 살고 있는 세계에 대해 새롭고 놀랄 만한 것들을 말해줄 수 있다. 문제는 그것들이 제대로 적용되지 못해왔다는 점이다.

"생산 양식"(mode of production)이라는 용어가 특히 그러하다. 이용어는 고전 맑스주의 이론에서는 어떤 면에서 보면 이론적으로 충분히 발달하지 못했다. 내가 보기에 이 개념은 언제나 약간 빈약했다. 그 결과, 세계-체계 분석이 등장하여 탐구의 틀을 바꾸어놓자, 이 개념은 간단히 무너져버렸다. 혹자는 이것이 그렇게 전적으로 나쁜 일은 아니라고 주장할 것이다. 아마 그럴지도 모르겠다. 아마 생산양식이라는 개념은 애초에 유용한 개념이 아니었을지도 모른다. 하지만 그것이 붕괴한 결과는 꽤나 충격적이다. 생산양식 모델을 폐기하자마자 이와 함께 노예제 혹은 봉건제가 자본주의와 다른 경제 시스템을 구성한다는 개념도 폐기되었고, 이

전의 완고한 맑스주의자들은 모든 곳에서 자본주의를 목격하기 시작했다. 나는 이런 주장들에는 몹시 자의적인 면이 있다는 점에 늘 놀라곤 한다. 결국, 조너선 프리드먼과 같은 인류학자가 그리스와 로마 노예제가 우리가 자본주의라고 부르는 것들과 많은 특징들을 공유한다는 증거를 모았다면, 우리는 현대 자본주의가 단지 노예제의 변형에 불과하다고 해석할 수도 있다. 그러나 오늘날 학자들이 그런 주장을 하는 것은 보기 힘들다. 대신 논의들은 항상 고대 노예제나 명(明)나라 도자기 생산 혹은 메소포타미아 세금의 징수도급(tax farming)이 사실은 자본주의의 한 형태였다고 주장한다. 심지어 맑시스트들조차 자본주의를 자연화하는 것을 볼 때, 우리는 이런 논의에 큰 문제가 있음을 알 수 있다.

나는 이 글에서, 만약 학자들이 전혀 다른 방향을 취했더라면 무슨 일이 생겼을지를 살펴보고자 한다. 만약 '생산양식' 개념을 내던지는 대신 수정했더라면 어땠을까? 만약 '생산양식'을 단지 물질적 잉여를 생산하거나 그것을 두고 다투는 방식으로 여기는 대신, 인간이 서로를 만들어내는 과정으로 다시 상상해보면 어떠했을까? 이것이 개념을 사용하는 '올바른' 방법이라거나, 이런 방법을 꼭 채택해야 한다고 말하는 것은 아니다. 하지만 모든 이론적 개념의 핵심은, 그 개념이 아니었으면 보지 못했을 어떤 것을 볼 수 있도록 해주는 데에 있다. 그리고 내가 보기에, 생산양식을 이런 방식으로 재정의하는 순간, 그러지 않았으면 드러나지 않았을 많은 것에 주목할 수 있게 되는 것 같다. 예를 들어 자본주의에서 가장 놀라운 요소 중 하나는, 그것이 가정과 일터를 체계적으로 분할하는 유일한 생산양식이라는 점이다. 자본주의는 사람을 만드는 일과 물건을 제조하는 과정은 서로 전혀 상관없는 장소에서 완전히 다른 논리에 의해 이루어진다고 가정한다. 이런 측면에서, 자본주의는 실제로 노예제와 어떤 놀라운 유사성을 가지고 있다. 사실 그렇기에 어떤 측면에서는 하나가 다른 하나의 변형이라고 말할 수도 있다. 우리가 '임금 노예'에 대해서 이야기할 때, 이 단어는 우리가 보통 생각하는 것처럼 그렇게 비유적인 것만은 아니다. 자본주의와 노예제 사이에는 꽤나 깊은 유전적 연관성이 존재한다.

관찰 1. '생산양식'이라는 개념은 확실히 덜 다듬어졌다

다른 이들이 지적했듯이(가령 Wolf 1982: 75), 맑스(Karl Marx) 자신은 '생산양식'이라는 용어를 특별히 엄격한 방식으로 사용하지 않았다. 많은 경우 맑스는 이 용어를 다소 큰 의미 없이 내뱉었으며, 자본주의 혹은 봉건적 생산양식 이외에도 '원시적', '가부장적' 혹은 '슬라브적' 생산양식들에 대해서도 언급하곤 했다. 생산양식이 엄격한 이론적 개념이 되었던 것은, 1950년대에 루이 알튀세르(Louis Althusser)가 이 개념에 주목하면서부터였다. 그는 당대의 무척 독단적이며 교조적이었던 프랑스 공산당을 완전히 탈당하지 않으면서도, 당대까지 공식적 맑시즘을 지배하고 있던 공식적인 진화론적 모델(이 모델은 역사가 모든 것에서 노예제에서 봉건제를 거쳐 자본주의로 기계적으로 발전하는 것이라 보았다.)을 깨뜨리기 위해 생산양식이라는 개념에 주목했다.

그 결과 만들어진, 나중에 메이야수(Meillassoux)나 테레이(Terray) 같은 인류학자나 페리 앤더슨(Perry Anderson) 같은 역사가에 의해 더 발전된 도식은 다음과 같다.

생산양식(mode of production, MoP)은 생산력(force of production, FoP)과 생산관계(relations of production, RoP)라는 두 요소 사이의 관계에서 탄생한다. 생산력은 토지의 비옥도, 기술적 지식의 수준, 기계의 유용성 등과 같은 요소와 크게 관련되어 있다. 생산관계는 두 계급 간의 관계에 의해 특징지어지는데, 하나는 일차(primary) 생산자 계급이고, 다른 하나는 이들을 착취하는 계급이다. 이들의 관계는 착취적이다. 왜냐하면 사실 일차 생산자는 노동을 통해 자신들의 삶을 재생산하는 데에 충분하고 나아가 여분을 남길 만한 생산을 하는 데 반해, 착취 계급은 생산을 하지 않고 최초 생산자들에게서 빼앗은 잉여에 기대어 살아가기 때문이다(아무리 너그럽게 봐줘도, 그 잉여의 일부에 기대어 살아간다). 결국 이런 잉여의 추출은 이런저런 방식의 소유물 배치에 의해 이루어진다. 노예제 생산양식의 경우, 착취자들은 일차 생산자들을 직접 소유한다. 봉건제에서는 최초 생산자, 착취자 둘 다 토지와 복잡한 관계를 가지고 있지만, 영주들은 직접적인 법률적-정치적 수단을 통해 잉여를 추출한다. 자본주의에서는 착취자들은 생산수단을 소유하며 일차 생산자들은 노동력을 팔아야 하는 처지가 된다. 국가는 본질적으로 각각의 경우에서 이런 소유물 배치를 힘으로 뒷받침하는 강압 기구이다.

사회 혹은 '사회구성체'(social formation)는 그 용어가 말하듯이 단지 하나의 생산양식만을 포함하는 것은 아니다. 생산양식은 사회 안에서 혼합되어 존재한다. 하지만 그중 하나가 우세한 지위를 점할 것이다. 그리고 착취하는 계급은 지배계급이 될 것이고, 국가를 지배할 것이다.

마지막으로 모든 생산양식은 본래부터 불안정한 것으로 간주된다. 내적으로 모순을 가지고 있기 때문에, 생산양식들은 궁극적으로는 붕괴되고 다른 것으로 전화한다.

그러나 실제 분석을 살펴보면 우리는 조금 다른 것들을 발견할 수 있다. 하나는, 생산력이 좀처럼 언급되지 않는다는 점이다. 로마 노예제와 아이티 노예제는 완전히 서로 다른 곡물, 기후, 기술 등의 조건을 가졌다.

하지만 그 차이 때문에 그 둘이 다 노예제로 간주될 수 없다고 누구도 주장하지 않는다. 사실 생산력에서 말하는 '힘'(forces)은 맑스가 『철학의 빈곤』에서 "수동식 제분소는 봉건사회를, 증기 제분소는 산업자본가 사회를 낳았다"(1987: 41)라고 말하는 주장에서 볼 수 있듯이, 하나의 의례적 표현으로 사용되었을 뿐인 것 같다. 그렇기에 사실상 생산양식은 잉여가 추출되는 사회적 관계에 관한 이론일 뿐이었다. 두번째로, 생산양식이라는 개념은 맑스주의가 초기에 가지고 있었던 진화론적이고 유럽중심적인 틀에서 잘 벗어나지 못하는 것으로 드러났다. 분명히, 노예제와 봉건제, 자본주의 간의 구분은 원래 각각 고대, 중세, 근대 유럽의 계급 관계를 묘사하기 위해 고안되었다. 이런 접근법을 세계의 다른 부분에 적용하는 법은 명확하지 않았다. 인류학자들은 특히 이 모델을 국가 없는 사회에 적용시키기가 어렵다는 점을 발견했다. 몇몇 사람은 '종족'(lineage) 혹은 '가내'(domestic) 생산양식 같은 용어를 만들어내었지만, 이들은 전혀 들어맞지 않는 것 같았다. 그렇기에 생산양식이라는 개념에는 비-서구 국가들의 문제가 존재했다. 맑스는 중국이나 무굴제국 인도 같은 제국들이 서구 국가들이 가진 내적 동력을 결여하고 있는 변치 않는 '아시아적' 생산양식에 갇혀 있다고 주장했다. 극도의 내려다보는 시선을 차치하고서라도, 맑스가 개념을 정식화했던 방법이 절망적으로 모순적이었음이 드러났던 것이다(Anderson 1974b). '아프리카적 생산양식'(Conquery-Vidrovitch 1978)과 같은 대안을 개발하려는 시도들은 별로 주목을 받지 못했다. 여러 공산당들이 주장하는 대로, 이러한 국가들은 모두 단순히 봉건제의 변형들일까? 사미르 아민(Samir Amin 1973; 1985)은 대부분의 비자본주의 국가들은 그가 '공납적 생산양식'이라 부르는 하나의 넓은 카테고리 안에 모두 포함될 수 있다고 주장함으로써 이런 상황을 타개하려고 시도했다. 그에 따르면, 이 개념은 정치적 강압 수단을 통해 잉여를 추출하는 모든 시스템을 포괄할 수 있다. 중국의 송나라나 페르시아의 사산 제국과 같은 중앙 집권적인 국가는 이에 대한 고도로 조직화된 사례라고 할 수 있다. 봉건제는, 유럽에서 시행된 것에서 볼 수 있듯이(어쩌면 일본에서도), 공납적 생산양식이 특별히 체계적이지 못한 방식으로 변형된 것이다. 에릭 울프(Eric Wolf)는 『유럽과 역사 없는 인민』(*Europe and the People Without History*)이라는 책에서 이 입장을 좀더 밀고나가, 세 가지 넓은 생산양식을 제안했다. 첫째, 친족적 생산양식. 이는 인류학자들의 주 영역이기도 한 국가 없는 사회를 포함하는 생산양식이다. 두번째로는 공납적 생산양식 그리고 마지막 세번째로 자본주의. 그러나 이 지점에서 개념들이 너무 혼란스럽게 되어버려서, 서로 다른 생산양식들이 복잡하게 혼합되어 있는 것으로서의 사회구성체를 떠올리기가 불가능할 지경이 되었다. 각각의 새로운 단계가 그 전의 단계를 포괄하는 것을 설명하는 일을 제외하면 말이다(가령 공납적 국가들 아래에는, 아직 친족적인 것들이 남아 있고, 자본주의 아래에서 국가기구들이 전쟁을 수행하고 세금을 걷는 것들, 즉 공납적 양식이 남아 있다).

관찰 2. '생산양식' 개념은 국가라는 틀에서 벗어나면 대부분 무화되어 버렸다

1974년으로 돌아가 보자. 페리 앤더슨이 '아시아적 모델'의 소멸을 알렸을 때, 앤더슨은 인도와 중국 같은 국가들을 묘사하기 위한 새로운 개념이 창조되어야 함을 지적했다. 이 요청에 응답하여, 새로운 생산양식들에 대한 제안이 넘쳐났을 것이라 생각할지도 모르겠다. 하지만 실제로 일어난 일은 정반대라고 할 만한 것이었다. 목록은 점점 줄어들었다. 1980년대 초 무렵, 울프의 저작에서 볼 수 있듯이, 우리는 3단계 과정을 보여주는 도식으로 돌아가고 말았다. 애초에 알튀세르가 거기서 벗어나려고 개념을 고안했던 바로 그 3단계 도식 말이다. 차이는 '노예제' 생산양식이 '친족적' 생산양식으로 대체된 것이었다. 무슨 일이 일어난 것인가?

울프(Wolf)의 저작은 인류학에서 이매뉴얼 월러스틴 등에 의해 개발된 세계-체계 분석을 적용한 첫번째 주요 연구결과였다. 나는 이 사실이 중요하다고 생각한다. 생산양식 이론의 접근이 몰락하게 된 한가지 이유는, 그것이 본질적으로 국가에 대한 이론이기 때문이었다. 그럴듯한 용어들에도 불구하고, '사회구성체'들은 항상 어떤 종류의 제국이나 왕국이었다. 그렇기에 세계-체계적 접근이 분석 단위를 완전히 전환시키게 되자, 이 이론은 위기에 처하게 되었다. 이는 처음에는 분명치 않았다. 왜냐하면 이 주장들이 주로 자본주의에 대한 것이었기 때문이다. 생산양식이라는 개념을 통한 접근을 옹호하는 사람들은 자본주의가 개별 국가 내에서의 계급 역학으로부터 처음 출현했다고 주장했다. 임금노동 관계가 점점 지배적이 되면서, 결국 부르주아지가 국가 기구의 통제권을 장악하는 순간이 왔다는 것(영국이나 프랑스 혁명에서처럼). 월러스틴은 자본주의가 '자본주의적 세계-경제'라는, 지역 간의 전반적인 노동 분업을 만들어냈던(중심부와 주변부, 반-주변부를 구별짓는) 보다 넓은 시장 관계의 형태를 가지고 출현했다고 주장했다. 세계-체계 이론의 접근에 따르면, 어떤 특정한 '사회'에서 일어나는 일은(예를 들어, 임금노동의 발흥) 더 큰 체계와의 관련을 통해서만 설명될 수 있었다.

원칙적으로, 이는 모든 세계-체계들에 해당된다. 세계-체계라 불리는 까닭은 그것이 전지구를 포괄했기 때문이 아니라(이는 자본주의 이후에야 이루어졌다.), 그들 자신에게는 사실상 전체 세계라 할 수 있었던 지역적 상호작용의 영역을 가리키기 때문이다.

이러한 전체론적 시각의 강조가 있기 때문에, '사회구성체'를 '세계-체계'로 단순히 대체할 수는 없다. 그리고 이런 시각은 모든 세계-체계가 서로 다른 종류의 많은 생산양식들을 포함하고 있으며, 그 중 하나만이 지배적이 된다고 주장한다. 세계-체계들은 일관성 있는 전체라고 가정된다. 그 결과, '자본주의'나 '봉건제'는 이러한 새로운 더 큰 단위들을 전반적으로 조직하는 방식이라고 간주하게 되었다.

원래 월러스틴은 세 가지 서로 다른 종류의 세계-체계를 제안했다. 또다른 3단계 진화론적 도식이 아닌지 의심스럽게 만드는 정식처럼 보인다. '소-체계들'(mini-systems. 자기 충족적이고 평등한 사회들), '세계-제국들'(가령 아케메니드Achaemenid 왕조나 중국), 그리고 무역으로 연결된 '세계-체계'(자본주의보다 앞서는, 궁극적으로는 제국으로 변화되었다가 해체되는 경향을 가진다). 부분적으로 이 범주들은 헝가리 경제학자인 칼 폴라니(Karl polany)가 제시한 부를 분배하는 세 가지 양식 구분에 영향을 받았다. 호혜성(소-체계에서 전형적으로 나타남), 재분배(제국에서 전형적으로 나타남), 그리고 시장(세계-체계에서 전형적으로 나타남). 월러스틴은 조심스럽게 이 모든 것은 더 나은 용어가 만들어질 때까지 연구의 기초를 세우기 위한 초기 근사 개념일 뿐이라고 언급했다. 그렇기에 이 용어들에 지나치게 주의를 기울이는 것은 적절치 않을 것이다. 하지만 한 가지 점이 눈에 띈다. 각각은 생산양식에 의해 구분된 것이 아니라, 분배 형태에 의해 구분되었다는 점 말이다. 각각의 특정한 세계 안에 있는 모든 것에 형태를 부여한 것은 바로 이 커다란 분배 조직이었다. 사실 이는 매우 어려운 문화 비교 프로젝트를 제안하는 것이었다. 왜냐하면 월러스틴은 우리에게 익숙한 모든 분석 범주들(계급, 국가, 가계 등)이 지금 존재하는 자본주의 세계-체계 안에서만 의미가 있다고 주장하고 있었기 때문이다. 짐작컨대, 다른 세계-체계를 관찰하기 위해서는 완전히 새로운 용어들을 만들어야 할지도 모른다. 만약 그렇다면, 서로 비교를 시도할 수 있는 기반이 무엇이었는가?

이후에 뒤따르는 구분들은 많은 부분 이 질문에서 기인한다. 세계-체계 이론가들 중 한 학파인 비교주의자들(Comparativists. 가장 유명한 학자로는 체이스 던(Christopher Chase-Dunn)과 홀(Hall)이 있다.)은 이런 질문에 답하기 위해 용어들을 개선하고 정제하려고 노력했다. 가장 먼저, 이들은 소-체계(기본적으로 '부족'이라는 용어를 폐기해야만 했다. 그들에 따르면 남부 캘리포니아의 윈투인(Wintu)[1]의 경우처럼 극단적으로 평등한 사회에서도, 항상 지역적인 상호교류의 장이 존재했다. 그들은 이를 "아주 작은 세계-체계"라고 불렀다. 비록 시장이나 제국 같이 니 크고 위계적인 체계가 전형적으로 보여주는 성장과 붕괴의 사이클이 이런 더 작은 체계들에는 존재하지 않았던 것처럼 보이기는 했지만 말이다. 그들은 더 큰 세계-체계는 서로 중첩되는 복잡한 네트워크로 이루어지는 경향이 있다고 주장했다. 결국에는 이런 체계의 조직들이 울프의 세 가지 카테고리로 분류되기는 하지만 말이다(세 가지 카테고리는, 친족적 생산양식, 공납적 생산양식, 자본주의적 생산양식이다. 아직 존재하지는 않지만, 미래의 언젠가 존재할 수도 있는 가설적 상태인 사회주의적 생산 양식이 여기에 추가되기도 한다). 체이스 던과 홀이 울프와 보이는 가장 중요한 차이점은, 이들은 이런 분류를 '생산양식'이라기보다는 '축적양식'으로 여긴다는 점이다. 그들은 축적양식을 "생산, 분배, 교환, 축적의 심층적인 구조적 논리"

---

1) [역주] 미국 원주민의 한 분파.

라고 정의한다(1997: 29). 이는 세계-체계론적 관점에서 합리적인 방식으로 용어를 바꾼 것으로 보인다. 하지만 이는 "생산양식"이라는 용어가 원래 무언가를 만드는 사람들에 초점을 두었던 것에서 얼마나 멀리 떨어져 나왔는지를 가감 없이 드러낸다.

비교하는 데 쓰이는 용어들이 이렇게 넓은 것을 포괄하도록 만들어지면, 사실은 우리가 비교를 하고 있는 게 아니라, 모든 복잡한 사회적 질서 안에서 발견할 수 있는 서로 다른 기능들을 다루고 있는 것이라고 쉽게 주장할 수 있게 된다. 이런 초점의 변화는 연속론자(Continuationists)가 행한 일이었다. 이 분야에 유명한 사람들로는 안드레 군더 프랑크(Andre Gunder Frank 1993, 1998)와 베리 길스(Frank & Barry Gills 1993), 조너선 프리드먼(Jonathan Friedman 1982, 2000), 그리고 카즈사 에콜름(Kajsa Eckholm and Friedman 1982)이 있다. 이들은 모든 복잡한 사회는 가족('친족')을 가지고 있고, 일종의 정부를 가지려는 경향이 있다고 주장한다. 여기서 정부란 세금('공납')과 일종의 시장 체계('자본주의')를 의미한다. 이렇게 도식을 세움으로써, 비교를 하는 일 자체는 의미가 없다고 쉽게 결론지을 수 있게 된다. 사실상 하나의 세계-체계만이 존재하는 것이다. 세계-체계는 중동에서 5,000년 전 즈음에 시작되었고, 꽤 빠르게 아프리카와 유럽, 아시아를 지배하게 되었다. 수천 년간, 세계-체계의 무게중심은 중국이었다. 군더 프랑크에 따르면, 이 '세계 체계'(하이픈이 사라진 것에 주의하라)는 광범위하지만 규칙적인 성장과 확장의 사이클을 보여왔다. 이것이 프랑크의 악명 높은 도발적 주장의 근간이 된다. 그는 유럽은 오랫동안 지배적 세계 체계의 야만적 주변이었을 뿐만 아니라(최근에 와서 이 사실은 논쟁의 여지가 없는 것이 되었다.), 최근에 나타난 유럽의 지배는 사실 세계 체계의 나머지 부분이 일시적 하강 국면에 있을 시기에 대체품을 수입하는 성공적 작전에 기인한 바에 불과하며, 이제는 사이클의 급격한 전환이 다시 나타나서 '서구'의 지배는 긴 역사에서 보면 지나가는 국면일 뿐이었음이 드러날 것이라 주장한다(Frank 1998).

관찰 3. 생산양식 개념이 쇠퇴하여 나타난 주요한 결과는 자본주의의 자연화였다. 이는 특히 '연속론자들'이 임노동과 노예제를 다루는 방식을 보면 명백하게 드러난다

프리드먼과 에콜름을 비롯한 학자들은 이제 공공연히 자본주의 세계-체계가 5천 년 동안 지속되어왔다고 말한다. 군더 프랑크(Frank, 1991)는 아마 다른 모든 '생산양식들'과 함께 '자본주의'라는 용어를 완전히 폐기하는 것을 선호할 것이다. 하지만 그가 설명하는 바 역시 사실 마찬가지로 유사한 것으로 귀착된다. 물론 자본주의가 문명 자체만큼이나 오래되었다는 생각은 자본주의자들 사이에서도 오랫동안 인기를 끈 입장이었다. 이 입장이 이제 좌파에게도 구미에 맞게 된 이유는 이런 입장이 유럽중심주의에 대한 공격이 될 수 있기 때문이다. 만약 자본주의를 하나의 성취로 여긴다면, 유럽과 북미의 학자들이 유럽인이 자본주의를 단 500년 전에 발명했다고 가정하는 것은 크게 오만한 일이 된다. 그 대신에, 이런 입장은 맑스주의 학자들에게 적합한 입장이 될수도 있다. 아나키즘이 혁명적 투쟁의 표준적 담지자로서 국가 이데올로기들을 빠르게 대체하는 이 시대에 작업하는 맑스주의 학자들에게 말이다. 만약 자본주의가 국가와 함께 등장했다면, 국가와 자본주의 중 어느 하나를 다른 것은 놔둔 채 없앤다는 것을 상상하기란 어려울 것이다. 물론 문제는 이렇게 함으로써, 대부분의 맑스주의 학자들이 자본주의를 매우 폭넓게 정의했다는 점이다(예를 들면, 자본주의를 주요 행위자들이 더 많은 돈을 벌기 위해 돈을 사용하는 경제적 조직의 형태라고 정의한다거나). 이렇게 되면, 자본주의를 철폐하는 것을 상상하기란 어렵게 된다.

이러한 입장 역시 유럽의 특권화된 위치를 제거하지 못한다. 적어도, 이에 대해 잘 생각해보면 그렇다. 연속론자들은 17세기와 18세기에 서구 유럽에서 자본주의가 발생하지 않았다고 하더라도, 그래서 거대한 경제적 돌파구가 만들어지지 않았다 하더라도, 17, 8세기에는 그와 동일하게 중대한 지적 돌파가 있었다고 주장한다. 애덤 스미스 같은 유럽인이 아시아와 아프리카에 수천 년 동안 존재했던, 하지만 그 전에는 누구도 설명하지 못했고 심지어 알아채지도 못했던 경제적 법칙의 존재(현재 우리가 믿고 있는)를 발견해낸 것이 그것이다.

이것은 사실, 보기보다 아주 중요한 지점이다. 연속론자들은 모제스 핀리(Moses Finley)와 칼 폴라니 같은 20세기 중반 학자들에게 지적인 복수를 할 방법을 발견한 것이다. 모제스 핀리나 칼 폴라니가 보기에 고대와 비서구 사회의 학자들은 그들 사회에서 무슨 일이 일어나고 있는지를 분명 이해하고 있었다. 만약 그들이 '경제'라고 이름 붙여질 만한 어떤 것을 말하지 않았다면, 그것은 정확히 자본주의 경제 제도와 유사한 것이 존재하지 않았기 때문이다. 모제스 핀리와 칼 폴라니는 둘 다 연속론자들에 의해 크게 욕을 먹고 비난을 당했다. 분명히 바로 이런 이유에서이다.

지금 여기서 핵심적으로 문제가 되는 바를 보자. 통상적으로, 자본주의의 정의는 두 가지 특성에 집중한다. 어떤 이들(생산양식이론의 주창자들)은 임노동에 집중한다. 연속론자들은, 예상하다시피, 다른 측면인 자본의 존재에 집중한다. 즉 단순하게는 더 많은 부를 창출하고, 나아가서는 끝없는 재투자와 확산의 한없는 과정을 만들어내기 위해 이용되는 부의 집적 말이다. 만약 첫 번째 초점을 선택한다면, 항상 자본주의가 존재했다고 말하기는 어려울 것이다. 왜냐하면 인간 역사의 대부분의 시기 동안, 임노동이 존재했다는 증거를 발견하기란 쉽지 않기 때문이다. 찾으려는 시도를 하지 않아서 그런 것이 아니다. 연속론자들은 (사실상 대부분의 역사가들처럼) '임금'을 가능한 한 넓게 정의하는 경향이 있다. 본질적으로 서비스에 대한 대가로 지급되는 모든 돈을 임금으로 정의한다. 이렇게 하면, 이 도식은 명백하게 엉터리가 된다. 만약 그렇다면, 왕들은 임노동자다. 공납을 바치면 보호라는 서비스를 제공해준다고 주장하기 때문이다. 아가 칸(Agha Khan)[2]은 현재 이스마일파 공동체에 고용된 임금노동자라고 할 수 있다. 왜냐하면 이스마일 사람들이 매년 아가 칸에게 그의 몸무게 만큼의 금이나 다이아몬드를 아가 칸이 이스마일 공동체를 위해 기도해준 보답으로 선물하기 때문이다. 분명 '임금-노동'은(말하자면, 전문적인 일을 해주고서 요금을 받는 것과 반대로) 어느 정도의 복종을 포함한다. 노동자는 어느 정도까지 자신의 고용주의 명령을 따라야 한다. 이것이, 대부분의 역사 동안 자유인이 임노동을 피하려고 했던 까닭이다. 그리고 대부분의 역사 동안 첫번째 정의에 따른 자본주의가 결코 발생하지 않았던 이유이다.

모제스 핀리가 지적한 것처럼(Finley, 1973), 고대 지중해 세계는 정치적 삶과 상업적 삶 사이에 강한 모순이 존재하던 시대였다. 로마에서, 대부분의 은행가들은 해방된 노예였다. 아테네에서, 상업과 산업에 종사하는 이들은 거의 모두 비-시민들이었다. 많은 숫자의 동산 노예(chattel slave)가 존재했던 것은(거의 모든 고대 도시에서. 이들은 전체 인구의 적어

---

2) [역주] 아가 칸(Agha Khan)은 이슬람교의 한 분파인 이스마일파(Ismaili)의 지도자에게 부여되는 이름이다.

도 1/3을 차지했다) 노동 방식에 큰 영향을 미쳤다. 이 시대를 살펴보면, 근대적 시선으로 보기에 임노동 계약과 유사해 보이는 방식의 노동을 간헐적으로 발견할 수도 있다. 하지만 자세히 살펴보면, 그런 것은 거의 항상 노예를 빌려주는 계약임을 확인할 수 있다(이런 경우, 노예는 정해진 단위의 음식을 받곤 했다). 그러므로 자유인 남자나 여자는 임금노동과 조금이라도 유사해 보이는 것이라면 피하려고 했다. 그것이 사실상 노예제와 비슷한 것이라고, 그들 자신을 빌려주는 일이라고 여겼기 때문이다 (Humphries 1978: 147, 297n 37~38). 도시 자체를 위해 일하는 것은 간혹 수용할 만한 것으로 여겨졌다. 실질적으로 이는 스스로 일원으로 존재하는 공동체에 고용되는 것이라 볼 수 있기 때문이다. 하지만 심지어 이런 경우에조차 그것은 일시적인 계약으로 한정되었다. 5세기 아테네에서, 영구적으로 고용되어 있는 사람은 예외 없이 노예들이었다. 심지어 경찰 같은 공무원일 때도 말이다.

이 모든 것은 그리 특이한 일이 아니다. 놀라울 정도로 유사한 일들이 19세기 마다가스카르나 브라질에서 일어났었다고 기록되어 있다. 그리고 많은 경우 유사한 제도들이 인도양의 스와힐리나 말레이 도시들에서 발달한 것으로 보인다. 사람을 빌려준다는 생각에 내포된 뜻을 생각해보면, 많은 통찰을 얻을 수 있다. 이와 비슷하게, 우리에게 임노동관계(한 집단이 노동을 하고, 다른 집단은 어떤 방법으로 그들에게 보상을 하는)와 아주 유사해 보이는 제도들이, 어떻게 사실은 아주 판이한 기반 위에 존재했을지를 고려해볼 수도 있다. 예를 들자면, 확장된 후원과 의존관계, 말하자면 핀리가 '노예와 자유민'을 왔다갔다하는 상태라고 설명하는 복잡한 지위가 그런 전혀 다른 기반일 수 있다. 하지만 연속론자들은, 대부분의 경제사학자에게 그러한 것처럼, 이 모든 것을 무시한다. 예를 들어 프리드먼은 폴라니나 핀리, 그리고 그들의 추종자들이 고대 세계에서 자본과 시장의 중요성을 부정하고자 하는 '이데올로기적' 동기에 따라 움직이고 있다고 비난한다. 결국 행위자들이 자신이 무엇을 하고 있는지에 대해 가지는 **생각**은 중요하지 않다. 자본주의는 심적 상태가 아니라 객관적 구조이며, 그것은 부와 권력을 끝없이 확장되고 재생산될 수 있는 추상적인 형태로 변환될 수 있도록 한다. 프리드먼이 말하길, 객관적 분석을 하려면, 비록 노예의 지위를 가지고 있을지언정 임노동자가 존재했으며, 그들은 시장에서 팔기 위한 상품을 생산했고, 전체 체계는 오늘날 자본주의에서 쉽게 볼 수 있는 경기 순환 따위를 분명히 나타내고 있었다는 사실에서부터 출발해야 한다. 프리드먼은 이렇게 결론 내린다. "고대 그리스의 노예제는 임금과 지분과 이익을 포함하는 복잡한 문제였다. 이는 확장과 수축의 순환적 속성을 지닌 것처럼 보이는 정교한 시장 체계 안에 존재했다. 다른 말로 하면, 이는 근대 세계에 나타나는 좀더 명백한 종류의 자본주의와 그리 다르지 않은 자본주의의 한 형태였다."(2000: 152)

하지만 아무리 객관적인 척하려고 노력하더라도, 이런 설명이 핀리의 설명보다 덜 이데올로기적이라고 보기는 어렵다. 결국, 자본주의를 넓게도 정의할 수 있고 좁게도 정의할 수 있다. 사회주의나 공산주의 혹은 파시즘 같은 용어로도 쉽게 비슷한 일을 할 수 있다. 이런 용어를 넓게 정의한다면, 이것들 역시 고대 그리스나 사파위 페르시아에서 발견할 수 있을 것이다. 아직 아무도 그렇게 하지는 않았지만 말이다. 이와 다르게, 프리드먼이 사용하고 있는 예를 쉽게 변형시켜버릴 수도 있다. 자본주의를 반드시 자유로운 임노동이 존재해야 하는 것으로 정의하고, '노예제'를 가능한 한 넓게 정의하는 것이다. 그러니까, 노예제는 한 집단이 실질적으로 억압되는 모든 형태의 노동을 지칭하는 것으로 여기는 것이다. 이 경우 근대 자본주의도 사실 노예제의 일종이라고 결론지을 수 있다. 그리고 근대 자본가들이 자신들이 다른 사람을 억압하고 있다고 생각하지 않는다는 사실 자체는 중요하지 않다고 주장할 수도 있다. 우리는 객관적인 억압 구조에 대해 이야기하는 것이지, 행위자들이 자신이 무엇을 하고 있다고 여기는지에 대해 이야기하는 것이 아니기 때문이다. 이런 주장은 완전히 전례 없는 것은 아니다. 근대 자본주의 국가에 사는 많은 노동자들이 자신을 '임금 노예'라고 부르는 데에는 이유가 있다. 하지만 내가 알기로는 어떤 경제사 학자들도 이 같은 것을 언급조차 하지 않는다. 무엇이 주장되고 있는지뿐만 아니라, 무엇이 전혀 주장되고 있지 않은지를 고려해보면, 이데올로기적 편향은 아주 분명하게 드러난다.

명제 1. 생산양식 모델의 중요한 실수는 '생산'을 단순히 물질적 대상을 만들어내는 것으로 정의한 것이다. '생산'에 대한 적절한 이론이라면 인간들이나 사회적 관계의 생산에 적어도 동등한 지위를 부여해야만 한다.

내가 보기에, 생산양식에 기초한 접근들이 가진 궁극적인 약점은 그것들이 매우 단순한 유물론에서 출발하는 데 있다. '물질적 생산'은 음식이나 의복이나 금덩어리처럼 가치 있는 물질적 대상을 생산하는 것이라 가정된다. 삶에서 중요한 모든 일은 이런 물질적 대상을 순환시키고, 한 사람 혹은 한 계급에서 다른 사람 혹은 계급으로 이전시키는 것이라고 간주된다.

이런 접근은 보통 맑스의 접근 방식이라 보인다. ── 확실히, 이런 종류의 '역사 유물론'은 군더 프랑크 같은 학자가 주장하는 것처럼, 맑스의 사상 중 거의 유일하게 실제로 다시 사용될 수 있는 측면이다(예를 들어 Gills & Frank 1993: 106~109). 지금 나는 맑스가 '유물론'에 대해 말할 때

'진짜로' 뭘 말했는지에 대한 기나긴 논쟁에 뛰어들려는 것이 아니다. 맑스의 작업은 매우 많은 방향으로 해석될 수 있다. 하지만 몇몇 해석은 분명히 좀더 재미있다. 그가 민족지적 관점에서 작성한 이 구절을 살펴보라.

우리는 어떤 토지 소유 형태 등이 가장 생산적이었고 가장 많은 부를 창출했는가에 관한 연구를 고대인에게서는 발견할 수 없다. 비록 카토(Cato)는 어떤 토지 경작이 가장 많은 수확을 올릴 수 있는지를 연구할 수 있었고, 또는 부루투스(Brutus)는 가장 많은 이자를 받고 그의 돈을 대부해 줄 수도 있었지만, 부는 생산의 목적으로 나타나지 않는다. 연구는 언제나 어떤 방식의 소유가 가장 훌륭한 국민들을 창출하는가에 대한 것이다. 부는 중세 사회의 유태인 등처럼, 고대 세계의 틈새에 사는 소수의 상업민족들 — 운송업 독점자 — 에게 있어서만 자기 목적으로 나타난다. …… 그리하여 인간이 어떠한 편협한 민족적, 종교적, 정치적 규정에서든, 생산의 목적으로 나타나는 고대의 관념은, 생산이 인간의 목적으로 나타나고 부가 생산의 목적으로 나타나는 근대 세계에 비해 고귀한 것처럼 보인다. 그러나 사실 편협한 부르주아적 형태가 탈피된다면, 부란 보편적 교환에 의해 산출된 개인의 욕구, 능력, 향유, 생산력 등의 보편성이 아니고 무엇인가? (1854[1965:84])

맑스가 여기서 고대 그리스와 로마에 대해 말한 것은, 분명히 바콩고(BaKongo) 사람들이나, 중세의 사마르칸트 주민에게나, 다른 많은 비-자본주의 사회에도 똑같이 적용된다. 항상, 부의 생산은 그 자체가 목적이 아니라, 궁극적으로 사람의 생산을 목표로 하는 더 큰 과정에 종속된 요소로 여겨졌다. 그는 이것이 우리가 경제학이라는 과학을 발전시킨 덕에 비로소 꿰뚫어볼 수 있게 된 주관적 환상이라고 말하지 않는다. 오히려 그 반대이다. 고대인이 맞았다. 『독일 이데올로기』에서 맑스는 대상의 생산은 항상 인간과 사회적 관계의 생산과 동시에 일어난다고 주장한 바 있다(새로운 수요 역시 마찬가지이다. – 1846[1970]: 42). 맑스는 여기서 대상들이 궁극적인 요점이 아니라는 것을 관찰한다. 자본주의와 '경제적 과학'은 사회의 궁극적 목적이 GDP를 증가시키거나, 더 많은 부를 생산하는 데에 있다고 생각하도록 혼동시킬지도 모른다. 하지만 현실에서 부는 인간 존재들의 성장과 자기실현의 매개가 아니라면, 아무런 의미가 없다.

그렇다면 질문은 다음과 같다. 우리가 이런 맑스로부터(『정치경제학 비판을 위하여』를 썼던 맑스가 아니라) 시작한다면, '생산양식'이란 대체 무엇이 될까? 만약 비자본주의적 생산양식들이 궁극적으로 부의 생산이 아니라 사람의 생산에 관한 것이라면(혹은 맑스가 강조하듯이, 어떤 특정한 종류의 사람들을 생산하는 것이라면), 현존하는 접근 방식들이 매우 잘못된 방향으로 가고 있음은 명백하다. 적어도 밀 수확의 배치나 무역의 흐름을 검토하는 것만큼, 서비스의 관계나 가정의 배치, 교육적 실천에 대해 고려해야 하지 않겠는가?

나는 여기서 좀더 나가고자 한다. 전통적 맑스주의에서 '유물론'이라 불린 것(물질적인 '하부구조'와 관념적인 '상부구조'의 분할)은 그 자체로 관념론의 전도된 형식일 뿐이다. 당연히, 법, 음악, 종교, 금융, 사회 이론을 하는 사람들은 자신들이 양파를 재배하고 유리를 만들고 재봉틀을 다루는 사람들보다 더 고상하고 추상적인 뭔가를 다루고 있다고 주장하는 경향이 있다. 하지만 이는 사실이 아니다. 법이나 시(詩) 등을 만드는 과정에 포함되는 활동은 다른 활동들만큼이나 물질적이다. 우리가 자기 동일성을 갖춘 대상이 되기 위해서는 사실 활동의 과정이 필요하다는 간단한 변증법적 요소를 알아채고 나면, 이런 활동이 ①항상 의미들(아이디어들)에 의해 추동되고, ②항상 구체적인 매개물(물질)을 통해 진행된다는 것이 매우 명백해진다. 나아가, 모든 지배 체계들이 "아니야, 그건 사실이 아니야. 진짜로 다른 모든 것 위에 존재하는 법 혹은 진실 혹은 우아함 혹은 이론 혹은 금융자본의 순수한 영역이 존재해."라고 주장한다. 하지만 이런 주장들은, 적절하게 저속한 은유를 쓰자면, 개똥같은(bull shit) 소리다. 존 홀러웨이(John Holloway 2003)가 최근 우리에게 상기시켜주었듯, 사실은 복잡하게 얽혀 있는 활동의 과정을 쪼개서 불연속적이고 자기 동일적인 대상들(노래, 학교, 식사 등등)로 재정의하는 것이 통치체계의 본성이다. 여기에는 간단한 이유가 있다. 활동들을 이와 같은 방법으로 쪼개고 얼려야만, 그것들이 소유물이 될 수 있고, 누군가가 그것을 소유한다고 말할 수 있기 때문이다.

그렇기에 진정한 유물론은 단순히 '물질적' 영역을 관념적 영역보다 더 특권적으로 여기지 않을 것이다. 진정한 유물론은 그러한 이상적 영역은 존재하지 않는다는 것을 깨닫는 것에서 시작한다. 결과적으로 이런 이해는, 결국 물질적 대상들(누군가가 소유할 수 있는 불연속적이고, 자기동일적인 사물들)의 생산에 강박적으로 집중하는 것을 멈출 수 있도록 해줄 것이다. 그러고는 훨씬 더 어려운 작업을, 그러니까 사람들이 서로를 창조하고 형성하는 (똑같이 물질적인) 과정들을 이해하기 위해 노력한다는 훨씬 더 어려운 작업을 시작하도록 해줄 것이다.

명제 2. 만약 『자본론』에 나온 맑스의 가치 분석을 인간과 사회적 관계의 생산에 적용한다면, 몇몇 메커니즘을, 그러니까 대부분의 사회에 존재하는 가장 중요한 노동의 양식을 은폐하고 있는 몇몇 메커니즘을 좀더 쉽게 파악할 수 있을 것이다. 이 메커니즘은

인간의 실존에서 실제로 중요한 지점(이는 항상 인간의 목적과 인간관계와 관련되어 있다.)을 보지 못하게 막는다. 이를 통해 이 메커니즘들은 '과학적' 관찰자가 인간 존재를 '부' 혹은 '권력'과 같은 추상적인 것을 둘러싸고 경쟁하는 자동 기계처럼 여기게 만들어버린다.

거칠게나마 내가 지지하는 접근법을 채택하는 몇몇 인류학자들의 작업을 살펴봄으로써, 내가 여기서 하려는 것을 좀더 쉽게 이해할 수 있을 것 같다.

나는 여기서 내가 '인류학적 가치이론'이라고 부르는 전통에 대해 이야기할 것이다. 이런 이론들은 무엇보다 그리고 처음으로 페미니즘 사회과학에 의해 가능해졌다. 페미니즘 사회과학은 끝없는 돌봄 노동, 가사노동, 교육 등을 결코 무시할 수 없도록 만들었다. 이것들은 실제로 사회가 계속 돌아가게 만들어주는 것들이며, 압도적인 비율로 여성에 의해 수행되어 왔다. 이런 형태의 활동을 맑스주의적 의미에서 생산적 노동으로 인식하는 것은 어떻게 맑스의 통찰이 수많은 국가 없는 사회나, 더욱 평등한 사회에 적용될 수 있는지 쉽게 알 수 있도록 해줬다(생산양식 이론의 접근은 이런 사회들을 다루기 힘들어했다). 이 영역에서 진정한 개척자는 카야포인(Kayapo)에 대한 연구결과를 낸 테리 터너(Terry Turner 1979, 1984, 1987)였다. 비록 비슷한 방식으로 연구한 다른 사람들 ── 예를 들면 핀투피(Pintupi)에 관한 마이어스(Myers)의 작업(1986), 가와(Gawa)에 관한 낸시 먼(Nancy Munn)의 작업(1986), 베이닝(Baining)에 관한 파얀스(Fayans)의 작업(1997), 타이완 지방에 관한 생그런(Sangren)의 작업(1087, 2001) 등 ── 이 있지만 말이다. 나는 『가치이론에 대한 인류학적 접근』(Graeber 2001)이라는 책에서 그들의 통찰력의 일부를 체계화하려고 노력했다.

　사실 이런 접근법은 다음과 같은 점을 당연하게 여긴다. 모든 사회가 음식과 의복과 주거지와 기타 등등을 생산해야 하지만 대부분의 사회에서 집이나 마니옥(manioc)³⁾ 그리고 카누 같은 것을 만드는 일은 인간을 만들어내는 더 큰 생산적 과정에 포함된 부차적인 요소로 간주되는 것을 말이다. 분명, 이전에 존재했던 각양각색의 생산에는 매우 실질적이며 중요하게 고려해야 할 물리적 제약이 존재했다. 하지만 이는 그것들이 단순히 기술적 활동의 문제라는 말은 아니다. 인류학자들은 집을 짓거나 집 안에서 움직이는 행위(Bourdieu 1979)나 마니옥 가루를 만드는 행위(Hugh-Jones 1979)같이 명백히 세속적인 행위조차 상징적 구조(뜨거움/차가움, 건조함/축축함, 하늘/땅, 남자/여자)를 구축한다고 계속해서 주장해왔다. 또한 이런 구축은 복잡한 의례나, 예술적 표현이 양식이나, 전체 우주의 본성에 대한 개념에서도 반복되는 경향이 있다. 하지만 궁극적으로 이런 구축은 활동의 구조 자체에 배태(胚胎, embedded)되어 있다고 할 수 있다. 다른 말로 하자면, 우리가 순수하게 기계적인 생산을 마주하지 않는 만큼이나, 완전히 순수하고 추상적인 관념을 다루지도 않는다는 말이다. 더 정확히 말하면, 순수한 관념이나 정신없는 물질적 활동이라는 생각은, 그 작동을 조사해보아야만 하는 이데올로기 안에서만 존재한다.

　후자는 중요한 지점인데, 왜냐하면 많은 그러한 사회들에서도, 비록 정확히 우리에게 익숙한 형태는 아니지만 이런 종류의 관념적인 것과 물질적인 것 사이의 구분을 해왔기 때문이다. 이는 그런 사회들에서도 어떤 형태의 착취가 언제나 일어났다는 사실과 직접적으로 연관이 되어 있는

---

3) [역주] 카사바 나무. 열대 지방에서 식용으로 씀.

것처럼 보인다. 이런 일이 일어나는 곳에서, 착취의 메커니즘은 마치 자본주의가 그러하듯, 교묘하게 보이지 않도록 만들어지는 경향이 있다.

맑스의 자본주의 설명에서, 이런 과정은 주로 임노동의 메커니즘을 통해 나타난다. 사실 화폐는 추상 노동의 표상이다(추상 노동이란, 노동자가 가진 생산 능력을 의미한다. 고용자가 노동자를 고용할 때 사게 되는 능력이다). 그것은 일종의 상징이다. 임금이라는 형태에서, 이는 매우 강력한 종류의 상징이 된다. 이 표상은 그것이 표상하는 바[노동자의 생산능력]가 나타나는데 사실상 핵심적인 역할을 한다. 왜냐하면 결국, 노동자는 오로지 임금/돈을 받기 위해 일하기 때문이다. 착취가 그 밑에 깔려 있는 현실적 마술이 일어나는 곳도 정확히 이런 거래에서다. 왜냐하면 맑스가 주장하듯, 자본가가 결국 지불하게 되는 것은 단순하게 말하자면 추상 노동의 가격(노동자의 노동력을 회복하는 데 드는 비용)이며, 이는 항상 노동자가 실제로 창출한 가치보다 적기 때문이다.

터너가 주장하는 핵심은, 심지어 단일한 노동시장이 없는 곳에서조차(인류 역사 대부분의 사회에서 그런 시장은 존재하지 않았다.) 비슷한 일이 일어난다는 점이다. 다양한 종류의 노동은 구체적인 물질적 매개의 형태로 보여지고 나타나는 경향이 있다. 이런 물질적 매개는 화폐가 그러하듯, 우리가 하는 행위들이 우리 자신에게 얼마나 중요한지를 표상하는 매개물이기도 하지만 동시에 그 자체로 가치로운 것이라 간주된다. 그리고 결국에는 그 매개물 자체가 행위가 일어나는 현실적 목적이 되어버린다. 명예의 징표가 명예로운 행동을 고무시키는 것처럼 말이다. 실제로, 매개물의 가치는 그것이 표상하는 행위의 가치다. 하지만 행위자들은 그 매개물을 그 자체로 가치 있는 것으로 파악한다. 이와 비슷하게, 경건함의 징표는 종교적 헌신을 촉발하고, 지혜의 징표는 배움을 고무한다. 기타 등등. 우리 사회에서도 정확히 마찬가지이다. 우리가 추상적 '가치'가 아니라 구체적 '가치들'에 대해 이야기하게 되는 곳은 정확히 이처럼 노동이 상품화되지 않는 행위의 영역이다. 즉, 가사 노동이나 아이들의 양육은 '가족적 가치들'의 문제가 된다. 교회를 위한 노동은 종교적 가치의 문제가 되고 정치적 활동은 관념적 가치에 의해 고무된다. 기타 등등. 어떤 경우에서건, 어떤 기본적 원리가 적용되고 있는 것 같다.

① 가치는 행위자들이 좀더 큰 전체의 일부(혹은 맑스가 표현하기 좋아했던 것처럼 '구체적 총체성'concrete totality)으로서 그들 자신에게 자신의 행위의 중요성을 재현하는 방식이다.

② 이런 중요성은 항상 비교학적인 관점에서 드러난다. 몇몇 형태의 가치는 독특한 성격을 가지고 있기에 서로 동등하다고 긴주된다. 하지만 보통, 가치의 중요성을 비교하고 측정하는 체계가 존재한다.

③ 가치는 항상 어떤 종류의 물질적 징표를 통해 현실화된다. 그리고 일반적으로 이런 현실화는 그 물질적 징표가 애초에 만들어진 장소와 다른 곳에서 이루어진다. 비-자본주의 사회에서, 대부분의 경우 이는 가정의 영역(인간이 창조하는 일차적인 작업의 대부분이 일어나는 곳)과 공적이고 정치적인 영역(그 결과물이 현실화되는 곳. 통상적으로 이런 현실화는 엄청난 일을 수행함으로써 가치의 징표가 현실화되도록 해주는 여성과 어린 자녀를 배제하는 방식으로 이루어진다)의 구분을 포함한다.

중앙 브라질의 카야포인은 중앙에 공적인 공간을 두고, 그 중앙을 개별 가구로 빙 둘러싸는 방식으로 공동체의 공간을 조직했다. 가정에서 사람들을 생산하고 사회화하는 작업을 통해 만들어지는 가치의 형태들은 특정한 형태의 공적 수행(노래 부르기, 웅변, 통곡)을 통해 현실화된다. 연장자만이 이런 것들을 수행할 수 있으며, 그들이 '연장자'일 수 있는 유일한 이유는, 그들이 실생활에서 일어나는 가정 내 과정, 아이들을 사회화하고 창조하는 가정 내 과정의 정점에 있기 때문이다.

이런 사실은 가치의 실현 과정이 거의 항상 어떤 형태의 공적인 인정을 포함한다는 점을 강조한다. 하지만 이를 보고 단순히 사람들이 '위세'(prestige)를 둘러싸고 싸우는 것이라 말할 수는 없다. 그 대신, 특정한 형태의 가치를 기꺼이 인정하는 사람들의 범위가, 곧 행위자들이 '사회'라고 여기는 것의 크기를 설정한다고 할 수 있다. 그들이 유의미하다고 생각하고 실제 구성하고 있는 사회 말이다(Graeber 2001).

여기서 이 점을 특별히 강조하고 싶다. 가치가 사람을 생산하는 일에 관한 것일 때, 가치는 변화의 과정들에 항상 전적으로 연루되어 있다. 가족은 만들어지고, 성장하고, 해체된다. 사람은 태어나고, 성숙하고, 자식을 낳고, 늙으며, 죽는다. 그들은 새로운 역할을 향해 끊임없이 사회화되고, 훈련받고, 교육받고, 조언을 듣는다(이런 과정은 어린 시절에 한정되지 않고 죽을 때까지 계속된다). 그들은 계속해서 보살펴지고, 주의를 받게 된다. 이것이 인간 삶의 대부분이며, 인간들이 대부분의 시간을 보내며 걱정하는 것이고, 우리의 열정, 집착, 사랑, 흥미의 초점이 되는 것이다. 위대한 소설가와 희곡작가들이 묘사하는 것 또한 이것이며(이를 통해 유명해진다.) 시와 신화가 받아들이려고 애쓰는 것도 이것이다. 하지만 대부분의 경제학 이론이나 정치학 이론은 본질적으로 이를 사라지게 만들어 버린다.

왜 그렇게 되는가? 적어도 부분적으로 이는 다름 아닌 가치 실현의 역학 때문인 것으로 보인다. 가치는 그것이 (대부분) 창출되는 가정 영역보다 좀더 공적인 곳에서(혹은 어쨌든 정치적이고, 그래서 보편적인 공간에서) 실현된다. 보통 그 영역은 마치 어느 정도 초월적이며 저 위에 존재하기에, 세속적인 인간사(여성의 전문 영역)에 의해서는 영향을 받지 않으며, 변치 않는 진리나 영원한 원칙 혹은 절대적 권력, 그러니까 한마디로 말해 이상적인 추상물 같은 것과 관련이 있다고 여겨졌다. 대부분의 인류학적 가치 분석은 결국 이런 것을 추적하게 된다.—그래서 카야포인의 가치 징표는 '미'라는 추상적 가치와, 심오한 상위의 통합과, 완벽한 공연과 공동 의식에 포함되는 완결성을 구현하게 된다(Turner 1987). 사람들은 '명성'을 얻기 위해 쿨라 교환(kula exchange)[4]에 참여한다(Munn 1986). 모로코 리프 산의 베르베르인은 선물과 복수의 복잡한 교환을 통해 명예의 가치와 바라카(baraka)라는 신성한 은총의 가치를 추구한다(Jamous 1981). 기타 등등.—이 모든 것은 평범한 인간의 삶과 그 변화가 보여주는 혼돈에 상징적으로 대립되며, 그 위에 존재하는 원리로 비춰진다. 그런 것들이 신이나 조상 같은 초인적 힘과 동일시되지 않을 때조차, 말 그대로 초월적 원리와 동일시되지 않을 때조차 말이다. 많은 경우 가장 가치 있다고 여기는 물건도 이와 마찬가지이다. 그 물건이 매력을 가지고 사람들을 끌어당기는 것은 그것이 얼어붙은 과정들을 표상하기 때문이다. 이에 대해 예리한 분석을 충분히 수행해보면, 인간 활동의 어떤 장에서 궁극적인 핵심이 되는 대상들은, 사실은 그 자신을 만들어낸 인간 행위의 패턴을 자기 안에 압축해 넣은 상징적 견본들이라는 점을 발견할 수 있다.

---

4) [역주] 파푸아뉴기니(Papua New Guinea)의 밀른베이 주(Milne Bay Province) 지역에서 행해지는 의례적 교환 체계. 말리노프스키(Malinowski)가 이 지역에 있는 트로브리안드 군도의(Trobriand Islands) 쿨라 교환을 연구하여 발표함으로써 널리 알려졌고, 선물 경제를 둘러싼 논의에서 많이 언급된다.

내가 보기에 인간 존재를 끊임없이 창조하고 바꾸는 노동 너머에, 인간 사회에서 가장 알려지지 않은 핵심적 노동의 형태가 있으니, 그것은 초월성의 환상을 만들고 유지하는 노동인 것 같다. 대부분 이 둘 모두는 압도적으로 여성들에 의해 수행된다. 내가 여기서 이야기하는 바를 실제로 보여주는 좋은 방법은 애도 행위를 떠올려보는 것이다. 중요한 인물의 정치적 경력이 죽음으로 끝나는 일은 드물다. 많은 경우 조상들이나 순교자나 제도의 창시자 같은 정치적 인물들은 그들이 살아 있을 때보다 죽고 난 이후에 훨씬 중요해질 수 있다. 이렇게 보면 애도와 여러 가지 기념 행위는 인간-만들기를 수행하는 노동에 필수적인 부분으로 간주될 수 있다. ──죽은 사람은 더 이상 스스로 활동적인 역할을 할 수 없기에, 경력을 만들고 유지하는 많은 일이 타인에 의해 수행된다. 문헌을 아주 대충 살펴봐도, 이런 노동의 부담이 아주 불공평하게 분배되었음을 확인할 수 있다. 특히 누군가를 잃은 것에 대한 분노를 표현하는 가장 극적인 형태들이 그러하다. 머리카락을 자르거나, 스스로 자해를 한다거나, 단식을 한다거나, 칙칙한 빛깔의 옷을 입거나, 머리에 재를 뿌린 채 베옷을 입는 것 등, 슬픔을 구체화하는 데 문화적으로 적절하다고 여겨지는 방법이면 무엇이든 말이다. 사회적 하급자가 상급자를 애도하지, 그 반대는 아니다. 그리고 거의 모든 곳에서, 애도의 부담은 불균등하게 떨어지며, 주로 압도적으로 여성에게 부과된다. 세계의 많은 곳에서, 특정 연령대의 여성은 죽은 남성의 살아 있는 기념물로 존재할 것을 요구받는다. 맛있는 음식은 모두 포기해야 하는 힌두교의 과부든, 일생의 거의 절반을 검은 옷을 입고 지내야 하는 지중해 교외의 가톨릭 신자든 말이다. 이 여성들이 죽는다 해도 이와 같은 관심을 받지는 못한다는 것은 말할 필요도 없다. 적어도 남자들로부터는 말이다.

핵심은 높고 낮음 사이의 상징적 구분이 미리 존재하는 '상징체계'로부터 나오지 않는다는 것이다. 그것들은 계속해서 행위 중에 구성된다. 그리고 이러한 노동은 실질적으로 자신을 하층으로 정의하는 이들에 의해 불균형하게 이루어진다. 애도 역시 그러하다. 블록(Maurice Bloch)과 패리(Jonathan Parry)가 강조했듯이(1982), 애도는 육체적이고, 일시적이고, 고통과 슬픔에 의해 영향받을 수 있고, 쇠퇴하고 부패할 수밖에 없는 모든 것과 진정 영속한다고 생각된 것 사이의 극적인 대비를 만드는 것이다. 애도하는 사람들이, 여러 문화권에 걸쳐 놀라울 정도로 비슷한 방식으로, 너저분한 옷을 입거나 자기 부정을 실천할 때, 애도자들은 그들 자신을 일시적이고 육체적인 영역의 구현물로 만들고 있는 것이다. 사실상 애도자들이 그런 일을 함으로써 상당 부분 구축되는 초월적 영역에 반해서 말이다. 죽은 자는 영혼이나 천상의 존재 혹은 육체가 없는 추상물이 된다. 혹은 어쩌면 무덤이나 아름다운 가보 같은 영원히 존재하는 기념물로, 혹은 그들 기억 속에 남아 있는 건물로 구현될 수도 있다(사실, 보통 두 가지 방식 모두 나타난다). 하지만 순수한 것과 순수하지 못한 것, 높은 것과 낮은 것, 천상과 지상의 극단적인 위계적 구분을 끊임없이 재창조하는 것은, 애도자들의 행위이다. 주로 자신의 신체와 기쁨을 극적으로 부정하고 내버리는 행위 말이다.

인간이 자기-창조의 목표라는 점이 모더니즘의 중심적인 관념이라고들 때때로 이야기한다. 내가 여기서 주장하려는 바는, 확실히 우리는 만들어지는 과정이라고 할 수 있다는 점과 그런 창조의 대부분은 보통 타인에 의해 이루어진다는 사실이다. 나는 또한 대부분의 인간 삶에 존재하는 강한 욕망이나 열정이나 참여나 경험들(가족 드라마, 성적 음모, 교육적 성취, 명예와 공적 인정, 자식과 손자들에 대한 희망, 죽고 난 후 후손에 대한 희망)이 거의 대부분 이러한 인간이 상호 창조되는 과정에서 발생한다고 주장한다. 하지만 가치 창조의 역학은 경제적 가치나 관념적 추상물이 존재하는 좀 더 상위의 영역을 설정함으로써, 이 과정을 감추려 한다. 이것이 위계의 본성에 본질적인 것이며, 사회가 더 위계적일수록 이런 일이 발생할 경향이 더 많다. 마지막으로, 바로 이런 메커니즘 때문에 역사가나 사회과학자가 인간 삶과 동기에 대한 그런 이상한 단순화를 할 수 있었다고 지적해야겠다. 인간과 사회적 관계(인간은 많은 부분, 그들이 타인과 맺는 관계의 내화된 부착물일 뿐이다.)를 창조하고 유지하는 노동은 적어도 암묵적으로는 자연의 영역으로 격하되고 말았다(그것은 인구학이나 '재생산'의 문제가 되어버렸다). 그리고 귀중한 물리적 대상을 만드는 일이 인간 실존의 모든 것이자 궁극적인 것이 되고 말았다.

명제 3. 세계-체계 분석의 위대한 통찰 중 하나는, 서로 잘 모르는 사이의 사람들이 만들어내는 장거리 관계에서 전형적으로 나타나는 아주 단순한 형태의 사회관계가, 어떻게 끊임없이 이 사회들 안으로 파고들어가 사회관계를 단순화시켜버렸는지를(꼭 그렇게 변하지 않아도 됨에도) 설명해주는 것이다.

불행히도, 남은 지면에 이 명제를 방어하기는 커녕 충분히 설명할 수도 없을 것 같다. 그러니 간단히 요약만 하겠다.

맑스는 위에 언급된 구절에서 부가 인간 행위의 중요한 목표가 되는 상업적 관계가 '고대 세계의 틈새'에서, 사회들 간의(*between*) 무역을 수행하던 사람들 사이에서 발생했다고 지적한다. 이것이 세계-체계 분석에서 발달된 통찰이다. 이 분석에서 자본주의는 장거리 무역에서 처음 발생했으며, 점차 공동체의 일상적 삶에 좀더 내밀한 영역까지 확장해 들어갔다고 간주된다. 나는 이 원리가 훨씬 더 일반적인 원리임을 말하고자 한다. 서로 잘 모르는 사람들 사이의 거래에서 필수적으로 등장하여 비슷한 방식으로 받아들여지는, 고도로 도식적이며 단순화 된 행위의 양식 전체를 열거해볼 수 있을 것이다. 첫 번째는 아마 폭력이 될 것이다. 폭력은 행위 양식들 중 진정으로 특이한데, 왜냐하면 폭력은 상대에 대해서 전혀 이해하지 못하고서도 이것이 상대에게 미치는 영향을 상대적으로 명료하게 예측할 수 있는 유일한 방법이기 때문이다. 다른 방법으로 타인에게 영향을 주려면, 적어도 타인이 본인을 누구라고 생각하는지, 무엇을 원하는지, 무엇을 불쾌해 하는지 알거나 알아 낼 필요가 있다. 그런데 이 사람의 머리를 때릴 때는 이 중 어떤 것도 알 필요가 없다. 그렇기에, 폭력은 사회 사이의 관계에서, 심지어 정교한 내적 구조적 폭력을 갖추지 못한 사회 사이에서도 일반적으로 나타난다. 하지만 구조적 폭력의 존재(힘을 통한 체계적 위협으로 뒷받침되는 사회적 위계)는 내적으로는 거의 항상 여러 형태의 무지를 만들어낸다. 더 이상 이런 종류의 해석 작업을 할 필요가 없다. 일반적으로 말해, 꼭대기에 있는 사람은 밑바닥에 있는 사람들이 무슨 생각을 하는지 놀라울 만큼 모른다. 젠더 관계는 이에 대한 가장 흥미로운 예가 될 것이다. 굉장히 다양한 사회들을 가로질러, 놀라울 만큼 일관되게, 남자는 여자의 삶이나 일이나 관점에 대해 거의 아무것도 모르는 경향이 있다. 반면 여자는 남자들의 삶·일·관점에 대해 많은 것을 알고 있다. 사실, 여자들에게 이런 것들이 요구된다고 할 수 있다. 왜냐하면 이런 해석 노동의 대부분이 항상 여성에게 부과되는 듯하기 때문이다. 그리고 이는 왜 이런 해석 노동을 일반적으로 '노동'이라고 전혀 여기지 않는가에 대해서도 설명해준다. 비슷한 것이 카스트나 계급 혹은 다른 여러 형태의 사회적 불평등의 관계에도 적용되는 경향이 있다.

시장 교환은 이에 대한 또 다른 사례이다. '선물 교환'에 대한 풍부한 인류학적 문헌을 슬쩍 살펴보거나, 가족 혹은 친구 사이에서 물건이 움직이는 방식을 생각해보면, 표준적인 상품 거래가 다른 관계와 비교했을 때 얼마나 놀랍게도 단순화된 것인지 쉽게 알 수 있다. 시장 교환에서 한 집단은 다른 집단에 대해 아무것도 알 필요가 없다. 알아야 하는 것은 그들이 원하는 것, 그 하나 뿐이다.―금인지, 생선인지, 옥양목[5]인지 말이다.―그러므로, 초기 그리스나 아랍의 여행자가 설명하듯, '조용한 거래'라는 관념은 인기가 있었다. 이론적으로 서로 전혀 모르고 한 번도 만난 적이 없는 사람과도 상품 교환을 할 수 있다. 물건을 벤치에 놓아둠으로써 말이다. 여기서 핵심은 상업적 관계란 많은 사회에서 외국인과의 관계에서 나타나던 것이라는 점이다. 왜냐하면 이것은 해석 작업이 거의 필요하지 않은 일이기 때문이다. 잘 알고 있는 사람을 다룰 때는, 훨씬 복잡한 형태의 교환이 적용된다. 하지만 여기에서도 마찬가지다. 상업적 관계를 이웃과 상대할 때 받아들이는 것은, 이웃을 실질적으로는 외국인처럼 다룰 수 있게 만들어준다. 맑스의 자본주의 분석은 이 현상을 설명하는 데 핵심적 역할을 한다. 기존에 존재했던 거래의 기억을 지워버리고, 판매자와 구매자, 생산자와 소비자 사이에서 사실상 무지의 장막을 만들어내는 것은 시장의 독특한 효과다. 상품을 구매하는 사람은 누가 그것을 만들었는지, 그것이 어떤 상황에서 만들어졌는지 모른다. 당연히도 이것은 '상품 물신'(commodity fetishism)을 낳게 된다.

명제 4. '생산양식'을 잉여 추출과 인간의 창조 사이의 관계를 의미하는 것으로 재해석

---

5) [면주] Calicoes. 면직물의 일종.

한다면, 산업자본주의를 노예제 생산양식이 내화된(introjected) 형태로 보는 것이 가능하다. 둘은 작업장과 가정 영역 사이에 구조적으로 동일한 관계를 가지고 있다.

'생산양식'이라는 개념이 구원되려면, 이를 계급 사이에서 일종의 물질적 잉여를 추출하는 구조로만 볼 것이 아니라, 인간과 사회적 관계를 만들어 내기 위해 하나의 구조가 다른 구조와 접합하는 방식으로 보아야 한다.

우리는 여기서 자본주의 생산양식에서부터 시작할 것이다. 왜냐하면 자본주의 생산양식으로부터 다른 것들을 추론해내곤 했기 때문이다. 앞서 언급했듯이, 자본주의의 정의는 교환이나 생산에서 시작하는 경향이 있다. 교환에서 시작하는 경우, 사람들은 자본주의의 핵심적 특징이 성장을 향한 무한한 욕구에 있다고 보는 경향이 있다. 대부분 시장 교환 체계는 자신이 원하거나 필요하다고 느끼는 것을 얻기 위해 노력하는 행위자를 포함하고 있다. 자본주의는 이런 시장에서 이윤이 그 자체로 목적이 될 때 발생한다. 그리고 '자본'은 마치 살아 있는 독립체처럼 변하고, 끝없이 확장하려고 하게 된다. 확실히, 자본주의 회사들은 끝없이 확장하지 않으면, 경쟁력을 유지할 수 없다. 생산에서 시작하는 경우, 강조점은 임금노동에 찍힌다. 자본주의는 많은 수의 회사가 타인을 고용하여 그에게 돈을 주는 대가로 명령을 내리는 사람들에 의해 소유되고 운영될 때 발생한다. 이때 고용되는 사람들은 회사에 어떠한 지분도 가지지 못한다. 맑스가 설명하는 산업자본주의에서는, 이 두 가지가 함께 발생하며 연결되어 있다고 간주된다. 나는 세번째 정의를 제시하려 한다. 산업혁명은 또한 가정의 영역과 경제적 영역 사이의, 집과 작업장 사이의 체계적인 구분을 만들어낸 첫번째 경제적 조직을 도입했다. 이것이 애초에 '경제'라는 것을 이야기할 수 있도록 만들어낸 것이었다. 인간을 생산하는 것과 상품을 생산하는 것은 서로 다른 공간에서 완전히 다른 논리로 일어나야만 했다. 이런 분리 역시 맑스의 분석에서 핵심적인 역할을 한다. 우선, 시장에 존재하는 무지의 장막은 정확히 이 둘 사이를 가르는 것이다. 이 모든 것은 그 전에 유럽 대부분 지역에서 존재했던 것과 극적인 대비를 이뤘다. 그 전에 유럽에서는 '생애 주기 근무'(life-cycle service. Hajnal 1965, 1982; Laslett 1972 Wall 1983)의 복잡한 체계가 존재했다. 젊은 사람의 대부분이 그들보다 사회적 상급자의 집에서 도제나 하인으로 여러 해를 보냈던 것이다. 이를 보면, 자본주의와 노예제의 유사성을 쉽게 파악할 수 있다.

여기서 하나의 생산 양식으로서의 노예제에 대한 전통적 맑스주의 해석은, 노예제를 한 사회가 다른 사회가 인간 존재를 생산하는데 투여한 생산 노동을 사실상 훔치도록 하는 것이라고 본다는 점을 설명해야 하겠다(Meillassoux 1975, 1979, 1991; Terray 1975; Lovejoy 2000). 이것이 노예가 항상 다른 곳에서 와야만 하는 이유이다(영국 산업혁명에 의해 만들어진 남부 목화 호황처럼 특이한 경우에만, 노예를 기르는 것이 경제적으로 수지가 맞는다. 비록 그다지 오래 지속되지는 못했지만 말이다). 결국 인간 존재는, 그들 존재의 처음 10년 혹은 15년간은 노동에 별로 쓸모가 없다. 노예를 보유한 사회는 다른 사회가 일을 할 수 있는 젊은 남자와 여자를 만들어내는 데 투여한 돌봄과 양육의 시간을, 그 생산물[일할 수 있는 인간들]을 납치함으로써(그러고는 보통 빨리 죽을 만큼 가혹하게 노동을 시킴으로써) 효과적으로 전용(轉用)한다.

그러니까, 이런 방식으로 노예제 역시 가정의 영역과 작업 영역의 분리를 포함한다고 할 수 있다. 이 경우에는 분리가 지리적인 분리지만 말이다. 아나톨리아(Anatolia)에서 만들어진 인간 노동력이 이탈리아의 플랜테이션 농장에서 실현된다. 가봉에서 만들어진 인간 노동력이 브라질이나 자메이카에서 실현된다. 이런 시각에서, 자본주의는 이런 구조가 받아들여진 또 다른 사례로 여겨질 수 있다. 억지로 갖다대는 것처럼 보일 수 있지만, 사실 구조적 유사성은 꽤나 충격적이다.

대부분의 역사와 장소에서, 노예제도는 전쟁에서 나온 것처럼 보인다. 전쟁의 승자가 포로의 생명을 살려준다면, 이로써 승자는 그 생의 절대적 권한을 획득하게 된다. 이 결과는 종종 "사회적 죽음"으로 묘사된다(예를 들어 Patterson 1982). 새로운 노예는 문자 그대로의 처형을 면제 받으나, 그 전의 공동체에서 누리던 이전의 지위를 모두 박탈당한다. 그는 사회적 관계, 친족, 시민적 관계 등 어떠한 사회적 관계의 권리도 갖지 못한다. 그에게 원하는 것을 마음껏 명령하는 주인에 대한 의존 관계 이외에는 말이다. 이것이 전부인 사례도 존재하지만 알려진 역사적 사례의 압도적 대부분에서는, 이 과정이 시장에 의해 매개된다. 보통 처음에는 어떤 사람이 잡히거나, 납치되거나, 사법적 결정에 의해 노예로 전락하게 된다. 그러고는 외국인에게 팔린다. 혹은 가난하거나 빚을 진 부모가 직접 이들을 팔아넘긴다. 여하튼 돈이 돌고 돈다. 이후에도, 노예는 반복해서 팔 수 있는 시장 상품으로 남게 된다. 한번 구매되면, 노예는 전적으로 고용인의 명령을 따라야 한다. 이런 의미에서, 얀 물리에르 부탕(Yann Moulier-Boutang 1998) 같은 역사가가 최근 지적했듯이, 노예는 맑스가 '추상 노동'이라 불렀던 것을 정확히 보여준다. 누군가가 노예를 살 때 구매하게 되는 것은, 순수한 노동력이다. 그것은 고용자가 노동자를 고용할 때 얻게 되는 것이기도 하다. 당연히, 대부분의 사회들에서 자유민이 임금노동을 노예와 유사한 것으로 보고 가능한 한 이를 피하려고 하는 것도 바로 이런 명령 관계 때문이다.

우리는 노예제와 자본주의가 공유하는 다음과 같은 특징을 관찰할 수 있다.

① 둘 다 **노동력의 사회적 (재)생산이 이루어지는 장소와 노동력이 생산에서 실현되는 장소를 분리해야 한다.** 노예제의 경우, 사거나 훔친 노동자를 한 사회에서 다른 사회로 옮김으로써 이런 분리가 이루어진다. 자본주의에서는, 가정의 영역(사회적 생산이 일어나는 영역)을 작업장으로부터 분리함으로써 이루어진다. 다른 말로 하자면, 한쪽에서는 물리적 거리를 통해 분리가 이루어지고, 다른 쪽에서는 시장의 익명성을 통해 분리가 이루어지는 것이다.

② 이런 이동은 **인간 노동을 돈과 교환함으로써** 이루어진다. 그것이 노동자를 파는 것이든, 고용(본질적으로 보면, 고용이란 스스로 자신을 빌려주는 것을 허락하는 일이다.)하는 것이든 말이다.

③ 그 이동이 낳는 한 효과는 '**사회적 죽음**'이다. 공동체적 연결, 친족관계 등 그 노동자를 형성하는 관계들이 원칙적으로 작업장에서는 아무런 의미가 없다는 측면에서 말이다. 자본주의에서도 적어도 원리적으로는 마찬가지이다. 노동자의 민족적 정체성이나, 사회적 네트워크나, 친족 연결이나 기타 등등은 고용에 아무런 영향을 미치지 못하며, 사무실이나 상점에서 그가 취급되는 방식에 영향을 미치지 못한다. 물론 현실에서는 그렇지 않지만 말이다.

④ 가장 결정적으로, 두 경우 모두에서 금융 거래가 순수한 창조적 잠재력인 '**추상 노동**'을 만들어낸다. 추상노동은 명령의 효과로 만들어진다. 추상 노동은 무엇이든 하는 순수한 창조력이다. 모든 사람은 자기 안에 있는 추상 노동을 통제해야 한다고 간주된다. 하지만 이런 힘을 확장하

기 위해서는, 타인을 자신의 의지의 확장이라 볼 수 있는 지점에 위치시켜 완전히 자신의 명령에 따르도록 해야 한다. 노예, 병역, 그리고 다양한 형태의 부역, 이런 과정이 역사적으로 드러난 중요한 형태들이다. 분명, 이것은 현실화되지 않은 이상형이기도 하다. 고압적인 통제 형태에 대한 투쟁은 언제나 노동자 투쟁에 중요한 영역이었다. 하지만 중세(영주주의라고 불러도 좋다)는 정확히 반대의 원리를 지향했음을 지적할 필요가 있겠다. 신하가 군주에게 지는 의무는 매우 특정한 것이었고 복잡하게 설정되어 있었다.

⑤ 이런 종류의 배치에 끊임없이 따라붙는 이데올로기적 부속물이 **자유의 이데올로기**(*ideology of freedom*)이다. 모제스 핀리가 처음 지적했듯(Finley 1980), 대부분 사회는 어떤 인간도 완전히 자유롭지도, 완전히 의존적이지도 않다는 것을 당연하게 여겼다. 대신 모두는 서로 다른 종류의 권리와 의무를 갖는다. 사실 역사적으로 정치적 자유의 근대적 이상형은, 본질적으로 정반대 지점인 극단적 형태의 동산 노예(chattel slavery)를 보유한 사회에서 출현하는 경향이 있다(페리클레스 통치 하의 아테네나 제퍼슨이 통치하는 버지니아). 예를 들어 중세 법률가들은 모든 권리는 타인에게는 의무이며, 반대도 마찬가지라고 가정했다. 인간이 소유할 수 있는 재산으로서의 근대적 자유의 원리는, 리스본이나 앤트워프 같은 당시 노예무역의 중심이었던 도시에서 주요하게 발달했다. 이런 새로운 자유 관념에 대한 가장 통상적인 반발은, 자신의 자유를 소유할 수 있다면, 그것을 파는 것도 가능하다는 점에서 나타났다(Tuck 1979). 그러므로, **(작업장 바깥에 존재하는)** 개인적 자유에 대한 원칙이나 임금노동이 지배하는 사회에서 자주 접할 수 있는 계약의 자유라는 관념조차, 본질적으로 이와 다른 종류의 체계가 전혀 아니다. 이는 우리가 이것이 변형된 것을

마주하고 있음을 의미한다. 우리는 동일한 요소가 다른 식으로 배치된 것을 다루고 있다. 한 계급의 사람들이 다른 계급의 사람들이 완전히 자유롭지 못하게 되어 있는 탓에 자신들을 완전히 '자유롭다'고 상상할 수 있었던 배치 대신, 우리는 같은 사람이 평일과 근무일에 이런, 두 위치를 오가게 되는 배치를 마주하고 있는 것이다.

따라서, 사실상, 노예제 체제에서는 판매를 통해 딱 한 번 실현된 이동이, 자본주의 하에서는 계속해서 반복되는 것으로 변형된 것이다.

아침 출근을 서인도 제도의 중간 항로와 비교하는 것은 다소 부적절한 일처럼 보일지도 모르겠다. 하지만 구조적으로, 그 둘은 정확히 같은 역할을 하고 있는 것처럼 보인다. 한쪽에서는 폭력적이며 비극적으로 딱한 번 이루어졌던 것이, 다른 쪽에서는 끝없이 이루어지는 지루하고 단조로운 일과 함께 반복된다.

내가 하나의 생산양식이 다른 것의 변형이라고 말할 때, 이것은 논리적 관점에서의 변형을 이야기하고 있는 것임을 강조해야 하겠다. 이는 한쪽이 다른 쪽에서 자라나왔다거나 둘 사이에는 역사적 연결이 있으리라는 것을 꼭 뜻하는 것은 아니다. 예를 들어, 나는 자본주의가 장거리 무역보다 16~17세기 영국의 농업 부문에서 발달해 나왔다(Dobb 1947; Brenner 1976, 1979; Wood 2002)는 역사적 주장을 다루고 있는 게 아니다. 좀더 구체적으로 말하는 편이 낫겠다. 내가 보기에 소위 '브레너 가설' (Brenner hypothesis)은 생산 양식으로서의 산업자본주의를 정의하는 세 가지 요소 중 처음 두 가지를 설명할 수 있는 것 같다. 그 가설은 농업에서의 임노동의 출현이 이윤을 늘리려는 구조적 압력과 함께 발달했음을 보여준다. 하지만 그것은 세 번째 요소를 설명해주지 못한다. 그때 등장하던 교외 프롤레타리아드는, 법적으로나 실질적으로나 고용자의 가정에 거주하던 하인이었다(Kussmaul 1981을 보라). 또한 동일한 시대의 '상업 자본주의'에서, 동산 노예제도와 다른 형태의 강제 노동(중세 후기에 유럽에서 이미 상당 부분 없어진)이 갑작스럽고 화려하게 부활하는 것을 **분명** 목격할 수 있었음을 기억하라. 비록 이들이 법적으로는 식민지에 한정되었지만 말이다. 제임스(C. L. R. James)가 오래전에 주장했듯이, 합리화된 산업 기술들은 노예제 플랜테이션 농장에서 발달했으며, 산업 혁명을 뒷받침한 많은 부는 노예 무역으로부터, 그리고 더 많은 부분은 노예 노동과 동시에 발달한 산업으로부터 나왔다(James 1938, Williams 1944, Blaut 1993: 203~205). 이는 이치에 맞다. 임금노동 관계는 첫번째 시기 동안 '발전하는' 지주들 사이에서 출현했을 것이다. 하지만 그 시대의 부유한 무역가들은 가능한 한 가장 쉬운 형태의 '추상 노동'을 추구했다. 그들은 무엇을 지시하든 뭐든지 하는 노동자를 바랐다. 그들의 첫번째 충동은 노예를 쓰는 것이었다. 완전한 산업자본주의는 이 두 가지가 혼합되었을 때에 비로소 나타났다고 볼 수 있다. 대규모 상인이 임금노동을 결국 모국에서도 도입한 이유는 노예제나 다른 형태의 강제 노동이 생산 형태로서 비효율적이었기 때문이 아니라, 그것이 효율적인 소비 시장을 만들어내지 못했기 때문이라고 추론해 볼 수 있다. 노예에게 많은 것을 팔 수는 없다. 적어도 당시에는, 생산자와 소비자를 전혀 다른 대륙에 유지하는 것이 힘들었다.

이중 어느 것도, 임금 노동과 가정과 작업장이 분리된 것 사이의 정확한 관련성을, 혹은 자본가의 끝없는 성장욕을 설명할 수 없을지도 모른다. 하지만 내가 발달시킨 이론적 관점은 어떤 방향을 제시할 것이다. 이 시기 유럽 회사와 이슬람이나 동아시아의 상업적 기업 사이에 존재했던 중요한 차이는, 유럽 회사가 대부분의 경우 가족 기업이 아니었다는 점이다. 특히, 법인 회사(corporate)의 발전과 함께(자본주의 기업은 태어나고, 결혼하고 죽을 필요가 없는 불사의 인격이라는 생각), 경제적 영역은 인간이 서로를 구성하고 변형시키는 영역에서 실질적으로 완전히 따로 떨어져 나오게 되었다. 그리고 초월적인 어떤 것으로 여겨지게 되었다. 이는 고르지 않은 길이었다(예를 들어 19세기에 동인도회사가 해체된 이후는, 이런 관점에서 예외적인 뭔가로 보인다). 하지만 이는 더 연구해볼 만한 가치가 충분하다. 이는 아마 다음과 같은 것을 제안할 것이다.

명제 5. 자본주의의 끝없는 성장과 이윤에 대한 요구는 법인 형태의 초월적 추상성과 연계되어 있을 것이다. 어떤 사회에서든, 지배적 형태는 가치 형태가 그러한 것처럼 실재에서 초월해 있다고 여겼다. 이런 초월적 형태가 '물질적' 실재를 마주할 때, 그 요구는 절대적인 것이 된다.

하지만 이것은 앞으로의 연구를 위해 가능한 방향 정도로 남겨야만 할 것이다.

4장_ 사회적 창조성으로서의 물신주의

물신들은 구성 과정 중에 있는 신들이다

나는 이 글을 통해 사회적 창조성 이론에 기여를 하고 싶다. 나는 사회적 창조성이라는 말을, 새로운 사회적 형식 및 제도적 배치의 창조라는 의미로 사용하고자 한다. 지금까지 인류학이 크게 기여한 바가 없지만, 최근의 사회 이론은 이런 의미의 창조성에 대해 논의해왔다. 여기에서 나는, 아프리카의 '물신주의'에 관한 문헌을 살펴봄으로써, 인류학을 전통적으로 인류학의 텃밭으로 간주되던 영역으로 이끌어가고자 한다.

이제는 누구나 이런 의미의 창조성이 언제나 사회 이론의 커다란 쟁점이었다고 주장할 수 있겠지만, 내가 보기에 최근의 관심은 두 가지 충동, 또는 좀더 정확하게 말해서, 일정 기간 사회 이론을 사로잡아왔던 두 가지의 지속적인 딜레마로부터 벗어나고자 하는 욕망이 작용하고 있는 것 같다. 그중 하나는, 프랑스 사회학자이자 모스(MAUSS) 그룹의 발기인인 알랭 카이예(Alain Caillé 2001)에 의해 가장 명료하게 표명된 것으로, 그가 '전체론적'(holistic) 모델과 '개체론적'(individualistic) 모델이라고 부른 것 사이에서 부단히 진동하고 있는 이론적 경향이다. 만약 누군가인간을 보다 커다란 구조(그것을 '사회'라 부르든 '문화'라 부르든)의 단순한 요소에 불과한 것으로, 그리하여 끊임없이 그 구조를 실연하고(act out)

재생산해야 할 운명을 지닌 존재로 생각하기를 원치 않는다면, 그러나 또한 경제주의적인 '합리적 선택'이라는 대안(이 입장은 개인적 만족을 추구하는 개인의 집단으로부터 시작하며, 보다 큰 제도들을 단순히 개인적 선택의 부산물로 간주한다.)에 의존하고 싶지 않다면, 사회적 창조성이 그 대안을 구성하는 핵심 요소일 것이다. 인간은 언제나 새로운 사회·문화적 형태들을 창조하기 시작하지만, 단지 자신의 개인적 목적을 달성하기 위해서만 그렇게 하는 일은 거의 없다. 사실, 종종 인간의 개인적 목적은 그가 창조하는 바로 그 제도를 통해 형성되기 시작하기도 한다. 카이예는 현재 지배적인 공리주의적 '합리적 선택' 모델에 대한 대안을 개발하는 가장 좋은 방법은, 시장 관계로부터가 아니라 모스의 유명한 선물에 대한 설명(이것은 모두 새로운 사회관계의 창조에 대한 것이다.)으로부터 시작하는 것이라고 제안한다. 그가 이러한 방향을 취한 유일한 사례는 아니다. 한스 요하스(Hans Joas 1993, 1996, 2000)는 아주 유사한 무언가를 계속 시도해 왔는데, 그는 모스가 아니라 미국 실용주의 전통으로부터 출발하고 있다. 나 자신도 『가치이론에 대한 인류학적 접근』이라는 책을 통해 이 대열에 합류했었다. 그 책에서 나는, 부분적으로 나의 옛 스승인 테리 터너와 낸시 먼의 아이디어들로부터 영감을 얻어, 개인과 사회적 관계의 형성을 포함시키기 위하여 생산에 대한 맑스적 관념을 확장하고자 시도했었다.

다른 또 하나의 동기는 보다 정치적이며, 혁명의 개념과 관련이 있다. 여기에서 사용되는 문제들은 주로 맑스주의 내부로부터 유래한 것이다. 맑스는 다른 어떤 고전적인 사회 이론가보다도 창조성과 상상력을 인간의 본질로 간주했다. 그러나 한스 요하스가 말했던 것처럼, 맑스는 구체적인 사례들을 다룰 때 마치 모든 창조적 행동의 형태가 실제로 둘로 요약되는 것처럼 쓰는 경향이 있었다. 물질적 대상의 생산과 사회 혁명.

요.하스에게 이것은 맑스의 접근법을 너무 제한적인 것으로 만드는 것이었고, 그래서 완전히 버리는 것을 선호한다. 그러나 나는 맑스의 가장 심오한 통찰력으로 여기는 것을 보존하고 그것을 다른 창조성의 형태에 적용하는 것을 선호한다. 그러나 여기에서 문제가 되는 것은 창조적 행동의 두 형태 사이의 관계다. 왜냐하면, 둘 사이에는 어떤 흥미로운 불일치가 있기 때문이다. 맑스는 인간의 창조력과 비판력 모두가 궁극적으로 동일한 원천에 근거를 두고 있다고 여긴다. 우리는 아마도 그것을 반성적 상상력이라고 부를 수 있을 것이다. 그리하여 그의 유명한 건축가의 사례가 나온다. 건축가는 꿀벌과는 달리 현실 속에서 건물이 세워지기 이전에 자신의 상상력 속에서 그 건물을 세운다. 만일 우리가 아직은 실존하지 않는 대안들을 상상할 수 있다면, 우리는 실존하는 세계를 불충분한 것으로 간주할 수 있다. 그러나 여기에 애매함이 있다. 우리가 혁명을 일으킬 수 있는 능력이 이러한 비판적 능력에서 출현하는 것이기는 하지만, 혁명가는 (맑스에 따르면) 결코 건축가와 동일한 방식으로 일을 진행해 나가서는 안 된다. 어떤 미래 사회를 위한 청사진을 제안하고 그것을 현실화시키려고 시도하는 것, 또는 그 미래 사회의 세부적인 사항들을 상상하고자 애쓰는 것은, 혁명가의 과업이 아니다. 그것은 유토피아주의며, 맑스에게는 일종의 어리석은 부르주아적 오류이다. 따라서 두 형태의 창조력(건물이나 다른 물질적 대상의 창조, 그리고 새로운 사회적 제도의 창조)은 결코 동일한 방식으로 작동하는 것이 아니다.

나는 예전에 이러한 역설에 대해 쓴 적이 있다.[1] 내가 여기에서 강조

---

1) '페티시의 문제 IIIb'라고 부제가 달린 『가치이론에 대한 인류학적 접근』 마지막 장. 지금부터 나오는 내용은 많은 부분 그 장의 내용으로 썼다가 분량 문제로 잘라내게 된 것들이다. 나는

하고자 하는 것은, 그것이 어떻게 혁명이론의 근본적인 문제를 해결하는 데 기여해왔는가 하는 것이다(창조력과 집단 또는 개인의 상상력은 근본적인 사회 변화에서 정확히 어떤 역할을 수행하는가). 완전히 터무니없는 공식들(역사의 냉혹한 논리 때문에 혁명은 발생할 것이다. 인간의 행위는 혁명과 아무 관계가 없다. 이후에 역사가 어떻게 끝이 나든 우리는 인간의 행위가 전혀 구속받지 않는 자유의 세계에 들어설 것이다.)을 채택하기를 원치 않는다면, 이것은 핵심적인 질문이 되어야 한다. 그러나 그 대답은 결코 분명한 것이 아니다. 이 문제에 대해 가장 명료하게 파악했던 혁명 이론가는 카스토리아디스(Cornelius Castoriadis)이며, 그가 이끈 '사회주의인가 야만인가'(Socialisme ou Barbarie) 그룹은 아마도 68년 5월의 학생 봉기자들에게 가장 중요한 이론적인 영향을 미쳤던 집단일 것이다. 그는 대륙 맑스주의의 지배적인 흐름이 된 자율주의적 전통의 유력한 설립자였다.[2] 카스토리아디스는 맑스의 출발점, 즉 창조적 상상력과 혁명을 일으킬 수 있는 우리 능력의 결정적인 중요성에 대한 믿음을 너무나 진지하게 취한 나머지, 맑스주의의 다른 나머지 교의들을 포기하기에 이르렀다. 그에게는 새로운 것의 출현이 커다란 질문이 되었다.[3] 어쨌든, 인류 역사의 정말

이를 '페티시의 문제 IIIc'라고 부르고 싶은 충동에 빠졌었다. 하지만 이런 농담은 내가 보기에도 너무 모호해 보인다.

2) 특히 이탈리아에서 그러하다. 영어를 사용하는 대부분 독자에게 가장 친숙한 대표적 인물은 토니 네그리(Tony Negri)다. 하지만 『제국』에서 제시된 대부분의 아이디어는 긴 전통의 산물이며, 이 전통은 여러 다른 작가나 활동가들을 포함한다.

3) 카스토리아디스에게, 역사란 더 이상 발전이나 생산력의 작동이나 계급적 힘의 작용의 문제가 아니었다. 대신 역사는 "무(無)에서의 창조인 상상의" 작업이며, "이런 변화는 새로운 형태의 행위와 새로운 사회적 규칙의 제도와 새로운 대상 혹은 새로운 형태의 창조를 받아들이는 것"이다. 이것은 "그 전의 상태로는 환원될 수 없는 생산이나 창발"이다(카스토리아디스 1987: 3, 44).

로 빛나는 순간들의 대부분은 전례 없는 무엇인가(아테네의 민주주의든, 르네상스의 회화든)의 창조를 함축하며, 이것이 정확히 우리가 습관적으로 '혁명적'이라고 간주하는 바로 그것이다. 결국 역사는 상상력의 사회적 구속과 제도화에 대항하는 상상력의 부단한 압력의 문제였다. 그의 주장에 따르면, 소외가 발생하는 것은 후자의 과정[상상력의 사회적 구속과 제도화]에서이다. 맑스는 우리가 우리 자신의 물질적 세계를 창조하지만 우리가 그렇게 하는 과정에 대해서 알지 못하고 결국 통제하지 못한다는 사실에서 우리의 딜레마를 보았다. 그러나 카스토리아디스에게 문제는 "모든 사회들이 그들 자신에 의해 제도화"되었지만, 그들 자신의 창조성에 대해 모르고 있다는 것이었다. 그에게 진정으로 "민주적인 사회는 스스로 제도화되어 있지만 명시적인 방식으로 그렇게 되어 있는 사회이다" (Ciaramelli 1998: 134). 결국 카스토리아디스는 심지어 '사회주의'라는 용어도 폐기한 후 '자율'이라는 단어로 대체하고, 자율적 제도들을 그 구성원들 자신이 의식적으로 규칙들을 창조하고 기꺼이 그것들을 끊임없이 재검토하는 것으로 정의한다.[4]

이것은 급진적 사고 내부에 있는 독특한 긴장의 지점으로 보인다. 비판적 실재론을 구상한 로이 바스카(Roy Bhaskar)가 이것을 서구의 철학적 전통과 완전히 결별해야만 했던 지점으로 여겼던 것은 아마도 우연의 일치가 아닐 것이다. 사회적 문제들에 대한 변증법적 접근의 필요성을 논한 후에, 그는 다음과 같이 묻는다. 언제 대립적 요소들이 부분의 합 이상

---

4) 자율주의 학파와의 연계는 구성권력에 대한 토니 네그리의 초기 저작(Negri 1999)에서 볼 수 있다. 본질적으로, 그는 정확히 동일한 문제들을 해결하려고 노력했다. 혁명의 순간들에서 솟아나는 창조성의 대중적 힘은 무엇이며, 어떻게 이를 제도화할 수 있는가?

인 보다 높은 통합의 수준에 포섭되는가? 언제 다루기 힘든 문제들이 사물들을 완전하고 새로운 수준으로 이끄는 빛나는 종합에 의해 해결되는가? 그 새로움은 어디에서 비롯되는가? 만약 전체가 부분의 합 이상이라면 그 '이상', 그 초월적 요소의 원천은 무엇인가? 그는 인도와 중국의 철학적 전통에 눈을 돌리면서, 현존하는 맑스주의가 실망스러운 결과를 낳은 주요한 이유는, '정신적' 질문과 유사한 것은 무엇이든 적대시함으로써, 그러한 논점들을 취하려 하지 않은 데 있다고 주장한다.

현재의 목적을 위해 중요한 것은, 모든 저자들이 다양한 방식으로 동일한 문제를 다루고 있다는 점을 강조하는 것이다. 우리가 인간을 단순히 보다 큰 구조 또는 체계의 부산물이나 혹은 불가사의한 행복을 추구하는 원자들이 아니라, 그들 자신의 의미 있는 세계를 창조할 능력을 지니고 있는 존재로 보기를 원한다면, 새로운 제도 또는 사회적 관계를 창조하는 능력은 잘 살펴보아야 할 주제일 것이다. 급진적 사상가들은, 혁명가들에게 흥미로운 것은 정확히 새로운 사회적 제도와 사회관계의 새로운 형태의 창조이기 때문에, 동일한 논점을 보다 실용주의적 관점에서 다루고 있다. 사실, 사람들이 새로운 제도와 새로운 관계를 언제나 창조하고 있는 것은 명백하다. 그러나 어떻게 그렇게 하는지 이론화하기란 정말이지 어려운 문제이다.

여기에서 인류학이 도움이 될 수 있을까? 그럴 수 있을지는 분명하지 않다. 인류학자는 최근의 이러한 거대한 이론적 쟁점을 붙들고 씨름해오지도 않았고, 혁명에 대해 할 말이 많았던 적도 없다. 물론 혹자는 아마도 이렇게 하는 것이 최선이며, 인간의 창조성은 누군가의 이론적 모델에 종속될 수 없고, 종속되어서도 안된다고 주장할 수 있을 것이다. 그러나 하나의 사례가 만들어질 수도 있다. 이것들이 질문할 만한 가치가 있는 문제들이라면 인류학은 그와 같은 문제에 답변할 수 있는 위치에 있는 유일한 학문 분과이다. 왜냐하면 현실적이고 역사적인 사회적 창조성의 압도적인 다수가, 좋든 나쁘든, 우리 학문 영역[인류학]에 속하는 것이기 때문이다. 인류학 초기의 고전적 쟁점 대부분(포틀래치, 유령 춤, 마법, 토템 의식 등과 같은)은 정확히 새로운 사회적 관계와 새로운 사회적 형태에 관한 것이다.

알랭 카이예는 분명 이러한 평가에 동의할 것이다. 그리고 그것이 그가 선물에 대한 마르셀 모스의 에세이를 자신의 출발점으로 삼았던 이유였다. 모스 자신은 선물에 대한 자신의 글을 보다 광범위한 연구, 즉 계약의 관념과 계약적인 의무의 관념의 기원에 대한 연구의 일부로 여겼다(따라서 그를 정말로 매혹시켰던 문제는 왜 선물을 받은 사람이 갚는 것을 의무로 느끼는가 하는 것이었다). 이것은 매우 생산적인 접근법인 것으로 드러났다. 그러나 이 글에서 나는, 바라건대 그에 못지않게 생산적일, 다소 다른 일련의 질문들을 가져다줄 또 다른 접근법을 제안하고자 한다. 그것은 물신주의의 문제로 시작하는 것이다.

왜 물신주의인가?

물론 '물신주의'(fetishism)는 논쟁의 여지가 많은 용어이다. 그것은 원래 기이하고 원시적이고 다소 난잡한 관습들로 여겨지는 것들을 묘사하기 위해 만들어졌다. 따라서 현대 인류학의 설립자 대부분 —— 그들 중 마르셀 모스가 단연 두드러진다. —— 은 그 용어를 완전히 버리는 것이 좋을 것이라고 느꼈다. 만일 그 개념이 아주 중요한 방식으로 사용되지 않았다면(어떤 서구적인 관습을 설명하기 위한 다소 아이러니한 개념인데, 칼 맑스와 지그문트 프로이트 둘 모두가 사용했다.), 실제로 그렇게 되었을 것이다. 최근 그 단어는 일종의 부흥을 겪고 있는데, 그것은 주로 윌리엄 피에츠(William Pietz)라는 학자의 저작 때문이다. 그는 '물신의 문제'라는 일련의 글(1985, 1987, 1988) 속에서, 16세기에서 18세기에 걸쳐 서부 아프리카 해안의 사이-문화적 독립 공간(intercultural enclaves) 속에서 그 용어가 출현한 역사를 추적하고 있다. 피에츠는 독립적인 학자였지만 공식 학계에 지대한 영향을 끼쳤다는 점에서 매우 특이한 인물이다. 그의 글은 1990년대 동안 일련의 연구에 영감을 주었다. 그중에는 미국에서 호평을 받은 두터운 학제 간 연구서(Apter and Pietz 1993), 네덜란드에서의 두 개의 편저(Etnofoor 1990, Spyer 1998) 등이 포함되어 있다. 이 모든 글들의 가장 중요한 주제는 물질성이다. 물질적 사물들은 종종 다소 전치되고, 과도하며, 부적절해 보이기도 하는 욕망 또는 가치의 대상이 됨으로써 어떻게 변형되는가? 내 자신의 관심은 이와는 다소 다른 것이다. 내게 특별히 흥미로운 것은, '물신'이라는 관념은 아프리카나 유럽 전통의 산물이 아니라 둘 사이의 충돌의 산물이라는 피에츠의 주장이다. 그것은 매우 다른 방식으로 세계를 이해하던 사람들의 산물이며, 서로 관계를 맺고자 애쓰는 사람들이 그로부터 희망을 품을 수 있는 그 무엇이다. 피에츠에 따르면 물신은 끊임없는 즉흥성, 즉 거의 순수한 사회적 창조성에 가까운 영역 속에서 태어났다.

글의 다음 부분에서, 나는 먼저 물신의 기원에 대한 피에츠의 이야기를 검토하고, 그의 설명을(거의 배타적으로 서구 자료로부터만 나왔다.) 몇 가지를 통해 보충하려 한다. 그의 이야기 속의 아프리카인이 생각했을 법한 것들에 대해 통찰력을 줄 수 있는 어떤 것들을 통해서 말이다. 그리고 우리의 원래 주제로 되돌아와서 이 모든 것들이 보다 익숙한 맑스적인 의미에서의 '불신주의'와 어떻게 관련을 맺고 있는지를 살펴볼 것이다. 길고 복잡한 논증을 요약하자면, 기본적으로 내가 제시할 설명은 다음과 같다:

우리는 물신주의를 환상으로 여기는 데 익숙하다. 우리는 사물을 창조한다. 그리고 어떻게 우리가 이를 창조했는지 이해하지 못하고 있기 때문에, 결국 우리 자신의 창조물이 마치 우리에 대해 지배력을 갖고 있는 것처럼 취급하게 된다. 우리는 우리 스스로가 만들어낸 것 앞에 무릎 꿇고 그것을 경배한다. 그러나 이 논리에 따르면, 아프리카를 찾은 유럽인이 처음 '물신'이라고 불렀던 대상들은, 최소한 아프리카인의 관점에서 보면, 거의 물신이라 할 수 없었다. 사실 그것들은 분명히 인간에 의해 창조된 것으로 간주되었다. 사람들은 새로운 사회적 책임감을 만들어내는 수단으로, 계약과 협정을 맺거나 새로운 연합관계를 형성하기 위한 수단으로, 어떤 물신을 '만들어낸다'. 유럽인이 이 점을 보지 못하는 것은, 유럽인이 가치와 물질성이라는 주제에 대해 강박관념을 가지고 있고, 그 자체로 가치 있는 것으로서의 사회적 관계에 대해 관심을 전혀 갖고 있지 않기 때문이다. 그렇다고 아프리카인이 전혀 물신에 사로잡히지 않았다고 말하고자 하는 것은 아니다. 그러나 바로 이 점이 가장 흥미로운 대목이다.

물신주의에 대한 피에츠의 이야기

피에츠의 복잡하고 다층적인 주장을 단순화시킨다면, 다음과 같다. 물신이라는 관념은 유럽의 전통 개념이 아니다. 중세 유럽인은 외부 종교를 매우 다양한 주서(朱書, 예배 규정rubrics)를 통해 해석하는 경향이 있었다.

가령, 우상숭배, 배교, 무신론. 그러나 그런 경향은 15세기부터 서부 아프리카에서 활동을 하던 초기 이탈리아, 포르투갈, 네덜란드 상인, 선원, 해양 모험가의 마음속에서, 주로 상대주의의 위협과의 대면으로부터 비롯된 것처럼 보인다. 이 외국인 상인은, 세계와 사회의 본성(주로 경제적 가치의 상대성에 대하여, 그리고 또한 통치의 논리, 성적 매력의 동역학 등과 같은 기타 다른 것들에 대하여)에 대해 자신들이 본래 가정하고 있던 내용을 거의 의심할 수 없는 환경 속에서 활동하고 있었다. 아프리카인을 '물신주의자'로 묘사함으로써, 무엇보다 그들은 자신이 경험한 것 중 가장 충격적인 몇몇 의미와 함의를 회피하고 있는 것이다.

아프리카 서부 해안을 따라 강어귀나 섬들에 '성'을 세웠던 최초의 포르투갈 상인을 그곳으로 이끈 것은, 그곳이 세계 대부분의 금의 기원이라는 믿음이었다. 16세기와 17세기에 그 지역으로부터 추출되는 주요 산물은 금이었다(노예로 관심이 이동한 것은 다소 이후의 일이었다). 이들은 매우 실용적인 사람들이었다. 그들은 아주 다양한 낯선 언어, 종교, 사회조직의 형태로 가득 찬 복잡한 세계에 들어서게 되었지만, 그들은 현상을 그 자체로 이해하는 것에는 전혀 관심이 없었다. 그들은 단지 금을 따라 왔을 뿐이다. 피에츠에 따르면, 많은 문화들 사이를 이동한 경험 그 자체가 일종의 천박한 물질주의를 고무시켰다. 피에츠는 자신의 글에서 다음과 같이 말하고 있다. 초기의 상인 탐험가들은 자신이 지각했던 것들을 오로지 세 가지의 의미 있는 범주로 묘사하는 경향이 있었다.―도구, 잠재적 위험, 잠재적 상품(1985: 8)―당연하게도 그들은 또한 모든 것의 가치를 유럽의 시장에서 그들이 받을 수 있는 가격에 근거해 평가하는 경향이 있었다.

문제는 그들이 무역을 하기 위해 끊임없이 만나는 아프리카인이 매우 다른(완전히 다른 것은 아니었지만) 가치 척도를 갖고 있다는 사실에 직면했다는 점이다. 카다모스토(Cadamosto)라는 초기 베네치아 상인은 다음과 같이 쓰고 있다. "내 의견으로는 그들은 금을 우리보다 훨씬 더 높게 평가하고 있다. 평가하고 있다. 매우 귀중한 것으로 여기고 있기 때문이다. 그럼에도 거래 가격은 매우 싸서, 우리들 눈에는 거의 가치가 없어 보이는 물품들과 교환한다." 이것은 어느 정도까지는 구슬들과 값싼 장신구들에 대한 친숙한 수사로 연결되었다. 상인은 언제나 어떻게 아프리카인이 금과 다른 귀중한 상품들을 대가로 해서 모든 종류의 잡동사니('사소한 것들', '쓰레기', '장난감')를 기꺼이 받아들이는지에 대해 탐구했다. 그러나 아프리카인이 단지 아무것이나 기꺼이 받아들이는 것은 분명 아니어서, 어떤 특정 집단이 어떤 종류의 잡동사니에 매력을 느낄지를 미리알 수는 없었다. 이 시기의 '여행자 장부'를 자세히 살펴보면, 당시의 상인이 어떤 특정한 싸구려 구슬들과 어떤 색과 형태의 값싼 장신구들이 특정한 기항지에서 받아들여질지를 알아내기 위해서 얼마나 많은 시간과 에너지를 써야 했는지를 알아차리게 될 것이다.

이런 상황으로 인해 사람들은 쉽게 가치의 자의성에 대해 숙고할 수 있다. 결국, 초기 상인 모험가들이 단지 금을 추구했을 뿐만 아니라 자신들의 삶에 상당한 위험을 감수하며 그 일을 했다는 사실을 명심하는 것이 중요하다. 해안의 '성들'은 말라리아가 발생하기 쉬운 곳이었다. 그중 한 곳에서 1년을 보낸 유럽인이 생존해서 다시 돌아갈 확률은 약 55%였다. 그런 환경 속에서 다음과 같이 자문하게 되는 것은 당연한 일일 것이다. 왜 우리 중 대다수는 단지 예쁘게 보인다는 것 말고는 하등 쓸모가 없는 저 부드럽고 노란 금속을 위해 기꺼이 목숨을 걸고 있는 것일까? 어떤 점에서 이것은 구슬이나 장식물을 향한 욕망과 다른 것일까?[5] 당대의 사람들이 그런 생각들을 할 수 없었던 것 같지는 않다. 그러한 금에 대한 욕망은, 특히 정복자(conquistadors ; 콘키스타도르) 시대[멕시코, 페루 등 남아메리카 정복의 시대]에 인기 있는 풍자가에게 흔한 주제가 되었다. 그러나 서부 아프리카 상인은 그러한 결론의 목전까지 갔다가 뒷걸음질치게 된 것 같다. 그들은 모든 가치 체계의 바탕에 있는 자의성을 인정하지 않고, 자의적인 것은 아프리카인이라고 결론지었다. 아프리카 사회들은 몹시 무질서하고, 철학은 몹시 비체계적이며, 취향은 몹시 변덕스러웠다.

> [기니에서] 가장 숫자가 많은 분파는 이교도인데, 그들은 전혀 종교 때문에 고민하지 않으면서, 각자가 존경이나 숭배를 표하는 사소한 물건들을 갖고 있다. 그들은 이 물건들이 자신들을 모든 위험들로부터 보호해줄 것이라고 믿는다. 누군가는 사자의 꼬리를, 누군가는 새의 깃털을, 누군가는 조약돌을, 누군가는 넝마조각을, 누군가는 개의 다리를 갖고 있다. 한마디로 그들은 무엇에든 마음이 끌리며, 그들은 그것을 자신들의 물신이라고 부른다. 물신이라는 단어는 단지 숭배하는 물건만을 지칭하는 것이 아니라, 때로는 주문, 부적, 마법 등을 의미한다(William Smith 1744 ; Pietz 1987에서 재인용 : 41).

---

5) 사실, 금이 구슬보다 더 나은 교환 수단이라고 할 만할 특별한 이유는 없다. 물론 경제학자들은 세계의 금의 공급은 원래 한정되어 있지만, 유리 구슬은 끝없이 만들어질 수 있다고 지적할 것이다. 하지만, 그 당시의 유럽 상인으로서는 얼마나 많은 지구의 지층이 금으로 이루어져 있는지 알 길이 없었을 것이다. 유럽 상인은 금이 먼 곳으로부터 많은 노력을 들여야만 얻을 수 있기에 귀중하다고 봤다. 마치 아프리카 사람들이 구슬을 소중하다고 여기는 것처럼 말이다.

따라서 아프리카인은 분명 어린 아이와 같았다. 그들은 기이하거나 괴이하거나 색깔이 화려하기 때문에 주워 든 작은 물건들에 애착을 느끼고, 마치 인격을 지닌 것처럼 취급하고, 숭배하며, 이름을 붙인다. 시장에서 임의의 대상에 가치를 부여하는 그들의 태도가 임의의 대상을 신들로 여기게 만들었다.

물신의 기원에 대한 가장 흔한 설명은 다음과 같은 식으로 시작된다. 한 아프리카인이 어떤 계획을 실행하기로, 가령 장사를 위해 길을 떠나기로 마음을 먹는다. 그는 아침에 길을 나서서 어떤 식으로든 특별하거나 비범해 보이는 첫번째 사물을 그의 계획을 실행할 수 있도록 해줄 부적으로 삼는다. 피에츠는 그것을 "순간적인 욕망 또는 목적과 욕망하는 사람의 주의를 끌게 된 임의의 대상과의 우연한 결합"이라고 부른다. 르메르(Le Maire)는 그것을 보다 간단히 표현한다. 그들은 "아침에 마주치는 첫번째 것을 숭배한다." 보스만(Bosman)은 자신의 정보 제공자 중 한 명에 대해 다음과 같이 쓰고 있다.

그는 내가 다음과 같은 답을 내리게 도와주었다. 그들이 섬기는 신들의 숫자는 셀 수가 없다. (그에 따르면) 왜냐하면 우리 중 누구라도 중요한 무언가를 하게 되면, 가장 먼저 우리가 구상한 맡은 바가 잘 될 수 있도록 기원할 신을 찾게 된다. 그리고 이런 구상을 가지고 문을 나서서 우리 눈에 가장 먼저 들어오는 생물을, (고양이건 개건) 세상에서 가장 하찮은 동물을 우리의 신으로 삼는다. 혹은 이 대신 우리가 가는 길에 마주치는 사물을 (돌이건, 나무 조각이건, 같은 자연의 어떤 것이건) 신으로 삼을지도 모른다(Pietz 1987: 43에서 재인용).

궁극적으로 유럽인이 [아프리카인의 행동을] 이처럼 극단적으로 희화화하게 된 원인은 서부 아프리카인의 '다름'(Otherness) 때문이 아니었다. 그보다는 [아프리카인의 관습과 유럽인의 관습이] 유사하다는 위협감이 이를 이끌었다고 볼 수 있다. 이런 유사성의 위협은 가장 극단적인 거부를 불러왔다. 감성(미학), 특히 성적 매력의 감성(미학)에 대해서도 마찬가지다. 유럽의 자료들에는 해안 마을에서 만난 여인의 이상한 관습에 대한 기록이 있는데, 그 여인은 다양한 종류의 색깔 있는 진흙으로 얼굴에 화장을 함으로써 '스스로를 물신화하고', 머리에 유리구슬 장식과 함께 개구리나 새의 문양을 정교하게 새겨 넣은 '물신 금'(fetish gold)을 달고 있었다. 이 묘사는 도덕적으로 비난의 뜻을 함축하고 있지는 않지만, 일종의 비웃는 어조를 띠고 있다. 그것은 그 지역에서 아름다움으로 통용되는 것, 아프리카인이 유혹적이거나 매력적이라고 느끼는 것에 대한 경멸이었다. 그러나 그들의 이의 제기는 명백히 지나친 것이었다. 만일 유럽 체류자들이 얼굴에 흙을 묻히고 머리에 개구리를 달고 있는 여성들의 매력에 전혀 매혹당하지 않았다면, 아이들 수백 명의 아버지가 되는 일은 일어나지 않았을 것이다. 정말이지, 만약 문제의 그 여성들이 정숙한 유럽의 숙녀들처럼 행동하고 입술에 립스틱을 바르고 금 귀걸이를 하고 있었다면 그런 아이들의 숫자가 훨씬 더 늘었을 것이라고 가정할 만한 이유는 별로 없다.

동일한 사태가 유럽인이 아프리카인의 정부(통치) 양식에 대해 이야기할 때도 일어난다. 먼저, 관찰자들은 아프리카의 사회생활의 기초가 본질적으로 무질서하며, 체계적인 공적 질서가 완전히 결여되어 있다는 주장을 하곤 했다. 그러나 결국 그들은 사실상 법이 완전히 체계적으로 준수되고 있음을 인정하는 것으로 끝을 맺곤 했다. 일부 관찰자에 따르면,

그것은 거의 기적이었다. 이런 태도는 19세기에 황금해안의 총독이었던 영국의 행정가 브로디 크뤽섕크(Brodie Cruickshank)에 의해 잘 드러나고 있다.

> 황금해안의 현지 정부는 경찰로서 물신에 대한 의무를 잘 알아야만 했다. 이런 힘센 동맹 없이는, 지난 20여 년 동안 그 지방을 특징지어온 질서를 유지할 수 없었을 것이다. 가장 멀리 떨어진 지역의 재산에 적용되는 특이한 치안과, 엄청난 가치의 금덩이를 수백 마일 동안 단 한 명의 사람이 운반할 수 있는 놀라운 안전과, 없어지거나 빼앗긴 재산을 일반적으로 대부분 찾아주는 기능은, 이 지방에 새로 도착한 유럽인의 탄성을 자아냈다(Cruickshank 1853, in Pietz 1995: 25).

그들은 그 이유가 가장 원시적인 본능들 탓이라고 결론지었다. 죽음, 또는 물신들이 (다소 자의적인) 원칙을 위반한 자들에게 가할 것이라고 여겨지는 처벌에 대한 공포.

다시 한 번 문제는, 풍경이 너무 낯설다는 데 있는 것이 아니라, 너무 낯익다는 데 있었다. 정부가 무엇보다 폭력을 통해 잠재적인 악당들을 위협하는 것과 관련이 있는 제도라는 것은, 서구 정치 이론의 오래된 가정이었다. 정부가 무엇보다 재산을 보호하기 위해 존재한다는 것은 바로 이 시기에 탄생 중에 있던 주제였다. 사실, 물신은 비가시적이고 초자연적인 수단들에 의해 작동하며, 따라서 통치가 아니라 종교의 영역에 속한다고 일컬어졌다. 그러나 이 관찰자들은 또한 기독교인이었고, 당대의 기독교인은 자신의 종교가 다른 모든 종교, 특히 아프리카 종교에 비해, 자신의 신이 다른 인종의 신과는 달리 잘못을 범한 자에게 영원하고 체계적인 고통을 가하겠다고 위협한다는 점에서, 도덕적으로 우월하다고 주장하고 있었다. 사실, 비록 이 영역[종교]이 유럽인이 상대주의적 관점을 갖기가 가장 어려운 곳임에도 불구하고, 그 유사성은 놀라울 정도였다. 그것은 무엇보다도, 어떤 종류의 상대주의적 태도로의 이동도 불가능하게 만드는, 기독교 신앙이라는 절대 진리에 대한 가정이었다. 아프리카인이 이교도인 한, 그들은 이 세계에서 중요한 것에 관하여 근본적으로 잘못 알고 있어야만 했다.

다른 한편으로, 이 영역은 공통의 이해관계가 실용적인 중요성을 지니고 있는 영역이었는데, 그것은, 특히 유럽인이 정복자가 되기 이전에, 물신에 걸고 하는 맹세와 물신을 '만들거나' 또는 '마시는' 것에 의해 성사된 계약이 거래에 참여하는 유럽인과 아프리카인 사이에서 신뢰의 수단이었기 때문이다. 만일 그런 의식(종종 성경과 구슬이나 나무 조각을 결합시키는, 즉흥적으로 고안된 최신 유행의 의식)에 공통적인 참여가 없었다면, 거래 자체가 불가능했을 것이다. 물론 이것이 우리에게 특별히 흥미로운 대목이다.

물신과 사회적 계약 : 두 개의 사례 연구

익히 짐작했겠지만, 피에츠는 거의 오로지 아프리카를 찾아온 유럽인에게 사태가 어떻게 보였을까에 대해서만 관심을 갖고 있으며, 거래를 하던 아프리카인이 유럽인을 어떻게 생각했을까에 대한 고려는 거의 없다.[6]

---

6) 적어도 잘 알려진 처음 세 편의 글에서는 전혀 언급을 하지 않고 있다(1985, 1987, 1988). 피에츠는 이후에 부채와 인간 재물에 관련된 두 개의 글에서 서부 아프리카인의 생각을 언급한다

물론, 기록된 증거가 없어서 확실하게 알 수 있는 방법은 없다. 그렇지만 이 유럽인이 '물신'이라고 부른 대상에 대한 보다 최근의 사례에 대한, 그리고 보다 일반적으로 아프리카의 우주론적 체계에 관한 아주 방대한 분량의 글이 있어서, 그런 대상을 소유하고 사용했던 아프리카인이 어떻게 생각하고 있는지에 대해 충분히 타당한 추측을 할 수 있다. 그렇게 하는 것이 피에츠의 보다 중요한 요점을 무효화시키는 것은 아니다. 실제로 피에츠의 주장에는, 그렇게 불러도 좋다면, [유럽과 아프리카의 유사성에 대한] '인정의 위협'(threat of recognition)에 대한 암시가 깊이 잠복하고 있다.

유럽과 아프리카의 우주관의 관계에 대한 매우 광범위한(따라서 과장된) 일반적인 생각에 대해 검토하는 것으로부터 시작해보자. 내가 피에츠와 물신에 대해 관심을 갖게 된 것은, 구슬과 나른 '거래 통화'에 대한 비교 연구를 통해서이다(Graeber 1995, 2001). 그 연구는 트로브리안드에서의 쿨라에서 사용되는 조개껍질에서, 이로쿼이인(Iroquois)의 조가비 염주(옛날 북아프리카 원주민이 화폐 또는 장식으로 사용), 콰키우틀인(Kwakiutl)의 구리세공품에 이르는 사례들을 포함하고 있었다. 주로 기독교에 의해 형성된 종교적 환경 속에서 양육된 나와 같은 사람들에게는, 오세아니아나 북미에서 아프리카로 이동한다는 것은, 매우 낯선 우주론적 영토에서 훨씬 친숙한 우주론적 영토로 이동하는 것이다. 우리는 아프리카 곳곳에서 구약에서부터 친숙한, 그러나 다른 전통에는 존재하지 않는 것처럼 보이는, 신화적 장소(에덴 동산, 바벨 탑)를 발견할 수 있

(1995, 1997). 하지만 이 글들은 더 이후의 역사적 시기에 관한 것이며, 다소 다른 종류의 질문을 다루고 있다.

다. 아프리카 신학자들이 동일한 실존적 문제들에 대해 질문하는 것처럼 보이는 데에는 그만 한 의미가 있다.[7] 가령 막스 베버는 모든 종교는 '신정론'(神正論, theodicy; 악의 존재도 신의 섭리로 보는 입장), 즉 신의 정의(justice)라는 문제에 대한 일정한 대답을 제시해야만 한다는 유명한 주장을 했었다. 신이 선하고 전능하다면, 인간이 고통받아야만 하는 것은 왜인가? 지금에 와서는, 하나의 보편적인 진술로서는 이러한 주장이 전혀 진실이 아님이 분명하다. 아마도 그런 질문은 아스텍 시인이나 트로브리안드의 추장은 물론이고 마오리인의 신학자에게는 전혀 의미가 없을 것이다. 모든 전통이 인간 조건을 본래적으로 문제적인 것으로 보고 있는 듯하지만, 인간 고통의 이유가 쟁점은 아니다. 문제는 다른 데 있다. 반면에 아프리카의 신화적 사유는 끊임없이 그 문제에 초점을 맞추고 있다(Abrahamsson 1952). 심지어 많은 아프리카 신학자들은 기독교적인 관점에서는 매우 당황스러울 수밖에 없는 질문을 제기한다(가령, 누가 신은 선하다고 말하는가?).[8]

나는 그러한 일반화가 필연적으로 과장된 것이라고 말했었다. 왜냐하면 많은 저자들이 우리에게 상기시켜준 것처럼, '아프리카', '유럽', '서양' 등과 같은 용어들은 기껏해야 그 경계가 희미할 뿐이고 어쩌면 무의미한 것이기 때문이다. 왜 그토록 많은 유럽과 아프리카의 사상가들이 동일한 실존적 질문들을 제기해온 것처럼 보이는지에 대해, 내가 잘 알고

---

7) 이것이 아프리카인이 그런 이른 시기에서부터 기독교나 이슬람교 같은 종교에 개방적이었던 이유를 설명해주는 하나의 원인일 것이다.

8) 아프리카인의 우주론 대부분은 창조주를 어떻게든 선과 악을 초월한 존재로 설정한다. 예를 들면, 세계를 포기한 쓸데없는 창조자로 여기는가 하면 혹은 모든 도덕적 설명 너머에서 존재하는 폭력적 힘으로 여긴다. 폭력적 힘의 경우, 그 독단성은 그가 어떤 종류의 인간 정의에도 우선하며, 그것을 구성할 능력이 있음을 보여준다.

있다고 주장할 수는 없다. 아마도 그것은 유럽과 아프리카가 그들 역사의 대부분 기간 동안 중동의 거대한 도시 문명들의 영향 아래에 놓여 있었던 주변 지역이기 때문일 것이다. 어쩌면 훨씬 깊은 역사적인 관계가 존재할지도 모른다. 나로서는 알 수 없다. 그러나 내가 강조하고 싶은 것은, 17세기 또는 18세기의 유럽 항해자들은 중국이나 브라질과 같은 곳에서 보다는 아프리카에서 훨씬 친숙한 영토를 발견했다는 것이다. 내 생각에는, 아프리카의 (종교) 의식을 접했을 때 유럽인이 보여준 혐오감과 당혹감이라는 공통적인 반응의 바탕에는, 이러한 근친성이 있다. 이를 인정하기를 필사적으로 거부하고 있었던 셈이다. 여러 가지 점에서, 아프리카의 우주론적 관념에는 동일한 질문이 있고, 유럽인이 몹시 회피하고 싶어 하는 결론이 정확하게 제안되고 있다(가령, 아마도 신이 선하지 않기 때문에, 또는 선과 악을 넘어서 있거나 전혀 신경 쓰고 있지 않기 때문에, 우리는 고통을 겪고 있을 것이다. 아마도 정부는 폭력적이고 착취적인 제도이지만, 우리가 할 수 있는 것이라곤 아무것도 없다).

나는 조금 뒤에 다시 이 주제로 되돌아갈 것이다.

아프리카 대부분의 지역에서, 의례 생활(ceremonial life)은 대부분의 인류학자가 '고통의 의식'이라 이름붙인 것을 주요한 특징으로 가진다. 주의를 기울일 필요가 있다고 생각되는 영들은 거의 한결같이 인간의 불행을 낳을 수 있는 것들이고, 사람들은 어떤 방식으로든 그것들이 자신에게 공격을 가할 때 그들과 접촉하게 된다. 사건의 연쇄는 전형적으로 다음과 같이 진행될 것이다(나는 내가 잘 알고 있는 마다가스카르의 예를 사용할 것이다). 어떤 사람이 자신도 모르게, 가령 한 바짐바(Vazimba) 영이 깃들어 있는 곳을 막대기로 찌름으로써, 그 영을 자극한다. 분노한 영은 그 사람이 병들게 하거나 악몽을 꾸게 한다. 그 사람은 지역의 치유자(curer)에게 찾아가는데, 그는 영의 정체를 확인하고 그것을 달래는 방법을 말해준다. 그러나 그렇게 함으로써 그는 앞서 그 영으로 인해 고통받았던 희생자들이 이루는 한 집단의 구성원이 되는데, 그 집단에 속하는 모든 사람들은 그 영과 특별한 관계를 맺고 있어서 영은 사람들을 도와주거나 심지어는 자신의 힘을 사람들의 적을 향해 사용하기도 한다. 고통은 지식을 낳고, 지식은 힘을 낳는다. 이것이 지극히 공통적인 하나의 패턴이다. 예를 들어 빅터 터너는 잠비아의 은뎀부인(Ndembu)에게는 근본적으로 오직 두 종류의 의식이 있을 뿐이라고 평가한다(고통의 의식과 입사식이나 장례의식과 같은 '생애주기상의 문턱 의식'life-crisis rituals). 그는 또한 후자의 의식조차 언제나 "보다 우월한 의식과 사회적 지위로 진입하는 수단으로서의 고통이라는 테마를 강조했다"고 말하고 있다(1968: 15~16). 통상적으로 입사식은 육체적 고통의 시련을 거쳐서 일종의 의례적 지식의 획득에 이른다. '물신'이라 불리는 아프리카 사물들의 대부분은 정확히 이러한 의례적 논리와 얽혀 있다.

대표적인 두 개의 사례를 살펴보자. 첫 번째 사례는 1900~1950년 사이의 중부 나이지리아의 티브인(Tiv)이다. 이들은 출발점으로서 좋은 대상인데, 이들에 대한 좋은 기록이 있을 뿐 아니라 피에츠의 글에서 다루고 있는 지역에서 그다지 멀지 않은 곳에서 거주했기 때문이다. 두번째는 중앙아프리카 해안의 바콩고인(BaKongo)인데, 그들은 훨씬 오래전부터 유럽 무역과 연루된 역사를 갖고 있다. 티브인은 '분절' 사회(segmentary society)의 고전적인 사례이다. 영국에게 정복당하기 전까지 그들은, 전형적인 확대 가족의 한계를 넘어서는 중앙집권화된 권위를 일절 인정하지 않았다. 그대신 보다 큰 사회는, 정교한 부계혈통의 체계를 통한 혈통적 기초에 근거해서 조직되었다. 그러나 그것은 어떤 영구적인 공직자(officials)나 의례적 관리자(officers)도 갖고 있지 않았다. 이 지역 대부분의 분절 사회에서의 의례적 생활이 조상들이나 신성한 장소(earth shrines)에 대한 정성스러운 숭배에 초점을 두고 있는 반면, 티브인은 그런 특징을 갖고 있지 않았다. 그 대신 그들의 의례 생활은 주로 악의적인 주술을 격퇴하는 것, 그리고 아콤보(akombo; 즉 '물신')라 불리는 대상들에 대한 통제에 맞추어져 있다.

아콤보의 이름은 대부분 질병의 이름이기도 했다. 비록 물질적인 '상징'(emblems) 속에 구현되어 있지만, 어떤 의미에서 아콤보는 바로 질병 그 자체였다.[9] 거의 모든 것이 이 상징이 될 수 있다(한 양동이의 재, 작은 빗자루, 한 조각의 코끼리 뼈). 이들은 일정한 장소에 존재했고, '보유자'에 의해 소유되었으며, 언제나 그 근처에서 무엇을 할 수 있고 무엇을 할 수 없는지를 지시하는 많은 규칙과 규제로 둘러싸여 있다. 사람들이 그 규칙 중 하나를 위반했을 때(그것을 '꿰뚫었을' 때) 아콤보와 관계를 맺게 되었고, 그 결과로 병에 걸렸다. 사태를 바로잡는 유일한 방법은 아콤보를 '치료'하기 위해서 또는 '바로 잡기 위해서' 그 보유자를 찾아가는 것이었다. 희생자는 물신의 효과에서 벗어난 후에 그 자신이 또한 그것을 소유하기로 결심할 수 있다. 그것을 스스로 작동시킬('치료할') 힘을 얻고, 고통받는 다른 사람을 돕고, 아콤보가 지니고 있는 다른 힘에 접근하기 위해서는 별도의 '협정'(agreement) 의식과 제물이 필요했다(Bohannan & Bohannan 1969). 이 모든 것이 전형적인 '고통 숭배'의 모델에 적용된다.

내가 지금까지 말한 것은 사소한 또는 평범한 아콤보에 적용되는 것이다. 더 중요한 아콤보가 있는데, 그것은 보다 광범위한 힘들을 갖고 있

---

9) 정확히 말하자면, 질병의 증상들이었다.

었다. 아마도 가장 중요한 것은 시장을 보호하는 아콤보일 것이다. 식민지 시대의 티브인 정보 제공자에 따르면, 이 위대한 아콤보를 다른 것들과 구별 짓는 것은, 첫째로 그것이 전체 영토를 보호할 수 있다는 것이고, 둘째로는 그것이 아버지에서 아들로 상속될 수 있다는 것이고, 셋째로는 그것이 "그 상징의 일부로 인간의 신체 일부를 포함하거나 아니면 반드시 인간 공물에 의해서 치유되어야만 하거나 아니면 그 둘 모두를 포함한다"는 것이다(Bohannab & Bohannan 1969 Ⅳ : 437).

이 점을 이해하기 위해서는, 사회적 권력에 대한 티브인의 전통적인 개념들(적어도 그것이 20세기 초에 취하던 의미대로)에 대해 이해하고 있어야 한다. 티브인은 매우 위계적인 가족적 배치(중요한 나이 많은 남성을 중심으로 대개 많은 아내들과 불만에 찬 미혼 아들의 무리로 구성된 가족 복합체)와 매우 평등주의적인 기풍(그 혼합체의 외부에는 거의 어떤 정치적 관료도 허용하지 않는)을 결합시켰다. 어떤 나이 든 남성들은 공동의 일에서 보다 많은 영향력을 갖기도 했지만, 그것은 극단적인 양가성을 지닌 것으로 간주된다. 사회적 권력, 즉 남들에게 자신의 의지를 강제할 수 있는 능력은 차브(tsav)라고 일컬어진다. 그것은 인간의 심장에서 자라나는 기름진 노란 물질로, 매우 물질적인 용어들로 표현된다. 어떤 사람들은 차브를 가진 채 태어난다. 말하자면 그들은 '타고난 지도자 유형'이다. 그것은 또한 인간의 살을 먹음으로써 만들어지거나 증대될 수 있다. 이것이 '사술(witchcraft)', 즉 악의 정의이다.

티브인은 차브를 지닌 사람들이 음바차브(mbatsav)라 불리는 조직을 이루고 있다고 믿는다. 이 집단은 일종의 노동 분업과 느슨한 조직을 갖고 있다고 한다. 음바차브는 밤에, 주로 사악한 목적을 위해 만난다고 한다. 그들은 시체를 먹기 위해서 무덤을 강탈한다. 그들은 자신들이 강탈할 수 있는 무덤에 시체들을 집어넣기 위해서 사람들에게 마법을 건다. '살 부채'(flesh debts)의 연결망이 있다고 여겨지는데, 그것은 누군가 당신을 속여 인간의 살을 먹게 하고 같은 종류의 보상을 요구할 때 성립된다. 할 수 있는 유일한 것은 아이들이나 가까운 친척(당신이 어떤 권력을 행사할 수 있는 사람)을 죽이는 것이다. 그리고 누구도 그 집단에 대항해서 이길 수 없기 때문에, 그들에게 제공할 친척들이 남아 있지 않으면 최종적으로 당신 자신을 희생자로 그들에게 제공해야만 한다(P. Bohannan 1958: 4~5).

폴 보해넌이 간결하게 말하고 있는 것처럼, "사람들은 다른 사람들의 살(substance)을 먹음으로써 권력을 획득한다". 사람들은 어떤 특정한 연장자가 사악한 식인적인 주술사인지 결코 확신할 수는 없지만, 그 계층은 중첩되어 있었고, 적어도 기록에 남아 있는 시대에 모든 세대에 걸쳐서, 색출 운동이 전국을 휩쓸어 지역 정부의 가장 유력한 인물들의 가면을 벗기곤 했다(Akiga 1939; P. Bohannan 1958).[10]

이것은 정치적 권력이 본래 사악한 것으로 간주되는 체계는 아니지만, 그것에 매우 가까운 것이다. 따라서 공동체에 대해 권력을 지니고 있는 아콤보가 인간의 살을 먹고자 하는 유사한 욕망을 갖고 있는 것은 당

---

10) 보해넌은 이런 운동을 티브 사회 구조에서 규칙적으로 나타나는 일이라고 해석한다. 보다 최근에, 나이지리아 학자들이 이 운동을 식민지의 맥락에 놓고, 이것이 매우 평등한 집단을 간접적 규칙에 기반한 국가틀로 만들어 내려는 영국인의 노력 때문에 생긴 일이라고 해석하는 경우가 있었다(Tseayo 1975; Makar 1994). 사실 이런 운동이 그 전에도 있었는지 없었는지 알 길은 없다. 하지만 티브인의 평등주의 자체가 존재했던 한에서, 그러한 메커니즘 역시 존재했다고 가정하는 편이 합리적인 것으로 보인다.

연한 일이다. 우리가 이 대부분의 '거대한 아콤보'에 대해 갖고 있는 정보는, 그것들 대부분이 1920년대 주술사 색출 운동 시기에 파괴되었기 때문에 상당히 제한적인 것이다. 하지만 살아남은 한 가지 종류의 아콤보가 시장의 아콤보였다. 다행스럽게도 이것이 여기에서 다루고자 하는 쟁점과 가장 관련이 깊은 것이다.

티브인 시장은 주로, 주요한 생산자기도 한 여성들에 의해 지배되고 있다. 지난 몇백 년에 걸쳐 시장은 또한 대부분의 티브인이 가까운 친인척 관계의 흔적을 추적할 수 없는, 따라서 그들이 어떤 필연적인 도덕적 의무도 갖고 있지 않은 사람들과 접촉하는 주요한 공간이기도 하다. 따라서 시장에서는 아콤보의 파괴적 힘이 평화를 유지하기 위해 이용될 수 있었다. 모든 중요한 시장은 자신의 물신을 갖고 있는데(Bohannan & Bohannan 1968: 149, 158~162), 식민지 시대 티브인은 흥미롭게도 종종 그 물신을 식민지 정부로부터의 위임장(authorization certificate)과 비교했다. 본질적으로 그것들은 동일한 시장을 공유하고 있는 일련의 가계 사이의 평화협정을 구현하고 있었고, 그것을 통해 그 구성원들은 서로 공정하게 거래를 수행하고, 절도를 삼가며, 말다툼과 부당이득 취득을 삼갔다. 협정은, 보해넌은 실제로는 단지 개였을 것이라고 의심하지만 오늘날에는 인간 희생물이라고 일컬어지는, 희생물과 함께 봉인되었고, 그 희생물의 피가 아콤보의 상징 위에 뿌려졌다. 이것은 낮의 희생물이다. 이에 더해서, (남성) 연장자들은, 음바차브로서 가진 자신들의 능력으로, '밤에'(즉 마법으로) 자신의 가계에 속하는 사람들을 죽였다(ibid.: 159~60). 그 이후로 협정을 위반하는 모든 사람들은 아콤보의 힘에 의해 공격당할 것이다. 사실, 그런 협정의 존재로 인해 시장이 지역에서 일어나는 일들에 대한 규제와 재판과 서약을 위한 만남의 장소가 될 수 있었다.

내 생각에, 이것은 또한 16세기와 17세기에 유럽 상인과의 무역 협정을 '물신'이 중재하게 되는 논리에 대한 어떤 아이디어를 제공해준다. 정확히 이 시기에 발달하고 있던 사회 계약에 대한 유럽 이론과의 유사성은 굳이 언급할 필요가 없다. 나는 뒤에서 다시 이러한 유사성의 문제를 다시 다룰 것이다.

영국의 정복 이전에 티브인은 유럽인과 아무런 관련이 없었다. 그들은 주로 희생자로서, 보다 힘 센 이웃에게 노예로 사냥당하는 방식으로, 거래 관계를 맺게 되었다. 따라서 그들에 대해 기록된 역사는 매우 피상적이다. 반면에 많은 사람들이 뛰어난 예술작품이라고 여기는 민키시(minkisi) 즉 '물신'으로 유명한 바콩고인은 아프리카에서 가장 장기간 동안 기록된 역사를 갖고 있다. 1483년에 콩고 왕국은 포르투갈과 동맹 관계에 들어섰고, 왕족은 가톨릭으로 개종했다. 그 당시에 수도인 싱살바도르(Sao Salvador)는 사하라 남쪽에서 가장 거대한 도시였다. 한 세기 이내에 왕국은 노예무역의 압력에 의해 분해되었다. 1678년에 수도는 파괴되었다. 왕국은 더 작은 계승 국가로 쪼개졌지만, 그들 대부분은 거의 모든 실제적인 권력을 박탈당한 콩고 왕의 명목적인 권위(고전적인 텅 빈 중심)를 공식적으로는 승인하고 있었다(Thornton 1987). 이후 수세기에 걸쳐 파편화는 더 진행되었고 그를 계승한 대부분의 국가들의 중심은 유사한 방식으로 공동화되었고, 고도로 탈-중심화된 사회적 영역을 뒤에 남겼으며, 이전의 주요한 직위들은 점차적으로 성공적인 상인과 노예 상인에 의해 사고 팔릴 수 있는 것이 되었다. 분명 이것은 19세기 무렵의 사례이고, 그 기간 동안 권력은 점차적으로 해안에 있는 상업 도시들로 이동했다. 이 시기는 또한 식민지 시대가 막 시작되는 그 시점에 기독교 개종자들이 키콩고(KiKongo) 언어[바콩고인의 언어]로 기록한 문서들을 통해서 우리가 민키시에 대한 정보의 대부분을 얻게 된 시기이기도 하다.

여러 가지 점에서 바콩고인은 티브인과 다른 것처럼 보일 수도 있다. 부계혈통적인 티브인과 모계혈통적인 바콩고인, 평등주의적인 티브인과 위계적인 바콩고인, 티브인에게는 완전히 낯선 개념들인, 죽은 조상들에 중심을 두고 있는 바콩고인의 우주. 그러나 두 사례에서 나타나는 권력의 본성에 대한 근본적인 가정은 놀라울 정도로 흡사하다. 첫째, 우리는 동일한 고통의 논리를 발견하게 된다. 바콩고 사회에서도 사람들은 영들(powers)을 화나게 함으로써 그들과 접촉하게 된다. 일단 영이 그 사람에게 고통을 겪게 하면, 그 사람은 그것을 익힐 기회를 갖게 되고, 어느 정도까지는 스스로를 위해 그것을 사용할 수 있게 된다.[11] 이것이 사람들이 은키시(nkisi)와 관계를 맺게 되는 통상적인 방식이었다. 사람들은 먼저 그 보유자에게 고통의 치료를 호소하고, 그렇게 함으로써 그는 대략 그것의 회중[신도집단]이라 부를 수 있을 법한 집단의 구성원이 되고, 아마도 나중에는, 만일 많은 대가를 요구하는 입사식 과정을 기꺼이 겪고자 한다면, 결국 그 자신이 한 명의 보유자가 될 수 있다.

정치적 권력과 마법의 관계에 대한 바콩고인과 티브인의 이론들도 놀라울 만큼 비슷하다. 추장의 권력은 신체 속에 있는 어떤 물질(이 경우에는 킨도키(kindoki)라고 불리웠다.)에서 비롯된다고 여겨졌다. 이것은 또한 마법사들의 권력이었다. 주요한 차이점은, 콩고인 주술사들이 티브인 주술사들에 비해 다소 더 추상적인 수준에서 일을 한다는 것이다. 그들도 '살 부채'에 연루되어 있기는 했지만, 그것은 비가시적인 수단을 통

---

11) 맥가피(MacGaffey)는 바콩고인에서 나타나는 전형적인 의례의 순환은, 새로운 지위를 얻게 하는 선물을 받기 위하여, 고통에서 희생제의로 이어진다고 말한다(1986).

해, 문자 그대로 희생자를 먹는다기보다는 희생자의 영혼을 흡수함으로써, 주로 희생자에게서 영적 실체를 흡수함으로써 재현되었다. 그리고 처음에는 마법사들이 자신의 친척을 먹이로 삼았지만, 많은 영혼을 흡수해서 그 힘을 얻은 사람들은 결국 거의 모든 사람을 공격할 수 있을 만큼 강력한 존재가 되었다. 자신의 은도키를 사용해서 주술사들의 사악한 계획을 방해하는 것은 추장의 책임이었다. 그러나 와이어트 맥가피(Wyatt MacGaffy)가 강조하고 있듯이(1986, 2000), 추장과 주술사의 차이는 주로 그 동기에 있다. 주술사들은 공동체의 이익이 아니라, 단지 자신의 이기적인 목적들과 탐욕 또는 질투심을 위해 자신의 밤의 권력을 사용하는 사람들이다. 그리고 공동체의 이익은 몹시 파악하기 힘든 개념이기 때문에, 킨도키가 없는 사람은 누구라도 실제적인 공적인 중요성을 지니지 못하는 반면, 그것을 갖고 있는 사람들은 전적으로 [공적 중요성을 지니고 있음에] 의심의 여지가 없었다.

그러나 티브인의 아콤보와는 두 가지 주요한 차이가 있으며, 이 둘은 연결되어 있는 것 같다. 첫째는 콩고인의 민키시가 인격화되는 경향이 있다는 것이다. 그들은 이름과 역사뿐만 아니라 마음과 의도를 갖고 있다. 이것은 그들의 힘이 실제로 조상 혼령의 힘이기 때문이다. 실제로, 대부분의 은키시 조각상은 가슴에, 그들에게 특정한 행동 능력을 제공하는 일련의 약학적 성분과(Graeber 1995), 죽은 사람과 그들을 관계 맺도록 해주는 무덤의 흙을 담고 있다. 두 번째 차이점은, 민키시는 주로 누군가 의도적으로 그것을 자극할 때 행동하는 경향이 있다는 것이다. 티브인은 무의식적으로 아콤보를 자극한 누군가가 그것을 '꿰뚫는다'고 말하지만, 민키시에 대해서 이 말은 단지 은유가 아니다. 은키시를 작동시키는 사람은 종종 글자 그대로 행동하도록 자극할 대상에 못을 박아 넣는다. 이것이

부두 인형에 못을 박아 넣는 것과는 전혀 같은 것이 아니라는 점을 나는 강조하고자 한다. 왜냐하면 못을 박아넣겠다는 생각은 은키시를 자극해서 화나게 하겠다는 것이기 때문이다(비록 맥가피(MacGaffy 1986)는 넓은 의미에서 그 형상들이 공격자와 희생자를 동시적으로 재현하는 것이고, 고통을 가하는 것이 둘 사이에 일종의 통일성을 만들어낸다는 가정에 기초하고 있다는 점을 강조하고 있기는 하지만).

심지어 주요 공직도 동일한 논리로 설명할 수 있다. 중앙아프리카의 많은 지역에서 표범은 왕권의 상징이었고, 콩고에서도 마찬가지다. 한 19세기의 노트(#45, MacGaffy 1986: 159)에는, 누군가 표범을 죽이면, 중요한 관직에 오르고 싶은 사람이 꼬리를 밟아서 '모독을 가하기 위해' 어떻게 그 현장으로 달려갔는지에 대한 서술이 있다. 이때는 그런 직위가 무역에서 큰 재산을 얻은 사람들에 의해 쉽게 획득될 수 있던 그런 시대였다. 대상에 신성모독을 가한 후에, 그 사람은 일종의 '구매'를 통해 그 직위를 획득할 수 있었는데, 그 구매는 전형적으로 '낮의' 열 명의 목숨(현재의 소유주에게 양도된 노예)의 지불과 '밤의' 열 명의 목숨(주술사에 의해 죽은 추장 자신의 친족 집단의 구성원들, Vasina 1973)을 수반하곤 했다.

다음은 그들의 권력이 지닌 미묘한 특성에 대해 말해주고 있다.

룬칸카(Lunkanka)는 조각상에 있는 은키시이며, 매우 사납고 강력하다. 이것은 몽고에서 왔다. 그곳은 많은 우리 조상이 룬칸카를 만들기 위해 가던 곳이다. 하지만 지금 이를 가지고 있는 사람은 모두 죽었다. 룬칸카가 보유자에게 있을 때, 그것은 매우 강력했으며, 마을 전체를 파괴했다. 그것의 힘은 [희생자를] 붙잡고, 가슴을 으스러뜨리고, 코에서 피가 흐르도록 하고 고름이 나오도록 하는 것이었다. 그 외에도 가슴에 칼을 꽂고,

목을 비틀고, 팔과 다리를 부러트리고, 창자를 꼬이게 하고, 악몽을 꾸게 만들고, 마을에 마녀를 찾아내고, 숨을 막히게 하는 등등. 룬칸카가 엄청 나게 강력하다는 것이 알려졌을 때, 엄청나게 많은 사람이 그것이 치유 의 힘을 가지고, 맹세를 하며 마녀와 마법사를 저주하는 등등의 역할을 한다고 믿었다. (MacGaffey 1991: 127)[12]

글은 이어서 다음과 같이 설명한다. 만일 두 남자가 합의를 하면(가령, 한 사람이 다른 사람의 고객이 되는 것에 동의를 하거나 맹세를 하고 나서 그의 마을을 향해 간다면), 그들은 합의를 봉인하기 위해 못을 룬칸카에 박을 것 이다. 그러면 은키시는 그 합의의 이행의 힘으로 행동할 것이다. 맥가피 에 따르면(MacGaffy 1987) 19세기에 바콩고 경제생활의 모든 측면은, 시 장의 치안에서 재산권 보호와 계약 이행에 이르기까지, 민키시의 매개를 통해 수행되었고, 모든 경우에 그렇게 이용된 은키시는 결정화된 폭력과 고통의 형식이었다.

　그 바탕을 이루고 있는 논리는 동시대에 유럽에서 만들어지고 있던 사회계약 이론과 현저한 유사성을 보여주고 있는 것 같다. 맥가피는 심지 어 만인의 만인에 대한 투쟁을 예방해주는 방법으로서 민키시의 존재를 기리는 키콩고(KiKongo)로 된 글을 발견하기도 했다.[13] 다시 한 번, 기본

---

12) 이 글은 맥가피의 책에 나와 있는 것이다. 다만 내가 nganga('치유자, 은키시의 보유자')와 그 것의 복수형 단어(banganga)를 영어로 번역한 부분만 다르다.

13) 개인적인 의견 교환(2000년 3월)[책이나 출판물에 근거하지 않음을 의미] - 홉스에서처럼, 민키시도 막대한 강압력을 발휘하여, 사람들이 계약의 의무를 이행하도록 만들고 다른 이의 재산권을 존중하도록 한다. 이는 피에츠의 책을 다시 떠올리면, 매우 아이러니하다. 여기서 우리는 유럽 상인 모험가들, 그러니까 그들이 '물신'이라고 부르는 대상에 대해 맹세를 하고 아프리카인과 계약을 하는 유럽 상인 모험가들을 접하게 된다. 고향에서는 홉스 같은 저자가 사회계약 이론을 만들게 되는 정확히 그 시점에서 말이다. 하지만 아프리카인은 이런 행동을

적인 가정 속에는 놀라운 유사성이 있다. 경쟁적인 시장 교환이라는 동일한 배경, (최소한 친족 관계 외부에서의) 사회적 평화는 합의(서로의 재산을 존중해주겠다는, 그리고 폭력의 지배적인 힘에 의해 집행되어야 하는 합의)의 문제라고 하는 동일한 가정. 주요한 차이는 그러한 폭력이 필연적이라고 가정된 이유들 속에 있는 것 같다. 살린스와 같은 저자가 강조하고 있는 것처럼(2001), 유대-기독교 전통은, 최소한 아우구스티누스(그 자신이 아프리카인인) 시대로 거슬러 올라가 보면, 인간의 욕망은 본질적으로 만족될 수 없는 것이라고 가정하고 있다. 결코 쾌락과 권력, 특히 물질적인 부를 충분히 누려볼 수 없기 때문에, 그리고 자원은 본질적으로 제한되어 있기 때문에, 우리 모두는 필연적으로 서로와 경쟁의 상태에 놓여 있다. 아우구스티누스에 따르면, 국가는 이성을 체현하고 있고, 따라서 신성한 것이다. 그것은 또한, 질서를 유지하기 위해서 징벌의 위협을 통해 우리 자신의 기본적인 이기심(특히 고통에 대한 공포)을 우리 자신에 대항하도록 돌려주는, 신의 섭리에 따른 제도이다. 홉스(1651)는, 무한한 욕망이 원죄에 대한 징벌이라는 설명을 제거하지만, 그 기본적인 구조를 유지함으로써 단지 그 구도를 세속화시켰을 뿐이다. 그 다음에 애덤 스미스는 신성한 섭리를 도입해서, 경쟁적인 욕망들도 궁극적으로는 모두의 이익을 위해 기여하게 되도록 신이 사물들을 배열해 두었다고 주장했다. 그러나 모든 경우에 서구적인 전통은 두 가지 특성들을 결합시키고 있는 것처

일종의 사회계약을 만드는 것이라고 봤음이 확실하다. 유럽인은 따로 해야 할 더 중대한 일이 있었던 것 같다.

이 모든 사실을 접하면, 자연스럽게 누구보다 홉스가 당시에 아프리카에서 진행되던 일을 알고 있었는지에 대한 질문을 던지게 된다. 적어도 홉스의 경우, 여기에 대한 어떠한 증거도 찾지 못했다. 비록 홉스가 상인 가문에서 성장했지만, 홉스가 출판한 저작을 통틀어 그가 아프리카에 대해 언급한 것이라고는 고전을 참고한 대목에 지나지 않는다(적어도 내가 아는 한).

럼 보인다. ① 인간은 무한한 욕망에 의해 부패해 있다는 가정, ② 그리고 욕망에 의해 부패하지 않으며 그리하여 본질적으로 관대한 권력 또는 권위(이성, 신, 국가)의 형식을 상상해내려는 계속되는 노력. 신은 옳아야만 한다(비록 그 반대 현상들이 있음에도 불구하고). 이성적인 인간은 육체적인 정념을 뛰어넘을 수 있어야 한다. 최소한 자기 자신의 권력이나 지위를 강화하는 데에는 관심이 없으며 단지 공공의 복지에만 관심이 있는 통치자를 갖는 것은 가능할 것이다. 그 결과, 권력의 부정적 효과들은 끊임없이 완곡하게 표현되거나 설명을 통해 제거되는 경향이 있다. 아프리카의 우주론적 체계는 이 두 특성을 지니고 있지 않은 것처럼 보였다. 아마도 그것은 아프리카인이 인간의 동기를, (그것들이 실현되는 사회적 관계로부터 추상화될 수 있는, 즉 그것들과는 독립적인 것으로 상상될 수 있는) 부 또는 쾌락에 대한 욕망과 같은 것으로 간주하는 경향을 덜 지니고 있었기 때문일 것이다. 그들은 사람들이 욕망하는 것은 힘 그 자체라고 가정하는 경향이 있다.[14] 따라서 그들에게, 서구의 전통이 초월의 수단으로 간주했던 바로 그 악의 형식에 의해서 (적어도 부분적으로는) 구성되지 않는 정치적 권력의 형식을 상상하는 것은 불가능했다.[15] 아마도 바로 이런 이유 때문에, 유럽인이 초조해하며 완곡하게 표현했던 것을 정확하게 아프리카인이 자의식적으로 과장해서 표현하고 있는 것이다. 우리는 여기에서 그 유명한 (아프리카와 유럽의) '신성한' 왕권 사이의 차이에 대해 생각해볼 수 있다. 아프리카 대부분의 지역에서 왕권의 피지배자들은, 약해지

---

14) 내가 여기서 제시하는 것은 분명, 유명한 '사람들 안의 부'(Wealth in people)라는 주장에 대한 하나의 변형으로 여겨질 수 있다(예를 들어 Guyer 1993; Guyer & Belinga 1995를 보라).
15) 분명, 이는 조금 단순화된 것이다.

거나 병들면 어떤 통치자든 즉각 죽음에 처해질 것이라고 주장했다(그러
나 실제적으로 이러한 일은 드물게만 발생한 것처럼 보인다). 아우구스티누
스는 로마 제국과 같은 제도는 이성적인 법의 체현이며 공공질서의 수호
자라고 주장했지만, 실제의 통치자들은, 자연사로 죽은 황제의 예를 드는
것이 거의 불가능할 정도의 야만적인 일관성을 가지고, 서로를 살해했다.
이와 마찬가지로, 17, 18세기 유럽에서 아프리카 국가들은 엄청나게 피에
굶주려 있다는 평판을 얻고 있었는데, 그것은 아프리카 국가의 대표자들
과 신하들이 국가 권력의 본질인 살인 본성을 감추려는 어떤 시도도 하지
않았기 때문이다. 간다인이나 줄루인의 국가들에 의한 상당 규모의 살해
가 있었지만, 동시대 유럽 내에서 행해진 전쟁들로 말미암은 황폐화(유럽
인이 다른 사람들에게 행할 준비가 되어 있었던 것을 논외로 하더라도)와 비
교해보면, 그런 평판은 충분히 무시할수 있을 만한 것이었다.

권력의 물질성

차이를 이해하는 또 다른 방법은 권력이 물질적 실체(substance)나 유형
적(有形的, tangible) 형식을 취하고 있는 것으로 보이는 대조적인 방식들
을 살펴보는 것이다. 물론 피에츠의 상인은, 귀중품, 아름다운 또는 매력
적인 대상(때로는 인위적으로 아름답게 꾸며진 사람들) 그리고 그것들이 지
닌 매혹적이거나 매력적인 힘을 강조한다. 대상의 가치는 그것의 힘이었
다. 최소한, 우리가 살펴보았던 아프리카의 경우, 권력은 무엇보다 신체
속에 있는 물질적 실체로 상상된다(차브tsav, 엔도키ndoki). 이것은 앞에
서 살펴본 구별과 전적으로 부합하는 것이지만, 그것은 또한 흥미로운 필
연적 귀결을 지니고 있다. 그것이 합법적 권위 체계의 논리적 기초인 대

의의 원리를 어떤 의미에서 체계적으로 전복시킨다는 점이 그것이다. 여기에서 나는 단지 1장에서 보다 상세히 언급했던 주장을 참조할 수 있을 뿐이다. 집단의 구성원 중 한 명이 그 집단 전체를 대표한다고 주장할 수 있는 어떤 체계는 필수적으로, 신성한 것(the sacred)에 대한 뒤르켐적인 관념과 유사한 방식으로, 그 구성원을 물질세계의 물건이나 사물로부터 분리된 것으로 드러나게 하는 것을 수반한다. 권위 있는 인물을 둘러싼 예절 대부분은 언제나 [권위 있는 인물의] 신체가 세계와 연속되어 있음을 부정하는 데에 초점을 두는 경향이 있다. [권위 있는 인물에 대한] 암묵적인 이미지는 언제나 아무것도 필요로 하지 않는 자율적인 존재의 모습을 띤다. 이성적이고 공평무사한 정부라는 이상은 단지 이 매우 보편적인 테마(위계에 대한 어떤 실제적 관념에도 내재적인 것이라고 내가 주장해왔던)의 특정한 지역적 변주로 보인다.

위계의 논리가 없다는 것이 아니라(당연히 어떤 형태로든 그것이 언제나 존재한다고 주장할 수 있을 것이다), 사태가 항상 그것을 전복시키는 것처럼 작동하는 것처럼 보인다는 것이다. 나는 이 점을 고려하지 않고서는 그 유명한 교환 영역에서 티브인의 체계조차 제대로 이해할 수 없을 것이라 생각한다. 1955년에 폴 보해넌이 썼던 것처럼, 이 시스템은 정말 단순하다. 교환할 만하다고 여겨지는 모든 것, 가치 있는 모든 것이 3개의 범주로 나누어진다. 보통 각각의 범주에 속하는 것은 서로 간에만 교환될 수 있었다. 교환 영역은 위계를 형성했다. 가장 밑에는 식료품이나 도구나 식용유와 같은 일상용품이 놓여졌는데, 이것들은 친족이나 친구에게 주거나 지역 시장에서 판매했다. 그 위에는 구리막대, 노예, 흰 천 같은 고급 물품, 아콤보의 소유자가 해주는 주술 부려주기 같은 것이 놓였다. 가장 높은 곳에는 오로지 여성에 대한 권리만이 있었는데, 왜냐하면 식민지

시대 이전에 모든 결혼은 여성(좀더 정확하게 말하자면 그들의 재생산 능력)의 교환으로 여겨졌기 때문이다. 그리고 '피보호자'(wards)의 복잡한 체계가 있었는데, 이 체계에 의해 남성 가장은 자신이 소유하는 것으로 간주되는 여성들에 대한 권리를 획득할 수 있었고, 미혼의 여자형제나 딸이 없어도, 그 여성들을 새로운 아내들과 교환할 수 있었다. 다른 한편, 영역 사이의 분할은 결코 절대적이지 않았다. 누군가 식량을 강하게 원하고 있다면 식량이 귀중품으로 전환된다거나, 또 다른 상황에서는 귀중품이 추가적인 아내로 전환될 수도 있었다. 그렇게 하는 것은 '강한 심장'(strong heart)을 필요로 했는데, 보해넌에 따르면 그것은 존경할 만한 것이었다('도덕적으로 긍정적인'). 그러나 그것을 다소 양가적인 것으로 상상해야만 하는데, 왜냐하면 강한 심장을 갖고 있다는 것은 정확히 말해 그 사람이 자신의 심장에 그 노란 물질을 갖고 있다는 뜻이었으며 이 노란 물질은 그 사람을 주술사로 만들어주는 것이기도 하기 때문이다.[16]

분명 그 체계는 남성에 의한 여성 통제에 관한 것이다. 여성에 의해 주로 생산되고 판매되는 상품은 가장 비천한 범주로 분류되고, 남성에 의해 통제되는 것은 높은 등급을 차지하며, 가장 높은 영역은 오로지 여성에 대한 남성의 권리로 구성된다. 동시에 상위 영역으로 올라감에 따라 남성이 점차적으로 사회 형태(가족, 혈통 계보)를 창조할 능력에 대한 통제권을 갖는다고 말할 수 있다. 단지 사람들이 살아가는 데 필요한 식량과 도구에 대한 통제권이 피보호자를 모을 수 있는 힘을 가진 사물을 통제하는 것으로 변화하고, 마지막에는 그 자신의 가계를 만들어낼 수 있

---

16) 보해넌 부부에 따르면(Paul Bohannan & Laura Bohannan 1968: 233) "강한 심장"을 가지는 것은 "용기와 매력을 둘 다" 가지는 것을 의미한다.

는 능력을 통제할 수 있게 된다는 말이다. 왜냐하면, 결국 아내와 피보호자를 구성할 때, 엄밀히 따지자면 그는 여성이라기보다는 그들의 재생산 능력을 거래하는 것이기 때문이다. 이 모든 일은 다양한 방식으로 부채를 교묘히 다루어 다른 사람을 의무의 위치에 놓음으로써 일어난다. 이것을 통해 주술사와 '살 부채'에 관한 이야기 속에서 실제로 일어나고 있는 일, 그리고 내가 네 번째 영역으로 간주되어야 한다고 제안하고자 하는 것(왜냐하면, 그것이 '강한 심장들'을 지닌 사람들의 궁극적인 운명을 나타내고 있기 때문에)을 좀더 쉽게 이해할 수 있다. 이것은 전체 체계가 스스로 붕괴되는 지점이고, 방향이 완전히 역전되는 지점이다. 그런 창조에 대한 지배력을 얻기 위해 부채의 네트워크를 다루는 데 가장 성공적이었던 사람들이 스스로 무한한 채무자의 위치로 서게 되고, 그리하여 표면적으로는 그 체계가 만들어내는 데 관련이 있던 인간 물질을 소비하도록 강요받게 되기 때문이다. 좀더 강하게 말하자면, 부채를 다룸으로써 강한 심장을 가진 사람은 식량을 사회적 네트워크의 재료로 전환시킬 수 있고, 사회적 네트워크를 여성들에 대한 통제력으로, 그리하여 후손을 낳는 힘으로 전환시킬 수 있다. 그러나 그렇게 할 수 있게 한 바로 그 힘은 항상 통제에서 벗어나 걷잡을 수 없게 될 것이라 위협하며, 최종적으로는 가장 성공적으로 그 게임을 하던 사람을 살 부채에 갇히게 하여 그들에게 후손들을 다시 식량으로 전환시키도록 강요한다. 이것은 서구적인 판본과는 뚜렷한 대조를 이루는 것인바, 소비에 대한 만족할 수 없는 욕망(그것이 정말로 나타났을 때)은 부에 대한 욕망이 아니라, 인간 존재를 직접 소비하고자[먹고자] 하는 욕망으로 나타난다. 이는 유럽적 판본에서는 그 욕망을 통제할 수 있는 유일한 것이라 여겨지는 정치적 권력과 구별불가능하다.

자, 이 모든 점들이, 사회적 권력과 권위의 본성과 관련하여 다소 양가적인 태도를 보여줄 것이라고 여기는 티브인의 사회 같은 평등주의 사회를 설명하는 데에는 적절한 것으로 보일 수 있다. 놀라운 것은, 이것이 정치적 상황이 그토록 다른 바콩고인에게서도 거의 변화 없이 나타난다는 것이다. 완전히 다른 것은 아니라 할지라도, 바콩고인의 사회는 중앙집권화된 권위가 수 세대에 걸쳐 효과적으로 분쇄되었던 지역이다 (Ekholm 1991). 그러나, '낮'과 '밤'의 지불들[17])과 같은 아주 세부적인 부분들에 이르기까지 나타나는, 그 유사성은 놀라울 정도이다. 소수지만 두드러진 몇 가지 차이들은 바콩고인 사이에서의 (최소한 원리적으로는) 사회적 위계에 대한 보다 큰 허용을 반영하는 것처럼 보인다. 좀더 확연하게 기꺼이 킨도키를 공동의 이익을 위해 기여할 수 있는 것으로 간주하는 경향, 그리고 내 생각에 더 중요한 점인데, 서술의 문제 전체를 보다 추상적으로 취급하려는 경향이 있다. 무덤에서 파낸 시체들을 먹는다는 이야기가 가끔 있지만, 보통은 희생자들의 영혼-물질을 먹는, 일종의 육체에서 분리된 흡혈귀적인 권력이다. 그것은 최소한, 모든 정당한 통치가 의존해야만 하는 추상화를 통한 재현이라는 근본적인 논리에 도전하기를 주저한다. 그러나 궁극적으로 이것들은 사소한 차이점들이다.

사회계약의 다양한 종류

앞에서 언급했던 포르투갈과 네덜란드의 최초 자료들은 이 모든 점을 완전히 망각하고 있는 것처럼 보인다. 스스로 새로 정초한 유물론에 사로잡혀서, 경제적 가치(특히 교환가치)에 대한 질문만을 던지고 있다. 그 결과,

---

17) [역주] p. 202의 설명 참조.

너무나 이상하게도, 홉스가 그 유명한 사회계약 이론에 관해 쓰고 있을 때, 그는 아프리카에서는 그가 상상했던 종류의 그것과 그다지 다르지 않은 사회 계약이 일상적으로 만들어지고 있었다는 사실을 완전히 모르고 있었던 것처럼 보인다.

　이것은 우리로 하여금 처음에 던졌던 질문(사회적 창조성의 본성에 대한 질문)으로 되돌아가게 한다. 서구의 지적 전통에서 이런 문제에 대한 이야기는 지난 수 세기 동안 정확히 계약의 언어를 통해서 이루어졌다. 사회계약이든 다른 계약이든 말이다. 이 글의 처음에 언급했던 것처럼, 마르셀 모스는 선물에 대한 자신의 글(1925)은 실제로는 계약과 계약적 의무라는 관념의 기원에 대한 보다 광범위한 연구의 일부였다고 주장했다. 다소 놀라운 것이지만 그의 결론은, 사실 사회계약의 가장 기본적인 형식은 공산주의였다는 것이다. 두 집단 또는 두 개인 사이에서 이루어지는, 서로에게 물품을 제공하겠다고 하는 무제한적 협정. 그 안에서, "능력에 따라 주고 필요에 따라 받는다."라는 원리를 따르는 서로의 소유물에 대한 접근권. 원래 그는 두 개의 가능성들(전면전 또는 '총체적인 상호의존성')이 있었다고 주장했다. 후자[총체적 상호의존성]는 재산공유 구조(마을의 한쪽에 있는 사람은 다른 편에 있는 사람의 딸하고만 결혼할 수 있다, 또는 다른 쪽에서 자란 식량만 먹을 수 있다, 또는 다른 쪽 사람만이 자신 쪽의 시체를 매장할 수 있다.)에서 개인적 공산주의(가령 친한 친구들, 인척들, 우리 사회로 치자면 남편과 아내 사이에서 적용되는)에 이르기까지의 모든 것에 대한 정보를 제공해주었다. 나중에 이것이 굴절되어 다양한 보다 특정한 형식의 선물관계가 되고 결국에는 시장에 도달하게 되지만 '총체적 상호의존성'은 심지어 현대에 이르기까지 여전히 사회성의 기초를 이루고 있다. 모스는, 임금노동 계약이 받은 쪽의 사람이 불만족스럽게 여기는 이유가 여기에 있음을 암시한다. 자발적인 합의(가령, 결혼)는 서로의 필요에 응할 것에 대한 제약 없는 약속을 포함해야 한다는 근본적인 가정이 여전히 존재한다.

알랭 카이예(Caillé 2001)는 첫번째 종류의 계약 및 일반적인 선물 관계와 보다 친숙한 계약 사이의 차이를 '조건적인 무조건성'과 '무조건적인 조건성'으로 요약하고 있다. 전자는 무제한적인 약속이지만 각각의 당사자는 언제든 그것을 깨는 데서 자유롭다. 후자는 각각의 당사자가 소유하고 있는 것을 정확하게, 더도 덜도 아니게 명시한다. 그러나 각 당사자는 절대적으로 그 안에 묶여 있다. 통화 화폐들 그리고 특히 거래의 순환에서 벗어났을 때 구슬이나 조개껍질 화폐에 어떤 일이 발생하는가에 대한 나의 연구(Graeber 2001)는 다소 놀라운 패턴들을 드러내주었다. 모든 것이 내부 시장에서의 현존과 부재에 의존하는 것처럼 보였다. 북아메리카에서는 원래 모피 거래에 의해서 획득된 왐펌(Wampum)은 토착민 사이에서 거래가 이루어질 때 결코 화폐로 사용되지 않았다(사실, 토착민 사이에는 어떤 종류의 시장관계도 존재하지 않았다). 그 대신 그것은 사회적 평화의 구축에서 핵심적인 요소가 되었다. 예를 들어 이로쿼이 연맹(Iroquois Confederation)은 자신들이 만인의 만인에 대한 전쟁이라는 일종의 홉스주의적인 시대에 출현했다고 여기고 있었지만, 그것은 부와 권력을 위한 경쟁에 의해서가 아니라 슬픔과 애도의 권력에 의해서 야기되었다. 슬픔과 애도는 인간을 비틀어 복수와 파괴를 갈망하는 괴물 같은 존재로 만들어버렸다. 이와 비교해서, 왐펌은 결코 한 사람이 다른 사람에게 고통을 가하게 만들지 않는 것으로 간주되었다. 왐펌은 평화의 결정체였고, 상처받고 분노에 사로잡힌 사람들을 치유하고 마음을 열게 해주는 힘을 지닌 빛과 아름다움의 물질이었다. 왐펌 선물은 모스가 염두에 두고 있었던 바로 그런 종류의 제약 없는 관계와 상호 책임을 위한 길을 터주었다. 반면, 판매와 구매가 편재해 있던 마다가스카르에서는 구슬과 녹인 은 동전으로 만든 장신구가 서부 아프리카의 물신과 아주 흡사하게 작동하는 부적(우드ody, 삼피sampy)의 요소가 되었다. 그들은 질병을 체현하고 있지는 않았지만 매우 징벌적인 효과를 발휘할 수 있었다. 마다가스카르에서는 홉스주의적인 논리가 훨씬 더 명백해진다. 왜냐하면 그것이 또한 사람이 주권적인 권력과 국가를 창조했던 방식이었기 때문이다.

여기서는 또다시 훨씬 정교한 주장(Graeber 1995, 2001)을 요약하는 게 고작일 것 같으나, 그 요점은 대략 다음과 같다. 은화(주로 노예무역을 통해 마다가스카르에 유입되었고, 장식품을 만들기 위해 용해되고, 실제로 일상생활에서 사용되는 보다 작은 통화 단위를 만들기 위해 쪼개졌던)는 또한 이메리나(Imerina)에서는 왕들의 권력을 만들기 위해 사용되었다. 통치자가 등장하는 모든 주요한 행사는 '아시나(hasina) 봉헌'이 이루어졌는데, 그것은 백성들의 대표자들이 왕에게 쪼개지지 않은 은화(이러한 승인의 행위에 의해 창조되는 왕국의 통일성을 재현하기 위해서 깨지지 않은)를 바치는 것이었다. 궁극적인 메시지는, 그렇게 함으로써, 사람들이 부적이나 물신을 만드는 것과 정확히 똑같은 방식으로 왕권을 만들었다는 것이다. 좀더 비판적으로 말하자면, 메리나 왕국에서는 두 사람이 재산의 처분이나 관개작업의 유지에 대한 사업상의 협정에 이를 때마다, 그들은 항상 왕에게 '아시나를 봉헌'함에 의해서 그 계약을 봉인했고(Graeber 1995 : 96~109), 그리하여 자신을 계약 의무에 묶어주는 폭력의 권력을 재창조했다.[18]

---

18) 이는 마다가스카르에서만 일어나는 일이 전혀 아니다. 바콩고의 사례에서도, 왕의 권력은 물

그것은 보다 제약 없는 그런 계약이 아니고, 모스적인 다양성은 마다가스카르나 서부 아프리카에는 존재하지 않았다. 종종 그것들은 '피로 맺은 형제애의 의식'이라는 의례법 아래에서 문학작품 속에 언급된다. 마다가스카르에서는 이것을 파티드라(fatidra)라고 부른다. 선교사들이 수집한 19세기 자료에서(Callet 1908 : 851, Cousins 1968 : 93~94; Ellis 1835 1 : 187~90; Sibree 1897), 그것들은 가장 기본적이고, 심지어 최초의 계약 형식으로 취급된다(예를 들면 대부분의 사업 파트너들이 이런 방식으로 함께 묶여 있었던 것처럼). 두 당사자는 자신의 피를 간 조각에 약간 넣고 그 간을 먹고서는 서로의 필요에 언제나 응할 것, 위기 시에 결코 도움을 거절하지 않을 것, 그리고 상대방이 굶주릴 때 결코 식량을 거절하지 않을 것 등을 맹세한다. 그러나 그 서약의 실제적인 형식은 저주의 형식을 취하는데, 이 저주는 그 의식에 의해서 만들어진 보이지 않는 영을 자극하고, 만약 자신들이 그 의무를 다하지 못하는 일이 발생하면 모든 종류의 재난과 파괴를 가하라고 요청하는 것이다. 공동체적 유대를 만들어내는 것도 마찬가지이다. 사람들은 이렇게 주장한다. 왕이 존재하기 이전에도, 새로운 공동체를 만드는 사람은 어떤 돌이나 나무 또는 자신의 공동체적 의무를 집행하도록 할 힘을 지닐 법한 다른 대상에게, 그 사회적 계약을 존중하지 않은 사람을 벌주거나 최소한 쫓아내기 위해서, '아시나 봉헌'을 하는 것으로 일을 시작한다고 말이다(사실 여전히 사람들은 이렇게 주장한다).

모스가 '총체적 상호의존성'에 대해 기술할 때, 그는 시장 제도가 완전히 부재하는 상황에서 이루어지는 협정에 대해 생각하고 있다. 여기에서 우리는 시장 관계에 깊이 연루되어 있는, 그밖에는 사람 사이에 공통

신과 같은 수단을 통해서 만들어지는 것으로 보인다.

적인 것이 없는 그런 사회를 마주한다. 돈의 일반적인 힘은 (이미 당사자를 함께 묶고 있는 것으로서) 보이지 않는 힘의 모델이 되었다. 그 힘은 당사자 중 한쪽에게 단기적인 금전상의 이익이 존재하지 않을 경우에조차 서약을 유지하도록 작용하고 있다. 따라서 피로 맺은 형세애의 '개인적 공동체'조차 결국 동일한 논리에 포섭되게 된다.

내 생각으로는, 북아프리카와 마다가스카르를 비교하는 것은 의미가 있다. 왜냐하면 두 경우 모두에서 순수한 가치를 체현하고 있는, 아주 먼 곳에서 온 것으로 간주되는 물질이 새로운 사회적 유대의 창조(즉 사회적 창조성)를 위한 기본적 매개체가 되고 있기 때문이다. 이로쿼이인의 여섯 국가들은 평화를 창조하기 위해서 왐펌을 사용했지만, 사실 우리가 사회라고 부르는 것이 그들에게는 평화였다. '이로쿼이 연맹'은 '위대한 평화'라 불렸고 왐펌의 현존이 모든 종류의 계약과 상호 협정과 새로운 제도적 형식을 창조하기 위한 매개체가 되었다(Graeber 2001 : 125~26, 132~34). 마다가스카르(그리고 아프리카)의 사례 속에서 우리는 협정과 공동체와 심지어 왕국을 창조하기 위한 매개체를 살펴보았다.

이것이 너무 자주 외래의 그리고 분명히 보편적인 대상의 조작을 수반하고 있기 때문에 아마도 가치는 당연한 것으로 간주될 것이다. 확실히 우리는 단지, 하나의 사회적 장 또는 논리적 영역은 자신의 일부가 아닌 어떤 것(초월적이거나 또는 외래의 어떤 것)과의 관계 속에서만 구성될 수 있다고 하는 익숙한 구조적 원리들을 다루고 있는 중이다. 헌법은 헌법적 수단에 의해서는 만들어질 수 없다. 사법 체계를 만들어내는 사람이 그 사법 체계에 묶여 있을 수는 없다. 언제나 하나는 다른 무엇인가를 필요로 한다. 이 정도까지는 아주 간단하다. 그러나 이 대상은 궁극적으로 단지 매개체에 불과하다는 것을 강조하는 것이 중요하다. 따라서 그것들이 무엇이냐는 궁극적으로 다소 자의적이다. 한 집단은 먼 곳에서 온 귀중한 대상을 사용할 수 있고, 또 다른 집단은 자신의 손이 닿는 매우 많은 임의적 대상("사자의 꼬리……새의 깃털……조약돌……천 조각")을 사용할 수 있다. 이 점에서 피에츠의 글은 한 가지 핵심을 파악하고 있는데, 왜냐하면 이것이 정확히 가치의 자의성이 완전히 부각되는 순간이기 때문이다. 사실 창조성은 그 대상이 가지고 있는 측면에서 나오는 것이 전혀 아니기 때문에, 그것은 행위의 차원에 속하는 것이다. 이런 의미에서 새로운 것은 낡은 것으로부터 출현하며 대상의 외래적 본성은 어떤 의미에서 우리 자신에게 낯선 우리 자신의 행위의 양상을 반영하고 있는 것이다.

우리 자신에게 되돌아오는 우리의 행동

결국 이 지점은 우리가 물신(인간적 특질을 띠고 있는 것으로 보이는, 궁극적으로는 사실 행위자 자신으로부터 비롯된 대상)에 대한 맑스주의적 관념 쪽으로 탐구를 시작했던 곳이라 할 수 있다

여기서 우리는 순수한 신비화에 대해서 말하고 있는 것이 아니다. 내가 메리나의 왕족 목욕 의식에 대한 분석(2001 : 232~39)과 일반적인 아시나 의식에 대한 분석을 통해 예증하고자 했던 것처럼, 사람들은 왕을 만들어내는 것이 의식이라는 것, 왕권을 구성하는 것은 동전이 아니라 그것을 봉헌하는 행위라는 것을 전혀 모르고 있는 것은 아니다. 이것은 의식 그 자체에서 암묵적으로, 그리고 무대 밖에서는 명시적으로 진술되었다. 마찬가지로, 마다가스카르 부적은 그들로부터 보호받는, 또는 그들이 힘을 행사하는 사람들에 의한 맹세나 서약의 제시를 포함하고 있었다. 그러한 행위가 없다면, 그것은 단지 무기력한 대상일 뿐이다. 반면에 일단

[맹세나 서약이] 부여되면, 대상은 스스로 힘을 갖고 있는 것으로 취급되었다. 유사한 무엇인가가 서부 아프리카의 '물신'에 의해 광범위하게 인정되었던 것처럼 보인다. 사실 누군가 피에츠가 조사한 문헌을 검토해본다면, 행위에 대한 정확히 동일한 강조를 확인할 수 있을 것이다. 여기에서 집단적인 맹세는 물신을 '만들기' 또는 '마시기' 또는 '먹기'(아프리카 언어로부터 직접적으로 번역된 것으로 보이는 어구들)라고 불릴 수 있다. 물신은 사람이 만들거나 행하는 그 무엇이다.

> 의무적인 욕설도 물신을 구성한다. 어떤 의무이건 그것이 확정되기 위해서는, 그러니까 그 의무의 구절이 확정되기 위해서는, 더 확실한 확정으로서 물신을 구성해야 한다. 맹세의 물약(Oath-Draught)[19]을 마실 때, 여기에는 통상 저주나 욕설이 동반된다. 그 욕설은 만약 의무의 내용을 이행하지 않으면 물신이 그들을[맹세한 사람] 죽여버릴지도 모른다는 것이었다. (Bosman 1705[1967: 149])

여기에서의 기본적인 과정(사람이 무엇인가를 창조한다['만든다']. 그러고 나서 그들은 마치 그것이 자신에게 지배력을 행사하는 것처럼 행동한다.)은 물론 맑스가 '물신주의'에 대해서 말할 때 생각하고 있는 것과 정확히 같은 종류의 것이다. 여기에는 두 가지의 흥미로운 요소가 있다. 첫째는 관련된 사람들은 이러한 일이 일어나고 있다는 것(이 대상들이 구성되고 있다는 것, 그러나 동시에 그것들이 자신들을 구성한 사람들에게 일종의 지배력을 행사하게 되었다는 것)을 완전히 모르는 것처럼 보이지 않는다는 점

---

19) [역주] 신성한 풀을 달인 물로 신에게 올리는 물의 일종.

이다. 내 생각에 이것은 매우 중요한 사실이며, 잠시 후 그 전체 함의에 대해 숙고해볼 것이다. 두 번째 흥미로운 사실은 피에츠가 이 점에 대해 전혀 고려하고 있지 않다는 것이다. 사실 그가 맑스의 저작을 살펴볼 때조차(1993), 피에츠는 물신주의에 대한 가장 간단하고 보편적인 정의('물신주의는 인간들이 스스로 창조해낸 것들 앞에 무릎 꿇고 그것을 숭배할 때 발생한다는 것)를 제외하고서는 물신주의에 대한 모든 정의와 모든 측면을 검토하고 있다.

이것은 매우 잘못된 관점이다.

그 이유는 다음과 같은 피에츠가 주장하는 구조 속에 있는 것처럼 보인다. '물신'은 현존하는 유럽의 범주도 아프리카의 범주도 적용되지 않는 특별한 상호 문화적 공간 안에서 출현했던 개념이다. 그는 그것을 '문화적 혁명의 공간'이라 부르는데, 그 안에서는 수많은 근본적으로 서로 다른 사회 체계들(봉건적 기독교사회, 원시자본주의의 중상주의, 아프리카의 혈통적 체계들)의 '개념들, 습관들, 삶의 형식들, 그리고 가치 체계들'이 갑자기 중첩되어 서로 관계를 맺도록 강요를 받았다.[20] 따라서 그곳은 계속적인 혁신과 문화적 창조성의 공간이었다. 서로가 자신의 관습과 범주가 상대방과 거래를 하는 데 부적절하다는 사실을 깨닫게 되면서, 특히

---

20) 이 구절은 프레데릭 제머슨(Frederik Jameson)에게서 나온 것이다. 제머슨의 '문화 혁명'(1981: 95~97)이라는 관념은 결국 알튀세르주의적 맑스주의의 한 계통으로 돌아가게 된다. 그 아이디어는 이러하다. 통치계급이 점진적으로 바뀌어가는 과정에서는, 그들 사이의 갈등이 의미의 위기(a crisis of meaning)라는 형태로 나타날 수 있다. 그러니까, 근본적으로 다른 "개념, 습관, 삶의 형태, 가치 체계"가 서로 나란히 함께 존재하는 일 말이다. 예를 들어 계몽은 장기간에 걸쳐 이루어진 문화 혁명의 극적 지점이라고 볼 수 있다. 여기서 오래된 중세 귀족은 "체계적으로 해체"되었으며, 떠오르는 부르주아지들로 대체되었다. 물론 서아프리카 해안의 사례는 하나의 계급이 다른 계급으로 대체되는 것을 이야기하고 있는 것이 아니라, 서로 다른 문화적 세계가 대립하게 되는 일에 대한 것이다.

탄고마오(tangomao) ── "왕의 명령에 대한 반항으로 기니 본토에 집을 마련하고 그곳에서 결혼하여 물라토 가족을 형성했던, 포르투갈어를 사용하는 모험가들과 상인"(Donelha in Pietz 1987 : 39) ── 와 같은 인물들 사이에서, 일종의 혼합문화가 출현했다.

피에츠에 따르면, 이런 상황 속에서 외국의 종교적 관습을 대하는 표준적인 기독교 규정은 작동할 수 없었던 것 같다. 가장 흔한 규정은 '우상숭배'였다. 이교도는 우상을 숭배했다. 우상은 인간에 의해 만들어진, 비가시적인 힘(기독교도는 악마임을 알고 있지만, 이교도는 신이나 영이라고 생각하는)을 재현하는 물질적인 이미지다. 숭배자는 일종의 구두계약을 통해 그 우상과 관계를 맺게 되었다. 바로 이것이 물신과의 핵심적인 차이였다. 물신은 (최소한 최초의 포르투갈과 네덜란드 상인의 묘사 속에서는) 그 무엇도 표상하거나 재현하지 않았다. 그것들은 스스로 힘을 갖고 있다고 여겨지는 물질적 대상이었다. 사실 그것은 상인 자신의 물질주의적 우주관에서 비롯된 상상적인 산물이었다. 맥가피가 말했던 것처럼(MacGaffy 1994), 아프리카인은 물신에 대해 말할 때 정확히 이런 물질주의적 강조를 빼고 있다(이는 과연 실제로 '혼합문화'에 대해서 말하고 있는 것인지를 의심스럽게 한다). '물신'이라 이름 붙여진 물품 중 일부는 이미지의 형태를 띠고 있었고, 다수는 그렇지 않았다. 그러나 구두계약과 비가시적 영혼은 거의 변함없이 포함되어 있었다. 예를 들면, 이메리나(Imerina)에 처음으로 정착했던 외국 선교사들은, 삼피(sampy)는 아주 드문 경우에만 뭔가를 표상하고 재현하는 형식을 취하고 있었음에도 불구하고, 메리나의 삼피를 '물신'이 아니라 '우상'이라고 부르는 것을 주저하지 않았다. 마다가스카르의 '우상'과 서부 아프리카의 '물신'의 차이는 단지 전자가 제일 먼저 선교사에 의해 이름이 붙여졌고 후자는 주로 상인

(오로지 교환과 물질적 가치에 대해서만 관심을 가졌던 사람들)에 의해 이름 붙여졌다는 데 있었던 것 같다. 사회적 관계의 생산이나 창조는 말할 것도 없이, 생산이나 창조는 피에츠가 인용하는 사람에게는 전혀 관심거리가 아니었다. 따라서 내가 보기에는 그들의 보고에는 이 관념들의 전체 집합에서 가장 매력적인 측면이 빠져 있다. 나는 여기에서 '물신 만들기'(실제로 집단적 투자의 형식을 통해 사람들이 그 자리에 새로운 신을 창조할 수 있다는 것)라는 관념에 대해 말하고 있는 중이다. 신성함에 대한 이런 일상적인 태도는 아프리카를 처음 찾은 유럽인에게 매우 놀라운 것이고, 결국에는 그들로 하여금 아침에 처음 본 물건을 숭배하는 사람들에 대한 특별한 환상을 갖게 만들었다. 유럽인이 최소한 많은 아프리카 사회에서 특히 종교 영역(영원한 진리의 영역이어야만 하는)에서는 누구나 모든 것을 쉽게 얻을 수 있는 것 같다고 생각하게 된 것은 물신을 둘러싸고 있는 즉흥적인 특성 때문이었다. 왜냐하면 이 공간은 정확히 사회적 창조성의 주요한 장소이기도 했기 때문이다. 앞으로 보게 될 것처럼, 이런 의미에서 쟁점은 이것들이 '혁명의 공간'에 존재하는 사물이었다는 점이라기보다는 그것들 자신이 혁명적 사물이었다는 점에 있다.

필수적인 환영?

그렇다면 물신이란 무엇인가?

물신은 구성의 과정 중에 있는 신이다.

최소한 '물신'이 이러한 문맥에서 하나의 전문 용어로 여전히 사용될 수 있다면(물론 이 점에 대한 합의는 없다.), 바로 이것이 내가 제안하고자

하는 것이다.[21]

물신은, 정확히 '주술'과 '종교' 사이의 관습적인 구별이 의미 없어지는 지점, 그리고 부적이 신성한 것이 되는 그러한 지점에 존재한다. 물론 프레이저는 주술은 하나의 기술, 즉 인간이 세계를 자신의 뜻대로 만들어보고자 시도하는 하나의 방법이며, 반면에 종교는 영원한 권위에 복종하는 문제라고 주장했다.[22] 뒤르켐에게 주술은 순수하게 개인적인 목적을 위해 실행되는 의식이었다. 그것이 교회와 회중을 얻게 되면, 그때 종교가 된다. 왜냐하면 종교는 사회와 관련되는 것이기 때문이다. 그렇다면 물신은 주술이 종교로 미끄러져 들어가는 바로 그 지점이다. 우리가 창조하거나 어떤 목적을 위해 전용(轉用)했던 대상들이 갑자기 우리에게 부과되는 힘으로 간주되는 장소 말이다. 정확히 그것들이 어떤 새롭게 창조된 사회적 유대를 체현하기 시작하는 바로 그때에.

이 말은 다소 추상적으로 들릴 수 있다. 그러나 주의 깊게 민속지적 증거를 살펴보면, 바로 이것이 정확히 일어나고 있는 일이다. 마다가스카르 시골지역의 일상생활은 여전히 다양한 종류의 '약'(*fanafody*)으로 가득 차 있다. 이 단어는, 약초 즙에서 적의 머리에 번개가 떨어지도록 하는 힘을 지닌 부적에 이르기까지의 모든 것을 포함하고 있다. 대부분의 사람은 하나 또는 두 가지 정도의 약을 만들거나 작동하게 하는 법을 알고 있으며, 기꺼이 남들로 하여금 자신이 그렇게 할 수 있다고 생각하게 하려 한다. 가장 단순한 부적은 특정한 경우를 위해 즉흥적으로 만들어지는 것

---

21) 예를 들어 모스는 자신의 학생들에게 '물신'이라는 용어는 이론적 용어로는 쓸모가 없으며 버려야 한다고 조언했다.

22) 내가 전에 말했듯이(Graeber, 2001: 239~47), 이것이 맑스주의자가 주술에 대해 알아내기가 그토록 힘들었던 원인이다.

이다. 어떤 것은 보다 영구적이다. 매우 중요한 것(우박으로부터 곡물을 지키는 부적 또는 마을을 도둑으로부터 지켜주는 부적)은 전체 공동체에 영향을 미치는 것으로서, 이름과 역사와 보유자를 갖고 심지어 주기적인 희생을 통해 새롭게 만들어져야만 한다(왕들처럼). 수백 년 전, 이들 중 어떤 것은 공동체의 보호자로서 보다 일반적인 역할을 계속해 왔는데, 그것들은 '삼피'로 알려지게 되었다. 그것은 희귀한 나무 조각, 구슬, 그리고 은 장식품의 모둠들이었으며, 천이나 상자에 감춰진 채 보관되었고, 보통 작은 자신의 집을 갖고 있었다. 때로 자신의 보유자를 통해 말을 하기도 했고, 이름과 이야기를, 그리고 의지와 욕망을 갖고 있었으며, 존경을 받았고, 행운을 가져다주었으며, 금기를 부과했다. 즉, 신들과 아주 흡사한 것이었다. 특히 왕의 신전에 안치되도록 채택되었을 때 그랬다. 특정한 때에 왕은 12개 정도를 왕국의 수호신으로 선택했다. 이들은 행진 중인 왕의 군대 앞에서 옮겨졌고, 중요한 의식에 참석했으며, 그들을 위한 의식이 있는 날은 국가적인 휴일이었고, 그 보유자들은 사실상의 사제였다. 이들은 또한 19세기에 영국 선교사들을 그렇게 화나게 했던 '우상'(켈리말라자Kelimalaza, 만자카치로아Manjakatsiroa, 라볼롤로나Ravololona 등의 이름을 가진)이었다. 그럼에도 매우 불안정한 신전이었다. 만일 신이라면(사실 그것들은 '신들'이라고 불렸다. 안드리아마니트라Andriamanitra는 창조주를 가리키기 위해 사용된 단어였으며 나중에 기독교의 신을 가리키기 위해 사용되었다.), 신성은 굉장히 보잘것없는 것처럼 보였다. 새로운 삼피가 등장하면 낡은 것은 애매한 지위로 떨어지거나 그렇지 않으면 사기꾼이나 주술사로 밝혀져 신전에서 치워졌다. 말 그대로 평범한 '주술'과 신 사이에는 명확한 경계가 없었다. 그러나 바로 그 이유 때문에, 신들은 항상적인 구성의 과정 속에 있었다. 그것들은 영원한 본질을 대변하는 것으로

간주되지 않았지만, 최소한 일정 기간 동안이나마 실질적이며 자애롭다고 판명된 힘이었다.[23]

　서부 아프리카의 '물신'과 메리나의 삼피(이것들은 보다 파괴적인 힘을 갖고 있었으며, 고통의 논리에 더 연루되어 있었다.)가 정확히 같은 것은 아니었다. 이외에도 미묘한 차이가 있다. 하지만 또한 우리는 여기서 평범한 부적과 준-신적인 것 사이에 있는 동일한 연속체를, 인간의 행동에 의해 창조되는 사물에 대한 동일한 의미를, 소유되고 계승되고 심지어 사거나 팔릴 수도 있는 소유물을 발견하게 된다. 도구들이지만 동시에 잠재적으로 파괴적인 자율성을 갖고 행동할 수 있는, 존경과 숭배의 대상들.

　그렇다면 이 모든 기이한 신학과 사회적 창조성 그 자체는 어떻게 관련되어 있는 것일까? 바로 이 대목에서 마침내 우리는 맑스로 되돌아갈 수 있을 것이다.

　맑스에게 '상품물신'은 보다 일반적인 '소외' 현상의 특정한 한 심급이었다. 인간은 집단적으로 자신의 세계를 창조한다. 그러나 이 모든 창조적 활동이 사회적으로 조정되는 방식이 지닌 고도의 복잡성 때문에 그 누구도 통제하는 것은 말할 것도 없고 실제로 그 과정을 추적할 수도 없다. 그 결과 우리는 항상 우리 자신의 행동과 창조물을, 마치 그것들이 낯선 힘들이기라도 한 것처럼, 마주치게 된다. 물신은 단지 이러한 일이 물질적 대상에 일어난 경우에 해당한다. 마치 아프리카 물신에서처럼, 논증은 계속되고, 우리는 결국 사물을 만들고, 그러고 나서 그것을 신처럼 취

---

23) 즉, 그리스의 아테네나 바빌론의 마르두크 혹은 요루바의 샹고와 같은 고정된 신화적 신들이 존재하지 않는다.

급하게 된다.

　물론 『자본론』 2장에서의 논증은 훨씬 복잡하다. 거기에서 맑스는 주로 가치에 관련된 주장을 하고 있다. 맑스에게 가치는 언제나 노동으로부터 나온다. 좀 더 정확하게 말하자면, 가치는, 그것을 통해 우리 자신이 보다 큰 사회 체계의 일부가 되게 해줌으로써 우리의 노동이 우리 자신에게 의미 있게 되는 상징적 형식이다. 그럼에도 자본주의에서 소비자들은 상품들의 가치를, 사물 속에 그러한 성질들을 넣기 위해 요청되는 인간의 노력들에 있다기보다는 사물 자체 안에 원래 있는 것으로 간주하는 경향이 있다. 우리는 우리의 기쁨과 편리함을 위해 고안되고 생산된 사물로 둘러싸여 있다. 그것들은, 우리의 욕구와 욕망을 예상하고 충족시킬 사물들의 창조를 위해 에너지를 쏟아넣은 인간의 의도를 체현하고 있다. 그러나 시장체계의 작동 때문에, 우리는 보통 그 사람이 누구며 어떻게 작업을 했는지에 대해 조금도 알지 못한다. 그리하여 그 모든 의도들은 결국 사물 그 자체 속의 속성인 것처럼 보인다. 따라서 사물은 우리가 개인적인 관계를 맺을 수 있는 물건처럼 보인다. 그것들이 작동하지 않거나 할 때, 우리는 화가 나서 그것들을 때리거나 발로 찬다. 실제로, 자본주의에는 그러한 주객전도로 넘쳐나는 것 같다. 자본이 성장한다, 돈은 언제나 한 시장에서 달아나 또 다른 시장을 찾고 그 과정에서 배를 불리고 배당금을 형성한다. 모든 경우에 일어나고 있는 일은 다음과 같다. 우리는 너무나 복잡해서 전체를 결코 볼 수 없는 체계 속에서 일하고 있으며, 그래서 우리는 전체에 대한 우리 자신의 특정한 관점을(우리가 전체를 바라보는 작은 창), 총체성 그 자체의 본성으로 오해하게 된다. 왜냐하면 소비자의 관점에서는 제품들이 DVD를 틀겠다거나 아파트를 청소하겠다거나 하는 개인적인 결심에 따라 시장에서 뛰어나오는 것처럼 보일 것이며, 사

장의 관점에서는 돈이 어떤 시장에서 달아나고 있는 것처럼 보일 것이기 때문이다.[24]

　행위가 이처럼 뒤죽박죽이 되어버리는 것은 충분히 무해한 것으로 보일 수도 있다. 특히 만약 실제로 그 문제에 대해 질문을 받는다면, 상품이 자신의 의지를 갖고 있다거나 돈이 자신의 뜻에 따라 시장에서 빠져나간다는 식의 전제를 변호할 사람은 거의 없을 것이기 때문이다. 맑스에게는 그것이 두 가지 이유에서 위험한 것이다. 첫째, 그것은 가치가 창조되는 과정을 모호하게 만든다. 물론 이것은 창조 과정에서 큰 역할을 하지 않았지만 가치를 추출하기를 원하는 사람들에게는 편리할 것이다. 화폐는 노동의 가치를 나타낸다. 그러나 임금노동자들은 돈을 얻기 위해 일을 한다. 따라서 화폐를 그 가치의 원천으로 또는 가치로(다시 한 번, 노동자의 관점에서 그것은 당연하다) 여기기 쉽다. 마찬가지로, 존경의 징표들(존경받을 만한 행동들이라기보다는)은 위신의 원천처럼 보이게 될 수 있고, 은총의 징표들이 (헌신하는 행위보다도 더) 신이 내리는 은총의 원천으로, 환락의 징표는 재미의 원천으로 보이게 될 수 있다. 둘째, 이 모든 것이 '시장의 법칙들'을 자연적이고 불변하는 것으로, 그리하여 인간의 개입 가능성에서 완전히 벗어나 있는 것으로 취급하는 것을 더욱 용이하게 만든다. 물론 이것이 정확히 자본주의에서, 심지어(아마도 특히) 사람들이 자신의 위치에서의 직접적인 관점에서 벗어나서 전체로서의 체계에 대

---

24) 테리 터너와 다른 이들이 상당히 자세히 주장한 것처럼(Graeber 2001 : 64~66을 보라), 이 모든 것은 상당 부분 피아제가 어린아이들의 '자기중심성'(egocentrism)을 묘사할 때 말한 것과 일치한다. 어떤 상황에 대한 자신의 관점이 실제 그 자체와 같지 않으며, 자신의 관점은 수많은 가능한 관점 중 하나일 뿐이라는 사실을 이해할 수 없는 무능력 말이다. 유년기에서도 이런 무능력은 사물이 마치 주체적인 특성들을 가지고 있는 것마냥 다루는 것으로 이어진다.

해 이야기하려 할 때, 발생하는 일이다. 시장의 법칙은 불변하는 것으로 간주될 뿐 아니라, 물질적 대상의 생산이 전체적인 핵심으로, 상품 자체가 유일한 인간의 가치로 가정된다. 그리하여, 가령, 보츠와나(Botswana) 또는 남아프리카에서, 정부 관료들이나 세계은행 고문들이 어떤 영역에서 인구의 절반이 에이즈로 죽어가고 있는 것이 '경제'에 악영향을 미치기 때문에 큰 문제라고 말하는 기괴한 광경을 볼 수 있게 된다. 이는 분명 아주 최근까지 '경제'는 사람들이 계속 살아가도록 물질적 재화를 분배하는 방식이라 보편적으로 간주되었다는 사실을 망각하고 있는 것이다.

가치이론을 강조하게 되면, 내가 처음에 말했던 맑스의 관점 사이에서의 기이한 불일치, 그러니까 맑스가 물질적 생산을 바라보는 관점과 맑스가 내가 사회적 창조성이나 혁명이라고 부르는 것에 대해 이야기하는 방식 사이에 나타나는 기이한 불일치를 좀 더 쉽게 이해할 수 있다. 집이나 의자를 생산할 때 사람들은 먼저 무엇인가를 상상하고 그것을 존재하게 만들려고 시도한다. 혁명을 선동할 때 사람들은 결코 이렇게 해서는 안 된다.[25] 그 불일치의 주요한 이유는, 한스 요하스가 지적하고 있는 것처럼, 맑스가 인간의 창조성을 두 양상으로 환원시킨다는 사실에 있는 것 같다. 생산(언제나 발생하는) 또는 혁명(오직 가끔씩만 발생하는). 원리적으로는 그렇지 않다. 예를 들어, 『독일 이데올로기』에서 맑스는 물질적 재화의 생산은 언제나 동시에 사람과 사회적 관계의 생산이고, 이 모든 것은 창조적 과정이며 따라서 항상적인 변형 상태에 놓여 있었다고 아주 명확

---

25) 심지어 이것 역시 다소 기만적인 말이다. 왜냐하면, 이는 사람들과 사회적 관계의 생산이 그 자체로는 '물질적'이지 않다고 말하는 것이기 때문이다. 사실, 나는 다른 곳에서 '물질적 하부구조'와 '이데올로기적 상부구조'의 구분이 그 자체로 관념론의 한 형태라고 주장했다(3장을 보라).

하게 진술하고 있다. 그러나 요하스는 당대의 사건들에 대한 맑스의 구체적인 분석에서는 이런 것이 희미해지는 경향이 있다고 적절히 지적하고 있다. 사회적 창조성은 정치적 행동으로, 심지어 극적이고 혁명적인 변화로 환원되는 경향이 있다.

이렇게 되는 한 가지 이유는, 이런 종류의 가치 분석을 실행할 때 사람들은 생산을 둘러싸고 있는 사회 체계가 매우 안정적이라는 가정을 해야만 한다는 사실에 있다.

예를 들어보자. 상품이나 돈을 물신화할 때, 사람들이 체계에 대한 자신의 부분적인 관점과 전체로서의 체계를 혼동하고 있다고 말하는 것은 어떤 전체 체계가 존재하고 그것에 대해 무언가를 알아내는 것이 가능하다는 것을 함축하고 있는 것이다. 시장체계의 경우, 이것은 완벽하게 근거 있는 주장이다. 모든 경제 연구는 '시장'이라 불리는 것이 존재하며 그것이 어떻게 작동하는지에 대해 무엇인가를 이해하는 것이 가능하다는 가정을 전제하고 있다. 아마도 필요한 지식이 포괄적이지는 못할 것이다. 사람들이 물신화를 피하기 위해 누가 자신의 주머니에 있는 담배나 팜 파일럿(Palm Pilot[포켓용 컴퓨터])을 고안하고 생산했는지 정확히 알아야 할 필요는 없다.[26] 단지 일반적으로 이러한 것들이 어떻게 작동하고 있는지, 그 체계의 논리, 어떻게 인간의 에너지가 동원되고, 조직되어 사물들에 체현되는지 등에 대해 알기만 하면 된다. 그러나 이것은 그 체계가 일정 기간 동안 대략 같은 방식으로 작동하는 경향이 있다는 것을 함

---

26) 만약 이를 시도한다면, 이것은 사실상 또 다른 종류의 물신주의로 이어질 수 있다. 여러 선물 체계에서 목격할 수 있는 가보와 같은 귀중품에서 나타나는 물신주의 말이다. 이런 가보는 전 주인의 인격을 포함하거나 체현하고 있다고 간주된다.

축하고 있다. 그렇지 않다면 어찌할 것인가? 그것이 변화의 과정 중에 있다면 어찌할 것인가? 극단적으로 말해, 문제가 되는 그 체계가, 당신이 바로 그 물신주의적 행위를 통해 존재하게 하려고 노력하는 중이기 때문에, 아직은 존재하지 않고 있는 것이라면 어찌할 것인가?

많은 아프리카 물신의 경우, 정확히 이런 것이 일어나고 있었다고 할 수 있다. 함께 물신을 '마시거나' '만든' 상인이 광대한 시장체계를 창조하고 있는 것은 아닐 것이다. 그러나 보통의 목표는 작은 시장체계를 창조하는 것이었다. 지속적인 거래의 기초가 될 수 있는 교환 항목과 비율, 신용과 재산의 관리에 대한 규칙을 규정하는 것. 심지어 물신이 명시적으로 계약을 확립하는 것에 관련되는 것이 아닐 때조차, 그것들은 거의 변함없이 새로운 무언가(새로운 신도, 새로운 사회적 관계, 새로운 공동체들)를 창조하는 기초가 되었다. 따라서 최소한 처음에 모든 '총체성'은 잠재적이고 상상적이며 관점에 의존하는 것이었다. 게다가, 이것이 정말로 결정적인 지점인데, 그것은 모든 사람이 마치 물신적 대상이 실제로 주체적인 성질을 갖고 있는 것처럼 행동할 때에야만 실제로 존재할 수 있는 상상적인 총체성이었다. 계약의 경우에 그것은 다음을 의미한다. 만약 당신이 위반을 하면 그것이 당신에게 벌을 주기라도 할 것처럼 행동하라.

다시 말해서, 이것은 혁명적인 순간이다. 그것들은 새로운 무언가의 창조를 함축하고 있다. 그것들이 총체적인 변형의 순간은 아닐 것이다. 그러나 실제적으로 어떠한 변형도 정말로 총체적이지는 않은 것 같다. 모든 사회적 창조성의 행위(우정의 관계를 만드는 것에서부터 은행체계를 전국화하는 것에 이르기까지)는 어느 정도 혁명적이고 전례 없는 것이다.[27]

---

27) 맑스주의적인 관점에서, 사업상의 거래를 혁명적 행위의 원형으로 보는 것은 꽤 충격적인 일

그럼에도 이곳이 정확히 우리가 물신의 논리가 불쑥 나타나는 것 (심지어 '물신'이라는 단어의 기원까지)을 목격하는 지점이며 그것은 그 무엇도 잘못 재현하고 있지는 않은 것 같다. 물론 물신적 관점이 정말로 진실이라고 말하는 것은 너무 멀리 나가는 것이다. 룬칸카(Lunkanka) 가 정말로 누군가의 내장을 매듭에 묶을 수는 없을 것이며, 라볼롤로나 (Ravololona)가 정말로 우박이 누군가의 곡물 위로 떨어지는 것을 막아 줄 수는 없을 것이다. 내가 다른 곳에서 언급했던 것처럼(Graeber 2001), 결국 우리는 여기에서 권력의 역설, 즉 다른 사람들이 그것이 존재한다 고 믿어줄 때에만 존재하는 무엇이라는 그 역설을 마주하고 있는 셈이다. 그것은 언제나 사기와 쇼맨십과 속임수의 분위기를 풍기는 것처럼 보이 는 주술의 핵심에 자리 잡고 있는 역설이기도 하다. 그러나 그것이 단지 권력의 역설이기만 한 것은 아니라고 주장할 수 있다. 그것은 또한 창조 성의 역설이다. 이것은 언제나 맑스주의의 아이러니 중 하나였다. 맑스는 궁극적으로 인간이 자신의 창조적 능력에 대한 통제력을 갖지 못하도록 억제하고 이를 빼앗는 모든 것(모든 형식의 소외)으로부터 인간을 해방시 키기를 원했다. 그러나 자유롭고 소외되지 않은 생산자는 정확히 어떤 모 습일까? 그것은 맑스 자신의 저서에서는 결코 분명하지 않다. 아마도 독 립적인 수공업자들은 아닐 터인데, 왜냐하면 그들은 보통 전통의 속박에 사로잡혀 있기 때문이다. 아마도 미술가, 음악가, 시인, 작가(맑스 자신과 같은)의 모습에 더 가까울 것이다. 그러나 화가, 음악가, 시인, 작가들이 자

이 될 것이다. 하지만 계약의 원형적 형태는, 심지어 그것이 사업상의 파트너 사이에서 이루 어진다 하더라도, 코뮤니즘으로 볼 수 있다는 주장이 여기에 딸려 있음을 기억해야 할 것 이다.

신의 창조성의 경험에 대해 묘사할 때, 그들은 거의 언제나 맑스가 물신의 전형으로 간주했던 바로 그런 종류의 주객전도를 불러일으키기 시작한다. 거의 대부분은 결코 자신을 합리적으로 계산해서 세계에 자신의 의지를 부과하는 건축가와 같은 존재로 생각하지 않는다. 대신에 우리가 거의 항상 듣게 되는 것은, 그들이 어떻게 자신을 바깥으로부터 온 영감의 운반자라고 느끼고 있는지, 그들이 어떻게 자신을 잃고 분해되어 자신의 일부를 그 산물 속에 남겨놓게 되었는지 등의 이야기들이다. 사회적 창조성의 경우에는 더욱 그러하다. 모스가 『증여론』(The Gift)에서 '계약 관념의 기원'에 대해 쓰면서 끊임없이 이런 종류의 주객전도(선물과 함께 선물 제공자가 빠져나올 수 없게 얽혀들게 되는)에 대해 숙고하게 된 것은 우연의 일치가 아닌 것 같다. 이렇게 보면, 그것이 진짜 딜레마를 낳는 것처럼 보일 수도 있다. 물신화되지 않은 의식은 가능한가? 만약 그것이 가능하다면, 우리가 그것을 바라기는 하는 것인가?

사실, 이 딜레마는 환영일 뿐이다. 만약 물신주의가 본질적으로 우리 자신의 행동과 창조물을 우리를 지배하는 힘을 갖고 있는 것으로 간주하는 경향을 가리키는 것이라면, 어떻게 그것을 어떤 지성적인 오류로 취급할 수 있을까? 우리의 행동과 창조물은 정말 우리에 대해 지배력을 갖는다. 이것은 정말이지 진실이다. 화가에게 매번의 붓질은 일종의 서약이다. 그것은 이후에 그가 할 수 있는 것에 영향을 미친다. 사실 사람들이 전통의 구속에 덜 사로잡혀 있을수록, 이것은 그만큼 더 진실이 된다. 가장 자유로운 사회에서조차, 아마도 우리는 다른 사람들에 대한 서약에 묶여 있음을 느끼게 될 것이다. 심지어 카스토리아디스의 이상적인 자율(공동체) 아래에서도, 즉 누구도 자신이 직접 집합적으로 창조하지 않은 규칙을 가진 제도 안에서 활동할 필요가 없는 곳에서도, 우리는 여전히 규칙들을 만들고 그 규칙들이 우리 자신에게 지배력을 행사하도록 허용한다. 만약 그 문제에 대한 논의가 은유적인 전도를 향해 나아가는 경향이 있다면, 그것은 그것이 모든 사람이 알고 있는 것(우리는 우리 자신의 창조물의 노예가 되는 경향이 있다는 것)과 누구도 실제로는 이해하지 못하고 있는 것(정확히 어떻게 맨 처음에 새로운 것을 창조해낼 수 있었을까?)의 병렬을 함축하고 있기 때문이다.

만약 그렇다면, 진짜 질문은 이러한 것이다. 어떻게 이처럼 완벽하게 무해한 물신이, 수백만의 사람이 죽었는데 이를 슬퍼하는 이유가 그것이 경제에 미칠 영향 때문이라고 말하게 만드는 완전히 정신나간 종류의 물신으로 변하게 되었느냐는 것이다. 핵심적인 것은 사람들이 사물들을 자신의 직접적인 관점(이것은 언제나 구체적인 상징적 형태들을 통해 작동하는 것처럼 보이는 가치의 실현과 특히 변형 또는 창조성의 순간에 불가피한 것처럼 보인다.)과 반대로 보는지 아닌지가 아니라, 사람들이 최소한 가끔은 메커니즘 전체를 바라볼 수 있는, 겉보기에 고정된 모든 것이 사실은 지속적인 구성 과정의 일부라는 사실을 볼 수 있는, 그런 관점을 가질 능력이 있는지 여부인 것처럼 보인다. 또는 최소한 사람들이 그렇지 않다고 주장하는 관점에 빠져들지 않는지 여부 말이다. 물신주의가 신학, 즉 신이 실재한다는 절대적인 확신에 길을 내줄 때, 위험이 발생한다.

다시 한 번, 피에츠가 언급했던 16, 17세기 유럽 상인과 서부 아프리카인 사이의 마주침에 대해 생각해보자. 나는 이미, 두 집단은 많은 가정들(가령, 우리는 타락한 세계에 살고 있다, 인간 조건은 근본적으로 고통이다 등)을 폭넓게 공유하게 되었지만, 유럽인은 매우 충격적이라 생각했던 여러 심대한 차이점들도 있었다(아프리카인이 마찬가지로 충격을 받았는지에 대해서는, 우리로서는 알 수 없다). 그 문제를 다소 희화해서 다루어보자.

피에츠가 강조했던 것처럼, 유럽 상인은 신예 유물론자들이었다. 그들은 기독교인이었지만, 그들의 신학적 문제에 대한 관심은 대개 무시할 만한 정도였던 것처럼 보인다. 그들의 신앙의 주요한 효과는, 기독교도로서 자신이 이해하지 못하는 관념은 분명 잘못된 것이라는 판단에 대한 절대적 확신을 보증하는 것이었다. 그들이 정말로 관심을 갖고 있는 것들(무역의 문제, 물질적 부, 경제적 가치)에 대해 생각할 때, 이런 확신이 영향을 미친다. 가치의 자의성에 대한 여러 증거에 직면했을 때, 대신 그들은 아프리카인이 자의적이라는 입장에 의존했다. 그들은 물신주의자고, 그래서 완전히 임의적인 물질적 대상에 기꺼이 신성한 지위를 부여한다.

유럽인의 설명에서는, 사회적 관계는 사라지는 경향이 있다. 그것들은 정말 중요한 것이 아니었다. 따라서 그들에게는 신과 물질적 대상들의 세계 사이에는 실질적으로 아무것도 없었다. 그러나 유럽인은 최소한 자부할 만한 것이 있었는데, 그들은 아프리카인과는 달리 그 둘(신과 물질적 대상들의 세계)을 분리시켰다. 물론 그들이 틀렸다. 그 전체 이야기는 일종의 투사이다. 사실, 그들은 이미 맑스가 묘사했던 그런 물신주의를 향해 나아가고 있는 중이었고, 그 물신주의 속에서는 사회적 관계가, 그것들이 사라져야 한다는 바로 그 이유 때문에, 결국 대상들 위로 투사되었다. 이 모든 것은 아프리카인과 극적인 대조를 이루는데, 아프리카인에게는 사회적 관계들이 모든 것이었다. 제인 구이어(Guyer 1993, Guyer & Belinga 1995)가 지적했던 것처럼, 관습적인 경제 범주들이 그런 상황에는 적용되기 힘든데, 왜냐하면 사람들이 궁극적인 부의 형태이기 때문이다(여성들의 임신에 대한 권리, 아이들에 대한 권위, 추종자와 문하생들의 충성, 칭호, 지위, 업적 등에 대한 인정). 물질적 대상들은 주로 그것들이 사회적 관계들에 연루되는 한에서, 그리고 사람들로 하여금 새로운 관계를 창조할 수 있게 하는 한에서 흥미로운 것이었다. 궁극적으로 부와 권력은 구별될 수 없는 것이었기 때문에, 정부를 이상화할 방법이 없었다(이것이 유럽인을 혼란스럽게 했다). 그것은 또한 주술에 걸린 세계를 향해 나아가고 있었다. 그 세계에서는 주술의 기술이 결코 표면에서 멀리 떨어져 있지 않았다(이것은 유럽인을 더욱 혼란스럽게 했다). 마치 모든 것이 유럽인이 빠져나오고자 애쓰고 있는 중간 지역에서 존재하고 있는 것 같았다. 모든 것은 사회적이었고, 어느 것도 고정되어 있지 않았다. 따라서 모든 것은 물질적인 동시에 영적이었다.

이것이 우리가 '물신'과 마주치게 되는 지역이다. 이제는 대부분의 신은 언제나 구성 과정 중에 있다는 것이 아마도 진실일 것이다. 그 신들은 순수한 주술의 상상적인 수준(모든 힘들이 인간의 힘들이고 모든 기술과 거울들이 가시적인)에서 순수 신학(구성적인 장치는 존재하지 않는다는 원리에 대한 절대적인 위임을 지닌)에 이르는 도정상의 어디쯤엔가 존재한다. 그러나 아콤보, 민키시, 삼피와 같은 대상들(또는 포르투갈 혼혈인인 탄고마오가 사업상의 거래를 위해 협상을 할 때 사용하던 성경들과 나무 조각들을 가지고 즉흥적으로 만들어낸 '물신들')은 거의 정확히 그 사이에 존재하는 것으로 보인다. 그것들은 인간의 창조물임과 동시에 외부의 권력들이었다. 맑스의 용어로 말하자면, 그것들은 한 관점에서 보면 물신이었고, 또 다른 관점에서 보면, 전혀 물신화되어 있지 않았다. 두 관점이 동시적으로 이용될 수 있었다. 그러나 또한 두 관점은 서로 의존하고 있었다. 놀라운 것은, 행위자가 자신이 하나의 환영을 구성하고 있다는 사실을 완벽하게 알고 있는 것처럼 보이는 순간에도, 또한 그 환영이 여전히 필요하다는 것을 알고 있는 것처럼 보인다는 사실이다. 그것은 동남아시아의 그림자 인형극 공연을 떠오르게 한다. 전체적인 핵심은 환영을 창조하는 것이며, 인형들 자체는 보이지 않아야 하고, 천에는 그림자만 나타나야 한다. 그러나 만약 실제의 공연을 관찰한다면, 보통 청중들 중 다수가 인형들만을 볼 수 있고 환영들은 볼 수 없도록 하나의 큰 원을 그리며 둘러앉아 있음을 발견할 것이다. 그들이 많은 것을 놓치고 있다는 느낌은 없는 것 같다. 그럼에도, 만약 그 환영이 발생하지 않는다면, 공연은 없을 것이다.

바로 이것이 거의 항상적인 사회적 창조성의 세계에서 우리가 기대하게 되는 것이다. 그 속에서는 고정된 영구적인 배치가 거의 존재하지 않으며 더 나아가 그것들이 고정되고 영구적이어야 한다는 느낌도 거의 없다. 요컨대 그 속에서는 사람들이 정말로 새로운 사회적 배치를 상상하는 항상적인 과정 속에 놓여 있고, 그것들을 존재하게 만들려고 시도하고 있다. 신들은 창조될 수 있고, 버려지거나 사라질 수 있다. 왜냐하면 사회적 배치 그 자체가 결코 불변하는 것으로 가정되지 않기 때문이다.

이런 의미에서, 우리는 고전적인 아프리카 물신은 맑스(또는 프로이트)가 설명한 현상과 거의 정반대에 있는 것이라고 말할 수 있을지도 모르겠다. 발레리오 발레리(Valerio Valeri 2001)가 지적하고 있는 것처럼, 이데올로기적 관점에서 이 물신적 대상이 놀라운 것은, 물신을 숭배하는 사람이 자신이 다루는 것이 환영임을 알고 있다는 것이다. 프로이트는 자신의 환자들이 가령 하나의 신발이 물리적인 성기는 물론이고 실제적인 성적 대상이 아니라는 사실을 완벽하게 알고 있다고 주장하고 있다. 단지 이러한 지식이 그들에게는 어떤 차이도 가져오지 않을 뿐이다. 우리는 정확히 동일한 것을 『월스트리트저널』을 읽으면서 돼지 옆구리 살[28]이

28) [역주] 돼지 옆구리 살(pork bellies)은 과거 선물 거래의 대표적인 상품이었다. 저자는 옆구리

나 선물 펀드나 일반적인 '시장'이 보여주는 가장 최근의 모험에 대해 심사숙고하고 있는 사업가에 대해서도 말할 수 있을 것이다. 누군가 그에게 돼지 옆구리 살은 실제로 그 무엇도 '하지' 않는다고 지적해준다면, 그는 분명 끙 하는 소리를 내거나 기가 막혀하며 눈을 치켜뜰 것이다. 물론 돼지 옆구리 살은 아무것도 하지 않는다. 그것은 단지 말하는 방식일 뿐이다. 그러나 동시에 그 사람들은 그런 식으로 말하는 것이 진실인 것처럼 행동을 한다. 환영임을 안다는 것은 아무런 차이도 가져오지 않는다. 더 나아가 다음과 같이 말할 수도 있다. 이 환영은, 희생자로 하여금 이것이 환영일 뿐이며 자신은[희생자들] 속고있는 것이 아니라고 확신하게 만듦으로써 이들을 속이곤 하는 환영이다.

그렇다면 아프리카 물신은 정반대 원리에 기초해서 작동하고 있다고 말할 수 있다. 그것들을 만들고, 마시고, 망치로 때리고, '수선'하는 사람들은 가능한 큰 소리로, 자신은 사실 환영에 사로잡혀 있다고 주장했다. 그럼에도 그들은 반대로 행동했다.

이 모든 것은, 첫 부분에서 제기했던 거대한 이론적 쟁점과 관련해서, 우리에게 무엇을 가르쳐주고 있는가? 아마도 다음과 같은 사실일 것이다. 우리가 사회적 창조성이라는 관념을 진지하게 다루고 있다면, 아마도 우리는 전체주의적 모델과 개인주의적 모델 둘 모두를 사로잡고 있는 확실성이라는 꿈의 일부를 포기해야만 한다는 것이다. 분명, 사회적 창조의 과정은, 어느 정도까지는, 명료하게 나타낼 수 없는 것이다. 아마도 이것이 최선의 결론일 것이다. 표로 만들어 일목요연하게 정리해서는 안 되는 어떤 것들이 있다. 그렇다는 것을 사회 이론의 중심으로 만드는 것, 그

살로 선물 거래나 금융 거래를 빗대고 있는 것이다.

것은 피에츠의 상인 후예들이 자신들의 이상하고 물질주의적인 신학을
아프리카인뿐만 아니라 거의 전 세계 모든 사람들에게 부과하고 있는 이
시대에(인간의 생명 그 자체가 물신화된 상품을 생산하는 수단으로서 밖에는
어떤 가치도 갖지 않는 것으로 보일 수 있을 정도로까지), 점점 더 중요한 태
도가 될 것이다.

2부

일시적 자율지대:
마다가스카르 농촌
에서 권위의 딜레마

5장 _ 잠정적 자율지대
혹은 마다가스카르의 유령 - 국가

나는 마다가스카르로 떠나기 직전에 그곳에서 십 년 넘게 일을 계속 해온 고고학자 헨리 라이트(Henry Wright)와 이야기를 나누고 있었다. "조심하셔야 할 겁니다"라고 그가 내게 말했다. "시골을 돌아다니려면요." 국가 권력이 해체되고 있었다. 그의 말에 따르면 마다가스카르 섬 대부분 지역에는 실질적으로 국가가 없었다. 수도 인근에서까지 푸쿤울나(fokon'olona, 마을의회)가 사형 집행을 시작했다는 소식도 보도되었다.

이것은 내가 마다가스카르에 땅에 발을 딛는 순간 잊어버리게 된 수많은 걱정 중 하나였다. 수도에서는 정부가 분명 제 일을 하고 있었다. 교육받은 사람 대부분은 정부에 협조적이었다. 서쪽으로 한 시간 떨어진 곳에 있는 마을 아리부니마무(Arivonimamo)[1]도 상황이 크게 다르지 않았

---

1) [역주] 2부에 나오는 말라가시어 단어 및 어구들은 약 170항목 이상이다. 주요 단어의 일부는 저자의 민족지인 Lost People: Magic and the Legacy of Slavery in Madagascar (Graeber 2007)의 부록에 명시되었을 경우 그대로 표기했다. 이 외 단어의 발음은 SNS의 마다가스카르 연구자 온라인 모임인 Groupe de Recherche sur Madagascar를 통해 인연이 닿은 데라소 라마루손(Derasoa Ramaroson)님께 도움을 받아 확인했다. 이 자리를 빌어 깊은 감사를 드린다. 최대한 확인했음에도 잘못 표기된 단어들이 있을 수 있다는 점을 밝히며, 독자들께 양해를 구한다. 말라가시어 음절 대부분은 한국어 사용자들이 알파벳을 보고 직관적으로 떠올릴 수 있는 것과 일치하게 발음되지만, 'o'는 대부분 'ㅗ'가 아닌 'ㅜ'로, 'oa'나 'ao'는 'ㅗ'로 발음되며,

다. 사람들은 늘 정부 이야기를 했고, 누구나 마치 그런 것이 있는 듯 행동했다. 서류를 작성하고 등록하며, 출생과 사망, 소유 가축 수 현황을 파악하는 행정구조와 관공서가 있었다. 심지어 가장 중요한 의례를 거행하려면 허가까지 받아야 했다. 정부는 학교를 운영했고 국가시험도 주관했다. 헌병대, 감옥, 그리고 군수용 비행기를 둔 공항도 있었다.

아리부니마무에서 살고 시간이 좀 흐른 뒤에야 그 고고학자가 내게 들려 준 내용이 진짜일 수 있을지 의구심이 들기 시작했다. 지금 생각해보면 떠난 다음에야 비로소 궁금해지기 시작했던 것도 같다. 어쩌면, 어디에나 현존하는 유능한 정부 밑에서 늘 살다 보니 선입견이 생겨서 상황을 잘못 파악했던 것일 수도 있다. 어쩌면 베타푸(Betafo)에는 국가가 정말로 없었는지도 모른다. 어쩌면 아리부니마무에마저 없었을 수도 있다. 어쨌든 나를 비롯한 서구인이 국가란 무릇 이렇게 움직인다고 가정하게 된 대로 움직이는 국가는 없었을지도 모른다. 이 말의 뜻을 설명하기 전에 배경을 먼저 서술하면 도움이 될지도 모르겠다.

아리부니마무와 베타푸

나는 마다가스카르에 1989년 6월 16일에 도착했다. 첫 여섯 달 동안은 수

단어 끝에 오는 'y'는 생략되는 경우가 간혹 있다. 예를 들어 'ody'는 '우드'로 발음하는 것이 맞다. 자음 'h'는 일반 규칙에 따르면 묵음으로 표시되지만, 말라가시어가 모어인 사람들은 음가가 있는 것으로 인식한다고 한다. 예를 들어 famadihana의 'h'는 강세가 없어서 거의 들리지 않지만 묵음은 아니라고 한다. 번역에서는 저자의 발음표기를 따라 '파마디아나'로 적었다. 마지막으로, 단어나 어절 끝의 'a'는 약하게 발음되는 것이 일반 규칙이다. 이 번역에서는 저자의 표기 기준을 따라 음가가 없는 것으로 처리했다. 예를 들어 'andriana' 및 'tsindriana'는 '안드리어너' 및 '친드리어너'가 실제 발음에 가까울 수 있지만, 각각 '안드리나', '친드리나'로 표기하였다.

도 안타나나리부(Antananarivo)에 살면서 말을 배우고 문헌 조사를 했다. 안타나나리부 국립도서관은 훌륭한 자원이다. 19세기 마다가스카르 왕국, 그 중에서도 특히 수도를 둘러싸고 있는 이메리나 산간지역에서 유래한 문서 수천 건이 장서로 보존되어 있다. 문헌 대부분은 말라가시어로 되어 있었다. 나는 수백 개의 서류철을 뒤지며 조사 예정지였던 이메리나의 한 구역 동이마무(Eastern Imamo) 주와 관련된 모든 내용을 꼼꼼하게 옮겨 적었다. 당시 동이마무는 비교적 잠잠한 시골 오지처럼 보였다. 정치 사건들로 들썩들썩한 수도와도 무관하지만, 이와 동시에 도둑떼의 습격이나 산업개발, 주기적으로 일어나는 반란 탓에 반쯤 휑하고 불안정한 이메리나 변두리와도 단절되어 있었기 때문이다. 벌어지는 일들이 그다지 많지 않은 곳이라, 내 연구주제였던 느린 사회문화적 변동 과정을 연구하기에 완벽한 조사지가 될 수 있었다.

말라가시어를 최소한이나마 할 수 있게 되었다고 느낀 즉시, 나는 지역 중심지인 아리부니마무로 향했다. 수도에서 차로 한시간 거리에 불과하기 때문에 가기 어렵지는 않았다. 나는 곧 마을에 자리를 잡은 뒤 근처 농촌지역을 정기적으로 돌아다니고 구술사를 수집하면서 심층 연구에 적합한 지역을 물색했다.

아리부니마무는 수도 서쪽으로 뻗어 나온 주고속도로 근처에 수만 명 정도의 인구가 운집해 살아가는 마을이다. 1960년대와 70년대에는 마을 남쪽 넓은 골짜기에 들어선 국립공항의 본거지였다. 다만, 공항은 돈과 일자리를 만들었음에도 마을 경제를 통합하는 구실을 하지는 않는 듯 보였다. 그냥 한 꺼풀 얹혀 있는 것에 가까웠다. 공항에서 나오는 도로는 아리부니마무를 통과하지도 않았고 마을에는 여행객이 묵을 만한 곳도 없었다. 국립 공항은 1975년에 수도에서 좀더 가까운 다른 공항으로 대체

되었다. 구 공항은 군 시설이 되었지만, 정작 군대는 공항을 이용할 만한 예산이 없는 때가 더 많았다. 1990년 무렵에는 외국인이 한 때 그곳을 거쳐간 적이 있다는 사실을 알려 주는 흔적이라고는 부서진 합판 껍데기만 남은 텅 빈 식당뿐이었는데, 공항로와 도시 바로 바깥에 있는 고속도로가 만나는 교차점에 서 있었다.

현재의 마을 중심은 택시 정류장으로 가톨릭과 개신교 두 개의 큰 교회 건물이 양 옆구리에 있는 넓은 아스팔트 광장이다. 정류장은 사람과 짐, 화물상자를 가득 싣고 수도나 고속도로 서쪽으로 출발하는 승합차와 짐마차로 거의 온종일 붐빈다. 정류장의 남쪽 가장자리에는 가지가 넓게 뻗은 아몬타나 나무가 서 있다. 매우 오래된 이 단풍나무는 마을의 상징적 중심으로 여겨지며, 그곳이 한때 왕의 공간이었다는 사실을 증언한다. 역 북쪽의 장터에는 먹을 것을 파는 노점들과 붉은 타일로 꾸민 아케이드가 서 있고, 매주 금요일이면 흰 차양막 아래 상인과 시골 사람들이 북적인다. 마을 자체는 마을에서 유일하게 전기 배선을 갖춘 도로에 매달려 있는 형국이다. 집들은 대개 2층을 둘러싼 베란다를 받치는 아름다운 기둥과, 주석이나 타일로 마감된 뾰족한 지붕이 덮인 2~3층 건물이다.

아리부니마무는 같은 이름으로 된 행정구역의 수도이기도 하다. 그곳에는 관공서 여러 개와 각각 국립(ŒG), 천주교 리세, 개신교 계열인 고등학교 세 개가 있다. 병원도 하나 있고, 마을 서쪽 부근의 높은 절벽 위에 작은 감옥이 있다. 구 공항 근처에는 헌병대 병영과 우체국, 은행이 있다. 모두 정부의 존재를 알려주는 건물이다. 근처에는 한때 공장이 있었지만 내가 갔을 무렵에는 오랫동안 방치된 상태였다. 내가 아는 사람들 중에는 공장에서 뭔가 생산된 적이 있기는 한지 확실히 알고 있는 사람이 아무도 없었다. 마을의 상업 경제 대부분은 공식적인(세금을 내고 규제되는) 영역 바깥에 있었다. 약국과 큰 상점 두개가 있었지만 그것이 전부였다. 그 밖의 사항은 마다가스카르 마을의 일반 규칙대로 돌아갔다. 거의 대부분의 사람이 식량을 생산했고 누구나 무언가를 팔았다. 길 가에는 수십 개의 가판과 상점들이 들어서 있었고, 모두 한결같이 비누, 럼주, 양초, 식용유, 과자, 탄산음료, 빵 같은 몇 안 되는 종류의 상품을 팔고 있었다. 차를 가진 사람은 택시 운송연합에 가입되어 있었다. VCR을 가진 사람은 모두 극장 상영기사였다. 재봉틀을 가진 사람은 다 의류 생산자였다.

이메리나 주의 중심은 줄곧, 국가수도인 안타나나리부를 둘러싼 거대한 관개평야였다. 안타나나리부는 인구 밀집 지역으로 막강한 왕조들의 중심지가 되어 왔다. 메리나 왕국은 19세기에 마다가스카르 거의 전지역을 정복했다. 안타나나리부는 1895년의 프랑스 점령 이래 행정 중심지 역할을 유지해 왔으며, 주변 영토는 마다가스카르의 행정관료와 교육 수준이 높은 특권층의 영지로 남아 있게 되었다. 현재 아리부니마무 주를 이루고 있는 영토는 늘 변방에 가까웠다. 뒤늦게 왕국에 통합된데다가 수도의 자금이나 인맥과는 빈약한 관계 이상을 맺어본 적이 없다. 그때나 지금이나 정치경제적 주변부여서 많은 일이 생기는 법이 없다.

아리부니마무의 북쪽에는 붉은 언덕이 끝도 없이 펼쳐진 전원 지대가 있다. 일부는 풀로 덮여 있고, 다른 곳에는 (키 작은 떡갈나무처럼 보이는) 타피아나 유칼립투스 나무가 숲을 이루고 있거나, 소나무가 드문드문 자라고 있다. 언덕은 구불구불하고 좁은 계곡들이 가로지르고 있으며, 계곡의 양편에는 정성들여 만든 다락논들이 있다. 곳곳에 솟은 화강암질 산들은 고대의 왕좌처럼 보인다.

이 외진 시골지역에는 포장도로가 없다. 사람들은 대개 걸어 다니고 자전거를 살 수 있는 사람은 극소수에 불과하다. 물건들은 소가 끄는 수레로 실어 나르는데, 길이 진흙투성이라서 겨울에도 최고 수준의 구동력을 갖춘 차가 아니면 가기 힘들 만큼 울퉁불퉁하게 패여 있고, 여름철에 비가 오기 시작하면 아예 지나갈 수가 없게 된다. 행정수도에서 가까운 위치에 있지만 상업화된 대규모 농업이 발달하지 않은 까닭은 연결망이 잘 갖춰져 있지 않기 때문이다. 농부들은 재배한 작물 중 꽤 많은 양을 마을에 있는 시장터로 간신히 실어 날라 안타나나리부의 인구를 먹여 살리는 데 기여하지만 그 양이 여전히 부족하기 때문에, 자급용 농사를 짓는 사람들이 매우 작은 양만을 취급하는 상인에게 무한하게 많은 소규모 거래들을 통해 물건을 판매한다. 지역 생산품을 사고팔아 생기는 최소한의 소득을 가능한 한 많은 사람들이 나눠 갖게 하려고 의식적으로 노력하는 것처럼 보일 정도다.

이미 말했던 것처럼 나의 첫 일은 구술사 수집이었다. 대개의 경우 나는 아리부니마무에서 온 마다가스카르 친구들 한둘과 함께 마을들을 방문하기 시작했다. 심층 현지조사는 베타푸 마을에서 하게 되었다. 이 공동체에 내가 관심을 갖게 된 것은 공동체의 구성이 보통 "귀족"으로 번역되는 안드리나(andriana)와 그 노예들의 후손으로 거의 완벽하게 양분되어 있었기 때문이다. 베타푸는 암보히드레이딤비(Ambohidraidimby)라는 이름의 길고 낮은 산맥 남측에 자리 잡고 있으며 마을 어느 곳에서든 아리부니마무의 중심까지 걸어서 30~40분 정도 걸린다. 많은 사람이 실제로 그렇게 했듯이 마을에 살면서도 베타포의 들판에서 경작을 하거나, 양쪽에 집을 두고 자유롭게 오갈 수 있을 만큼 가까운 거리에 있었다.

이메리나에 있는 대부분의 농촌 공동체 간에는 경제적 분업 비슷한 것이 있었다. 분업은 특히 겨울에 두드러졌다. 한 마을에서는 남성이 모두 푸줏간 일을 하는가 하면, 다른 마을에서는 여성 모두가 바구니나 밧줄을 엮는다. 아리부니마무 시장통은 파는 물건 뿐만 아니라 상인의 출신지에 따라서도 공간 지도를 그릴 수 있다. 베타푸 사람은 본래 대장장이로 알려져 있다. 오늘날 전체 가구의 3분의 1 정도는 여전히 대장간 시설을 뒤뜰에 갖고 있다. 대장간이 없는 가구 중 상당 수는 대장장이에게 철괴를 공급하거나 이들이 생산한 쟁기나 삽을 이메리나 다른 지역의 상설 시장이나 장날 장터에 내다 판다. 지역 자구책으로 시작된 산업이 내가 도착했을 무렵에는 엄청나게 확장되어 있었다. 베타푸는 쟁기를 전혀 생산하지 않았는데도 수도 서쪽 대부분의 지역에서는 쟁기 만드는 마을로 알려져 있었다. 사실 이 쟁기들은 아리부니마무 전역에 있는 다른 마을에서 베타푸 암매상들이 공급한 쇠로 만든 것이었다.

교역의 집중화는 1970년대 이후 마다가스카르 전역에 걸쳐 삶의 질을 극적으로 하락시킨 경제적 압박에 대한 반응의 일환으로 발생했다. 그 결과 부업이 엄청나게 증가해서 여염집 여성은 시내 커피 노점, 직조업, 시장통 상인에게 팔 카사바 발효주 만들기에 많은 시간을 보냈다. 남성이라면 파트타임으로 소 수레를 몰든지 매 해 여러 달 동안 이메리나의 다른 지역에서 파인애플을 팔며 보내든지, 교외 지역에는 이따금 교외 지역에서 라이터 재충전하는 일을 하면서, 마을에는 어쩌다가 들르는 생활을 했을 것이다. 이런 이유 때문에 베타푸와 같은 공동체에 소속된다는 것은 무엇인지 정의하기가 다소 까다로와진다. 통계 조사를 게을리 했던 것은 아니다. 사실 내가 처했던 상황은 특이한 효과 하나를 낳았다. 서고에서 일을 하는 동안에는 1840년대와 1920년대 베타푸 주민의 인구학적 특성과 재산 소유 상황에 대해 상당히 자세한 내용을 조사할 수 있었지만, 정작 베타푸에 있는 동안에는 그에 상응하는 통계 자료를 얻을 수 없었던 것이다. 바로 이 사실이 중요하다. 내 생각으로는 상당히 근본적인 문제, 즉 내가 실제로 있었던 장소의 속성을 드러내 주기 때문이다.

아리부니마무에서 살고 베타푸에서 일하는 동안, 나는 연구 행위의 정치적 의미를 생각하는데 상당히 많은 시간을 소비했다. 사실 대부분의 인류학자가 그렇다. 내 경우에는 특히 약간의 자의식이라도 갖지 않기가 힘든 상황이었다. 도시 사람이라면 시골 사람이, 시골 사람이라면 아이들이, 나와 같은 바자(vazaha: 유럽계 사람) 때문에 얼마나 겁을 먹는지 말해 주면서 유난히 즐거워하는 모습을 종종 보았기 때문이다. 마다가스카르인 대부분에게는 '바자'라는 말 자체가 폭력을 연상시켰다. 그 말의 일차적 의미가 '프랑스 사람'이었던 데다가, 나는 (끊임없이 설명해야 했던 것처럼) 프랑스어를 전혀 하지 못했던 것이 내 입장에서는 다행이었다. 말라가시어만 쓰면 긴장된 분위기가 좀 누그러졌다. 하지만 더 중요한 문제는 연구 자체가 연루되는 방식이었다. 이메리나는 한편으로 교육률이 매우 높은 곳이었다. 내가 인류학 박사학위를 받기 위해 연구 중인 미국 학생이라는 사실을 이야기해도 무슨 뜻인지 이해하기 어려워하는 사람은 전혀 없었다. 이런 일이 타당할 뿐만 아니라 심지어는 존중할 만한 일이라는 점을 의심하는 사람도 없는 것처럼 보였다. 하지만 지식의 기술이 지배의 기술과 거의 동일시되었기 때문에, 사람들이 어떤 종류의 질문을 다른 것보다 더 편하게 받아들인다는 느낌을 이내 받게 되었다. 어쩌면 내과민반응이었을 수도 있지만, 나는 참견해서 안 될 문제를 건드렸다는 느낌이 오면 질문을 바로 멈췄다. 사람들 스스로가 하고 싶은 이야기를 듣는 편이 차라리 낫기 때문이다. 그 결과 나는 도착했을 때보다도 1925년의 재산 분포에 대해(심지어는 1880년의 상황까지) 더 많은 것을 안다. 재산 조사는 노동력이나 세금을 강제 수탈하기 위한 보조 장치인 까닭에 정부나 할 법한 일이었으며, 무력을 방패 삼아 진행되었다. 바로 이 점 때문에 서고에는 방대한 기록이 있었던 것이다. 또한 사람들은 내가 궁극적으로 하려는 것이 바로 이와 같은 일이 아니라는 사실을 확인하고 싶어 했다. 집집마다 체계적으로 호구 조사를 할 수도 있었겠지만…… 사람들이 등 돌리게 만드는 데 이것만큼 확실한 방법도 없었을 것 같다. 정확한 숫자 정도는 포기해도 문제 없어 보였다.

국가의 존재 자체

이제 국가라는 최초 문제로 돌아가보려 한다. 아리부니마무와 그 일대 농촌에는 정부가 있었을까? 한 수준에서는 지극히 당연한 답이 있다. 물론 있었다는 것이다. 공무원과 관공서는 물론이고, 정부가 운영하는 학교, 은행, 병원이 적어도 시내에는 있었다. 경제 거래는 (장부에 거의 기입되지 않았어도) 십중팔구 마다가스카르 정부 발행 화폐로 이루어졌다. 세계의 다른 모든 국가들이 승인한 마다가스카르의 주권이 영토 전체에 대한 소유권을 주장하고 있었고, 그 권위에 대놓고 맞서는 사람은 아무도 없었다. 다른 국가를 대변한다거나 대안 정치제도를 대표한다고 주장하는 사람도 없었다. 반란 조직체도 없었고 게릴라 운동도 없었으며 이중 권력 전략을 추구하는 정치 조직도 없었다.

하지만 관점을 바꾸면 상황이 사뭇 다르게 보인다. 행정수도라는 권력의 중심과 매우 가깝기까지 한 이 지역에서는 적어도 마다가스카르 정부가 국가의 정의에 걸맞을 가장 기본적인 기능 상당수를 수행하는 데 무관심했거나 무능력했기 때문이다.

서구식으로 국가를 정의할 때면 보통 강제적 권력의 문제가 핵심을 이룬다. 국가는 (폭력을 쓰겠다는 위협의 완곡한 표현인) '힘'을 동원하여 법을 관철시킨다. 이때 고전적 정의는 베버로부터 온다. 즉, "정치적 단체란 일종의 지배 단체로서, 그 존속과 그 질서의 타당성이 어느 특정한 지리적 지역 내에서 행정 간부에 의한 물리적 강제의 적용과 위협을 통해 연속적으로 보증되는 경우를 그리고 그러한 한에서의 경우를 뜻한다고 하겠다"(1968 I : 54). 하지만 이 정의 자체는 당대의 법적 통념을 그대로 따르고 있을 뿐이다. 사실 베버는 루돌프 폰 예링(Rudolph von Jhering)이라는 이름의 이전 시대 독일 법학자의 저작을 바로 가져다 쓰고 있는 것처럼 보인다. 예링은 1877년에 국가를 다음과 같이 정의했다.

> 국가는 사회적 강제력의 유일한 보유자이자 그럴 능력을 깃춘 유일한 존재다. 강제할 수 있는 권리가 국가의 **절대적인 독점**을 구성한다. 물리적인 강제력을 통해 구성원에게 주장을 관철시키기를 바라는 모든 연합체는 국가의 협조를 받아야 하고, 국가는 그런 도움을 허용할 수 있는 조건을 자신의 권력 안에 갖춰야 한다. (Turner & Factor 1994 : 103~104 인용)

이런 정의는 생각을 집중시키는 방법에 불과하다. 특정 조직이 국가인지 밝혀내는 데는 별 도움이 되지 않고, 국가일 수도 아닐 수도 있는 무언가가 그 독점권 주장에 과연 성공'했는지 여부를 각자 느낌대로 판단하게 만들기 때문이다. 그럼에도 이 정의는 분명 근대 서구의 정부제도 배후에 있는 암묵적인 공통감각을 포착해낸다. 프랑스령 식민 체제에서 이와 동일한 모델에 맞춰 구성되었고, 현재의 모습 또한 식민주의적 제도를 근간으로 삼는 마다가스카르 공화국에도 전혀 낯설지 않은 감각이다. 내 생각이지만 마다가스카르 사람 대부분은 바로 이렇게 힘을 동원할 수 있는 능력이 본질적으로 국가를 국가로 만들었다는 점에 동의했을 것이다. 국가가 마다가스카르 농촌 지역 대부분에서 그렇게 행동할 뜻을 버렸다는 사실이 더욱 놀라운 이유다. 국가는 강제할 수 있는 권리를 절대적으로 독점하려 시도하거나 그런 권한을 위임하지도 않았고, 국가의 일차적인 기능으로 보이는 것들을 일체 수행하려 들지 않았을 뿐이었다.

행정수도에는 경찰이 있었다. 아리부니마무 주변에서 경찰력과 가장 비슷한 것은 시내 약간 서쪽에 병영을 둔 헌병 부대 하나 뿐이었다. 주요 업무는 고속도로 순찰이었다. 내가 가끔 듣기로 헌병대는 도적떼와 싸운 뒤 더 서쪽으로 보내버리곤 했지만, 포장도로를 벗어나서 사람들이 실제 살고 있는 시골로 통하는 울퉁불퉁한 흙투성이 길로 들어가는 것은 꺼렸다. 시골에서는 살인사건이 벌어지지 않는 한은 헌병들이 나타나는 법이 없었다. 그런 일이 벌어져도 헌병이 정말 나타나서 누군가를 데려가게 하려면 특단의 조치가 필요했다. 이를테면 목격자들이 용의자를 포위한 채 병영 입구에 무더기로 몰려와 조사하라고 요구하는 것이다.

그들은 시내에서조차 그다지 경찰답게 행동하지 않았다. 나는 아리부니마무에서 앙리라는 이름의 불량배에 대해 이야기를 많이 들었다. 앙리는 우락부락하고 덩치가 큰 남자로 실성한 사람이었을 수도 있는데 (그런 척할 뿐이라고 말하는 사람들도 있었다) 마을사람들을 오래도록 공포에 떨게 했다. 앙리는 지역 상점에서 물건을 강매하곤 했으며, 누구도 감히 막을 엄두를 내지 못했다. 성폭력의 두려움에 시달리는 젊은 마을 여성들이 특히 위험을 느꼈다. 마을의 젊은 남성들은 무수한 토론 끝에 힘을 합쳐 앙리를 죽이기로 결정했다. 이 일을 계획하기까지는 시간이 좀 걸렸다. 산간지방에서는 어떤 사람이 누군가를 폭행하려면 먼저 그 사람의 부모의 허락을 받아야만 하는 비공식적 전통이 있었기 때문이다. 이 전통은 대개 부모가 자신의 권위를 빌어 자식에게 제동을 걸거나 동네를 떠야 할 시점이라고 설득할 때 쓰이는 효과적 수단 이상은 아니었지만, 이 경우에는 앙리의 아버지가 아들에게 사태의 심각성을 납득시키는 데 거듭 실패해 버리는 바람에 두 손을 들고 좋을 대로 하라고 허락해 버리고 말았다. 그후 앙리가 다시 싸움을 벌이자 칼과 농기구를 들고 무장한 군중이 바로 나타났다. 죽이는 데는 실패했다고 한다. 앙리는 심한 부상을 입고 성당에 몸을 숨긴 뒤 정신질환 탓에 박해를 당했다고 주장하면서 보호를 요청했다. 이탈리아인 신부는 그를 밴의 뒤에 숨겨서 정신병원으로 빼돌렸다. 그곳에서도 다른 환자들을 때리는 바람에 나오게 되었지만, 앙리는 그 후 몇 년 동안 아리부니마무에 얼씬도 하지 못했다. 나는 이 이야기를 처음 들었을 때 부모가 허락하게 된 구체적인 경위에 주로 관심이 있었다. 이 일이 실제 경찰서가 있는 마을에서 벌어졌다는 사실은 나중에야 깨닫게 되었다. 어떻게 그토록 오랫동안 아무 제지도 받지 않고 횡포를 부릴 수 있었던 것일까? 나는 물었다. "헌병대는 왜 아무 것도 안 한 거죠?"

사람들은 이렇게 대답하곤 했다. "앙리를 못 봤어요? 덩치가 엄청나잖아요!"

"하지만 헌병대한테는 총이 있잖아요!"

"물론 그렇지만 그래도."

이런 사건들은 모든 면에서 예외적이었다. 아리부니마무 일대의 폭력과 관해서 가장 중요한 점은 폭력 자체가 거의 없었다는 것이다. 살인은 드문드문 벌어지며 서로 무관한 충격적 사건이었고, 앙리와 같은 사람은 극소수에 불과했다. 그렇지만 관계당국이 여하간의 법 집행을 꺼리는 상황이었기 때문에 농촌 자치조직들은 온갖 기발한 전략을 짜내야 했다. 내가 떠날 무렵 베타푸에서는 폭행 사건을 하나 처리하기 위해 푸쿤올나

회의(마을 자치조직)가 열렸다. 불같은 성격으로 악명이 높은 벤자라는 이름의 남성이 여동생과 공동 사업 계획을 놓고 싸우다가 딱 죽지 않을 만큼만 때렸다고 한다. 사실 구타가 얼마나 심했는지는 의견이 분분했지만, 이 문제는 즉각적인 조치가 필요할 만큼 심각하다고 인정되었다. 푸쿤울나는 상당한 고심 끝에 벤자가 자신의 여동생을 죽였다고 자백하는 편지를 날짜 없이 쓴 뒤, 그 자백서를 관할 헌병대에 접수하게 했다. 만약 그의 여동생이 폭행치사 사건의 희생자로 발견되는 일이 생기면, 그는 이미 자백을 한 셈이 되기 때문에 곧바로 관계당국으로 넘길 수 있게 된다. 벤자가 여동생의 안전과 행복을 직접 챙겨야 한다는 뜻을 전달하는 것이 핵심이었다. 이런 경우 국가는 원칙은 제시해도 위협하지는 않는 일종의 권위의 유령-이미지처럼 이용되고 있었다. 여동생이 죽은 채 발견되면 벤자를 직접 체포해서 헌병대 사무실로 이송하는 건 푸쿤울나이기 때문이다. 서류는 그저 벤자의 수감 가능성을 높여줄 뿐이었다. 다른 경우에 관계당국의 절차는 생략하면 되었다. 일례로 1980년대에는 마을 재판이 부활했다. 절도의 경우 (베타푸에서는 존경받는 마을 어른의 쌀독을 누군가 싹쓸이한 다음) 원로들이 마을 사람들을 모두 한 곳에 모이게 한 다음 특수 처리한 음료나 간 한 조각을 먹게 하고, 죄가 있는 사람은 목숨을 앗아가 달라고 조상에게 빌었다. 따라서 다음 차례로 급사하는 사람은 조상의 보복에 희생당한 사람이라고 추측되었다. 내가 도착하기 전 십 년동안 베타푸에서만 그런 재판이 두 차례 있었다. 시골 더 깊은 곳으로 들어가면 진짜 독약 재판이 부활하고 있다는 소문까지 있었다. 정의를 구현하는 보이지 않는 힘이 있다는 이야기는 어디서나 듣게 된다. 가령 땅에 파묻은 부적, 선돌이나 옛날에 사용되던 희생제의용 제단은. 기가 새로 충전되었으니 나쁜 짓을 한 사람을 찾아 벌할 것이다 등등. 재산이나 정치적 영향력이 조금이라도 있는 사람은 누구나 우박이나 번개를 부르는 부적, 원령, 수호신이 되어 줄 선왕신 등, 위험한 주술력을 동원할 수도 있다는 암시를 주고 다녔다. 상당한 재산을 긁어 모으거나 지킬 마음이 있는 사람은 이런저런 종류의 숨겨진 위력을 사용할 능력이 있다는 인상을 남들에게 심어 주는 정도는 해야 마땅했다. 하지만 매우 미묘한 게임이었다. 그런 능력을 떠벌리고 다니는 사람들은 당연지사 그런 능력이 없다고 여겨졌고, 같은 마을 사람들에게 그토록 위험한 주술을 사용하는 사람은 정의상 나쁜 주술사(witch)였기 때문이다. 오지 마을에서 부자들이 음험한 주술력의 낌새를 보이자 분노한 이웃들이 대항주술을 입수한 뒤 약탈하러 갔다는 소문도 들은 적이 있다.

소유관계의 보증자로서의 국가

사회계급론은 국가의 핵심적 역할(어쩌면 가장 중요한 역할)이 소유관계를 뒷받침하는 것이라고 늘 가정한다. 맑스주의자에게는 분명 국가가 존재하는 일차적 이유다. 계약 및 시장 관계는 그 기본 토대 내지는 게임의 기본 규칙이 법에 안치된 한에서만 존재할 수 있다. 이어서 그 법률들은 (최후의 순간에는) 뒤에 몽둥이와 총과 감옥을 거느리고 있다는 사실을 누구나 알고 있을 때에만 효과를 발휘할 수 있다. 소유관계의 궁극적 보증자가 국가 폭력이라면 사회계급의 경우에도 물론 마찬가지일 것이다.

하지만 아리부니마무 일대의 농촌에서 국가는 이런 역할을 떠맡지 않았다. 국가가 독점적 토지 소유권을 옹호하려는 목적으로 무장한 남성 집단을 파견하는 상황을 이 지역에서는 상상할 수 없는 것이다. 계약 이행을 강제하거나 강도사건을 수사하는 경우라도 마찬가지이다. 이 사실들에 대해서도 나는 현지조사를 마친 다음에야 온전한 의미를 깨달을 수 있었다. 누구나 정부가 그런 사안에서 중추적인 역할을 담당하는 듯이 행동했기 때문이다. 정부는 각 대지의 소유자가 누구인지를 계속해서 파악했다. 관계당국은 땅을 비롯한 고인의 재산이 사후 분배된 방식을 꼼꼼하게 기록했다. 소유권 등록은 탄생과 죽음의 등록 못지 않게 관청의 주요 업무 중 하나였다. 땅과 관련된 법률들이 갖가지로 있었고 거기에 공공연하게 대적하는 사람은 없었으며, 사람들은 일반론적으로 말할 때처럼 토지대장이 누가 어떤 땅에 대한 궁극적 권리를 갖고 있는지 정확히 기술하는 듯이 말했다. 하지만 실전에서는 법적 원칙들은 비교적 사소한, 하나의 고려 대상에 불과한 경우가 많았다. 분쟁이 생겨나면 적법성은 산더미처럼 많은 '전통적' 원칙들(어떤 문제에든 보통 하나 이상의 해결책을 제시한다.), 이전 소유주의 뜻, 그 못지 않게 중요하다고 간주되는 일반적 정의감과 저울질해야 하는 대상이었다. 여기서 정의감은 공동체 구성원이라면 생계 수단이 전혀 없어서는 안 된다는 느낌과 같은 것이다. 이런 문제를 법정으로 끌고 가려는 사람이 없다는 점은 확실하지만 드물게 분쟁 당사자 중 한 사람이 외부자인 경우에는 예외였다. 하지만 이때조차 법원은 대개 중립적인 조정자 역할을 맡았고, 판결 내용이 공무원에 의해 강제집행되지는 않는다는 점 또한 모두가 알고 있었다.[2]

사실 아리부니마무에는 헌병대 제복을 가진 남자가 한 명 있어서, 채권자나 상인에게 고용되어 채무자가 빚을 갚거나 담보를 내놓도록 협박

---

2) 브라질 시골에서 얻어진 조사결과와 대조해 볼 수도 있다. 거의 정반대 상황이기 때문이다. 경찰이 실질적으로 소유권을 강제하는 데에만 관심이 있어서, 피해자가 자산가 특권층이 아닌 살인 사건 따위는 무시할 것이라 기대되기 때문이다.

하곤 했다. 하루는 그 남자가 악명높은 사채업자를 대동하고 나타나서 내가 아는 베타푸 사람 하나를 크게 겁에 질리게 했다. 이웃들은 그 남자가 진짜 경찰일 리는 없다고 설명했다. 그렇게 사소한 문제로 시골까지 고달 프게 걸어 들어올 의지가 있는 경찰이 있다 하더라도 사적 개인에게 이자를 받고 돈을 빌려주는 것은 위법행위이므로 진짜 헌병이라면 채권자를 함께 체포해야 했을 것이기 때문이다. 겁먹은 사람을 달랠 수는 없는 설명이었다. 하지만 내게는 특히 강한 인상을 남긴 사건이었다. 공권력력이 경제적 문제에 얼마나 대수롭지 않은 영향만을 미치고 있는지를 분며히 보여 주었기 때문이다. 누군가 경찰을 사칭하며 돌아다닌다는 정보만큼 경찰을 화나게 하는 것도 드물다. 경찰이 가진 권위의 근본을 해치는 행동처럼 보이기 때문이다. 이 특정한 사기꾼이 문제를 극복할 수 있었던 것은(겉보기에는 극복한 것 같았다.) 헌병들과 이해관계가 얽히지 않는 영역에 자신의 활동을 한정했기 때문인 것처럼 보인다. 따지고 보면 헌병들은 시내에서조차 가게 주인을 보호하겠다고 앙리를 저지하지는 않았다. 그리고 이 가짜 경찰은 자신의 활동을 거의 시골에만 한정해두었던 것 같다.

이 상황은 다각도로 분석될 수 있다. 그중 하나는 이메리나 농촌, 더 일반적으로는 마다가스카르에 사는 사람들은 맑스주의자나 베버주의자들과는 다른 국가 개념을 갖고 있었다고 보는 것이다. 어쩌면 재산의 보호는 정부의 보편적 기능이 아닐 수도 있다. 이와 다르게 말하는 사람이 있다면, 말하는 사람이 프랑스 식민 체제로부터 도입된 낯선 원칙들에 대해 말로만 동조하고 있는 것일 수도 있다. 그러나 식민지 이전의 메리나 왕국이 재산 보호에 집착한 것도 틀림없는 사실이다. 왕국의 수립자인 안드리 남포이니메리나 왕(King Andrianampoinimerina)은 연설에서 문제의 역할을 끊임없이 강조했다(Larson 2000: 192). 당시 정초된 법률은 상속 규제, 구매와 대여 등에 관련된 법규를 최우선 관심사로 두었다. 심지어 토지 등록제마저도 식민화 이전에 시작되었다. 첫 토지 대장은 1878년 것인데, 이 해는 프랑스의 침략이 있기 17년 전이다.

반면 현존하는 증거를 보면, 당시 사람들이 이렇듯 정교한 사법체계를 오늘날보다 더 민감하게 받아들였다고 여길만한 근거가 없다. 공개적으로 맞선 사람에 대한 기록도 전혀 없지만 말이다. 법체계는 늘 원칙상으로만 수용되었고, 현실에서는 매우 선별적인 영향력만을 지녔다. 사람들은 대개 일을 본래 해 오던 대로 처리해 나간다. 이 현상이야말로 사태의 실상을 가장 잘 드러내준다고 나는 생각한다.

넓은 일반화를 해보겠다. 누군가 달갑지 않은 권위를 행사하려는 낌새가 보일 때 마다가스카르 사람들의 전형적인 대처 방법은 무슨 요구를 하든 진심으로 들어 준 다음, 문제의 인물이 사라지자마자 아무 일도 없었다는 듯이 살아 나가는 것이다. 마다가스카르식 권위 대처법의 원형이라고 말할 수 있을 정도다. 문제 상황 자체를 부정하는 것이 제1방어선이다. 공무원이 가축 수를 집계하러 와서 과세액을 알려 주거나 나무를 옮겨 심고 도로를 만드는 일을 시킬 사람을 찾는 경우가 여기에 해당된다. 분명 마다가스카르에만 있는 전략은 아니다. 이런 대처 노선을 대개 '농부의' 전략이라고 한다. 일 시키는 사람에게 경제적으로 전혀 의존하지 않는다면 당연히 택하게 되는 방법이다. 하지만 대결, 협상, 복종, 묵인을 조합해 만들 수 있는 대처법은 무수히 많다. 일상에서의 정면충돌을 대체로 매우 꺼리는 마다가스카르에서는 성가신 외부자가 떠날 때까지 해달라는 대로 다 해 주는 방식을 선호한다. 그런 다음, 자기는 그 자리에 있지도 않았다고 주장하거나, 이 방법이 통하지 않으면 본인이 하겠다고 말했던 것을 깡그리 무시하고 어떻게 되는지 두고 보는 것이다.

우주론적인 차원까지 여기 합세한다. 죽음의 기원에 대한 마다가스카르 신화에서는 생명 자체가 인간으로서는 이행할 마음이 없던 거래를 통해 신에게서 얻어낸 것이라고 말한다(그래서 신이 우리를 죽인다고 한다). 동부 연안에 사는 베치미사라카(Betsimisaraka)[3]인의 세기 초반의 옛 신화가 그런 예다. 이 신화의 구체적 형태는 매우 다양하지만, 보통은 빈정대는 분위기를 담고 있다. 창조주의 모습이 무장 병력을 대동한 채 주기적으로 마을에 나타나 세금을 독촉하는 식민 관료와 묘하게 닮아 있는 것이다.

옛날 옛적 세상에는 한 바짐바(Vazimba: 선주민) 부부가 지구상에 사는 인간으로는 유일했다. 아이가 없어서 슬퍼하던 부부는 어느 날 진흙을 찾아 사람의 모양으로 빚었다. 소년 소녀 하나씩, 두 개의 인형이었다. 부인은 인형들의 코에 숨을 불어넣었지만 살아 움직이게 만들 수는 없었다. 그러던 어느 날 부인은 땅 위를 돌아다니는 신을 하나 만나 두 인형에 생명을 넣어 달라고 부탁하고, 성공하면 암소 두 마리와 돈 약간을 주기로 약속했다. 그래서 신은 그 부탁을 들어 주었다.

부부는 아이들이 다 크자, 둘을 결혼시켰다. 이때 신이 돌아와 약속했던 대가를 지불하라고 요구했다.

부모는 이렇게 말했다. "우리는 돈이 없어요. 하지만 12년 후에 우리 아이들이 돈을 줄 거예요."

---

3) [역주] 메리나에 이어 두 번째로 큰 인구 120만에 달하는 집단. 마다가스카르 동부와 북동부에 주로 거주한다.

신이 대답했다. "날 속였으니 죽어버리겠다." 그리고 그는 부부를 죽였다.

신은 12년 후 다시 돌아와 자식들에게 대가를 지불하라고 요구했다.

부부는 대답했다. "당신이 우리 부모님을 죽였기 때문에, 주려고 모아 두었던 돈을 다 써 버렸어요.. 그러니 빚을 갚으려면 10년이 더 걸릴 것 같아요"

10년이 지나고 신이 돌아왔다. 부부에게는 아이가 셋 있었지만 돈은 없었다.

신이 말했다. "너희들을 죽이겠어. 너희들과 너희 후손들, 늙건 젊건 모두."

그날부터 인간은 죽음을 피할 수 없는 운명이 되었고, 누군가 임종할 때마다 마다가스카르 사람들은 이렇게 말한다. "그들은 자신을 만든 신이 데려갔다."

(Renel 1910 III: 17~18; 프랑스어로부터 옮김)

과장 없이 말해도, 이 신화는 매우 의미심장하다. 이런 사고방식 전체가 궁극적으로는 희생의 논리와 동일하다고 주장할 수도 있다. 희생은 적어도 마다가스카르에서는 본래가 신의 소유인 것 일부를 미끼로 신을 구슬린 다음 나머지를 살아 있는 사람들에게 주려는 행위라고 명시되어 있다. 동물의 생명은 신이 가져간다고들 말한다. (암묵적으로) 그렇기에 우리는 우리 목숨을 지킬 수 있다는 것이다. 그렇다면 마다가스카르 전역에서 이메리나의 의례인 파마디하나(famadihana: 재매장)[4]와 같은 희생제의(내

---

4) [역주] 6장의 내용 참고.

지는 그것의 기능적 등가물)를 거행하려면 정부 허가를 꼭 받아야 한다는 신기한 상황을 생각해보자. 허가를 받았고 공문서를 제대로 작성했다는 사실이 의례 과정 자체에 많이 활용된다. 다음은 베치미사라카인이 제물로 바친 소 앞에서 낭독한 연설의 일부다.

> 이 소는 마을 언저리에 똥을 싸고 다니거나 울타리 안에서 빈둥대는 그런 소가 아니다. 그 몸은 여기 우리 곁에 있지만 그 목숨은 당신들, 정부와 함께 한다. 그대, 정부는, 누워 있는 거대한 짐승과도 같다. 그 몸뚱이를 뒤집어보는 자는 그 거대한 입을 보리라. 그러니 동지들이여, 우리는 그 짐승을 뒤집어볼 수 없다! 감히 그 가죽을 찢을 칼, 감히 그 뼈를 부러트릴 도끼는 바로 이 공식 허가이며, 이 허가는 정치권력을 쥔 당신들로부터 왔다. (Aly 1984: 59~60)

국가를 잠재된 폭력인 동시에 그 힘의 희생자로 묘사하는 것이 끝이 아니다. 허가를 받는 행위가 희생의 행위 자체와 등가화된다. 여기서 내가 드러내고자 하는 핵심은 자율성이다. 서식을 채우고 토지를 등록하는 행위, 심지어 세금을 내는 행위 역시 희생의 등가물로 간주될 수 있다. 사소한 관행으로 타협을 보고, 살아가는 데 필요한 자율성을 확보하는 것이다.

자율성이라는 주제는 식민지기 및 그 이후의 마다가스카르에 대한 연구에서 불쑥불쑥 튀어나오곤 한다. 같은 베치미사라카인에 대한 제럴드 알타베(Gerald Althabe 1969, 2000)의 연구 및 북서연안의 사칼라바인(Sakalava)에 대한 질리언 필리-하닉(Gillian Feeley-Harnik 1982, 1984, 1991)의 연구가 주목할 만하다. 하지만 이 저자들의 논의에서 자율성이라는 주제는 한 번 더 변주되어 있다. 두 사람 모두 마다가스카르에서 자율성을 확보하는 가장 흔한 방법은 지배의 이미지를 가짜로 만드는 것이라고 논하기 때문이다. 논리는 대체로 이렇다. 평등한 자들의 공동체는 그들 모두를 지배하는 힘에 함께 종속됨으로써만 구성될 수 있다. 그 힘은 마다가스카르의 전통적인 신들처럼 독단적이고 폭력의 잠재성을 지녔다고 여겨지곤 한다. 하지만 그 힘은 매일의 인간사와는 거리가 멀다. 두 집단 모두에서 식민지배에 대한 가장 극적인 반응 중 하나는 신들림의 광범한 확산이었다. 모든 마을에서 여성들은 선왕들의 영을 내림받았고, 왕의 의지는 왕이 살아 있었다면 가졌을 모든 권위를 (최소한 이론적으로는) 가진 것으로 간주되었다. 최고의 사회적 권위를 죽은 왕들의 목소리로 말하는 황홀경에 빠진 여성들에게 맡겨버리게 되자, 공동체를 구성하는 권력은 프랑스 관료나 경찰이 대놓고는 도저히 대적할 길이 없는 영역으로 옮겨져 버렸다. 어떤 경우에든 전술의 성격은 동일했다. 권력의 손아귀를 벗어나 자유롭게 행위하며 살아갈 공간은 절대적인 지배력의 이미지를 만들어야만 구성할 수 있다는 것이다. 하지만 이 지배력은 외견상으로는 그 힘의 지배를 받는 자들이 마음대로 조작할 수 있는 이미지이며 환영이다.

대강 말해, 내가 알던 사람들은 일종의 사기에 가담하고 있었다고 할 수도 있다. 적어도 식민 시대 이후, 정부는 사람들에게 본질적으로 낯설고 약탈을 하려 들거나 강압적인 존재로 각인되었다. 정부가 자극하는 주된 감정은 공포였다. 프랑스 지배 하의 정부기구는 무엇보다 돈과 강제노동을 뽑아내기 위한 엔진이었으며, 농촌에는 사회적 편익을 거의 제공하지 않았다(시골 사람들의 관점에서 보면 분명 전혀 보탬이 되지 않았다). 당시 프랑스 정부가 사람들이 일상적으로 필요로 하는 것들에 개입했다면, 욕망을 바꾸고 새로운 수요를 창출함으로써 더 깊이 의존하도록 만들겠다는 분명한 목표가 있었기 때문이었다. 1960년의 독립 이후에도 상황이 크게 변하지는 않았다. 독립 마다가스카르 통치체제가 정책이나 작동방식에서 거의 변하지 않았기 때문이다. 국가는 절대 다수 사람들이 공유하는 상식 속에서는 비위를 맞춘 다음 가능한 수단을 총동원해 피해야만 하는 존재였다.

상황은 1972년의 혁명 이후에야 정말로 변하기 시작했다.

반식민 혁명에 기원을 둔 1972년 사건들의 여파로 국가자본주의적인 군부 체제가 뒤를 잇게 되었다. 이 체제는 1975년에서 1991년까지, 디디에 라치라카(Didier Ratsiraka)[5] 대통령이라는 인물에 의해 지배되었다. 라치라카는 북한의 김일성에게서 정치적인 영감을 얻었다. 이론상으로 그의 체제는 매우 중앙집권화된 사회주의적 개발과 동원 형식에 치중되어 있었다. 하시만 라지라카는 자신이 볼 때 징체되어 있던 것, 즉 혁명의 잠재력이 거의 없는 전통적인 농민 분파에 대해서는 애초부터 거의 관심이 없었다. 이 정권의 농업 정책은 산업에서와 마찬가지로 대규모 외채 투자를 유치함으로써 영웅적이라 할만한 규모의 거대한 발전계획에 힘을 쏟는 것이었다. 1970년대에는 대출을 받기가 쉬웠다. 1981년 무렵에는 정부가 파산했다. 그때부터 마다가스카르의 경제사는 주로 IMF와의 협상에 대한 이야기가 되었다.

IMF가 명령한 긴축재정의 효과들을 여기서 자세히 다룰 만한 여유는 없다. 직접적인 결과로 삶의 전반적 기준이 최악으로 추락했다는 점을

---

5) [역주] 마다가스카르 정치가로 대통령직을 두 차례 지냈다. 1975년에 최고혁명평의회 의장이 되면서 사회주의 노선을 선언하고 1976년에 대통령이 되었으나, 1991년 발발한 시위 진압 과정에서 발포로 인해 최소 11명의 사망자를 냈고 1992년 대선에서 패배했다. 1997년의 대선에 다시 당선되어 2002년까지 대통령직을 역임했지만, 2003년 약 8백만달러의 공금을 횡령한 혐의로 10년의 징역형을 언도받고 프랑스에 망명한 뒤 2011년 귀국했다.

언급하면 충분하다. 공무원들을 비롯한 정부 피고용인처럼, 중산층 상당수를 이루던 사람들이 가장 큰 타격을 입었다. 하지만 (약탈을 자유로이 할 수 있는 대통령 측근 소수를 제외하면) 극빈층화가 거의 보편적이었다. 마다가스카르는 이제 지구상에서 가장 가난한 나라들 중 하나다.

라치라카 정권 시절은 (핵심 상품을 생산하지 않는) '소농 부문'에게는 국가가 점차 사라졌던 시기로 기억된다. 인두세, 가축세, 가옥세 등, 프랑스 점령기에 도입된 가장 부담스러운 조세 항목들은 농민이 생산물을 판매하고 현금 경제로 진입하도록 강제하려는 목적으로 고안되었지만, 혁명 직후에 철폐되었다. 라치라카 정부는 처음에는 농촌 행정을 무시했다. 하지만 1981년 이후로는 조금씩 선별 통치의 대상으로 삼았다. 정부 예산이 무한히 삭감되고 자원이 점차로 바닥나자, 국가는 통치자들이 수출품 생산과 관련해 경제적 중요성을 발견한 마을들에 대해서만 최소한의 사회 복지를 제공하고 관리하는 수준으로 축소되었다. 대부분의 생산과 분배가 공식적 영역 바깥에서 이루어지는 아리부니마무와 같은 지역들은 완전히 관심 밖이었다. 이런 지역은 (이런 일이 생길 가능성도 희박하지만) 무장 게릴라의 근거지가 될 만한 기준도 갖추지 못했기 때문에, 실제로 국가를 운영하는 사람들의 이익을 크게 위협할 수 있는 일이 벌어질 곳이라고 상상하기조차 어려웠다.[6]

---

6) 헌병대가 가끔 도적떼를 열심히 추적했던 까닭은, 반란의 구심점이 될 수 있던 무장조직으로는 도적떼가 유일했기 때문이었을 것이다. (다만 그런 일이 벌어질 가능성은 희박했다.) 19세기 무렵을 비롯해 도적떼가 반란군이 되었던 시절들도 있었다. 하지만 내 짐작으로는, 헌병대가 국가의 성격 자체를 깊이 이해하고 있었기 때문에 우려 또한 할 수 있었던 것 같다. 메리나 왕국에서 (공문서에는 파하발루(fahavalo), 즉 '적'이라고 표현되는) 도적떼는 반국가의 원형인 주술사들과 함께, 합법적 왕실 권력이 동원했던 부정적 반대항이었다. 여기서 도적떼와 주술사들의 연관성은 일견 모호해 보이는 사실을 이해하는 데 도움이 된다. 아리부니마무의 헌병대는 앙리의 약탈에는 무관심했던 반면, 1979년 국립고등학교에서 기숙사 학생 전체에게 영향

농촌으로 분배될 자원은 고갈되었다. 내가 아리부니마무에 있을 무렵, 예산 지원을 받는다고 말할 수 있을 행정 부문은 교육제도뿐이었다. 예산은 다 긁어 모아도 쥐꼬리만했다. 정부의 주 역할은 (월급조차 가끔 학부모회가 지불하는) 교사들을 파견하고, 교육과정을 제공하며, 시험을 주관하는 것이었다. 시험의 경우, 바칼루레아는 중앙의 특별 관심사였다. 이 시험이 공식적인 국가 영역으로 향하는 관문이었기 때문이다. 바칼루레아를 통과한 사람들은 몇 주간 군사훈련을 받은 뒤, 일 년 동안 '국방의 의무'를 수행해야 했다. (앞에서 지적했듯이) 무의미한 삽질로 채워진 기간에 불과했지만 말이다. 하지만 나는 국방의 의무가 중요했다고 생각한다. 군 복무는 권위가 실제로 작동하는 곳이자 명령에 복종해야만 하는 영역으로 들어가는 관문이었기 때문이다. 정부는 교육체계에 안착하지 않은 사람에게는 아무것도 해주지 않았다. 하지만 정부가 그들의 삶에 아무런 직접적인 권력을 행사하지 않은 것 또한 사실이다.[7]

그런데도 농촌에는 관공서들이 남아 있었다. 타자기는 번번이 망가졌다. 공무원들의 일은 자기 지갑을 열어 종이를 사는 것이었다. 종이 지급이 끊겼지만, 사람들은 의무에 충실하게 계속 공문서를 채워 넣고, 나무를 뽑거나 시신을 무덤에서 들어내기 전에 허가를 요청하며, 출생과 사망을 신고하고 가축 수를 등록했기 때문이다. 사람들은 이런 일들을 안 해도 아무 문제가 없다는 사실을 분명 알고 있었을 것이다. 그렇다면 협조는 왜 하고 있었던 것일까?

을 끼쳤던 암발라벨나(ambalavelona), 곧 악령에 신들리는 사태의 배후로 지목되었던 십대 여학생은 즉시 체포해서 조사했던 것이다.

7) 예컨대 의료서비스는 이론적으로 무상으로 제공되었지만, 실질적으로는 부패에 의해 사유화되었고, 부패는 정부 급여가 없는 것이나 다름없게 되면서 보편화되었다.

그런 것을 관성, 즉 순전한 습관의 힘이라고 말할 수 있을지도 모르겠다. 국가는 자신이 이빨 빠진 호랑이에 불과하다는 사실을 인정하지 않았지만, 사람들은 같은 사기극을 반복하면서 그 비위를 맞추고 있었던 것이다. 식민시대 폭력의 기억 역시 여전히 생생했음이 분명하다. 나는 과거에 자행되었던 대량 학살이나 시골 사람들이 관공서에 들어갈 때 느끼는 공포, 끝없는 과세 압박에 대한 이야기를 여러 차례 들었다. 하지만 나는 진정한 답은 그보다 미묘하다고 생각한다.

폭력의 기억은 사람들이 국가를 상상하는 방식을 결정하므로 중요하다. 나는 마다가스카르에서 (그 모든 사회주의적 가식에도 불구하고) 국가가 복지 제공을 위해 존재한다는 인식은 전혀 찾아볼 수 없었다. 최소한 복지 부재를 크게 불평한 사람은 없었다. 사람들은 정부는 본질적으로 낯설고 약탈을 하려 들거나 강압적인 권력이라는 사실을 받아들였던 것처럼 보인다. 하지만 모든 사람들이 정말로 진지하게 받아들이는 것처럼 보이던 공식적 이데올로기의 핵심 내용 중 하나는 마다가스카르의 통일성이라는 개념이었다. 적어도 산간 지방 사람들은 자신이 '마다가스카르인'이라고 여겼으며, 스스로를 '메리나인'으로 지칭하는 일은 거의 없었다. 마다가스카르의 통일성은 지속적으로 동원되는 수사학적 요소다. 이것이야말로 모든 주요 의례에 내걸리는 마다가스카르 국기(공식적으로는 공문서를 작성해 승인을 받았다는 뜻)의 진짜 의미인 것 같다. 내 생각으로는 국가는 텅 비어 있다는 그 이유 때문에 통합의 구심점으로 인정받을 수 있었다. 1972년의 혁명은 무엇보다도 독립을 쟁취하고 국가를 진정한 마다가스카르로 만들기 위한 시도였다. 이 노력은 산간지방 사람들에게 대체로 통했다고 볼 수 있다. 하지만 동시에 국가로부터 실질적 권력을 전부 박탈할 수 있었기 때문에 가능한 일이기도 했다. 다시 말하자면 국가는 자신에게 예속된 사람들을 공동의 예속에 의해 공동체로 만드는 절대적이고 자의적인 권력이면서도, 피부로 느낄 수 있는 실체는 없기 때문에 지배받기에도 매우 편한 권력이 된 것이다

잠정적 자율지대

오늘날의 무정부주의자들은 'TAZ' 혹은 '일시적 자율지대'(temporary auto-nomous zone, Bey 1991)를 자주 언급한다. 지구상에 국가와 자본이 전혀 식민화하지 않은 지역은 더는 없을지도 모르지만, 권력은 완전한 단일체가 아니라는 생각이다. 일시적인 균열과 틈새, 찰나의 공간들이 늘 있기 마련이고, 이 지대는 자기조직화된 공동체들을 화산 입구처럼 계속 분출할 수 있고 실제로도 분출해 낸다. 은밀한 봉기들. 자유의 공간이 명멸한다. 구상해 볼 수 있는 대안들이 아직 있고, 인간의 가능성은 절대 고정되지 않는다는 사실이 지속적으로 증언된다.

이메리나의 농촌에서는 '일시적인' 것보다는 '잠정적인 자율 지대'가 있다고 말하는 편이 적절할 것이다. 이렇게 부르는 까닭의 일부는 TAZ라는 개념이 연상시키는 것처럼 사람들이 권력의 외부에서 저항하고 있지 않다는 점을 강조할 수 있으며, 이메리나에서 볼 수 있는 독립성이 일시적이라고 가정할 필요가 없기 때문이다. 베타푸, 심지어는 아리부니마무까지도 많은 영역이 국가장치의 직접 지배를 벗어나 있다. 사람들이 서로 지속적으로 교류하면서 수도처럼 상당 부분이 국가의 지배 아래에 놓여 있는 지역을 오가더라도 마찬가지다. 이들이 확보한 자율성은 잠정적이며 불확실했다. 총이나 돈이 새로 유입되며 국가 장치가 회복되는 순간에는 소실될 수도 있었다. 하지만 그 상황이 지나가고 난 후는 또 다른 문제

다. 어떤 사람들은 수치스런 상황이라고 느낄 수도 있으나, 내 생각에는 매우 주목할 만한 성과다. 따지고 보면 세계 모든 나라가 긴축재정을 강요 받았지만 주민 대다수가 스스로를 통치하도록 방임해 버린 정부는 거의 없었다. 또한 자치할 준비가 그토록 잘 된 주민들도 드물었을 것이다.

그렇게 할 수 있었던 이유는 무엇이었을까? 나는 여기에 여러 이유가 있다고 추측한다. 하나는 자기-통치의 능동적인 전통, 가령 유럽이나 라틴아메리카의 사회운동에서 나타났다면 분명 직접민주주의 문화라고 했을 무언가가 유지되어 왔다는 점이다. 합의를 통해 의사결정에 이르는 기술은 어른이 되어 가는 과정에서 모두가 자연스럽게 익혔고, 일반 상식의 워낙 큰 부분을 차지하기 때문에 외부자라면 처음에는 알아채기조차 힘들다. 예를 들면, 타인에게 부정적인 영향을 줄 수 있는 결정 사항은 문제의 타인이 미리 동의하지 않는 한에서는 정당하게 수행할 수 없다는 일반 원칙이 있었다. 이 원칙에 따라 열리는 회의는 말의 일차적 의미가 '모두'인 '푸쿤울나'다. 하지만 식민지기에 작성된 민족지들이 늘 곡해했던 것과 달리 '바로 그'(the) 푸쿤울나는 정규 제도가 아니라, 유연한 심리 원칙으로, 의논 대상이 되는 집합적 해결책의 적용 범위에 따라 다섯 명에서 천 명까지 참가자 수가 달라질 수 있었다. 회의에서는 성별과 연령을 불문하고 누구나 공식적으로 동등한 발언권을 가졌다. 유일한 규제 기준은 이치에 맞는 의견을 내놓을 수 있을 만큼의 나이가 되었어야 한다는 것이었다.[8] 게다가 논의가 이뤄지고 있는 사안에 개입된 사람은 누구

---

8) 자크 데즈(Jacques Dez 1975: 54~57)가 전반적으로 탁월하게 요약, 제시한 내용이다. 다만 데즈의 설명은 끝에서 18세기 말엽 안드리아남포이니메리나 왕이 '바로 이' 푸쿤울나를 "발명했다"고 결론을 내리는 바람에 식민주의적 전제를 재생산하는 문제가 있다. 합의에 따른 의사결정 정신의 배경에 대해서는 안드리아만자토(Amdriamanjato 1957)를 참고할 수 있다.

든, 현대의 합의과정에서라면 '소단위'(block)라고 부를 수 있는 것에 참가할 수 있는 권한이 있었다. 누군가 논의 전개 방향에 대해 "더는 동의할 수 없다"(tsy manaiky aho)라고 말한다면, 그 사람의 우려 사항이 공식적으로 제기되기 전까지는 회의 자체가 결렬될 위기에 놓이게 된다. 엄밀히 말해, 모든 정치집회가 불법이었던 식민지기에조차 평범한 사람들은 외부 세력에 거의 의존하지 않고 자치해 나갈 수 있는 제도적 구조와 정치 관습을 유지했다고 지적하는 것으로 충분하다. 또한 이들은 국가가 실체를 잃게 되었을 때, 국가의 위신은 거의 손상시키지 않고도 그 기능이 실질적으로 붕괴하게 만들 수 있을 만큼 미묘한 저항 방식을 고안해 내는 데도 성공했다.

나는 상황을 낭만화하고 싶지는 않다. 농촌 공동체의 자율성은 뼈에 사무치는 가난을 대가로 얻어낸 것이기 때문이다. 입에 풀칠이라도 하려면 늘상 아귀다툼을 벌여야 하는 상황에서 자유를 만끽하기는 어렵다. (가장 분명한 사례로 학교나 교회를 들 수 있는) 지배 제도들은 자기 보존을 위해 물리력을 동원할 수는 없었지만 여전히 가동되고 있었고, 전과 다름없이 계층질서를 따랐다. 깊은 사회적 불평등이 도시 지역은 물론이고 이들 농촌 공동체의 상당 수를 장악했다. 전세계적 기준으로는 미미한 수준이지만 매우 현실적인 빈부 격차가, 그리고 '백인'과 '흑인'이라는 이름의 단층선이나 구왕국의 귀족 및 평민의 후손, 그리고 그들의 옛 노예와 같은 구분이 그런 불평등이다. 베타푸와 같은 지역의 성격을 이해하려면 먼저 그곳이 국가권력 바깥에 서 있는 장소라는 점을 이해한 뒤, 온전한 외부 역시 아니라는 점을 이해해야 한다. 자율지대를 유지하기 위한 모든 노력에도 불구하고 강제력이 갖는 현실성은 사람들이 서로를 대할 때 쓰는 말까지도 다른 형태로 바꾸어놓으면서 다양한 방식으로 경험의 구조 자체에 깊이 뿌리내렸다.

이메리나에서는 대부분의 사람이 스스로를 기독교인이라고 생각한다(2/3는 개신교, 1/3은 가톨릭이다). 많은 사람이 정기적으로 교회에 간다. 정부는 아이들을 강제로 등교시킬 방법이 없지만, 출석은 최소한 초등교육에서는 거의 보편화되어 있다. 하지만 동시에 이들 제도, 특히 학교에 대해서는 모종의 양가감정이 분명 있다. 연구의 정치성과 관련지어 언급했듯이 이메리나의 교육체계는 늘 권력의 도구로 보였으며, 언제나 바자와 동일시되었기 때문이다. 현재의 교육체계는 프랑스 식민 통치 시기에 형성되었다. 대중의 의지의 표현이라고 부를 수 있을 최소치에 미달한 교육체계였다는 사실을 잊지 않는 것이 중요하다. 이 체제는 정복이 강요한 체제였을 뿐 아니라, 무력으로 계속 위협해야 유지될 수 있었다.

이 시점에서 실효성 있는 무력을 유지하려면 필요한 게 무엇인지 잠시 생각해 볼만하다. 이는 단순히 폭력을 휘두를 의사가 있는 사람들을 적정 수로 확보해두거나 무장시키고 훈련시키는 문제는 아니다. 대부분은 [성공적인] 조직화의 문제다. 권위에 공공연하게 맞서는 사람이 있다면, 폭력을 휘두를 사람들을 시도 때도 없이 충분히 보낼 능력과 의지가 있다는 사실을 누구나 알고 있는 것이 핵심이다. 하지만 그렇게 하려면 필요한 것이 무척 많다. 정보 처리 훈련을 받은 기능직 담당자가 많이 필요하고, 게다가 도로, 전화, 타자기, 병영, 정비 공장, 주유소 같은 기간시설, 그리고 이 시설들을 유지할 직원이 필요하다. 물론 기간시설이 일단 세워지고 나면 다른 용도로 쓸 수 있다. 군대를 파견하려 만든 도로는 닭을 시장으로 나르거나 친지 병문안을 가는 사람들도 지나다닐 수 있다. 하지만 군대가 없었다면 애초에 만들어지지 않았을 길이다. 적어도 마다가스카르에서는 누구나 그 사실을 잘 아는 것 같았다.

(어디에 있든 어떤 유형이든 절대 다수의) 국가관료조직에서 일하는 사람들 대부분이 일상적으로 하는 일은 사람들의 머리통을 부수는 것보다는 정보처리업무에 가깝다. 하지만 군인과 경찰도 그점에서는 마찬가지다. 따라서 이 사실을 폭력이 국가 작동에 별다른 기여를 하지 않는다는 증거로 간주하기 보다는, 정보기술 자체가 어떻게 폭력 장치의 일부가 되며, 사람들의 머리통을 깨버릴 능력과 의지를 갖춘 사람들의 무리가 적재적소에 반드시 나타나게 만드는 필수 요소가 되는지 질문해보는 편이 나을것 같다. 결국 감시는 전쟁의 기술이고 푸코의 판옵티콘은 무장한 간수들을 대동한 감옥이었던 것이다.

마다가스카르를 보면 국가가 본질적으로 폭력적인 본성을 지녔다는 점을 부정하기가 훨씬 너 어렵다. 식민화의 역사 때문만은 아니다. (적어도, 내가 아는 사람들을 보면,) 대부분의 마다가스카르인이 서구인과는 다른 지각 기준에 적응되어 있기 때문이기도 하다. 이 점은 이렇게 설명하는 편이 이해하기 가장 쉬운 것 같다. 마다가스카르인은 대부분의 미국인과는 달리 공포심을 부끄럽다고 여기지 않는다. 내가 현지에 적응할 때 가장 오랜 시일이 필요했던 측면이다. 구체적인 예를 들자면, 성인 남성이 길거리를 바라보면서 "무서운 차들"이나 "이 소들이 무섭다"라고 말하는 경우가 그랬다. 나처럼 양육된 사람에게는 매우 당황스러운 태도였다. 미국 기준에서 보면 나는 특별히 마초적인 배경을 갖지는 않았지만, 겁먹었다는 사실을 인정하거나 타인의 신체적 위협에 겁이 난다는 사실을 털어놓기는 다소 민망하다고 배워 왔다. 반면 마다가스카르 사람 대부분은 즐겁고 재미있는 이야깃거리라고 생각하기 때문인지, 내게 바자가 어떤 사람들에게는 얼마나 무서운지, 자신들조차 때로 얼마나 무서운지 말해주면서 정말로 즐거워했다. 국가가 대체로 국민들에게 공포감을 조장하면서 돌아간다는 것은 이들에겐 당연한 사실일 뿐이다. 서구 사회과학이 강압의 중요성을 평가절하하는 경향이 있다면, 당혹감을 숨기려는 까닭도 있을 것이다. 우리는 물리력에 대한 공포가 일상을 일정 정도 좌우한다는 사실을 인정하는 것이 수치라고 느낀다.[9]

어쨌든, 학교는 궁극적으로 이 폭력 장치의 일부다.

말라가시어를 쓸 때, 교육이 기술은 전달해도 사실이나 정보를 전달한다고 표현하는 법은 없다. 사용되는 단어 파하이자나(fahaizana)는 "기술, 노하우, 실용적 지식"을 뜻한다. 그러나 사람들이 학교에서 습득하는 유형의 파하이자나는 본질적으로 외국의 것, 즉 파하이자나 바자로서, 그 자체로는 마다가스카르적 앎의 유형과는 대립되는 것으로 간주된다. 학교에서 가르치는 기술들은 본질적으로 지배의 기술로 여겨졌다. 학교 체계 자체가 폭력의 하부구조의 일부를 이루기 때문인 까닭도 있다. 학교는 일차적으로 공무원, 이차적으로는 기술자 훈련을 염두에 두고 설계되었다. 교육방식은 전적으로 권위주의적이어서, 틀에 박힌 암기를 크게 강조했고, 기술을 가르쳤다면 (명령체계라고 불러야 할) 특정 사회관계 형태로 조직된 사무실, 공장, 혹은 교실에 고용되리라 예견하고 가르쳤다. 어떤 사람들은 명령을 내리고 다른 사람들은 복종한다는 가정이 늘 깔려있다. 즉, 이 체제는 폭력의 하부구조를 유지하는 데 필요한 능력을 만들기 위해 설계됨은 물론이고, 일상생활에서 통용되는 것과는 완전히 다른 사회관계, 물리력을 행사하겠다고 계속 위협해야만 지속되는 사회관계를 가정하고 있다.

---

9) 유럽이나 북미에서는 여성보다 남성이 더욱 그렇다. 마다가스카르에도 그런 현상이 있었다면 반대로 나타났을 것이다.

그렇다면 책으로 가르치는 공부 및 연구에 대한 양가감정은, 완벽히 합리적인 상황 평가를 토대로 삼고 있는 것이다. 사람들은 모두 지식 자체는 가치가 있을 뿐 아니라 재미까지 있다고 여겼다. 학교에서 배운 기술이 커뮤니케이션 네트워크와 정보로 향한 경험 영역을 열어 준다는 점 또한 모두들 인식하고 있다. 하지만 이런 기술들은 억압의 기술이기도 했다. 사람들을 다른 것(목록과 장부 기록법, 회의 방법 등)이 아닌 특정한 조직 형식 안에서 훈련시켰던 까닭에, 서로 조율 가능한 것들을 한 데 모아 만들 수 있는 대규모 네트워크는 역사보존학회든 혁명정당이든 그 목적을 불문하고 강압적인 관료제도와 흡사하게 운영될 수밖에 없었다. 물론 이런 장치들이 합의민주주의 체제에 더 가깝게 운영될 수 있도록 재구성하려 노력해 볼 수도 있다. 실제 시도해 본 사람도 많다. 그런데, 할 수는 있지만 극단적으로 어려운 일이다. 이런 활용능력을 훈련받은 사람들이 만든 체계는 얼마나 혁명적인 의도로 만들었든, 프랑스 식민 체제와 어느 정도 닮게 되는 것이 경향이자 추세다. 그렇다면 대부분의 사람이 이런 기술은 본래 외국 것이라고 간주하며 '마다가스카르'와는 최대한 떨어뜨려 놓으려는 것도 당연하다.

하지만 이러한 위계화된 제도가 좀더 미묘한 효과들을 낳기도 했다. 이 제도들은 사람들이 '가시'(gasy)한 —— (말라)가시, 곧 마다가스카르적인 모든 것 —— 과 '바자', 즉 외부의, 권위주의적인, 억압적인, 프랑스적인 것으로 간주되는 모든 것을 선명히 구분하게 만든 것이다. 이 제도들은 또한 누구나 '바자'에 속하는 것, 즉 국가가 "사회적 강제력의 유일한 독점자일 뿐만 아니라 실행능력을 가진 유일한 존재"인 지대를 잠깐이라도 반드시 경험하게 만들었다. 어린 시절 열을 맞추고 불편하게 서 있거나, 체육수업에서 지시에 따라 뛰거나, 지겹고 논점도 없는 수업을 그대로 모방해서 암기하도록 강요받는 수준의 문제였어도 마찬가지다. 유사국가적 훈육의 경험은 이와 대조적인 '마다가스카르'의 것, 즉 합의에 의한 의사 결정 문화를 지속적으로 주지시키는 효과를 냈다(Bloch 1971과 비교해볼 것). 예를 들면 동년배인 성인에게 명령하는 것을 꺼리거나, 대립이나 카리스마적 리더십이 연상되면 의혹을 품게 되는 것이다. 마다가스카르인은 섬에 정착한 바로 그 시기부터 외국인과의 대조 속에 스스로를 정의하려 했겠지만, 앞에서 말한 특징들의 상당수가 언제나 마다가스카르의 핵심 본질로 여겨지지 않았다는 사실은 꽤 분명하다.[10] 매우 역설적이지만, 이런 방식을 통해 국지적 자율성의 잠정적 성격이 자율성을 지속 가능하게 만드는 일이 벌어진다. 우리 모두는 부와 권력이 심각하게 불평등한 더 큰 세계 속에 살고 있다. 마다가스카르에서 벼농사를 짓는 농부들과 대장장이, 바느질하는 여성들이나 영사기술자들은 모두 이 사실을 인식하고 있었다. 하지만 자각할 필요성이 늘 있었기 때문에 스스로를 이런 세계로부터 매우 잘 격리해 둘 수도 있었던 것이다.

---

10) 현대의 고고학자들은 마다가스카르에 큰 규모의 인구가 정착하게 된 시기가 의외로 늦었다고 본다. 이 시기는 8세기 무렵으로 추정되는데, 정착 초기에는 오스트로네시아, 아프리카를 비롯해 매우 다른 출신지로부터 이주한 이질적인 인구 집단으로 구성되어 있었던 것으로 보인다. 초기에는 마힐라카(Mahilaka)라는 이름의 작은 이슬람 도시도 있었다. 이 도시는 스와힐리어를 썼던 것이 거의 확실하고, 동아프리카 및 아라비아 반도와 활발히 교역했다. 따라서 마다가스카르 초창기 사람들은 시작부터 국가와 세계종교를 경험했다. 현대 마다가스카르 문화를 낳은 듯 보이는 '종합'은 마힐라카가 가장 흥했거나 쇠퇴했던 시기 전후에 이루어진 것 같다. 하지만 이 문화는 이후로도 섬 전역에서 대단히 끈질기게 명맥을 이었고, 섬 사람들을 이슬람교로 개종시켜 통합하려는 시도에 맞서는 자원 또한 되었다. 내가 추측하기로, 마다가스카르 문화는 통합체로 등장한 한에서는, 오늘날의 '바자' 개념이 사용되는 방식과 마찬가지로 '실라모(Silamo)', 곧 스와힐리어로 이슬람에 속하는 것과 다른 모든 것을 끊임없이 의식적으로 대조함으로써 구성된 것이 분명하다고 추측한다.

마지막 질문

나는 아리부니마무의 오지 마을이 특수한 사례라고 생각하지 않는다. 헨리 라이트가 내게 말해주었던 것처럼 마다가스카르 전역에서 비슷한 일들이 벌어지고 있었다. 사실 섬의 다른 지역들에서는 훨씬 더 오래 더 근본적인 방식으로 전개되어 왔을지도 모른다. 수도에서 한 시간 거리에 있고, 군수공항·헌병대·감옥이 있는 아리부니마무는 국가 권력이 사라지리라고 기대하기 가장 힘든 곳 중 하나이기 때문이다. 마다가스카르 안에서 국가권위는 차고 기울면서 시절에 따라 나섰다 물러섰다 하는 듯 보인다. 하지만 농촌 지역(특히 아리부니마무처럼 바닐라 플랜테이션, 보크사이트 광산, 혹은 자연보존구역이 없는 곳) 대부분에서 상황은 본질적으로 변하지 않은 채 남아 있다. 세계 다른 지역에 이런 공동체가 수백 개, 수천 개 있지 않을까 생각해 볼 만하다. 중앙 정부의 실질적 통치에서 벗어나거나 밀려나서 사실상 자치조직이 되었지만, 그 사실을 위장하기 위해 외적 형식을 유지하고 순종의 표현을 취하는 공동체들 말이다.

　"실패한 국가" 내지는 특히 아프리카의 국가권력 위기를 상술하는 현대 문헌을 읽을 때면 곰곰 생각해볼 만한 문제다. 최근에 제임스 퍼거슨(Ferguson 2006)이 지적했던 것처럼, 아프리카의 많은 지역에 아직까지 '국가 주권'이 남아 있다는 말의 유일한 의미는, 국제 사회에서 국민을 대변하거나 외부인의 자국 영토 내 자원 접근권과 관련된 계약을 보증할 법적 권한이 정부에게 있다는 국제적 승인 뿐이다. 이 국가들은 루돌프 폰 예링이나 막스 베버가 서술한 방식으로 폭력의 독점권을 유지하는 시늉조차 거의 하지 않는다. 자원은 고갈되었고, 정부가 삶에 기본적으로 필요한 것을 모든 국민에게 공평하게 제공할 수 있다거나 그러기를 바란다는 생각 자체를 버리게 됨에 따라, 보건·교육·삶의 질이 막심한 타격을 입었다. 하지만 이와 동시에 IMF가 부과한 긴축재정마저도 의도치 않은 신기한 부수 효과를 발휘한 것으로 알려져 있다.

국가 권력의 붕괴라는 의미에서 '무정부 상태'가 혼란, 폭력, 그리고 파괴를 낳을 때만(1990년대의 소말리아나 오늘날의 남부 및 중앙아프리카 지역처럼) 비-아프리카인이 무정부 상태에 대해 이야기를 듣고 싶어 한다는 점은 사실 일종의 아이러니다. 내가 마다가스카르에서 관찰한 내용으로 알 수 있는 사실은, 그런 사례 모두에서 외부자들만 모르는 수십 혹은 수백 가지의 다른 측면들이 있을지도 모른다는 점이다. 왜냐하면 지역 주민들이 이런 이행을 평화적으로 일궈내는 데 성공하고 있기 때문이다. 이런 지역의 주민들은 마다가스카르 주민들과 마찬가지로 정면 충돌을 피했기 때문에, 국가의 대변자들이 공개적으로 모욕을 당하거나 체면을 잃는 일은 없었지만, 정부의 지배는 가능한 한 어렵게, 표면적인 동조는 가능한 한 쉽게 되었다. 이런 전략이나 새로운 자율 공동체들이 아프리카에만 있을리도 없다. 세계의 많은 지역들(동남아시아, 오세아니아, 그리고 가장 주목할 만한 사례로는 라틴아메리카의 일부 지역까지)에서는 국가의 존재가 언제나 다소 산발적인 현상이었다. 국가는 복수하러 찾아 온 마다가스카르 신과 마찬가지로 재앙 비슷한 것을 몰고 올 수는 있어도 어쩌다 한 번 나타날 뿐이었고, 전체주의적인 국가나 산업민주주의 사회를 통해 우리에게 익숙해진 지속적인 사찰과 감시의 형태와는 별로 닮지 않았다.

물론 제도적 구조는 남아 있다. 학교, 은행, 병원이 있다. 이들은 예컨대 마리오 트론티(Mario Tronti)의 용어를 빌면, '국가 형식'이 언제나 현존하게 만든다. 강압적인 제도 속에서 살아가는 경험이 어떤 것인지 누구나 어느 정도는 알고 있었다. 현실적인 폭력을 대부분 걷어냈기 때문에 진정한 국가 제도와 비교하면 유령 같은 그림자에 지나지 않는 제도여도 마찬가지다. 어쩌면 더 정확히 말할 필요가 있을지도 모른다. 폭력은 여전히 있었다. 단지 후퇴했을 뿐이다. 경찰은 아직 도시에 있었고, 보크사이트 광산처럼 상당량의 외환을 벌어주는 자원이 있는 곳이면 어디에나 있었다. 더 나아가, 어떤 지역의 병원이 실제로 갖추고 있는 의약품과 장비의 구체적 종류처럼, 전 지구적으로 자원이 배분되는 방식은 소유제도를 강제하기 위한 체계적 폭력의 위협을 통해 유지되고 있었다. 하지만 아리부니마무와 같은 곳에서는 [폭력의] 희미한 효과만을, 그리고 [국가를 상대할 때는] 일상에서 통하는 방식으로 행동해서는 안 된 다는 점을 주민들에게 알려 주기 위해 돌아가는 것처럼 보이는 기묘하고 공허한 제도만을 상대할 수 있을 뿐이었다.

6장 _ 시체와 춤에 대한 재고찰
마다가스카르 아리부니마무에서 행해지는 파마디아나 의례의 해석

1990년 9월, 나는 이리나라는 여성과 함께 그녀의 조상이 60년 전에 한 일에 대해 이야기하고 있었다. 다른 안드리나, 곧 베타푸(마다가스카르 이메리나의 아리부니마무 마을 북쪽에 있는 공동체) 귀족들과 마찬가지로 그녀 또한 안드리남불루루나(Andrianambololona)의 자손이다. 이 조상의 시신은 아내, 딸, 그리고 하인 세 명의 시신과 함께 베타푸 마을 중심에 있는 크고 흰 묘소에 안치되어 있었다. 묘소는 이리나의 집에서 논을 가로질러 도보로 5분 거리에 있다.

이리나는 묘소[1] 속 사람들이 춥다고 느낄 때면 후손의 꿈에 나타나 그 사실을 알려줘 왔다고 설명했다. 파마디아나를 해야 할 시점, 즉 시신을 꺼내서 새 비단 수의를 입힐 때가 된 것이다. 1931년에 이 일이 벌어졌을 때, 그의 후손들은 급히 모여 의례를 거행했다. 하지만 너무 서둘렀던 탓인지 묘소 먼발치에 매장되어 있던 하인 셋의 시신을 꺼내는 것을 깜빡

---

1) [역주] 마다가스카르의 묘소는 작은 건물의 형태로 되어 있다. 유튜브를 비롯한 동영상 웹사이트에서 파마디아나 전 과정을 기록한 동영상들을 많이 찾아볼 수 있는데, 행사 전체의 분위기, 묘소 내부의 구조 등을 파악하기 좋다.

했다. 그녀가 말하길, "의례를 마치고 오후에 마을에 갑자기 불이 나 몽땅 타버렸어요. 그리고 그 다음 날 아침에 조상님이 다시 그 분(원래 꿈을 꿨던 어른)을 다시 찾아와서 이렇게 말했답니다. '우리 모두에게 다시 새 수의를 입히지 않으면, 다음에는 너희들을 죽여버릴 것이다. …….' 그래서 다시 준비해서 다시 수의를 입혔습니다."[2]

이 이야기는 메리나의 파마디아나라는 의례에 대한 글을 시작하기에 좋은 출발점이다. 이 의례가 얼마나 중요한 사안이 될 수 있는지 보여 주기 때문이다. 내가 들어본 이야기 중에서는 최악의 참사였다고 인정할 수 있다. 이리나가 그 조상이 유독 "거만하고 잔혹했다."고 결론지을 만했다. 하지만 이런 이야기들 자체는 별로 드물지 않았다. 이메리나의 농촌 공동체들은, 대체로 조상에 대한 기억을 중심으로 조직되어 있었고, 조상의 존재감은 주로 규제와 폭력을 행사하는 능력을 통해 드러났기 때문이다. 파마디아나를 둘러싼 위험(크다고들 했다.)은 기억과 폭력의 지속적 관계가 일상의 구조에 잠재되어 있다가 실제 조상의 시신을 앞에 두고 분출되면서 정점에 달하는 순간을 표시할 뿐이다.

조상의 폭력이라는 화제를 베타푸 사람들 모두가 완전히 편하게 느끼지는 않는다. 나이가 좀 있는 사람들은 적어도 나한테는 그런 말을 최대한 삼가는 대신, 공식 어법에 맞춰 조상들을 후손 공동체의 도덕적 통합의 구심점이 되는 자애로운 수호자로 묘사하곤 했다. 1931년의 화재에 대해 이리나와 엇비슷한 이야기를 들려 준 사람이 더 있었다. 몇몇 노인

---

2) Dia vita ohatran'ny androany antoandro izao ny fonosan-damba, dia injany fa nirehitra ny tanana… Dia may izany. Dia maraina dia iny niavy tamin'ny olona indray hoe ho taperiko mihitsy aza ny ainareo raha ohatra ka tsy mamono lamba fa avelao izahy fonosona… Dia novonona indray ireo fasana ireo dia fonosina indray.

들은 내 질문에 대해 그런 일이 있었다는 사실 자체를 부정했다.[3]

일반적으로는, 이리나의 것과 같은 관점은 마다가스카르의 민족지 문헌에서 발견하기 힘들다(예외로는 Astuti 1995 참고). 이 논문에는 그와 같은 간극을 메우려는 의도도 있지만, 그토록 근본적으로 다른 관점들이 단일한 공동체 내에 존재할 수 있는 까닭을 질문하는 것이 더 중요한 목표다.

몇 가지 배경

파마디아나에 대한 고전적인 해석은 모리스 블록의 것이다(Bloch, 1971, 1982). 블록은 참여자들이 이런 의례를 통해, 죽음 및 과거와 동일시되는 영원하고 이상적인 선조의 질서, 곧 생명과 출산, 일상적 현존이 마주하는 현세의 사건들과는 분명히 구분되는 질서를 만들어 낸다고 주장했다. 블록의 논의로는 대다수 사람들의 사회적 정체성을 이루는 근본 감각은, 가족이 오래 전 떠나온 땅과 아직까지 단일체라고 여겨지는 혈연집단에 소속되는 것을 기본으로 한다. 그러므로, 일상생활의 층위에서 더 이상 존재하지 않는 집단들은 죽은 자들의 시신을 다시 모으고 정돈함으로써, 죽음 속에서 다시 구축되어야 한다.

나는 이 주장에 이의를 제기하고자 하는 것은 아니다. 대신 블록의 파마디아나에 대한 초기 저작과 다른 지점에서 출발해 보려는 것이다. 블

---

3) 하지만 이 노인들이 그 사건 당시 살아 있었거나, 최소한 목격자에게 직접 그 이야기를 들었다는 사실을 지적하는것이 옳다. 이들은 모두 화재를 자연학적 용어로 설명했고, 파마디아나와의 연관성은 부정했다.

록은 이 의례와 가장 밀접한 연관이 있는 문제는 기억과 폭력이 이루는 관계라고 보았으며(1971: 168-169), 분석의 기반이 되는 현지조사 결과를 이메리나에서도 타지로의 이주가 특히 빈번했던 지역에서 얻었다. 블록의 지속적 관심사인 이데올로기 문제 역시 반영되어 있어서 의례 행위가 권위 관계를 정당화하는 방식이 중점적으로 다뤄진다. 반면 나는 지역 출신 혈연집단이 아직 지역 정치의 기본 틀을 좌우하던 곳에서 조사를 진행했고, 행위 자체와 직접 관련된 문제들에 더 큰 흥미를 느낀다. 예를 들어, 죽은 자들이 산 자들에게 할 것으로 기대되는 일은 어떤 것이고, 산 자들은 죽은 자들에게 무엇을 하는가?

하지만, 파마디아나가 정확히 무엇이고 어떻게 거행되는지 먼저 설명하는 편이 좋을 것 같다. 한 세기 전에, 파마디아나라는 단어는 시신 이장 절차를 포함하는 의례 전체를 의미했다.[4] 당시의 설명을 보면(Callet 1908: 272~3; Cousins 1963[1876]: 79~81; Haile 1891), 이런 일을 했던 이유가 몇 가지 있었다. 예를 들면, 새 묘소를 조상들에게 바칠 때 직계조상의 시신을 이전 매장지에서 모셔와 가장 명예로운 곳에 안치하는 관습이 있(고, 지금도 그런 관습으로 남아 있)다. 파마디아나는 다른 곳에 가매장되어 있던 시신을 찾아 올 때에도 거행했다. 끝으로, 고인의 임종 시기가 마침 안치될 조상 묘소를 열기에 위험하거나 불길하다고 여겨지면, 점성술사가 합장해도 괜찮다고 판단할 시점까지 몇 달, 몇 년을 묘소 끝자락의 얕은 묘에 매장해 두는 일도 종종 있었다. 이런 시신을 이장하는 것도 파마디아나의 한 유형으로 여겨진다.

---

4) 마마디카(Mamadika)는 '뒤집다', '뒤바꾸다' 혹은 '배신하다'라는 뜻을 가진 동사다. 파마디아나는 이 단어의 명사형이다.

시신을 매장하기 전에 람바메나(lambamena), 즉 형형색색으로 염색된 마다가스카르 비단으로 만든 망토로 시신을 두르는 것은 메리나 지방의 오랜 관습이었다. 장례식이나 파마디아나 도중 묘소를 열 때, 그 무덤 안에 있던 조상들의 낡은 람바(lamba)를 새것으로 바꾸는 것 또한 일반적인 관습이다. 19세기 말 어느 시점에 수의 바꾸기 자체가 그 자체가 목적이 되었고, 사람들은 그 목적만으로 파마디아나를 거행하기 시작했다.[5] 그리고, 이런 측면은 시간이 지나면서 더욱더 중요해진 것으로 보인다. 물론 옛날 방식의 의례도 계속되었지만, 내가 사람들과 이야기를 나눴던 1989년부터 1991년의 기간에는 아리부니마무만이 아니라 다른 지역의 사람들도 조상에게 새 수의를 입히는 것이 파마디아나의 기본 뜻이라고 말하는 상황이 되었다.

내가 보통 듣기로는 파마디아나는 6~7년마다 한 번씩 해야 한다. 정확한 간격은 묘소마다 다르다고 한다. 안드리남불루루나가 꿈이나 환영으로 나타나 춥다고 불평했던 경우처럼, 조상 누군가가 나타나 요구했기 때문에 거행된다고 말하는 경우도 있다.

내가 알고 있는 파마디아나의 절대 다수는 두 가지 범주로 나눌 수 있다. 첫번째는 '귀향 파마디아나'이다(블록의 표현. Bloch 1971: 146). 제주(祭主)는 타지에 살고 있지만 주기적으로 재매장을 거행하는 친지들로 이런 기회를 놓치지 않고 같은 묘소에 있는 다른 조상들의 수의도 교체하려 한다. 상당히 공들여 거행하는 귀향 파마디아나도 있지만 어떤 해

---

5) 19세기 전반에 걸쳐 장례의식의 본 목표는 실제 새 묘소를 짓는 것이었다. 코탁에 따르면, 베칠레오인들은 여전히 이런 방식을 고수하고 있다(Kottack 1980: 229). 전체 역사는 미완이지만, 최소한 이메리나 서부 지역에서는 현대와 같은 양식이 출현한 시기가 1880년대 중반이었다.

든 그 해에 가장 화려하고 중요한 파마디아나는 대개 두번째 종류에 속한다. 작고한 지 5~10년이 되어 파마디아나를 아직 한 번도 받아 본 적이 없는 조상 한 사람에게 특별히 바치는 파마디아나다.[6] 이 유형의 파마디아나에서는 4~5개의 서로 다른 묘소가 열리게 된다. 파마디아나를 받는 조상의 직계 조상(그 조상의 어머니, 친할머니, 외할머니 등)을 기리는 것 역시 중요하다고 여겨지는데, 이 선대 조상이 다른 묘소에 안치되어 있는 경우가 많기 때문이다. 하지만 초점은 늘 마지막 묘소에 있다. 의례의 중심이 되는 조상이 마지막 순서로 나오기 때문이다.

간략한 설명

파마디아나의 종류나 관련된 묘소 수와 관계없이, 각 묘소에서 행해지는 의례 절차는 거의 동일했다. 그렇다면 이에 대해 포괄적으로 설명하는 것은 꽤나 쉬운 일이다. 뒤에 나오는 의례의 기본 절차는, 참석자들과 파마디아나에 대해 일반적인 이야기를 나누다가 질문했을 때 들을 법한 설명을 대략의 모델로 삼았지만, 그보다는 내가 1989년 6월부터 1990년 1월까지 참석했던 8-9회의 파마디아나 관찰 결과를 주로 참고하여 간추려

---

6) 블록도 마찬가지로 설명한다 (1971: 157-8). 그런데 나는 1990년대의 의례철에 직접 관찰한 내용 뿐 아니라, 피라이삼-푸쿤타니(이전 지방) 사무소에 보존되어 있던 1985-90년 사이의 공문서와 사람들의 기억을 비교 대조한 결과 역시 참고한다. 대조는 사람들이 볼 때 어떤 파마디아나가 정말 중요하고 기억할만 하다고 여기는지 판단하기에 좋은 방법이었다.

어떤 파마디아나의 경우, 같은 묘소에 속하는 중요 인물들이 최근에 여러 명 사망했을 때는 특히, 특정 개인보다는 묘소 자체를 중심에 두었다. 하지만 개인에게 바치는 경우에 비해서는 매우 드문 편이었다. 내 기억을 되짚어 보면, 임시묘에서 유골을 옮기는 것 자체는 축하할만한 일이 아니었다. 주로 어린이들이 이런 방식으로 매장되었기 때문이다. 보통 그 부모들이 다른 누군가의 파마디아나가 있어 묘소 문이 열릴 때 아이들의 유골을 옮겼다

본 것이다. 이 의례들은 베타푸에서 열린 두 사례를 제하면 모두 아리부니마무 지역에서 열렸다. 내가 본 의례 모두가 이 설명과 대부분 맞아 떨어진다.[7]

파마디아나를 열기로 결정하면, 제주가 먼저 점성술사를 찾아가 묘소를 여는 데 적합한 날짜와 시간을 의논한다. 그 다음에는 지방 관공서에 알려야 했다. 식민 시대의 낡은 법은 밖으로 옮길 조상의 이름을 등록하고 열게 될 묘소 각각에 대해 세금을 내지 않으면 묘소를 열 수 없다고 규정하고 있다. 의례가 열리기 전 2~3개월 동안에는 해당 묘소 관련자들 모두에게 이 소식을 전해야 하고 잔치와 악사들, 람바메나에 쓸 돈을 모으게 된다. 아리부니마무의 어떤 가문들은 람바메나를 직접 짜기도 했다(람바메나는 매우 비싸다). 그럴 경우 최소한 한두 달 전에 일을 시작해야 한다.

묘소를 열기 전날 밤, 제주는 사람 몇 명과 함께 묘소 위로 올라가 수의를 새로 입힐 조상의 이름을 부르면서, 다른 데 가 있다면 모두 돌아와 달라고 요청한다. 이 절차는 파마디아나에 대한 설명에서 늘 비중있게 언급되지만, 대개는 몇몇 가까운 친족끼리만 진행하는 비공개 행사다.

다음 날 제주가 사는 도시나 마을에서 행진대가 출발하면서 엄밀한 의미의 파마디아나가 시작된다. 행렬을 이루는 자나-드라자나(zana-drazana, '조상들의 자손들')와 손님들 사이로, 보통 최소 수백 명의 사람들이 '마다가스카르' 스타일의 옷을 입고 합류한다. 이 스타일의 실질

---

7) 이 설명은 여러 가지 점에서 블록의 설명과 다르다(1971: 145~161). 블록의 설명은 1960년대 후반 아바라드라누(Avaradrano) 지역에서의 관찰을 토대로 한다. 지역차나 역사적 변천을 반영하는 차이일 수도 있다. 하지만 대부분은 비교적 사소한 차이에 불과하다.

적 의미는 시골 사람들은 자신이 가진 제일 좋은 정장보다 약간 낮춰 입는 반면, 도시 사람들은 시골 옷에 가까운 수수한 차림을 한다는 것이다. 복장 선택은 중요한 문제다. 왜냐하면, 발랄라 피안드리 파사나(valala mpiandry fasana), 즉 "묘소를 지키는 귀뚜라미들"이라 지칭되는 사람들처럼 조상 전래의 땅에 아직 살고 있는 사람들과, 자나카 암피엘레자나(zanaka ampielezana) 또는 "퍼져 나간 자손들"처럼 묘소들을 통해서만 출신지와 연결되어 있을 뿐인 사람들 사이에는 얼마간 긴장이 흐르기 마련이기 때문이다. 사람들 스스로가 인식하듯 방점은 평등에 찍혀 있다. 집안 사람들 모두가 반드시 같은 천으로 만든 옷을 입도록 정하는 일도 자주 있다.[8]

행렬의 선두에는 늘 점성술사가 있다. 제일 중요한 조상들의 사진을 든 사람들이 옆에 선다. 행사가 법적 승인을 받았다는 증거로 마다가스카르 국기를 든 사람은 꼭 있었다. 행렬에는 악사들이 반드시 있고, 둘둘 말린 파피루스 돗자리를 든 여성들이 바로 뒤를 따르는 것이 보통이었다.

도착하고 나면 묘소 지붕에 깃발을 꽂았고, 남자들은 삽을 들고 돌문을 덮어 가린 흙을 파냈다. 입구를 열 수 있는 권한이 발랄라 피안드리 파사나만에게만 있기 때문에 자나카 암피엘레지나가 제주일 때는 티격태격하는 일도 벌어졌다. 흙을 파는 일을 맡은 사람들이 일을 시작하기 전에 술을 달라고 하기 때문이다. 일단 흙을 파내기 시작하면, 곧 벌어질 일

---

8) 다른 한편 내가 참석했던 장례식들에서는 사람들이 가장 비싸고 격식을 갖춘 교회 예배용 옷을 차려 입었다. 부유한 자나카 암피렐레지나가 교외 지역에 매장되는 광경은 사실 매우 대조적이었다. 값비싼 차들, 고상한 신사 정장을 갖춰 입은 남자들, 흰 드레스에 금 장신구를 걸치고 우아한 양산을 받쳐 든 여성들이 순식간에 마을을 채운다. 시골 사람들의 분노가 뚜렷이 드러나는 경우도 빈번했다.

에 대한 예감은 남아있지만 흥겹고 허물없는 분위기가 되었다. 음악이 흐르고, 어떤 이들은 춤을 추고, 삽 같은 연장들을 옮기면서 쉬었다 일했다 하는 사람들도 있었다.

문이 완전히 드러나면 흙을 파내던 사람 몇몇이 술을 문에 흩어 뿌리고 문을 옆으로 치우기 시작하는 동안 나머지 사람들은 초와 등불을 준비하며 안쪽의 납골당으로 통하는 계단을 내려가기 시작한다. 이들이 안쪽으로 사라지면, 여자 자나드라자나가 묘소 근처 평지에 다리를 쭉 뻗고 줄을 맞춰 앉는다(청년이나 소년들이 동석해서 앉은 사람 수가 늘어나기도 한다). 보통 남자들이 묘소 안에 있는 각 유골마다 술을 조금씩 뿌리고, 고인의 허락을 구하는 축문을 짧게 읊은 후, 안치되었던 자리에서 굴려 파피루스 돗자리 위로 옮긴다. 이 일이 끝나면 서너 명이 유골을 들고 계단을 오른다. 입구로 나올 때, 조상의 이름을 외쳐 고하는데, 이 순간 군중이 보내는 거센 함성에 맞춰 음악 소리가 커진다. 다른 남자들은 유골을 들고 묘소 주위를 세 바퀴 도는 일을 거든다. 이들이 갑자기 멈추거나 움직이면 돗자리 속에 있는 유골이 뒤틀리거나 부서지곤 했다.[9]

조상들의 유골이 묘소를 세 번 돈 다음 서열에 따라 동서 내지는 남북 방향으로 앉아 있는 여자들의 무릎 위에 놓이면서 파마디아나의 다음 수순이 시작되었다. 어른들은 꿀이나 술, 쇠기름이 가득 든 병, 가끔은 향수가 든 병을 끄집어냈다. 벌집이나 파스텔 톤의 '마다가스카르' 사탕, 생강조각, 동전이 가득 든 비닐봉투도 있었다. 한 바퀴 돌면서 각각의 유골

---

9) 정식으로 하려면 일곱 차례 돌아야 하지만, 이제는 그렇게 하지 않는다는 점에 모두 동의했다. 그런 세부사항은 모두 점성술사의 결정을 따른다. 점성술사는 묘소를 도는 과정을 생략하고 여자들의 무릎 위로 바로 옮기도록 할 수도 있다.

위에 술과 꿀을 부어 주는 사람이 있는가 하면, 다른 이들은 병에 들어 있는 것을 홀짝이거나 마신 후, 앉아 있는 여자들에게 그 병을 건네기도 했다. 담배 한 개피를 꺼내 반은 입에 넣고, 나머지 반은 죽은 남편의 람바 안에 넣는 여자도 있을지 모른다. 꿀벌집을 조금씩 뜯어서 조상의 머리나 가슴께의 접힌 천 안에 넣는 사람도 있었다. 동전이나 생강이나 사탕 조각도 그렇게 집어넣었다. 어떤 사람들은 파마디아나 도중에 술을 작은 병에 담아 유골을 쌀 때 함께 넣어 두었다가, 다음 파마디아나를 할 때 꺼내어 마신다고 들은 적이 있다. 수의 안쪽에서 가루를 꺼내 얼굴이나 잇몸에 발라서 치통약으로 쓰는 사람들도 있다고 여러 번 듣기도 했다(내가 직접 본 적은 없다고 꼭 말해야겠지만). 됐다가 나중에 치통에 쓰려고 오래된 수의를 떼어내서 보관하는 사람들도 있다고 한다.

파마디아나 전체를 그렇게 부를 수도 있었지만, 그 중에서도 특히 이렇게 주고 받고 나누는 절차를 으레 판가타하나 추드라누, 곧 조상들에게 아뢰는 "축원"이라고 불렀다. 선물들은 판가타카(fangataka), 곧 '간청의 표시'라고 불렀다. 복을 내려 주기를 빌면서 조상들의 이름을 부르는 일도 가끔 있었다. 이 순서가 진행될 때면 감정이 늘 극에 달했다. 여자들은 가까운 친척의 유해가 자신의 무릎 위에 놓일 때면 특히, 자신들이 하고 있는 일이 무섭고 슬프고 충격적이라는 사실을 불현듯 깨닫는다. 쇼크와 비슷한 상태에 빠져 울음을 참기 힘들어하는 사람들이 많이 보였다. 내가 참석했던 파마디아나들에서는 마음을 주체하지 못하고 통곡하는 여성이 한 명씩은 꼭 있었다. 그러면 다른 사람들이 곧 곁을 에워싼 다음, 한결같이 "이건 애도가 아닌 추모 행위"라고 상기시키면서, 안심시키고 달래고 기분을 전환시키려 최선을 다했다.

다음 순서로, 남자들은 각 조상의 유해를 담당하는 팀을 짜서 실제로 수의를 입히는 일을 시작했다. 오래된 람바는 벗기지 않고 그대로 두었다. 흙이 묻지 않도록 하는 것이 무척 중요했기 때문에, 유골이 땅에 닿아서는 안 되었다(사실 첫 단계는 여성들의 무릎 위에서 끝났다). 보통은 각 유골을 흰 천으로 둘둘 만 다음, 더 두껍고 오래가는 람바로 감쌌다. 거의 대부분은 최소 두 겹의 천이 감싸고 있다고 사람들이 말해 주었다. 더 중요한 조상들은 대개 비단으로 된 람바메나를, 나머지는 합성섬유로 된 람바메나를 씌웠다. 여자들이 지켜보면서 간간이 훈수를 두고 있는 동안, 유골을 천으로 감싸고 밧줄이나 끈(일곱 개가 이상적인 수였다.)으로 묶는 일은 항상 남자들이 했다. 남자들은 온 힘을 다해 단단히 말고 묶었다.

이 순서가 끝나면 음악소리가 다시 커지고 빨라지면서 행사에서 가장 기쁜 마지막 순서가 시작된다. 남녀 가릴 것 없이 모두 함께 유골을 돗자리로 다시 감싼 뒤, 하나씩 들고 묘소 주위를 도는 것이다. 시작했을 때보다 훨씬 힘차게, 거칠 지경으로 섰다 움직였다 하면서 춤추는데, 고함과 함성, 울음소리 등, 온갖 종류의 소란들로 가득하다. 사람들은 보통 스스로를 무아지경에 내던진다.[10] 라자나는 묘소 내의 자기 자리로 돌아가기 전에, 15분 정도 계속되는 춤 속에서 다시 크게 뒤틀리고 부서진다.

이로써 기본 의례는 끝난다. 열어야 할 묘소가 더 있다면, 점성술사를 따라 한 번 더 행렬을 만든다. 마지막 묘소였다면 제주와 동네 어른 내지는 정치인이 묘소 머리에 올라 그날의 행사와 그 중요성을 요약하는 간단한 공식적 연설을 하고, 참석해준 모든 이들에게 감사하다는 말을 전한

---

10) 다른 한편으로 아리부니마무 일대의 파마디아나는 비교적 밋밋해 보인다. 다른 기록에 나오는 것처럼, 머리뼈를 공중에 던지거나 서로 뼈를 빼앗는 광경을 나는 본 적이 없다(예컨대 Ruud 1960: 169).

다. 이제 군중들은 흩어지고, 한 무리의 남자들이 삽을 들고 납골당으로 통하는 문에서 파냈던 흙을 다시 덮는다. 원칙적으로는 문 앞 흙을 치우는 첫 삽은 지역 자나드라자나 중 가장 연장자인 남성이, 다시 덮을 때의 첫 삽은 양친 모두 생존한 젊은 남성이 떠야 한다고 들었다.

다음 순서가 또 있다. 다른 사람들이 다 떠나고 한참 뒤인 해질녘에 점성술사와 조수 몇몇이 묘소 문으로 돌아와, 문간이나 그 주변에 주술력을 지닌 물건을 묻어서 '묘소 걸쇠'(fanidi-pasana)를 하러 오게 된다. 제대로 설치되었다면 "뒤집힌" 유령들은 묘소 안에 머무르게 되므로 산자들을 괴롭히려 나오는 일이 없을 것이다.[11]

혈연집단

메리나 사회는 문헌에서 보통 푸쿠(foko)로 지칭되는 다수의 동계혈연집단으로 나뉜다.[12] 블록은 이를 '딤'(deme)[13] 이라고 부르는데, 이 집단들이 족내혼을 하는 경향이 있고, 선조의 영토와 긴밀하게 결부되어 있기 때문이다. 이 중 1/3 정도가 안드리나(andriana), 즉 '귀족' 계급을 차지한다. 나머지는 후바(hova) 혹은 '평민' 딤들이다. 19세기 노예 계급의 후손인 사람들도 인구의 상당 부분을 차지하고 있다. 이 마인티(mainty), 또

---

11) 전날 잡은 돼지를 큰 솥에 요리해서 모두에게 퍼준다. 음주가무가 벌어지는 동안 시골에 사는 친척들과 도시에 사는 친척들이 취한 상태에서 다투는 것이 거의 상례인데, 이 때 제주들이 잘 말리지 못하면 싸움으로 번진다. 하지만 축하 행사는 가장 넓은 의미에서만 파마디아나의 일부로 여겨졌다.

12) 내 경험에 비춰 보면 부정확한 명칭이 아닐까 싶다. 시골사람들은 [푸쿠라는 말을] 이런 뜻으로 사용하지 않았다. 사실 '딤'에 대응되면서도 널리 쓰이는 일반 용어가 없었다. 딤은 19세기에는 주로 피레네나(firenena)라고 지칭되었는데, 현재는 '민족'을 뜻하는 말로 쓰인다.

13) [역주] 생물학 용어로, 그 안에서 교배가 이루어지는 최소 단위를 의미한다.

는 '흑인들'은 딤을 이루지 않았으며, 이들은 푸치(fotsy) 혹은 '백인들'과 보통 통혼하지 않지만 다른 면에서는 동일한 사회적 조직 구조를 가졌다.

각 딤에는 역사가 있다. 시조의 출신 배경을 설명하면서 시작되는 이 역사는, 이 시조가 오늘날의 후손들이 사는 영토로는 어쩌다 오게 되었고, 얼마나 다양한 행위를 통해 영토의 경계를 만들었는지, 마을은 어떻게 세웠고 그 안에서 눈에 띄는 지리적 요소들에는 왜 그런 이름을 붙였는지 설명한다. 대개는 이야기가 더 전개되면서 자식(또는 가끔 아내)에게 각자의 마을이나 땅을 줘서 영토를 분할한 경위를 알려 준 장자에게는 동쪽 끝까지의 땅을 주고, 나머지에게는 서쪽 땅을 연장자 순으로 나눠 주는 식이다(Condominas 1960: 199~203; Rasamimanana & Razafindrazaka 1957[1909]: 9~13 등 참조).

대부분의 사람들이 자신이 속하는 파를 댈 수 있다면, 시조들까지 거슬러 올라가는 실제 계보를 알고 있기 때문이 아니다. 기억되는 계보는 매우 짧았다. 조부모 세대를 비롯해, 적어도 어린 시절에 직접 본 사람들보다 더 거슬러 올라간 조상을 기억하는 사람은 거의 만날 수 없었다. 대개의 딤 구분 역시 명확한 영토 경계와 더는 일치하지 않는다(정말로 일치한 적이 있다는 가정 하에). 사는 장소가 아니라, 묘소의 위치와 역사가 중요하다.

메리나의 마을은 묘소들로 둘러싸여 있다. 말 그대로, 무덤이 시야에 들어오지 않는 곳이 없다. 오래된 묘소는 풀이 자란 둔덕보다 약간 나은 편이다. 그 곁에는 석재와 시멘트로 짓고 화환과 돌십자가를 얹은 새하얀 묘소들, 그리고 (가끔이지만 동네에 아주 부유한 가문이 있다면) 화려한 빛깔로 칠하고 쇠격자로 출입문을 달아서 넓은 반석 위에 세워 둔 궁륭같은 구조물이 있다. 하지만 묘소를 가옥과 대비시키는 차이는 크기가 아니라 석재의 견고함이다. 일반 집을 지을 때는 석재를 절대 쓰지 않고 흙벽돌을 쓰기 때문이다. 확실히 묘소는 영속성을 상징하게 되어 있다. 조상들의 지속적 현존을 계속 상기시키는 것이다.

묘소들은 위계를 따라 조직되기도 한 이런 묘소의 위계질서가 딤의 진정한 물질적 뼈대를 이루며, 사람들이 자신의 딤 내 위치를 표현할 때 쓰는 어휘를 제공한다. 내가 아는 대부분의 사람들은 딤의 역사에 대해서는 아주 흐릿한 개념밖에 없었지만, 누구든 자신이 속하게 되는 묘소가 어디인지 알았고, 왜 그렇게 되는지도 설명할 수 있었다.

예를 들어 안드리남불루루나는 앞에서 언급했던 것처럼 자신의 아내와 딸과 함께 베타푸 마을 동쪽에 있는 근사한 석재 묘소에 매장되었다.[14] 같은 마을 서쪽에는 네 개의 묘소들이 있는데, 각각에는 그의 아들들 중에서도 가장 나이 많은 다섯이 하나씩 묻혀 있고, 서쪽으로 30분쯤 더 걸어가면 형들과 사이가 틀어진 뒤 이주해 나간 다섯 째 아들의 묘소가 있다.[15] 딤을 이루는 각 파는 이 형제들 중 하나로부터 내려왔다고 전해진다. 그들의 이름은 이미 오래 전에 잊혀졌지만 상대적 서열은 기억된다. 오늘날의 주민들 중 이 묘소들에 매장될 사람은 소수에 불과하지만, 새로 생긴 각각의 묘소는 시조와의 관계에 따라 이 다섯 묘소들과 연결된

---

14) 베타푸의 안드리나는 1880년 무렵 메리나 왕국이 이마모를 정복한 후 이주해 온 군인 개척자들의 후예다. 이 개척자들은 자낙 안드리남부니눌루나(Zanak Andrianamboninolona)라는 이름의 유명한 안드라나 집단 출신이다. 베타푸 귀족들은 그 자신이 안드리남부니눌루나의 자손이라 주기적으로 칭하고, 대부분은 라잠베(razambe)의 무덤에 묻혀 있는 것이 바로 그라고 생각하고 있다.

15) 딤 영토의 해당 지역에서는 이 아들의 후손들이 여전히 우세하다. 19세기에 동쪽 친척들이 개신교로 개종했을 때 천주교로 개종했던 이 파의 후손들은 딤의 역사를 매우 다르게 기억한다. 많은 사람들은 라잠베의 아들 중 반수 이상을 자신들이 속한 파로 분류하고 그들을 파 내에서 가장 오래 된 묘소들 각각으로 인식한다. 하지만 이런 경합은 예외보다는 규칙에 가깝다.

다. 달리 말하자면, 딤을 실제로 엮는 것은 인간들의 계보가 아니라 묘소들의 계보이다. 더 오래된 묘소들이 새 묘소들을 낳는 것처럼 보인다. 이 전체조직은 역사적 기억을 지리적 배치에 새겨 넣으면서, 삭제될 수 없는 영속적인 것으로 보이게 만든다.

'시체와 놀기'

이런 기본 틀이 어떤 의미에서든 영원하고 불변한다는 말은 아니다. 사실은 인간 행위를 통해 끊임없이 바뀌고 재정의되어왔다. 새로운 묘소를 계속 짓고 오래된 것들은 버린다. 유골을 이리저리 옮기며 부수고 합친다. 실제 이루어지는 일에만 주목한다면, 파마디아나가 한다고 말할 수 있는 것은 바로 이것이다.

　메리나 묘소들은 겉모습과 상관없이 내부 구조가 같다. 입구는 반드시 서쪽에 있고 거대한 석판을 파묻어 문을 만든다. 문을 젖히고 계단을 따라 내려가면 큰 방이 하나 나오는데, 북, 서, 남쪽 벽에는 돌로 된 '침대'(farafara) 내지는 선반들이 돌출되어 층층이 포개어 진 모습이다. 각각의 벽에는 보통 세 개의 선반이 있어서, 총 아홉 개가 있지만, 맨 아래 선반에는 시신을 안치하기를 꺼린다. 그래서 대부분의 묘소에서 이용 가능한 선반 수는 실질적으로 여섯이다.

　원칙적으로, 어떤 묘소에 묻힐 권리를 가진 사람은 모두 그 묘소의 라잠베(razambe), 곧 '위대한 조상'으로 일컬어지는 사람의 후손이다. 라잠베의 시신은 반드시 북쪽이나 동쪽의 제일 높은 선반에 놓고, 보통 장자와 함께 안치되어 있다. 다른 자녀들은 제작기 다른 선반에 안치되어 작은 라잠베가 되고, 그 선반에는 그 자손들만 안치될 수 있다.[16] 가끔, 개개의 선반들이 같은 방식으로 더 분할되기도 하기 때문에 선반과 그 위의 공간은 일종의 소유물이 된다. 경제적으로 아주 곤란한 상황에 놓인 사람이 저명한 묘소에 있는 자신의 자리를 팔려 했다는 말도 있었다. 감히 사겠다고 나서는 사람도 없었을 것 같지만, 결국 친척들이 타일러서 단념시켰다.

하지만 실제로는 직계 자손만 매장권을 갖지는 않았다. 혼인, 입양, 의형제 관계 등, 호소할 수 있는 연줄이 다양했기 때문에, 남자의 경우에는 상당수, 여자의 경우에는 거의 대부분이, 장차 본인이 매장될 묘소를 고를 수 있는 여지가 있었다.[17] 하지만 사람들은 내게 각 묘소와 선반에는 누가 매장될 수 있고 없는지를 정하는 고유의 규칙이 있다는 점을 힘주어 말했다. 어떤 묘소에서는 여자를 통해 연결되는 자손들은 위쪽 선반에 놓일 수 없었다. 다른 묘소에서는, 라잠베의 혈육만 매장될 수 있고, 남편이나 아내는 들어올 수 없었다. 규칙들의 형태는 다양했지만, 한결같이 금지의 형식을 취했다. ——사실, 이 규칙들은 해당 묘소의 파디(fady), 즉 '금기'(taboos)로 일컬어졌고, 묘소 내부에서는 단추가 달린 옷을 입지 말아야 한다든가, 파마디아나 도중에는 담배를 건네는 일이나 노예가 참석하는 일이 있어서는 안 된다는 것처럼 각 묘소에 딸린 다른 금기들과 구

16) 그런 까닭에 묘소 내부 구조는 딤의 구조와 아주 비슷하다. 집단 전체의 통일성을 체현하고 있는 하나의 라잠베가 서열이 매겨진 자녀들과 함께 있는 것이다. 이 자녀들은 기억되는 한에서 서로 다른 파를 구분하는 준거가 될 수 있다.

17) 여성들은 선택의 범위가 더 넓었다. 남편의 묘소에 매장될 수 있기 때문이다(여러 남편'들'의 묘소들 중 하나에 매장되는 일도 자주 있었다). 반면 남편이 아내의 가족 묘소에 매장되는 일은 어쩌다가 있었다. 실제 가능한 선택의 범위에 대한 통계는 다음 자료를 참고할 수 있다(Bloch 1971: 115; Razafintsalama 1981: 190~200; Vogel 1982: 162.).

분되지 않았다.

　나의 경우 실제 묘소에 들어가 보았던 처음 몇 번은 안에 생각보다 적은 수의 시신만 있어서 놀랐다. 아주 오래된 묘소에도 시신이 안치된 선반은 두세 개에 불과했고, 더 많은 선반이 사용될 경우에도 각각에 안치된 시신은 3~4구에 불과했다.――이 중 일부는 백 년 넘게 계속 사용되었다는 사실을 감안하면 몹시 적은 수다. 나는 몇 가지 이유를 알아냈다. 우선, 새 묘소를 계속 짓기 때문이다. 선대 묘소에서 최소 한 명의 조상을, 대개는 묘소를 지은 사람의 조부나 증조부를 이장해 들여서 새 라잠베로 모시는 것이 관례였다. 선반 소유자들 전체의 동의를 얻게 되면, 그 위에 있는 조상들 모두를 내려서 새로 지은 묘소의 선반들에 나눠 안치할 수도 있다.[18] 또, 묘소의 선반을 나누는 방식은 조상의 명을 받들어 정한 것으로 생각하기 때문에 시신 재배치를 매우 꺼린다. 그 결과 선반과 벽면 전체가 텅 비게 되는 수도 있다. 같은 이유로, 급격한 인구 변동이 발생하는 경우에는 몇몇 일가가 공간을 새로 배정받지 못한 채 대가 끊길 수도 있기 때문에, 거의 다 비었거나 텅 빈 선반들만 남을 수도 있다.

　하지만 더 중요한 이유가 있다. 시신들을 합치는 관습 때문에 숫자가 늘지 않고 계속 제한되는 것이다.

　여기서 이 시신들이 말라가시어로는 '조상'과 '시체'를 동시에 뜻하는 라자나(razana)라는 말로 일컬어지며, 영어 body라는 말이 함축하는 그런 '시신'이 아니라는 점을 염두에 두어야 한다.[19] 당연히, 이 시신들은

---

18) 새로 지은 묘소도 선반마다 한 구 이상의 시신이 있어야 했다. 빈 선반이 있으면 사령이 이 선반을 채우려고 아이나 가족을 데리고 오게 되기 때문이었다. 그래서 둘 시신이 없으면 바나나 나무 줄기를 잘라 인간 대신 빈 선반에 놓아 두었다.
19) 이들은 엄밀히 말해, 조상일 필요도 없었다. 묘소 속에 안치된 시신들은 후손이 없어도 모두

전혀 인간 신체처럼 보이지 않았다. 대개 황토를 천으로 말아서 묶어 둔 것처럼 보였다.

임종시에는 시신을 묘소에 안치하기 전에 한 장 이상의 람바메나를 반드시 둘렀다. 람바메나는 강도와 내구성이 좋아 귀하게 여겨지는 재료로 만든 천인데, 요즘은 그만큼 탄탄한 합성섬유로 대체하는 경우도 있다. 새 라자나는 몇 년 동안 '건조'시켜 가루와 뼈만 남게 될 때까지 그대로 둬야 한다. 파마디아나가 열릴 때는 시신들을 매우 거칠게 다룬다. 들고 춤을 추며 잡아 끌어 당기고 온 힘을 다해 천으로 말아 묶은 뒤, 선반에 돌려 놓기 전에 한층 더 격렬한 춤을 다시 한 번 추는 것이다. 20년 정도 지난 시신들은 파마디아나를 여러 차례 거친 뒤여서 말 그대로 완전히 분쇄되어 있다. 심지어 뼈마저 바스라졌기 때문에 이 사물이 한때 인간의 형상을 하고 있었다는 점을 알려줄 흔적이 거의 남지 않는다.[20] '가루' (vovoka)가 되었다고 사람들은 말한다. 사실 마다가스카르의 라테라이트 토양과 같은 붉은 벽돌색으로 변해 버린 마당에 무엇이 한 때 몸이었고 무엇이 천이었는지 구분하기는 불가능하다.

시신들은 첫 파마디아나를 치른 후에야 결합될 수 있다. 즉, 거의 가루가 된 후다. 이런 시신 둘을 천 한 장으로 다시 감는 것은 비교적 간단한 일이다. 사실 조상들은 합치지 않으면 시간이 흐르면서 얇아지기 때문에, 가운데가 불룩 나왔지만 사람의 팔다리 굵기에 불과한 천 두루마

라자나였다.

[20] 머리를 먼저 내보내는 게 규칙인데, 어느 쪽 끝이 머리인지를 두고 시신을 옮기는 남자들이 논쟁을 벌이지 않았다면 파마디아나를 치렀다고도 할 수 없을 것이다. 솔직히 말해 일을 맡은 사람들이 안 취한 경우는 없다. 맨정신이었다면 시신을 처음 들어 올렸을 때 본래 어느 방향으로 놓여 있었는지 기억했을 것이다. 하지만 판단에 도움이 될 만한 물리적 표지가 있는 경우는 극히 드물었다.

리 모습이 되고 만다. 유명한 조상들은 예외다. 수의를 아주 여러 장 써서 주기적으로 다시 감기 때문이다. 다른 한편, '합쳐진 조상들'(razana ikambanana)은 서로 다른 십여 명의 서로 다른 사람들의 유해와 그 각각을 말아 둔 낡은 람바로 이루어져 있기 때문에 산 사람의 두세 배에 달하는 큰 덩치가 되는 때도 많다.

가장 흔한 관례는 아이와 부모를, 남편과 부인을 한 장의 람바로 감는 것이다. 형제자매는 절대 합치면 안 된다는 말을 자주 들었다. 이 밖의 사항은 일반화하기 어렵다. 세상 만사가 그렇지만, 이런 관습도 가문과 묘소마다 다르기 때문이다. 하지만 합치게 되는 조상들은 대개 잊혀지기 직전의 인물들이다(그 묘소의 자손들 중 가장 나이 든 사람의 부모나 조부모뻘 되는 사람들이다). 일순위는 대개 어려서 죽은 아이들이다. 아이는 부모와 함께 감는다. 다음 순서는 아이 없이 죽은 성인이나, 살아 있는 후손이 없는 사람들이다. 이들은 앞으로 있을 파마디아나에서 람바메나를 해줄 수 있는 사람이 아무도 없기 때문에, 람바메나를 마련할 후손이 있는 조상과 합친다.[21] 이런 대수롭지 않은 라자나들의 이름은 곧 잊혀지는 것이 상례다. 남편과 합친 아내, 아니면 드물지만 아내와 합친 뒤 아내 가족의 묘소에 합장된 남편들도 대개 그렇다. 하지만 묘소의 주인들이 라자나에 이름표를 붙이거나 가족 문서에 기록을 확실히 해두지 않는다면(그렇게 하는 사람은 얼마 없다), 가장 유명한 이름을 제외한 이름들은 전부 기억에서 사라져 버릴 수밖에 없다. 가장 오래된 묘소들은 적어도 하나, 많은 경우 여럿에 달

---

21) 모든 시신을 따로 말다 보면 비용이 너무 많이 들기 때문에 합친다고 주장하는 사람들까지 있다(묘소가 열린 마당에 누구는 새 수의를 안 해 준다면 민망한 일일 것이다). 자식 없는 라자나에게 비단을 주는 경우는 드물고 대개 합성섬유를 사용하는 것도 사실이다. 하지만 후손이 있는 조상과 합쳐 두면 비용이 전혀 들지 않는다.

하는 거대한 시신 꾸러미를 갖게 되어 버린다. 이 꾸러미는 그저 '합쳐진 대 조상들'(razambe ikambanana)로밖에 부를 수 없다. 왜냐하면 현재의 주인들이 그 안에 담긴 조상들의 이름을 단 하나도 모르기 때문이다.

이런 라잠베들은 이름이 있든 없든 다른 묘소로 옮길 수 없기 때문에, 아무리 오래 된 묘소라도 안에 시신이 전혀 없을 수는 없다. 하지만 후손들의 가계 중 일부는 대가 끊기고 다른 가계들은 새 묘소를 지어 자신들의 직계 조상을 모두 이장하므로, 상당수의 묘소들이 매장용으로 쓰이지 않는 시점에 도달한다.[22] 그런 상태가 된 묘소라도 가끔이지만 성대한 파마디아나가 거행될 때는 열리고, 한 둘의 시신은 다시 수의를 감게 된다. 하지만 적어도 내 경험에 비춰보면, 이런 경우에는 상당한 혼란이 빚어진다. 자나드라자나가 아직 묘소에 남아 있는 조상 꾸러미 대어씻을 짐검하면서, 자기 것을 찾으려 하기 때문이다. 그리고 이런 연계조차도 영원히 기억되지는 않는다. 언덕 위에는 옛 묘소들이 사방에 점점이 박혀 남아 있다. 그 임자조차 잊혀진 지 오래인 이 묘소들은 수풀 사이로 언뜻 보이는 흙더미에 다듬은 돌 몇 개가 박힌 것이 전부다. 딤의 위계 구조에서 핵심을 차지하는 가장 저명한 묘소들은 사실 망각의 운명을 피하는 데 성공했던 가장 오래 된 묘소들일 뿐이다.

파마디아나를 거행함으로써 시신들을 분쇄하고 서로 합치는 전체 과정은 계보학적 기억상실 과정에 담긴 구체적이고 육감적인 측면으로 볼 수 있다. 조상은 존재를 망각당하면서 그 몸 또한 흩어져 사라져간다. 정체성과 육체 모두가 더 유명한 라잠베 중 누군가로 흡수되고 말 운명이다. 이런 종류의 일은 계보를 중시하는 곳이라면 어디서든 벌어지는 일이

---

22) 이 묘소들은 사실 텅 비었을 가능성이 크지만 "가득 찼다"고 이야기된다.

겠지만, 메리나에서는 기억과 망각이 유달리 손에 잡히는 문제다. 조상들이 훨씬 더 촉각적인 대상이라는 이유만으로도 그렇게 되기에 충분하다. 조상들과의 관계가 완벽히 물질적인 매개를 통해 맺어진다면, 망각 또한 그냥 발생하는 일이 아니라 능동적인 과정이 될 필요가 있다.

마찬가지로, 조상들의 이름은 파마디아나에서 중요한 역할을 하는데도(파마디아나 전야에 묘소에서 부르고, 시신이 나오는 순간 또 부르며, 의식을 마무리하는 연설에서 보통 네번째로 나온다.), 기록해서 영구 보존하려는시늉조차 하는 사람이 없다.[23] 그렇게 하지 못할 이유는 전혀 없다. 메리나 사회는 문맹률이 매우 낮다. 파마디아나는 죽은 자를 위한 '추모'(fahatsiarovona)라고 한다. 그러나 실제에서는 후손들을 망각의 적극적 공모자가 되게 만드는 것이 파마디아나의 주된 역설 중 하나다.

저주와 금기

하지만 파마디아나 같은 순수 의례 이외의 상황에서는 조상들이 파디(fady), 곧 금기를 부여하면서 후손들의 삶에 존재감을 드러낸다. ──금기는 묘소 주위에서 일어나는 일들과는 달리, 사람들이 피부로 느끼는 사안에 지속적이고 직접적인 영향을 준다.

마다가스카르의 파디에 대해서는 이미 많은 연구가 나와 있지만(Standing 1883; Van Gennep 1904; Ruud 1960; Lambek 1992), 문헌을 정리하기 보다는 핵심만 몇 가지 다룰까 한다. 첫번째는 파디의 논리가 가

---

23) 다만 이 목록은 의례와 관련된 조상들 중 극히 일부만 반영한다는 점이 조사의 결과로 드러나곤 했다. 각 묘소 당 라잠베 한 둘과 사망한지 10년 이내의 사람들만 목록에 나와 있다.

령 폴리네시아의 금기와는 동일하지 않다는 점이다. 파디는 성스러움의 징표가 아니다. 같은 범주 안에서는 보통 오염의 징표다. 파디는 사람이나 사물의 상태와는 무관한 대신, 해서는 안 되는 행동과 관련된다. 파디는 단순 진술의 형태를 취한다. "X를 하지마라" 또는 "Y를 하는 것은 파디이다." '금기시'[24]되는 것은 행위자나 대상이 아니라 행동이다. 타인의 행동을 제약하는 것이 타인에 대한 권위를 세우는 기본 중의 기본이다. 반면 이와 같은 제약을 타인과 공유하는 것은 결속을 입증하는 기본 방침 중 하나다.[25]

파디에는 다양한 종류가 있다. 일부는 모든 사람 내지는 특정 상황에 있는 사람 모두에게 적용되는 행위 규범이다. 예를 들어 "임신한 여자가 문간에 앉는 것은 파디이다." 어떤 파디는 특정한 주술을 쓰거나 그 주술의 보호를 받는 사람들에게만 적용된다. 또 다른 파디는 조상들이 내린 것으로, 같은 조상의 후손들이면 모두 공유하는 유형이다. 내가 현재 관심을 둔 유형은 마지막의 것이다.

지역의 역사와 관습에 관한 최고 권위자라고 여겨지는 노인들은 이와 같은 제약을 매번 도덕화된 표현들을 써서 설명해 주었다. 파디는 조

---

24) 가령 마오리 추장은 본성상 타푸(tapu)다. 나머지 세계와 분리되어 있기 때문에 성스러운 존재인 것이다. 그러나 파디라는 말을 사람에 대해 이런 의미로 쓰는 법은 없다. 파디는 일차적으로 행위에 적용되는 말이다. 예컨대 '양파 파디'라는 말은 양파를 먹거나 재배할 때 적용되는 특정 규칙을 짧게 줄여 말한 것이다.

25) 이 때문에 나는 베타푸 마을의 일관된 파디 목록을 만들겠다는 엄두조차 낼 수 없었던 것 같다. 목록을 만들 수 있다는 데는 모두 동의했지만 두 사람조차 동일한 설명을 내놓은 적이 없고, 내가 이웃 사람에게 들은 설명을 전하면 틀렸다면서 못마땅하게 여기는 사람이 많았다. 파디에 대한 자기 관점을 누가 누구에게 납득시킬 수 있는지를 통해 사회적 영향력의 범위를 가늠할 수 있었다. 또한 베타푸는 권위와 결속력이 끝없는 유동 상태에 있었기 때문에 파디에 대한 의견 또한 계속 변하고 혼란스러운 경향이 있었다.

상들이 딤의 내적 조화와 통합을 유지하는 수단이라는 것이다. 선택한 예들도 거의 늘 같았다. 일가 친척의 물건을 훔치거나, 딤 소유의 땅을 외부인에게 판다거나, 열등한 집단의 후손, 특히 노예의 후손과 통혼하는 행위를 금지하는 것이 파디이다. 파디를 부여한 것은 언제나 그 지역의 조상들이었지만, 금지된 사항들은 모든 집단에서 동일했다. 하지만 딤을 서로 구분할 수 있게 해 주는 금기들이 실제로 있었다. 지위는 동등하지만 서로 통혼할 수 없는 딤이나 딤 내의 파가 있고, 기르거나 재배하거나 먹어서는 안 되는 동식물들이 항상 있었다.[26] 앞에서 언급했지만, 각 묘소는 그곳에만 있는 파디를 갖는 경우가 많다. 이 파디는 해당 묘소의 라잠베가 만들었다고 여겨지는 것이 보통이다. 살아 있는 부모들 또한 그들의 자손을 '저주'할 힘이 있었기 때문에, 돼지고기를 먹는다든지 얼룩무늬 소를 기르는 것과 같은 행동들을 금지시킬 수 있었다. 그렇게 함으로써 금기가 생기는 것이다.

많은 딤들에는 제일 중요한 파디가 생긴 경위를 알려주는 전설이 있었다. 사실 사람들은 공식적인 딤의 역사보다는 전설을 더 잘 알고 있을 가능성이 훨씬 컸다. 그렇게 되는 이유는, 그냥 전설이 더 재미있기 때문이었을 수도 있다. 상당수는 우스갯소리가 분명했고, 조상을 놀리려는 의도 또한 뚜렷했다. 예를 들어 베타푸의 한 조상은 돼지고기와 마늘

---

26) 가장 많이 포함되는 것은 돼지 및 양파 종류다. 특히 톤골로 가시(tongolo gasy), 곧 '마다가스카르 양파'로 부르는 마늘이 그렇다. 더 사변적인 사람들은 돼지와 양파는 '부정해서' 주술 부적의 힘을 감소시키며 죽은 자들의 영혼을 자극하기 때문에 주술사나 성스러운 장소에 들어가려는 사람들에게 파디가 되는 일이 많다고 본다. 하지만 마다가스카르에서는 금기가 오염에 대한 명확한 관념을 반영하는 일이 극히 드물다. 말이 나온 김에 짚고 넘어가자면, 돼지고기나 양파에 대한 금기는 특정 상황들에만 적용되는 것이 일반적이다. 경우를 불문하고 돼지고기나 마늘을 먹으면 안 되는 사람은 한 두 명 밖에 보지 못했다. 이 둘은 이메리나에서 가장 인기 많은 식재료이기 때문에 금기의 핵심이 되었을 수도 있다.

을 배터지게 먹은 나머지 배가 터져 죽었다고 한다(그래서 남은 가족들이 후손들에게 같은 일을 못하도록 금기를 내렸다). 이웃한 안드리마수안드루 (Adriamasoandro) 마을의 전설도 비슷하다. 한 조상이 산불이 나서 기어 나오는 애벌레들을 발견하고 꾸역꾸역 먹다가 변을 당했다. ──다만 변형된 전설들은, 그 조상이 너무 늦기 전에 정신을 차리고 얼마나 바보 같은 짓을 했는지 깨닫고 나서, 후손들에게 다시는 애벌레를 먹지 못하는 저주를 내렸다고 되어 있다.[27]

위와 같은 불합리성에는 선조가 내린 무수한 금기들이 얼마나 독단적인지 강조하려는 의도가 담겨 있다고 볼 수도 있다. 하지만 파디와 관련된 전설의 유형은 훨씬 다양하다. 더 널리 알려져 있는 유형의 파디에는 아주 직접적이고 실질적인 이유가 있다. 이런 유형은 금기 위반의 결과와 관련된다.

몇 가지 예외를 제하면 결과가 처참하기 이를 데 없었다. 노예 후손의 여자와 결혼한 부유한 안드리나가 재산을 갑자기 몽땅 잃고 알거지가 된다. 마늘을 기르면 안 되는 곳에서 길렀던 사람은 우박이 내려 작물을 전부 잃은 뒤, 아주 가난하게 산다. 규정을 어기고 묘소에서 시신을 꺼내려다 벼락을 맞아 죽는 사람도 있다. 모든 연령대와 성별의 사람들이 이런 이야기들을 열 개 이상 즉시 떠올릴 수 있다. 이런 이야기들은 지역 정

---

27) 사실 먹지 못하게 한 건 보나카(bonaka)라는 애벌레인데, 식용보다는 비단 생산용으로 쓰였다. 그런 이유 때문이었을 수도 있겠지만, 나와 이야기를 나눴던 사람들은 죄다 이 금기를 정말 재미있어 했고, 말할 기회가 오면 언급을 피하지도 않았다. 폭식으로 인한 사망은 파디를 설명할 때 가장 빈번하게 쓰이는 주제일 것이다(대부분의 사람들은 맥락과 상관 없이 그 자체로 우습다고 느끼는 주제이기도 했다). 혼인 금기의 기원을 알려 주는 설화들은 대개 조상들이 도박을 했거나 바람을 피웠거나 서로에게 화가 났던 사건들로 거슬러 올라간다. 탐욕 관련 설화도 그랬지만, 결혼 관련 전설을 들려 준 사람들 역시 신경이 쓰일 때는 조상의 행동이 어리석었다는 점을 분명히 짚고 넘어갔다.

치에서 중요한 역할을 한다. 왜냐하면 지역의 금기를 자신의 의중에 맞게 해석하도록 만들기 위해 온갖 미묘한 계략들을 계속 만들어 내기 때문이다. 게다가, 하시나(hasina)라고 하는 보이지 않는 조상의 힘이 산 사람들에게 어떤 모습으로 나타나는지, 달리 말하자면 조상이 사후에도 지속적으로 후손의 일상생활에서 무슨 일을 하고 무슨 역할을 맡고 있는지 알려 주는 것으로는 이런 이야기들이 유일하다. 조상이 후손을 공격하는 행동을 통해서만 개입한다는 사실은 놀랍다. 살아 있는 사람의 행동이었다면 사술 중에서도 가장 혐오스러운 축에 든다고 비난받았을 것이다.

조상이 마녀나 다름없다고 대놓고 말하는 사람은 없다. 앞서도 말했지만, 노인 남성들은 특히 조상을 집단의 통합과 도덕적 무결성을 보장하는 자비로운 존재로 묘사하는 경향이 있다. 다른 한편, 많은 노인 남성들은 조상의 응징 문제를 건드리는 말이 어떤 것이든 나올 낌새를 느끼면 해코지 주술에 대한 이야기가 나온 마냥 뚜렷한 불쾌감을 드러냈다. 공동체에서 이런 이야기를 계승해나가는 것은 주로 여성이다. 그리고 내가 이야기를 나눴던 대부분의 여성은 조상의 행동에 대한 자기 생각을 아무 거리낌 없이 드러냈고, 실제 가장 많이 쓰인 단어는 '야만적인', '폭력적인', '잔혹한' 등을 의미하는 마시아카(masiaka)였다.[28] 노인 남성들이 조상의 폭력에 대한 언급을 삼갔던 까닭의 일부는 바로 자신이 조상이 될 시점이 멀지 않기도 했고, 권위자인 자신을 조상들과 동일시하는 경향 또한 있다는 사실과 관련될 것이다. 노인들 자신이 우주나, 곧 '저주'의 힘을 자녀들

---

28) 나이가 아주 많고 덕망 있는 여성 몇 명은 이런 것조차 도덕적인 행위로 보이게 해석하려 했다. 곧, 조상들은 악행을 저지른 사람은 전혀 봐 주지 않는다는 것이다. 대부분의 여성은 이렇게 생각하지 않았다.

에게 행사한다. 이런 저주가 노인들의 충고나 꾸짖음에도 눈 하나 깜빡하지 않는 자손을 혼내줄 무기로 사용될 수 있다면, 부모의 권위를 세우기 위한 최종적인 보루가 될 것이다.

나는 내가 직접 아는 사람이 연루된 실제 저주 사건은 두세 건 밖에 듣지 못했으나, 가능성만큼은 누구나 넌지시 언급했다. 사람들 말대로라면 그런 저주는 반드시 부정의 형식을 취한다. 예컨대, "너는 앞으로 자손을 가지지 못할 것이다.", "너는 생전에 결코 부자가 되지 못할 것이다.", 혹은 "너는 가문의 묘소에 들어가지 못할 것이다." 다시 말하자면, 저주의 내용이나 실현 방법은 다양할 수 있지만, 한결같이 피해자가 어떤 일을 절대 할 수 없게 지정하는 형식이다. 병에 걸리게 만들거나 이미 있는 재산을 몽땅 잃게 만드는 것과 같은 직접 공격의 형식과는 차이가 있다.

먼 조상에 대한 전설들은 제약 부과와 위반행위에 대한 처벌을 구분하지만, 여기서는 하나로 통합되어 있다고 말할 수도 있다.[29] 하지만 내 견해로는 하나밖에 없는 일반 원칙을 분명하게 드러내 주는 역할을 한다. 제약을 부과할 수 있는 권력은 궁극적으로 그 제약을 강제 집행하는 폭력과 연속체를 이룬다는 것이 그 일반 원칙이다.

일차 종합

메리나 조상이 후손의 행동을 제약한다고 느끼는 이유 하나는, 최소한 남

---

29) 최소한 일부 사람들의 관점에서는 부모의 우주나와 조상의 우주나가 상호의존적이었다. 자식에게 저주를 걸 능력을 잃지 않으려면 조상의 파디 전체에 유념해야 한다고 말해 준 여성도 있었다.

성들의 경우 본인 스스로가 저명한 조상이 되려는 열망이 있기 때문이다. 하지만 이 목표를 이루려면, 조상에 대한 기억은 빛바래게 만들면서도 후손(특히 아들)이 자신을 등지거나 가려버리지 못하게 해야만 한다.

조상 역시 살아 있는 동안에는 태어나 아이를 낳고 묘소를 짓고 죽었던 보통 인간이었다. 이는 딤의 역사를 보면 분명하게 드러나는 사실이다. 조상에게 오늘날의 인간에게 허락된 범위를 넘어선 행위능력이나 창조능력이 있었다는 설명은 나오지 않는다.[30] 이야기에 어쩌다 주술의 힘이 언급되는 경우가 있지만, 이 힘들 역시 적절한 기술을 익히거나 비용을 지불할 수 있다면 오늘날에도 구할 수 있었다.

신화적 과거에 신성한 존재나 토템 동물이 사회 분할을 제도화한 것과는 매우 다른 상황이다. 사람들은 예나 지금이나 아이를 낳고 묘소를 세운다. 원리적으로, 그들 자신이 유명한 라잠베, 심지어는 딤의 시조 반열에 오른 라잠베가 되지 못할 이유가 없다. 나는 그런 가능성을 즐겨 상상하는 사람들을 많이 보았다. 상황이 이렇다 보니 산 자와 죽은 자 사이에 (적어도) 경쟁 구도가 만들어질 가능성이 생기기 마련이다. 왜냐하면 개인의 관점에서 본다면 자신이 그런 위치에 오르지 못한 유일한 이유는 다른 누군가가 이미 그 자리를 차지하고 있기 때문이다. 파디의 기원 설화를 이런 관계에 대한 진술로 보는 것도 충분히 가능하다. 우리 조상이 애벌레를 먹는 따위의 행동을 했기 때문에, 후손인 우리가 같은 행동을 다시는 할 수 없게 되었다. 어쨌든, 조상이 인간 행동에 일련의 제약을 부

---

30) 사실 이메리나인이 우주론적 기원 시대에 특별한 관심을 보이는 모습은 찾아볼 수 없었다. '마다가스카르 시대'인 타니 가시(tany gasy)는 조상이 살고 딤이 창설되었던 역사적 기원의 시대이며, 주로 정치적인 의미에서 현재와 다르다고 여겨진다.

과함으로써 자신의 존재감을 드러낸다는 점은 훨씬 잘 이해된다.

사람들의 일상을 지배하는 친족 관계를 이 관점에서 생각해 볼 수 있다. 마다가스카르는 사회 '구조'나 규칙이 없어서 과거 인류학자에게는 난제였던 지역 중 하나다(Wilson 1977, 1991). 혈연관계마저 주어진 것이 아니라 만들어지는 것으로 인식되는 경향이 강하다는 점을 많은 학자들이 강조했고(사우스올Southall의 표현에 따르면, '부여'된다기보다 '획득'된다), 사람 간에 연결고리를 만들 때 수양, 입양, 혈맹 및 여타 '우정'과 같은 인연이 얼마나 중요한지 강조한 학자도 많다(Vogel 1982; Kottak 1986; Feeley-Harnik 1991 등). 예를 들어 이메리나에서 재산을 소유하거나 집단에 소속될 권리는 남녀 모두를 통해 쉽게 이전된다. 혼인 주거 규칙 역시 탄력적이고 이혼도 쉽다. 자신의 삶을 누구와 어떻게 살 것인지 선택할 수 있는 여지가 대개의 사람들에게는 매우 넓다.

사람들은 부모의 권위나 연장자의 역할 또한 매우 강조했다(우주나는 그중에서도 가장 상위의 형태일 뿐이다). 다시 말해, 사람들이 누리는 행위의 자유는 명시적인 규범을 통해 제약되는 것이 아니라, 타인 중에서도 특히 권위자의 위치에 있는 사람들의 제약을 받는 것처럼 보인다. 그런 이유로, 일상사가 돌아가는 맥락을 만들고 지역 정치를 구성하는 사회적 집단들은 묘소 주변에서 생겨나는 집단과는 달리 야심가 남녀가 홀로 추구하는 목표의 결과물인 경우가 매우 많다.

이동의 정치

모든 사람이 같은 개인 목표를 갖지는 않지만, 적어도 남성들의 경우에는 무엇이 진정한 성공인지 견주어 볼 수 있는 기준이 뚜렷하게 있었다.

그 내용은 백 년 전의 민담에 이미 등장한다(Dahle 1984[1878]을 볼 것). 이야기는 늘 이렇게 전개된다. 주인공이 젊은 시절 운명을 시험하러 집을 떠났다가 성공을 거두고, 돈이나 가축, 노예를 많이 얻게 된다. 주인공은 이 시점에서 집으로 돌아오거나 새 곳에 정착하게 되는데, 어느 쪽이든 땅을 마련하고 결혼한 뒤 자손을 많이 낳는다. 하지만 주인공의 최종 목표는 여기에 그치지 않는다. 우선 아주 크고 화려한 묘소를 짓되, 자기 자식들은 그렇게 못하도록 막아야 한다. 예컨대 땅과 재산을 넉넉히 주어서 적어도 반 이상의 자식이 후손들과 함께 만족하고 지내면서, 자신을 라잠베로 기억하게 만들 묘소를 보살피도록 하면 된다.

딤 전체의 라잠베 지위 획득은 이례적이지만, 상상할 수 없는 일은 아니다.[31] 그리고 딤의 역사 자체가 시조들을 한결같이 "더 나은 삶을 찾아"(mitady ravinahitra) 조상들의 영토를 버린 사람들로 묘사한다. 이런 구절은 오늘날 젊은 남성들이 돈방석에 앉을 수 있으리라는 희망을 품고 도시로 떠나거나, 7~80km 서쪽에 있는 개척지대 치로누만디디(Tsiroanomandidy, 가축과 땅값이 싸서 아직까지 기회의 땅으로 여긴다.)로 향할 때도 똑 같은 표현을 쓴다.

따라서 세대 간 정치는 대체로 이동의 정치가 된다. 아버지는 자식들이 떠나지 못하게 하려 하고, 아들들은 떠날 꿈에 부풀어 있게 된다.

---

31) 아리부니마무 근방의 딤들과 딤 영토 대부분은 지난 세기 이래로 극적인 변화를 겪지는 않았던 것으로 보인다. 헌데 보존문서를 보면 (아리부니마무 7-8km 북쪽에 있는 암부이벨루마(Ambohibeloma) 근처의 마을인) 암보히베에는 "돈이 가득한 귀족"이라는 적절한 이름을 갖춘 안드리암페누불라(Andriampenovola)라는 무지막지한 부자가 있었는데, 1880년대에서 1890년대에 걸쳐 입양을 통해 후손들을 모았던 것처럼 보인다. 양자녀 각각은 이 조상 영토에 머무르는 조건으로 땅 일부와 노예 및 다른 종류의 재산을 보장받았다. 내가 1990년대에 암보히베에 들렀을 때는 19세기 딤의 이름 자낙 안드린두리아(the Zanak'Andriandoria)를 아무도 기억하지 못했고 안드리암페누불라가 지역의 라잠베라고 했다.

딤과 같은 친족집단은 선조의 영토를 뜻하는 특정 타닌드라자나(tanindrazana)와 동일시됨에도 불구하고, 오늘날 이메리나에서 친족집단 구성원 중 상당수가 타지에서 살고 있다고 앞서 말했다. 사람들은 이주한 뒤에도 타닌드라자나와 관계를 유지하는 패턴을 한 세기 넘게 그대로 반복해 왔지만, 베타푸에 있는 어떤 묘소든 그 '주인'의 대부분은 더이상 마을에 살지 않는다고 봐도 좋을 것이다. 대개의 사람들은 차로 불과 한 시간 걸리는 수도에 살고 있지만, 그 외에도 마다가스카르 거의 전역에 걸쳐 교사나 공무원, 무역상 등 다양한 일을 하면서 살아 가고 있다. 게다가, 치로누만디디 전역에도 아리부니마무 출신의 작은 정착민 집단이 흩어져 살고 있다. 마을을 오래 비우고 소규모 사업을 하면서 돌아다니거나 돈 벌 기회를 찾고 있는 사람들이 많기 때문에(남성은 대부분, 여성은 적지 않은 수) 상대적으로 교육을 못 받은 사람들 역시 더 넓은 세상을 접한다.

상황이 이렇기 때문에, 갑부 수준의 부자나 엄청나게 큰 성공을 거둔 농부가 아니면 많은 수의 자식들을 주변에 둘 수가 없다. 부유하지 못한 사람들은 자식들이 하나씩 사라지는 모습을 보게 된다. 딸들은 결혼하면서 떠난다. 아들들도 그럴 수 있고, 어머니를 따라가거나 더 잘사는 친척 집에 입양될 수도 있다. 그냥 서쪽 지역의 도시로 이주할 수도 있지만, 얼마간의 돈을 마련한 뒤 돌아올 생각으로 떠났다가 실제로는 돌아오지 않을 수도 있다. 여기에 인구학적 변동이 가세하면 매우 극적인 결과도 생겨날 수 있다. 한두 세대 만에 마을 전체가 사라질 수 있는 것이다. 한때 크게 번창했던 가문이 지역에 살아 있는 후손을 한 명도 남기지 못할 수도 있다. 반면에 가장 크게 성공한 사람(대부분 남성이지만 때때로 여성일 때도 있다)은 아들 대부분에 딸까지 집에 둘 수 있는데다가 다양한 식솔들도 거느릴 수 있다. 가난한 형제자매와 조카, 인척(이런 유대관계를 공고히 하기 위해 족내혼이 이용된다), 혈맹이나 입양으로 생긴 친족들, 때로는 목동과 같이 친족관계가 없는 하인 등등. 이렇게 하려면 땅이 필요했다. 대부분의 부모들은 자식과 식솔들을 곁에 두려는 목적으로 자신이 가진 논 중에서도 제일 좋은 곳을 상속자들이 혼인할 때 나눠 주고 적당분만 자신의 몫으로 남겨 둔다.

지역 가문과 그 묘소

이렇듯, 저명한 개인 한 명을 중심으로 조직되어 그 이름을 딴 집단들이 일상의 실존에 진짜 틀을 제공했다(블록[1971:81~86]을 다시 한 번 따라 "지역 가문"으로 칭한다).[32] 마을은 어떤 시점에서든 기본적으로 이런 지역 가문들의 집합체로 나타난다. 지역 가문은 가문의 시조가 사망한 다음에는 십여 년 혹은 그 이상을 명목상의 대표 아래 모여 있다. 예를 들어 베타푸에서 가장 큰 구역은 세 가문으로 구성되어 있었으며 시조가 생존해 있는 가문은 하나 뿐이었다. 구역 내 20가구 중 15가구가 이 세 가문에 속했다. 나머지 다섯 가구는 모두 어떤 의미에서 주변화 내지는 파편화된 유형이었다. 거의가 노인 한 명이 장성한 미혼 자녀 하나 또는 어린 자녀 몇 몇, 아니면 손주 몇 명을 데리고 사는 형태였다. 이런 가족은 가난하기 일쑤였고, 마을의 공적인 사안에는 별다른 영향력을 미치기 어려웠다.

---

32) 말라가시어에는 이와 같은 집단을 일컫는 일반 용어 또한 없지만, 특정 지역 가문을 지칭할 때는 "라나이부의 자손"(ny terad Ranaivo)과 같은 표현에서처럼 시조의 이름을 따서 부르곤 했다. 그런 이유로 보겔(1982)은 이 집단들을 테라카(teraka), 곧 '자손들'이라고 불렀지만, 현지인이라면 이 표현을 절대 쓰지 않을 것이다.

지역 가문들은 유산을 분배한 뒤에도 공동으로 경작하고 아이들을 서로 봐주고 음식을 자유로이 나누면서 자신들만의 사회적 소우주를 이루는 경향이 강했다. 일반적으로 가족들끼리는 이웃들끼리보다 사람과 물건이 훨씬 격의 없이 오갔다. 이웃은 늘 주술사(sorcerer)가 될 수 있었기 때문이다. 가문의 시조들은 마을에서 아예 나와 논이 내려다 보이는 언덕께에 자신들끼리 작은 마을을 만들곤 했다.

어떤 가문이든 구성원에 따라 선택의 개인적 범위가 다르지만, 대개의 구성원은 보통 자신이 가문 시조의 묘소에 매장되리라 예상한다. 이 묘소는 시조 자신이 직접 지은 경우도 많다. 아닌 경우라면 시조가 그 지역에서 가장 유명한 옛날 묘소들 중 하나를 실질적으로 독점하는 데 성공했던 경우다. 동네 사람들의 관점에서 보면 이 사람을 그 묘소의 본래 라잠베와 구분하기 어려울 수도 있다.[33]

두 경우 모두, 가문의 대표는 자신이 죽고 난 뒤 지역의 라잠베로 기억되기를 간절히 바란다는 생각과 모순되는 듯 보인다. 새 묘소를 지었다면 조상 한 분을 라잠베로 모셔야 했을 것이고, 오래된 묘소라면 자신이 빛을 잃을 만큼 유명한 조상(예를 들어 딤 시조의 자식 중 하나)과 겨뤄야 하는 경우가 많기 때문이다. 하지만 현실에서는 일이 풀리는 방식이 다양했다. 라잠베마저도 망각되거나 (자신이 물리적으로도 합쳐지기 일쑤

---

33) 묘소를 아직 쓰는 후손들이 있겠지만 근처에 사는 사람은 없다는 뜻이다. 하지만 가문의 수장이라면 자신이 관련된 묘소들을 부끄럽지 않게 관리할 능력이 있는 후손이 자신밖에 없다면 묘소들 전부를 관리해야 할 책임을 느끼게 되는 일이 많을 것이다. 다른 한편, 앞에서 언급했던 파편화된 가족의 대표들이 중요성은 덜하지만 누군가 아직 쓰고 있는 묘소들과 마을 내 관계를 유지하는 일을 맡곤 했다. 이들은 그 일을 통해 자신의 사회적 위치를 확보했다. 묘소의 다른 임자들은 도시민, 이주자 및 그 자녀들일 때가 많아서, 그들의 손을 빌려야 묘소 관리를 할 수 있었기 때문이다.

인) 더 유명한 후계자로 흡수될 수도 있다. 옛 문서들을 검토하다 보면 한 묘소의 라잠베라고 여겨지는 조상이 사실은 가장 윗대의 조상이 아니라 묘소를 지은 조상인 경우가 종종 눈에 띈다. 복잡한 정치가 개입된 문제이지만, 이와 같은 정치적 요소가 존재한다는 사실이 공적으로 인정되는 법은 없다. 돌아가신 부모를 기억하고 추모해야 한다는 말은 누구나 했지만, 아버지의 명성은 아들을 망각되게 만들기 마련이며 그 반대의 경우도 있다는 사실 역시 누구나 알고 있었다. 게다가, 산 사람들이 공동체 내에서 확보한 권위의 상당 부분은 이미 세상을 하직한 조상(대개는 아버지)의 후광에 빚지고 있다.

어떤 공동체든 자신의 불멸을 직접 추구하기보다 타인을 통해 대리 추구하는 편을 선호하는 것처럼 보이는 사람들이 있다. 하지만 내 경험에 비춰보면, 이런 전략은 대개 이름난 여성들의 분야였고, 남성은 있어도 드물었다. 많은 과부들은 고인이 된 남편의, 딸은 아버지의 영예와 기억을 라잠베의 격에 맞게 드높이려 했지만 본인의 이름과 명성은 상대적으로 거의 신경쓰지 않았다. 하지만 지역 가문 정치에서 여성의 위치는 남성과 달랐고, 부녀관계는 부자관계처럼 까다롭고 모순되지 않았다. 사실 부녀관계는 매우 각별했다. 예를 들어 나는, 사촌혼을 비롯한 족내혼의 선호 경향이 부성애의 결과물이라는 설명을 자주 들었다. 아버지는 딸이 떠나는 모습을 정말 보고 싶지 않은 것이다. 딸은 현재의 남편을 떠나고 싶어서 친정으로 돌아가는 일이 생길 때, 가정 형편만 허락한다면 아버지가 반갑게 맞아 줄 것이라는 사실을 안다. 데려갈 손주들이 있어서 아버지가 마을에 거느린 후손 수를 늘릴 수 있다면 금상첨화일 것이다. 그래서 대부분의 여성들에게 아버지의 집은 잠재적으로 피난처였다. 이 사례는 어린 시절부터 딸들은 가장 밀도 있는 정서적 애착을 아버지와 맺고 아들은 주로 어머니에게 헌신하는 경향이 있으며, 양 쪽 모두 그런 관계를 어른이 되어서도 유지한다는 보편적 주장에 분명 힘을 싣는다.[34]

어른은 모두 돌아가셨다

아리부니마무에 처음 갔던 1990년에 나는 지역사를 수집하러 근처 마을들을 돌기 시작했다. 내가 이야기를 해 본 사람들은 모두 어떤 딤에 가든 들려 줄 만한 역사가 당연히 있을 것이라고 생각했다. 다만, 정말로 그 이야기를 해 줄 사람은 단 한 명조차 만나기 힘든 때가 많았다. 적어도 이방인에게 구술사를 들려 주는 일은 리암안드레이니(Ray aman-dReny), 그러니까 마을 어르신들의 몫이라고 여겼지만, 자기가 어르신이라고 뻔뻔하게 나설 사람은 나이와 관계 없이 극히 드물었다. 그러다보니, 삼삼오오 모여 있는 사람들에게 지역사를 들려 줄만한 사람이 있는지 물으면, 대개는 같은 반응이 나왔다. 죽은 사람의 이름을 대는 것이다. "음……로엘리 큰어르신(Ingahibe Raoely)이랑 이야기해보면 좋겠는데…… 6년 전에 돌아가셨어. 그러면 라소 아주머님(Ramatoa Rasoa)이랑 이야기하면 될텐데, 그분도 작년 여름에 돌아가셨지. " 결국, 누군가에게 살아 있는 사람의 이름을 들을 수 있었지만, 딱 이럴 때 쓰려고 외워 둔 것처럼 보이는 말을 연거푸 듣지 않고는 어림도 없는 일이었다. "여기 어르신들은 다 돌아가셨다네. 우리처럼 그 분들 뒤를 잇는 애들만 남았어."[35]

---

34) 여자들은 남편을 떠나는 이야기를 할 때 "친정 아버지한테 간다"고 하지 "어머니한테 간다"고는 하지 않았다.

35) Efa maty daholo ny efa lehibe, fa izahay zaza mpandimby fotsiny no sisa.

내가 볼때는 세련된 어법을 넘어서는 문제였다. 여러 모로 볼 때 삶의 경로가 규정되어 있는 방식 자체로 인해, 나이가 든 뒤로도 시간이 한참 흐르지 않으면 명실상부한 어른이 될 수 없다.

우선은 사람들이 일상적인 대화에서 서로를 지칭하는 연령 범주가 이 측면을 반영한다. 신생아와 아이를 부르는 용어는 상당히 많은 반면, 그 이후의 생애 주기를 구분하는 단어는 거의 없다. 존대법을 써서 사람을 언급할 때는 직함(title)을 쓴다. 예를 들어 결혼한 여성은 마다마(Madama), 40~50대 여성은 라마토(Ramatoa), 그보다 나이가 많은 사람은 라마토 베(Ramatoa be) 라고 부른다(다만 남성의 경우에는 체계성과 격식이 훨씬 떨어지는 칭호들만 있다).[36] 나이가 비슷한 사람을 편하게 얕잡아 부를 때나, 나이가 더 어리기만 하다면 나이가 쉰인 사람이 마흔인 사람에 대해 얘기하는 경우마저도 "저놈" 또는 "저녀석"으로 옮기면 딱 좋을 말들을 사용했다(zaza, ankizy, ankizilahy, bandy, baoikely, ankizivavy, sipp, ikala, ikalakely, idala 등). 부모가 아직 살아 있는 사람들이면 계속 그렇게 불러야 하고, 사람이 손주를 보기 전에는 사회적으로 완전히 성숙하지 못했다는 공감대가 있었다.

리암안드레이니가 이보다 한층 더 격상된 지위라는 점을 감안하면, 그런 사람이 주변에 얼마 없는 것이 당연해 보인다. 어르신이 될 수 있을 만큼 큰 명성을 얻을 수 있었던 행운아조차 리암안드레이니라는 지위를

---

36) 예컨대 라모세(Ramose)는 굳이 이 관점에서 말하자면 마다마의 남성형이지만 실제로는 그 또래의 남성 중에서도 교사들을 부를 때만 쓰였다. 라마토 및 라마토 베 모두와 대응되는 남성형 란가히(Rangahy)는 격식을 훨씬 덜 갖춘 표현이고 영어 'guy'와 비슷하게 쓰였다. 마지막으로 인가히베(Ingahibe)는 한 마을에서 가장 나이 많은 남성 한 두 사람에게만 쓰이는 극존칭이다. 그런데 이 모든 내용은 아리부니마무에서도 내가 익숙한 메리나 토착어에만 해당되는 내용이다. 일반화가 얼마나 가능할지는 나 역시 확신할 수 없다.

오래 누릴 수 없다는 사실은 간단한 계산의 문제다.

　게다가 위에서 설명한 구조는 공동체에서 나이가 많은 사람들조차 절대 다수는 어른이 될 수 없게 만드는 효과도 있다. 파편화된 가족의 대표는 (지역의 가족에게 의존하고 있는 연장자처럼) 나이 때문에 존경을 받을 수는 있겠지만, 그냥 나이가 많다고 해서 리암안드레이니로 간주되지는 않았다. 여성은 원칙적으로는 어르신이 될 수 있었지만, 실제에서도 그렇게 인정받는 경우는 거의 없었다. 어떤 남성들은 품성 문제 때문에 어르신이 될 자격이 없었다. 예를 들어 약 118명이 살고 있던 베타포에는 모두가 인정하는 어르신이 한 사람 뿐이었지만, 그다지 드문 경우는 아니었다. 오히려 드문 점이 있었다면 만장일치로 어르신인 사람이 있었다는 사실이었다.

　다른 한편, 어르신 반열에 든 사람은 사회적으로 너무나 중요한 인물이었기 때문에 세상을 하직한 다음에도 그 명성이 오래도록 유지되었다. 이들의 이름은 대화 중간에 항상 불쑥불쑥 튀어나오게 된다. 나는 몇 번인가 사람들이 라쿠투(Rakoto)네 논이나 라베(Rabe)네 집에 대해 말하는 소리를 듣고 이야기하는 것을 계속 그대로 받아 적었는데, 나중에 가서야 문제의 라쿠투나 라베가 죽은 지 이미 10년이 넘었다는 사실을 알게 되었다. 많은 경우, 이 남자들이 시조인 집단은 아직 현존하는 것으로 확인된 경우가 많았다. 다만 당시에는 고인의 미망인이나 본인 자신의 권위는 상대적으로 적은 장남이 가족을 이끌고 있었을 것이다. 앞에서도 언급했지만 어떤 마을의 지역 가문이든 재산이 대개 이런 상태여서 땅과 집에 대한 가족 내 권리 분할이 완료되지 않은 때가 많았다. 지역 가문이 거의 와해되어 이전 구성원들 소수만이 일대에 흩어져 사는 경우도 있었고, 말하던 사람조차 땅이 지금 누구의 소유인지 잘 몰랐거나 소유주가 누구인지는 별로 중요하지 않다고 여겼다.

내가 구술사를 수집하는 과정에서 말을 나눴던 사람들이 딱히 틀린 것도 아니라는 결론을 피해 가기는 어렵다. 사회적으로 결정된 삶의 궤적은 매우 길기 때문에 웬만한 생물학적 수명을 완전히 넘어선다. 그리고 그 결과로 대부분의 메리나 마을에서 리암안드레이니는 주로 죽은 사람들로 이루어져 있었다.

성과 기억의 정치

나는 글을 시작하면서 어떤 해에든 가장 성대한 파마디아나는 4, 5년 전쯤 죽은 사람 한 명에게 올리는 것이 일반적이라고 언급했다. 내 경험에 비춰 보면 이런 사람들은 모두, 앞에서 설명한 것처럼 기억을 통해 후손들의 삶을 여전히 좌우하고 있는 지역 가문의 수장이었다.

1990년 겨울 동안 베타푸에서는 네 번의 파마디아나가 있었다. 치로누만디디에 사는 사람이 주최한 귀향 파마디아나가 두 번 있었고, 나머지 두 번은 중요한 어른들에게 헌정된 파마디아나였다. 첫 번째 파마디아나는 대단한 성공을 거둔 한 남성에게 올린 것이었다. 그는 식민지기의 지역 관리로 근무하면서, 13명의 자녀를 두고, 모두 자신의 마을인 암바리베(Ambaribe)에 묶어 둘 수 있었다. 이 파마디아나는 그의 나이 많은 아들들과 부인이 함께 주최했고, 네 개의 묘소를 포함하여 진행되었으며, 천 명 정도가 참석했던 것 같다.

두 번째 파마디아나는 라쿠툰드라자카(Rakotondrazaka)라는 이름의 남자가 남긴 일곱 자식과 부인이 주최했으며, 포함된 묘소 역시 네 개였고 참석자 수도 엇비슷했다. 이 사례를 좀 더 자세히 살펴보면 '유명한' 파마디아나에서 실제 벌어지는 일이 무엇인지 감을 잡는 데 도움이 될 듯하다. 라쿠툰드라자카는 1982년에 66세의 나이로 죽었다. 자신의 묘소를 지은 지 2년 후의 일이었다. 그는 또 자손 대부분을 곁에 남기는 데 성공했다.

첫 번째로 연 묘소는 사실 묘소라기보다는 이름 없는 유골 한 구가 모셔진 무덤 하나였다. 무덤 임자는 식민지기에 독약 재판으로 사망했다고 추측되었고, 그렇게 나쁜 주술사(witch)가 된 탓에 가족 묘소에 들어갈 수 없었다. 하지만 그는 여러 해 전 라쿠툰드라자카 장남 꿈에 나타난 뒤로, 가족 파마디아나를 계속 받았다. 두 번째는 라쿠툰드라자카 부친의 묘소였다. 사실 라쿠툰드라자카는 1980년에 자기 묘소를 지으면서 부친의 유해를 모셔왔지만, 부친 자신의 조상 넷은 원래 묘소에 그대로 남아있었다. 파마디아나에서는 이 네 조상 모두 수의를 갈아 입혔고, 친족이 아닌 몇몇 사람들이 근처의 임시 묘에 묻혀 있던 두 구의 시신을 이 기회를 빌어 안치시켰다. 세 번째는 라쿠툰드라자카 모친의 묘소였다. 여기에는 새 수의를 입혀야 할 유골이 매우 많았다. 매장된 사람 대다수는 모친과는 직접적인 혈연관계가 없었고, 부유했지만 아이는 없었던 한 여성의 조상들이었다. 이 여성은 라쿠툰드라자카에게 자기 조상들의 유골을 보살피는 조건으로 자신의 땅을 물려 주었다. 마지막은 라쿠툰드라자카 자신의 묘소였다. 여기에 안치되어있던 다섯 라자나가 모두 나왔고, 이 파마디아나의 주인공 라쿠툰드라자카 자신은 맨 마지막 순서로 나왔다.

첫 묘소조차 조상들이 나오기 시작하면 일종의 공포와 불안감이 드러났고, 다시 들어갈 때면 승리와 기쁨의 분위기로 바뀌었다. 하지만 시신들 그 자체는 인간을 떠올리게 할 만한 모습이 아니었으며, 특별히 측은하거나 무섭다고 여겨지지도 않았다. 참석자들 중 고인과 실제 알고 지내던 사람은 한 명도 없었다. 사실 대부분 다수 사람들은 그 조상들에 대해서는 이름을 포함해 아무 것도 몰랐다. 한편 마지막 묘소가 열리고 마지막 조상이 모습을 드러낼 무렵이면 많은 자나드라자나가 견디기 힘들다고 느낄만큼 긴장이 고조된다. 시신들을 바깥으로 내오는 청년들은 용기를 내기 위해 하루 종일 술을 마셨는데도 일에 완전히 압도된 나머지, 격심한 육체적 고통을 겪고 있는 사람처럼 얼굴이 일그러진 채 자기 임무를 완수하려 안간힘을 쓰고 있었다. 다른 사람들은 무아지경이나 다름없는 상태에 빠져 갈팡질팡하면서 주변에 벌어지는 일들에 무관심해 보였다. 드디어 마지막 조상이 나오는 순간 감정은 극에 달했다. 후손들은 바로 북새통을 이루면서 술을 비롯한 제수품들을 조상에게 들이부었다. 무릎에 조상이 놓이는 순간 대부분의 여성들은 힘겹게 울음을 삼키거나 흐느꼈고, 한두 명은 완전히 무너져 내리면서 오열하곤 했다.

사람들은 선물을 주고 수의를 입히는 동안 서서히 평정을 되찾았으며, 의례가 끝날 무렵에는 거의 축하 분위기에 빠져 들었다. 하지만 여자들은 의식이 끝난 뒤면 파마디아나 도중 운 사람을 지목하곤 했다. 자신이 운 사람이면 더욱 더 그랬다. 나는 이런 말을 여러 차례 들었다. "그분을 아직도 너무나 생생하게 기억하고 있기 때문이죠. 그런데 이제 얼마나 쪼그라들었는지 눈으로 봤고."

한 번은 그 중 한 여성에게 파마디아나가 정말로 그렇게 좋은 일이라면, 왜 늘 우는 사람이 있냐고 물었다. 그녀는 나를 다소 의아한 표정으로 바라보면서, 그 사람들은 대개 아버지의 시신을 무릎 위에 막 올려 놓았던 사람임을 지적하고, "글쎄, 어떤 느낌이겠어요?"라고 되물었다. 우리 외국인이 정상적인 인간 감성이 결핍된 사람이라는 인상을 절대 주고 싶지 않았던 나는, 세상 누구라도 같은 상황에 있었다면 거의 같은 반응을 보였을 것이라고 서둘러 장담했다. 나는 나중에서야, 그 이유 때문에 세상 나머지 사람들은 돌아가신 아버지를 절대 무릎에 올려놓지 않는다고 덧붙일 수 있었다는 사실을 깨달았다. 이메리나에서 이런 일을 하는 이유는 하나일 수밖에 없다. 생전의 고인에 대한 기억 내지는 그 일부만이라도 너무나 강한 호소력을 지닌 채 후손들의 마음 속에 자리잡고 있었기에, 이토록 충격적인 방식으로 직면하지 않으면 죽음을 사실로 받아들일 수 없는 것이다.

파마디아나가 주로 산자들의 기억을 변형하는 문제와 연관된다는 점은 이미 모리스 블록(Bloch 1971: 168~169)이 지적했다. 블록은 이 점이 파마디아나를 로베르 헤르츠(Robert Hertz)의 개념화를 통해 널리 알려진 2차 매장과는 사뭇 다른 의례로 만든다고 덧붙인다. 2차 매장은 주로 고인의 영혼을 속세와 내세 중간에 머무는 상태에서 해방시키는 것과 관련된다. 하지만 어떤 면에서 두 제도는 크게 다르지 않다. 파마디아나에서도 고인이 동시대의 사람들의 기억 속에 유예된 반쪽의 삶 같은 것을 계속하고 있다고 말할 수 있기 때문이다.

의례에서 감정의 진짜 초점이 되는 조상들은 거의 대부분 남자인데 반해, 가장 두드러지게 작동하는 것은 여자들의 기억이다.[37] 이런 성별 구조는 모자 및 부녀 사이에 존재한다고 지각되며 실제로도 뚜렷하게 드러나는 일이 많은 정서적 유대의 성별 구조와도 잘 들어 맞는다. 사실, 이런 애착은 조상을 대하는 남녀 모두의 태도에도 일반적인 영향을 미친다. 가령 베타푸의 나이 많은 여성 한 사람은, 어머니는 한결같이 나쁜 일이 닥쳐오니 조심하라는 이야기를 전하러 꿈에 나타났고, 특별히 운 좋은 일이

---

37) 나는 여자들이 남자 조상을 두고 우는 경우밖에 못 보았다. 하지만 내가 직접 본 것은 4,5회 정도 뿐이다.

생길 때면 할아버지가 대신 나타났다고 내게 말했다. 여성 조상은 흉조, 남성 조상은 길조라는 동일한 패턴이 여성들의 꿈 설명에서 계속 드러났다. 내가 들었던 인상적인 이야기 중에는 이런 것도 있다. 어떤 여성이 아이 돌보기에 소홀했는데 어느 날 꿈에 이모들이 묘소 안에서 나타나 만약 태도를 바꾸지 않으면 너도 곧 여기로 데려온다는 말을 했다고 한다. 한편, 라쿠툰드라자카의 딸인 이리나(위에서 설명한 파마디아나 도중에 라쿠툰드라자카의 시신을 무릎에 올려놓고 울음을 터트렸던 사람)는 나중에 내게 아버지가 자신을 위험에서 지켜주고 조언을 해 주는 수호신처럼 주기적으로 자신의 꿈에 나온다고 말해 주었다.

위와 같은 사례는 흔하지 않다. 점성술사나 마술사라면 의례 꿈이나 환영을 빌어 나타나는 '조상' 조언자가 있다고 주장하지만, 그 조언자가 자신의 조상이라고 이야기하는 경우는 드물다. 예외적으로 그런 경우에도, 본인이 직접 아는 조상인 경우는 결코 없다. 이리나는 점성술사도 마술사도 아니었지만 그녀는 아버지가 살아 계실 때 매우 가깝게 지냈다. 아버지가 가장 아끼는 자식이자 외동딸이었던 그녀는, 결혼을 하지도 태어난 마을을 떠나지도 않았으며, 모두 다른 아버지를 둔 아이 일곱을 자신의 아버지 도움을 받아 키웠다. 남자들은 꿈에 대해 말하지 않으려는 경향이 있어서 여자들의 꿈에 비해서는 아는 것이 턱없이 적지만, 내 인상으로는 남자들의 경우 말이 반대로 되어 있는 것이 전형이었다. 아버지는 아들들이 서로 싸우거나 엇나갈 때 꾸짖으려 주로 나타난다. 라쿠툰드라자카의 경우에는 확인된 사실이었다. 이리나는 아버지가 자신에게는 개인적 수호신이 되어 준 것과는 별도로, 아들 여섯에게는 서로 싸우면 자신이 죽고 난 후에도 조언을 해 주거나 꾸짖으러 계속 오겠다고 임종하는 자리에서 약속했다고 말해 주었다.

최근 죽은 사람들에 대한 꿈의 경우 눈에 띄는 특징이 하나 있다. 살아 있는 사람들의 이미지가 죽은 사람들의 이미지와 혼합되는 방식이었다. 꿈에 나온 이유와는 상관이 없었다. 다음 꿈은 이리나가 내게 말해준 것이다. 죽은 사람들은 이 꿈에서처럼 묘소 근처나 내부에서 나타나는 일이 잦았다. 꾸짖으려 나타났을 경우에는 그런 경향이 특히 강해서, 살아 있는 사람과 무서운 시체가 나오는 장면들이 교차되었다.

　　저는 아버지를 암부디부나(Ambodivona) 북쪽에서 보는 꿈을 꿨어요. 꿈 속 연도는 1989년이었어요. 아버지가 돌아가신 뒤였죠. 우린 거기 있는 나무들 속에서 이야기를 나누고 있었지요. [속으로 생각하길] "아빠일까? 아직 안 돌아가셨나?"
　　그리고 난 "잘 되길 빌어주세요."라고 말했습니다(그때 힘들었거든요).……그렇게 이야기를 하고 있었는데 아버지가 "이리나야 그러면 안 된다."라고 말씀하시더니 갑자기 천에 감겨 죽어 있는 상태로 되돌아갔습니다. 나중에 나는 오빠가 있는 마을에 갔었습니다. 오빠 역시 마을로 올라갔는데, 오빠도 마을을 떠나는 순간 그렇게 죽은 상태가 되었답니다. 뭐랄까, 정말 싫고 무서웠어요![38]

---

38) Izaho izao ohatra tamin'ny 1989, nanofy izany izaho eto hoe hitako i dadanay — izy izany efa maty io — ary Avaratr'Ambodivona ary — fa misy hazo eo, dia niresaka aminy izahay fa ity dada ity ve mbola tsy maty hoy izy izany; mbola miseho eto indray. Dia omeo tsodrano aho hoy aho fa izaho tsy salama… Dia niresaka eo izahay mianaka: tsy fanao izay Irina hoy izy, dia iny izy dia nidaboka maty tamin'izy nafatotra iny. Dia izaho niakatra tamin'ny tanana misy an'ilay zokinay lahimatoa hafareny tery. Dia izy koa mba nikisaka niala an-tanana izy izany nidaboka an'iny fahafatesan'iny, Ohatran'ny hoe: mahatsiravana mampafatahorra.

아리나는 아버지를 처음 보는 순간, 실제로 살아 있지는 않을 것이라고 여긴다. 아버지에게 축복을 부탁하지만, 아버지는 갑자기 야단을 치면서 시체로 변한다. 아버지는 처음에는 살아 있는 사람의 모습이었지만, 수의를 고정하는 밧줄로 머리와 발이 묶인 조상의 모습으로 바뀐다. 꿈에서 이리나는 생생한 선친의 기억을 마주하고 축복을 부탁했다가 선친이 갑자기 죽어서 꽁꽁 묶인 시체로 바뀌는 장면을 본다. 바로, 파마디아나를 치르고 있는 여성들에게 벌어지는 일이다. 물론 차이는 있다. 파마디아나에서는 부패한 시신을 여성들의 무릎에 올려 놓기 전에, 살아 있는 남자들이 고인의 이름을 불러 생전의 기억을 떠올리게 만드는 일을 한다.[39]

　　이름을 통해 떠오르는 기억들은 물질적 사물과 결부되어 있다. 이 사물은 앞에서 설명한 것처럼, 이름 자체가 잊혀져가면서 함께 해체되어 간다. 이 과정 전체를 고인의 개인적인 정체성이 사라지는 과정으로 해석할 수도 있다. 또는, 어느 묘소의 현재 또는 미래의 라잠베가 될 극소수의 사람을 제외한 모든 사람들의 정체성이 사라지는 과정으로 볼 수도 있다.

　　나는 앞서 이 과정을 능동적인 계보학적 기억 상실의 한 형태라고 서술했다. 산자들은 이 과정을 통해 기억에서 사라질 조상들의 유해를 이름이 계속 기억될 가능성이 더 높은 조상들과 묶어 둔다. 하지만 오래 기억되는 이름은 거의 없다. 특정 묘소에서 파마디아나가 열리는 동안 실제로 호명되는 이름을 보면, 한둘의 라잠베를 제외한 거의 대부분의 이름은 최근 10에서 15년 사이에 죽은 사람들의 이름이다. 달리 말하자면, 대부분

---

39) 이리나의 꿈은 다소 복잡하다. 형제들이 모두 다투고 있던 무렵에 꾼 꿈이라는 사실 때문이다. 자애롭던 아버지가 엄하고 권위적인 모습이 된 까닭은 여기에 있는지도 모른다. 이리나가 아버지가 못마땅했던 탓에 아팠다고 말하려던 것인지는 분명하지 않다.

의 이름은 그 주인이 산 자들의 마음속에 생생하게 남아 있을 동안에만 추모의 대상이 된다. 아니면 이 기억들이 만드는 사회관계가 사람들의 일상에서 아직 현실성을 유지하는 동안에만 추모된다고 말하는 편이 핵심에 더 가까울 것 같다.

하지만 라쿠툰드라자카 같은 이름들은 엄청난 중요성을 계속 유지한다. 너무나 중요해서 지역 사회 자체가 그런 이름들을 중심으로 조직되어 있다고 말할 수 있을 정도다. 지역 가문들은 존속하는 한에서 시조의 이름을 호칭으로 삼고, 그 이름들은 앞에서 말했던 것처럼 주인이 사망한 한참 후에도 집이나 논, 묘소의 소유권 이야기를 할 때 계속 등장한다. 사람들이 아버지 쪽의 조상을 언급할 때 가장 자주 사용하는 용어는 문자 그대로의 의미로는 '아버지의 이름'(anaran-dray)이다. 부계를 따라 상속되는 집, 묘소, 논처럼 '선조의 유산'이라 할 수 있는 것을 부를 때도 쓰는 표현이다(모계의 경우 anaran-dreny로 역시 '어머니의 이름'을 뜻한다). 이 표현에는 묘한 점이 있다고 지적한 학자들이 많다. 마다가스카르 사회는 부칭도 모칭도 일절 사용하지 않기 때문이다(Razafintsalama 1981; Gueunier 1982: 237n2). 그렇다면 유산 중에서도 가장 중요한 요소들이, 그 자체로는 상속되지도 않는 부모의 사회적 정체성 중에서도 일부에 불과한 것들과 동일시되어야 하는 것일까?

내 생각에는 그런 재산이 현 보유자 자신만의 것이 아니라는 사실을 강조하려 이런 표현을 쓰는 것 같다. 이따금씩 말 그대로 자기 것이 아니었다. 형제자매끼리 부모의 재산을 공식적으로 분할하지 않는다면, 땅이나 집은 법적으로 오랜 동안 사망한 조상의 명의로 등록된 채 남아 있을 수 있다. 사실 나는 자식들이 가문 시조에게 파마디아나를 올리기로 결정하는 이유 중 하나가 공동의 재산을 분배하기 전에 조상들의 '축복'(즉 추드라누tsodrano)를 구하기 위해서라는 이야기를 들었다. 법적 권리는 후손에게 있을 지도 모르지만, 재산을 소유하려면 의무가 따른다. 조상으로부터 논을 상속받았으면, 그 조상이 파마디아나를 받을 때마다 람바메나나 필요 경비를 부담할 의무가 있기 때문이다. 이 의무는 그 조상의 기억이 지속되는 만큼 지속된다.[40] 하지만, 그 의례의 논리가 정체성의 해체와 관련된다는 논점이 여기서 다시 등장한다. 라자나를 서로 묶어야 할 필요는 그와 같은 비용을 줄이기 위해서라고 말한 사람이 여럿 있었다.

정확히 이런 표현을 써서 말하는 사람은 한 명도 없었지만, 파마디아나를 조상의 이름이 재산으로부터 돌로 이전되고 부착되는 과정으로 볼 수도 있다. 마다가스카르 문화에서 선돌은 늘 기념비의 원형이었다.[41] 어떤 의미에서는 묘소들 자체가 기념비였다. 전에는 라잠베의 머리 바로 위에 세워졌다고 하는 비석이 모든 묘소 위에 반드시 있었다. 라잠베에게 바치는 제물도 여기에 두었다. (당시에는 라잠베를 톰포니파사나(tompon'ny fasana), 곧 "묘소 주인"으로 불렀다. Jully 1896). 현대의 묘소에는 비석 대신 십자가가 서 있지만, 그 의미와 위치는 동일하게 남아 있다. 이 석조물은 실질적으로 묘소 전체를 표상하고, 석조물과 묘소 모두 궁극적으로는 한 명의 조상과 동일시된다. 그 조상의 이름은 머지 않아 산 자들이 공유하는 재산에서 벗겨진 뒤 석조물에 부착될 것이다.

---

40) 예컨대 수도에 살기 때문에 베타푸에 없는 소유주들 몇 명이 파마디아나를 허용하지 않는 복음주의 기독교로 개종하면서 가진 논을 곧바로 팔아버렸다는 이야기를 들었다.
41) 독립 이후의 마다가스카르 정부는 내가 아는 한에서는 유럽에서 말하는 의미에서의 동상, 곧 모종의 유사성을 지닌 기념비를 세운 적이 없다. 공적 기념물은 늘 선돌 모양이다.

관계의 역전으로서 파마디아나

어쨌든, 남녀의 태도 차이는 의례에서 성별에 따라 크게 다른 역할이 배정되는 현상을 설명해 줄 수 있다. 조상의 시신과 인간의 기억이 충돌하게 되는 결정적 순간에는 역할의 차이가 특히 두드러진다. 여성들은 조상을 무릎에 올려놓는다. 이를 미암푸푸(miampofo)라고 부르는데, 말 그대로는 아이를 '무릎에 앉혀 돌보기'를 뜻한다. 조상에게 주는 사탕, 꿀, 푼돈 등은 어린아이에게 집어주는 물건들이다. 자나드라자나가 조상을 심지어 포대기 비슷한 람바에 말아서 갓난아기처럼 나르고 옷을 입히는 것은 조상들을 아이 다루듯 하는 행동이라고 볼 수 있다. 여기서 조상이 상징적인 의미에서의 남성으로 여겨진다고 가정하면, 부녀간의 관계를 모자간의 관계로 도치하면서 뒤집는다고 생각할 수 있다.[42]

다른 한편, 남성의 역할은 조상을 옮기고, 싸고, 묶고, 의례 마지막에 묘소로 조상들을 돌려놓는 것이다. 조상들을 파괴하는 것은 사실상 남성의 몫이라는 뜻이다. 어느 하나 조심스럽지 않은 행동들이 조합되면 건조된 시신이 부서지고 가루가 되기 때문이다. 한 여성이 내게 말해주기로는 조상을 하필 남자가 묶어야 하는 이유가 여기에 있었다. '난폭한'(mahatsiravana) 힘으로 묶어야 하는데 그런 힘은 남자들밖에 없는 것이다.

'조상에게 천을 두른다'고 할 때 쓰이는 말인 마마누 라자나(mamano

---

42) 의복에 대해 : 나이 지긋한 남성 한 사람이 아버지 이야기를 하면서 핵심을 짚었다. 아버지가 자신이 어렸을 때 돌봐 주지 않아 속상했는데, "나를 입혀 준 적이 없지만 나는 지금 입혀 주지요"(파마디아나에서 그렇다는 뜻).
람바에 대해: 질리언 필리-하닉이 지적하듯(Feeley-Harnik 1989) 람바는 여성용품이다. 이상적으로는 참석자들이 손수 짜야 한다.

razana)는 의미심장하게도 '공격'하거나 '죽인다'는 뜻의 말과 비슷하게 들린다.[43] 그런 측면에서 보면 파마디아나라는 단어 자체도 '반전'과 '배신' 둘 모두를 뜻한다. 내가 이 유사점을 지목하는 잠석자를 본 것이 없는 건 사실이다. 하지만 의례에서 남성의 역할이, 망자에 대한 산자의 공격 이상의 역할 전도를 포함한다는 주장은 충분히 할 수 있다. 조상에게 가해지는 것은, 바로 조상이 산 자에게 가하는 것이다. 즉, 폭력의 형식은 제약의 형식과 연결된다. 시신을 묶는 행위가 이 점을 완벽하게 요약한다. 각각의 줄을 너무 거칠게 잡아채기 때문에 뼈가 완전히 으스러진다. 이동의 정치 역시 특별히 강조된다. 아버지나 할아버지라면 남성 후손들이 못 떠나도록 애쓰는 것과 유사하게, 파마디아나의 절차 역시 크게 봐서 죽은 조상을 공간에 가두는 행위다. 헤매지 말고 묘소로 돌아오라고 불렀던 조상들을, 의례를 시작하면서 밖으로 옮긴 다음 밧줄로 단단히 묶어서 주술 부적과 함께 묘소 안에 다시 가두는 것이다.

조상의 축복

지금까지 나는 이메리나 농촌 사회는 후손들을 모으거나 적어도 붙잡아 두는 데 성공했던 유명한 어른들 몇 명의 정체성을 거점으로 삼아 조직되었다고 주장해 왔다. 이런 어른들에 대한 기억은 사후 오래도록 엄청난 사회적 힘을 발휘하는 경향이 있다. 이 힘은 조상과 후손의 관계를 완전히 뒤집을만큼 깊은 충격과 폭력을 개입시킨 의례가 있어야 넘어설 수 있

---

43) 실제로는 정말 동음이의어에 불과하다. 능동형(mamono)으로 쓸 때만 그렇게 들리고, 두 동사의 어근이 다르기 때문이다(두르기는 fono, 때리기/죽이기는 vono).

을 정도로 막강하다. 산자들은 죽은 조상을 아이로 만들어서 조상의 권위를 구성하는 바로 그 제약과 폭력의 형식을 되돌려주고, 그들에 대한 기억을 지우는 과정을 밟아 나가기 시작한다.

이는 파마디아나에 참석자들 본인이 내놓을 것 같은 해석도 아니고 동의할 만한 해석조차 아니다. 파마디아나에 대해서 일반적인 이야기를 할 때면, 거의 모든 사람들이 폭력에 대한 언급은 피하는 대신 조상이 후손에게 내리는 축복인 추드라누를 대단히 강조했다. 웬만한 사람들은 파마디아나 연설의 내용을 되풀이할 것이다. 산 자가 죽은 자를 추모함으로써 축복을 확보하고, 이 축복은 자신과 가족의 지속적인 건강, 번영, 다산을 약속한다는 이런 내용은 나이 많은 남성들과 권위자들이 특히 강조하는 경향이 있지만 누구에게나 친숙한 내용이기도 하다. 공식적인 표현인 "추드라누를 청한다"(mangatake tsodrano sy ranombavaka)는 가장 무지한 사람까지 다 알고 있으며, 의례가 진행되는 상황만이 아니라 격식을 갖춘 말이 필요하다고 느껴지는 상황이면 으레 사용하는 관례적인 어구였다.

파마디아나에서 추모되는 조상이 후손에게 긍정적인 혜택을 가져다준다는 관념은 표면상 내 설명과 완전히 모순되는 것처럼 보인다. 하지만 자세히 살펴보면, 이 긍정적인 혜택이 정확히 무엇인지 짚어내기 어렵다는 사실을 발견할 수 있다. 조상이 선사하는 '건강, 번영, 다산'은 가장 추상적이고 불특정한 범주에 속할 따름이다. 병난 사람을 치료하거나, 사업에 성공하거나, 불임인 사람이 아이를 갖게 하려고 파마디아나를 여는 경우는 없었다. 이런 상황이라면, 선왕이나 바짐바 영의 묘소에서 절을 하든지 이런 저런 주술 전문가와 상담을 할 것이다. 내가 아는 마다가스카르 사람치고 이런 일을 한 번도 안 해본 사람은 없었다. 하지만 자기 자신의 조상에게 간청해 볼 생각은 아무도 못 할 것이다. 아마도 유일한 예외는, 문제를 일으킨 것이 바로 조상들이라고 생각하는 경우다.

사람들이 이따금 술이나 사탕, 꿀 등 작은 제물을 묘소 지붕에 올려놓고 기도하는 자세를 취하며 조상에게 "축복을 구하는" 것은 사실이다(제물은 파마디아나에서 쓰이는 "축복 간청의 증표"와 거의 같다). 딤의 시조 묘소 위에는 빈 병 한두 개나 다른 제물의 흔적이 늘 있고, 그보다 덜 유명한 묘소 위에도 비슷한 종류의 제물들이 더러 올려져 있는 것을 보면 널리 행해지는 관습이었던 것 같다. 하지만 정확히 누가 왜 그런 일을 했는지 알기는 어려웠다. 자기가 그랬다고 밝힐 마음이 있었던 사람을 단 한 명 밖에 만나보지 못했기 때문이다. 함구는 그 자체로 드문 일이었다. 점성술사 내지는 영매와 상담하며 거행한 의식이나 선왕의 신전에서 무슨 공물을 올렸는지 말해 주기를 꺼리는 사람은 거의 못 보았기 때문이다.

공물을 올려놓았다고 밝힌 사람은 사회적으로 열외 취급을 받는 사람이었다. 그는 조상의 금기를 여럿 어겨서 라잠베를 화나게 만들었다고 하여 소문이 좋지 않았고, 그 댓가로 극심한 빈곤과 빚에 묶였다고 한다. 그는 어느 날 밤 뜻밖의 횡재를 자축하며 술에 거나하게 취한 채로, 자기가 화나게 만들었던 라잠베에게 빚을 없애달라고 빌었는데 그 기도를 들어주었다고 이웃들 앞에서 선언했다. 누가 봐도 진짜 속내는 조상의 용서를 받았다는 사실을 최대한 널리 알리는 것이었다. 모든 사람이 설득되지 않았을 뿐, 내 심증으로는, "조상의 추드라누를 간청하려" 묘소 위에 공물을 남겼다면, 전부는 아니더라도 대부분의 경우에는 그 조상이 내린 벌을 거둬달라는 간청을 하고 있었을 것 같다. 좌우간 왜 사람들이 공물을 바

쳤다고 밝히기를 꺼리는 까닭을 설명할 수 있을 것이다.[44]

추드라누라는 단어는 글자 그대로는 "물을 뿌리다"는 뜻이다. 가장 기본적으로는 어린아이나 젊은이가 손위 사람의 축복을 구하면 윗사람이 축복의 말과 함께 물을 뿌리는 가정 의례를 일컫는다. 이 때 쓰이는 축복의 말은 받는 사람의 건강, 번영, 다산을 기원하는 비교적 관례화된 말로 이루어져 있다.

이 시점에서 매우 중요한 문제 두 개를 짚고 넘어가야 한다. 첫 번째는 연장자가 먼저 나서서 축복해 주지는 않는다는 점이다. 추드라누를 받으려면 부탁을 해야만 한다. 내가 듣기로는, 과거에는 아이들이 부모에게 동전이나 적은 금액의 돈을 성의 표시로 바친 다음 부모의 축복을 '구매' 해야 했다고 한다. 조상에게 잔돈이나 다른 선물을 '성의 표시'로서 주는 행동은 이와 동일한 의례의 논리를 반영한 것으로 보인다.[45]

두 번째는 축복이 저주, 곧 우주나와는 정반대의 영향을 준다는 점이다. 부모는 저주를 내려서 자식에게 금기와 제약을 가하고, '축복'으로써 이를 없앤다. 예컨대 한 마을에서 어른들이 그런 축복을 내렸다고 들었다. 안타나나리보에서 공부하던 십대 청소년들이 어른들을 찾아와, 도시생활을 하면서 딤의 돼지고기 파디를 지키기는 어렵다고 하소연했다. 어른들은 이 청소년들에게 물을 뿌려 딤 전체를 금기에서 벗어나게 했

---

44) 위에서 이리나가 꿈에서 추드라누를 요청했다고 언급했는데, 같은 사례로 볼 수 있다. 하지만 자식들이 다투어서 화가 났던 아버지가 병이 나게 만든 것인지는 맥락상 분명치 않다.

45) 일반적으로 말해, 조상에게 뭔가를 주는 것이 포함된 의례 요소들, 즉 묘소 문간이나 내부에 안치된 시신들 위에 술을 붓는 행위나 조상을 여성의 무릎 위에 놓을 때 선물을 주는 행위는 모두 '추드라누 요청'으로 일컬어진다. 또, 앞에서 언급했던 것처럼, 여성의 다산성을 보장한다는 돗자리 조각이나 치통약 등, 자나드라자나가 가져온 물건들도 '추드라누'라고 부를 수 있다.

다. 사실 추드라누를 청하게 되는 상황은 거의 같았다. 줄 사람이 받을 사람을 구속하거나 제약할 권한이 있기 때문에, 추드라누를 내리면 받는 사람이 풀려나는 것으로 해석될 수 있었다. 젊은 남성이 공부를 위해서든 그냥 '돈을 벌기' 위해서든 집을 떠날 때가 전형적인 경우였다. 출신지를 떠나거나 아주 멀리 갈 때는 반드시 부모를 찾아가 축복을 구한다고 한다. 일상 어법에서는 연인이 일시적으로 헤어지면서 재결합 전까지 각자 다른 사람을 만나도 좋다는 데 동의할 때 '서로에게 물을 뿌린다'(mifampitsodrano)고 표현할 수도 있다. 마다가스카르를 떠나기 직전인 1990년 12월 걸프전이 한참 달아 오르던 와중에 나는 라디오에서 "미국 의회가 부시 대통령에게 걸프만에서 무력을 사용할 있도록 추드라누를 주었다."는 뉴스를 들을 수 있었다.

추드라누의 요청이라는 측면에서 보면 좀더 정교한 의례들이 조직되는 경우가 종종 있었다. 부디 운드리(vody ondry; 일종의 상징적 신부대. Bloch 1971: 175~205, 1978; Keenan 1973 참조)의 지불을 둘러싼 말치레 대결에서 특히 잘 드러난다. 내가 직접 본 사례들에서, 발언자들은 상황 전반을 신랑 가족이 신부 가족에게 추드라누를 구하는 것처럼 다뤘다. 이 형식이 말 속에서 계속 반복되었다. 구혼자가 내놓는 돈조차 존경의 징표임과 동시에 추드라누를 부탁하는 과정에서 바치는 것이라고 일컬어졌다. 사실 지불된 돈 자체를 작은 금액으로 쪼개곤 했는데, 각각의 돈은 보통 신부가 친정에서 한다고 여겨지는 일들, 즉 '장작 모으기'(maka kitay), '물 떠오기'(tsaka rano), '어머니 흰 머리 뽑기'(alam-bolofotsy) 등의 이름을 달고 있었다. 묶어놓고 보면, 신랑 집에서 주는 돈은 신부가 집에 남았더라면 연로한 부모를 위해 했을 일들에 대한 상징적인 보상 정도는 된다는 뜻이 분명하다. 실제로 신부의 부모가 최종적으로 돈을 받아들이고 혼인을 허락한 다음에는, 부부에게 물을 뿌리면서 관례적인 조언을 내려주고 아들 딸을 일곱씩 낳으라고 기원했다. 내가 보기에, 이것이 여성의 지위 변경을 실질적으로 개시하는 추드라누라는 점은 명백했다. 추드라누를 줌으로써 딸에 대한 권리, 좀너 정확히는 딸의 행동 및 이동을 구속할 수 있는 부모의 권위를 내려 놓게 되기 때문이다. 이는 아들이 운을 시험하려 집을 떠나기 전 그 부모가 주는 추드라누와도 대응된다. 두 경우 모두 부모의 권위를 따라야 하는 의무와 제약으로부터 면제해 주는 것이다.[46)]

파마디아나와 묘소 의식을 제외하면, 망자에게 추드라누를 부탁하는 경우로는 재혼을 바라는 과부가 비밀리에 진행하는 의식이 내가 아는 한에서는 유일하다. 과부가 자유롭게 재혼을 하려면 먼저, '남편의 추드라누'를 구해야만 한다. 과부는 두 개의 돌을 갖고 남편의 묘소로 간다. 하나는 석영 조각으로, '산 자의 돌'이라 부른다. 다른 하나는 화강암이며, '죽은 자의 돌'이라 부른다. 의식 자체는 간단하다. 죽은 자의 돌은 묘소에 던지고, 산 자의 돌은 집으로 가져온다. 하지만 이 의식 역시 풀어 달라는 부탁과 폭력이라는 동일 요소들의 조합인 한에서는 간소한 형태의 파마디아나로 볼 수도 있다.

46) 내가 아는 사람들 사이에서는 의견이 엇갈렸지만 추드라누는 치니(tsiny), 즉 자신의 행위로 인해 타인이 해로운 결과를 입었을 때 생겨나는 죄책감을 풀어주기 위해 내려 주는 것일 수도 있었다(Andriamanjato 1957). 예컨대 일탈했다 돌아온 자식에게 부모가 그런 목적으로 추드라누를 내릴 수 있다. 묘소에 꿀단지를 올려 놓는 것처럼 앞서 이야기했던 사례들도 이런 해석과 잘 일치한다. 확장해서, 파마디아나가 치니에 대응하는 방편은 아닐까 생각해 볼 수도 있다. 이런 측면은 블록의 제보자들에게는 매우 중요했지만, 내가 조사한 곳에서는 별로 들어 본 적이 없다.

죽음에 맞선 전쟁?

내 주장은, 확실한 혜택과 가만히 있다가 생기는 혜택 사이에 분명한 구분선이 없기 때문에, 추드라누의 개념이 일종의 완곡법(euphemism)으로 쓰일 수 있다는 것이다. 파마디아나를 하면 무엇을 얻을 수 있는지 묻는 대신, 파마디아나를 하지 않으면 무슨 일이 생길지 질문하면 아주 분명해졌다. 첫 번째 질문을 던지면 고심하면서 적당한 말을 찾느라 대답이 나오기까지 오래 걸렸지만, 두 번째 질문에는 바로 대답이 나왔다 아이들이 죽을 것이다. 불치병에 걸릴 것이다. 본인이나 가족이 더욱 가난해질 것이다. 확실히 이와 같은 불행의 목록은 단순히 추드라누가 선사해준다는 다산, 건강, 번영의 역상으로 보인다. 하지만 사람들이 늘상 혜택보다 불행에 대해 훨씬 더 구체적으로 자세히 말했기 때문에, 다른 관점에서 설명하는 편이 더 합리적일 것 같다.

사실, 조상이 아기를 죽이러 올 위험은 가족에게 지속적인 근심거리였다. 유령들은 무덤 주위를 어슬렁거린다고 여겨졌으며, 평상시에 어리석게도 묘소에 너무 가까이 갔던 사람은, 귀신이 따라 들어오지 못하도록 집 문간에 작은 불을 피우고 넘어서 들어가야 한다. 장례식에 참석한 이후에도 마찬가지이다. 죽은 자들이 산 자들에게 접근하지 못하도록 묘소 위치를 정하고 관리하는 유형의 관습들이 많다(분리에 실패했다는 사실은 가족 내 어린아이들이 죽기 시작하는 모습을 보면서 확실히 알게 된다). 내가 아는 사람들 대부분은 자신이나 자신과 한 방에 있던 다른 누군가가 한밤중에 악귀가 목을 조르는 바람에 깬 직간접적 경험이 있었다. 잠든 사람에게 나타나는 악귀들은 크고 검으며 벌거벗은 모습을 하고 있는 것이 전형적이다. 시장에도 귀신들을 몰아내거나 퇴치하는 데 쓰는 부적을 파는 상인이 최소 두셋은 꼭 있었다.[47] 이런 귀신들은 이름이 없는 존재들이며 개인적인 인격을 갖는 '선한' 조상들과 대비된다. 선한 조상들은 보통 꿈이나 환영을 통해 흰 옷을 입고 나타난다. 하지만 비교적 자애로운 조상들마저 좋게 말해도 골칫거리였다. 조상들이 나타나는 제일 흔한 이유는 춥다고 불평하면서 후손들이 파마디아나를 할 것을 요구하기 위해서였다(조상들이 결과에 불만을 느끼면 무슨 일이 벌어질 것인지에 대해서는 이미 언급했다). 이 음산하고 살기어린 귀신들은 아이들이 못 자게 하는 등, 산 사람들을 못살게 군다. 귀신들이 어디서 왔냐고 묻자 대부분의 사람들이 바로 대답했다. 후손들이 더이상 '돌보지' 않는 조상들이라는 것이다.

파마디아나는 대개 최근 죽은 사람들이 요구한다고 말하는 사람들이 있으므로, 헤르츠의 2차 매장과의 유사점을 다시 찾아보고 싶은 생각이 든다. 헤르츠가 논의한 사회들에서는, 최근 죽은 사람들의 원령이 전에 살던 곳 주변을 돌아다닌다고 믿었고, 의식은 이 원령들을 산 자에게 해를 끼칠 수 없는 세계로 보내는 역할을 했다. 파마디아나도 유사한 역할을 한다고 볼 수 있다. 최근 사망자의 정체성을 소멸시켜 위험을 제거한 뒤, 비교적 자비로운 라잠베의 정체성으로 흡수되게 만드는 것이다. 하지만, 도입부에 나온 사례들처럼 라잠베라고 꼭 자비롭지만은 않다는 사실이 분명하게 드러나는 때가 많다.

베타푸에 사는 한 부부는 내게 이런 이야기를 들려 주었다. 안드리남

---

47) 여기서 암발라벨나(ambalavelona)에 대해 설명하기에는 지면이 부족하다. 암발라벨나는 주술사가 묘소에서 나온 물건을 써서 적이 악귀에 들리게 만드는 주술로, 대개는 실성하게 만든다. 암발라벨나를 치료하거나 바짐바가 된 영을 몰아내는 데도 비슷한 부적들이 쓰인다. 바짐바는 후손들이 자신을 '돌보지' 않았을 때 조상이 취하는 악한 모습의 최후라고 전해지기도 한다.

불루루나에게 올렸던 제일 최근의 파마디아나 후로, 누군가 묘소에 침입한 뒤, 의식용으로 샀다가 쓰지 않고 묘소 안에 남겨 둔 값비싼 람바메나를 여러 개 훔쳐갔다(사실 이 부부는 앞서 1931년 일어난 화재에 대한 자신들의 해석을 들려줬던 사람들이다). 나는 이렇게 말했다. "그거 이상한데요. 도둑은 그런 묘소에 들어가는 것을 무서워 하는 것 아닌가요." "글쎄요, 이 도둑은 안 그랬나 본데요." "하지만 정말 세고 무서운 조상이라고 하지 않았나요? 마을을 태워 버린 그 조상 아닌가요?" 부부가 동시에 대답했다. "글쎄요. 그땐 춥지는 않았잖아요. 안 그래요? 추울 때만 나타나지 다른 일로 나타나진 않아요." 이 경우에는 파마디아나가 막 끝난 참이었다. 새 람바메나를 두른 바로 뒤였으니 춥지 않았고, 춥지 않은 한에서는 남편이 덧붙인대로 "먼지 더미일 뿐"이다.

열은 파마디아나의 상징 체계에서 중요한 역할을 한다. 꿀, 술, 쇠기름, 생강, 그리고 심지어 사탕까지, 조상에게 주어지는 '추드라누를 구하는 성의 표시' 중 가장 중요한 것들 전부가 감기에 걸렸을 때 먹는 음식들이다. 열을 내는 속성이 있어서, 기침이나 코막힘의 원인이 되는 머리나 가슴의 냉기를 없애준다고 여겨지기 때문에, 실제로도 조상들의 머리나 가슴께에 놓는다.

불도 망자들과 복잡하게 모호한 관계를 맺고 있다. 귀신은 불을 무서워한다. 귀신이 다가와 시비를 걸려 할 때 제일 좋은 대처법은 성냥을 켜는 것임을 모두가 알고 있었다. 손전등 불빛은 소용이 없다고 한다. 귀신이 무서워하는 빛이 아니기 때문이다. 귀신은 진짜 불꽃을 무서워한다. 집에 들어갈 때 촛불이나 다른 불꽃을 넘어가면 귀신이 따라 들어오지 못한다는 것은 이미 이야기했다. 귀신을 쫓는 부적 역시 늘 열과 불꽃을 담고 있다. 그런 부적 대부분에 향(香)이 들어갔기 때문이다. 하지만 파마디아나 도중 시신을 내 오기 위해 묘소로 내려갈 때는 초나 등불을 꼭 들어야 한다는 말도 들었다(이 때도 손전등은 소용이 없다). 또, 선왕들을 비롯한 다른 자비로운 영들을 묘소나 장소에서 불러낼 때 초를 태우는 것이 일반적인 관행이었다.

아리부니마무에 있는 가톨릭 중학교에서 생물학을 가르치던 내 친구 파슨(Ramose Parson) 선생님은 파마디아나와 화장은 기본적으로 같은 것이라고 늘 생각해 왔다고 말했다. 단지 파마디아나가 오랜 시간을 두고 진행될 뿐이다. 화장한 시신은 열을 가했으므로 먼지가 되고, 이먼지가 주위의 다른 흙과 섞이지 않도록 단지에 보관한다. 그 친구는 마다가스카르의 매장 의례에서도 같은 일이 벌어진다고 지적했다. 여기서 단지 역할을 하는 것은 람바메나와 사람들의 마음가짐이다. 람바메나는 단단함과 내구성이 뛰어나므로 적합한 소재로 여겨지고, 사람들은 조상들의 꾸러미가 흙에 절대 닿지 않도록 심혈을 기울인다. 이는 물론 한 사람의 이론일 뿐이며, 다소 괴상한 이론이다. 하지만 그 점만 제외하면 이 글을 시작하면서 이야기했던 것에 한층 더 시적 적합성을 실어 줄 것이다. 안드리남불루루나의 가련한 후손들은 파마디아나를 빠짐없이 거행하는 것을 잊는 바람에, 파괴의 불이 자신들을 대신 삼키도록 하고 만 것이다.

몇 가지 결론

파마디아나는 기억과 망각 모두가 폭력의 문제이며, 차이점은 폭력이 행사되는 방향 뿐이라는 점을 보여 주는 사례라고 해석할 수 있다. 이것이 바로 내가 이 글에서 전개해온 주장이다. 최근의 리암안드레니든 아니면 안드리남불루루나처럼 오래 된 라잠베든, 자신에 대한 지속적 기억을 통해 사회 질서를 다스리는 조상들이 있다. 자손들을 구속하고 처벌할 수 있는 권력, 곧 폭력이 이들 조상의 실질적인 수단이다. 반면 집단 통합이 최고도로 표현되었다고 볼 수 있는 파마디아나는, 후손들이 조상에게 당하는 폭력을 같은 형태로 후손들은 조상들에 대한 기억을 점점 지워버리는 행사였다.

계보를 만들고 변형하는 다소 진부한 역학이 이메리나에서는 산자와 죽은 자 사이의 진정한 존재 투쟁으로 변형된다(에반스-프리처드의 누에르인 연구 이래로, 사람들의 이름을 잊는 지속적 과정이 이 역학에 필요하다는 사실이 분명하다). 이는 문자 그대로의 의미에서 사실이다. 마다가스카르 속담에 나오듯 죽은 자들은 "더 많아지려고 한다" ― 산자들을 죽임으로써. 산 자들은 죽은 자들의 몸을 짓뭉개고 합쳐 적은 수로 유지함으로써 맞선다.

참석자들은 파마디아나가 죽은 이들을 위한 추모라고 말하는데, 그 관점을 부정하는 것은 아니다. 조상에 대한 기억은 본질적으로 양날의 검이다. 농촌사회 남성 유지들의 관점에서 보기에는 특히 그렇다. 이들이 누리는 권위와 명예는 크게 보아 빌린 것이다. 이 조상들은 생전에 알고 지내면서 모셨던 사람들이기도 하지만 궁극적으로는 경쟁자다. 앞서 말한 것처럼, 남성들은 이와 같은 모순적 상황 때문에 폭력의 존재 자체를 부정하고 싶은 입장에 서게 되는 듯 보인다. 그렇더라도, 조상이 만든 공동체의 도덕적 통합을 설명하는 순간에는 사실상 그런 폭력의 효과 자체를 스스로 예증하게 된다. 여성들이 조상과의 관계에 따라 맺게 되는 입장은 남성들 못지 않게 복잡하지만 다르기도 해서, 폭력의 문제에 대해서는 훨씬 편하게 이야기한다. 하지만 여성들마저도 조상들이 도덕적 원칙을 관철시키기 위해 보일 수 있는 '잔인함'이나, 그냥 자신을 기억하게 만들고 싶어서 행하는 순전한 자기본위적 폭력은 어떻게 받아들여야 할지 정말 몰랐다. 동일한 핵심 모순이 변형된 이 두 번째 딜레마는 망자의 이미지가 실질적으로 둘로 분열하게 만든 원인일 것이다. 후손들이 도덕적 공동체 안에서 화합하도록 하는 자비로운 어른의 이미지와, 후손들의 자식을 묘소로 데려가버리는 탐욕스러운 귀신이라는 이미지 사이에서.

7장 _ 1875~1990년, 마다가스카르 중부 지역의 애정 주술과 정치적 도덕성

이 글은 아주 단순한 질문에서 시작된다. 19세기 말엽에는 중앙 마다가스카르 중부의 이메리나 지역 사람들은 한결같이 '애정 주술'(love medicine)인 우드 피티(ody fitia)를 쓰는 사람은 남자라고 전제했지만, 내가 마다가스카르에 있었던 1989년부터 1991년의 기간에는, 나와 이야기를 했던 사람들 모두가 그 주술을 쓴 것은 당연히 여자들이라고 했다. 왜 이런 변화가 생겼을까? 이 질문은 다른 질문으로도 연결된다. 두 시기 모두에 애정 주술은 구설을 낳았다. 다만 구설수가 되는 원인은 지난 백 년 사이 바뀐 것 같다. 19세기 문헌들은 애정 주술이라는 것이 사실 폭력이라는 점을 일관되게 강조했다. 희생자에게 기막힌 모욕을 줄 수 있는 데다가, 몸까지 해칠 수 있었기 때문인다. 내가 알고 지내던 사람들도 역시 19세기 사람들 못지 않은 반감을 드러냈다. 그렇지만 애정 주술에서 반감을 자극하는 요소가 과거와는 매우 달랐다. 주술에 걸린 사람은 주술을 건 사람이 시키는 대로 할 수밖에 없다는 사실, 즉 실질적으로 노예상태에 빠지게 만들기 때문이었다.

　이런 변화가 더욱 극적인 이유는 19세기 마다가스카르 사람들이 약(medicine) ── 우리라면 보통 '주술'(magic)이라고 부를 것들 ── 에 대해 남긴 기록이 오늘날 하는 말들과 거의 똑같기 때문이다. 문헌에 나열된 부적이나 주문, 의례절차, 사용되는 재료가 지금과 똑같고, 과거와 같은 나무조각, 금속으로 된 물건, 똑같은 색깔과 종류의 주술의 구슬들이 여전히 쓰인다. 작물 보호나 소송 및 사업상의 거래에 쓰이는 주술에 대한 시각은 거의 변하지 않은 반면, 애정 주술에 대한 평가는 완전히 달라진 것처럼 보인다. 왜 그럴까? 그 동안 무슨 일이 일어난 걸까?[1]

논점

마다가스카르는 인류학적 관점에서 볼 때 옛 신화 시대에 대한 개념이 전무해 보이기 때문에 색다른 지역이다. 대부분의 인간 사회에는 상당히 선명한 기원 시대 개념이 있다. 기원 시대는 동물, 인간, 신의 구분이 확립되지 않았고, 오늘날과 비교할 수 없을 만큼 막강한 존재들이 있어서 강과 산, 혼인 같은 제도들, 심지어는 생명까지 창조할 수 있었던 시대를 일컫는다. 보통 이 뒤에는 영웅의 시대가 따라온다. 영웅 시대의 인간들은 우주 창조는 할 수 없었지만 현대처럼 타락한 시대에는 소실된 능력들을 아직 사용할 수 있었다. 놀랍게도 마다가스카르에는 이런 성격의 역사관이 전혀 없었다. 예를 들어, 시조들은 전혀 초인으로 묘사되지 않았다. 그저

---

1) 유용한 논평과 제안을 아낌없이 해 준 다음 사람들에게 감사의 말을 전하고 싶다. 제니퍼 콜(Jennifer Cole), 진 코마로프(Jean Comaroff), 질리언 필리-하닉(Gillian Feeley-Harnik), 마이클 램벡(Michael Lambek), 피어 라슨(Pier Larson), 누 티 레(Nhu Thi Le), 스튜어트 록펠러(Stuart Rockefeller), 마샬 살린스(Marshall Sahlins), 조안나 초스(Johanna Schoss), 그리고 레이먼드 T. 스미스(Raymond T. Smith). 마다가스카르에서의 현지조사는 풀브라이트(Fullbright)/IEE의 지원을 받아 이루어졌다. 몇 가지 덧붙이자면, 마다가스카르 사람과 언어는 말라가시(Malagasy)라고 지칭되고, 이메리나(Imerina)의 주민들은 메리나인(Merina)이라고 불리며, ody fitia는 '우드 피티'(OOD fee-TEE)라고 발음한다.

오늘날의 남녀처럼 이주하고, 농사짓고, 가족을 꾸린 사람들일 뿐이었다.

옛날에는 신비한 능력들이 없었다는 뜻은 아니다. 민화에는 신화적 인물들이 등장해서 부적, 곧 우드(ody)를 써서 하늘을 날기도 하고, 투명 인간이 되기도 하고, 적이 공격해도 멀쩡하거나, 번개를 날려서 적을 보내버릴 수도 있었다. 중요한 점은 이런 능력이 신화시대에 국한되지 않는다는 것이다. 이야기에 나오는 우드가 아직 있어서, 얻기로 작정하면 지금도 얻을 수 있다고 여겨진다. 꼭꼭 숨겨져 있어서 구하기 더 힘든 능력들이 있을 수는 있다. 반면 애정 주술은 어디서든 구할 수 있다고 보았다. 돈이나 연줄만 있으면 누구나 관련 지식이나 만드는 데 필요한 물건을 확보할 수 있었다. 대개는 지역 장터에서 구할 수 있었을 것이다. 신화 시대가 있었던 한에서 잠재적으로는 여전히 그 시대 속에 있는 셈이었다. 그런 까닭에 사회라는 우주는 특수한 위험에 직면하게 된다. 사리판단을 할 줄 아는 사람이면 자신이 아는 누군가가 우드 피티를 쓸 가능성을 꼭 염두에 두어야 했던 것이다. 그러므로 애정 주술에 대한 이야기는 곧 두려움에 대한 이야기가 된다. 사회 환경 속에 도사리고 있는 위험한 힘과 그에 대한 두려움이 충격적인 이미지들로 구현되는 경위에 대해서 말하게 되는 것이다. 그런 환상의 한복판에 놓였던 것은, 19세기에는 주술로 인해 실성한 여성이 옷을 찢어 헤치며 거리를 질주하는 모습이었고, 20세기에는 벌거벗은 마녀[2]가 한밤에 남자를 말처럼 올라 탄 모습이었다. 이와

같은 환상은 궁극적으로 권력에 대한 환상이며, 포괄적인 정치적 맥락 속에서 볼 때만 이해할 수 있다는 것이 나의 핵심 논지다.

이메리나가 독립 왕국의 중심지였던 19세기 말부터 내가 살았던 시기 사이에는, 프랑스에 의한 식민통치 60년이 놓여 있다. 권력과 권위에 대한 일반적 사고방식, 그러니까 타인에게 영향력을 행사해도 정당하다고 판정되는 기준은 식민지배의 경험에 깊은 영향을 받았다. 이와 달리 마다가스카르 산간지역에서는 오랜 기간에 걸쳐 조상과 연장자들의 권위가 기본적으로 부정하는 행위와 관련된 말들을 통해 파악되었다. 권위는 타인을 특정 행위를 하게 만드는 것이 아니라 하지 못하도록 금지하고, 얽매고, 구속하는 것으로 비쳐졌다. 물론 권위를 이렇게만 파악했던 것은 아니다. 일례로, 왕의 권력은 전혀 다른 각도에서 인식했다. 하지만 식민 지배의 효과로 이런 종류의 권위 ——이것을 '부정의 권위'[3]라고 부를까 한다.—— 만이 유일하게 마다가스카르의 전통적 권위 유형으로 받아들여지게 되었고, 외국인, 군대, 정부와 동일시되었던 상명하달의 관계와는 선명하게 대립되었다. 부정적 권위는 완전무결하게 정당하다고 간주되는 유일한 권위 유형이었다. 하지만 추상적 이념의 문제만은 아니었다. 사고방식의 전환 과정은 사람들이 서로를 대하는 태도 및 서로의 행

앙을 계승한다는 취지의 종교인 '위카(Wicca)'의 신자 또는 사제들을 일컬을 때에도 'witch'를 사용한다. 하지만 이 책의 7장에서는 사술을 사용하는 여성의 이미지와 결부되어 있기 때문에 직관에 보다 잘 부합하는 '마녀'라는 번역어를 택했다. 그 밖의 맥락에서는 문맥에 따라 '주술사' 등으로 옮기기도 했다.

3) [역주] 이 장의 핵심 개념인 '부정의 권위'(negative authority)는 본문에서 설명되는 것처럼 어떤 행위를 하지 못하게 하거나 본인이 행동하는 것을 삼감으로써 성립되는 권위를 뜻한다. 이 때 '부정'(negative)에는 '바람직하지 못하다'라는 함의는 없지만, '소극적' 또는 '수동적'(passive)이라는 의미는 문맥에 따라 함축되어 있다. 이 점을 비롯해, 본문의 내용 및 번역어와 관련된 질문에 답해 준 저자에게 감사의 뜻을 표한다.

위를 판단하는 기준에 유달리 진정한 변화를 겪게 한 듯 보였다. 사술(邪術, witchcraft)⁴⁾과 애정 주술의 새로운 이미지들이 구체적으로 형상화하는 공포는 바로 이 새로운 사회적 세계가 만들어냈다.

조금 색다른 주장일 수도 있다. 여성주의 학계에서는 오래 전부터 '공적' 영역과 '사적' 영역 사이의 전통적 구분은 눈속임에 불과하고, 각 영역을 특징짓는 권력과 권위의 형태들이 서로 완전히 상호의존적이라고 주장해왔다. 그 노력에도 불구하고, 가정생활에 내재한다고 상상된 위험에 대한 공포나 환상 같은 성정치의 문제가 국가 수준의 정치와 관련될 경우에는 하부구조의 형태로 관련된다고 가정하는 경향은 여전하다. 파시스트 정권이나 민족주의 운동이 갖는 호소력을 바닥까지 파헤쳐 들어가면, 가정에서 권력을 잃을까봐 불안해진 남성 심리를 발견하게 될 것이라고 상상하는 것은 쉬운 일이다. 반면 국가 차원에서 벌어지는 일들이 어떻게 사람들의 가장 내밀한 불안을 자극할 수 있는지를 상상하는 것은 훨씬 어렵다. 하지만 바로 이것이 내가 여기서 논증하는 내용이다.

마다가스카르가 외세 점령과 더불어 강제 도입된 뒤 무력으로 지탱된 식민체제 속에 있었을 때 이런 일들이 어떻게 돌아갔을 지 알기는 쉬운 편이다. 식민체제는 통치받는 자들의 동의에 따라 통치한다는 허구조차 유지할 필요가 없는 것이 식민체제다. 하지만 내 접근법은 식민사에 접근하는 방식으로도 특이하다. 우선 나는 일차적 관심을 식민정책에 두고 있지 않다. 즉, 마다가스카르의 식민 정권이 스스로가 하고 있다고 믿

---

4) [역주] 본문의 사술(邪術)은 'witchcraft' 또는 'sorcery'를 옮긴 표현이다. 인류학이나 종교학 문헌에서는 두 단어 모두 타인에게 해를 끼치는 부정적인 주술만을 뜻하지 않는다. 하지만 이 책의 본문에서는 부정적인 의미로 사용되고 있는 경우가 대부분임을 감안해서 이렇게 옮겼다. 문맥에 따라 '해코지 주술'로 옮기기도 했다.

었던 일들은 내 관심사와 거리가 있다. 헤게모니와 저항의 문제를 다루지도 않는다. 가령 학교나 교회 같은 식민 제도들이 식민치하의 사람들에게 식민주의자들이 정의하는 대로의 현실을 받아들이도록 강요하는 데 얼마나 성공했는지, 식민치하의 사람들이 대항 이념을 어느 수준까지 발전시킬 수 있었는지와 같은 문제들은 이 글의 관심사가 아니고 딱히 그런 문제를 다루지도 않는다.[5] 그런 일들이 벌어졌다는 사실은 나도 물론 안다. 마다가스카르 산간지역 사람들이 식민정권의 논리라고 여겼던 것에 대립하는 방식으로 마다가스카르다움에 대한 감각 전체를 재규정하게 된 것은 사실이다. 그렇지만 나는 이 일이 진공상태에서 발생하지 않았다는 사실 역시 강조하고 싶다. 권위의 문제에 초점을 맞추면 현존하는 도덕 질서와 더불어 그 질서에 수반된 특유한 긴장과 딜레마, 옳고 그름을 가리는 방식에서 출발할 수 있다. 출발점을 이렇게 설정하면 사람들이 정복자를 다루는 방식보다는—사실 사람들 대다수는 상대해야 하는 상황 자체를 피하려 했다.—그 결과로 사람들이 서로간의 관계를 재고해 보게 된 이유를 물을 수 있게 된다.

주술 사용의 윤리

마다가스카르의 '약'(medicine)인 파나푸디(fanafody)는 보통 '부적'으로 번역되는 우드란 물체들이 주요 구성 성분이 된다. 우드는 대개 희귀한

---

5) 푸코적 접근방식이라면 외국에서 들어온 교육과 위생에 의한 훈육이 가족 관계를 어떻게 바꾸었는지에 대해 강조했을 것이다. 하지만 이것도 내 분석 목표는 아니다. 식민주의적 훈육은 적어도 이메리나 사람들 절대 다수에게는 내가 여기서 다루는 문제들에 직접적인 영향을 주지는 않았다.

나무조각으로 만들고, 경우에 따라 다른 재료들을 넣기도 하며, 소뿔이나 나무함 같은 용기에 보관한다. 각각의 재료는 서로 다른 방식으로 세계에 작용하지만, 재료 고유의 속성이 힘의 근원은 아니다. 힘의 근원은 비가시적 영의 의식적 행위이며, 이 영은 이용자가 부적을 쓸 때마다 주문으로 불러 내야 한다. 하지만 예나 지금이나 일상의 대화에서 우드를 사물이나 영이라고 말하지는 않는 경향이 있다. 우드는 앎의 유형처럼 일컬어진다. 이를테면 누가 우드 피티를 '가졌을지도 모른다'고 말하는 대신, 그 사람이 우드 피티를 '쓸 줄 아는 것 같다'고 표현한다. 상식의 견지에서, 우드는 지식의 일종이며 세상에 대한 소유자의 영향력을 넓혀 준다.[6] 뒷부분이 아주 중요하다. 부적이 사용자에게 작용한다고 말하는 법은 거의 없고, 늘 본인을 제외한 사람이나 사물에 작용한다고 이야기되는 것이다. 가령 애정 주술은 사용자를 매력적이거나 호감 가는 사람으로 만드는 대신 상대방의 욕망을 직접 불러 일으켰다. 다른 한편, 우드는 단순히 소유자의 부속물이 아니다. 중요한 우드의 경우에는 적어도 자신만의 의지와 지능을 갖고 있기 때문에 주인이 간청하거나 공물을 바쳐야 하고 전반적으로 윗사람 대접을 해야 한다.

내가 직접 들은 이야기들과 참고했던 자료 대부분은 한 가지 점에서 일치한다. 주술은 절대적 도덕 원칙 하나의 지배를 받는다. 타인을 해치기 위해 쓰는 경우는 무조건 잘못되었다는 것이다. 그런 행동은 결코

---

6) 19세기의 우드와 관련해 가장 풍부한 자료를 제공해준 것은 노르웨이의 루터파 선교사 라르스 빅(Lars Vig)이 1875년부터 1902년까지 수집하여 정리한 목록이었다(Vig 1969). 그러나 그 외에도 마다가스카르인들이 쓴 자료(Callet 1908: 82~103)나 다른 유럽인들이 쓴 자료들(Dahle 1886~88; Edmunds 1897; Renel 1915)도 상당수에 달했다. 그중 어떤 자료들은 20세기 중반까지도 다룬 것이 있었다(Bernard-Thierry 1959; Ruud 1969). 정령과 대상 사이의 관계에 대해서는 나의 앞선 저작에서 더 상세히 다루었다(Graeber 1996).

정당화될 수 없다. 그런 것은 사술이고, 사술을 쓰는 사람(mpamosavy, 팜사브)은 악의 개념 자체를 정의한다. 주술이 늘 얼마간 도덕적으로 미심쩍다는 인상을 주었다면, 해악을 불러올 막대한 잠재력을 가지고 있기 때문이다. 오직 피아루바나(fiarovana), 즉 해악으로부터 보호하는 주술만이 그와 같은 혐의와 완전히 무관했다. 사정이 그렇기 때문에, 자신이 쓰는 주술은 방어용으로 보이게 하려고 있는 힘껏 애를 쓰게 된다.

초기 자료들은 우드가 그 소유자들을 우박이나 악어, 총, 도둑, 마녀, 칼, 메뚜기 떼, 화재를 비롯해 무수히 다양한 위험에서 지켜줄 수 있다고 적고 있다. 나는 사실상 같은 목록을 직접 들은 적도 있다. 하지만 그때나 지금이나, 그와 같은 부적들이 제공하는 보호는 극히 능동적인 형식을 취했다. 사용자와 재산 주위에 방호벽을 만드는 대신 타인의 해로운 행위를 막거나 방해하기 위해 개입했다. 직접 공격한다고 느껴질 수 있는 효과는 전혀 발휘하지 않았다. 예를 들어 총알로부터 지켜주는 우드는 그것을 지닌 사람의 피부를 방탄벽으로 만들지는 않는다. 총알이 빗나가게 하거나, 총알을 물이 되게 만들었다. 관재부(官災符)[7]도 마찬가지로, 지닌 사람의 말을 더 설득력 있게 만들기보다는, 상대방이 효과적인 변론을 못 하게 만들거나 변론 자체를 못하게 만들었다.

리샤르 안드리아만자투(Richard Andriamanjato)라는 젊은 개신교 목사가 1957년에 쓴 『마다가스카르 사유 체계에서 비난과 보복』이라는 아주 유명한 책이 있다(그는 이후 국내 정치에서 아주 주요한 인물이 되었다).

---

7) [역주] 7장과 8장에 나오는 주술 관련 용어들은 한국 무속의 개념과 용어들을 차용해서 옮긴 것들이 많다. 다소 실험적일 수도 있지만, 영어 원문의 개념들 자체가 영어권 문화에 본래 있는 개념이라고 볼 수 없고, 한국 무속의 개념을 쓸 때 더 정확하고 생동감있는 표현이 가능할 것 같다는 판단에 따른 것이다.

저자는 책에서 마다가스카르의 전통적 사유 방식에서는, 누군가의 행위가 타인에게는 최소한 간접적으로는 해를 끼칠 수 밖에 없다고 가정하기 때문에, 행위 자체가 본질적으로 문제가 된다고 주장한다. 방어의 윤리가 이 사유 방식의 자연스러운 귀결임을 상상할 수 있다. 행위가 그토록 문제라면, 보이지 않는 주술력처럼 특별한 힘을 동원할 경우에는 적어도, 더 해로운 타인의 행위를 막으려 쓸 때만 논란의 여지가 없을 것이다. 공동체 권위자들과 관련된 공적 권력에도 동일한 논리가 적용되었다. 내 경험에 비춰보면, 연장자의 역할은 마을 공동의 업무를 시작하는 것은 물론, 조율하는 것으로조차 그려진 적이 없다. 연장자들은 마을 사람의 결속을 깨는 젊은이의 행동을 금하거나 제지하기 위해서만 개입했다. 조상들이 개입하는 방식도 거의 같다. 반드시 부정의 형식으로 서술되는 금기나 행위 규칙을 부여한다. 논의가 전개되면서 매우 중요해지는 논점이지만, 여기서는 방어용으로 내세우기 힘든 애정 주술이 도덕의 경계선상에 있다는 점만 밝혀도 충분하다.

'욕정의 광기'에 빠트린다는 것

어느 선교사의 말에 따르면 애정부(愛情符)는 소지자에게 원하는 사람의 애정을 제어할 수 있게 한다. 유감스럽게도 외모가 흉한 청년들이 아내를 구하거나 난봉꾼들이 사냥감을 찾을 때 주로 입수한다(Haile 1894: 12~13). 여성들도 때에 따라 이용할 수 있다고 덧붙인 경우도 있었지만, 19세기 자료들은 한결같이 남성이 주로 우드 피티를 쓴다는 가정을 깔고 있었다.

그런데 내가 이메리나 서부의 아리부니마무라는 마을에 살던 1990~

91년에는 이와 정반대의 가정이 우세했다. 사실 나는 여러 여성들이 남녀의 심리 차이에 대해 근본적 통찰을 제시하는 훌륭한 설명을 해 준 덕분에 이 문제를 깨닫게 되었다. 그들 말에 따르면, 처녀는 마음이 끌리는 남성이 자신에게 관심이 없다는 사실을 알게 되면 본능적으로 그의 마음을 바꾸려 들 것이다. 반면 거절당하는 쪽이 남성이면 화를 내면서 피해자가 벼락을 맞거나 실성해버리는 보복성 주술을 찾을 가능성이 훨씬 크다. 남성도 애정 주술을 쓸 수 있다는 점에는 이견이 없었지만, 아무래도 예외적인 상황이라고 여겼다. 반면, 피해자에게 악귀를 씌워 미치게 만드는 주술의 일종인 암발라벨나는 주로 남성이 자신의 성적 접근을 거부한 여성에게 쓴다고 했다.[8]

이 내용은 기억해 두었다가 19세기식 설명을 헤아려 볼 때 쓰면 유용하다. 19세기 기록에 등장하는 우드 피티는 여성에게 애정과 욕망을 불러일으키는 동시에 실성하게 만들어서 벌을 준다는 두 가지 요소들의 결합물로 간주될 수 있기 때문이다.

라르스 빅(Lars Vig)이라는 노르웨이인 루터파 선교사가 쓴 책이 한 권 있다. 19세기 이메리나 주술 처방에 관한 한 최고의 자료다. 라르스 빅은 1875년부터 1902년까지 이메리나에 남부에 살았다. 이 무렵에는 기독교로 개종한 주민들이 갖고 있던 우드를 교구 담당 선교사에게 넘기는 것이

---

8) 19세기 자료의 출처는 거의 남성들이었을 것으로 추측하지만, 내 정보는 대체로 여성들에게 얻었기 때문에 왜곡도 있을 수 있다. 하지만 나는 수십 명 정도의 남성과도 이야기를 나눴고, 이들이 우드 피티를 이해하는 방식은 여성들과 별반 다르지 않았다. 굳이 차이를 가린다면, 남성이 경우에 따라 그런 주술을 이용할 수 있다고 지적할 가능성이 좀 더 높았던 쪽이 여성이라는 정도였다. 본인이 당면한 문제라 그랬던 것일 수도 있다.

관례였지만, 빅의 경우에는 열혈 수집가가 되어, 소유자에게 재료와 이용법 등을 일일이 물어 기록한 뒤, 결과물을 출판하기에 이른다. 빅이 열거한 130가지 부적이나 구성성분 중 24가지는 애정부였다. 어떤 것은 기존의 관계를 강화하거나 파괴하는 데 쓰였지만, 애정부의 원형이 되는 대다수는 부적 소지자의 접근을 거부하는 여성[9]에게 욕정(passion)을 불러일으키려는 목적으로 제작되었다. 이와 같은 용법이 함축하는 시나리오는 내가 아리부니마무에서 이야기를 나눴던 사람들이 염두에 두었던 것과 대체로 비슷했다. 남자는 다가가고, 여자는 '거만하게 굴며'(즉, 그 남자에게 관심이 없다) 남자는 주술적 해법을 찾는다. 이를테면, 이마하카(Imahaka)라는 주술은,

> '거만한' 여자의 저항을 꺾을 수 있도록 도와주며 …… 여자를 미치게 만드는 힘, 즉 사랑의 광기를 불러일으키는 힘이 있다고 여겨졌다. 이것이 그 주문이다. "들으소서. 오, 이마하카여. 저에게 거만하게 구는 여인이 있나이다. 이 여인을 미치게 만들어, 미친개처럼 날뛰게 해 주소서서. …… 심장이 요동치고 달아오르며 끓어올라 부모와 친척 그 누구도 막을 수 없게 하소서." (Vig 1969: 30~31)[10]

그리하여 여인은 주문을 건 남자의 침실로 끌려가게 된다. 이와 같은 '욕

---

9) 내가 참고하는 설명은 모두 희생자가 여성이라고 간주하기 때문에, 일반론적인 설명에서는 그 용법을 따르는 편이 가장 좋을 것 같다. 하지만 빅 자신이 어떤 부적이든 여성이 남성에게 쓸 수도 있다고 가끔 언급하고 있는 데다가, 주로 여성들이 썼다는 주문 두 가지를 제시한다는 점도 참작할 필요가 있다(Vig 1969: 94~97).
10) 다른 부분도 마찬가지지만, 이 부분은 불어에서 영어로 내가 번역한 것이다.

정의 광기' 같은 계열 주문들의 공통적인 특징으로 꼽히긴 하지만, 희생자를 욕망에 사로잡힌 사람보다는 의지를 빼앗긴 사람처럼 묘사하는 일이 많다. 그리고 많은 경우 남자는 대개 자신을 거절한 여성에게 앙심을 품고 그녀의 콧대를 꺾거나 망신을 주러 주문을 기는 것처럼 보인다. 또 다른 주술에 쓰이는 주문도 한번 읽어보자.

> "…… 눈앞에 오라비가 있거나, 공공장소에 있을 때에도, 완전히 미쳐 옷을 벗어던지고 나에게 달려오게 하소서.[11] 강물이 깊고, 물살이 거세도, 날이 어둡고 집이 멀어도, 내게 올 수밖에 없도록 하소서. 천 명의 남자가 그녀를 숨겨둔 채 지키고자 전쟁을 일으켜도 내게 달려와 그들이 꼼짝할 수 없게 하소서."
>
> 주술에 홀린 이, 가련한 여인은 미친 개, 미치광이가 된다. "미친개처럼 입에 거품을 문 채 이리저리 날뛰고, 미치광이처럼 고함을 쳐 대면서 아무런 목적도 이유도 없이 뛰어다닐 것이다. 이런 상태는 자신을 주술로 홀린 남자에게 갈 때까지 지속될 것이다." (Vig 1969: 87~88)

제지하거나 집에 가둬 두면 발작을 일으키고 몸을 떨면서 숨을 못 쉬거나 울음을 자제할 수 없게 된다. 말라리아 못지않게 지독한 열병을 앓다가 만신창이가 되어 침대 밖으로 나올 수 없게 되고, 밖에서 들려오는 닭 울음 소리를 주문을 건 남자의 목소리로 착각한다. 아니면 갑자기 힘이 걷잡을 수 없이 세져서, 그 남자에게 달려가는 것을 막을 수 없게 될 것이다 (Vig 1969: 84~97).

---

11) 충격적인 도덕 파괴 행위다. 성인 남매는 서로 벗은 몸을 절대 봐서는 안 되었다.

빅 자신은 이런 묘사에 함축된 복수심과 가학성을 대수롭지 않게 여기는 경향이 있었다. 그는 여성이 계속 너무 '거만'하면 사교성에 지장이 있다고 언급하면서, 퇴짜를 맞은 남자들은 자신의 고유 권한 내에서 행동할 뿐이라고 스스로를 변호할 수도 있다고 주장했다.[12] 그럴지도 모른다. 하지만 다른 사람들도 그런 주장을 진지하게 받아들였으리라고 생각할 만한 근거는 희박하다. 빅 자신이 다른 글에서는 애정 주술이 늘 순전한 보복성 시술에 매우 가깝다고 여겨져 왔다는 점을 인정하면서 라나발루나(Ranavalona) 1세 여왕(1828~1861)의 일화를 기록한다. 여왕은 남성들이 애정 주술을 써서 여성들을 광기로 내몬다는 발상 자체에 진노하여 전국 방방곡곡에 특사를 보내 주술 사용자를 모조리 색출하게 한 다음 사형시켰다.

전문가의 관점

이 시기 마다가스카르의 자체 문헌인 『귀족 이야기』(Tantara ny Andriana)라는 사료집에는 당대의 점술에 관한 설명이 나온다. 점술가이자 주술 처

---

12) "남자는 이렇게 말할 수 있을 것이다. '왜 나한테 거만하게 굴고 그러지? …… 선조의 관습은 우리도 지켜야 한다고.'" 빅은 이런 말도 보탠다. "라나발루나 1세 여왕의 기독교 박해 과정에서 기독교인에게 씌운 죄목 하나가 부인이 정숙하다는 것이었다. ……" (Vig 1969: 20). 반면 빅은 성적인 관계에 관련된 이야기라면 변덕스럽다 싶은 교구민이 들려 주는 추문조차 모조리 믿을 마음이 있었던 것처럼 보인다. 빅이 주술을 설명하다 말고 이전 시대 이야기를 꺼내는 경우가 두 차례 있었다. 이런 이야기를 하기 위해서였다. 과거에는 노인 남성들이 정기적으로 마을 입구에 둘러 앉아 젊은 남자들이 여자를 차지하려 싸우는 모습을 지켜 보곤 했으며, 여자들은 싸움에서 이긴 남자에게 갔다. 덧붙이길, 이런 시절에 남성들은 딸을 매주 열리는 장터에 데려가기도 겁냈는데 "딸이 한 남자만 좋아한다면 거절당한 구혼자 아홉이나 열이 다음 날 밤 무리를 이뤄서 아버지의 집을 습격하곤 했기 때문이다"(1969: 26, 88). 물론 빅은 기독교가 도래한 2-30년 전부터는 이런 일이 자취를 감췄다고 자랑스럽게 덧붙인다.

방 전문가인 음피시키디(mpisikidy)가 작성한 것으로 보이기 때문에 딱히 의외는 아니지만 선정성이 한층 덜하다는 점에서 어조가 사뭇 다르다. 이 글의 저자는 세상에 사실 전혀 다른 부류의 우드 피티가 있다고 말한다. 첫 번째는 진짜로 사술(sorcery)이다. 복수심을 추동력으로 삼아 피해자를 실성하게 만든 뒤, 숙련된 점술가의 처치를 받지 못하면 죽게 만든다. 그렇지만 욕정의 광기가 아니라 영원한 사랑을 불어 넣는 두 번째 유형도 있다. 이 주술은 저자 자신이 직접 걸어줄 수 있었던 주술이다. 예컨대 어떤 총각이 부모의 반대를 무릅쓰고 한 처녀와 결혼기를 원한다면 직접 걸어 줄 뜻을 비쳤을 것이다.(Callet 1908: 106~107).

라르스 빅이 교구민들로부터 수집했던 우드 중에 이 유형에 들어맞는 것은 거의 없어 보인다. 모두 일시적인 광기를 야기할 뿐 죽이지는 않는다고 되어 있기 때문이다. 하지만 점술가인 저자 자신이 라나발루나 여왕의 잠재적 숙청 대상이었던 만큼, 자신이 걸 수 있는 애정 주술이 만의 하나라도 누군가를 해칠 수 있는 가능성을 남겨 두고 싶었을 리 없다. 그래서 그는 해로운 '애정 주술'이 사랑과 대체 무슨 관계가 있는지 알기 힘들 만큼 사랑과 보복을 멀찍이 떨어트려 놓았다. 반면, 빅의 자료가 시사하는 바는 대다수 사람들에게 세상일은 칼루 무 베듯 정확할 수가 없었다는 점이다. 타인의 욕망을 불러일으키는 것이 주목적인 주술조차 사용자의 욕망이 자존심의 상처 및 복수욕과 얽힌 정도에 따라 폭력 및 처벌의 효과가 달라 질 수 있다고 전제했다.

이 점술가의 글은 빅이 모호하게 남겨 두었던 세부 사항들에 살을 붙인다. 우드의 힘 배후에 있는 심령 메커니즘이 그 사례다. 19세기 이메리나에서는 모든 사람 각자에게 암비로(ambiroa) 내지는 아벨루(avelo)라고 부르는 '분신'이나 '반영물'이 있다고 여겼다. 몸과 떨어져 활동할 수 있는 혼의 일종인데, 꿈을 꿀 때 몸밖에서 배회하다가 아예 떨어져 나가는 일도 가끔 있다고 했다. 혼을 잃게 되면 어지럼증을 느끼거나 돌발적이고 혼란스러운 행동을 하게 되고 결국에는 병에 걸리거나 죽게 되었다. 주술사들이 사람을 죽일 때 쓰는 가장 일반적인 방법 중 하나는 암비로를 희생자와 분리시키는 것이었다. 치유사들의 일은 되찾아 오는 것이다. 혼을 다시 불러 오는 데 쓰이는 의식은 다양했지만, 가장 흔한 방법은 의식 마지막 단계에 환자가 물이 담긴 그릇에 비친 자기 모습을 들여다보게 한다음 치료사가 갑자기 그릇을 건드려서 비친 모습을 사라지게 하고 (이상적으로는) 놀란 환자의 몸 속으로 혼이 되돌아가게 하는 것이었다(Vig 1969: 92~3).[13] 『귀족 이야기』(Callet 1908:106; cf. Vig 1969: 84, 86, 89)에 담긴 한 구절의 저자는 음피시키디가 애정 주술로 고통받는 여성을 낮게 하려고 치르는 의식도 이와 동일한 원칙에 따라 작동했다고 한다. 여성을 유혹하려 한 자가 영혼을 빼앗아 간 곳으로부터 불러 와야 한다는 점만 제외하면 정확히 동일한 형식을 취했다. 그렇다면, 빅이 '욕정의 광기'라고 표현했던 증상들은 주술을 행하는 남자가 피해자의 영혼을 끄집어 냈기 때문에 생긴 것이었다. 그래서 피해자는 주술로 인해 먼저 혼이 나간 상태가 되고(그래서 어지럽고 혼란스럽다), 그 때문에 주술을 건 사람과 결합하려는 광적인 욕망에 사로잡힌다. 이 욕망은 궁극적으로는 파괴된 자아의 통일성을 회복하려는 욕망이다.[14]

---

13) 빅은 이 의식이 카소(kasoa)로 알려진 증세를 치료하는 데 쓰인다고 설명한다. 카소는 '욕정의 광기'의 한 형태로 사람을 영영 미치게 만들 수 있었다고 되어 있다. 카소는 오늘날에도 언급되지만 공격적 사술의 한 형태인 암발라벨나로 분류된다. 두 방법 모두 피해자에게 악귀를 씌워서 미치게 만든다.

14) 거의 비슷한 시기에 스키트(Skeat 1900: 566-580)가 서술하는 말레이의 애정 주술도 같은 전제 위에 있었다는 점을 덧붙일 수 있다. 이 주술 역시 똑같은 이유로 사술(sorcery)로 간주되

19세기 문헌에서 여성이 우드 피티를 사용하는 사례 중 위와 가장 비슷한 것은, 같은 점술가가 젊은 남성들에게 별스러울 만큼 장황한 도덕적 훈계를 남기면서 적고 있는 내용에서 찾아볼 수 있다. 산간지방의 젊은 남성들은 부인과 가족을 떠나 해안가로 가서 사업을 하다가 현지처를 얻어 보조 업무를 시킨 뒤 버리고 떠난다. 점술가의 말에 따르면, 이 해안가 여성들은 자기 연인에게 우드를 놓을 줄 안다. 이 우드는 남성이 산간지방의 아내와 자식들에게로 돌아간 후에야 비로소 힘을 발휘하기 시작한다. 일단 힘을 발휘하기 시작하면 효과가 엄청났다. 그 남성은 하체의 감각을 모두 잃고 요실금과 발기불능을 겪는가 하면 침대와 방바닥을 온통 똥오줌 범벅으로 만들다 결국 죽는다.[15] 저자 자신이 이와 같은 주술을 우드 피티라고 부르는 경우는 없지만 넓게는 같은 범주로 다루고 있다. 이런 주술을 쓰는 여성들도 남성들과 같은 동기에서, 즉 악에 받친 질투심과 앙갚음의 욕망에 사로잡혀 일을 벌인다고 되어 있다. 사실, 이 여성들이 책에서 하게 된 말은 "내가 가질 수 없다면 아무도 못 가진다"(tsy ho ahy, tsy ho an'olona)다. 이 말은 저자가 보복성 우드 피티 사용자에게 시키는 말과 정확히 같다(Callet 1908: 106, 108). 이 주술은 우드 피티와 마

었다.

15) 여기 동원되는 수사는 각별히 다채롭다:

"마나라-무디(manara-mody), 로-디아(rao-dia), 페히트라트라(fehitratra): 마을에 도착했을 때 나타나는 병들이다. 그래서 그토록 많은 젊은이들이 여행을 갔다 집에 돌아 와서 죽는 것이다. "삶은 부의 노예"라고 말하는 까닭도 여기에 있다. 멀리 떨어진 땅이 위험하다는 사실은 다들 안다. 하지만 부를 얻기가 어려운데도 불구하고 다른 사람들이 가졌다면 자신도 가져야만 하는 것이다. "내 여덟 뼈가 부러지지만 않았어도! 남들은 다 갔던 길을 나는 못 간단 말인가? 다른 사람들 자식은 모두 부자가 되었다. 그럼 나는 바보의 자식인가? 다른 사람들의 자식은 나만 모르는 비결을 알고 있는 것인가?" 그래서 돈을 빌려 사업을 하러 갔다가 사술에 걸린 뒤 집에 돌아와서 죽는다. 부인과 자식들은 남편이 마을에서 진 빚 때문에 노예가 될 것이다."(Callet 1908: 106)

찬가지로 가장 적나라하고, 실제적이며, 보복 형태를 취하고 있다.

오늘날 우드 피티의 다양성: 혹은, 다시 살펴 본 도덕의 경계

19세기 애정 주술은 성적 욕망과 복수심이 뒤섞였을 때 동원되는 일이 많다는 이유만으로 사술의 경계 위에 있었다. 명목상의 목적이 여성의 사랑 쟁취에 있을 때조차 그 효과 면에서는 강도 높은 보복성 폭력의 기류가 흐를 가능성이 있었다. 우드 피티에서 비롯된 증상을 겪는 사람—대개는 젊은 여성—이 없으면 정말로 이 주술을 쓴 사람이 있다고 추정할 일이 아예 없을 것이다. 여성이 그런 증상을 보이면 가족들은 먼저 최근에 남자를 거절한 적이 있는지 묻게 될 가능성이 크다.

다른 한편, 내가 아리부니마무에 살고 있었을 당시에는 여성이 비슷한 증상을 보이면, 누군가 악귀를 이용해 미치게 만들고 있다고 여겼을 가능성이 높았다.[16] 우드 피티라는 용어는 보통 사랑을 불러일으키는 주술에 한해 쓰였다. 이와 같은 우드의 용도는 상대를 유혹하거나 현 배우자나 연인을 전적으로 헌신하게 만드는 데 있다. 실제로, 사람들의 입을 열게 만드는 것은 지나친 헌신이었다. 갑자기 사랑에 푹 빠진 남자를 보고 주술 개입 가능성을 점쳐 볼 사람은 없다. 하지만 아내나 연인에게 맹목적으로 후해 보이거나 특히 여성이 그 점을 이용해 돈을 뜯어내는 등 모종의 착취를 하고 있다면 우드 피티를 쓰고 있다는 뒷말이 반드시 돌

---

16) 암발라벨나라는 주술은 거절당한 구혼자가 악에 받쳐 이용한다고들 이야기했다. 이 주술은 라르스 빅이 기술한 여러 증상들을 보이게 한다. 이를테면 여자 힘을 엄청나게 세게 만들고 절규나 발작을 하게 함은 물론, 공공장소에서 옷을 벗어 던지게 하지만, 사랑에 빠지게 만든다는 말은 전혀 없었다. 그저 보복 수단일 뿐이었다.

것이다. 이런 이유 때문인지 나와 이 문제를 두고 이야기를 했던 사람들은 남녀 가릴 것 없이 이구동성으로, 그런 주술을 쓰는 여성들의 동기는 사랑보다 부와 권력에 대한 욕망이라고 말했다.

내가 알고 지내던 마을 하나에는, 8~9년 전쯤 시집 온 40대 여성이 있었다. 부부 모두 이전 배우자와의 사이에서 낳은 아이들이 있었다. 이웃들 말로는, 이 남편이 점점 변덕과 트집이 많아지더니, 몇 년 후 자기 친자식인 전처 아이들의 상속권을 갑자기 취소하고 재산을 후처의 아이들에게 물려줘 버렸다. 그 남자는 부인 말이라면 두말없이 무조건 따랐다고 한다. 몇몇 여성들은 이 사실 하나만으로도 내가 행여 그 집에 가거든 무얼 내놓아도 절대 먹지도 마시지도 않겠다는 다짐을 받아 내려 했다. 어쨌든 그 여자는 미혼인 딸들을 여럿 눈 데다가 우드 피티 사용법도 분명 알고 있기 때문이었다.

더 극적인 사건이 그보다 몇 년 전에 있었다. 평범한 집안에서 태어나 그 지역의 부유한 상속녀와 결혼해서 유명인사가 된 남자 하나가, 나이 쉰에 갑자기 부인과 이혼을 하고 사업차 방문했던 옆 마을 아날라부리(Analavory)에서 만난 훨씬 어린 여자와 결혼을 했다. 이 여자는 부인 자리를 차지하자 마자, 집들이며, 논이며 가축을 비롯해 손 댈 수 있는 재산은 모조리 팔아치우기 시작했다. 남자는 가족 누구와도 상의하지 않은 채 판매 계약서에 고분고분 서명했다. 몇 년이 흘러 내다 팔 물건이 동나자, 여자는 유목민 가축상인 탄드루이(Tandroy)[17] 출신의 남성에게 가버렸고, 마지막에는 아날라부리의 친정집으로 돌아갔다. 이때 그 남자 명의로

---

17) [역주] 안탄드로이(Antandroy) 또는 탄드루이(Tandroy)는 마다가스카르섬 남쪽 끝 건조기후지대 지역의 토착 집단으로 전통적으로는 유목민 생활을 했다.

남아 있는 것이라곤 암소 세 마리밖에 없었다. 이조차도 떠난 부인에게 돌아와 달라고 빌기 위해 아날라부리에 찾아갈 때마다 여비로 쓰느라 차례차례 팔아치웠다고 한다. 부인은 남편을 빈번이 돌려보냈다. 남편은 세 번째로 찾아갔다 돌아오는 길에 탈진해서 쓰러졌고, 마을에 있는 집으로 실려와 바로 다음 날 죽었다. 대부분의 사람들은 여자가 애정 주술을 썼을 뿐 아니라, 마지막에는 남자가 집에 도착하자마자 죽게 만드는 주술까지 걸었다는 결론을 내렸다.

다른 우드들은 '우드 피티의 일종'이라고 불렸는데, 가장 유명한 것 두 가지는 파나인가 라비트라(fanainga lavitra; '멀리서 데려오기')와 지 미호분가(tsy mihoabonga; '산을 넘지는 못한다')이다. 첫 번째 주술은 사람을 불러 오는 데 쓰이는 주문이다. 이 주문이 효력을 내기 시작하면 주문 걸린 사람은 의식이 끊긴 다음 어디서 무슨 일을 하고 있었든 다 팽개치고, 가장 빠른 수단을 동원해 주문을 건 사람에게로 당장 달려오며, 도착하기 전에는 의식을 찾지 못한다. 반대로 지 미호분가(tsimihoa-bonga)는 주문에 걸린 사람이 일정한 반경을 벗어나지 못하게 만든다. 이 주술에 걸린 뒤 자기가 갇힌 마을을 걸어 나가려 하면, 나갔던 정신이 퍼뜩 들면서 원래 있던 자리로 돌아가는 중임을 깨닫게 된다. 강제로 마을을 벗어나게 만들면, 아주 심하게 앓거나 죽을 수도 있다. 파나인가 라비트라의 전형적인 이용자는 연인을 강제로 돌아오게 하려는 여성들이었다. 시골 여자들이 지방 발령을 받은 공무원 애인이 부인에게 돌아가는 것을 막으려 치미호-분가를 쓴다고는 하지만, 이런 주술은 '사랑'과 무관한 맥락에서도 자주 쓰였다.[18]

---

18) '우드 피티의 일종'이라고 부르는 주술에는 연인이나 부부간에 증오심을 불러일으키는 치 티

이런 사례들을 보고 짐작할 수 있듯, 애정 주술은 일반적으로 추문의 대상이다. 사람들은 파나안가 라비트라는 사용 구실과 상관 없이 사술이 확실하다고 보았다[19] 다만, 우드 피티에 대한 도덕적 평가는 빅 시대 이래로 크게 바뀌지 않았지만, 문제가 되는 이유만큼은 완전히 달라진 것 같다. 파나안가 라비트라가 문제라고 말하는 사람들도 사람을 해치기 때문에 문제라고 말한 적은 없다. 따지고 보면 사람들에게 직접적인 해를 입히는 주술도 아니었다. 주안점은 주술에 걸린 사람이 자율성을 잃고 노예처럼 행동하며, 타인의 의지와 명령을 전적으로 따르게 된다는 데 있었다. 더 관습적인 형태의 우드 피티에서도 강조되는 측면이다. "남자가 무조건 부인이 시키는 대로 하면서 하필 쉼없이 일하면서 돈을 벌어다 줄 궁리만 한다면 부인이 우드 피티를 쓸 줄 안다는 걸 알 수 있지요."라고 한 여성이 내게 말해준 적이 있다.

　　마다가스카르에서 쓰이는 주술 대부분은 걸린 사람이 무언가를 하도록 만드는 것이 아니라는 점을 명심하길 바란다. 정당한 주술은 타인이 무언가를 할 수 없게 만든다. 사람을 공격한다면 사술이다. 사실, 피해자의 행동을 직접 바꾸는 주술은 대개 우드 피티의 일종이라고 간주된다. 한두 개의 예외가 실제로 있지만 같은 의혹을 산다. 이 점을 잘 보여주는 예가 작물 절도를 막는 우드다. 표면상으로는 주술을 쓰는 데 이보다 정

아 마인티(tsy tia mainty: '경멸하다', 직역하면 '시커멓게 증오하다') 및 마나라-무디(manara-mody: '집까지 따라간다')가 포함된다. 마나라-모디는 해안가 여성들이 이메리나 출신 애인을 죽이는 데 쓰는 우드로, 소 세 마리를 갖고 있던 남자를 죽게 만든 주술로 보인다. 사람들은 이 우드가 여지없이 사술일 뿐 우드 피티의 일종은 아니라고 보았다. 하지만 내가 들었던 사례에서는 늘 다른 종류의 우드 피티와 함께 썼다.

19) 임신했다는 이유로 애인에게 버림받은 여성이라도 애인을 되찾으려 파나안가 라비트라를 쓴 적이 있다는 사실을 공식적으로 인정하지는 않는다. 이 주술을 쓴 적이 있다고 (조용히) 인정한 사람은 가출한 딸을 찾는 데 사용했다고 말한 부부 한 쌍 밖에 없었다.

당한 목적이 없을 정도다. 웬만한 이메리나 농부들은 작물을 지키기 위해 어떤 종류의 주술이든 사용한다. 대개의 논은 키아디(kiady)로 꾸며져 있다. 키아디는 화려한 빛깔의 천이나 비닐 조각으로 만든 깃발이나 짚단을 얹은 장대다. 대개 작물을 보호하는 주술이 걸려 있어서 새나 짐승을 막는데, 도둑이 논에 못 들어오게 할 수도 있고 침입하면 주인에게 알려 준다고 한다. 논밭의 임자를 표시할 뿐 걸려 있는 주술은 전혀 중요하지 않다고 하는 사람들도 있다. 대부분의 사람은 주술력이 있어도 효과가 미미할 것 같다고 강조했다. 정말 강력한 주술은 칼루(kalo)라고 하며, 논두렁의 장대에 걸어 두기보다는 땅에 묻어 놓는다고 했다. 어떤 칼루는 도둑을 아프게 만든다. 칼루의 보호를 받는 논밭에서 훔친 것으로 만든 음식을 먹으면, 발이나 배가 정상적인 크기의 두 배로 부풀어 오르고, 그러다가 죽는 사람들도 꽤 된다는 이야기도 들었다. 내가 이야기를 나눴던 사람들은 대개 칼루는 사술일 뿐 작물을 지키는 정당한 방법이 아니라고 말했다. 좀더 널리 허용되는 칼루는 침입자를 밭에 가두는 것이다. 도둑질을 하려고 밭에 들어간 사람은 주인이 풀어줄 때까지 바깥으로 나갈 수 없게 된다. 대부분 사람들이 이런 칼루는 거슬리지 않는다고 했지만, 가장 악명 높은 유형인 칼루인 칼루 맘피아사(kalo mampiasa), 즉 '일하게 만드는 칼루'와는 겨우 백지 한 장 차이밖에 없었다. 논 주인은 집으로 돌아가기 전에 삽이나 양동이 하나를 두고 간다. 이렇게 두고 간 농기구나 작물을 훔치려고 논에 들어 온 사람은 농기구를 들고 일하고 싶은 충동을 느끼면서, 언제가 됐든 주인이 오기 전까지 내내 도랑을 파거나 거름을 나르게 된다. 이 칼루는 의심의 여지 없이 사술이었고, 직접 독살하는 것만큼이나 비난을 샀다. 그리고 내가 알던 사람들 대부분은 칼루와 어떻게든 연루되었다는 소문이 돈 사람에게는 아주 곱지 않은 시선을 보냈다.

배경: 부역과 노예제

이처럼 새로운 관심과 문제의식은, 프랑스의 마다가스카르 점령과 더불어 권력과 권위가 전반적으로 재평가되면서 생겨난 결과라고 앞서 제안했다. 파눔포나(fanompoana)라는 용어의 의미 변화를 추적해 볼 때 상황을 가장 잘 이해할 수 있는 길 같다. 파눔포나는 마다가스카르 전역에서 쓰이는 말로 보통 '부역'으로 번역되고, 일차적으로는 통치자에 대한 백성의 의무를, 이차적으로는 주인에 대한 노예의 의무를 일컫는다. 예전의 이메리나에서는 마다가스카르 역사상 대부분의 왕국들에서와 마찬가지로 왕궁 및 왕릉의 건축과 재건축을 중심으로 한 의례 관련 작업들이 통치자에 대한 의무를 이루는 핵심이었다. 하지만 이런 의무에는 원칙적으로 한계가 없었다. 그래서 19세기에 마다가스카르 거의 전역을 통치하던 메리나 왕국에서는 새로 도입된 의무 전체를 정당화하는 데 이 개념을 이용했다. 지방과 수도권 모두에서 이루어진 대규모 강제노동 동원 사업도 파눔포나에 포함되었다. 식민 당국 또한 점령 이후로 강제노역을 계속 동원하면서 파눔포나라고 불렀다.

마다가스카르의 대부분 지역에서는 프랑스식 용법을 무시했다. 질리언 필리-하닉(Gillian Feeley-Harnik)은 마다가스카르의 서부에 사는 사칼라바 인들의 경우, 식민 정부의 강제노역을 절대 파눔포나라고 부르지 않았고 왕릉이나 왕궁에서 행하는 의례들과 관련된 노동에만 국한해서 사용했다고 한다. 필리-하닉은 사칼라바인들이 프랑스 지배하에서도 이와 같은 의식들을 계속 거행함으로써, 자신들이 볼 때 어떤 것이 정당한 권위인지 암암리에 주장하고 있었다고 해석한다(Feeley-Harnik 1991:

349).[20] 이메리나에서는 전혀 다른 일이 벌어지고 있었다. 그곳에서는 프랑스인들이 들어오기도 전부터 파눔포나의 의미가 이미 확장되어 있었기 때문에, 머지않아 시민통치의 근간을 이루게 될 교회나 학교, 정부 등, 대부분의 제도를 이미 포괄했다. 그런 이유 때문인지 메리나인 대부분은 프랑스인들이 시킨 일이 정말로 파눔포나의 일환이라고 수긍한 듯했다. 그리고 필리-하닉이 언급한 사칼라바인과는 달리, 메리나인들은 오늘날까지도 그 용법을 유지하고 있다. 결과적으로 파눔포나라는 개념 자체가 완전히 불명예를 안게 되었다. 부역이 아닌 노역이자, 노예상태에 준하는 것으로 생각되기에 이른 것이다.

이 의미 변동은 막중한 결과를 낳았다. 그 까닭의 일부는 성인들이 서로 직접적인 명령을 내려도 어긋남이 없는 경우로는 파눔포나가 유일했기 때문일 것이다. 권위란 금기를 내리거나 누군가의 행동을 금지하는 것일 뿐, 무엇을 하도록 시키는 것이 아닌 문화가 지역공동체나 친족집단에서 오래 전부터 지속되고 있었다.[21] 19세기 이전에는 권위를 행사하는 두 가지 방식의 차이가 감지되지 않았을 수도 있다. 하지만 프랑스 점령 이후로는 파눔포나가 노예나 외세 지배의 관념과 분리될 수 없게 되면서, 폭넓은 정치적 의미를 갖게 되었다. 앞서 부정의 권위라 불렀던 전통적인 조상 권위만이 온전히 정당한 권위로 인정받았다. 이런 것이 '마다가스카

---

20) 이 연장선에 놓인 일들이 식민지기 마다가스카르 거의 전역에서 발생했던 것으로 보인다. 산 자들이 선왕신의 내림을 받고 속죄 의식을 요구하는 트롬바(Tromba) 숭배는 왕정을 경험한 적이 없는 지역까지 왕실부역을 확산시켰다(Althabe 1969 참조). 옛 왕들에게 바치는 것으로 되어 있는 파눔포나는 여기서도 식민지배에 맞서 문화적 자율성을 내세우기 위한 원리로 기능했다.

21) 금기의 중요성은 파마디아나에 대한 글에서(Graeber 1995), 소극적 권위는 『사라진 사람들』 (Lost People)의 3장에서 더 상세하게 논의했다(Graeber 2007).

르적인' 일 처리 방식이라 여겨졌고, 외국인과 프랑스인에게 전형적이라고 보았던 명령관계와는 선명하게 대조되었다.

다시 말해, 마다가스카르 다른 지역에 살던 사람들이 식민 지배층과의 대립 속에서 (극단적으로 신들림으로 표현되는) 지배 및 통제 관계를 이용함으로써 자신들만의 자율적인 '마다가스카르식' 권역을 규정했다면, 이메리나에서 '마다가스카르적' 정체성은 그런 관계 자체의 거부를 토대로 구성되었다.

하지만 마다가스카르적 정체성은 프랑스 정권(이나 해방 후 그 자리에 들어선 민족 정부)에 맞서는 유토피아적 이미지나 이념에 불과할 뿐이라는 생각을 다시 반박하고 넘어갈 필요가 있다. 사실 의식적으로 형성된 이념이 전혀 아니었다. 상대방의 행동을 평가하거나 타인의 문세를 지적할 때 기준이 되는 도덕 관념에 항상 내재되어 있었기 때문이다. 나는 "우리 마다가스카르 사람은 서로에게 명령하지 않습니다"라고 말하는 사람은 한 명도 못 보았다(설령 그런 사람이 있었어도 사실 그대로를 말하는 것은 분명 아니다). 하지만 명령과 관련된 갖가지 사안들이 엄청 중요한 문제가 된 것은 분명하다. 그 여파로 가정 및 정치 영역의 관계들이 온갖 영향을 받았다. 바로, 우드 피티에 대한 공포가 드러내는 문제들과 불안감이다.

노동의 형태

이와 같은 문제와 불안은 이메리나의 역사적 경험에 뿌리를 두고 있는 것이기도 했다. 안드리남포이니메리나 왕(Andrianampoinimerina, 1789~1810)의 재위 기간에 이미 파눔포나의 원칙에 호소해서 신민들을 수도 주변 대규모 관개사업에 동원한 적이 있다. 그러나 옛 전통과의 진정한 단절은 그의 아들 라다마 왕(Radama, 1810~1828)의 통치기에 이루어졌다. 영국 총독 모리셔스(Mauritius)가 군사교관, 선교사 겸 교사, 장인들을 보내주겠다고 약속하자 라다마는 파눔포나의 원칙을 기반으로 삼아 상비군과 산업 개발 계획, 미션 스쿨에 필요한 젊은 남성들을 모집했다. 라다마는 군사력을 발판으로 이메리나를 넘어 마다가스카르 전역까지 지배력을 확장하면서, 이후 수십 년 동안 노예로 매매할 포로들을 안정적으로 확보할 수 있었다. 이렇게 유입된 노예들은 이메리나의 인구 구성을 영구적으로 바꾸어놓았다. 1840년대 초에 이루어진 일련의 재산 조사는 이메리나 인구의 약 40%가 이미 노예였고, 노예 소유가 매우 일반화되어 있었다는 점을 보여 준다.[22] 노예 노동이 확산되자 국가는 자유민들에게 더 많은 요구를 할 수 있었다. 라다마 1세 통치기부터, 군 복무를 하지 않는 성인 남성은 때로는 수개월에 달하는 '파눔포나'에 정기적으로 호출되는 소규모 집단들로 편성되었다. 라나발루나 2세 여왕이 1869년 개신교로 개종한 이후, 파눔포나의 범위가 더욱 넓어져 사람들은 미션 스쿨에서 의무교육을 받고 지역 교회 건물을 지은 뒤 예배에 출석하며, 새로운 노동 의무를 이행해야만 했다. 대부분의 이메리나인이 주권자에게 개인적 부역을 해야 한다는 원칙을 인정했지만, 새 의무들에 대해서는 불만과 원망이 만연했던 것 같다.

　일상생활을 휩쓴 직접적인 여파는, 단도직입적 명령을 주고받는 것

---

22) 노예를 대규모로 소유한 계급은 상대적으로 늘 적었지만, 노예노동을 전혀 쓸 수 없었던 이메리나 가구는 재산규모가 하위 20%에 속하는 계층 뿐이었던 것 같다. 인용된 수치들의 대부분은 마다가스카르 국립도서관의 IIICC와 EE에서 가져온 것이다.

이 특징인 관계가 크게 확산되었다는 점이다. 19세기 메리나 정부는 본질적으로 군사정부였다는 사실을 기억할 필요가 있다. 대다수의 공직자들은 민원업무 당담자까지도 군대 직급을 갖고 있었고, 민간인으로 구성된 파눔포나 연단은 군부대와 똑같은 방식으로 편성되었다. 심지어 학교 ——초등교육은 1870년 후반에 의무화되었다.—— 조차 군대의 신병 모집 기관 구실을 주로 했다. 이와 같은 조직 및 행동 원칙은 도입 초기부터 매우 이질적인 권위 형태로 받아들여졌다. 일상 영역에서 작동하던 권위는 해가 될 만한 행위를 방지하는 구실을 한다고 주로 여겨졌기 때문이다. 마다가스카르 어에는 '명령'이라는 어휘가 아예 없었고, 그런 개념을 표현하기 위해 새로 만들어진 바이쿠(baiko)란 단어에는 '외국식 화법'이라는 부차적 의미가 있었다.

그러나 이 시기의 일상적 교류는 가정 내에서조차 점점 더 노예와 주인 사이의 교류로 대체되어 갔다. 초기에는 노예 인구의 대다수가 여성과 어린이들로 이루어져 있었다. 이들은 보통 주인이 직접 감독했다. 하지만 1850년대에 이르러 메리나로 유입되는 노예가 점점 줄어들면서 노예로 태어난 사람들의 비중이 커지자 성인 남성 노예의 비율도 함께 증가했다. 그런데 노예 소유주들로서는 성인 남성을 체계적으로 통제하기가 대단히 어려웠던 것처럼 보인다. 이 문제는 추가 연구가 필요한 주제지만, 남성 노예 대부분과 상당수의 여성 노예들이 대단히 큰 자율성을 확보하여, 유랑 장인, 짐꾼, 노동자, 소상인등으로 이루어진 유동 계층을 형성함에 따라, 주인에게 직접 지시를 받는 일은 드물었던 것으로 보인다.[23] 게다가

---

23) 소유주들은 노예가 번 돈의 일정량만 지불받고, 추수철처럼 일손이 많이 필요한 시기에는 와서 일해 준다는 조건을 받아들이곤 했다. 하지만 이런 요구사항마저 지키게 하기 힘든 경우

임금노동자로 일하고 싶어하는 사람은 노예들밖에 없었던 것 같다. 일례로 1880년대에는 개신교 선교사들이 노예를 가마꾼이나 하인으로 고용했다는 사실을 노예제 폐지론자들이 알고 경악하자, 신교사들은 돈을 받고 일할 사람을 찾으려 최선을 다했지만 노예 밖에 구할 수 없었다고 주장했다.[24]

1895년 프랑스 원정군이 메리나의 수도 안타나나리보를 점령했다. 마다가스카르의 새 지배자들은 일 년도 안 되어 메리나 왕조의 근간 제도—군주제, 귀족 특권, 마지막으로 제일 인상적인 항목으로는 노예제 자체—를 사실상 모조리 폐지하는 일련의 칙령들을 공표했다. 남은 주요 제도는 사실상 파눔포나밖에 없었다. 식민통치 초기의 몇 년 동안에는 강제노동이 외려 강화되었을 것이다. 도로나 다리를 만들기 위해 남성들을 대규모로 징집했기 때문이다. 물론 식민 치하의 노동 의무는 모든 메리나 주민에게 기존 신분과 상관 없이 평등하게 적용되었다. 외세의 감독을 받으며 주인과 노예가 나란히 일해야만 했던 상황은, 프랑스에 함께 복종하면서 새롭게 발견한 평등이 구체화된 모습이었고, 사람들의 마음에 사무치는 인상을 남겼을 것이 틀림없다.[25] 파눔포나는 이론상으로는 몇 년 밖에 유지되지 않았다. 하지만 현실에서 강제노동은 1940년대까지 끝없이 수정되는 법안들과 법적 계교들을 통해 형태를 바꿔가며 존속했다.

가 많았다. 어떤 주인들은 자기 소유 노예에게도 임금을 줘야 했던 것처럼 보인다. 이 상황은 19세기 말에 분할상속제가 도입되면서 같은 노예를 공동으로 소유하는 사례가 많아지거나, 어쩌면 거의 대부분이 되면서, 한층 더 복잡해졌다. 당대에 나온 설명들로는 Sewell(1876), Cousins(1896), Piolet(1896)을 참고할 수 있다.

24) 「노예 해방통신」(Anti-Slavery Reporter) 1883년 2-3월호에 실린 논쟁을 참고할 것.

25) 이 변동은 남성 뿐 아니라 여성에게도 영향을 주었다. 부유층 여성 상당수가 노예 해방 후 난생 처음으로 육체노동을 해 보게 되었다고 지적한 사람들도 있다

그리고 식민지배자들의 입장에서는 자발적으로 노동계약을 맺을 마음이 있는 사람들을 찾기가 극히 어려웠던 만큼, 노동 계약을 맺은 사람들에게 부역을 면제해 주는 추가 법령을 공표해야만 했다. 고용주들은 여기에 힘입어 원하는 조건을 죄다 추가할 수 있었고, 그 결과 임노동은 마다가스카르적 관점에서 볼 때 강제노동의 확장에 불과한 것이 되고 말았다. 사실, 실제로도 그랬다(Fermigacci 1975, 1978; Raison 1984: 180~84).

식민지배 1세대에 농촌의 전통 특권층은 자기 소유의 논을 버리고 떠나면서 예전 노예들이 공동으로 경작하게 내버려두고, 자신은 행정이나 상업, 자영업 등에 자리를 잡았다. 남은 사람들은 순식간에 획일적인 빈곤층으로 전락했다. 분할상속과 새로운 땅으로의 지속적인 이주가 극단적인 빈부격차의 재출현을 막아 주었지만, 인구가 꾸준히 증가했던 까닭에 대부분의 가구는 먹고 살기에 충분한 경작지를 확보할 수 없었다. 이 추세는 독립 이후에도 더욱 심화되기만 했다. 그 무렵 이메리나인 대부분은 농사에 보태 수공업, 소규모 상업, 임노동 또는 세 가지의 조합을 병행하지 않으면 안 될 처지에 있었다.

그중에서 임노동이 가장 기피 직종이었다. 자유민의 후손 대부분은 선택의 여지가 전혀 없다면 농장 일수노동에 의존하겠지만, 그런 경우라도 친척 소유의 농장에서 임시로만 일하기를 원했을 것이다. 메리나 인구의 대다수가 살고 있는 농촌이나 소도시에는 성인들 사이의 장기적 임노동 관계가 기본적으로 존재하지 않는다. 도시에서조차 주로 정부나 여타 식민주의적 제도로 이루어진 매우 한정된 규모의 공식부문을 제외하면 드물다. 임노동에 대한 반감이 없는 유일한 계층은 노예 후손들이었다. 이들은 인구의 1/3을 이루지만 여전히 천민 취급을 받고, 전 노예주의 후손들과는 통혼하지 않는 것이 보통이다. 이들은 토지나 다른 종류의 재화를 확보할 길이 거의 없기 때문에 19세기 말엽과 거의 같은 직업을 택한다. 돈을 벌기 위해 일할 마음이 있는 사람들로는 이들이 아직까지 유일하다.

노예제로서의 파눔포나

1896년의 노예해방 2년 후 한 식민지 관리가 다음과 같은 글을 썼다.

> 이 사안에 대해 묻자, 신분과 재산 모두에서 최상층 계급에 속하며 대단히 많은 노예를 소유하고 있던 한 여성이 침울하게 대답했다. "우리 노예들이 해방된 게 뭐 그리 대수인가요? 여왕부터 시작해 모든 마다가스카르인이 프랑스인의 노예가 된 거 아닌가요?"(Carol 1898: 38~39).

비유에 불과하지만 이후 매우 오랫동안 회자된 말이다. 교육 수준이 대단히 높은 사람들마저 나에게 이런 말들을 심심찮게 했다. "아시다시피, 프랑스인들이 영국인들보다 노예 대접은 훨씬 나았죠" 식민지 지배정책을 두고 한 말이었다. 노예사유제에 대한 토론은 식민주의와 그 이면에 관한 토론으로 무리없이 전개되곤 했다. 사실 메리나 왕국 자체와 동일시된 것들을 포함해 정치적 관계 대부분이 일반인들의 상상 속에서는 노예제에 흡수되면서 재평가되고 큰 변형을 겪은 듯 보인다. 현대 마다가스카르에서 파눔포나라는 단어는 영어에서의 '부역·봉사'보다는 '노예상태'에 더 가까운 말이다. 파눔포나는 협박과 강요에 의해 하는 일을 뜻하고, 대개는 노예제를 완곡하게 일컫는 표현으로 쓰인다.[26] 이와 같은 완곡어법은 얼마든지 있었다. '병사'라는 말이 참 인상적인 사례 중 하나다. 나의 경우 누군가 구전 설화를 들려주면서 군주의 '병사들'이라는 표현을 쓸 때, 대개는 노예를 일컫고 있었다는 사실을 깨닫는 데 시간이 좀 걸렸다. 사실 '병사'와 '노예'라는 용어는 서로 바꿔 쓸 수 있는 맥락이 꽤 많았다. 19세기 노예들은 총기 소지를 절대 허락받을 수 없는 사람들이었다는 사실을 고려하면 정말 놀라운 동일시다. 둘 모두 명령에 복종한다는 것 정도가 유일한 공통점이다. 구전되는 역사에서 명령의 관계는 한결같이 노예제가 굴절된 형태로 취급되는 경향이 있었고, 그런 이유에서 본질적으로 부당하다고 여겨졌다.

노예제가 다른 모든 관계에 대한 기준을 결정할 만큼 중요했던 것은 사실이다. 하지만 누구나 반길 만한 화제는 아니었다. 오히려, 꺼내고 싶은 사람이 아무도 없는데도 결국에는 다들 꺼내게 되는 화제에 가까웠다. 이와 같은 과거에 대해 이야기할 때면 모두들 누가 들을세라 목소리를 낮추거나 완곡하게 말하곤 했다. 이를테면, 전 노예 집단과 전주인의 후손들이 바로 근처에 살고 있어서 서로 불편하던 차에, 너무 골치 아픈 문제가 된 과거를 줄곧 숨겨 오다가, 세상 만사 배후에 있는 은폐된 현실이 되어 버린 느낌이었다.[27]

---

26) 내가 이메리나에 있는 동안에는 이 말이 부정적 함의 없이 쓰이는 경우는 단 한 번도 못 보았던 것 같다. 정치적 의미와 무관하게 쓰인 경우는 파눔포나 삼피(fanompoana sampy, '우상 숭배')라는 문구 하나밖에 못 보았다. 선교사들이 영단어 '이교'(heathenism)의 번역어로 쓴 말이었다. 상대방을 깎아 내리는 데 쓰는 말이라, 신앙이 명목에 불과한 기독교인들조차 스스로에게 그런 표현을 쓰는 경우는 절대 없었다.

27) 이와 같은 경향은 백인, 흑인 여부와 상관 없이 시골 사람들보다는 교육수준이 높은 도시 특권층에게서 덜 나타났다는 사실을 언급할 필요가 있다. 도시 특권층은 "조상의 노예들" (andevon-drazana)에 대해 아무렇지도 않게 말하곤 했다. 과거의 영화를 드러내는 징표로

이런 태도는 식민지 지배 초기의 유산이 거의 분명하다. 프랑스인이 나타났을 무렵, 파눔포나라는 말은 이미 납세와 병역의 의무, 그리고 국립학교와 심지어 교회에 다닐 의무에 이르기까지, 곧 식민국가의 방호벽이 될 제도들을 모두 포괄할 만큼 뜻이 넓어진 상태였다. 그런데 이런 제도들은 누군가는 명령을 내리고 나머지는 이의 없이 복종해야 하는 관계, 즉 본질적으로 군대식 조직이기 때문에, 일상과는 거리가 있다고 받아들여지는 상태였다. 이 거리감은 프랑스 점령과 더불어 깊숙한 골이 되었다. 예를 들어 식민지 시대의 실용회화 책들은 프랑스 관리나 식민주의자들이 마다가스카르 사람들에게 명령조가 아닌 말투로 말할 일이 없었다는 느낌을 준다. 문어체 말라가시어에서 프랑스어는 여전히 ny teny baiko 즉 '명령의 언어'라고 알려져 있다. 이쯤에서 "aza manao Vazaha fito antrano"라는 속담도 떠오른다. 이 속담은 "사공이 너무 많으면 배가 산으로 간다"의 의 마다가스카르 판 속담인데, 직역하면 "한 집에 있는 프랑스 사람 일곱 명처럼 굴지 마라"가 된다. 프랑스인 일곱 명이 한 집에 있으면 모두 앉은 채로 서로 명령만 내리는 바람에 결국 아무 일도 안 된다는 뜻이다. 또한 사람들 대부분이 살던 소도시나 농촌마을에서는 명령하는 말투가 갈수록 더 반감을 사게 된 것처럼 보인다. 엘리너 오크스(Elinor Ochs)가 1960년대 후반 메리나의 한 마을에서 사회언어학 연구를 수행했을 때, 제보자들은 다른 사람에게 직접 명령을 내리는 것은 도시인이나 프랑스인들의 태도라고 분명히 비교하면서 '마다가스카르적인' 행

보고 있었던 것이 분명하다. 반면 시골 사람들은 이런 문제를 터놓고 이야기할 때면 선대의 잘못을 일깨우는 증거로 받아들인다는 사실을 확실히 밝혔다. 본인이 귀족의 후손이라고 말한 사람들의 상당수는, 자신들이 겪는 가난은 조상이 다른 마다가스카르인을 노예로 부린 데서 온 인과응보로 생각다고 내게 털어 놓았다(Graeber 2007).

동방식은 아니라고 주장했다(Ochs 1974: 131~134; 1975).

여기서 한 가지 짚고 넘어갈 점이 있다. 나는 관용법을 따라 사람들을 메리나인이라고 지칭하긴 했지만, 사실 본인들이 스스로를 자발적으로 그렇게 부르는 경우는 단 한 번도 본 적이 없다. 사람들은 스스로를 항상 '마다가스카르인'이라고 불렀다. 유럽이든 프랑스든 외국이라고 여겨지는 모든 것과 대조되는 '마다가스카르적' 관습, '마다가스카르적' 신앙, '마다가스카르적' 앎의 형태 등을 말하는 것과 같은 맥락에서다. 프랑스 점령 이후의 강제노동, 임노동, 군대, 학교 등 모든 제도들은 노예제나 다름없는 외세 지배의 징표로 받아들였고, 마다가스카르인의 정체성은 대체로 그런 것들과의 대조 속에 정의되었다. 그렇다면, 노예제를 계속 떠올리게 만드는 일상의 요소들이 매우 당혹스러웠던 까닭 중 하나는, 메리나인 스스로가 서로를 외국인이 당시 자신을 대했던 방식으로 대했다는 점을 분명히 드러내기 때문이었다. 이 문제는 민족 정체성의 감각 내부에 첨예한 모순으로 자리잡았다.

이 정치적 정체성은 일상과 도덕적 판단의 기준 속에 깊숙이 자리잡게 되었다. 타인에게 노골적으로 명령하기를 꺼리는 태도는, 어느 한 쪽이 다른 쪽의 행동을 지시하는 듯한 관계 전반에 대해 느끼는 거부감의 일부다. 나는 이런 거부감이야말로 사람들이 임노동을 꺼리는 진짜 이유를 설명해 준다고 생각한다. 요즘의 농촌 사람 대부분은 가끔씩 일용직으로 일할 것이다. 그런데 이런 상황이 되면 고용된 사람들 스스로가 조를 편성해서 자율적으로 일한다. 나는 다른 사람의 논에 모를 다시 내거나 추수를 하는 사람들을 볼 기회가 가끔 있었다. 이런 상황에서는, 주인이 작업 지시를 내리는 오지랖 없이 멀찍이 앉아 가만히 바라보는 동안, 일꾼들이 어떻게 일을 진행하면 가장 좋을지 열띤 토론을 벌이곤 했다. 또,

아버지라고 해서 장성한 자식들에게 대놓고 명령하지도 않을 것이다. 사실, 나이 많은 남성들은 농촌 공동체의 권위를 표상하는 핵심 인물인데도 불구하고 공개적으로 명령하는 모습을 보일 가능성은 모든 주민들 중 제일 적다. 이들의 핵심 역할은 사람들 사이의 결속을 깰 수 있는 모든 행위를 예방하는 데 있었다. 싸움을 말리거나, 젊은이들이 개인 행동으로 분란을 일으킬 소지가 있을 때 '나무라는' 일이다.

아마도 200년 전의 이메리나의 어떤 마을에 가보더라도 상황은 크게 다르지 않았을 것이다. 하지만 파눔포나의 원리가 외세에 의한 지배와 동일시된 후로는 부정의 권위만이 온전한 정당성을 인정받는 유일한 권위 유형이 되었다. 마다가스카르인답다는 것은 상황이 허락하는 한에서 명령 관계에 최대한 연루되지 않는 것을 뜻하게 되었다.

물론 마다가스카르는 더 이상 프랑스 식민지가 아니지만, 이런 태도는 결코 사라지지 않았다. 시골 사람들은 ── 이 문제에서는 도시 빈민들도 ── 정부와 지배계급이 '마다가스카르적' 삶과 근본적으로 괴리된 채 살아간다고 생각하는 경향이 아직까지 있다. 예상 가능한 일이지만, 금전 관계를 통해 고용되어 살아가는 도시의 고학력 특권층은 명령 관계를 더 잘 수용한다.[28] 지방이라고 명령 관계를 다 없앤 것은 아니다. 완곡한 형태이기는 해도, 일상의 다양한 면면 속에 아직 남아 있다. 독립 이후 교사와 관료들은 합의를 중시하는 '마다가스카르적' 태도를 가장했지만, 학교

---

28) 흥미롭게도 과거 노예의 후손들 역시 마찬가지였다. 이들은 식민체제에 충성하는 경향이 더 강하고, 임노동 뿐 아니라 임노동과 동일시되는 위계적 조직에 소속되는 것도 다른 메리나인들보다 더 쉽게 받아들인다고 여겼다. 이를테면 '흑인들'은 군이나 경찰에 복무하는 수가 불균등하게 많았으며 천주교로 대규모 개종을 하기도 했다. 다른 메리나인들보다 칼루 및 특정한 우드 피티의 사용에 보이는 태도 역시 확실히 더 관용적이라는 점을 발견할 수 있다.

와 관공서는 기본적으로 변한 것이 없다. 마다가스카르 사람들은 오랜 기간은 아니어도 서로를 실제로 고용하고, 연장자들은 간접적인 방식을 쓰거나 합의 형식으로 포장했을지는 몰라도 여전히 지시를 내린다. 노예제의 기억과 마찬가지로 일상의 명령 관계 또한 억압되고 은폐되는 경향이 있고, 바로 그 때문에 오히려 더 중요한 사회 문제가 된다.

밤에 돌아다니는 마녀

이제는 각각의 단편들이 아귀가 맞아 떨어지는 모습이 잘 보인다. 이메리나에는 오래 전부터 부정의 권위의 윤리라고 할 수 있는 것이 있었지만, 20세기에 진정한 '마다가스카르적' 윤리라고 명시적으로 설정되었고, 그 결과로 본래 외국의 것이자 군대식이고 억압적이며 부당하다고 이해된 명령 관계와 대립되기에 이르렀다. 하지만 이런 시각에는 분명한 모순이 많았다. 우선, 마다가스카르 사람들 역시 서로를 같은 (명령의) 방식으로 대했다는 사실을 누구나 잘 알고 있다. 한 때 왕족과 노예라는 계급이 있었고, 그 후손들은 선조와 그리 다르지 않은 직업을 갖는 것이 일반적이었다. 좀더 직접적으로 말하자면, 모든 언어에 명령형이 있는 것은 우연이 아니다. 누군가 다른 사람에게 이러저러하게 하라고 말하는 일이 전혀 벌어지지 않는 사회는 생각할 수 없는 것이다.

부정의 권위라는 이상은 현실적으로 불가능했을 뿐만 아니라, 누구나 숨은 속셈을 갖는 사회세계를 만들었다. 그 세계 속에서는 누구든지 — 아마 연장자들이 특히 — 자신이 무슨 일을 하고 있는지 완전히 인식하지 못한 채, 타인이 무언가를 하게 만들려고 애를 쓰고 있었다. 파나안가 라비트라에 걸려서 주술을 쓴 사람에게 억지로 가게 되는 사람의 이미

지나, 자신이 훔치려 했던 물건 주인의 똥거름을 밤새 지고 나를 수밖에 없는 도둑의 이미지 등이 그 점을 잘 표현한다. 메리나 전역에 걸쳐, 여성이 주술을 써서 남성을 노예로 만들지도 모른다는 우려가 점차 커지게 된 배경에는 이런 사회 환경이 있었다. 모든 종류의 위험이 여성과 동일시된 것은 아니지만 상당수는 그랬다. 사실 가장 극적인 변화에 수반된 것은 식민지기를 거치면서 우드 피티의 관념과 통합된 마녀의 이미지였을 것이다.

이 시점에서, 지금까지 '마녀'나 '주술사'로 번역했던 팜사브(mpamo-savy)라는 말에 두개의 서로 다른 뜻 항상 있다는 점을 설명해야 한다. 먼저 이 단어는 질투심이나 악의, 원한에 사로잡혀서 주술을 이용해 타인을 해치려는 사람이면 —— 전형적으로 남성 —— 누구에게든 쓸 수 있다. 그러나 또 한편으로 해가 저문 뒤 메리나의 마을 주변을 어슬렁거리는 극단적으로 타락한 존재들, 곧 '밤에 돌아다니는 마녀들'을 뜻하기도 한다. 마녀는 도덕적 죄악이 극한으로 표현된 이미지였고, 19세기에조차 압도적으로 여성으로 여겨졌다.

이른바 마녀 없는 마을은 없다. 이들은 한밤중에 쏟아져 나와 무덤 위에 올라가 춤을 추면서 고인을 욕보인다고 한다. 개중에는 사악한 면이 있는 노파들이 많은데, 성질이 고약한 젊은 여성이나 한패거리인 남성이 낄 때도 있다. …… 죽은 듯 고요한 밤이 되면 해치고 싶은 이웃을 찾아가 대문을 두드리고, 아픈 사람이 있는 집 주변에서는 뼛속까지 으스스한 아우성 소리를 낸다(Haile 1893: 11)[29]

---

29) 19세기 마녀에 관해서는 이 외에도 제임스 사이브리(Sibree 1880: 202), 베시 그레이엄(Gra-ham 1883: 62~3), 그리고 빅(Vig 1969: 112~24)의 논의를 참고했다.

마녀들은 무리지어 다니면서 더 복잡한 주술을 계획하고 실행에 옮기거나, 들고양이나 부엉이를 몰고 다니면서 망자를 지키려 밤샘하는 사람들을 겁준다고 알려져 있다. 마녀들은 옷은 머리에 동여맨 채 벌거벗고 손끝에는 독을 묻혀 돌아다닌다. 힘은 오싹할 만큼 센 데다가, 축지법을 쓰기도 하고, 해자로 뛰어들거나 창문에서 뛰어내려도 털끝 하나 다치지 않은 채 안전하게 착지할 수 있다.

이 여성들이 어쩌다 마녀가 되었는지 설명하는 자료는 하나 뿐이다. 이번에도 라르스 빅이다. "마다가스카르 사람들의 생각에는 주술을 경배하는 자는 그 주술이 무슨 일을 시키든 꼼짝없이 따르게 된다." 우드에게 고유의 의식과 행위능력을 주는 비가시적 영이 우드가 지닌 힘의 근원이기도 하다는 앞서의 내용을 되짚어 볼 수 있다. 그렇다면 마녀란 자신이 행하는 사악한 주술에 장악당한 사람이다. 이들은 악의와 원한에 사로잡힌 채 타인을 해치려 들다가 자기 우드의 힘에 눌려 동류와 함께 악행 자체를 즐기는 패거리를 이루고야 만다. 마녀를 그려 낸 19세기 기록들을 보면 그 대부분이 마녀 도당이 밤에 치르는 복잡한 의식들에 초점을 맞추고 있다. 정교한 모의 장례를 치러서 희생자가 쇠약해져 죽어 가게 만드는 것도 그런 의식들 중 하나다.

오늘날 메리나의 마녀에 대한 이야기들에도 중복되는 내용들이 많다. 마녀들은 오늘날까지도 무덤 위에서 춤을 추고 힘은 기이할만큼 세다. 하지만 악의적인 주술이나 모의 장례식 따위를 강조하는 경향은 거의 사라졌다. 다만 여자가 밤에 마을 주변을 어슬렁거리고 다닌다면 악한 주술이 아니라 우드 피티를 잘못 썼기 때문이라는 것이 내가 만났던 사람 대부분의 주장이었다.

사람들은 대체로 이렇게 표현했다. 여자가 애정 주술을 너무 많이 쓰거나 '너무 센' 애정 주술을 손에 넣게 되면 결국 자기 주술의 힘에 말려들 수도 있다는 것이다.[30] 밤이 되면 우드의 영이 주인에게 씌인다. 암발라벨나의 희생자에게 악령이 씌이거나 영매가 선왕신의 내림을 받는 것과 같은 방식이다. 영에 씌인 마녀들은 자기 행동을 제어할 수 없게 된다. 자신의 행동을 의식조차 못한다고 설명하는 사람들도 있다. 우드의 힘이 '이끄는' 대로 입고 있던 옷을 벗어던지고 집은 내팽개친 채 다른 마녀들과 만나 악행을 한다는 것이다.[31] 여자들은 마녀가 열에 아홉은 노파라고 주장했다. 다만 이런 저런 이유로 혼자 살거나 가장인 노년 여성들이 특히 '밤에 돌아다닌다'는 이웃의 의심을 쉽게 사기 때문이 아닌가 한다. 그런데 마녀와 직접 부딪힌 적이 있다고 말한 사람들은 태반이 남자였고 한결같이 성적 이미지가 좀 더 강한 젊은 여성을 염두에 둔 듯했다.

그 주장은 대개 이런 식이었다. 만약 여성이 애정 주술을 너무 많이 사용하거나 그 주술이 "너무 강력해지면" 결국에는 자기 주술의 힘에 압도될 수도 있다고 한다. 밤이 되고, 우드의 정령은 마치 정령이 암발라벨로나(ambalavelona)의 희생양들을 사로잡거나 고대에 왕의 영혼이 영매

---

30) "그래서 교리문답을 받겠다고 나에게 모습을 드러낸 산적들과 도적들은 자기 부적을 내던져 버렸다. 그것을 가지고 있으면 저항할 힘을 잃고 산적의 삶으로 되돌아갈 것이 틀림없다고 생각했기 때문이다."(Vig 1969: 123~24)

31) Tsy mahazaka an'ilay herin'ilay fanafody. 안타깝게도 식민지기 당시에 출간된 주술 관련 자료는 극히 드물다. 내가 아는 유일한 예외가 메리 다니엘리(Mary Danielli)의 「마다가스카르의 마녀들」(1947)이다. 다니엘리의 자료는 내 논의의 대상이 되는 두 시기의 딱 중간을 다루며, 두 가지 발상들이 이루는 독특한 종합을 보여 준다. 다니엘리의 제보자들은 사랑과 헌신만을 불러일으키는 우드 피티도 있고, 이런 우드를 쓰는 여성은 마녀가 되지 않는다고 말한다. 다만 어떤 애정 주술은 처벌 효과가 있기 때문에 피해자를 실성하게 만들거나 중병에 빠트릴 수 있다고 한다. 그런데 이런 주술을 손에 넣었다가 사로잡혀 "밤에 돌아다니는" 것은 여성들이다. 과도기였던 것이 아닐까 싶다. 나는 1989-1991년의 기간에는 이와 같은 이야기를 하는 사람을 전혀 보지 못했다.

들을 사로잡았던 것처럼 그 주술의 주인을 사로잡는다. 그렇게 된 마녀는 더 이상 자기 행동을 제어하지 못한다. 어떤 이유에서든, 그들은 심지어 자기 행동도 의식하지 못한다. 우드의 힘에 이끌려 그들은 옷을 벗어던지고 자기 집까지 내팽개친 채 악행을 저지르기 위해 다른 마녀를 찾아다니고 만난다. 여성들은 주로 나이 든 여성들이 마녀의 전형이라고 주장할 것이다. 그러나 이런 주장이 나오는 이유는 나이 든 여성들, 특히 집안의 가장이거나 다른 방식으로 독립적인 여성들이 주로 "밤에 돌아다닌"다고 이웃 사람들에게 의심받기 쉽기 때문이라고 생각한다. 그런데 내가 이야기해본 사람들 가운데 마녀와 맞붙은 적이 있다고 말하는 이들은 대부분 남자들이었고, 그들은 항상 좀더 성적인 이미지가 강한 젊은 여성을 염두에 둔 듯했다.

재수없게도 밤에 마녀를 만난 남자에게 벌어지는 일들에 대해서는 이구동성으로 같은 말을 했다. 마녀에게 발각되기 전에 발견한다면, 보통은 마녀로부터 도망칠 수 있다. 하지만 마녀가 먼저 발견한다면 곧바로 우드를 써서 상대를 움직이지도 소리 지르지도 못하게 만들 것이다. 잡힌 다음에는 그 마녀 — 한 명이 아니라 무리일 가능성이 크다. — 의 손아귀에 놓여 구체적으로 말하기는 뭣한 갖가지 방식으로 학대를 당할 수도 있다. 다만 마녀의 유명세는 아무래도 남자를 말처럼 타는 데서 온다(여자들이 남자들에게 늘상 하는 일이라, 이 다른 가능성을 감히 입밖에 내려 하면 사람들이 웃곤 했다). 마녀는 포로의 등에 올라타고 해가 뜰 때까지 몰고 다니면서 오물을 먹게 하거나 입에 담을 수 없을 만큼 굴욕적인 일들을 시킨 다음, 더러운 것이란 것은 모조리 뒤집어 쓴 채 기진맥진한 이 남자를 해 뜨기 전 대문간에 내버려두고 간다. 희생자는 정신이 든 뒤에도 밤새 겪은 고초를 희미하게만 기억하는 경우가 많고, 때로는 며칠 동안 말도 못하고 벙어리가 된다. 아주 심한 경우엔 결국 회복하지 못하고 죽는다.

19세기에 사술은 인간의 악의가 극에 달한 악몽의 이미지였고, 20세기에는 애정 주술의 연장이 되었다. 오늘날 회자되는 애정 주술에 대한 이야기들이 타인의 행동을 완전히 지배하는 모든 관계들에 대한 뿌리 깊은 의구심을 반영한다고 볼 수 있다면, 자신의 주술에 '휘둘린' 채 자신이 '휘두르는' 남자의 등에 타고 다니는 여성의 이미지, 부적에 사로잡힌 여성에게 사로잡힌 남성의 이미지는 이성과 행위능력을 전부 벗겨낸 지배력을 표상한다. 우드는 결국 자신이 만들어진 목적 이외의 것이 아니다. 마녀의 우드는 순수한 추상이자 지배욕에 불과하다. 주술을 써서 남성을 얻으려다 밤에 남성들을 타고 다니게 되어 버린 여성에 대한 이야기는 가능한 모든 경계를 파열시키는 지배의 원리에 대한 환상이다. 그러나 이 이야기들은 정교하게 구성된 일련의 전도와 전치를 통해 19세기의 우드 피티 이야기들과 비슷한 종착점에 도달한다. 고도로 성적인 퇴폐와 잔혹의 이미지로 수렴되는 것이다.

그럼, 왜 하필 여성인가?

마지막 질문. 명령할 수 있게 하는 섬뜩한 권력을 왜 하필이면 여성이 체현한다고 보는 것일까? 명령하는 권력은 여성을 제외하면 노예 소유자인 군주와 프랑스 식민 관리의 이미지에 투영된다. 확실히 미묘한 문제이고 원인 또한 다양하겠지만 한 가지 점은 확실하다. 메리나에서는 여성들이 남성들보다 명령형을 훨씬 잘 쓰는 경향이 있다는 것이다.

오크스는 발화 유형 분석을 통해 이 점을 아주 잘 보여주었다. 오크스의 분석으로는, 타인에게 공개적으로 명령하기를 꺼리는 태도는 사람을 공개석상에서 무안함을 느낄 수 있는 처지에 두면 안 된다는 더 넓은 공감대의 일부를 이룬다. 하지만 이렇게 행동할 것으로 기대되는 사람은 대체로 남자, 특히 권위자의 위치에 있는 노년의 남성들이었다. 공개석상에서도 자기주장이 강하고 직설적인 여성들보다 남성들이 본래 조심스럽고 수줍음이 많으며 경쟁심이 적다고 여겨졌다. 여성들이 주도권을 쥐기 마련인 가정에서는 이와 같은 경향이 더욱 두드러졌다. 나이가 상대적으로 많은 여성들은 특히 명령을 내리고, 일들을 조율하며, 동생들이나 아이들에게 수시로 심부름을 시키는데 많은 시간을 보냈다. 남성이 여성에게 무엇을 하라고 시키는 경우는 없다고 해도 좋을 만큼 드물었던 반면, 여성이 남성에게 명령조로 말하는 모습은 자주 볼 수 있었다. 나는 마다가스카르에 가기 전에 오크스의 저작을 읽었지만, 실제로 그런 맥락에서 명령법이 너무나 자주 쓰이는 광경을 보고 상당히 놀랐다. 남성은 남들이 보는 앞에서 말을 삼가는데 여성은 단도직입적인 까닭을 여성들에게 묻자, 여성은 살림을 책임져야 하므로 자기주장이 강해야 한다는 대답이 시종일관 돌아왔다.

그러나 모리스 블록이 지적했던 것처럼, 나이 많은 남성들이 보이는 온건한 태도야말로 그들이 갖는 권위의 원천이었다. 남성들은 이와 같은 자세를 취함으로써, 공동체 전체의 결속과 도덕적 통합이 자신의 행동거지 속에 체현된다고 믿게 만든다.[32] 여성들이 공공의 장에서 진정한 권위를 갖는 인물로 여겨지는 법이 없는 까닭은 직설적 태도 때문이다. 명령을 내리지는 않더라도 직접적인 요구를 하거나 행동 방침을 제시하는 경

---

32) 모리스 블록(Bloch 1982, 1986). 엘리너 오크스 외에도 피어 라르손(Pier Larson)이 남녀 발화의 차이에 대해 중요한 통찰을 제공해 주었다.

향이 더 크다. 여성들이 원로가 되는 데 형식적 장애물은 거의 없었지만, 현실에서는 그 반열에 오르는 여성이 극히 드물었다. 행동거지 때문만은 아니었다. 여성이 독립적인 정치적 역할을 맡게 될 후보 위치에 있다면, 대가족의 가장으로 공경받거나 나이가 많고 독립적인 사람들이기 쉽다. 그런데 이들이야말로 '우드 피티를 안다'거나 '밤에 돌아다닌다'는 혐의 를 받을 가능성이 가장 높은 사람들이기도 했다. 누구라도 일단 그런 명 예 실추를 겪게 되면 명실상부한 공인으로 여겨질 일이 다시는 없었다. 대부분의 여성들에게 공적 영향력을 행사할 수 있는 자리에 안착할 길은, 요직에 있는 남성의 아내나 어머니, 딸이 되는 것과 같은 간접적인 방법 밖에 없었다. 물론 메리나 여성들이 얻게 되는 것은 (공식적 권력에 접근할 창구가 아예 없거나 거의 없는 사회집단이면 대개 그렇듯) 배후조종자라는 평판 정도다. 그렇게 되면 여자가 남자보다 미지의 힘을 수중에 넣고 보 이지 않는 수단을 써서 타인에게 영향력을 행사할 가능성이 더 높다는 인 상만 한층 강화될 뿐이었다.

우리에게는 이제 세 개의 사회적 층위를 보여 주는 그림이 하나 있 다. 각각의 층위에는 고유한 권위자의 원형이 있다. 가정의 층위에는 살 림을 직접 주관하면서 명령하는 여성이 있다. '마다가스카르적' 전통과 가장 긴밀하게 연계된 공동체의 층위에는 온건하며 겸손한 원로 남성이 있어서, 분란을 막거나 규제를 가하는 일에는 바로 나서지만 그 외에는 수동적인 결속의 본보기로 머무른다. 광범위한 영향력을 갖는 국가 층위 에서는 온갖 이미지가 넘쳐난다. 고함을 치면서 명령하는 식민지 관리나 육군 장교, 헌병, 호위병을 거느린 옛 왕 등이다. 이들은 한결같이 공식적 인 명령의 위계 안에서 일을 수행하는 인물들이다. 이렇게 정리해 보면 우드 피티에 대한 이야기가 늘 드러내는 정치색을 이해하기 한결 쉽다.

애정 주술을 쓴 여성은 남편을 "지배한"다거나(왕이나 정부 이야기를 할 때 쓰는 말과 똑같다.) 심하면 그를 "노예로 만든다"고 묘사된다.[33] 우드가 인간다운 동기와는 완전히 결별한 채 순수한 지배력이 되어, 주인을 밤에 남자를 타고 다니는 마녀로 바꿔 놓는다는 공상의 극한에 도달하더라도 본바탕은 여전히 정치적인 이미지였다. 이 정치적 이미지는 권력 중에서도 특정 유형을 가장 순수하게 정제하여 표상했다. 절대악의 이미지가 되는 한에서는 부정의 권위의 정신을 가장 극적으로 표현했다고 말할 수 있을 것 같다. 여성이 공동체의 충위에서 실질적인 권위나 영향력을 행사할 수 있는 위치에 오르게 되면, 비밀리에 불가사의한 힘을 동원함으로써 공동체의 영역이 스스로를 규정하기 위해 대립물로 내세웠던 외세 권위의 전철을 밟으려 한다는 비난을 피할 수 없게 되는 것처럼 보일 정도였다.

　물론 모두 추상적인 이야기다. 정치적 현실은 훨씬 복잡하다. 우선, 이런 이야기들을 실제 꺼내는 사람들을 보면 여성이 압도적으로 많다. 이 사실을 감안하면 여성인 화자가 여성 자신을 정치적으로 억압하는 주요인이 되는 것 같다. 하지만 여성들이 실제로 그런 수단을 통해 공적 사안에 관련된 도덕 담론을 상당 부분 좌우한다는 점을 감안하면, 여성 의 입장에서는 본인이 정치적 영향력을 행사하기 위한 주요 통로가 될 수 있다. 실전에서의 절묘함까지 여기서 일일이 거론하긴 힘들지만, 예를 하나 들어서 이해를 돕는 것으로 이 부분에 관한 논의를 마치려 한다. 아리부니마무 출신의 친구가 내게 해준 이야기다. 그녀가 여덟, 아홉 살 남짓 되었을 무렵 부유하고 존경받는 교사였던 아버지가 외간 여자에게 빠져들

---

33) 동사 'manjaka'('다스리다', 명사형은 fanjakana, 곧 '정부')는 사실 동사 'manompo'('받들다', 명사형은 파놈포나fanompoana)의 상호형이다. '노예화하다'는 manandevo이다.

기 시작했다고 한다. 아버지는 얼마 되지 않아 집을 나간 뒤 그 여자와 살림을 차리고, 은행 잔고를 털어 선물 세례를 퍼붓기 시작했다. 아내나 어린 자식들이 찾아가 도와달라고 빌어도 빈손으로 돌려보내기 일쑤였다. 내 친구는 아버지를 찾아갔던 날 그 여자가 아버지의 저녁식사에 보란 듯 나무조각을 집어 넣던 모습을 또렷이 기억하고 있었다. 그 여성은 두말할 것 없이 복잡한 기분이었겠지만, 최소한 가족들이 아버지의 행동을 용서할 수 있을 맞춤형 구실을 대 준 셈이었다.

결과는 성공적이지 못했다. 아버지가 한두 해 지나고 가족에게 돌아왔지만, 딸은 그 뒤로 아버지와 거의 한 마디도 하지 않았다고 한다.

결론

나는 글을 시작하면서 우드 피티에 대한 환상은 늘 권력과 연관된 환상이었다고 주장했다. 권력 자체의 본성을 규정해 줄 추상적 언어에 가장 근접한 언어의 형태가 주술과 관련된 이야기들이라고 할 수 있을 것이다. 권력의 날것 그대로의 이미지는 두 세기 내내 거의가 여성의 이미지였다. 가족(내지는 부정의 권위를 행사하려는 가망 없는 노력)과 결별하면서 갑자기 불가항력적인 힘을 얻은 여성, 소름끼치는 속도와 완력을 지닌 밤의 마녀를 그려 냈던 19세기의 이미지들을 앞서 말한 것과 같이 해석할 수 있다면 그렇다. 이런 이야기들은 사람들이 권력의 본성을 생각해 보거나 권력의 잘잘못에 대해 논쟁해 볼 수 있는 매개물 구실을 했다. 사람들은 숨은 권력과 숨은 속내—질투심, 성적 욕망, 오만, 탐욕, 원한 등—에 대해 끝없는 논쟁을 벌이면서, 인간 서로가 영향력을 행사해도 정당할 경우에 대해 공감대를 만들어 냈다. 이 점을 참작해 볼 때, 내가 부정의 권위라고 불러온 것의 기본 논리가 마다가스카르 전통의 영향력 행사 방식으로 그려지기에 앞서, 방어의 윤리 내지는 주술의 도덕과 관련된 어법에서 처음으로 분명하게 표현되었던 것은 당연하다. 내밀한 불안 및 가정 내 정치가 그 영향 아래서 변동해온 까닭 역시 더 쉽게 이해된다. 이런 이미지들은 권력과 권위를 머릿속에 그려내는 방법일 수 있었지만 비실제적 관념은 아니었다. 표현하는 대상이 실재하도록 보조하는 표상이라고 할 수도 있을 것이다. 가정, 공동체, 국가, 성 등 모든 삶의 영역을 포괄하는 의미에서의 정치적 현실은 표상과 절대 완전히 구분될 수 없다. 정치 자체가 표상을 조작하거나 표상에 대한 논쟁을 벌이는 문제, 이야기를 유포시키고 이런 이야기들에 대한 해석 방법을 통제하려 애쓰는 문제와 긴밀하게 결부되어 있기 때문이다.

메리나에서는 남성들 못지 않게 여성들도 이 게임에 참가했다. 하지만 특별한 불이익을 겪는 참가자들이기도 했다. 사실 여성들은 스스로를 억압하는 세력이 되려고 행동하는 듯 보이는 일이 많았다. 여성들이 퍼트린 이야기들은 욕망과 인간 품위의 문제를 깊이 성찰할 수 있게 해주었지만, 여성에 대한 남성의 공포를 반영하고 강화하는 것은 물론, 존경받는 권위자가 될 수도 있을 여성 자신의 능력을 철저히 제약하는 효과 또한 낳아버렸기 때문이다. 자신의 심리적 통찰력에 자기 발등을 찍힌 것만 같았다. 내가 알고 있는 아리부니마무 최고의 이야기꾼들이 대개 여성이었던 것처럼, 가장 예리한 사회심리학자나 사회이론가도 여성이었다. 여성의 사회적 영향력이 미미했던 탓에 주변을 관찰하는 감각을 예민하게 발달시킨 결과일 수도 있다. 세상 어디서든 특권이란 주변에서 무슨 일이 벌어지는지 잘 몰라도 상관없는 호사를 누리는 것이기 때문이다. 내 생각에 가장 까다로운 질문은 이중 구조로 되어 있다. 첫째, 여성은 사회

환경에 대한 통찰력과 감수성이 더 크기 때문에 종속되는 것처럼 보인다는 점. 둘째, 여성의 도덕적 성찰이 다른 모든 면에서는 극히 반권위주의적인 사회변동을 불러 오는 핵심 매개체인데도 불구하고 이런 일이 발생한다는 점이다. 지난 한 세기 동안 메리나의 농촌지역에서 발생한 변화는 정의하기에 따라 혁명이라고 부를 수도 있다. 식민 지배로 인한 외상은 권력과 권위의 본성을 근본부터 재평가하게 만든 불씨가 되었다. 이런 재평가는―방어의 논리와 마찬가지로―이미 농촌 사람들에게 친숙했던 말들로 이루어졌지만, 농촌 사람들 서로의 관계 또한 진정으로 변하게 만들었다. 이 모든 요인들은 식민주의 (및 그 영향을 받은) 정권의 권력이 끈질긴 수동적 저항에 직면하여 물러났을 때 정치적 삶 자체도 변할 수 밖에 없도록 만들었다. 정치적 삶은 예를 들어 19세기의 모습과 비교해 보면 대부분이 훨씬 평등주의적이다. 여성들은 이 변화에서 전방위적 역할을 담당했다. 하지만 그들이 밟은 길은 성별 관계를 그 변화로부터 가장 고립시키는 길이기도 했다.

8장 _ 억압

말라가시어에는 '친드리나'(tsindriana)라는 단어가 있다. 뜻은 '억압된'이
다. 사전적 정의는 '내리눌리다, 무게에 눌려 으깨지다'이다. 정치적인 맥
락에서는 부당한 권력이나 권위 아래에서 고통받는다는 뜻으로 쓰인다.

　말라가시어에만 이런 단어가 있는 것이 아니다. 사실 대부분 언어에
이런 단어가 있다. "The people are oppressed." [사람들이 억압당한다]
라는 영어 문장(말라가시어로 하면, tsindriana ny vahoaka.)은 별도의 해설
이나 설명 없이 같은 은유를 써도 절대 다수의 사람들이 사용하는 언어들
로 직접 번역될 수 있다. 명시적으로 '억압'을 뜻하는 단어가 없는 언어여
도 말솜씨가 있는 사람이 즉석에서 이런 은유를 만들어 낸다면 무슨 말인
지 이해하기 힘든 사람은 아무도 없을 것이라고 감히 주장한다.[1]

---

1) 주요 유럽 언어 대부분은 영어 '억압하다(to oppress)'와 대응되는 단어를 갖고 있다. 사전을 대
　략 검토해 보거나 해당 언어가 능숙하거나 모국어인 사람들에게 물어 본 결과, 다음 사례들을
　보탤 수 있었다. (태국어나 아랍어처럼 인쇄하기 까다로운 문자 및 조음부호를 쓰는 언어는 제외했
　다.) 알바니아어(studjoj rendshem, shtyp), 바스크어(zapalketa), 성서 히브리어(tahan, 문자 그
　대로는 "으스러트리다, 억압하다"), 중국어(ya min), 콥트어 (tmtm, xa0x0), 핀란드어(ahdistaa),
　간다어(zitoowererwa), 과라니어(jopy), 하와이어(kaumaha, koikoi), 히타이트어(siyyaizzi,
　siyezzi, siyait), 일본어(osaetsukeru, yokuatsu-sur), 말레이-인도네시아어(tekan, mameras,
　tindas, tindih), 몽골어(darulal(ta)/daruldug-a), 네팔어(thichnu), 누에르어(mieet), 파이완어

이런 비유가 누가 봐도 뜻이 분명해 보이는 이유는 간단하다. 권력은 한결같이 사람들 위에 놓이는 무언가로 비유된다. 폭압적인 권력을 표현할 때, 위에서 내리누른다고 표현하는 것보다 좋은 방법이 있을까? 하지만 이 시점에서 질문해 보고 싶은 것이 있다. 인류학자라면 이런 주장을 듣고 어떤 반응을 보여야 할까? 현대에 활동하는 인류학자라면 대답이 뻔히 정해져 있기 때문에 하는 질문이다: 아무것도 할 말이 없다는 것이다. 웬만한 인류학자는 이처럼 일반화된 주장을 듣게 되면 틀렸다고 입증하려는 반응부터 보인 뒤, 입증이 불가능하다는 사실이 밝혀지면 중요한 문제가 아니라고 일축할 것이다.

하지만 내가 볼 때 그런 연계는 잠재적으로 너무나 중요하다. 무엇보다 문화 상대주의가 낳은 특정한 정치적 딜레마에서 벗어날 방법을 제시해주기 때문이다. 이 딜레마를 가능한 한 간단하게 설명해 보면 이렇다.

대부분의 인류학 현지조사는 자급하기 위해 경작하는 농민, 빈민촌 주민이나 원주민 등, 상대적으로 가난한 나라에 살고 자국 내에서도 주변화된 사람들과 함께 진행해 왔다. 현지인 대다수는 정복·착취·국가 테러 내지는 무자비한 인종말살의 희생자가 된 경험이 한 번쯤은 있다. 달리 말해 인류학은 다른 어떤 분야보다도 피해자들 자신을 포함한 대부분

(q/m/esetj), 페르시아어(sarkoob, 문자 그대로는 '머리를 내리 누르다'), 케추아어(nitiy), 산스크리트어(avapidita), 쇼나어(udzvinyiriri), 소말리아어(cadaadid), 타밀어(nerukku/nerukkam와 어근 neri를 쓰는 다른 단어들, 그리고 드라비다어 arepuni, arepini, areyuni, arevun은 '으스러트리다, 억압하다'는 뜻이다), 츠와나어(patikega), 터키어(baski, esmek), 투스카로라어(turiye), 베트남어(de nang, su dan ap), 그리고 줄루어(cindezela). 분명한 예외가 되는 언어들은 그 자체로 흥미롭다. 북아메리카와 오스트레일리아의 선주민 언어에는 종류를 불문하고 '억압'의 느낌을 주는 말이 없는 것 같다. 옛부터 국가가 있던 민족들이 쓰는 언어도 마찬가지다. 아프리카의 언어는 경우에 따라 다르다. 사전에 '억압'으로 번역되어 있는 말들의 절반 정도는 '아래로 누르는 압력'보다는 부당함이나 모욕을 뜻하는 단어에서 유래했다.

의 사람들이 피억압자라고 인정하는 사람들에게 초점을 맞추는 동향을 유지해 왔다. 정치적 관점에서 보면, 우리 인류학자는 우리가 연구하는 사람들과 우리 자신을 매우 강하게 동일시하는 경향이 있다. 우리는 이 사람들을 지지하며 대변하는 일도 자주 한다. 하지만 급진 사회 운동에 몸담은 활동가들과 달리 그 사람들이 "억압받고 있다"고 말하는 법은 거의 없다.

왜 이런 일이 생길까? 피해자를 비인간화하거나 유아화함으로써 당사자의 관점을 실질적으로 부정하지 않고는 억압의 작동 메커니즘을 그려낼 수 없기 때문이다. 인류학자들은 이 문제를 아주 날카롭게 인식하는 경향이 있다. 게다가 이런 방식의 비인간화 및 그에 따르는 모욕은 억압 자체가 취할 수 있는 가장 해로운 형태 중 하나이다. 상황이 이렇다 보니, 우리는 특정 관점이 보편적으로 옳다는 전제는 물론이고 다른 관점들보다 더 정당할 수 있다는 전제를 내건 주장은 일단 의심하고 보는 경향이 있다. 그런데 이런 입장에도 분명한 문제가 있다. 억압은 물론이고, 부당 대우를 한다는 말조차 할 근거가 애초에 없다는 것이 논리적으로 도출되는 결론이기 때문이다. 강간범의 관점이 피해자의 관점과, 주인의 관점이 노예의 관점과 동등한 정당성을 갖는다는 주장을 진심으로 하고 싶은 사람은 없다. 그래서 이런저런 문화상대주의적 개념에 호소하는 것이 일반 해법이 된다: 우리에게는 '강간'이나 '노예제'처럼 도덕적 판단을 내릴 수 있는 범주들이 있다. 그런데 누에르나 남비콰라 사람들의 범주는 다르다. 이 사람들은 도덕적, 개념적으로 다른 세계에 살고 있는데, 우리가 뭐라고 우리 자신의 세계관이 본질적으로 더 정당하다고 말할 수 있을까? 이 주장은 보통 거북한 정치적 타협을 낳게 된다: 즉, '강간'이나 '노예제'라고 부르는 현상은 어디서 출현하든 악이라는 점을 부인하는 인류학자는 드물겠지만, 우리 자신의 정의방식을 다른 문화적 맥락에서도 받아들여야 한다는 강요, 특히 우리의 판단이 (끝에 가면 대개 그렇듯) 무력의 지원을 받는 경우에는, 더 큰 악이 된다고 주장하는 경향이 생기는 것이다.[2)

이와 같은 주장에는 실제로 합당한 이유가 있어 보인다. 적어도 19세기 이후, 영국에서 노예무역이 폐지된 뒤에는, 오늘날 '인도적 개입'이라고 부르는 것이 제국의 식민지 경영을 정당화했기 때문이다. 물론 오늘날에는 훨씬 더하다. 하지만 이런 입장을 취하게 되면 중요한 개념적 문제가 부지불식간에 생겨난다. '누에르인'이 그들 고유의 도덕적, 개념적 세계 안에 살고 있다고 말하려면 '누에르인'이 실제 존재한다고 가정할 수밖에 없다. 다시 말해 누에르인에게 속하는 것으로 식별하고 서술할 수 있으며, 우리 자신의 것과 체계적으로 비교할 수 있는 비교적 일관된 개념과 원칙들의 집합이 있다고 가정해야 한다.[3) 이와 같이 가정하면, 경계가 확정된 실체가 있다는 뜻이 되기 때문에 문제가 있다. 더 큰 문제는, 누에르인이 어떤 사람인지 정해지면 '누에르인'으로 식별된 사람 모두가 만장일치로 동의할 수 있는 진술을 찾아내기가 불가능에 가까울 테니, 모든 누에르인의 관점에 동등한 타당성을 부여할 수 없게 된다는 점이다. 따라서 문화상대주의라는 기획 전체가 권위의 구조, 특히 누에르인 모두를 정당하게 대변할 특정 인물을 가려낼 가능성에 좌우된다. 하지만 이 시점에

---

2) 물론, 이런 딜레마를 처음으로 다룬 사람은 내가 아니다. 여기에 대응되는 여성주의 관점의 논의로는 호지슨(Hodgson 1999)과 잭슨(Jackson 1995)을 보면 된다. 포스트모더니즘적인 상대주의 유형을 비슷한 관점에서 논박한 사람들도 있다. 마스치아-리스, 샤프, 코언은(Maschia-Lees, Sharpe, Cohen 1987: 27), 여성 억압에 맞서는 정치 기획으로 출발한 여성주의적 접근법은 '억압', 심지어 '여성'이라는 범주 자체를 해체하면 유지되기 어렵다는 낸시 코트(Nancy Cott)의 논의를 인용한다.

3) 여기서 '우리'는 누구인가라는 더 거북한 문제가 제기되겠지만, 여기서는 넘어간 다음 뒤에 나오는 「서구는 없었다」에서 간략하게나마 다룰 것이다.

서 논리적 딜레마에 빠지게 된다. 무슨 기준으로 이런 권위자들을 정할 수 있을까? 권위에 대한 '누에르 식 개념'을 채용할 수는 없다. 권위자들을 가려내기 전에는, 무엇이 '누에르 식 개념들'인지 알 방법이 없기 때문이다. 상대주의자는 좋든 싫든 외적 기준을 동원할 수밖에 없다. 여기서 역설이 발생한다. 문화상대주의의 입장을 일관되게 유지하려면 권위 만큼은 상대화할 수 없는 것이다.[4] 고전적 상대주의자라면 모든 문화와 사회에는 외부 관찰자가 식별할 수 있을 만큼 유사한 권위 구조가 실제로 있으며, 이런 구조가 본성상 정당하다는 가정까지 해야 한다. 이런 가정에 숨은 정치적 함의는 온건하게 말해 거북한 것이다.

그렇다면, 막상막하로 안 좋은 세 가지 중 하나를 선택할 도리 밖에 없는 것처럼 보인다. 세상 어디서든 무엇이 옳고 그른지 정하는 권위자로 좌천되든가, 세상 어디서든 누가 정당한 권위자인지 정하는 권위자로 좌천되든가, 아니면 도덕 판단을 아예 포기하는 것이다.

상황이 정말 이렇게 암담할 수 있을까? 내게는 벗어날 방법이 보이는 것 같다. 두 가지 문제가 있다는 사실을 인식하는 것이 출발점이다. 개념의 문제와 정치의 문제인데, 이 둘은 합치지 않는 편이 좋다. 따지고 보면 보편주의 자체에 억압적인 측면은 없다. 달라이라마(Dalai Lama) 같은 티베트 승려가 보편적인 영적 진리에 다가갈 수 있는 자신의 특권을 토대로 미국을 평가할 권리가 있다고 주장해도, 미국인이 그 때문에 심각한 부당 대우의 희생양이 되었다고 느낄 일은 거의 없다. 감격할 사람들

---

4) 누에르인에게는 우리의 종교나 가족 같은 제도에 상응할 만한 것이 전혀 없다는 주장이 여기서 도출될 수도 있겠지만, 제도화된 권위 관념이 없다는 주장은 할 수 없다. 그런 관념이 없다면 '누에르인' 자체가 존재하지 않을 것이기 때문이다.

도 있고 어처구니가 없다고 느낄 사람들도 있겠지만, 딱히 억압받는다는 느낌을 받을 사람은 없을 것이다. 달라이라마가 그들에게 권력을 행사하지 않기 때문이다. 내 생각에는 보편주의적 판단을 내린다는 사실 자체보다, 별의별 물리적·경제적 폭력이 화려하게 이룬 진영을 배후에 둔 덕에 그와 같은 판단을 강제로 실행에 옮길 수 있는 범세계적 관료주의 지배 기구가 있다는 사실이 진짜 문제다. 이 기구는 그 자체가 강제성을 가질 수도 있고, 세상 어디서든 어떤 집단이나 대표자의 적법성을 승인할 권한을 보유하는 방식으로 강제력을 지닐 수도 있다. 어떤 형태가 되었든 그런 장치가 있을 수밖에 없다고 시인하기 시작하면 이로부터 생겨나는 도덕적 딜레마에 빠져 고뇌할 일만 남는다. 하지만 대안이 있다. 강제성을 갖는 구조 자체를 없앨 방법을 생각해 보는 것이다. 그러면 매우 다른 질문들이 필요해진다. 무엇보다, 이런 구조가 본질적으로 부당하다고 주장할 수 있는 근거는 무엇일까? 친드리나와 같은 단어가 있다는 사실이 여기서 아주 중요해진다. 권위가 언제 어디서나 저항에 부딪힌다는 사실을 보여 주기도 하지만, 권위에 저항하는 방식들은 대중적 은유로부터 이미지에 이르기까지 서로 놀랄 만큼 닮아 있을 가능성을 보여 주기 때문이다. 현재에는 이와 같은 사안에 대해 동의가 이루어지지 않더라도—현재 지구상 모든 사람이 동의하는 사안은 아마 없을 것이다.—미래에 그런 동의가 이루어질 가능성 정도는 있다. 따지고 보면 인간이라는 존재의 정수는 임의의 순간에 취하는 모습이 아니라, 무언가가 될 수 있는 능력에 있다.

이제는 좀 다른 문제처럼 보일 수도 있겠지만, 개념의 문제로 돌아와도 좋은 시점인 것 같다. 권위체계가 어디서나 저항을 마주하게 되고, 저항의 과정에서 쓰이는 말들이 우리 모두가 서로서로 말을 나누기 시작할 수 있을 만큼 비슷하다면, '친드리나' 같은 마다가스카르 단어와

'oppression'과 같은 영단어가 많은 면에서 지극히 다르다는 사실은 어떻게 받아들여야 할까? 이 두 단어 모두 다른 언어에 있는 유사 단어들과 마찬가지로, 보편적으로 (내지는 보편적으로 이해 가능해) 보이는 은유를 활용한다. 억눌림을 당하고, 짓눌리고, 으스러지고, 과중한 짐을 지고, 무거운 것 아래서 아등바등한다는 감각을 빌리는 것이다. 하지만 이와 같은 표현들이 크게 와 닿는 까닭은, 차용된 이미지들이 아주 구체적이기 때문이다. 예컨대 전형적인 미국인에게 '억압'이라는 말은 중세의 농노나 이집트 피라미드 건설 현장을 보여 주는 영화 장면, 나쁜 일자리에 대한 개인적 기억들, 헬스장 선생, 세금징수원, 귀에 거슬리고 좀 실없는 급진적 수사, 숨막히게 더운 한여름 밤 등을 떠오르게 한다. 이런 이미지는 자유, 자율성, 정의, 개인의 본성에 대한 전제들이 쏟아져 나오게 만들고, 이 각각의 개념은 구체적인 연상작용을 끝없이 촉발한다. 친드리나라는 단어를 쓰는 마다가스카르인은 완전히 다른 역사적, 개인적 연상에 빠져 들 것이다. 이런 말은 선명한 연상작용 덕분에 본능적 호소력을 발휘한다. 하지만 사회분석 용어로 쓰기에는 살짝 황당할 만큼 구체적인 내용들이기도 하다.

이 글에서 나는 친드리나라는 말라가시어 단어를 더 면밀히 검토함으로써, 이 문제를 어떻게 타개할 수 있을지 궁리해 보려 한다. 상대주의 개념 전체를 거부하려는 것이 아니고, 앞서 다룬 권위주의적 함의가 없는 형태로 만들 방법을 생각해 보기 위해서다. 이 문제는, 짐을 짊어지거나 무게에 짓눌리는 경험과 연결된 개념·이미지·도덕관습이 이루는 치밀한 배열을 분석한 뒤, 각양각색의 권위 유형에 부여되는 정당성과는 어떻게 관련되는 지 해명하는 문제다. 나는 마다가스카르가 출발점으로 특히 좋다고 생각한다. 마다가스카르인이 아닌 독자가 근본적으로 이질적이고 이국적인 문화적 맥락에서 아주 많은 점을 발견하게 될 것이기 때문이다. 이제 보게 될 것은 가족·정부·종교적 관습의 본성에 대한 전제들이다. 이 전제들은 우리의 것과는 매우 다를 뿐 아니라, 아마도 가장 거리감이 느껴지는 요소들일 것이다. 하지만 물론 이 접근법은 인류학의 기틀이되는 전제와 부합한다. 모든 인간이 공유하는 것을 이해하기 위해서는 최대한 낯선 사례에서 출발하는 것이 마땅하다는 것이다.

나는 마다가스카르 산간지역의 안타나나리부 주(州), 그러니까 역사적으로는 이메리나라고 불러 온 지역에서 주로 얻은 자료를 이용할 것이다. 대부분의 자료는 내가 1990~1991년에 살면서 조사를 진행했던 아리부니마무 지역에서 나왔다. 이 지역은 조사 당시 억압이 극심했던 장소가 아니었다. 지역 주민들은 물론 아주 가난했다. 하지만 성인 남녀 모두의 삶에서 타인의 지시에 따라 일하는 기간은 짧았고, 국가의 통제도 실질적으로 없었다. 다만 상황이 늘 이렇지는 않았다. 주민들도 그 사실을 아주 날카롭게 인식하고 있었다. 19세기식 국가의 기반은 현재 대다수 사람의 관점에서는 억압의 정의 자체나 다름없는 강제노동과 노예제였다. 이와 같은 국가 형태를 반영하는 징표들이 어디에나 있었다. 대개의 사람들이 훨씬 안 좋았던 시대로 간주하는 프랑스 식민지기도 마찬가지였다. 모든 사람은 어딜 가든 억압적인 구 체제들의 흔적에 포위당한 상태이며 그 체제가 만들어낸 지평 속에 살고 있다고 느꼈다. 따라서 마다가스카르의 대다수 지역에서와 마찬가지로, 어떤 종류의 권위는 불가피하지만 권위 자체는 어떤 모습을 하고 있어도 본래 문제라고 여겨졌다.

본문은 세 부분으로 이루어져 있다. 첫 부분은 가족, 둘째는 19세기 왕국, 셋째는 오늘날의 강신(降神) 현상에서 발견되는 압박 및 끌려가기(carrying)에 관련된 관용구들을 다룬다. 이 분석을 마치고 나면 상대주의 문제로 돌아갈 수 있을 것이다.

1. 가정에서 짊어지는 짐

말라가시어에서는 형제자매를 둘 중 한 가지 기준에 따라 부를 수 있다. 성별을 따르거나(내 형제, 내 자매…) '내 위', 곧 주키(zoky), 또는 '내 동생', 즉 잔드리(zandry)처럼 태어난 순서를 따라 부르는 것이다. 두 기준을 동시에 쓰는 일은 거의 없다. 그 까닭의 일부는 가정 내에서, 아니면 적어도 형제자매 간에 나이 문제가 불거지면, 성별은 원칙적으로 고려 대상이 되지 않기 때문이다. 예를 들어 부모가 밖에 나가 있을 때는 첫째가 집안일을 책임진다고 본다. 아들 딸 여부는 무관하다.

마다가스카르에서 주키와 잔드리라는 형제간 위아래 문제는 단순한 위계질서의 문제다. 아마 위계질서의 기본형태일 것이다. 상호 책임의 원칙을 토대로 하는 관계라고 할 때도 많다. 손위는 요령이나 섬세함이 필요한 상황에서 무조건 동생 편을 들 책임이 있고 동생은 손위의 물건을 나를 책임이 있다. 이런 맥락에서 나온 유명한 속담이 있다. "Manan-jandry, dia afak'olan'entina; manan-joky, dia afak'olan-teny", 즉 "동생이 있으면 짐 나를 근심이 없고, 형이 있으면 말 근심이 없다"(Houl-der 1915: #1901; Cousins 1963: 37; Camboué 1909: 385).

19-20세기의 전환기에 아리부니마무 북쪽 지역에 파견된 천주교 선교사는 현지민들이 이 원칙을 너무나 진지하게 받아들이고 있어서, 유럽인 자신의 눈에는 불합리해 보이는 광경을 자주 목격하게 된다고 적었다. "아이들은 열 살 무렵이 되면 논밭에서 짐꾸러미 운반을 돕기 시작한다. 이 관습에서 눈에 띄는 점은 보통 가장 어린 아이들이 제일 무거운 짐을 나르게 된다는 사실이다"(Camboué 1909: 385). 그 후 거의 백 년이 흘렀지만 나 역시 같은 장면을 수시로 보곤 했다. 아침에 논에서 풀을 맨 뒤

가뿐하게 언덕을 올라가는 열여섯 살 언니 뒤로 열 살 박이 여동생이 바구니를 짊어진 채 낑낑대며 따라 올라가는 모습이나, 건장한 중년 남성이 점심을 먹으러 집에 들를 때 열두 살 아들이 삽을 메고 따라오는 모습 따위를 종종 보게 되는 것이다. 오죽하면, 마을 의회나 재판이 열릴 때 자신을 변호해 줄 아버지나 형이 있는데도 직접 이야기를 하는 것이 적절치 못하듯, 짐을 들 힘이 있는 아랫사람이 주변에 있는데도 손윗사람이 도구를 직접 나르는 것은 금기에 해당한다는 말이 나올 정도였다(Ruud 1960: 25). 다만 내가 아는 아리부니마무 사람치고 그렇게까지 말하는 사람은 없었다. 농촌에서도 대부분의 사람들은 그렇게 융통성 없는 규칙은 어지간하면 옛날 것이라고 주장했다. 반면 현실적으로는 연소자가 짐나르는 일을 거의 도맡아 하게 되고, 대변해 줄 사람이 정말로 필요한 상황에서 말해 주기를 부탁 받은 아버지나 형은 극히 좋은 명분이 있어야만 거절할 수 있다는 사실을 부정하는 사람도 없었다.[5]

사실 주키/잔드리 관계는 두 가지 뜻에서 '위계질서의 원자'로 볼 수 있다. 첫째, 일반적인 우열 관계를 주로 형제자매의 위아래 관계를 통해 설명해 왔기 때문이다. 둘째, 지난 수백 년 간 이메리나 사람들은 서열관계의 기본 체험을 이러한 가족 생활의 짜임새 속에서 성장하면서 뼛속 깊이 새겨 넣어 왔기 때문이다.

각각의 예를 들어보겠다.

---

5) 여기서 성별 역할은 모호하다는 점을 밝혀 둔다. 앞서 적었듯 형제자매 관계에서 나이 문제가 나오면 성별은 논외가 되어야 하지만 실제로는 늘 고려 대상이 된다. 이 사례에서 누나는 남동생이 짐을 나르게 할 수는 있지만, 공식적인 자리에서는 본인이 매우 말을 잘 하는 사람이거나, 확신에 차 있거나, 나이 많은 남자가 없는 상황이 아닌 한에서는 남동생을 대신해 말할 가능성이 적다.

주키와 잔드리가 서로 어떻게 대해야 하는지 말할 때면 거의 예외 없이 "물론 요즘 애들은 이렇게 안 하지만 옛날에는 이랬지……"로 요약할 수 있는 이상적 설명을 내놓는 경향이 있다. 분명 늘 그랬다. 가정 예절 교본 중 가장 이른 시기의 것은 1860년대에 메리나인 기독교도가 작성하고 커즌즈라는 영국인 선교사가 묶어 낸 책이다. 이 책의 제목은 Fomba Gasy, 즉 "마다가스카르의 풍습"(Cousins 1963: 124-127)이고, 똑같은 문구로 시작된다. "나이 많은 사람들의 불평거리로는 요즘 젊은이들이 예절을 무시한다는 것만한 게 없다." 그리고 저자는 주키와 잔드리가 함께 있을 때 지켜야 하는 행동 규범을 길게 설명하기 시작한다. (정확히 형제자매 관계에 대한 설명인지 아니면 젊은이들 사이의 일반적 관계에 대한 설명인지는 불확실하다.) 설명은 다음과 같은 세 개의 중심 원칙을 벗어나지 않는다.

① 높이

잔드리는 주키보다 높은 곳에 있어서는 안 된다. 밥상이나 격식을 갖춘 자리에서는 특히 주의해야 한다. 잠자리 역시 윗사람보다 높은 곳에 있어서는 안 된다.

② 우선 순위

식사할 때는 윗사람이 먼저 먹어야 한다. 길을 갈 때도 잔드리가 앞서면 안되고, 반드시 주키 뒤를 따라가야 한다.

③ 물건 가져 오기와 나르기

저자는 주키에게 물건을 가져오라고 시키는 것이 가장 극단적인 금기(파드)라고 적는다. 감히 식탁에서 물건을 건네 달라고 부탁하려면 대대적인 사과부터 해야 한다. 어린 사람은 자신에게 주키인 사람이 어떤 짐이든 가능한 한 들지 않도록 할 것이다. 길에서 짐을 들고 가는 오빠나 언니를 마주치면 자기가 들겠다고 바로 나서야 한다. (저자는 의무라고 적는다. "누군가에게 해명할 필요가 있는 한에서" 부모나 손위 형제가 대변해 주어야 할 의무는 다르다. 주키는 잔드리가 확실하게 부탁할 때만 대신 말해 줄 필요가 있기 때문이다.)

하지만 짐을 지는 문제는 계속 나온다. 원문은 이렇게 되어 있다.

> 형제자매끼리 한 접시에 담긴 밥을 먹는 것은 예전부터 있던 관습이다. 주키가 더 많은 몫을 먹고 나면 나머지를 잔드리에게 남겨줄 수 있었다. 잔드리가 "다 드세요."라고 말하면서 사양하면 주키는 "아냐, 네가 먹어. 네가 짐을 날라야 하잖아."라고 대답하는 것이 보통이었다(Cousins 1960: 124)

내 말은, 이 모두가 이상화된 내용에 가깝다는 것이다. 실제에서는 규범들이 맥락과 사람에 따라 달리 적용되는 경향이 있다. 아무리 엄격한 가정이라도 다섯 살 아이가 열 살 언니보다 머리꼭지가 높아지는 자리에 앉을까봐 내리 감시하지는 않을 것이다. 1860년대 마다가스카르인이 내가 아는 마다가스카르인과 비슷했다면, 웬만한 상황에서 다섯 살 먹은 아이가 어디 앉는 지 신경 쓸 사람은 없었을 것이다. 나이순을 따르는 규범은 얼마간 격식을 갖춘 상황에서 주로 볼 수 있었다. 사실 '격식을 갖춘' 경우 자체가 나이순을 따르는 규범을 엄격하게 지키는 경우다. 내가 알던 사람들도 아직 그렇게 하고 있었다. 일상에서는 높이와 우선순위에 관련된 원칙들을 거의 무시했지만 의례를 진행할 때면 주의 깊게 확인했다. 가벼운 격식만 갖춘 상황에서는 약식을 따르거나 넌지시 표현하는 경향이 있었다. 이를테면 집에 손님들이 있는데 방을 나가려면 앉아 있는 사람들 곁을 지나갈 때 몸을 가볍게 굽혀서 자신의 머리가 본인보다 나이가 많거나 지위가 높은 사람들의 머리보다 높이 있어서는 안 된다는 점을 알고 있다는 사실을 표현했다.

다만 이런 원칙들은 어린 시절의 가족 경험에 분명한 영향을 미쳤다. 가령 물건을 가져오거나 나르는 문제는 이후에도 지극히 중요했다. 내가 아리부니마무에서 알고 지내던 가족들 중 교육 수준이 높고 그다지 전통 성향이 아닌 가족들도 마찬가지였고, 농촌지역의 농가에서는 확실하게 드러나는 경향이었다. 아동의 삶은 크게 봐서 세 단계를 거친다고 할 수 있다. 걸음을 떼기 전의 첫 단계에서는 보통 어머니나 여성 친족의 등에 업혔다. 하지만 걸음을 떼고 나면 거의 혼자 걸어 다녀야 했다. 이 무렵을 자율성의 시기라고 부를 수 있을 것이다. 학교 입학 전에는 다른 아이들과 함께 있는 것이 상례였다. 이 나이의 아이들은 자율적인 또래 공동체 같은 것을 만들어 삼삼오오 몰려 다니면서 집에는 밥을 먹을 때처럼 일이 있을 때만 어쩌다 돌아오곤 했다. 보통 여덟 살에서 열 살 무렵까지 지속되는 이 시기에는 남자아이 여자아이 할 것 없이 마음대로 하게 내버려 두고, 집 주변에서 일을 시키지는 않았다.[6]

---

6) 그래서 이 단어는 누군가를 대변인으로 보내거나 자기 물건을 나르라고 보내는 경우에도 쓸 수 있다. 예를 들어 19세기에는 왕실 대표를 늘 왕의 이라카(iraka)로 불렀다. 이 문맥에서는 왕의 말을 전하는 '대변인'이다. 이라카는 간혹 말 그대로 말만 전하는 사람이었지만, 왕의 이름으로 결정을 내릴 권한을 위임받은 사람들을 일컫는 경우에도 이 말을 썼다. 이 말은 당대의 언어에서는 상명하달 관계나 주변에 명령을 내리는 관계에 대해 언급할 때 실제 두루 쓰였던 표현으로는 유일했다. 문자 그대로는 '명령'을 뜻하는 바이쿠(baiko)라는 표현이 당시에도 있

하지만 아이가 걸을 수 있게 되면 바로 언니 · 누나를 비롯해 집에서 나이가 더 많은 여성들이 장난삼아 작은 물건을 가져오라고 시키곤 했다. 아이가 물건을 못 찾고 헤매거나 가져오기 싫다고 하면 매우 재미있는 일을 보듯 했다. 시간이 흐르면 더 중요한 성격의 일들을 맡기기 시작했다. 마을에서는 예닐곱살밖에 되지 않은 아이들에게 물건 사 오는 심부름을 시키기도 했으며, 아이는 임무를 성공적으로 완수하면 의기양양하게 돌아와서 호들갑스러운 칭찬을 받곤 했다. 이렇게 물건을 가져 오라고 시키는 것을 마니라카(maniraka)라고 부른다. 말 그대로는 누군가를 사절, 대리인 내지는 대표(iraka)로 보내는 것을 뜻한다. 여덟 살에서 열 살 무렵 좀 더 버거운 집안일들을 시키기 시작할 때에도 이 동사가 쓰인다. 예컨대 여자아이에게 물을 길어 오라고 시키거나, 엄마나 언니랑 교대해서 아기를 업게 하거나, 남자아이에게 부모의 연장이나 짐을 가져 오라고 시키는 경우다.

아이가 짐을 날라야 하는 단계, 곧 어른의 세계에 진입해서 나이차를 계속 구분하기 시작하는 때는, 바로 세 번째 단계가 시작되는 나이였다. 아이는 그냥 낮은 자리에 앉거나 뒤를 따르는 것이 아니라, 무거운 짐을 머리에 얹거나 손에 들고 따르기 시작하면서 어른 세계의 구성원이 되었다. 이 과정은 단절이 없기 때문에 자연스러워 보이는 수순으로 진행되었다. 놀이로 내 준 일들이 진짜 의무가 되었다. 젊은 사람이 본인의 입장을 밝힐 수 있는 능력이 차츰 커져 감에 따라, 어린 시절에는 당연히 부모나 손위형제가 대신 해 주던 말이 격식과 무게감을 갖추게 되는 것과 마찬가

었지만, 이 말은 군대에서의 명령을 일컫는 데 주로 쓰였고, 군대에서는 주로 외국어로 명령을 내렸기 때문에 '외국어'라는 확장 용법도 있었다.

지였다. 짐나르기가 가정 밖에서도 누가 봐도 상식의 문제인 종속의 상징이 되어 버리면서 말의 권력과 자연스럽게 반대 의미를 지니게 된다.

물론 현실의 가정사는 이처럼 이상화된 설명을 보고 짐작할 수 있는 것보다 늘 훨씬 복잡했다. 출생순서 뿐만 아니라 성별과 세대 또한 고려해야 한다. 「마다가스카르의 풍습」이 쓰인 1860년대를 예로 들면, 당시 대부분의 메리나 가정에는 노예가 있었다는 사실도 추가해야 한다. 메리나 왕국은 수십 년에 걸친 정복전쟁이 끝나자 최소한 이론상으로는 국가 중심부가 되어 마다가스카르 전역을 지배했다. 인구의 1/3 정도가 전쟁 포로로 잡혀 노예가 된 사람들이었고, 노예 소유가 너무나 일반화되어 있었기 때문에, 세 가구 중 하나 정도만이 노예노동을 쓸 수 없었다. 근대적 관료 국가의 기반을 닦으려는 더 큰 정부 계획의 일환으로 선교사 학교가 도입된 것과 동시에 벌어진 일이었다.

가장 큰 규모의 노예 소유 가구는 그 자체가 국가장치를 구성했다. 이와 같은 가정의 남성들은 대개 메리나 군인이었거나 (군 계급을 자체적으로 지닌) 공무원이었고 개신교 교회에서는 열혈 신도였다. 아내와 아이들은 유한계급을 이루며 학교 및 정부 관련 일이 아닌 한에서는 대개 아무 일도 하지 않았다. 한 퀘이커 선교사가 적은 내용을 보면, "필요한 일은 전부 노예들이 해 주었다. 침대를 정돈하고, 옷을 세탁하고, 음식을 만들어 준 데다가, 만든 음식을 잘라주기까지 했기 때문에, 둘러 앉아 먹으면서 남 이야기 하는 것 외에는 별로 할 일이 없었다"(Ratrimoharinosy 1986: 202). 이 계층은 유럽인 선교사들이 가장 잘 알고 지내던 계층이자, 앞에서 인용했던 가정예절의 출처가 된 것이 거의 확실한 계층이다.

이들은 선교사의 가장 열렬한 지지층이었다. 하지만 정작 선교사들은 이들의 관습에 당혹감을 느꼈다. 이 계급에 속하는 사람은 공공장소에 나타날 때 짐처럼 보일 만한 것이면 깃털 하나조차 들고 나오는 법이 없다는 점을 상당수의 선교사들이 누누이 지적했다. 런던선교회의 제임스 사이브리(James Sibree)가 적은 내용을 보면,

우리 유럽인이 짧은 거리라도 하인이나 수행원 없이 걸어 나가는 모습은 마다가스카르인이 보기에는 이상하다. 마다가스카르에서 자유민은 남녀를 불문하고 발치에 아무도 대동하지 않은 채 집 밖에 나간다는 것은 상상할 수 없는 일이기 때문이다. …… 그래서 또, 존경받는 신분의 마다가스카르인이라면 성경이나 찬송가 책처럼 작은 물건마저 뒤를 따르는 노예 소년이나 소녀가 들게 하지, 직접 들지 않는다. 이들은 우리가 학교나 성경 수업에 지도나 그림 두루마리를 들고 가는 모습을 보면 의아해한다. (Sibree 1880: 183)

친우회의 조셉 시월(Joseph Sewell) 역시, "숙녀들이 우산이나 성경처럼 별 것 아닌 물건을 노예가 들고 따르게 하면서 길을 걷는 모습을 보게 되고 …… 초등학생조차 교과서와 석판을 들고 나를 어린 노예를 데리고 다닐 것이 확실"하다는 점이 얼마나 외국인의 "실소를 자아내는지" 적었다 (1867 : 11).

　글쎄, 내 말은, 이런 글을 쓴 사람들은 특수한 사회환경을 묘사하고 있다는 것이다.[7] 교회와 학교는 예나 지금이나 부자들이 유복함을 과시

---

7) 이 점을 강조하기라도 하듯 사이브리는 위의 인용문에 다음과 같이 덧붙인다. "마다가스카르 사람들은 연장자에게 큰 존경을 표한다. 그래서 형제인 노예 둘이 여행을 떠나게 되면 동생은 힘이 허락하는 한 모든 짐을 날라야 한다" (같은 곳, 183). 여기서 분명히 전제된 내용이 있다. 함께 여행을 가는 형제가 노예가 아니었다면, 짐을 져야 하는 것이 어느 쪽인지, 문제가 생기

하는 장소다. 하지만 내 짐작으로는 이런 묘사 속에 단순한 과시행위를 넘어서는 무언가가 나오는 것 같다. 글에서 들고 나르는 물건들의 성격에 주목할 필요가 있다. 성경, 찬송가, 지도와 그림 두루마리, 교과서와 석판이다. 모두가 이런저런 방식으로 말의 권력을 체현하는 사물들이다.[8] 마다가스카르 정부는 선교활동과 선교사 학교를 주로 관료주의적 통치 기술을 습득하는 수단으로 간주했다. 목록과 장부, 등기부, 서신 등은 그들의 왕국을 능률적인 '근대' 국가로 만들어 줄 기술이었다. 말의 학습에 쓰이는 사물들은 권력의 상징으로 특별한 위치를 점유하고 있었다. 사이브리 목사의 교구민들은 노예나 하인이 가령, 면도솔, 망치, 우쿨렐레 같은 물건을 들고 날랐다면 부적절한 행동이라고 지적할 마음이 덜 들지 않았을까 생각해 보게 된다.

그렇다면 우리는 짐지기와 말의 권력이 선명하게 대조되는 사례를 다시 확보하게 된다.

이 시기에 웬만한 남성이면 정부 일을 하는 데 (아니면 피하려고 하는 데) 많은 시간을 보냈기 때문에, 노예 유무에 따라 일의 하중이 달라졌던 쪽은 주로 가사일과 농삿일을 도맡았던 여성과 아이들이었다. 또 다른 선교사는 자기 양산조차 들 마음이 없던 공주병 기독교인 숙녀들과 대조해서 ("빈민"과 동의어로 종종 쓰인) "이교도 가정"에서는 부인이 "남편에게 우수한 노예쯤으로 취급받아" 등골이 휠 지경으로 일이 많은 것이 예사라고 적었다(Haile 1893: 8). 짐을 나를 의무가 한 때 아이들을 주로 공략

지도 않는다는 것이다.

8) 유일한 예외는 우산이다. 우산은 수입된 사치품이라서 서구식 편의와 동일시 되었기 때문이다.

했다면, 1895년 노예제가 폐지된 후로는 여성들을 공략한 것처럼 보인다. 도시 사람들이 낙후된 시골 마을 사람을 떠올릴 때 대표적 이미지 중 하나가, 순종적인 아내가 머리에 바구니를 인 채로, 아무 짐도 들지 않은 남편의 뒤를 따르는 모습이다. 나 역시 이메리나 농촌 지역에서 그런 장면을 때때로 목격했던 게 사실이다(사실 도시 출신인데다가 교육수준이 더 높은 내 여성 친구들 중에도, 짐나르기는 본래 여자의 일이라면서 내 가방을 들어 주겠다고 고집까지 부리지는 않아도 말은 꺼내는 친구들이 가끔 있었다). 하지만 사실 고려되는 원칙이 너무 많아서 실제에서는 조정과 타협의 여지도 매우 크다. 누나라면 남동생의 물건을 들어 줄까? 물론 아니다. 그러니까, 남자가 나르는 편이 적당할 물건이면 동생이 누나 물건을 나르겠지. 부인이 남편보다 나이가 많으면 어떻게 될까? 흠, 부인이 남편보다 나이가 많으면 안 되는데. 그래도 가끔 있는 일이긴 하다. 정말로 더 많으면 어떻게 될까? 가족마다 다를 것이다…….

2. 상징 노동과 19세기 왕국

국가는 수시로 지적되어 온 것처럼, 가족 관련 관용구들을 차용해 가정 의례 및 상징의 요소들을 전유함으로써 정당성을 확보하는 경향이 있다. 메리나 왕국도 예외는 아니었다(Bloch 1989). 산간지방에 자리잡았던 옛 왕국들의 구조, 특히 공공업무가 조직되는 방식을 보면, 어떤 사람들이 어떤 종류의 물건을 날라야 하는지 정할 때 매우 세심한 주의를 기울였다는 사실을 발견할 수 있다. 뒤에서 보겠지만, 이 층위에서는 짐을 짊어지는 문제가 말의 권력 못지 않게 물질적 창조력과도 대조되는 경우가 흔했다.

　　왕국은 주권자 또는 왕을 뜻하는 안드리나(Andriana)라는 인물을 중심으로 조직되었다. 자유민의 1/3 정도 역시 안드리나(andriana)로 간주되었다. 왕실 혈통을 주장할 수 있든지, 조상이 왕족을 위해 용감하게 몸을 바치거나 스스로를 희생해서 안드리나 반열에 오른 적이 있기 때문이다. 19세기에는 주권자의 직계가족을 최상위층으로 하는 일곱 신분의 안드리나가 있었다. 최하위층은 모두 지역 출신 혈연집단들이 차지했고, '평민'을 뜻하는 후바(hova)와 거의 구분되지 않았다. 모리스 블록은 이 모든 집단을 '딤'이라고 부른다. 각 딤은 마다가스카르 중부에 광활하게 펼쳐진 고원 위로 가문 별 골짜기와 다락논을 갖고 있었다. 후바는 왕에게 파눔포나 내지는 '부역'의 의무를 지닌 사람으로 정의되었다. 마인티 에닌-드레니(Mainty Enin-Dreny)같은 왕실 호위병 집안도 있었다. 마지막으로 노예는 고유의 혈연집단이 없었다. 왕에게 바치는 파눔포나를 하지 않는 대신 (사실 왕을 위해 부역한 적이 있다는 사실을 증명하면 자동적으로 노예 신분을 벗어날 수 있었다.) 주인이 시키는 일을 했다.

전체 체계는 부역을 중심에 두고 설계되었다. 모든 딤의 신분은 왕족에게 바쳤던 부역의 성격에 따라 결정되었다. 영국에서 선교사와 군사 고문이 파견된 1820년대 이전, 라다마 1세가 파눔포나의 원칙을 근대화된 국가를 만드는 기틀로 삼기 시작했을 무렵에는 특히 그랬다. 오늘날 볼 수 있는 역사 자료도 이 시기부터 나오기 때문에, 이메리나가 수십 개의 공국으로 쪼개져 내전을 벌이고 있던 18세기에는 '왕실 부역'이 정확히 어떤 일들이었는지 재구성하기가 좀 어렵다. 군주는 이론상 자신이 다스리는 지역의 신민에게는 거의 무엇이든 요구할 수 있었지만, 왕궁에서 떨어져 사는 집단으로부터 재화와 용역을 받아낼 능력에는 한계가 있었던 것처럼 보인다. 군주가 실제 받을 수 있던 부역은 왕궁이나 왕릉을 짓고 매해의 신년의례에 참석하는 것처럼 우리 눈에는 의례 업무로 보이는 것들이 대부분이었다. 각 딤은 그런 행사가 열리고 있을 때 전체 인력 자원의 한 부분을 이루면서 자신의 신분을 드러내 주는 아주 구체적인 일들을 배정받는 것이 일반적이었다. 극소수의 최고위층 안드리나를 제외하면, 대부분의 집단들이 생계를 유지하는 방법이 현저하게 비슷했다는 사실에 유념해야 한다. 여름에는 농사를 짓고 농한기에는 수공업이나 소규모 장삿일에 집중했지만, 왕국 내 지위는 왕을 위해서 하는 일의 종류에 따라 결정되었던 것이다. 따라서 그와 같은 일들을, 각 집단의 성격과 사람들의 정체성을 규정했다는 의미에서, '상징 노동'(emblematic labor)이라고 부를 수 있다.[9]

안드리나는 왕실 부역을 완전히 면제받지는 못했다. 하지만 이들에게 주어지는 부역은 상대적으로 특권적인 몇몇가지 일들에 치중되는 경향이 있었다. 예를 들어 왕릉을 짓고 수리하는 일은 너무나 영예로운 업무라서 안드리나 및 서열이 매우 높은 소수의 후바 집단만이 참여하는 영광을 얻을 수 있었다. 마다가스카르인 자신은 업무를 크게 두 범주로 나누었다(역시 1860년대 자료다. Callet 1908: 260-2, 267, 1213-14). 첫번째는 생산 행위였다. 왕릉을 설계하고 부장품을 만드는 일이다. 이런 일들은 안드리나가 독점했다. 가령 안드리아마시나발루나(Andriamasinavalona)와 안드린툼푸쿠인드린드라(Andriantompokoindrindra)와 같은 신분계층은 왕릉 건물 자체를 지

---

9) "상징 노동'(emblematic labor)의 개념은 바스가 말했던 민족적 '구분기호'(diacritics), 즉 겉보기에는 사소한 차이지만, 다른 면에서는 서로 겹치거나 유사한 사회 집단들을 구분해 주는 특징들과 비교할 수도 있다(Barth 1969). 18세기 이메리나의 상황은 호카르트의 카스트 정의를 더 연상시킨다(Hocart 1968, 1970: 102-127; Quigley 1993). 여기서 각각의 카스트는 왕을 위해 하는 일의 성격에 따라 규정된다. 사실 이메리나의 체계는 '카스트' 체계로 서술될 때가 있다(Bloch 1977을 볼 것).

을 석공과 목수들을 보냈고, 안드리난드라나두(Andrianandranado)는 왕을 안치하는 커다란 은관(銀棺)을 만들고 나중에 왕릉에 주석 지붕을 올릴 대장장이를 보냈으며, 안드리아마시나발루나와 자자마롤라히(zazamarolahy)의 신분에 속하는 여성들은 내부 벽면에 걸어 둘 돗자리를 짰고, 나머지 세 집단은 비단 수의를 제공하기로 되어 있었다(Callet, 앞과 같은 곳). 두 번째 범주는 늘 물건을 '나르는' 일로 표현했다. 왕릉을 열거나 보수할 때, 안에 있는 찢어진 돗자리와 쓰레기들을 밖으로 나르는 일, 나중에 묘소를 다시 봉인하는 데 쓰일 붉은 점토를 모아 바구니로 나르는 일 등이 이 범주에 포함된다(Callet 1908: 164, 307, 490, 534-5, 812-3). 이런 일들은 안드리나에게는 절대 배정하지 않았고 후바에게 맡겼다.[10]

이 구분은 다른 업무 전반에도 유효하다. 이와 같은 의례 상황에서 안드리나는 생산하는 유형의 사람들로 규정된 반면, 평민은 그렇게 생산된 물건을 가져오거나 나르는 사람들로 규정되었다. 때때로, 이런 상징 노동은 때때로 더 넓은 맥락까지 확산되었다. 예를 들어 왕실 의례에 대장장이를 보냈던 안드리나 신분인 안드리난드라나두는 궁중에서 쓰이는 금은세공품 전체를 생산하기도 했고, 그 덕분에 메리나 왕국 전체의 금은세공업을 공식적으로 독점할 수 있게 되었다. 19세기에는 같은 신분에 속하는 다른 파들이 수도에서 일하는 주석공 대부분과 숙련철공자 상당수

---

10) 지위가 다소 모호했던 전-안드리나 집단 하나는 의례에서 비단 수의 한 벌을 제공할 수 있는 특권을 실제로 갖고 있었다. 이와 마찬가지로 지위가 모호했던 다른 집단은 왕의 시신을 실제 '날라서' 묘소 안에 안치할 수 있는 특권을 지녔다. 이 일은 지고 나르는 범주에서는 가장 높은 일이었지만 왕족으로 간주되는 집단에게는 배정되지 않았다. 이 둘이 예외에 가장 가까운 사례들이다.

를 공급했다.[11] 다른 집단들은 또 다른 전문업종으로 유명했다. 안드리나는 원칙적으로 생산자, 제작자로 여겨졌고, 이것이 왕국의 구조에서 그들이 차지하는 기본 정체성이 되었다. 이 사실은 1817년에 영국 군사고문들이 라다마 1세에게 잉글랜드에서 수공품 교역 공부를 가르칠 학생을 추천해 달라고 요청했을 때 아주 분명하게 표현되었다. 왕이 안드리나 계층의 청년들만 선발했던 것이다.

안드리나와 공업/수공업 생산의 관계에 관심을 둔 외국인 학자가 이전에도 실제 있었는지는 확실치 않다. 아마 '귀족'을 공업 생산자로 보는 것이 이상해 보이기 때문일 것이다.[12] 다만 특권층이 창조력을 독점한다고 보면 연결점을 찾기가 쉽다. 의회에서 말문을 여는 것도 귀족들이었고, 귀족은 연설 및 문학의 달인으로 받아들여졌다(Domenichini Ramiaramanana 1983). 이들은 가장 아름다운 사물들의 창조자이기도 했다.

18세기 후반 국가를 통일한 안드리아남포이니메리나 왕은 파눔포나 요구권을 써서 습지 간척 사업에 인력을 충원했다. 라다마 왕과 그 후계자들은 19세기에 파눔포나의 범위를 넓혀서 군복무, 학교 출석, 산업개발 계획 관련 일들까지 포함시켰다. 이렇게 신설된 의무는 대개 평민에게 부과되었다. 하지만 어떤 일들은 신민(후바)과 주권자(안드리나)가 맺는 관계의 본질을 규정한다고 여겨졌기 때문에 상징성 역시 보유했다. 추상적

---

11) 내가 아리부니마무 인근에서 수집한 구전설화에는 이 두 신분 바로 위에 있는 안드리나 계층인 안드리남부니눌루나(Andrianamboninolona)가 대장장이로 유명했다고 되어 있다.

12) 부담을 무릅쓰고 이렇게 정리할 수도 있다. 사물과 말의 생산은 안드리나의 영역이고, 나르고 짓는 것은 후바의 영역이며, 마인티 에닌-드레니는 왕실 전사로서 발휘하는 능력 탓에 파괴의 영역으로 강등된다.

수준에서 파눔포나를 언급하는 19세기 문헌들은 고도로 표준화된 상징 노동 목록을 열거하는 경향이 있다. 안드리나 딤이 특별히 면제받는 일들의 목록도 표준화되어 있다. 이와 같은 목록들은 다음과 같은 순서로 열거되는 일 유형 네 가지를 번번이 강조했다.

① '목재 나르기'(Manao Hazolava): 이메리나에서는 목재가 거의 생산되지 않았기 때문에 왕궁과 왕궁 벽을 짓는 데 쓰이는 큰 목재들은 동부 삼림지대에서 벌목했다. 이 목재들을 이메리나 중심부로 옮겨오려면 운송팀을 꾸려야만 했다. 여기서도 왕릉의 대들보를 놓을 권리는 매우 선망받는 특권이었다.

② '땅 파기'(Milady Tany): 왕실 건축물을 지을 때 땅의 수평면을 맞추고 제방을 쌓는 일을 주로 일컫는다.[13]

③ '숯 공급'(Manao Ari-Mainty): 동부 삼림지대에서 생산된 숯을 수도 안타나나리보의 궁정으로 운송하는 일이었다.

④ '왕실 짐나르기'(Mitondra Entan'Andriana): 즉 '왕실 짐나르기'. 타마타베 항으로부터 궁중으로 배송되는 수입품을 운송하는 일이 주였지만, 다른 운송업무들도 이 항목에 들어갈 수 있었다.[14]

---

13) 문헌에는 간혹 "붉은 흙 파내기"(mihady tanimena)로 대체 표기되어 있는데, 앞에서 말했던 것처럼 왕릉 건축에 쓰는 "붉은 흙 파내기" 업무를 분명하게 연상시킨다.

14) 내 목록은 스탠딩(1887: 358)이 제시하는 목록과 같은 순서를 따르지만, 스탠딩이 제시한 다섯 번째 범주는 제외했다. 도로와 다리를 건설, 보수하는 일인데, 말라가시어로 된 문헌에는 전혀 나오지 않기 때문이다. 19세기 판례들에 등장하는 표준 목록을 보려면 국립도서관 IIICC 365 f3: 111-112; IIICC37 f2 (Ambohitrimanjaka 1893)를 참고할 수 있다. 마다가스카르 역사 모음집인 『귀족 이야기』에 등장하는 면제의 표준 목록은 Callet(1908)의 411쪽 (Amdriamamilaza) 및 545쪽(Antehiroka)을 보면 된다. 또, Ambohibato, Ambohimalaza, Amgohimirimo, Antsahadinta의 경우에는 (20세기 초의 마다가스카르 백과사전인) 〈기록

읽어 보면 네 가지 모두에서 중심이 되는 일은 무거운 물체를 끌어 옮기거나 지고 나르는 일이라는 점이 눈에 띈다. 물건은 대개 바구니에 담은 뒤 머리에 이고 날랐다. (2번은 예외로 보일 수도 있지만, 대규모 땅파기 공사에서 일해 본 적이 있다면 파낸 흙을 통에 담아 들어 올리고 나르는 것이 제일 힘들고 일도 많다는 점을 안다.)

물론, 짐을 짊어지는 일에 대한 강조는 물론 당시의 물리적 조건과 관련이 있었다. 19세기 이메리나에는 짐을 실을 수 있는 짐승이나 수레가 없었다. 도로 역시 처참한 수준이었다. 그렇기 때문에 웬만한 물건은 모두 인력으로 옮겨야 했고, 운송이 극히 힘겨울 때도 많았다. 하지만 이런 일들을 파눔포나의 전형으로 선택한 배경에는, 왕국에서도 가정에서와 마찬가지로 타인의 짐 운반을 종속의 상징으로 여기는 일반적 감각이 분명 있었다. 왕족의 경우에는 이 원칙이 정말로 광범위하게 적용되었다. 왕족과 공무원은 먼 거리를 걷지 않았기 때문이다. 이들은 외국인 방문자들처럼 가는 곳마다 숙련된 가마꾼의 어깨에 놓인 가마를 타고 다녔다. 왕실 가마꾼 자체는 왕실 호위병과 비슷하게 전문가 계층을 이루면서 선망의 대상이 되었다.[15] 주요 궁정인이나 지역 유지들은 숙련된 전속 가마꾼을 두는 것이 상례였고, 이 가마꾼들은 노예들 사이에서는 특권층을 이루었다. 현실에서는 이 지위에 역설적인 면이 있었다. 자유민들은 왕에게 부역을 행하는 (그러니까, 물건을 나르는) 사람들로 규정되었고 노예들은 사적 개인에게 그런 일을 해 주는 사람이었다. 때문에, 유럽 상인은 자유민으로 태어난 마다가스카르인 중에서 가마꾼은 물론이고, 상품을 수도

(Firaketana)〉에 등장하는 항목들을 찾아 보면 된다(Rvelojaona, Randzavola, Rajaona 1937).
15) 이들은 궁정 문서에서는 알린지네라(alinjinera), 즉 '기술자'로 지칭된다.

와 항구를 연결하는 불편한 길을 따라 운송할 짐꾼을 찾기가 거의 불가능했다. 이런 일을 기꺼이 할 사람들은 모두 노예였다. 그래서 많은 노예들이 아주 유리한 경제적 위치를 확보했다. 수입 중 일부만 지불해도 되는 주인과 독립해서 일하면서 마다가스카르 상당 지역을 포괄하는 운송업을 지배했고, 그 덕분에 높은 임금 기준을 확보한 준-기업형 조합을 구성했던 것이다(Campbell 1981). 이처럼, 종속상태의 극한을 현실적인 힘으로 전환하는 양상들을 이 글에서 계속 보게 된다.

'짐지기'의 양면성

여기까지 내가 제시해 왔던 그림은 꽤 단순했다. 메리나 아이들은 무거운 짐을 나르는 경험을 하면서 위계질서의 본성을 많이 배운다. 이 경험은 말 그대로 '눌리는(oppressed)' 경험이자, 타인이 소유한 물건의 무게를 머리·등·어깨로 느끼는 경험이다. 이와 같은 일들은 왕국의 전체 구조 속에서 종속의 상징이 되었다. 두 경우 모두에서 물리적으로 위축되는 경험은 세상으로 나아가거나 펼쳐지는 것과는 대립된다고 볼 수 있다. 확장의 매개체는 (주키라면) 말 또는 (안드리나라면) 물건이다. 이 산물들은 만든 사람과 분리되면서 타인에게 영향을 줄 수 있게 된다.

어쩌면 강조점이 달라서 생긴 차이일지도 모른다. 가정에서 남성이 쇠를 다루거나 여성이 길쌈을 할 때, 제작 방식을 정하는 사람은 대개 나이가 가장 많은 사람인 반면, 제작에 필요한 물건들을 나르느라 분주한 것은 어린 사람들이다. 또, 왕이 사람들을 모아 놓고 명령을 내리거나 (궁전을 새로 지을 목재를 확보하는 것과 같은) 일에 착수하려 동의를 구할 때, 안드리마시나발루나 또는 안드린톰푸쿠인드린드라(Andriantompokoindrindra)처럼 왕릉의 물리적 건축을 진행할 특권을 갖는 계층이 먼저 어명에 응했다. 이와 같은 관례는, 이 계층이 주키가 잔드리를 대변하는 것처럼 왕국 전체의 대변인으로 행동한다고 여기도록 만들었다(Callet 1908: 288). 물론, 왕국의 공시 구조에서도 말을 지배하는 권력이 특권층의 지위와 동일시되었는지는 불확실하지만, 19세기 후반 기독교와 선교사 학교가 보급되면서 제일 중요한 요소가 된 것은 분명하다.

짐을 짊어지는 이미지에는 양가적인 측면도 있었다. 예컨대 일상적인 용법에서 '나르다'라는 말이 꼭 종속을 뜻하지는 않는다. 정반대를 뜻하는 경우도 가끔 있다. 미툰드라(mitondra)라는 말에는 '가져오다'나 '나르다'라는 뜻 외에 '이끌다'라는 뜻도 있다. 똑같은 단어가, 누군가 "삽을 날라왔다."거나 "수백에 달하는 파견군을 이끌고 도착했다."고 말할 때도 쓰인다. 권위 자체도 곧잘 짐이라고 하기 때문에, 의무 내지는 특정 공직역시 '나른다'. 적극적 통치는 "사람들을 나르는"(mitondra vahoaka) 문제고, 통치라는 뜻으로 쓰이는 가장 흔한 어휘는 사실 추상명사인 피툰드라나(fitondrana), 곧 '나르는 방식'으로 번역하는 것이 제일 좋은 말이다.

이런 관용어는 자체적인 뜻은 별로 없지만, 쌍방 의무에 대한 일반적 감각에 호소하며 성립되는 것 같다. 이러한 감각은 가족 내 위계질서에 뿌리를 둔 것처럼 보이고, 종국에는 사람들이 국가와 자신이 맺는 관계를 파악하는 방법의 중핵이 되었다.

가정에서 연장자들에 대한 의무가 호혜 관계의 일종이라고 여겨지는 경우도 많다. 육아 문제에서는 아기를 업고 있는 여성의 이미지가 노동의 상징이 되었다. 보살피고, 먹이고, 입히고, 씻기고, 가르치고, 기타 필요한 시중을 들어 주는 것과 같이 (물론 하필 어머니인) 부모가 해 주는 일 전체를 압축해서 보여 주는 이미지가 된 것이다. 이와 짝을 이루는 의무, 즉 성인이 된 자식이 부모와 조상을 부양해야 하는 의무는 통틀어서 발림-바베나(valim-babena)라고 했다. "업어 준 데 대한 보답"이라는 뜻이다. 다른 어휘로는 "머리에 이고 나른 물건"을 뜻하는 룰루하(loloha)나 룰루하비나(lolohavina)가 있었다. 이 말들은 타인을 돕는 것과 관련된 의무 전체를 부르는 데 쓰는 말이지만, 그 중에서도 특히 수의를 교체하는 주기적 의례인 파마디아나에서나 묘소를 짓고 수리하는 과정에서 조상의 시신을 내올 때 옷과 같은 선물들을 올려야 하는 의무를 뜻했다.[16]

이제 짐지기의 호혜성까지 왔다. 등에 업는 일로 묘사되는 육아노동은, 부모가 연로할 때는 봉양하고 하직한 이후에는 묘소와 시신을 관리하면서 되갚을 수 있다. 따라서 이와 같은 일들은 후손들의 머리에 얹히는 짐에 비유될 수 있다(Lambek 2002; Cole 2000: 319-20을 참고).[17]

19세기에서 유래하는 몇몇 문헌은 '머리에 이는 짐'인 필룰루하비나(filolohavina)라는 말을 조상에 대한 의무 뿐 아니라 국가에 대한 조세와 부역의 의무를 일컫는데도 쓰고 있다. 의외의 현상은 아니다. 따라서, 여기서 통치자와 피통치자의 관계를 양육 관계로 표상한다는 사실이 특히 흥미로와진다. 사람들이 통치자와 맺는 관계에 대해 이야기할 때 가장 많이 쓰는 말은 미타이자(mitaiza)일 것 같다. 그런데 이 말은 문자 그대로는 아이에게 젖을 먹이거나 아직 스스로를 건사할 능력이 없는 아이를 보살피는 일을 뜻한다(Rajemisa-Raolison 1985: 909). 확장된 의미로는, 남의

---

16) 사실 내가 다른 곳에서 길게 논증했지만 (Graeber 1995), 이런 의식들은 궁극적으로는 조상들을 유아화하면서 어린아이처럼 다루는 효과가 있었다. 또 '나르기'의 상호 의무에 대한 내 논의 대부분은 같은 주제를 다룬 제니퍼 콜(Jennifer Cole)의 논의에 빚을 지고 있다. 콜의 논의는 암부디하리나(Ambodiharina) 지역의 베치미사라카인(Betsimisaraka)을 연구한 내용을 담고 있으며, 같은 문제를 다루지만 내 글보다 훨씬 명료하게 설명한다.

17) 람벡의 책 『과거의 무게』(Lambek 2002)는 마다가스카르 서부 연안의 사칼라바인이 쓰는 유사 어법을 자세하게 분석한다. 다만 사회정치적 맥락은 매우 다르다.

아이를 기르고 보살피며 수양한다는 뜻도 있다. 19세기 문헌들은 한결같이 국민이나 국민 대표들이 왕을 양육한다고 표현한다. 메리나 왕실의 상징체계를 다루는 역사학, 민족학 문헌에서는 거의 무시되어 온 측면이다. 너무 이상해 보였기 때문에 무시되었을 가능성이 크다. 왕을 신민이 기르는 어린애로 보는 관점은 우리에게 친숙한 '국부'라는 가부장적 통치자의 이미지 앞에서 사라져 버리고, '귀족'을 공업 생산자로 보는 사고방보다 훨씬 더 생경한 느낌을 준다.[18]

왕실 고문 역할을 했던 평민들은 라나발루나 1세 여왕의 통치 시기부터 왕실 '각료' 역할을 하면서 실질적으로 왕국을 장악했다. 말라가시어로 된 문헌들은 모두 이런 사람들을 '피타이자 안드리나(mpitaiza andriana)', 바로 '왕의 유모'라고 적는다. 왕족에게 바치는 의례적 부역 중에서 가장 선망받는 일에는 왕족 자녀 돌보기가 명시적으로 포함되어 있다. 예를 들어 안타나나리보 평원의 진짜 토착민이라고 여겨지는 평민집단 안테히루카(Antehiroka)는 할례의식이 거행될 때 어린 왕자들에게 축복을 내릴 수 있는 특권을 지녔고, 전사로 특화된 씨족 중 하나인 마넨디(Manendy)는 어린 메리나 공주들의 놀이 상대가 되어 줄 수 있는 특권을 지녔다(Domenichini-Ramiaramanana & Domenicani 1980).[19] 모두 부분적으로는 어떤 의존성을 인식한 결과일 뿐이다. 떠받들어지는 사람은 분명 자신을 떠받드는 사람들에게 의지하게 된다. 왕 또한 국민들이 먹여 살리기 때문에 어떤 의미에서는 유아화되는 것이다.

---

18) 우리에게 더 친숙한 상징체계 유형이 전혀 없는 것은 아니다(Bloch 1986을 참고). "왕은 국민의 아버지이지만 국민은 왕에게 아버지이자 어머니이다."라는 표현도 흔히 쓰였다.
19) 도메니치니는 이런 집단이 주권자와는 지바(ziva) 내지는 '농담하는 관계'를 맺었다고 주장한다. Herbert(1958)를 참고할 것.

이 시점에서는, 대체 어디까지가 수사에 불과한지, 수사에 불과하다면 실제 일이 돌아가는 방식에는 얼마나 영향을 주었는지 질문해볼 수 있다. 상황에 따라 다르다는 것이 답일 듯하다. 가령 왕실 부역에서는 왕실의 살림 자체와 관련된 일들이 특별히 타당하다고 여겨졌다. 시골길을 따라 목재를 수천 킬로미터나 끌어 나르는 무지막지한 일들마저 (사실은 특별히 더) 타당성이 크다고 여겨졌다. 왕궁을 짓거나 보수하는 작업의 일환으로 보았기 때문이다. 국가산업계획에 관련된 노동이나 군복무는 절대로 그만한 타당성을 인정받지 못했으며 광범위한 저항을 불러왔다. 왕족에게 자신들의 역할은 왕이나 여왕을 '양육'하거나 '보살피는' 일이라고 납득시킬 수 있었던 사람들도 다양했다. 예컨대 왕실 삼피(sampy)[20], 곧 국가의 '수호부'(守護符)를 지키는 (주로 평민인) 감시자들은 메리나 왕국의 필요와 맞물려 성직자에 준하는 계급을 이루면서 자신들을 음피타이자 안드리나로 내세우곤 했다(Jully 1899: 325; Domenichini 1977 등을 참고). 라다마 재위 이후 국가를 실질적으로 수중에 넣은 평민 출신 정치가와 장성 집안들도 마찬가지였다. 하지만 가축을 돌보거나 항구로 상품을 실어 나르는 일처럼 개인적 목적으로 노동력을 착취할 때 파눔포나를 근거로 들면, 여기 소환된 사람들은 매우 부당한 일이라고 여겼다.

대중 정파도 피타이자 안드리나 카드를 꺼내 들 수 있었다. 이메리나의 최초 방문자 중 한 사람인 니콜라 메이외르(Nicholas Mayeur)라는 프

---

20) [역주] 삼피는 18-19세기에 쓰였던 수호부 계열 우드로, 가문이나 딤, 영토 전체를 보호했다. 선교사들이 삼피를 '우상'이라고 보았기 때문에, 파눔푸 삼피(mpanompo sampy, '우상 숭배') 는 '이교도'를 일컫는 말이 되었다. 이메리나 농촌 지방 사람들은 모두 명목상으로나마 기독교와 연관되어 있다고 주장했기 때문에 그런 물건이 아직도 있다고 인정하려 들지 않았다. 하지만 적어도 아리부니마무 지역에서는 삼피의 명칭이 우드 하반드라(ody havandra), 곧 '우박 부적'으로 바뀐 듯하다(Graeber 2007).

랑스인 노예상은 1777년에 왕국의 여성 대표들이 주기적으로 회합을 가지면서, 군주인 안드리아남보치마로피(Andrianamboatsimarofy)를 버릇없는 아이 대하듯 야단치면서 술은 작작 마시고 세금은 내리라고 명령하는 풍경을 기록했다. 라다마 1세가 1822년 최초로 상비군 제도를 도입하면서 왕국의 청년 절반을 군인으로 만들어서 머리를 짧게 깎아 신분을 표시하겠다고 공표하자, 엄청나게 많은 여성들이 모여들어 자기가 왕의 '유모'라고 주장하면서 비슷한 시위를 벌였다(Ellis 1838; Larson 2000: 240-253). 하지만 일이 잘 풀리지는 않았다. 라마다는 전통제도를 멸시하고 무자비한 태도를 취하는 것으로 악명이 높았다. 그는 병사들을 시켜 시위대를 이틀 동안 굶긴 채 가둬 두었고, 풀어주기 전에 주동자들을 마구 패게 했다.

하지만 똑같은 이미지가 19세기에 분명 가장 인상적이었던 시위—봉기라고 불러도 될 시위—에서도 출현했다. 1863년의 라마넨자나(Ramanenjana), '춤 광증'의 발발이다(Davidson 1889; Raison 1976).

여기서 일반인이 왕실 권력을 상상하는 방식에 매우 깊은 영향을 준 것으로 보이는 인상적인 이미지를 하나 설명할 필요가 있다. 왕궁 행차가 진행될 때, 사람들을 동원해서 줄줄이 왕실 짐을 나르게 하는 모습이다. 이 행사는 특히 라나발루나 1세(1828-1861) 치하에서 대재앙을 불러 온 것처럼 보인다. 여왕은 출타할 때마다 궁정 사람들 전체는 물론이고 어마어마하게 많은 가구와 집기를 대동했기 때문에, 인근 마을에 사는 주민들 전체가 강제노동에 소환되어 수행원 행렬을 이뤘다. 확실히 양가적인 요구였다. 왕실 짐을 나르는 일은 군주에게 바치는 부역이 틀림없기 때문에 본질적으로 정당하다고 여겨졌다. 하지만 결과가 대개 파국적이었다. 일꾼들에게 먹을 것을 주지 않았고 여왕 휘하의 사람들이 보급품을 모두 소비하는 경향이 있었기 때문에, 수천은 아니더라도 수백에 달하는 사람들이 탈진과 굶주림, 병으로 죽어 나갔다. 여왕의 비서인 룸바나(Raombana)는 1845년 왕실의 마네리네리나(Manerinerina) 원정 후, "관광차 떠난 소풍이 이토록 풍성한 기근과 사망을 낳은 적은 결코 없다."고 적었다.

라나발루나는 라다마 1세의 왕비였고, 저명한 평민 출신 장성 여러 명의 지지를 받아서 왕좌를 계승했다. 라나발루나 여왕은 선교사를 비롯해 외국인을 추방하고 삼피를 복권한 것으로도 유명하지만, 라다마가 만든 군대와 관료장치를 계속 운영해 낸 것으로도 유명하다. 대중의 기억 속에서는 라나발루나의 재위 기간이 가장 억압적이었다. 파눔포나를 끝도 없이 요구하면서, 독약 재판을 체계적으로 활용해서 진짜였든 상상에 불과했든 반역자와 적을 색출했기 때문이다.

　여왕이 결국 1861년에 사망하자 아들인 라다마 2세가 즉위했다. 라다마 2세는 왕실 의례를 대부분 폐지하고 외국인 선교사를 비롯해 온갖 경제 투자를 재유치하면서 어머니의 정책을 거의 다 뒤집었다. 1년도 되지 않아 교회와 플랜테이션 농장이 수도를 에워쌌다. 여기에 대한 대중적 불신이 마다가스카르 역사상 가장 유명한 대중 저항을 점화시킨 것으로 보인다. 외국인 목격자들이 '춤 광증'이라고 묘사했던 라마넨자나라는 '병'이다. 이메리나 전역에서 수천에 달하는 사람들 — 절대 다수는 여성, 나머지는 거의 노예 — 을 타격한 라마넨자나는 사실 신내림의 일종이었다. 사람들에게 씌인 영이 춤추며 나올 수 있도록 하는 것이 문제의 증세를 치유하는 유일한 방법이었으니 말이다. 악사들이 피해자를 돕기 위해 곧바로 나타났고 악단을 이뤄 수도로 향했다. 이 증세를 보인 사람들은 수도로 귀환 중인 죽은 여왕의 짐을 짊어지고 있다고 주장했다. 아들이 외부인에게 문호를 개방하고 무엇보다도 기독교를 재도입함으로써 자신의 정책을 내버린 것을 꾸짖으려 돌아오는 중이라고 했다.[21] 이 사건은 1822년의 반란과도 상당히 유사했지만 정부가 도저히 진압할 수 없는 형태로 나타났다. 라다마 2세는 초월경(超越境, trance)에 빠진 여성들의 부대가 왕궁을 포위한 채 맴돌면서 궁 안으로 계속 들어오려 하자 당혹감에 마비되었었고, 기독교인 고문들에게 지금 자신이 보고 있는 것이 종말의 징조냐고 반복해서 물었다. 군 장성들은 끝내 이 기회를 놓치지 않고 왕을 암살한 뒤, 외국인의 토지 등에 대한 경제 자산 매입권을 비롯해 큰 반발을 낳았던 정책 대부분을 뒤집었다.

각 사례에서 국민 대표들과 (남성인) 왕의 관계가 하필 모자관계라는 사실에 주목할 필요가 있다. 어머니의 권위는 적어도 아들에게 향할 때는 각별하고 애정어린 마음을 담았다고 여겼기 때문에 권력관계를 역전시킬 때 적합한 매개체 구실을 했다. 두 번째 사례에서, 신들린 여성들은 자신들이 여왕의 짐을 짊어지고 있다고 주장했다. 완전한 종속을 택한 뒤 변증법적 주짓수의 기교를 빌어 권력을 확보하는 수단으로 변경하는 고전적 형태의 신들림이다. 하지만 이 사건은, 메리나 문화에서 이미 복잡하기 이를 데 없던 권위 관련 원칙들과 이미지들의 실타래를 한 번 더 헝클어트리는 결과를 낳았다. 다음 절에서는 20세기 이메리나 지역에서 내가 직접 보았던 신들림 현상과 영매들의 역할을 살펴 봄으로써, 이와 같

---

21) 여왕을 위해 나르는 짐조차 어떤 의미에서는 여왕의 현존 내지는 영예의 일부였다. 왕실 짐꾼들은 물동이를 궁전에 나를지라도 창을 든 남자가 앞에서 길을 터주었다. 사람들은 창 든 사람의 지시에 따라 길 옆으로 물러난 뒤, 여왕이 행차할 때처럼 모자를 벗어 존경의 표시를 해야 했다.

은 권위의 원칙들이 구체화되면서 사람들이 정치적 권력의 본성을 상상하는 방식과 부합하게 되는 경위를 분석해 볼 것이다.

3. 아리부니마무와 영매

아리부니마무는 수도 서쪽으로 뻗어나온 고속도로를 감싸 안고 있다. 마을 대부분은 매우 완만한 경사면에 걸쳐 있다. 그래서 마을의 짐꾼들은 독특한 상품 운송 방식을 고안해 냈다. 장터 근처의 택시정류장을 돌아다니거나 고속도로 주변 집 베란다에서 아래를 내려다 보면, 커다란 수레라고 하는 편이 좋을 마차 한 대가 십 분마다 언덕을 따라 굴러 내려오는 모습을 볼 수 있다. 수레에는 가방, 상자, 상품 꾸러미가 가득 실려 있고, 조종석에는 방향타를 잡는 청년 하나, 짐 내리는 일을 거들러 탔다가 신나게 마차 드라이브를 즐기는 청년이 한둘 동석하고 있다. 1989년에서 1991년 사이에 내가 아리부니마무에 있었을 때는 이 짐꾼들이 모두 '흑인'(olona mainty, 19세기 노예들의 후손)이었다. 극히 드문 예외가 있었지만 이 사람들은 출신 계층이 아주 약간 높아서 사회에서는 더한 쓰레기 ― 주정뱅이, 밥벌레, 일을 안심하고 맡길 수 없는 폐물 ― 취급을 받았다. 그런 취급을 받아도, 공공장소에서 신이 난 모습을 보이는 사람들은 이들밖에 없었다. 언덕길로 굴러내려가는 마차를 타는 일은 아주 재미있었다. 짐을 내리고 나면 수레를 다시 언덕 위로 밀어 올려야 했지만, 고된 일은 아니었다. 말했듯이, 경사면이 아주 완만했다.

　마을의 버팀대인 시장 근처에 서 있는 작은 가건물이 택시정류장의 중심이었다. 이곳은 짐을 싣고 내리는 승합차와 짐마차들로 늘 붐볐다. 노예 후손만 이런 일을 하지는 않았다. 누구나 택시운송조합에 가입할 수 있었다. 오히려 더 단순하고 힘든 육체노동, 곧 물건을 지고 나르는 일이 별도 취급을 받았다. 바로 눈치챌 수 있는 사실이었다. 갓길이나 거친 시골길을 따라 짐을 지고 나르는 격한 노동을 시킬 수 있는 사람은 짐수레꾼들밖에 없었기 때문이다. 생계형 짐나르기에 대한 편견은 당시에도 생생했다.

마을에 한두 번 갔을 무렵, 나는 바로 이 택시정류장 옆 아리부니마무 시장통의 작은 밥집 거리에서 아주 특이한 사람을 하나 만났다. 이 사람을 선생님(Ramose)[22]으로 부를까 한다. 나는 선생님을 처음 만났을 때 이 사람이 제정신인지 알 수가 없었다. 창백한 중년 남성이었던 그는 누덕누덕 기운 옷을 입고 있어서 유럽 광대처럼 보였지만 목소리만큼은 크고 자신감이 넘쳤다. 선생님은 (아버지가 이전 정권에서 유엔에 파견된 마다가스카르 대표였던) 모범적인 가정에 태어났지만 유명한 괴짜였다. 집에서 물려받은 재산은 부인을 계속 바꾸면서 모험을 즐기느라 한푼 두푼 다 써버렸다. 프랑스어와 말라가시어 과목을 지역 공립고교에서 가르쳤지만 이 일도 그만두고 도둑맞은 물건을 찾아 주는 일을 전문으로 하는 섬성술사 겸 비정규 치유사로 일하게 되었다. 그는 학교에서 일하던 무렵 신들림의 한 유형인 암발라벨나가 대대적으로 유행했을 때 자신만 그 증세를 치료할 수 있었던 것을 보고 진짜 재능을 처음으로 발견했다고 한다. 나는 선생님과 그의 딸 샹탈과 암발라벨나 유행에 대해 말을 나누면서, 억압과 짐나르기의 관용어법이 이와 같은 현상에서 얼마나 독특하고

---

22) [역주] '라모세'는 본래 학교의 남성 교사를 일컫는 말이다. 프랑스어 Monsieur를 번역하는 과정에서 호칭의 용법을 갖게 되었다. 한국어에서도 사람을 격식을 갖춰 높여 부를 때 '선생님'이라는 표현을 종종 사용하므로, 글에서는 '선생님'이라는 번역어를 사용했다. 말라가시어에서 사용되는 호칭들은 이 책의 308페이지 주석 36번에 기술되어 있다.

의미심장한 형태로 뒤얽혀 있는지 깨닫게 되었다.

신들림

아리부니마무에서 쓰는 구어체 말라가시어 중, '신들렸다'는 말로 번역될
수 있는 표현이 두 개 있다. 하나는 직역하면 "무언가가 내리눌렀다"가 되
는 친드린-자바트라(tsindrin-javatra)이고, 다른 하나는 "무언가가 끌고가
다"라는 뜻인 엔틴-자바트라(entin-javatra)다. '내리눌렀다'는 사람이 비
교적 가벼운 상태로 영과의 관계에 들어가는 것을 일컫는다. 예를 들어,
영이 자신을 부르는 꿈을 꾸거나 초월경에 빠져 영이 귓속말이나 다른 방
법을 빌어 말을 건다고 느끼는 경우다. 하지만 영매 자신의 인격이 사라
지기 시작하는 더 극단적인 형태의 초월경으로 진전될 수도 있다. 엔틴-
자바트라라는 말은 가장 극단적인 상태를 지칭하는 데 쓰인다. 이 상태로
신들린 사람은 자기 정체성에 대한 의식은 전부 잃고 영의 의지대로 행동
한다.[23] 영에게 '끌려간' 사람은 자신이 신들린 상태에서 한 일을 전혀 기
억하지 못한다.[24]

하지만 신들림 상태에서 정확히 무슨 일이 벌어지는지 설명을 듣다
보면 두 가지 설명방식이 오락가락하기 때문에 혼란스러운 구석이 있다
(사실 웬만한 사람은 전혀 모른다고 주장하기 때문에, 본인은 설명할 수 있다

---

23) 이 사람들은 말 그대로 "본인을 기억하지" 못했다(tsy mahatsiaro tena).
24) '끌고간' 것이 죽은 왕이든, 악귀든, 아니면 본인이 사용한 주술이든 마찬가지였다. 자신의 애
    정 주술에 사로잡혀 마녀가 된 채 밤에 뛰어 다니게 되어 버린 수많은 여성들도 그런 경우다.
    친드리나라는 말은 보통 본질적으로 선하거나 적어도 중립적인 본성을 갖는 힘을 일컫는 데
    쓰였다. 엔티나(entina)라는 말은 본질적으로 위험하거나 악한 본성을 갖는 힘을 부를 때만
    쓰였다. 예를 들어 조상령이나 선왕령이 '끌고갔다'고 말하기는 꺼린다. 그 까닭은, 힘을 행사
    하는 방법 중, 타인의 행위능력을 완전히 지우거나 압도해 버리고 자신의 것으로 대체하는
    방식은, 도덕적으로 수상하다(다른 글에서 길게 논의했다.)는 느낌을 주기 때문인 것 같다.

고 생각하는 몇 안 되는 사람들이 그렇다는 뜻이다). 신들린 사람과 외부의 힘이 맞붙었다고 표현하기도 하고, 외부의 힘이 사람을 완전히 장악해 버렸다고 표현하기도 하는 것이다. 이 점은 내가 선생님과 처음 이야기를 나눴을 때 분명해졌다. 선생님은 마다가스카르학을 배웠을 뿐 아니라 가르치기도 한 경험이 있으니 설명을 제일 잘 해 낼 수 있는 사람이겠지만, 그의 설명마저 아주 어수선했기 때문이다.

선생님을 유명하게 만든 암발라벨나 사태는 1977년에 발발했다. 지역 공립고교 기숙사의 십대 소녀 전체가 라마넨자나와 비슷한 증세를 겪었다. 라마넨자나는 보통 악한이 피해자를 악귀 영향을 받게 할 때 생겨나는 증세다. 나는 이 사태로 얼마나 엄청난 일들이 생겼는지 여러 번 들었다. 희생자들은 갑자기 공황 상태에 빠져서 교실을 박차고 나온다. 사태가 급속도로 진전되면서 몇몇은 옷을 찢어 벗어던지고 벌거벗은 채 교정을 뛰어다니고, 나머지 학생들은 바닥에 뒹굴면서 고통스럽게 몸부림을 치고 소리를 지르면서 옷을 발기발기 찢는다. 신들린 학생들이 2,3층 창문에서 뛰어 내려도 다치지 않았다든가, 힘이 제압할 수 없는 지경으로 엄청나게 세어 진다는 말들도 있었다. 어떻게 그런 일이 생길까? 다음은, 암발라벨나 증상이 나타날 때 무슨 일이 벌어지는지 선생님이 들려 준 내용이다.

선생님 : 처음에는 머리가 아프기 시작하고, 막판에는 정신을 잃습니다. 말이 안 되는 소리를 중얼거리기 시작하니까 사람 속에 다른 사람이 있는 것 같죠. 병 앓는 사람을 겁나게 만드는 뭔가가 있습니다. 숨을 못 쉬게 하면서 고통스럽게 만듭니다. [악령(fanahy ratsy)이 어떻게 자기 모습을 드러내는가에 따라] 뱀이나 맹수와 사투를 벌이는 것처럼 느껴집

니다. 그래서 신들린 사람은 자신 안에 '다른 누군가(second person)'가
있다고 말을 합니다.

　샹탈 : 다른 누군가가 눈에 보여요?

　선생님 : 볼 수 있다. 뱀이 자기 목을 졸라대면서 아프게 만드는 게 보
이니까 싸우려 하는 거지.[25]

선생님은 이 증상을 보이다가 잠깐 정신을 되찾은 여학생에게 질문을 하
라고 불려 왔다. 이 여학생은 보이지 않는 짐승에게 공격을 받았다고 말
했다. 다만 자신을 붙잡고 있는 손은 볼 수 있었다. 짐승이 옷을 잡아당기
는 것처럼 보여서 찢어버릴 수밖에 없었다고 했다. 그렇기 때문에 아무
것도 없는데도 괴로워 하면서 몸을 뒤틀고 소리지르는 것처럼 보였던 것
이다. 여학생은 몸을 흔들어서 이 짐승을 떨쳐 내려고 죽을 힘을 쓰고 있
었다.

　하지만 선생님은 말한 내용을 정리하는 과정에서 정반대의 주장을
내놓았다. 소리를 지르며 몸부림을 치는 것이 사실은 악귀 — '다른 누군
가' — 였다는 것이다.

　선생님 : 본래의 인격은 스스로를 제어할 수가 없죠. 다른 누군가가 장

---

25) R : Dia Navy hatrany, dia marra andoha tamponna inlay olona, dia very saint any eo izy.
Dia miteniteny foana, toa sahala amin'ny misy olona faharoa ao aminy.
Ka miss zavatra mampahatahotra ny marary. Voa manakenda aza. Voa mampijaly azy.
Sahara amin'ny miado ambiby masiaka iray izy, sahala amin'ny bibilava iray. Arakaraky
ny fisehio ilay fanahy ratsy, izay atao hoe, olona faharoa ao aminy.
C : Hitan'ny maso ve izany?
R : Hitan'ny masony izany. Hitan'ilay olona. Nohitany play bibilava. Naiadi amin'ireo
henné, izay manimba azy, manakenda azy.

악하고 있으니까요.

데이비드 : 그러면 다른 누군가가…….

선생님 : 다른 누군가가 이상한 행동을 하는 거죠. 말이 안 되는 소리를
하고 옷을 찢어발기고…….

데이비드 : 하지만 그게 정말 다른 누군가인가요, 아니면……?

선생님 : 악귀에요. 죽은 사람의 혼인데, 겁을 주는 거죠. 뱀, 사나운 인
간, 해치려고 덤비는 귀신 같은 모습을 하고 나타나요…….

샹탈 : 그 귀신이 신들린 사람을 힘 세게 만드는 거에요?

선생님 : 그 귀신이 힘을 세게 만드는 거죠. ― 암발라벨나에 걸린 여학
생은 남자 어른 다섯 명에 맞먹는 힘이 있으니까. 힘이 정말 엄청 세지.[26]

나는 전혀 이해가 안 갔다. 처음에는 말을 못 알아듣는 문제라고 생각했
다. 분명 뭔가 놓치고 있었을 것이다. 다음 날 녹취를 끝내고 내가 직접 들
었던 대로 선생님의 말이 모순되었다는 사실을 확인한 다음에야 다시 물
어볼 수 있었다. 헷갈리는데요, 라고 말했다. 어떨 때는 피해자가 의식이

---

26) R : Tsy ny tompon'ny tena intsony ilay olona voalohany, fa ny olona faharoa no
manjaka.

DG : Fa ny olona faharoa dia…

R : Io no adaladala, io no miteniteny frana, io no mandrovitra akanjo…

DG : Fa tena misy olona faharoa sa misy, misy…

R : Fanahy ratsy.

DG: Fanahin'ny olona maty ve?

R : Fanahin'ny maty io, ka mampahatahotra azy. Miseho toy bibilava, miseho toy olona
masiaka, miseho toy ny angatra…

C : Izay no mampatanjaka azy io?

R : Izay no mampatanjaka azy io ― fa ankizivavy iray voan'ny Ambalavelona no
manana ny herin'ny lehilahy dimy. Manana hery manokana.

있어서 귀신과 싸우는 중인 것 같은데, 또 어떨 때는 피해자 본인의 의식
은 다 사라지고 귀신이 말이나 행동을 하면서 피해자가 이상한 말을 하게
만들고 힘도 엄청 세게 만드는 것 같고. 이럴 땐 피해자 본인이 전혀 아닌
것 같은데요.

그는 잠시 생각한 다음 대답했다. 글쎄, 그렇네요. 가끔 다른 때보다
신이 더 세게 내릴 때가 있지요. 그럴 때는 본인 성격은 완전히 사라지고
영이 몸을 빌려서 행동하지요. 나중에 피해자가 의식을 되찾기 ('자신이
누구인지 기억해 내기') 시작하는데, 그러면 영이 몸 밖에 있으면서 싸우려
드는 것처럼 보일 수 있지요. 그러니까, '끌려가는' 상태에서 '눌리는' 상
태로 바뀌는 거지요.

자나드라누

암발라벨나가 대대적으로 발생하는 일은 드물다. 하지만 자나드라누
(Zanadrano)라고 하는 전문 영매들은 도처에(이메리나 농촌이면 모든 도
시와 대부분의 마을에) 있고 강령회도 매일 있었다. 강령회에 한 번도 안
가본 사람은 없다. 아프면 마을 보건소나 병원으로 가기도 하지만 중병
에 걸리면 강령회에도 반드시 참석한다. 자나드라누는 짐꾼들처럼 노예
후손이 압도적으로 많다. 어떤 사람을 노예로 규정하는 특징에는 조상을
'박탈당한' 사람, 특히 선조의 영토를 박탈당한 사람이라는 특징이 있다.
오늘날에도 노예의 후손들은 다른 메리나인과는 달리 선조에게 물려받
은 고유 영토가 없지만 자나드라누는 선조대의 지리적 배치와 다른 종류
의 연결고리를 찾아냈다. 이들은 선왕의 영혼이 모셔져 있어서 순례지도
되는 산 정상의 '안드리나' 사원들과 연결되어 있다. 자나드라누는 대개
정기적으로 사원을 방문해서 영들과 다시 접촉하고, 낫기 힘든 환자들과

치유 의식을 거행하러 함께 올라오기도 한다.[27]

자나드라누가 하는 일과 의례, 치병(治病)에 대해서는 설명해야 할 내용이 정말 많다. 하지만 정말 강조하고 싶은 내용은 영들 사이에 이루어지는 노동 분업이다. 대부분의 사원에는 묘소가 여러 개 있고 각 선왕령(先王靈)은 다른 영을 반드시 하나 이상 데리고 있다. 이 영들은 대개 묘소 바깥에 묻혀 있으며, 왕의 '병사', '일꾼' 내지는 다소 직설적으로 '하인'이나 '노예'라고 부른다. 왕과 노예의 영은 모두 사람들에게 씌인 채로 구병제(救病祭)를 함께 하지만 근본적으로 서로 다른 역할을 맡고 있다. 왕의 영은 주로 말을 하는 반면, 따르는 영은 무언가를 가져오거나 나른다.

이런저런 주술 공격을 당한 희생자의 병구완을 하는 것이 영매들의 기본적인 일이다(주술 공격이라고 할 수도 있고 사술이라고 할 수도 있다. 주술의 종류는 매우 다양했지만 내가 말을 나눴던 자나드라누 대부분은 제일 흔하게 늘상 하는 일이 암발라벨나를 고치는 것이라고 주장했다). 이렇게 보면 영매는 유적 명칭인 피타이자 울루나(mpitaiza olona)대로 자신이 고치거나 다른 방법을 써서 보살피는 사람들의 '양육자'라고 할 수 있다. 가족들이 거의 매일같이 자나드라누를 찾아와 질환 상담을 한다. 치료의 첫 단계에서 하는 일은 주로 병을 일으킨 것이 누구이며 왜 그랬는지, 어떻게 사술을 행했는지 찾아 내는 것이다. 영매는 음악이 연주되면 초월경 상태로 들어간다. 서로 다른 '안드리나'—여기서는 선왕령을 뜻한다.—여럿을 불러서 도움을 구하는 경우가 많은데, 각각의 영은 고유한 전문

---

27) 산간지역을 다룬 현대 민족지 문헌에는 자나드라누에 대한 내용이 이상하리만치 없다. 영어로 된 자료는 정말 없고, 프랑스어로 된 자료는 드문 편이다. 나오는 경우에도 일상적으로 행해지는 구병제보다는 사원과 순례지에 대한 내용들만 있다. 가령, Cabanes 1972; Radimilahy, Andriamampianina, Blanchy, Rakotoarisoa & Razafimahazo 2006.

영역이 있다고 한다. 예를 들어 안드리안치하니카(Andriantsihanika)는 암발라벨나를 진단하고 고칠 수 있는 능력으로 유명하고, 라파라마헤리(Rafaramahery)는 임신에 문제가 생겼거나 여성들이 병치레를 할 때 고치는 전문가다. 영매는 수시로 거울을 휘두르기도 한다. 이 거울로 범인의 모습이나 우드를 숨겨 둔 장소를 볼 수 있다고 한다. 우드는 '부적'이다. 해코지용 주술이 담긴 짐승의 뿔, 자루, 상자 같은 것으로 대개는 피해자의 집이나 땅 근처에서 발견되고 피해자가 겪는 증상의 일차 원인이 된다.[28]

첫 단계인 진단 과정에서는 영매와 영, 환자, 환자 가족이 함께 대화를 나누는 것이 전형적이다. 어떤 면에서 영매는 영들이 하는 말을 전달할 뿐이라고 본다. 영매는 말 중간중간 계속해서 "라는데요"라고 말하면서 자신은 전달만 하고 있다는 점을 표현한다. 영매가 직접 말하는 법은 없다. 이 때 영매의 상태에는 모호한 점이 있다. 영매는 대개 초월경이라고 할 수 있는 상태에 있다고 여겨지고, 한두 명 정도는 들리는 귓속말을 전달할 뿐이라고 했지만, 절대 다수의 영매는 이 단계에서도 '내가 누구인지 기억'하지 못하고, 겪었던 일을 후에 전혀 기억할 수 없으며, 설령 기억이 나도 꿈에서 깰 때처럼 곧 사라질 단편과 파편들만 기억할 수 있다고 했다.[29]

---

28) 처리해야 하는 우드가 연계망을 이루는 경우도 빈번하다. 밭이나 뜰에 묻어 두는 것이 '어머니 우드'라면, 집 주변에 심어 두는 다양한 우드들은 '자식'이다. 시시카(sisika, 나무조각, 뼈, 이빨 같은 것들)가 환자의 피부 아래 묻혀 있는 경우도 많다.

29) 예를 들어, 책이랑 초와 같이 함에 넣어 둔 거울을 들여다 보면서 영이 다가오기를 기다리는 영매도 있었다. 영매 부인의 설명으로는, 거울을 들여다 보고 있으면 얼굴이 점점 안드리나의 얼굴로 바뀐다고 했다. 영매 자신의 모습이 완전히 사라지고 나면 접신(친드리나)이 완전히 이루어진 것이고, 영매가 말하기 시작한다. 암발라벨나의 경우에는 피해자들이 거울을 무서워하는 경우가 많았다. 자신이 아니라 괴물이나 뱀이 거울에 비치기 때문이다.

문제를 확인하고 나면 가장 극적인 단계에 진입한다. 숨겨 둔 우드를 끄집어내는 것이다. 문제를 진단해 준 영은 한결같이 안드리나나 '성령' (fanahy masina)이라고 불렸지만, 우드를 꺼내는 작업은 늘 다른 영들이 했다. 이 영들은 왕의 수행원이나 노예의 영이며, '거룩하기'(masina)보다는 '힘이 세다'(mahery).[30] 첫 번째 유형의 영들은 간혹 '설명자'(mpana-zava)라고 불렸지만, 두 번째 유형은 '우드를 꺼내는 자'(mpaka ody)라고 불렸다.

　　이 단계를 보통 악한 주술을 '끄집어내기'(misintona)라고 부른다. 선왕령이 힘 센 영을 한둘 보내서 피해자의 땅에 숨긴 다양한 우드를 꺼낸 뒤, 공기 속으로 보이지 않는 형태로 털어내서 의식이 진행되는 장소로 보낸다는 개념이다. 짐작할 수 있듯 이 차례가 구병제의 정점이다. 음악 소리가 높아지면서 영매와 영매의 가족, 피해자의 가족과 친구들, 의식을 보러 온 사람들이 박수를 치고, 모든 사람이 몰입해서 참여한다. 이 순간은 파카 우드의 영이 영매에게 내려서 영매가 일어설 때까지 지속된다.

　　이 단계에서는 동원되는 기술이 다변화될 여지가 많다. 내가 알던 자나드라누 한 사람은 의례가 막바지에 이를 때까지 앉은 채로 있다가 자리에서 일어나 깊은 초월경 상태에서 춤을 추기 시작했다. 한 손에는 주술력이 강한 나무조각으로 채워 넣은 뿔을 들고 다른 손에는 주술봉을 들고 있는데, 이 도구들을 갖고 날아다니던 우드가 집의 문간방으로 들어오도록 유인한다. 이 때, 우드는 청중에게는 보이지 않지만, 그 힘을 없애는 주술을 걸어 둔 물동이로 내려온다. 자나드라누의 딸이나 다른 조수가 이 순

---

30) 사실 '거룩함'은 마시나를 옮기는 단어로는 좋지 않은 경우가 대부분이지만 지금 맥락에서는 통용될 수 있다. 마시나와 마헤리의 차이점은 블록의 글에서 볼 수 있다(Bloch 1986a).

간을 기다리고 있다가 바로 물동이로 가서 밧줄을 동여맨다. 반면, 흰 점토로 표시해 둔 거울 두 개를 든 채 의식을 치르고 있는 방 창문으로 부적이 날아들어 올 때까지, 그 부적을 수호하는 보이지 않는 힘과 사투를 벌이는 자나드라누도 있다(이 과정에서 거울 하나가 깨지는 것이 보통이다).이 자나드라누 역시 주술을 걸어 둔 물통으로 우드를 떨어트린다. 하지만 이 몸싸움은 항상 소리없이 진행되었다. 파카 우드는 말을 절대 하지 않는다.

우드를 파괴하고 나면 보통 선왕령이 돌아와서 다양한 주술들을 처방해 준다. 시시카(sisika: 사술을 건 사람이 피해자의 피부 밑에 넣는 작은 물체들)를 없애거나, 다른 선왕령들을 모신 여러 묘소 근처에서 흙을 모아 두었다가 물에 반죽한 다음 환자의 몸에 발라 후속 공격에서 보호하는 것이다.[31] 하지만 이 무렵이면 진짜 위기가 확실히 지나간 상태다.

여기서도 같은 패턴이 나타난다. 안드리나는 말을 하고 졸개들은 말 없이 나르면서 받든다. 하지만 여기서 드러나는 대립 역시 영과 관계맺는 두 가지 유형, 수준, 강도의 차이에 대응된다. 영매를 '내리누르는' 자비로운 조상령과는 적어도 대화를 나눌 수 있는 가능성이 있지만, '끌고 갈' 줄밖에 모르는 위험하고 제멋대로인 영들은 사람의 마음이나 주체성을 빼내 버린다.[32]

여기서 전치의 양상은 물론 아주 복합적이다. 선왕령은 자신의 '병사'나 '노예'를 보내서 악한 주술을 없애는 육체 노동을 시킨다. ― 몇몇

---

31) 파모이지나(famoizina) 내지는 파디트라(faditra)라고 부르는 마지막 의식을 거행하는 경우가 많다. 증상을 표상하는 물체를 던져 버리거나 묻어서 돌아올 수 없게 못을 박는 의식이다.
32) 사실 영매들은 기본적으로 선한 영의 경우 '끌려가다'라는 뜻을 지닌 엔타나라는 표현을 쓰기를 꺼리는 경향이 있다. 하지만 그 점만 제외하면 설명이 거의 같다.

영매들의 말에 따르면, 사술을 쓴 사람이 우드를 보호하려 남겨 둔 영들과도 전투를 벌여야 한다. 이런 영들에게는 물건을 가져 오거나 꺼내 오라고 시킨다. 아이들을 심부름 보내거나 평민들에게 왕궁 건설에 쓰일 목재를 나르게 하는 것과 마찬가지다. 동시에, 영매 자신의 역할은 어떤 면에서 파카 우드가 맡은 역할과 동일하다. 영매 역시 자신을 선왕령의 '병사'라고 부르는 데다가, 실질적으로 선왕령의 명령을 전달하거나 따르는 일을 하고 있기 때문이다. 반면 다른 관점에서는 오빠/형처럼 선왕령 대신 말해 준다고 볼 수도 있다. 영의 목소리가 아니라 자신의 목소리로 말하면서 왕의 말은 전달만 하기 때문이다.[33]

이와 같은 모호성은, 여기서 보고 있는 것이, 한 세기 반 전에 라다마 2세를 왕위에서 물러나게 만든 '춤 광증'의 특징인 억압 속의 억압이라는 복잡한 역동이라는 사실을 확인할 수 있게 해 준다. 앞에서 언급했지만, 자나드라누가 된 사람들의 절대 다수는 노예의 후손이었기 때문이다. 이들이 아리부니마무에 엄연히 있다는 사실 자체가 과거의 부당 행위와 억압을 증언했고,[34] 여전히 억압받는 소수였지만—가난하고, 땅도 없고, 정부를 비롯해 권력의 자리에 있는 사람들과의 연줄이라는 사회적 자원이 없었다.—모두가 인정하는 영매로서의 능력이 그와 같은 억압을 효과적으로 연출할 수 있게 해 주었기 때문에 사회적 명성을 얻는 일도 자주 있으며(Graeber 2007), 일이 아주 순조롭게 진행되면 정치적 권력도 얼마간 확보할 수 있었다.

---

33) 마다가스카르 다른 지역에서 행해지며 더 잘 알려진 신들림의 형태, 예를 들어 트롬바(tromba)와는 사뭇 다른 측면이다.
34) 사실 전 노예 소유주의 후손들이 그렇게 생각한다. Graeber 2007을 볼 것.

4. 결론

위계질서의 도덕에 대하여

이제, 내가 보기에도 상당히 헷갈리는 그림이 나왔다.

말라가시어로 누군가가 '억압되었다'고 말하고 싶을 때는 친드리나라는 말을 쓴다. 문자 그대로는 무거운 무게에 '짓눌린다'는 뜻이다. 영어에서와 같은 뜻으로 많이 쓰이며, 타인을 위해 고된 일들을 하라고 강요받기 때문에 스스로를 위해서는 행동하지 못하고 주체성이 묵살된다는 점을 시사한다. 아니면 상층 사람들에게 형편없는 대접을 받는 계급의 일원이라는 뜻일 수도 있다. 의외의 용법은 아닐 것이다. 무거운 짐을 나르는 경험이 위계질서의 최초 경험이라는 사실은 틀림없이 중요하기 때문이다. 하지만 다른 관점에서 보면 의외일 수도 있다. 위계질서 자체가 잘못되었다고 할 사람들이 마다가스카르에 많아서가 아니다. 오늘날에도 어지간한 사람들은 외려 주키와 잔드리 내지는 나이의 상하 관계가 당연히 있어야 한다고 여기면서, 동생이 형의 바구니나 연장을 나르는 것은 조상 전래의 관습이라고 지적한다. 조상 전래의 관습은 절대로 비도덕적이라거나 부당하다고 여겨지지 않는다. 도리어 도덕성의 정의 자체로 취급되는 것이 보통이다. 19세기의 파눔포나 개념도 마찬가지다. 아무리 문헌을 뒤져 봐도, 여왕의 짐을 나를 의무가 원칙적으로 잘못되었다고 평민들이 느꼈을 가능성을 제시하는 근거는 전혀 없다. 지금까지 전해지는 마다가스카르 문헌은 정부 문서, 역사 문헌, 「마다가스카르의 관습」 모두가 한결같이 그와 같은 의무를 당연하게 받아들인다. 군주제 국가라면 대개 그렇듯, 들리는 것은 '간신'에 대한 불만이다. 사심에 빠진 정치가들이 야합해서 왕의 진의를 무시하고 왕이 억압적인 결정을 내리게 만들었다고 해석하는 이 태도는 억압당한 사람들에게서 자주 보인다. 하지만 외국인 목격자들이 입을 모아 지적했듯, 주권자에 대한 충성 자체는 의문시되지 않았다.[35] 라나발루나 1세가 관광을 한답시고 사람 수천 명을 짐꾼으로 휩쓸어 간 뒤 시체들을 줄줄이 흘리고 다녔을 때에도 다르지 않았을 것이다. 평민들이 실제로 왕권에 반하는 주장을 내놓으려 할 때에는 왕권의 정당성을 전제하는 표현들을 썼다. 스스로를 '왕의 유모'[36]라고 표현하는 식이다. 아니면 더 높은 권위자에게 은밀히 간청할 때는 라마넨자나(및 현대의 영매들)처럼 절대적 복종의 이미지를 차용했다.

19세기 문헌들만 보게 되면 불가피하게 다음과 같은 결론을 내려야 한다. 위계는 보편적으로 모든 인간 삶에 자연스럽고 필수적인 원칙으로 가정되어 있고, 왕국 내 모든 사회생활의 근간이 되는 가족제도에 깊이 뿌리박고 있으며, 감히 맞설 생각은 아무도 못 했다는 것이다.[37] 하지만 역사학적인 수수께끼도 하나 손에 쥐게 된다. 1895년의 프랑스 강점, 1896년의 노예제 폐지 및 군주제 해체 이후, 변화가 매우 빠른 속도로 진행되었기 때문이다. 오늘날의 이메리나 농촌에 광범위하게 퍼져 있는 도덕 담론의 징후들이 즉시 나타나기 시작한다. 왕과 여왕은 하나같이 신민을 노예처럼 부렸기 때문에 그 자손들이 불임과 죽음이라는 벌을 받

---

35) 최소한 공개적인 자리에서는 그렇다. 앞서 라나발루나 여왕이 재미삼아 원정을 떠났던 이야기를 인용했는데, 이 역사를 자세하게 적었던 여왕의 개인 비서 룸바나는 여왕에 대해서는 증오심 밖에 드러내지 않았다. 하지만 영어로 기록했기 때문에 궁정 사람들은 아무도 읽을 수 없었다. 따라서 그런 관점을 상상할 수 없었던 것은 아니다.
36) 다만 여기서 스콧의 「지배, 그리고 저항의 기술」(Scott, 1992)을 보면, 왕 숭배와 '간신'에 대한 맹비난은 농부들이 뻔히 택할 수 있는 실용적 전략인 경우가 많고, 술친구들과 할만한 말들과는 아무 관련이 없을 수도 있다.
37) 쌍둥이가 태어나도 누가 주키고 누가 잔드리인지 정하기 위해 누가 먼저 태어났는지를 확인해야 한다. 형제자매간에 서열이 없는 상황을 생각할 수 없기 때문이다.

게 된 압제자로 표상된다(Graeber 2007). 말 그대로 불과 한 세대 전만 해도 생각조차 할 수 없었던 내용이라면, 이 문제의 수사는 대체 어디서 나온 것일까? 물론 프랑스인이 도입했다고 주장할 수도 있다. 범민족적 저항의 구심점이 되었다는 기독교, 프랑스 교육 체계를 통해 전달된 서구의 평등주의 이상에서 새삼스럽게 찾아 낸 중요성을 들먹거릴 수 있는 것이다. 하지만 입증하기는 매우 힘든 주장이다. 아무도 본모습을 기억 못 할 만큼, 전통적 개념들이 낯선 외부 개념들로 완전히 교체될 수 있었던 경위부터 설명해야 할 것이다. 더 아리송한 점이 있다. 이메리나 사람들 중에서도 하필이면 고학력에다 독실한 기독교인이며 친-프랑스적 특권층인 수도 및 대도시 사람들이, 새로운 평등주의적 시각을 여지껏 수용하지 않는다는 사실이다. 이런 사람들은 도리어 마다가스카르의 옛 왕과 여왕들이 고귀하고 정의로왔으며 과거의 위계질서가 본질적으로 타당하다고 주장하는 경향이 있다. 반면 외국의 계몽주의적 개념을 접할 기회가 제일 드문 억압받은 자들의 후손이, 이와 같은 특권층을 구 왕정 시대 압제자들의 후예로 보게 되었다. 이렇게 된 까닭을 설명해야 할 것이다.

당연해 보이는 설명이 하나 있다. 따지고 보면 우리가 참고하는 문헌은 선교활동 보고서, 정부 문건, 공식적인 미사여구가 대부분이라, 전체상을 담아내지 못하는 것일 수도 있다. 제임스 스콧(James Scott 1992)은 이론의 여지 없는 억압 사례—노예, 불가촉천민, 농노 등—에서는 적어도 늘 그렇게 될 수밖에 없다고 주장했다. 극단적 불평등의 상황에 놓여 있다는 말에는, 상황의 정당성과 타당성을 주장하는 공인된 이념 또한 있기 마련이라는 내용이 포함된다는 것이다. 이런 이념은 최상층과 최하층 가릴 것 없이 진심으로 믿는 사람은 아무도 없지만, 공개 석상에서는 맞장구를 쳐야 한다고 느끼는 내용으로 이루어져 있다. 플랜테이션 농장 노예들은 농장주가 자신들의 삶의 질을 아버지와 같은 마음으로 염려한다고 느끼지는 않는다(주인도 마찬가지다). 도리어, 노예들이 주인 앞에서는 가식에 동조해야 한다고 고집하는 것이 주인 권력의 본성을 이루는 한 부분이다. 가식은 주인 권력의 1차 방어선이라고 말해도 좋을 것이다. 그런 상황에서 나오는 결과 하나는, 미래 역사가들이 볼 기록을 위조하려고 공모하지 않았다면 할 수 없었을 행동을 당대 사람들이 한다는 것이다. 당연하지 않은가. 역사기록은 사람들이 무대에서 내려와 하는 말들(스콧은 '숨겨진 기록'이라고 부른다)이 아니라 공식적 사건이자 의견이기 때문에 오늘날까지 역사가들에게 전달될 수 있는 것이다.

스콧은 위계의 단층선이 분명한 상황들을 주로 다룬다. 분명하게 규정된 두 집단이 있으면 반드시 하나는 위에, 다른 하나는 아래에 놓이기 마련이다. 하지만 스콧은 선이 불명확해서 더 복잡해진 상황에서도 비슷한 일이 벌어질 것이라고 주장한다. 이메리나에서 벌어진 일들이 바로 그런 경우일 것이다. 따라서, 18세기와 19세기 초반 이메리나인의 태도를 시사하는 문헌을 철저하게 검토한 피어 라르손(Pier Larson)이라는 역사가는, 현존하는 문헌 중에서 평등주의적 감성이 명시적으로 드러나는 증거는 찾지 못했다고 보고했다. 라르손 자신의 결론은 이렇다. "사회적 평등은 마다가스카르 중부에서는 현실도 아니었고 문화적 이상도 아니었다." 위계는 그 자체로는 의문시되지 않은 "인간 교류의 근본 원칙이었다."(2000: 89)[38] 스콧이라면 사실 이런 것이 바로 어디서나 예상되는 상

---

38) 라르손은 왕정 이데올로기의 기본 논법을 딱부러지게 반박할 '숨겨진 기록'의 증거를 찾지 못할 뿐만 아니라(2000: 256-57), 숨겨진 기록같은 것 자체가 없다고 주장한다. 라르손의 탁월한 학문적 업적을 폄훼할 뜻은 전혀 없지만, 나로서는 마다가스카르 농부들이 비밀리에 무슨 이야기를 안 했는지 확실히 알 수 있다고 주장할 수 있을 근거가 무엇인지는 모르겠다.

황이라고 주장했을 것이다.

반면 사람들이 귓속말로 평등주의적인 정서를 나누고 있었던 것이 틀림없다는 주장도 만족스럽지는 않다. 사람들이 늘상 하는 일이기 때문이다. 평등주의적 원칙이 있었다면 어떻게든 자취를 남길 수 있는 방식으로 표현되었을 것이라고 가정하는 편이 타당해 보인다. 사실 기록을 꼼꼼히 검토하면 평등의 원칙을 감지해 낼 수 있다고 생각한다. 어쩌면 위계를 가장 열성적으로 옹호하는 말들 자체에서 거듭 드러날 수도 있다. 메리나의 왕들이 자신이 소유권의 보호자라는 점을 강조하면서 왕국 내의 서열과 분할을 유지했던 시절이 있는 것도 사실이다. 하지만 안드리남포이니메리나 왕이 말했다고 전해지는 것처럼 "너희 모두는 나의 백성이므로 두루 평등해야 한다"고 하는 경우도 있었다. 통치자와 피통치자 사이에 놓인 절대적 격차는 신민 내부의 차이를 비교할 필요가 없는 문제로 만들었다. 얼마간 전복적인 것으로까지 만들었을지도 모른다. 왕실 부역 사업의 경우도 비슷했다. 이와 같은 사례에서는 외국인 목격자들이 여왕에 대한 신민의 절대적 충성을 강조해서 적은 글들 자체를 증거로 제시할 수 있다. 마다가스카르의 초기 문헌에서는 왕실 부역 업무를 배정하는 과정에서 서열과 계층 구분이 얼마나 중요했는지 강조하지만, 외국인 목격자들은 여왕에게 개인적 부역을 행할 때는 그와 같은 지위차가 깡그리 무시되는 것에 깊은 인상을 받곤 했다.

높은 옹벽을 새로 짓거나 확장하는 것처럼 왕궁 정원과 관련된 특별 업무가 진행될 때면, 가장 높은 사람부터 낮은 사람까지 모든 서열의 사람들이 손에 흙을 묻혀가면서 육체노동을 하는 데 자부심을 느낀다. 여왕이 높은 자리에 앉아 바라보는 가운데 최고위 공직자들이 망토를 엉덩이춤에 묶고 노예들보다도 열심히 돌을 나르고 흙을 파서 다져 넣는 등, 필요한 육체노동은 무엇이든 하는 모습을 볼 수 있다. 예배당 지을 자리의 땅을 고를 때에도 분위기가 같다. 남자와 여자, 귀족과 노예, 장교와 병사 등 모든 사람이 열정을 최대한 발휘하면서 노동에 임한다. 땅 파는 사람, 돌 나르는 사람, 벽돌 쌓는 사람도 있다. 옆에서는 부인이 물을 길어 와 시멘트를 반죽할 것이다. (Sibree 1880: 189~190)

이런 글은 주의해서 해석해야 한다. 글쓴이가 실제 벌어지고 있는 일들을 얼마나 잘 파악하고 있었는지 확인하기가 어렵기 때문이다. 가령 위에 인용한 글은 자유민과 노예들이 함께 왕실 일을 했다고 암시하지만 확증하지는 않는다. 실제로, 함께 일하지 않았을 수도 있다. 노예가 왕실에서 일하는 것은 엄격하게 금지되어 있었고, 궁정 업무를 하도록 허가받았다는 사실을 증명할 수 있는 노예는 자유민이 되었을 것이다. 이 측면만 제하면 상당히 정확한 묘사로 보인다. 개신교 교회 건물을 지을 때, 주인과 노예가 곁에서 나란히 일한 것은 사실이다. 이는 평범한 메리나인이 당시의 규범에 맞게 행동하는 과정에서, 잠재적으로는 다양한, 최소한 종교적인 맥락에서는 모든 이가 주 앞에서 평등하다는 기독교의 메시지를 받아들일 수 있게 만들었던 흠 잡을 데 없는 사례다.[39]

이를 위계질서의 본성에 새겨진 평등주의 요소의 예로 볼 수도 있다. 서열의 논리는 늘 평등의 이미지를 일종의 부수효과로 일종으로 만들어

---

39) 죽음과 관련된 의례에서도 유사한 평등주의적 메시지가 있었다. 파마디아나가 열리면 모든 사람이 전부 동등하게 검소한 옷차림을 하거나 가능하다면 거의 같은 옷을 입는 것이 관례였다. 같은 조상의 후손으로서 평등하다는 점을 강조하기 위해 차이를 지워야 했다. 19세기에 죽음 관련 의례의 중심에는 묘소를 짓는 데 쓰는 돌을 힘을 합해 옮기는 일이 있었다. 왕궁을 짓기 위해 목재를 옮겨 오는 일과 흡사했다.

내는 것처럼 보이기 때문이다(Graeber 1997). 아니면 같은 논리가 마다가스카르 특유의 방식으로 구체화된 사례라고 볼 수도 있다. 머나먼 곳에 있지만 실제로는 없는 것이나 다름없는 절대적 권력에 함께 종속됨으로써 자유와 평등을 창출하는 것이다(Althabe 1969; Graeber 2007).[40] 내 생각에는 둘 모두 사실인 것 같다. 하지만 여기서 눈여겨 보았으면 하는 요소는 위계와 평등 같은 원리들이 늘 행위 양식에 내재하고 있기 때문에, 사람들이 언제나 개념적으로 활용할 수 있는 자원이 되는 방식이다. 그 결과로 위계와 평등은 완전히 뒤섞여 버리는 경향이 있다. 열 살 소녀가 열네 살 언니의 바구니를 날라야 한다는 관념은 옛 관습에 비춰볼 때에나 옳지만, 실제가 아닌 관념 속에서만 옳기도 하다. 짐이 아이에게 너무 버거워서 고통스러워 하거나, 크게 디치거나, 비틀비틀 걷는 나머지 집에 같이 가려면 평생이 걸릴 상황에서, 정말로 아이가 짐을 지길 바라는 사람은 없을 것이다. 위계의 원칙은 어느 시점에선가 다른 원칙들과 충돌할 것이다. 어른은 아이들이 잘 살게 할 책임이 있다거나, 함께 일을 할 때는 참여자 각자가 능력에 따라 일 전체에 기여하고 기여 행위를 하는 데 필요한 자원을 할당받아야 한다는 것과 같은 원칙들이 불거질 것이다. 사람들은 일하는 과정에서만큼은 자각하지 못한 채로 실용주의적 공산주의를 구현한다. "능력에 따라 주고 필요에 따라 받는" 것이다. 앞서 인용한 글에 나오는 것처럼, 파눔포나조차 평등화의 논리로 미끄러져 들어가는 경향이 있는 것 같다. 구체적으로 매듭지어야 할 서열 문제가 있기 마련인(누가 중앙 기둥을 세울 것인가? 누가 돗자리를 낼 것인가?) 고도로 의례화된 맥락(기초공사, 왕실장례식)을 제외하면 그렇다. 함께 해야 될 일이

---

40) 이 시기 전반에 걸쳐 여왕이 명목상의 주권자였다는 사실을 잊어서는 안 된다.

있고, 잘 해 내는 것이 모두에게 득이 되었기 때문에, 각자 능력에 따라 일을 맡았다. 나는 이 논리가 언제든 수면 위로 떠올라 위계질서를 전복할 수 있다고 본다. 평등주의적이고 심지어는 공산주의적인 활동이 모든 형태의 위계질서를 떠받치고 있기 때문이다. 이와 같은 입장에 문제가 없지는 않겠지만, 같은 성격의 활동들이 수많은 일상적 도덕률의 기틀을 이룬다. 글을 시작하면서 언급했던 속담이 기묘한 양면성을 지닌 이유가 여기에 있지 않을까 싶다. "동생이 있으면 짐 나를 걱정이 없고, 형이 있으면 말 근심이 없다." 위계질서의 기본 원자마저도 공평하게 보이도록 동등하고 호혜적인 관계로 표현되어야 한다.[41]

대화에서 쓰는 말

그렇다면 억압이란 대체 무엇인가? 마다가스카르에서는 (다른 곳에서와 마찬가지로 어떤 물건이나 사람의 아래에 놓인다고 표현되는) 복종의 경험이 공평함, 평등함, 정의로움처럼 아주 명확하게 표현되지 않더라도 넓은 공감대를 이루는 감각과 충돌하는 것 같다. 사람들 각자는 매우 깊게 내면화한 어린 시절의 다양한 기억들을 떠올릴 것이다. 예를 들어, 일상적인 일들을 안 하겠다고 하면 어른들이 좋아하는 것처럼 보였고 몸소 해 줄 때면 영웅 대접을 받던 시절도 한 때 있었건만, 어느 순간 갑자기 제일 힘든 일들을 떠맡은 정도가 아니라 당연히 해야 하는 것처럼 되었을 때, 그것도 젊어서 특별한 사람이기 때문이 아니라 젊은 탓에 위계질서 최하층이 되어서 그렇게 될 때, 아이라면 당연히 느낄 법한 분한 마음과 관련

---

41) 블록의 뛰어난 논문인 "메리나 친족의 위계와 평등"에도 비슷한 주장이 나온다(Bloch 1986b).

된 기억들이다. 이처럼 분한 기억은 마다가스카르의 성인에게는 어깨나 머리에 무거운 짐을 얹고 나르던 기억과 단단히 묶여 있다. 말하기와 짐 나르기에 대한 관념들의 근본 구조가 삶에 너무나 깊숙이 침투해 있기 때문에 (앞에서 살펴 본 영매들의 사례처럼) 꿈 같거나 무의식적인 상태를 취하는 경향까지 있다. 억압은 누구에게나 보편적인 추상 원칙일 수 있었고, 마다가스카르 특유의 문화적 관습들이 이루는 총체이자 지극히 개인적인 기억들의 고유한 집합체였다.

감각경험의 풍부함이 이와 같은 개념들을 문화권을 넘어서면 소통할 수 없는 것으로 만들지 않는다는 점은 흥미롭다. 서로 다른 마다가스카르인 두 명이 억압에 대해 말하고 있을 때, 서로 다른 개인적 경험을 각자 언급해도 이해가 불가능하지 않은 것이나 마찬가지다. 나 개인적으로는, 혹시 영향이 있다면 정반대 방향으로 발휘될 것이라고 확신한다. 바로 이런 풍부함이 무궁무진한 창조력의 근원이며, 창조력은 문화 사이의 외견상 경계를 넘어서도 대화할 수 있게 해주는 그 무엇의 본질적 요소다.

　나는 마다가스카르에 도착하고 얼마 지나지 않아 안타나나리부에서 온 대학생과 영어로 대화를 나누면서 이 논문을 구상하기 시작했던 것으로 기억한다. 아직 수도에 살면서 말을 배우고 도서관 자료의 내용을 파악하기 시작하던 참이었다. 나는 카페나 식당에 앉아서 자세와 몸짓, 곧 공간 속 몸의 움직임에 대해 생각하면서 많은 시간을 보냈다. 대개의 인류학자는 현지조사 초기 단계에서 이와 같은 문제를 생각하는 데 시간을 많이 쓴다. 사람들과 말을 하기가 거의 불가능한데다가, 주변에 있는 사람들이 지금 벌어지고 있는 상황을 어떻게 파악하고 있는지 전혀 알 수 없는 때가 대부분이기 때문이다. 웬만한 인류학자는 현지조사 초기에는 머릿속에 떠오르는 생각을 무작정 적어두는 편이 좋다는 사실도 안다. 의식에서 곧 실질적으로 사라져 버릴 문제들이 눈에 띌 가능성이 높기 때문이다. 나의 경우에는 시선의 정치에 사로잡히게 되었다. 좀 더 구체적으로 말하자면, 어떤 사람들이 공공장소에서 시선을 자유롭게 움직일 수 있는지의 문제였다. 그러던 중, 마주 노려보는 시선이 어김없이 돌아오는 바람에 부자유스럽고 뻣뻣한 느낌에 사로잡힌 적이 두 번쯤 있다. 내 기억으로 이 때 나는 이런 기분이야말로 지구상 대부분의 여성이 공공장소에서 끝없이 감내하며 살아가야 하는 문제가 아닐까 생각했다. 계속 위축되고, 시선을 어디 둘지 모르고, 아무도 없는 안전한 장소를 주변에서 찾으며, 자신이라는 밀실공포의 유리병에 갇혀 살게 되는 것. 주위에 감각능력을 할애하는 것은 사람이 공간을 점유하는 한 방식이지만, 앞서와 같은 일을 겪게 되면 초토화될 수밖에 없다. 나는 당시 일레인 스케리(Elaine Scarry)의 책인 『고통 속의 육체』(*The Body in Pain*, 1985)를 읽고 있었기 때문에, 그 상황을 스케리가 세계파괴의 과정으로 묘사했던 고통 및 육체적 불편함과 비교하며 생각하기 시작했다. 스케리는 세계파괴란, 고유의 의미와 사물의 연결망을 이루면서 주위세계에 할애하던 감각 자체가 붕괴되면서 의미의 진공상태가 생기고, 고통스러워하는 몸이라는 최소 공간으로 압축되는 과정이라고 설명했다. 주변 시선, 고통이나 무감각의 느낌, 객관적인 행동 반경이나 폭력의 위협이 서로 상호작용하면서, 사람이 어떤 자세, 몸가짐, 몸짓을 취할 것인지, 팔다리를 웅크리고 있을지 펴고 있을지, 큰 목소리로 말할지 아니면 조용히 있을지 등등과 같은 문제에 직접 영향을 주는 (또 역으로 받는) 방식에 대한 생각들이 당시의 내 공책을 가득 메우고 있었다.

문제는 이런 생각이 마다가스카르 여성들이 보통 살고 행동하는 방식과는 거의 관계가 없다는 사실을 곧 깨닫게 되었다는 점이다. 나도 곧 그렇게 되었지만, 외국인이 지배하는 관습에서 벗어나는 순간에는 분명해졌다. 관련된 규범이 있었다면 내게 친숙한 것과는 반대였다. 얼마 되지 않아서 나는 안카추(Ankatso)에 있는 대학교의 학생이었던 랄라(Lala)라는 여성 친구에게, 일상의 몸짓 언어에 관한 한, 주로 여성 쪽이 대담하게 뻗어 나가는 몸짓을 할 가능성이 더 크고 공공장소에서 활보한다는 사실이 얼마나 놀라왔는지 실토하게 되었다. 내게는 청년을 포함한 남성들이 공공장소에서 더 위축되고 수줍고 자제하는 것처럼 보였다. 왜 그런 것인지? (이 때 나는 말뿐만 아니라 몸짓까지 흉내내려 애쓰면서 내 생각을 말하고 있었다.)

랄라가 말했다. "글쎄, 아마 자기들 문화에 눌려서 그렇겠지." 이 말을 하면서 랄라는 보이지 않는 무언가가 앞에 있는 듯이 손을 아래로 내리 누르는 몸짓을 했다. 재미있게도, 억압과 관련된 관용구들은 이야기의 화제가 성별 문제일 때는 거의 쓰이지 않았고, 화제가 남자일 때는 물론 전혀 쓰이지 않았다. 하지만 서로에게 말하는 법을 막 배우기 시작한 두 사람 사이에서도, 이런 이미지를 그 자리에서 생각해 낸 뒤 써 보는 것이 대화를 시작하기에 아주 손쉬운 방법처럼 보였다.

시간이 흘러 훨씬 많은 대화를 나누고 훨씬 많은 관찰을 한 뒤, 마다가스카르 산간지방의 성차(gender)에 대한 내 생각이 진전되고 확고해졌다. 논문이 되기까지 했다(Graeber 1996). 나중에 확인된 사실이지만, 랄라의 생각이라고 다 옳지는 않았다. 하지만 그 몸짓만큼은 잊을 수가 없었다. 어떤 이유 때문이든 중요해 보였다. 나는 아마 이 기억 덕분으로 후에 친드리나라는 말이 서로 다른 용법으로 쓰일 때 눈치챌 수 있게 되었던 것 같다.

이 (말 이전의) 최초 기본 층위를 현상학의 층위라고 부를 수 있다. 문화에 대한 심오한 통찰 대부분은 사태를 의도적으로 영점으로 환원한 뒤 다시 구축하는 방식으로 얻어진다. 이것이야말로 정확히 스케리가 『고통 속의 육체』에서 시도했던 작업이다. 이 책은 현상학적 전통뿐만 아니라 반쯤은 잊혀진 실존주의의 통찰 역시 풍성하게 참고하고 있다. 스케리의 논변 자체는 결국 유용하다고 입증되었다. 스케리는 고통과 언어가 서로 대립한다는 견해를 제시하면서 책을 시작한다. 육체적 고통이 임계점을 넘어 서면 언어의 가능성 자체가 파괴된다. 언어는 자아가 주위세계에 자리잡고(embedded) 할애되는 가장 중요한 방식이기 때문에, 고통은 주체가 자기 자신 속으로 함몰되게 만든다. 그런 의미에서, 타인에게 자신의 짐을 짊어지게 하고 말할 권리를 박탈하는 것은, 타인을 희생해서 더 큰 세계로 확장되어 나가는 가장 확실한 방법으로 볼 수 있다. 하지만 나는 스케리의 책을 마다가스카르의 개념들을 이해하는 데 썼을 뿐 아니라, 개념적 대화 비슷한 것 속에서 둘이 서로를 튕겨 내게도 만들었다. 책 후반부(1985: 159~326)는 언어와 고통이 만나는 교차점의 일종으로서 생산, 또는 스케리의 표현으로는 '물질적 제작'을 특별히 다룬다.[42] 스케리는 노동이 행위능력의 감각 내지는 무언가를 만든다는 감각과 결별하지 않는 한에서는, 본질적으로 고통스럽거나 억압적인 형태로 경험되지는 않는다고 주장한다. 이것은 사실이다. 하지만 분할을 말·제작·짐나르기의 셋으로 하는 것이 유용한 수정안처럼 보였다(여기서 짐나르기는 여성의 일 또는 하찮은 일의 고전적 형태인 내조 및 생활 유지에 필요한 노동 전체

---

42) 더 정확히 하자면 고통과 상상이 만나는 지점이다. 스케리는 고통이란 대상 없는 감각이며 상상은 감각 없는 대상이라고 주장한다.

를 상징한다). 이를 통해, 최소한 맑스 시대 이래로 우리에게 친숙해진 사고 습관이 장인이나 공장노동자의 일을 노동의 상징으로 만들면서, 진정한 노동 형태는 얼마나 그림자 속에 갇혀 버렸는지 되짚어 볼 수 있다.

사실 내가 논의했던 마다가스카르 개념들은 겉보기에는 아무리 이국적으로 보여도 완전히 생경한 개념들의 우주에서 비롯되는 것은 없다. 그렇기 때문에 우리에게 뭔가 들려줄 수 있는 잠재력을 지닌 것이다. 왕을 아이로 묘사하는 것은 기이해 보이지만, 파고들며 생각해 보기 시작하면 꼭 그렇지도 않다. 국가의 수장이란 거만하고 성마른 존재로서 자신의 몸이 매 순간 필요로 하는 것을 갖다 바치면서 어떻게 행동해야 하는지 상기시켜 주는 사람들에 둘러싸여 있기 쉽다. 우리는 헤겔을 위대한 철학자로 간주한다. 그 까닭의 일부는 마다가스카르인 대부분에게 단순 상식으로 보이는 사실을 논증한 사람이기 때문이다.

변증법적 상대주의를 위한 변론

이런 비교가 원래 인류학이 하는 일이라고 주장할 수도 있다. 아니면 인류학이 그런 것이 되어야 한다고 주장할 수도 있다. 인류학의 진면목은 대화를 시작하는 데 있다. 정확히 왜 그런지 알기는 힘들지만, 그런 대화가 가능하다는 가정에서 출발한다. 인류학자가 이론으로 기울 때면 대화 가능성을 부정하기로 마음 먹은 것처럼 보일 수 있어도, 대화 자제는 여전히 가능하다.

드디어 여기서 상대주의의 문제로 돌아올 수 있다. 인류학자들이 비교문화적 일반화를 꺼리는 일이 너무 많은 까닭은, 하필 잘못된 층위에서 공통의 술어를 찾으려는 경향이 있기 때문이 아닌가 한다.[43] 인류학자들은 한결같이 이미 구성되어 있는 권위 형식을 찾으려 하고, 보편적인 도덕과 같은 것을 찾으려 할 때는 현재까지 알려진 모든 법체계가 공유하는 원칙이어야 한다고 가정한다. 보편적인 미적 감성과 같은 것을 찾을 때는 '예술'(내지는 해당 지역에서 가장 유사한 대응물이라고 임의로 정한 것)로 공식 인정받은 모든 사물들에 다 있는 것처럼 보이는 특성을 찾는다. 그러면 별 수 없이, 그런 보편성은 없다는 결론이 나고 만다.[44] 나는 다른 것을 제안한다. 보편성을 탐색할 때에는, 도덕에 대해 논의하는 공통 방식, 미적 쾌감에 대해 생각하고 말하는 공통 방식을 찾아 보는 편이 나을 수 있다는 것이다. 논의 방식들 자체가 대화를 마무리하는 어떤 구체적 결론(권위의 인장 같은 것이 찍히게 되는 결론들은 말할 것도 없다)보다도 비교 문화적으로 유사해 보인다. 내가 제시하는 접근법을 통해서는 인간이 공유하는 근본 성향과 능력을 보다 잘 감지할 수 있게 된다. 이런 성향과 능력을 생성 기제(generative mechanism)[45]라고 불러도 좋을 것이다. 이것

---

43) 아니면 그렇게 했다고 자백하기 위해서다. 따지고 보면, 의례에 대한 이론을 전개할 때, 의례가 아프리카나 유라시아 일부 지역에만 있고 남아메리카에는 없는 현상인 것처럼 적지는 않는다. 분석의 용어는 언제나 보편적이다. 1970년대 인류학자들은 '혼인'부터 '종교'에 이르기까지 친숙한 용어는 모조리 해체하기 시작하면서, 일단 해체해 버리고 나면 마음의 구조에 대한 추상적인 이론을 빼면 할 말이 별로 남지 않는다는 점을 깨닫기에 이른다. 물론 이후에는 이와 같은 이론이 어이없을만큼 단순했다는 사실도 밝혀졌다.

44) 나는 '문화상대주의'를 넓은 의미에서 사용해 왔다. 사실 이와 같은 상대주의에는 다양한 종류와 온도차가 있다. 마크 휘태커는 세 가지를 구분해 낸다(Whitaker 1996). (1) 관습적인 문화상대주의. 어떤 인간 행동이든 그 문화적 맥락에서만 이해할 수 있다는 주장이다. (2) 인식론적 (내지는 인지적) 상대주의. 서로 다른 지식 체계는 근본적으로 통약불가하다는 주장이다. 그리고 (3) 윤리적 상대주의. 앞의 이유로, 문화권을 교차하는 판단이 불가능하다고 주장한다. 각 유형은 확실히 다른 유형들을 토대 삼아 구축된다. 내가 '고전적 상대주의'라는 표현을 쓸 때는 사실 세 가지가 되는 대로 뒤섞인 유형을 거론하고 있는 것이다. 이런 유형은 인류학자들이 자신이 보편주의자라고 여기는 사람과 싸움을 벌이는 과정에서 생겨나는 것 같다.

45) [역주] 노엄 촘스키의 생성 문법(generative grammar)을 암시하는 표현. 생성문법은 유한한

은 지역에서 권위를 인정받고 지혜로 수용하는 것에 누군가가 도전하는 순간에 잘 드러난다.

내가 지적하는 핵심은 이상하게도 고전적 상대주의자들의 눈에는 안 보일지 몰라도 너무나 엄연한 사실이다. 문화적 차이는 대화가 이미 진행되고 있을 때만 의미가 있다. 타인의 문화적 우주를 평가하는 자리에 어떻게, 그리고 정말로 참석하고 있는지 묻기 위해서는 그 우주가 대체 무엇인지 얼마간 알고 있어야 한다. 그리고 얼마간 알고 있다는 사실은 이미 사람들이 얼마간은 소통하고 있다는 점을 뜻한다.

사람들이 소통하고 있으려면 두 가지가 전제되어야 한다. 첫 번째 전제는 사람들 사이의 소통을 가능하게 만드는 유사성의 토대가 있어야 한다는 것이다. 가령 모든 인간 언어에는 명사와 동사, 주체와 대상에 상응하는 뭔가가 있는 것처럼 보인다. 그렇기 때문에 케추아어를 쓰는 사람도 스웨덴어를 정말 배우려고 들면 배울 수 있고, 스웨덴어를 배울 수 있는 사람은 케추아어를 배울 수 있지만, 강력한 성능의 컴퓨터로 무장된 전문가조차 돌고래나 범고래와 소통하는 법을 알아내지 못했다. 그렇기 때문에, 인류학이 (모든 인간 언어에 중요한 공통점이 정말 있다는 점을 부정하는 것과 같은) 극단적 형태의 상대주의를 포용하는 과정에서 스스로의 존재 가능성을 부정하려 드는 것처럼 보인다는 지적도 있었다(예컨대 Sperber 1985).

두 번째 전제는, 대화가 더 큰 사회정치적 맥락에서 이루어져야 한다는 점, 그리고 이 맥락은 그저 대화 상황이 만들어낸 것이 아니라, 사람

수의 문법 규칙과 이미 있는 언어 요소들만 갖고도, 누구도 들어 본 적이 없지만 이해할 수 있는 새로운 문장을 만들어낼 수 있는 능력을 뜻한다.

들이 말해야 한다고 느끼는 화제를 구성하는 과정에서 본바탕이 되는 역할을 수행한다는 점이다. 우리에게 가장 친숙한 형태의 문화상대주의, 즉 내가 '고전적 상대주의'라고 불러 온 것은 매우 특수한 정치적 맥락에서 형성되었다. 이 문화상대주의는 20세기 중반에 전성기를 맞았다. 이 때는 인류학이 인디언 보호구역, 간접 통치를 하는 식민체제, 또는 구 열강이 여전히 강한 통제력을 행사하고 있는 국가 간 체제 안의 신생독립국 안에 존재하는 합법적 권위 구조를 서술하는 데 도움이 되는 한에서 정치적 유효성이 있다고 보던 시기다. 바꿔 말해, 관료들이 적법한 권위자를 가려낼 수 있도록 보조하는 업무일 뿐이었다. 나의 은사 한 분은 1950년대에 자신의 지도교수에게 "그냥 추장이랑 이야기를 하지. 뭐가 되었든 제대로 알고 있는 유일한 사람인데."라는 말을 들었다고 한다. 그렇다면 상대주의가 그런 모습이 된 것도 의외는 아니다. 비록 논리적 극단에서는 인종분리의 논리로 치닫게 될 것에 불과했지만.

상황은 변했지만, 우리 생각만큼 많이 변하지는 않았다. 1925년에 정부 자문을 맡아서 영국 정부가 영국-이집트령 수단의 부족 구분을 확인할 수 있게 해 주었던 인류학자라면, 어떤 네팔 종족 집단이 "토착민" 지위를 인정받아야 하는지 유엔이나 세계은행에게 자문해 주는 현대 인류학자와 정말 그리 다른 일을 하고 있지는 않았다. 인류학자는 두 경우 모두 아주 유사한 도덕적 난제를 마주하게 된다. 이와 같은 상황이 이른 시일 내에 전면적으로 변할 것이라고 믿을만한 근거는 없다. 강력한 국제 관료제가 존재하는 한, 관료들은 자신이 볼 때 가장 주변화되고 혼란스러운 지역만큼이라도, 그 지역의 적법한 권위자를 가려내 달라고 인류학자들에게 계속 요구해 올 것이다. 하지만 다른 유형의 대화도 늘 진행되어 왔고, 오늘날에는 앞서와 같은 유형의 대화가 제일 중요한 대화는 아니라고 주장하는 것 정도는 할 수 있다. 유동성이 증가하고 전통적 권력관계 (동서, 북남)가 크게 와해되기 시작했을 가능성이 지각되면서, 인류학을 무엇보다 우선 권위의 본성 자체를 토론하는 (모든 사람의 동등한 참여로 이루어진) 공동의 대화로 생각해볼 수 있게 되었다.[46] 인류학이 단순한 피해 수습책에 머물지 않고 해방의 정치적 힘으로 출현하려면, 궁극적으로는 이런 모습이 되어야 한다.

모든 형태의 권위가 부당하다고 주장하는 것은 아니다. 그렇다면 논의할 내용 자체가 없을 것이다. 같은 이유에서, 이처럼 광범위한 대화가 경계 일반을 지우고 차이를 소멸시키는 일도 없을 것이다. 상호관계는 가장 내밀할 때조차 경계 인식과 차이의 인정을 반드시 포함하고, 우리가 '존엄'이나 '존중' 같은 말들을 쓸 때 보통 하고 싶은 말 또한 이런 내용을 담고 있다. 그렇기에 내 주장은 상대주의를 버려야 한다는 것이 절대 아니다. 우리들이 상대주의에 대해 갖고 있는 개념을 확장시켜서, 개인적이든 집합적이든, 멀든 가깝든, 근본적으로는 건강한 모든 인관관계가 지닌 측면의 하나로 봐야 한다고 주장하는 것이다. 상대주의를 실천하는 최소치는 상호 존중일 뿐이다.

이것을 '변증법적 상대주의'(dialogic relativism)라고 부를 수 있다. 차이의 인식을 가능하게 만드는 보다 근본적인 유사성(그러므로 평등)을 인식함으로써, 차이를 상호적으로 인식하고 존중하는 것이다. 누가 발언권을 얻고, 누가 무거운 짐을 들어 올리는 일을 해야 하는지와 같은 불편

---

46) 학자들은 이런 문장을 이상하게 환원주의적인 방식으로 읽는 경향이 있으니 한 가지 점을 강조하는 것을 양해해 주었으면 한다. 나는 권위와 관련해 "무엇보다 우선"이라고 적었다. "유일한"이 아니다. 당연하지만 인류학은 다른 모든 것과도 관련된다.

한 문제들을 치워 놓는 대신, 이 문제들에 대한 통찰이 한 갈래의 전통에 의해 독점되지 않는다는 것을 전제한 뒤 대화를 계속한다는 약속 위에서만 성립될 수 있는 것이 이런 상대주의다. '억압'이라는 말에 대한 지금까지의 탐구가 보여 주는 것은, 인류의 참모습에 대한 공감대를 엮어 낼 수 있을 소재의 무한한 풍부함과 이질성일 것이다.

3부

직 접 행 동,
직접민주주의,
그리고 사회이론

9장 _ 전위주의의 황혼

혁명적 사상가들은 전위주의의 시대가 끝났음을 거의 한 세기 동안이나 선언해왔다. 한 줌밖에 되지 않는 분파주의적 집단을 제외하면, 자신들의 역할이 세계정세에 대한 올바른 역사적 분석이 무엇인지 결정하고 대중을 진정한 혁명적 방향으로 이끄는 것이라 진심으로 믿는 급진적 지식인을 찾는 것은 거의 불가능하다. 하지만 전위주의라는 원리를 폐기하는 것은, 그것에 동반되는 사유의 습관을 바꾸는 것에 비하면 아주 쉬운 일인 것 같다(전위주의와 연결되어 있는 진보라는 개념 자체를 문제시하는 것이 어려운 것처럼 말이다). 전위주의적 태도들은(심지어 분파주의적 태도까지) 학계에 존재하는 급진주의에 아주 깊이 스며들어 있어, 그것을 떠나서 사유한다는 것이 무엇인지 알기 힘들 정도다.

내가 이 문제의 심각성을 진지하게 자각한 것은 북미 아나키스트들이 사용하는, 혹은 아나키스트들에 의해 촉발된 정치적 운동들에서 사용되는 의사결정의 합의적 양식을 처음으로 접했을 때였다. 이런 합의적 양식은, 내가 인류학 현지조사를 했던 마다가스카르 농촌에서 이루어지던 정치적 의사결정의 방식과 많은 부분 닮아 있었다. 여러 합의 방식들과 형태들 사이에는 무수한 차이점이 존재했다. 하지만 거의 모든 북미 아나키스트들의 합의 양식들에는 하나의 공통점이 있다. 그것은 바로 그 합의 양식들이 고전적인 분파적 맑스주의 집단에 전형적으로 나타나는 조직의 양식과, 무엇보다, 논쟁 방식에 대한 의식적 반발을 통해 구성되었다는 점이다. 분파적 맑스주의 그룹은 언제나 몇몇 이론적 대가를 중심으로 조직된다. 그 이론적 대가는 세계 정세에 대한, 그리고 많은 경우 인간 역사 전체에 대한 종합적인 분석을 제시한다. 하지만 조직과 실천과 관련된 보다 직접적인 질문에 대한 이론적 통찰은 별로 제시하지 않는다. 아나키스트들에 의해 시작된 집단은 누구도 타인의 의견을 자신의 관점에 따라 바꿀 수 없다는(아마도 나아가 바꿔서는 안된다는) 전제와, 의사결정 구조는 다양성을 다루는 방법이며, 그렇기에 평등한 과정을 유지하고 현재 주어진 행동에 대한 직접적인 질문을 고려하는 데 집중해야 한다는 전제 위에서 움직이는 경향이 있다. 예를 들어, 정치적 논쟁에 관한 한 가지 근본 원칙은, 다른 사람들의 주장에 대한 자신의 생각이 어떻든 간에, 그들의 의견이 정직함과 좋은 의도에서 나온다고 여겨야만 한다는 것이다. 이는 부분적으로 합의적인 의사결정이 만들어내는 논쟁 스타일에서 발생하는 것이다. 반대자를 하나의 적대적이며 단순화된 대상으로 환원시켜버리고, 그들을 격퇴하기 위해서라면 무엇이건 하도록 만드는 것이 투표라면, 합의 과정은 타협과 창조성의 원리를 통해 구성된다. 여기서 사람들은 모든 이들이 적어도 수용은 할 수 있는 안이 나올 때까지 끊임없이 제안하고 수정한다. 그렇기에, 다른 사람의 주장을 토대로 가능한 최선의 안을 구성하는 방식이 늘 이점을 가지는 것이다.

나는 이 모든 것에 큰 감명을 받았다. 왜냐하면 이 덕분에 평범한 지식인들의 행동이 분파주의적 논쟁의 양식을 정말로 쏙 빼닮았다는 것을 알게 되었기 때문이다(예를 들어 내가 시카고 대학에서 훈련받은 행동들이 말이다). 시카고에서 받은 훈련 중 나를 가장 괴롭혔던 것 한 가지는, 다른 이론가들의 주장을 독해하는 방식이었다. 같은 문장을 읽는 두 방식이 두 가지 있다고 하자. 하나는 저자가 적어도 조금이나마 상식을 가지고 있다고 가정하는 방식이고, 다른 하나는 저자가 완전히 멍청하다고 보는 방식이다. 보통 우리는 후자를 택했다. 나는 어떻게 이런 방식이 지적 실천은 궁극적으로 진리를 추구하는 공동의 기획이라는 생각과 조화될 수 있는지 가끔 의문이 들었다. 지식인들의 다른 습관들도 마찬가지였다. 예를 들어 여러 가지 '잘못된 방식' 목록을 정성 들여 만들어서, 나와 다른 관점의 주장이 그 목록 중 어디에 들어가는지 확인했을 때에만 그 말을 듣는 습관도 있다(그 잘못된 방식의 목록은 주로 무슨무슨 '주의'로 끝난다. 주관주의, 경험주의와 같이 말이다. 이 또한 분파주의와 유사하다. 분파주의자들도 개량주의, 좌익 편향주의, 헤게모니주의 따위의 말을 쓰기 때문이다). 이것이 이론에서의 차이를(많은 경우 별것 아닌 차이를) 몇 가지 상상된 '주의'에 속하는 징표로 여길 뿐 아니라 엄청난 도덕적 결함으로 여기는 경향과 결합하게 되면, 대부분의 희한한 전위주의 분파에서 전형적으로 나타나는 지적 논쟁의 스타일을 거의 그대로 재생산하게 된다.

하지만 나는 활동가들 사이에서 나타나는 새로운, 내 생각에는 훨씬 건강한 담론의 양식이 점점 힘을 얻고 있으며 학계에 영향을 미칠 것이라고 믿는다. 다만, 지금까지 그 변화가 아주 느리게 오고 있다는 것을 부정하기는 힘든 것 같다.

왜 학계에는 아나키스트가 이토록 적은가?

이는 아나키즘 자체가 학계에 진입하는 것을 꺼리기 때문이라고 볼 수도 있다. 하나의 정치철학으로서, 아나키즘은 최근에 폭발적인 성장을 맞이하고 있다. 아나키스트 운동 혹은 아나키스트들에 의해 촉발된 운동은 모든 곳에서 성장하고 있다. 아나키스트들의 원리들(자율, 자발적 결사, 자기 조직, 상호 부조, 직접민주주의)은 전지구적 운동과 그 이외의 운동에서 조직의 기본적 원리가 되었다. 바바라 엡스타인(Barbara Epstein)이 최근 지적했듯이(2001), 적어도 유럽과 아메리카 대륙에서는, 1960년대에 맑스주의가 사회운동에서 점했던 위치를 아나키즘이 상당 부분 차지하게 되었다. 아나키즘은 핵심이 되는 혁명 이념과 아이디어와 영감의 재료들로 이루어져 있다. 자신을 아나키스트라고 생각하지 않는 이들조차 아나키스트적 원리와 관련하여 자신을 규정해야 한다고 느끼게 되었다. 하지만 학계의 담론에서는 이런 헌신이 거의 나타나지 않는다. 심지어 내부분 교수들은 아나키즘이 무엇인지에 대해서도 잘 모르는 것처럼 보인다. 그게 아니면 아나키즘에 대해 매우 조악한 고정관념을 가지고 묵살해버리는 것 같다("아나키스트 조직이라고? 그건 용어상 모순 아닌가?"). 미국에는 이런저런 종류의 무수한 강단 맑스주의자가 존재한다. 하지만 누구도 자신이 아나키스트라 공개적으로 자임하지 않는다(그리고 나는 다른 곳이라고 크게 다르지 않다고 생각한다).

나는 비단 학계가 시대에 뒤떨어져 있기 때문에 이런 일이 생긴다고 생각하지 않는다. 맑스주의는 아나키즘이라면 앞으로도 결코 가질 수 없을 학계와의 친연성을 늘 가져왔다. 맑스주의는 결국 한 명의 박사가 발명해낸 것이다. 맑스주의의 정신에는 학계와 잘 맞아떨어지는 무언가가 항상 있어왔다. 반면, 아나키즘은 한 사람이 발명해낸 것이 아니다. 역사가들이 통상적으로 아나키즘이 마치 누군가에 의해 만들어진 것처럼 여기는 것은 사실이다. 그들은 마치 아나키즘이 본성상 맑스주의과 기본적으로 유사한 것처럼 아나키즘의 역사를 구성한다. 역사가들이 말하길, 아나키즘은 아마도 고드윈(Godwin)이나 슈티르너(Stirner), 확실하게는 푸르동(Proudhon), 바쿠닌(Bakunin), 크로포트킨(Kropotkin) 같은 19세기의 특정 사상가들에 의해 만들어졌다. 아나키즘은 노동 계급 조직에 영감을 주었고, 정치적 투쟁에 얽혀들게 되었다. 하지만 이러한 유비는 사실 부자연스러운 것이다. 우선, 앞서 말한 19세기 사상가들이 일반적으로 아나키즘을 창시했다고 여겨지지만, 그들 자신은 뭔가 특별히 새로운 것을 발명했다고 생각하지 않았다. 아나키즘의 기본적 원리들(자기 조직화, 자발적 결사, 상호 부조)은 인류의 역사만큼이나 오래되었다. 이와 비슷하게, 국가와 모든 형태의 구조적 폭력과 불평등과 지배에 대한 거부는(아나키즘은 어원상 "지배자가 없음"을 의미한다), 그리고 이것들이 서로 어떻게든 연결되어 있고 서로를 강화한다는 가정은, 19세기에 갑자기 등장한 선언이 아니다. 이와 유사한 주장은 인류 역사 전반에 걸쳐 나타난다. 이런 의견들은 문자로 기록되기가 정말 어려움에도 불구하고 말이다. 지금 우리가 이야기하는 것은 하나의 이론이라기보다는 태도나 신념에 가까운 것이다. 이 태도나 신념은 특정한 종류의 사회적 관계에 대한 거부와, 그 위에서 제대로 된 혹은 인간다운 사회를 건설할 수 있는 훨씬 나은 다른 사회적 관계가 있다는 확신과, 이런 것들을 해낼 수 있다는 믿음을 의미한다.

우리가 근본적으로 다른 것들을 다루고 있다는 사실을 확인하기 위해서는, 아나키즘과 역사적 맑스주의 학파를 비교해 보기만 하면 된다. 맑스주의 학파는 다 창시자가 있다. 맑스주의가 맑스의 정신에서 나온 것처럼, 레닌주의자, 마오주의자, 트로츠키주의자, 그람시주의자, 알튀세르주의자들이 존재한다. 이 목록이 국가 원수로부터 시작하여 프랑스 교수까지 끊김없이 매끄럽게 변화해간다는 점을 기억해두라. 언젠가 피에르 부르디외는 만약 학계를 학자들이 지배권을 두고 다투는 게임으로 본다면, 다른 학자들이 자신의 이름을 가지고 어떻게 형용사를 만들어야 하는지 고민하게 되는 순간에 자신이 성공했음을 알게 된다고 지적한 바 있다. 지식인들이 서로 토론을 할 때, 다른 논의에서라면 비웃고 말았을 법한 역사상 위대한 이론가들의 이론을 계속 사용하는 것은, 아마도 이런 게임에서 이길 수 있는 가능성을 계속 열어두기 위함일 것이다. 푸코의 사상은, 트로츠키(Trotsky)의 사상이 그렇게 취급된 것과 마찬가지로 애초에 특정한 지적 환경에서 탄생한 것이라거나, 카페나 교실이나 침실이나 이발소 등에서 이루어진 끝없는 대화와 논쟁을 통해 발생하였다거나, 그 안에 학계(혹은 당) 안팎에 그리고 바깥에 존재하는 수천 명의 사람들이 개입되어 있다고 여겨지지 않는다. 대신 그 사상이 마치 한 천재 사상가로부터 나왔다고 여겨진다. 맑스주의 정치가 학문 분과들처럼 조직되었다고 보기는 힘들다. 그렇다고 맑스주의 정치가 급진적 지식인들, 나아가 모든 지식인들이 서로를 상대하는 하나의 모델이 된 것도 아니다. 차라리, 맑스주의 정치와 학계는 어느 정도 나란히 발달해왔다고 봐야 한다.

이에 반해 아나키즘 학파는 몇몇 종류의 조직 원리나 실천의 양식으로부터 발달해왔다. 아나코-생디칼리스트(Anarcho-Syndicalists)와 아나코-공산주의자(Anarcho-Communists), 봉기주의자(Insurrectionists)와 정강(政綱)주의자(Platformists), 조합주의자(Cooperativists), 개인주의자(Individualists) 등등. 의미심장하게도, 자율주의(Autonomism)나 의회 공산주의(Council Communism)처럼 어떤 개인의 이름을 따지 않는 소수의 맑스주의 경향들은 아나키즘과 매우 가깝다. 아나키스트들은 그들이 무엇을 하고, 그것을 하기 위해 자신들을 어떻게 조직하는지에 따라 분류된다. 이런 것이야말로 실로 아나키스트들이 가장 많은 시간을 들여 생각하고 논쟁한 것이었다. 그들은 맑스주의자들을 사로잡은 광범위한 전략적 질문이나 철학적 질문에 별 관심이 없었다. 예를 들어 "농민은 잠재적으로 혁명적 계급인가?"(아나키스트들은 이건 농민들이 결정할 문제라고 생각한다.) 혹은 "상품 형태의 본성은 무엇인가?"와 같은 질문 말이다. 대신 그들은 회의를 개최하는 진정 민주적인 방식이 무엇인지에 대해 토론하곤 한다. 어떤 순간에 조직은 개인의 자유를 확장하기를 멈추고 억압하게 되는가? '지도력'은 필요악인가? 이런 문제들. 혹은 그렇지 않으면 그들은 대항 권력의 윤리에 대해 토론한다. 직접행동이란 무엇인가? 국가 원수를 암살한 자를 비난해야 하는가? 언제 창문을 깨도 괜찮은가?

이렇게 요약할 수도 있을 것이다.

①맑스주의는 혁명 전략에 관한 분석적 혹은 이론적 담론이 되는 경향을 띠어 왔다.
②아나키즘은 혁명적 실천에 대한 윤리적 담론이 되는 경향이 있었다.

자, 이는 물론 둘 사이에 상호보완될 수 있는 잠재력이 많음을 암시한다. 그리고 확실히 그래왔다. 심지어 바쿠닌(Bakunin)도 실천적인 문제를 둘러싸고는 맑스와 끝없이 논쟁을 벌였지만, 개인적으로는 맑스의『자본론』을 러시아어로 직접 번역했다. 맑스주의자들은 정치경제를 비판하지만 조직하는 일에서는 물러나 있고, 아나키스트들은 매일 매일의 조직을 다루지만 추상적인 이론적 질문에 대해서는 맑스주의자에 기대는, 그런 체계적인 분업을 우리는 쉽게 상상해볼 수 있다. 즉, 맑스주의자는 왜 아르헨티나에서 경제 위기가 발생했는지 설명하고 아나키스트들은 이와 관련하여 무엇을 할지 고민하는 식이다.[1] 하지만 이런 상상 속의 분업은 왜 학계에 아나키스트가 그렇게 드문지를 좀더 쉽게 이해할 수 있도록 해주기도 한다. 그것은 아나키즘이 단지 고급 이론에 적합하지 않기 때문이 아니다. 그것은 기본적으로 실천의 윤리이기 때문이다. 아나키즘은 무엇보다 수단은 목적과 조화를 이루어야 한다고 주장한다. 권위주의적인 수단으로는 자유를 만들어내지 못한다고 말한다. 우리는 우리가 만들고자 하는 사회를 반드시 체현(體現)해야 한다고 지적한다.[2] 이것들은 대학들 안에서 잘 작동하지 못한다. 대학은 여전히 본질적으로는 중세의 사회구조를 가지고 있고, 비싼 호텔에서 열리는 학술 대회에서 논문을 발표하며, 대학원에서 적어도 2~3년을 보내지 않으면 도저히 알아들을 수 없는 언어를 써서 지적인 대결을 빌이기 때문이다. 이런 학계의 풍토에서, 아나키즘은 최소한 누군가를 곤경에 빠뜨릴 것이다.

물론 이 모든 것들은 아나키스트 이론은 불가능하다는 것을 의미하는 것은 아니다. 비록 대학의 급진주의에서 전형적으로 나타나는 형태의 단일한 고급이론으로서의 아나키즘 용어상 모순이라는 점을 알려주긴 하지만 말이다. 때로는 통약 불가능한 관점의 다양성이 존재한다고 간주하고 그것을 가치있다고 여기는(아나키스트 의사 결정과정이 그렇게 하듯이), 그러면서도 여전히 서로 공유하고 있다고 믿는 헌신을 기초로 이 다양성을 조직해낼 수 있는 이론체를 상상해볼 수 있다. 분명하게도, 이

---

1) 내가 다른 경우에는 비판했던 분파주의적 사고를 도입함으로써 다소 위선적인 모습을 보이고 있음을 나도 알고 있다. 매우 개방적이고 관용적이며, 민주적으로 조직되어 있는 맑스주의 학파들도 존재한다. 말도 안 될 만큼이나 분파주의적인 아나키스트 그룹도 존재한다. 바쿠닌 스스로가 어떤 기준을 동원해도 민주주의의 모델은 될 수가 없었다.
2) [역주] 미래 사회를 지향하는 조직이, 그 미래 사회의 모습을 미리 보여줄 수 있어야 한다는 말.

런 이론체는 모든 종류의 전위주의의 흔적을 자기 의식적으로 거부해야 할 것이다. 그러면 이는 중요한 질문으로 이어진다. 만약 혁명적 지식인 의 역할이 올바른 전략적 분석에 도달하고 대중을 이끄는 엘리트가 되는 것이 아니라면, 지식인의 역할은 정확히 무엇인가? 나는 인류학이 바로 이 영역에서 도움을 주기에 특히 적절한 학문이라고 생각한다. 대부분의 현 실에 존재하는 자치 공동체들이나, 비-시장 경제나, 다른 급진적 대안 사 회들을 연구하고 있는 것이 주로 인류학자들이기 때문만은 아니다. 그것 은 민족지(ethnography)라는 연구방식이 비-전위주의적인 혁명적 지적 실천이 어떠해야 하는지에 대한 어떤 모델을, 지금 막 시작된 모델을 제 공하기 때문이기도 하다. 민족지는 특정한 유형의 사회적 행위 밑바닥에 있는 숨겨진 상징이나 도덕 혹은 실용적 논리를 알아내려고 하는 것이다. 어떻게 사람들의 습관이나 행위가 그들 스스로도 완전히 자각하고 있지 못하는 방식으로 의미를 이루게 되는지 알아내려 한다는 말이다. 급진적 지식인이 가지는 분명한 하나의 역할이 바로 이것이다. 현장에서 실현가 능한 대안을 창조하는 사람들에 우선 주목하는 것, 그리고 그들어 (이미) 하고 있는 일의 더 큰 함의를 파악하기 위해 노력하는 것.

전위주의 사상의 아주 소략한 역사

전위주의자들의 습관으로부터 사회이론을 분리하는 것은 굉장히 어려운 일처럼 보인다. 왜냐하면, 역사적으로 근대 사회이론과 전위라는 아이디 어는 다소간 함께 태어났기 때문이다. 다른 한편에서, 예술적 아방가르드 라는 아이디어 또한 그러하다(사실 '아방가르드'는 전위를 의미하는 프랑스 어일 뿐이다). 이 셋 사이의 관계는 아마 예상치 못한 가능성을 제시할 것이다.

　'아방가르드'라는 용어는 사실 생시몽(Saint-Simon)이 만든 단어이다. 생시몽은 19세기 초반에 저술 활동을 한 프랑스 귀족이자, 정치적 선각자이며, 팸플릿 집필자이자 활동가였다. 아방가르드는 사실 그의 마지막 아이디어 중 하나이며, 죽기 바로 직전에 썼던 일련의 글들의 산물이다. 한때 비서이자 제자였던(그리고 나중에는 격렬한 라이벌이 되었던) 오귀스트 콩트(Auguste Comte)처럼, 생시몽은 프랑스 혁명의 궤적을 추적하면서 글을 쓰고 있었으며, 본질적으로 무엇이 잘못되었었는지 묻고 있었다. 왜 중세 봉건 가톨릭 사회에서 근대 산업 민주주의 사회로의 이행은 이토록 거대한 폭력과 사회적 혼란을 만들어내는가? 이를 어떻게 제대로 해낼 수 있는가? 당시 가톨릭이자 왕당파 사상가였던 보날드(Bonald 1864)나 드 메스트르(de Maistre 1822)는 프랑스 혁명이 공포정치로 타락하게 된 것은 혁명이 질서와 위계의 원리를 파괴했기 때문이라고 주장했다. 왕은 그런 질서와 위계의 단순한 체현물일 뿐이었다. 그들이 주장하길 그 사회적 체계는 중세 이래로 무엇보다 교회에 의해 지지되고 있었다. 교회는 모든 이들에게 하나의 정연한 질서 속에서 의미 있는 자리를 점하고 있다는 생각을 심어주었다. 생시몽과 콩트는 이들의 반동적인 결론을 거부했다. 그들은 중세 교회를 그저 다시 복권시키는 것은 가능한 일이 아니라고 생각했다. 필요한 것은 산업 혁명에 의해 만들어진 세계 안에서 교회와 동일한 역할을 수행할 제도를 만들어내는 것이었다. 그래서 생시몽과 콩트는 말년에, 실제로 그들 자신의 종교를 만들어내게 된다. 생시몽은 이를 '새로운 기독교'(1825)라고 불렀고, 콩트는 이를 '새로운 가톨릭'(1852)이라 이름 붙였다. 전자에서는 예술가들은 궁극적인 영적 지도자의 역할을 수행해야 한다. 생시몽이 만들어낸 예술가와 한 과학자가 나누는 가상의 대화에서, 예술가는 가능한 미래를 상상하고 대중을 촉발하면서, 예술가들이 '아방가르드'의 역할을 수행할 수 있다고, 생시몽이 "진정한 성직자적인 기능"이라 말한 것을 수행하게 된다고 설명한다. 생시몽이 그리는 이상적인 미래에서, 예술가들은 아이디어들을 생각해내고 이를 과학자들이나 경영자들에게 넘겨주면 그들이 이를 실행하게 된다. 또한 생시몽은 국가가 쇠퇴한다는 관념을 아마도 처음 고안한 사람일 것이다. 일단 지도자들이 대중의 이익을 위해서 활동한다는 것이 분명해지면, 대중들에게 그 지도자의 조언을 받아들이도록 강제할 필요가 없다. 마치 의사가 환자에게 자신의 조언을 따르도록 하는 데 강제력은 필요하지 않은 것과 마찬가지로 말이다. 정부는 기껏해야 작은 규모의 경찰 기능으로 축소될 것이다.

콩트는 물론 사회학의 창시자로 가장 유명하다. 그는 사회학이라는 용어를 그가 가장 중요하다고 생각한 분과를 설명하기 위해 만들어내었다. 콩트는 사회학을 통해 사회를 이해하는 동시에 지휘할 수 있다고 생각했다. 그는 생시몽과는 다른, 훨씬 권위적인 접근 방식을 취했다. 그는 그가 만들어낸 새로운 가톨릭에서, 궁극적으로 인간 삶의 거의 모든 측면을 과학적 원리에 따라 규제하고 통제하는 모델을 제안한다. 이는 사회학자들에 의해 수행되는 상위 사제들(이는 실질적으로 전위이다. 비록 콩트가 실제로 이 단어를 사용하지는 않았지만 말이다)의 역할을 통해 이루어진다.

특히 이런 대립은 아주 흥미롭다. 왜냐하면 20세기 초반에 이런 대립의 입장이 실제로는 거꾸로 나타나기 때문이다. 좌파 생시몽주의자들이 예술가에게서 지도력을 기대하고 우파 콩트주의자들이 자신을 과학자라 여기는 것 대신에, 히틀러(Hitler)나 무솔리니(Mussolini) 같은 파시스트 지도자들은 자신이 대중들을 촉발하고 거창한 상상에 따라 사회를 조각해내는 위대한 예술가라 생각했다. 그리고 맑스주의자 전위들은 자신들이 과학자 역할을 한다고 주장했다.

어찌 되었건, 생시몽주의자들은 그들의 다양한 모험이나 살롱을 위해서, 그리고 유토피아적인 공동체를 꾸리는 일을 위해서 적극적으로 예술가들을 찾아나섰다. 비록 얼마 지나지 않아 어려움에 부딪혔지만 말이다. '아방가르드' 예술가 집단의 많은 사람들은 그들보다 좀더 아나키스트에 가까운 푸리에주의자(Fourierist)나 (나중에는) 노골적인 아나키스트 분파를 더 좋아했다. 사실 아나키스트들에 공감했던, 피사로(Pissarro)에서 톨스토이(Tolstoy)나 오스카 와일드(Oscar Wilde)에 이르는 19세기 예술가들의 숫자는 아주 충격적일 정도이다. 나중에 공산주의자가 되는, 말레비치(Malevich)부터 피카소(Picasso)에 이르는 20세기 초반의 예술가들은 물론이고 말이다. 급진적 예술가들은 항상 자신들을 미래사회로의 길을 안내하는 정치적 전위라기보다, 소외되지 않은 새로운 삶의 양식을 탐험하는 존재라고 생각했다. 19세기의 진짜 중요한 발명은 전위라는 발상이라기보다 보헤미아(Bohemia)라는 아이디어이다(이 용어는 1838년 발자크에 의해 처음 만들어졌다). 보헤미아는 다소 자발적으로 가난하게 살아가는 주변적 공동체들을 의미하는데, 이들은 자신들이 창조적이고 소외되지 않은 경험의 형태를 추구하는 데 헌신하고 있다고 생각했으며, 부르주아적 삶과 그것이 상징하는 모든 것에 대한 깊은 증오로 결속되어 있었다. 그들은 이념적으로 사회혁명의 지지자인 만큼이나 '예술 그 자체를 위한 예술'의 지지자였다. 이들의 엄청난 중요성을 어떻게 평가할지를 둘러싸고 현대 이론가들은 사실 완전히 나뉘어 있다. 예를 들어 피에르 부르디외(Bourdieu 2000)는 '예술 그 자체를 위한 예술'이라는 아이디어의 선포가 탈정치화와는 상관이 없으며, 인간 활동의 한 특정한 장에서 시장 논리로부터 벗어난 자율성을 확립한 중요한 성취로 여겨야 한다고 주장했다. 다른 한편 콜린 캠벨(Campbell 1991)은 보헤미안들이 실제로 아방가르드라면, 그들은 사실 시장 그 자체의 전위라고, 좀더 정확히 말하면 소비주의의 전위라고 주장한다. 보헤미안들은 절대 받아들이려 하지 않겠지만, 그들이 했던 실질적인 사회적 기능은 다음 세대에서 상품화될 수 있는 새로운 쾌락의 형태와 미적인 영역을 탐구하는 것이었다.[3]

또한 캠벨은 보헤미아가 부르주아 아이들만 사는 곳이었다는 일반적으로 알려진 사실에 동조한다. 그 아이들은 (적어도 일시적으로는) 부모의 돈이나 특권을 거부했지만, 방탕으로 요절하지 않는다면 결국에는 아버지 회사의 이사진으로 돌아가기 마련이라고 했다. 활동가들이나 혁명가들에 대한 이와 유사한 주장은 오늘날까지 반복된다. 가장 최근에는 전지구적 정의운동을 주도하고 있다고 여겨지는 '부잣집 아이들'(trust-fund babies)[4]에 대한 주장이 있었다. 사실, 이러한 부분에 대해서 피에르 부르디외(1993)는 실제로 역사적 분석을 했었다. 그리고 19세기 보헤미안들의 많은 수가 사실 농민의 자식이었음을 밝혀냈다. 보헤미아는 부르주아 배경을 가지지만 부모가 쌓은 가치를 거부한 일정 수의 아이들과, 새로운 공교육 시스템의 수혜자였지만 부르주아 교육을 받는 것만으로는 실제로 부르주아지의 일원이 되는 데에 충분치 않음을 깨달은 수많은 평범한 출신의 아이들 집합이었다. 놀랄 만한 사실은 이런 인구학적 구성은 전위적 혁명가들에게서도 일관되게 나타난다는 점이다. 저우언라이(Chou En

---

3) 누군가는 이를 톰 프랭크(Tom Frank) 버전의 역사라고 생각할지도 모르겠다.

4) [역자] 'trust fund baby'는 기본적으로 부유한 집의 아이를 의미한다. 이러한 이름을 가지게 된 이유는, 통상 부유한 부모가 자산의 상속 등을 위해 아이가 아주 어렸을 때부터 아이의 명의로 펀드에 투자하고, 아이가 성인이 된 이후 돈을 돌려주곤 했기 때문이다.

Lai, 고위 관료의 반항적인 아들)와 마오쩌둥(Mao Tse-Tung, 학교 사서가 된 농민의 아들)의 만남이나, 체게바라(Che Guevara, 아르헨티나 의사의 아들)와 피델 카스트로(Fidel Castro, 일거리 없는 법률가가 된 소매상의 아들)의 만남을 떠올릴지도 모르겠다. 이는 오늘날까지 혁명가들이나 전지구적 활동가들에게 적용될 수 있다.

19세기에, 정치적 전위라는 아이디어는 미래의 자유로운 사회를 향한 길을 탐구하는 사람이라면 누구에게나 폭넓고 대략적으로 적용되었다. 예를 들어 급진적인 신문은 많은 경우 자신을 '아방가르드(the Avant Garde)'라 칭했다. 예를 들어 표트르 크로포트킨(Peter Kropotkin)은 1880년대 『L'Avant Garde』라는 이름의 스위스 아나키스트 신문에 자주 기고를 했었고, 프랑스, 스페인, 이탈리아, 아르헨티나에는 동일한 이름을 가진(혹은 동일한 의미를 가진 현지어의) 정기간행물들이 있었다. 사실, 진정한 혁명적 계급은 프롤레타리아트라는 관념을 도입함으로써 이 아이디어[전위주의]를 크게 바꾸어낸 것은 맑스였다(맑스는 '전위'라는 단어를 실제로 쓰지 않았다). 왜냐하면 프롤레타리아트는 가장 억압되어 있기에, 혹은 맑스가 말하는 것처럼 자본주의에 의해 "부정되었기에" 자본주의가 폐지되더라도 잃을 것이 가장 적기 때문이다. 이렇게 설정함으로써, 맑스는 덜 소외된 소수 집단들(예술가들, 어떤 종류의 장인들, 독립 생산자 등등 아나키즘의 근간을 이루는 이들)이 뭔가 유의미한 것을 할 수 있다는 가능성을 배제해버렸다. 이렇게 됨으로써 발생한 결과를 우리 모두는 잘 알고 있다. 전위당이라는 아이디어는, 즉 가장 억압받는 계급(역사의 담지자이자 폭력을 기꺼이 도입함으로써 혁명을 실제로 추동하는 행위자로 선택된 이들[프롤레타리아트])을 조직하면서도 그들에게 지적인 기획을 제시하는 데 헌신하는 전위당이라는 아이디어는 레닌이 쓴 『무엇을 할 것인가』라는 책에서 처음으로 윤곽을 드러낸다. 전위당이라는 아이디어는 끊임없이 반향을 일으켰다. 1960년대 SDS[5]가 블랙 팬서당을 (가장 억압받는 이들의 지도자로서) 운동의 전위로 볼 수 있는지 그렇지 않은지를 둘러싸고 맹렬하게 논쟁했던 시점에 이르기까지 말이다. 이 모든 것은 결과적으로 자신을 점차 전위당처럼 조직하려 시작했던 예술 아방가르드들에게 희한한 영향을 미쳤다. 다다이스트(Dadaist)나 미래주의자(Futurist)들을 시작으로, 이들은 자신들의 선언과 성명을 출판하고, 서로를 축출하며, 자신들을 혁명적 분파의 패러디로 만들어버렸다(이는 간혹 꽤나 의도적인 일이었다). (하지만 이들 집단은 영웅적인 창시자를 따라서가 아니라 항상 특정한 형태의 실천을 가지고 자신들을 규정했다. 아나키스트처럼 말이다.) 이러한 융합의 최종적인 형태는 초현실주의자와 상황주의 인터내셔널과의 융합에서 발견할 수 있다. 한편에서 보면 이들은 보헤미아의 정신에 따른 혁명적 활동에 관한 이론을 개발하는 데 가장 체계적인 노력을 기울인 사람들이었다. 이들은 예술과 삶의 경계를 파괴하는 것이 실제로 무엇을 의미하는지 고민했다. 하지만 동시에, 이들은 자신들의 내부 조직에서 수많은 분열과 상호 공격과 비난으로 가득 찬, 일종의 정신나간 분파주의를 드러내게 된다. 이 때문에 기 드보르(Guy Debord)는 인터내셔널에 존재하는 유일한 논리적 결말은 두 명의 성원으로 줄어드는 것이라 말한다. 그 두 사람 중 한 사람은 다른 사람을 숙청할 것이며 그러고는 자살해버릴 것이다(이는 실제로 일어난 일과 그렇게 많이 다르지는 않았다).

---

5) [역주] Students for a Democratic Society: 민주 사회를 위한 학생 연합. 기성 좌익 조직에 대항하는 신좌파(New Left)를 대표하던 미국 학생 운동 단체의 하나로 1960년대에 활발하게 운동했음.

소외되지 않은 생산

정치적 아방가르드와 예술적 아방가르드 사이의 역사적 관계는 이미 아주 많이 탐구되어 왔다(예를 들어 Poggioli 1968, Buck-Morss 2000, Kastiaficas 2004). 하지만 내가 보기에 진짜로 흥미로운 질문은 이것이다. 애초에 대체 왜 예술가들이 이토록 자주 혁명 정치에 말려들게 되었는가? 왜냐하면 심지어 혁명적 변화를 바라는 이들이 별로 없을 때조차, 예술가들이나, 작가들 그리고 음악가들 사이에서는 그런 사람들을 찾을 수 있는 것처럼 보이기 때문이다. 심지어 전문가 지식인들 사이에서보다 더 쉽게 찾을 수 있다. 내가 생각하기에 여기에 대한 해답은 소외와 분명 관련이 있는 것 같다. 무언가를 상상해내고 (개인적으로건 집합적으로건) 만들어내는 경험(즉, 특정한 형태의 소외되지 않은 생산의 경험)과 사회적 대안, 특히 덜 소외된 창조성의 형태에 기반한 사회의 가능성을 상상하는 능력 사이에는 직접적인 연결이 있는 것으로 보인다. 이는 전위를 상대적으로 소외되지 않은 예술가(혹은 지식인)로 보는 것에서 '가장 억압받는 이들'의 대변자로 새롭게 바라보는 역사적 전환을 볼 수 있게 해준다. 사실, 내 생각에 혁명적 연합은 항상 사회에서 가장 적게 소외된 이들과 가장 많이 억압받는 이들 사이의 동맹으로 이루어지는 경향이 있다. 그리고 이는 생각보다 별로 엘리트주의적이지 않은 형태이다. 왜냐하면 실제의 혁명은 두 범주가 겹치게 될 때 발생하는 것처럼 보이기 때문이다. 어쨌든, 이는 왜 실제로 봉기해서 자본주의를 전복시켜버리는 이들이 수 세대 동안 임금노동에 익숙해진 사람들이 아니라, 거의 항상 농민이나 장인들(혹은 원래 농민이나 장인이었다가 새롭게 프롤레타리아트화된 이들)로 구성되는지를 설명해준다. 마지막으로, 나는 이것이 통상 '반-세계화' 운동이라 불리는 지구적 봉기에서 토착민들의 싸움이 특별하게 중요한 이유를 설명해준다고 생각한다. 이 토착민은 지구상에서 가장 소외되지 않은 사람임과 동시에 가장 억압받는 존재들이다. 일단 이들을 혁명적 연합에 포함시키는 것이 기술적으로 가능해지면, 그들이 지도적 역할을 하는 것이 거의 필연적이다.

토착민들의 역할은 결국 우리로 하여금 민족지학의 역할로 다시 눈을 돌리도록 만든다. 비-전위주의적인 혁명적 지식의 가능한 모델로서, 또한 잠재적인 위험의 모델로서 말이다. 분명, 내가 제안하는 것은 민족지학이 궁극적으로 어떤 유토피아적인 외삽(extrapolation)과 결합된 자기-민족지의 형태를 갖출 때에만 가능할 것이다. 이는 어떤 형태의 급진적 실천들 근간에 존재하는 암묵적 논리나 원리를 알아낸 후에, 그것으로 해당 공동체만 분석하는 것이 아니라, 이를 새로운 전망을 만들어내는 데 사용하는 것을 의미한다("만약 정치 조직에 적용하고 있던 원리를 경제에 동일하게 적용한다면, 이와 비슷한 일이 되지 않을까?"). 급진적 예술 운동의 역사에도 이를 연상시키는 유사성이 존재한다. 급진적 예술이 운동이 된 것은 자기 자신을 비판하면서였다(물론, 자기-비판이라는 아이디어는 맑스주의 정치 안에서 매우 다른, 훨씬 불길한 분위기를 띠게 되었다). 게다가 정확히 이런 종류의 자기-민족지적 작업을 이미 시도하고 있는 지식인들이 존재한다(예를 들어, Graeber & Shukaitis 2007을 보라). 하지만 나는 이 모든 것을 모델을 제공하기 위해서가 아니라 새로운 논의의 장을 열기 위해 이야기한 것이다. 가장 먼저, 우리 대부분이 생각했던 것보다 전위주의라는 관념 자체도 훨씬 풍부한 역사와 대안적인 가능성들로 가득 차 있음을 강조함으로써 말이다.

10장 _ 과학으로서의 사회이론과 유토피아

일반 사회학 이론은 세계화 시대에 여전히 의미를 가지는가?

나는 조직자들이 제시한 질문을, 두 가지 가능한 관점에서 다룰 수 있다. 인류학자로서 다룰 수도 있고, 전 지구적 운동(소위 '반-세계화 운동'이라 불리는)에 수년간 참여해 온 정치적 활동가로서 다룰 수도 있다. 이런 전 지구적 운동은 전지구적 상황변화에 따라 혁명에 대한 전반적 생각을 바꾸어놓고 있다. 앞으로의 글에서, 나는 두 가지 관점을 모두 동원할 것이다. 사회이론의 역사를 전반적으로 살펴보고, 그것이 사회 혁명의 전망과 맺고 있는 관계가 어떻게 변화하는지 살펴봄으로써 말이다.[1]

내가 이러한 접근 방식을 취하는 것은 단지 이것이 접근하는 데 유용

---

1) 이 글은 원래 2003년 6월 12~14일에 파리에서 '세계화 시대에 일반 사회학 이론에 대한 관점'이라는 이름으로 열린 학술 대회에서 발표된 글이다. 이 컨퍼런스는 MAUSS 그룹의 알랭 카이예가 후원한 것이다. 이 학술 대회는 사회 이론가들이 모인 일종의 정상회담 같은 것이었는데, 마거릿 아처(Margaret Archer), 레이몽 부동(Raymond Boudon), 사무엘 아이젠슈타트(Shmuel Eisenstadt), 부르노 라투어(Bruno Latour), 한스 요하스(Hans Joas), 앤 롤즈(Anne Rawls), 사스키아 사센(Saskia Sassen), 알랭 투렌(Alain Touraine) 등이 참석했다. 내가 초대된 것은 카이예의 너그러움 덕분이며, 나는 여전히 이에 대해 무척 감사하고 있다. 이 학술 대회에서 발표된 글은 나중에 *Revue du MAUSS Semestrielle*에 각주나 참고문헌 없이 출판되었다. 나는 그 출판된 형태 그대로 이 책에 수록하기로 하였다. 제목의 첫번째 부분은 프랑스 편집자들(알랭 카이예, 스테판 뒤푸아(Stephane Dufois))이 선택한 부분이다. 뒤에 나온 부제는 그 학술 대회 조직자들이 참석자 전원에게 부여한 원래 질문이다.

한 지점이기 때문이 아니다. 오히려 이는 내가 그 둘 사이에 필수적인 관계가 존재한다고 믿기 때문이다. 좀더 구체적으로 말하면 그런 혁명적 상상과, '사회적 실재'(social reality)라고 지칭할 수 있는 무언가가 있다는 그런 생각 사이에 말이다. 사회적 실재는 경험적 조사를 감당할 수 있으며, 그렇기에 사회학 같은 학문적 분과가 가능하도록 만들어준다. 내 생각에, 사회과학의 역사적 시초를 진지하게 고려해보기만 하면, 이것은 충분히 명백하게 드러나는 것 같다. 그러면, 사회학 자체의 기원으로 옮겨가기 전에 비교 민족지학의 역사를 간략히 살펴보는 것으로 시작하자.

사회적 실재에 대하여

비교 민족지의 역사에 대한 몇 가지 노트

최근 들어 인류학을 기본적으로 제국주의의 산물이라 여기는 일이 유행하고 있다. 물론, 인류학을 가능하게 한 것은 거대한 유럽 제국의 탄생이다. 하지만 인류 역사상 수많은 다문화 제국이 존재했었다. 내가 아는 한, 그 무수한 제국들 중 어떤 제국도 문화적 차이를 체계적으로 비교하는 작업을 시행하지 않았다. 서구적 전통에만 한정하더라도, 남아있는 증거들은 오히려 정반대의 방향을 가리키고 있다. 고대세계인 기원전 5세기 그리스에서 인류학과 유사한 어떤 것이 발생하고 있었다고 주장할 수도 있다. 헤카타이오스(Hecataeos) 같은 지리학자나, 헤로도토스(Herodotos) 같은 역사학자가 관습 등을 체계적으로 비교하는 방법에 대한 논의를 만들어내고 있던 무렵을 떠올리며 말이다. 하지만 이때는 그리스 세계가 드넓은 다문화 제국의 중심은 고사하고, 정치적으로 통합되지도 않은 때였다. 그런 종류의 제국들이 곧 나타나게 되었는데, 그러자 이런 종류의 문헌은 사라져버렸다. 그리스 제국은 물론 로마제국도 인류학과 유사한 뭔가를 만들어내지 않았다. 기원전 5세기 그리스의 경우에는, 그때가 정치적으로 다양한 가능성이 존재했던 시기였다는 점이 [그런 특이한 움직임이 나타난 일에 대한] 합리적인 설명이 될 수 있을 것 같다. 그때는 사회적 실험과, 혁명과, 그리고 유토피아적인 계획이 넘쳐나던 시기였다. 사회적 질서들을 서로 비교해보는 것은 정치 사회(즉 인간 사회)의 잠재성의 범위를 논의해보는 하나의 방법이었다. 분명히, 이런 일은 로마 통치기에는 일어나지 않았다. 사실, 이런 종류의 사상을 촉발한 것은 다름 아닌 기원전 5세기 그리스의 정치적 분열이었던 것으로 보인다. 당시는 가장 기본적인 정치단위가 상대적으로 작은 공동체인 도시 국가였으며, 도시국가는 정치적 실험에 폭넓게 열려 있는 공간이었다. 새로운 그리스 식민지가, 그러니까 정치적 단위가 늘 새로 만들어지고 있었다. 사람들은 새로운 헌법을 고민하고 만들어냈으며, 낡은 체제는 사라지곤 했다.

이와 비슷하게, 지난 500년의 유럽 역사를 보면, 민족지적인 호기심과 정치적 가능성 사이에는 적어도 느슨한 연결이 존재한다는 가능성이 증명되는 것 같다. 아마도 16세기부터 살펴볼 수 있을 것이다. 그때는 몽테뉴(Montaigne) 같은 저자들에게서 근대적 상대주의로 이어질 만한 주장들이 나오기 시작한 시점이며, 유토피아적 사고와 혁명적 움직임이 갑자기 분출하기 시작한 때이기도 하다. 이어지는 세기에서는 이런 민족지적 궁금증은 물론 정치적 가능성 또한 대부분의 장소에서 후퇴하는 경향이 나타났으며, 프랑스 혁명에 이르러서야 갑자기 이러한 것들이 되살아나게 되었다. 이는 나폴레옹(Napoleon)의 패배에 따른 반동 국면에서 다시 퇴조하였다가, 1848년 혁명 이후에 좀더 강하게 부활하게 되었다. 인류학이 전문적인 분과로 등장하게 된 것은 바로 이 마지막 국면이었다.

나는 곧잘 함께 등장하곤 하는 일련의 사유들에 대해 내가 쓴 다른 글에서 지적한 적이 있다. "상상력에 권력을"이라는 유명한 1968년 혁명의 슬로건을 따서 설명할 수 있는 바로 그 사유 말이다. 다른 사회적 질서를 상상하고 이를 구현하려고 하면 일종의 저항적 '실재'를 인식할 필요가 있다(그런 뒤, 이런 실재는 반드시 연구되어야 한다). 이에 따라 실제로 존재하는 사회들이 서로 얼마나 다른지에 대한 궁금증이 일어나게 된다. 상상과 실재는 동일한 과정의 양면인 셈이다. 이러한 이해는 부분적으로 비판적 실재론이 '실재'를 '결코 완전히 알려질 수 없고, 그렇기에 상상적인 모델들로는 결코 완전히 포괄할 수 없는 것'으로 정의하면서 촉발된 것이다. 이것은 적어도 최근에 나타났던 아주 이상주의적인 사람들 중 그토록 많은 이들이 왜 자기 자신을 '유물론자'라고 부를 것을 고집해왔는지를 좀더 쉽게 이해할 수 있도록 해준다. 혹은 일종의 유물론에 빠져드는 것이 왜 가장 과감한 유토피아적 계획들을 만들어내는 것과 많은 경우 함께 일어나는지 이해할 수 있도록 해준다. 또한, 왜 이 세 가지 원리들(혁명, 실재, 민족지학)이 1980년대에 동시에 공격을 받았는지도 설명해준다.

사회학과 잔해에 대하여

이 모든 것은 사회학으로 돌아와 보면 보다 더 분명해진다. 왜냐하면 분과로서의 사회학은 넓게 보아 프랑스 혁명의 잔해로부터 발생한 것이기 때문이다. 로버트 니스벳(Robert Nisbet)이 반세기 전에 지적한 것처럼, 사회학이라는 분과가 설립되는 데 기반이 된 거의 모든 주요한 테마들(공동체, 권위, 계층, 신성함)은 보날드나 버크(Peter Burke) 혹은 드 메스트르 같은 혁명에 대한 반동적 비평가들에 의해 지목된 주제들이다. 이 반동적 비평가들은 이런 주제들이 계몽 사상가들이 그냥 내쳐 버려도 될 아주 나쁜 것으로 치부해버린 바로 그런 사회적 실재이며, 이것들이 사라짐에 따라 파국적인 결과가 만들어졌다고 주장했다. 이러한 테마들은 생시몽이나 콩트 같은 인물들에 의해 좀더 체계적으로 발달하게 되었다. 생시몽이나 콩트는 매우 뚜렷하게, [프랑스혁명에서] 무엇이 잘못되었던 것인가라는 질문을 던지고 고민한 사람들이었으며, 중세에 존재한다고 가정되었던 통합이나 질서의 원리들을 대체할 만한 것을 찾기 위해 노력한 사람들이었다. 그들은 이후 사회학이라는 분과의 중심으로 남게 되었다.

이러한 혁명의 문제점들, 그러니까 단순히 법을 바꾸는 것을 통해서는 기본적 제도들을 변환시키는 데 실패하고 말았다는 점은 무언가의 존재를 밝혀낸 것으로 여겨졌다. 그 무언가는 더 이상 신이나 그와 유사한 외적인 권위 원칙에 의해 부여되었다고 여겨지지는 않았지만, 단순히 개인들이나 집합체의 의지의 창조물이나 체현물이라고 여겨지지도 않았다. 그 무언가는 그것을 재조정하려는 시도에 저항하는 것처럼 보이며, 적어도 그 시도를 예측하지 못한 방향으로 바꾸어버린다. 다시 말하자면, 이 "무언가"는 그 자체의 관점에서 이해해야만 하는 일관성과 자기만의 논리를 가지고 있으며, 과학적으로 조사될 수 있다. 이 대상은 그 이후 여전히 사회학의 대상으로 남아왔다(이것은 일종의 유토피아적 상상에 기원하는 프로젝트의 저항적 대상이 되기 전에는, 대상으로서 혹은 적어도 그러한 종류의 대상으로서 실제로 존재하지 않는다고 여길 수 있는 무언가다).

하지만 분과들의 형성에 대한 이러한 특이한 역사 때문에, 그것은 완전성과 일관성 그리고 논리가 적어도 어느 정도는 깨어진 대상으로 보이기도 한다.

도덕 철학으로부터 분리되어 나온 학문인 정치경제학(이후엔 경제학)이 여기서 핵심적인 역할을 수행한다. 사회학이 자기 자신만의 [정치경제학에 비해] 다소 하위에 존재하는 영역을 성립시키기 전까지는 그렇다. 이것은 지적 노동에서 아주 특정한 노동 분입이 발달하게 했다. 경제학은 시장들의 기능과 시장 행위와 관련되어 있다. 시장들은 스스로 자동조절된다고 가정되었다. 경제 과학의 대상은 폴라니가 잘 증명한 것처럼, 많은 부분 국가 계획과 법적 장치와 특정한 종류의 상호작용을 위한 장을 만들려는 정책들에 의해 만들어졌을 것이다. 하지만 (폴라니 역시 지적했듯이) 이 장치들이 어떤 의미에서든 작동하기 시작하자마자 경제학 이론가들이 나타났고, 그들은 시장은 잘 작동하는 평형 체계이며 인간 본성에서 직접 연원하는 산물이므로 많은 부분 그 자체로 내버려두어야 한다고 주장하기 위해 온갖 종류의 자연주의적인 은유들을 사용하기 시작했다. 또한 결정적으로, 경제학은 스스로 합리성에 대한 연구가 자신의 목표임을 명백히 했다. 합리성을 기본적으로 계산적 욕망의 특정한 형태로 설정함으로써 말이다. 그와 반대로 사회학은 경제학의 시야가 시장을 평형의 관점에서 규정하기 위해 시작부터 배제했어야만 했던 그런 '외부성들'을 연구하는 데 기반한다고 할 수 있다. 최초의 사회학과는 많은 부분 사회 개혁가들을 채용하여 만들어졌다. 사회 개혁가들은 현재의 상태가 부적절하다고 생각하는 사람들이다(혹은 일반적으로 그렇게 말할 수 없다고 한다면, 적어도 대중적인 계급 내에서는 부적절하다고 생각하는 사람들이다). 사회학은 많은 부분 '사회 문제들'(범죄, 이혼, 가난, 종교 분쟁 등)에 대한 관심과 고민으로 인해 유지되었다. 사회학의 전제는 항상 무언가는 아주 분명하게 평형 상태에 있지 못하다는 것이었다. 무언가가 제대로 작동하고 있지 못하다. 그렇게 될 수 있거나, 그렇게 되어야만 하는 방식과 어긋나 있다는 것이다. 연대, 합의, 권위, 집합 의식, 공동체는 어떤식으로 정의하든 불완전하거나 부재한다. 그리고 이러한 점은 통상 일종의 합리성의 위기에서 핵심적인 요소로 여겨진다. 다시 한 번 말하지만, 이 모든 것은 사회학을 창시한 대부분의 인물들의 작업에서 아주 명백하게 나타나며, 이후로도 계속되어 향후 논쟁의 틀을 이루었다(많은 경우 보다 암묵적으로).

자, 사회 이론가들의 실제 정치적 입장은 이와 크게 달랐다. 맑스 같은 혁명가들은 예외적이었다. 뒤르켐 같은 자유주의 개혁가나 베버 같은 민족주의자가 더 일반적이었다. 하지만 혁명이 불러들인 그 세계(일부 수준에서 사회에 하나의 목표로서 부여하는 것이 가능하며, 일정 부분 유토피아적 상상과 잘 어울리는 세계)는 영원한 것이 되어버렸다. 전면적인 혁명, 혹은 '길 위의 전투'(battle-in-the streets)라는 혁닝의 가능싱이 이 시기 대부분 기간 동안 상존하는 것으로 여겨졌을 뿐만 아니라, 모든 혁명의 역학은 정부 구조나 관련 조직을 통해 제도화되었고, 이 모든 것은 사회를 기본적으로 해결해야 할 문제로 파악한다. 바로 이런 상황이, 내가 '사회적 실재'라 불러왔던 무언가가, 분명히 실재하며 관심을 가져야 할 어떤 것으로(연구의 자명한 대상으로) 계속해서 취급될 수 있도록 만들어주었다. 이런 주장 모두가 궁극적으로는 무의미하다고 말할 수도 있다. 사회 이론가들이 이론을 만들 때 무엇에 의해 촉발되었건, 중요한 것은 그 이론이 어떤 형태에 도달했는가 하는 것이기 때문이다. 그리고 그 이론들이 다다른 형태는 사회적 현상을 상대적으로 객관적으로 설명하는 과학이었다. 하지만 19세기에조차 주요한 사회 이론가들이 실제로 이렇게 생각했다고 말하기 어렵다. 맑스나 베버가 그 시대의 가장 위대한 사회 사상가가 될 수 있었던 것은, 그들이 객관적 사회과학은 사실상 불가능하다는 사실을(그런 것이 가능하고 보는 생각이 그 자체로 매우 유토피아적이다.)

어떻게 다룰 것인지에 대한 질문과 가장 직접적으로 대결했기 때문이다. 그들이 떠올린 해결책은 서로 매우 달랐다(맑스는 세계를 이론화하는 것은 그 자체로 그것이 이론화하고 있는 대상을 유지하거나 변형하는 데 기여하는 정치적 행위의 한 형태라고 주장한다. 베버는 우리가 세계에 대해 던지는 질문은 결코 객관적일 수 없지만, 그것에 답하는 수단은 객관적일 수 있다고 봤다. 하지만 우리가 객관적 지식을 축적하기 전에, 질문이 변화할 것이다). 하지만 맑스와 베버는 직접적으로 그 문제를 언급한다. 뒤르켐 같은 사회학자들이 자신의 양면적 위치, 그러니까 연구자이면서, 행정부와 긴밀한 유대관계를 가진 존재라는 자신의 양면적 위치를 제대로 인지하지 못했기에, 이들은 그런 문제를 개인 수준으로 끌어내려서 실질적으로 자연화시켜버렸다고 말할 수도 있다. 이렇게 자연화된 영역에서, 경제적 행위자가 될 개인들은 '사회적 사실'을 완전히 외부에 존재하면서 자신을 제약하는 현실로 만나게 된다. 하지만 이는 기나긴 논쟁이다.

이 모든 것에는 두 가지 재미있는 결과가 따른다.

신기하게도, 제대로 작동하는 체계에 대한 가장 강력한 분석은 급진적 희망이 붕괴되어버린 곳에서 나왔다. 특히 과거 맑스주의자들이나 그 비판적 전통에서 작업하는 다른 이들은 체계가 내적 모순으로 폭발해버릴 것이라는 신념을 서서히 포기하였다. 그래서 보드리야르나 푸코 같은 이들은 궁극적으로 피할 수 없고 모든 것을 포괄하는(즉, 제대로 작동하는) 권력과 지배의 체계 모델을 제공하게 되었다. 그 둘이 제공한 모델이 서로 아주 다른 것이긴 했지만 말이다.

여기에 인류학은 예외였음을 지적하는 것 또한 흥미로운 일이다(당연히, 여기에는 민족지적 궁금증의 근원에 대한 나의 주장이 실질적으로 옳다는 가정이 필요하다). 적어도, 20세기의 대부분 동안, 인류학은 평형 모델들을 널리 채택했고, 자신의 연구대상(그것이 사회이건 문화이건)이 제대로 '기능하는' 작고 자족적인 체계라고 여겼다. 그리고 마치 이러한 전도(顚倒)를 완벽하게 만들기 위함인 것처럼, 인류학은 제대로 작동하지 않는 경제 체계를 연구하는 경제학의 특수한 분과인 발전 경제학(development economics)에 의해 보완되었다.

세계화에 대한 질문

만약 사회적 실재가 그것에 특정한 형태를 부여하려고 하는 어떤 상상을 마주했을 때에만 하나의 대상이 될 수 있다면(나는 이러한 패러다임이 혁명이라 주장했다), 세계화가 왜 사회학에 '정체성의 위기'를 일으켰는지 이해하는 것은 어렵지 않다. 이것은 단지 세계화가 시작됨과 동시에 전례없는 매우 이상한 재편성이 즉각적으로 이루어졌기 때문만은 아니다. 세계화가 시작되자 자유 시장 경제학자들은 갑자기 극단적인 혁명가처럼 처신했다(2000년 즈음에 『뉴욕타임스』 논평란의 저자들은 체 게바라가 오늘날 살아 있었다면 그는 분명 자유 시장을 주장하는 개혁가가 되었을 거라 열렬히 주장했다. 단지 자유 시장이 급진적 변환을 가져온다는 이유 때문이었다). 이 모든 것은 금세 가라앉게 된 들뜬 분위기에서 나온 말들이다. 이는 항상 국가가 잠재적 혁명의 무대였기 때문에 생긴 일이다. 온건한 사회 개혁 프로그램이 그러했던 것처럼 말이다. 만약 유토피아적 꿈들이 어떤 완고한 사회적 실재에 영향을 미치려고 하면, 그것은 정부의 억압적 메커니즘을 통해서만 성취될 수 있다고 항상 가정되었다(보통 이를 대놓고 말할 필요조차 없었다. 하지만 이는 좌파, 우파, 자유주의, 급진주의, 보수주의 사상의 가장 기초가 되는 생각이다). 월러스틴이 이미 상당 기간 동안 주장했던 것처럼, 우리는 대략 프랑스 혁명 이후 존재했던 정치의 본성에 대한 암묵적 합의가 무너지는 것을 목도하고 있는 것 같다. 그는 이것이 세 가지 가정에 기초하고 있다고 말한다. 첫 번째는 사회적 변화가 불가피하며, 잘 관리만 된다면 그 변화는 좋은 것이라는 생각이다. 두 번째는 사회적 변화를 관리하기에 적합한 메커니즘은 국가라는 생각이다. 세 번째는 그 국가 기구가 '인민'(the people)이라 불리는 독립체로부터 정당성이나 행위의 권리를 얻어낸다는 생각이다. 1720년에는 매우 소수의 교육받은 유럽인들만이 이 가정에 동의했었다. 1820년이 되자, 거의 모든 사람들이 적어도 말로는 이를 인정했다. 게다가, 우리가 알고 있는 형태의 사회 이론은 거의 전적으로 이러한 틀 안에서 발달한 것이다. 월러스틴은 세계적으로 존재하는 교육받은 계층의 상당수가 이런 입장을 버리고 있는 것은 겨우 최근 몇 십년 사이에 일어난 일이라고 언급한다. 하지만 사람들이 이런 입장을 취하지 않음으로써, 이제 국가는 더 이상 견고한 실재를 바라보는 데 암묵적인 참고점이 되지 못한다. 심지어 '저항적 대상'이 무엇이 되어야 하는지도 명확하지 않다.

그렇기에 이번 절에서 나는 두 가지 주장을 할 것이다. 첫번째 주장은 현존하는 우리의 이론적 도구가 더 이상 적절하지 않다는 사실과 관련되어 있다. 특히, 역사 사회학을 재구성할 필요가 있다. 그러지 못하면, 우리는 세계에서 대체 무엇이 일어나고 있는지 진지하게 사유하기조차 힘들다. 두번째로, 나는 혁명적 기획들이 정치적 지평에서 사라지는 것이 아니라, 새로운 선을 따라(혹은 좀더 정확히 말하자면, 전에 종속적인 지위를 가지고 있었던 혁명적 요소들의 성숙을 통해) 재구성되고 갱신되고 있다고 주장하고자 한다. 이 사실은 우리에게 가능한 해결책을 제시해줄지도 모른다. 새로운 조건에서 이론의 대상을 어떻게 구축할 것인가에 대한 문제만이 아니라, 사회 이론 자체가 어떻게 조직되어야 하는지를 둘러싼 문제에 대해서도 말이다.

이 시점을 개념화하기

전지구화를 마주하고 일어난 사회학의 정체성 위기에서 드러난 가장 충격적인 지점은, 역사 사회학이 놀랍도록 취약한 상태에 있다는 사실이다. 역사 사회학의 주요한 조류(맑스주의와 베버주의)는 가장 필요로 한 시점에서 상당 부분 해체되는 것처럼 보인다.

한 가지 생생한 예를 들어보자: 전 지구적 시민권에 대한 질문.

이는 요즘 정말 많이 세기되고 있는 생점이나. 내도는 신사유주의석인 틀에서 더 많이 제기된다. 왜냐하면 전 지구적 시민권은 전 지구적 이동의 자유를 요구하는 새로운 사회 운동에서 매우 공통적인 요구이기 때문이다. 하지만 전지구적 시민권은 정확히 무엇을 의미하는가? 전지구적 시민권이라는 아이디어에 대한 가장 일반적인 반대는, 이런 개념이 어떤 종류의 세계 정부가 필요하다는 점을 함축하고 있으며, 세계 정부는 전지구적 시민권을 요구하는 대부분의 사람들이 원하지 않는 것이라고 지적한다. 그러면 이 질문은 국가로부터 떨어져서 어떻게 시민권을 이론화할 것이냐는 질문으로 변화한다. 이는 매우 심원하며 극복할 수 없는 문제처럼 취급된다. 하지만 이 사안을 역사적으로 고려한다면, 이를 극복할 수 없을 정도로 보는 것이 조금 이상하다고 할 수 있다. 시민권과 정치적 자유라는 근대 서구 개념은 보통 두 가지 전통에서 나왔다고 본다. 첫번째 전통은 고대 아테네이고, 두번째 전통으로는 주로 중세 영국이 언급된다 (중세 영국은 마그나 카르타(Magna Carta)와 권리청원을 통해 왕권에 대항하는 귀족의 특권을 주장했으며, 이런 귀족의 권리가 나머지 인구에게 점차 확장된 곳이다). 사실, 역사가들 사이에서 고대 아테네나 중세 영국이 국가였다는 주장에는 합의된 바가 전혀 없다. 게다가 바로 그 이유 때문에, (전자에서) 시민들의 권리와 (후자에서) 귀족의 특권이 그토록 강할 수 있었다.

다시 말해서, 과거를 다루는 범주가 부족한 탓에, 현재를 사유하는 우리의 능력이 제약당하고 있다. 그것들이 국가가 아니었다면, 혹은 고전적 의미의 국가가 아니었다면, 대체 무엇이었는가? 국가가 아닌 복잡한 정치적 통일체에 대한 이론은 존재하지 않는 것이나 다름없다. 국가가 없는 상태에서 권리와 책임에 대해 어떻게 이야기한단 말인가? 다시 말하지만, 어디서부터 시작해야 할지 알기가 쉽지 않다.

이런 질문들은 이런 오래된 모습들(예를 들어 도시 국가들이나 중세를 연상시키는 복잡하고 중첩된 주권의 형상들)이 다시 등장하는 것처럼 보일 때, 더욱 긴급하게 답을 필요로 하게 되는 것 같다. 여기서 영토적 민족국가(territorial nation-state)라는 개념을 검토해보는 것이 도움이 될 것이다. 영토적 민족국가는 17세기에 유럽인들을 흥분시킨 개념이다. 이는 동일한 말을 사용하는(이 말은 의사소통에만 사용되는 것이 아니라 고급문화나 민족 문학의 언어이기도 하다.) 하나의 민족을 포함하는 하나의 국가를 의미한다. 민족 국가는 민족언어로 교육받은 우수한 자원들 중 관료를 선출하고, 단일한 법 체계를 가진다. 내가 보기에 이는 유럽 국가들이 중국을 모방하기 위해 시도한 것이다. 중국의 청제국은 17세기에 모든 면에서 이런 모델과 닮아 있는 유일한 국가였다. 당연하게도, 이제껏 유럽에 역사상 존재했던 어떤 국가보다도 더욱 이 모델에 부합했다. 라이프니츠가 유럽이 중국에 선교사를 보내는 것이 아니라, 중화 제국이 유럽에 선교사를 보내야 한다고 썼던 것에는 이유가 있었다. 상당히 최근까지, 근대 자본주의를 만들어낸 이 민족 부르주아지가 정치적 기획을 가지고 있었던 한, 그 기획은 유럽 국가를 중국과 유사한 어떤 것으로 바꾸어내는 것이었다고 말할 수도 있다. 황제와 보편주의는 빼고 말이다. 대신 그들은 작고 동등한 여러 국가가 본질적으로 중국적인 방식으로 조직되는 모습을 꿈꿨다. 물론, 식민주의를 통해 중국 모델의 유럽 버전은 세계 여러 다른 나라에 부과되는 것으로 귀결되었다. 심지어 나중에는 중국까지 그 속에 포함되었다. 이런 국가 모델의 확장은 식민주의의 가장 오랜 정치적 유산인, 국가 간 체계에서의 국경 통제가 만들어지는 구실이 되었다. 결과적으로 이런 국경 통제는 전지구화라는 현상 앞에서도 무너지지 않았다.

물론 마치 무역과 이주의 증가 덕에 국가적 장벽이 점점 더 무의미해지고 있는 것처럼 이야기하는 것이 일반적인 일이 되었다. 이런 동일한 상황을 지난 500년의 관점에서 검토해보자. 세계 무역은 다소 늘어난 반면, 전반적인 이주율은 2-300년 전은 고사하고 100년 전에 비할 바가 못 된다. 완전히 새롭게 등장한 요소는 국경 자체밖에 없다. 엄청나게 감시되고 규제되고 있는 수천의 국경을 통해 온 지구에 새겨진 근대 '국가 간 체계'는 아주 최근에 와서야 완전히 정착되었다. 그리고 전지구화에 의해 없어지기는 커녕, 오히려 IMF나 WTO 같은 제도들은 바로 그 위에 기반하고 있다. NAFTA에 조인한 이후, 미국과 멕시코의 국경을 순찰하는 무장 병력은 세 배 혹은 심지어 네 배까지 늘어났다. 그 전에는, 누구도 국경에 거대한 벽을 세우겠다는 생각을 하지 않았다.

다른 한편, '중국 모델'의 몰락은 한 50년 전만 해도 이상하리만치 구식으로 보였을 만한 현상이 재출현할 수 있게 만들었다. 예를 들어 르네상스 시대 유럽의 일부가 그랬던 것처럼, 저강도 전쟁이 계속되는 새로운 지역이라든가, 상업 도시 국가의 부상이라든가, 과거 공산주의 세계에서 많은 부분 시작되었다고 할 수 있는 본질적으로 중세적인 관계의 재출현이라든가, 주권의 구역화(parcelization) 등이 좋은 예다. 주권의 구역화 등을 통해 우리가 국가와 본성적으로 결합되어 있다고 생각한 요소들은 깨져서 완전히 다른 지리적 규모를 가진 다른 제도들에 분배된다. 예를 들어 중세 앤트워프의 상인은 지역 정부와 형법과 재산법과 종교법을 준수해야 했으며, 이 각각은 모두 완전히 다른 실체에 소속되어 있는 것들이었다. 지역의 봉건 영주와 교황과 황제라는 서로 다른 실체 말이다. 그런데 오늘날 앤트워프의 상인은 점차 비슷한 상황이 펼쳐지는 것을 보고 있다. 이제 그 각각의 실체가 지역 정부, EU, WTO로 바뀌었을 뿐이다. 몇몇은 심지어 '신-중세'(neo-Medievalism)라는 말을 쓴다. 확실히, 이건 다소 특이한 관점이며, 완전히 잘못 파악한 것이라 드러날 공산이 크다. 나는 다만 현재 절실히 요구되지만 동시에 대체로 부재하는 이론화 작업의 한 가지를 예증할 목적으로 이야기해본 것일 따름이다.

현재 시점에서 완전히 새로운 것들(가상공간의 등장)에 대한 강조조차 더 큰 역사적 맥락 바깥에서는 이론화하기가 어렵다. 그리고 그런 더 큰 역사적 맥락은 아마 앞으로 몇 세대가 더 지나가기 전에는 생기지 않을 것이다. 산업화된 문명은 역사적 시간 중 아주 짧은 시간 동안만 존재했기에, 그것이 발전하는 데 어떤 패턴이 나타나는지 인지하기 어렵다. 여기서 마지막 질문을 던지겠다. 이 질문을 나는 아주 중대한 문제라 여겼지만, 몇 가지 이유로 이제껏 거의 한 번도 논의된 적이 없다. 오늘날 '전지구화'의 특성은 전례 없이 기술이 발달한 때에 나온 산물인가? 아니면 오늘날 기술 발전이 일시적으로 퇴조하고 퇴화해서 나타나는 결과인가? 우리는 기술이 항상 근본적으로 앞으로 도약하며 발전한다고 가정하는 것 같다. 물론 이런 문제를 판단할 객관적 척도가 있는지는 분명치 않다. 하지만 적어도 대중적인 기대의 실현에 대해서는 말할 수 있다고 생각한다. 적어도 문화적 태도라는 관점에서, 20세기 전반기와 후반기에는 큰 차이가 존재한다. 1900년에 아이들이 1950년쯤에는 존재할 것이라 상상했던, 하지만 그 당시는 SF에나 나왔던 것들(라디오, 비행기, 장기 이식, 우주 로켓, 고층 빌딩, 활동사진)은 실제로 예상한 시간을 전후해서 실현되었다. 하지만 1950년이나 60년에 태어난 아이들이 2000년 즈음 존재하리라고 상상했던 것들(반-중력 썰매, 순간이동, 힘의 장, 복제, 살인 광선, 행성 간 여행, 개인 로봇 비서)은 어느 것도 실현되지 않았다. 1950년대의 SF영화의 조잡한 특수효과를 보면서, 그걸 만든 사람들이 오늘날의 특수효과를 보면 놀랄 것이라 상상하기 쉽다. 하지만 실제로 그들은 전혀 놀라지 않을 것이다. 1950년대 SF 영화는 대개 2000년을 배경으로 하고 있다. 그들은 우리가 지금쯤 그 정도는 실제로 하고 있으리라고 생각했다. 그들이 생각하기에 우리는 이미 실제로 저 멀리 떨어진 은하를 여행하고 있어야 했다. 단지 그것을 시뮬레이션하는 인상적인 방법을 만들어내는 데에 그치는 걸 상상한 것이 아니었다. 전 세대에는 SF에나 나왔던 것이 한 세대 후에 꼬박꼬박 실제로 이루어졌었지만, 이제 그 예상들은 스크린에 갇혀 있다. 비록 스크린의 이미지는 점점 더 현실적으로 보일지는 모르겠지만 말이다.

1960년대 후반에, 앨빈 토플러(Alvin Toffler)는 『미래의 충격』(*Future Shock*)이라는 책을 썼다. 그 책에서 토플러는 인간이 여행을 하는 가장 빠른 속도는 매 십 년마다 적어도 두 배로 증가해왔으며, 좀더 긴 시간의 관점에서 보면, 속도는 기하학적으로 증가하는 것처럼 보인다고 주장했다. 별들을 정복하는 것이 머나먼 미래의 일이었겠는가? 하지만 토플러는 형편없는 예언자였음이 드러났다. 사실, 인간이 여행할 수 있는 최고 속도의 증가는 그 책이 나온 시점에서 딱 멈춰버렸다. 우리가 인터넷에서 실시간으로 소통할 수 있는 것은 사실이다. 컴퓨터와 이미지처리와 통신 기술만이 (의료 기술과 함께) 유일하게 과거 사람들이 예상했던 속도로 발전했다. 하지만 이런 분야에서조차, 과거의 기대가 얼마나 높았는지 기억해야 한다. 1950년대와 60년대에는, 지금쯤이면 사람과 대화할 수 있는 컴퓨터나 설거지를 하고 개를 산책시킬 수 있는 로봇이 나올 것이라 생각했다. 적어도 우리는 어린 시절 꿈들에 대한 실망이 일상화되어버린 시점에 다다른 것 같다. 만약 그 꿈들이 실현되었다면, 그것은 가상 공간에서, 가상 현실로서 실현되었다. 이런 상황에서, 모든 것은 가상이며 아무것도 새롭지 않다고 말하는 철학자들이 우리 주위에 지천에 깔려 있는 일이 놀라운 일일까?

자율과 혁명적 합의

분명, 국가적 혁명은 더 이상 과거에 그것이 만들어냈던 변화를 이끌어내지 못한다. 그리고 전지구적 수준에서, 바스티유 점령이나 겨울 궁전 습격과 유사한 것이 무엇이 될지는 완전히 불명확하다. 하지만 실제로 혁명은 결코 국가적 사건이 아니었다고 주장하는 이들이 있다. 월러스틴은 프랑스 혁명조차 그 궁극적 효과의 측면에서 국가적 혁명이 아니었다고 지적한다(프랑스 혁명은 덴마크에서 프랑스에서 보인 만큼의 효과를 보였다). 수많은 국가의 수도에서 발생한 1848년의 혁명들은 어느 곳에서도 국가권력을 얻어내지 못했지만, 그럼에도 불구하고 세계를 엄청나게 바꾸어 놓았다. 그리고 1968년의 반-국가 혁명들은 더 했다. 월러스틴은 1968년 혁명이 동유럽에는 1989년에 가닿았다고 주장했다. 그가 주장하길, 이 모든 것은 세계 혁명이었다. 만약 그렇다면, 상황은 지난 십 년간 더욱 근본적으로 변화한 것처럼 보인다. 영구적이고 결론이 열려 있는 전지구적 봉기의 혁명적 전략이 너무나 성공적이었으며(치아파스에서 시애틀, 제노바, 아르헨티나까지 말이다), 그것은 이제 영구적이며 결론이 열려 있는 전지구적 전쟁이라는 반응을 이끌어내고 있다.

　이러한 전지구화 운동에서 채택된 혁명적 상상은 맑스주의보다는 아나키스트들에게서 그 뿌리를 발견할 수 있다. 아나키스트들은 항상 과거의 낡은 껍질 안에서 새로운 세계를 만들어내는 일에 헌신하였으며 권력을 장악하기 위한 전략에 초점을 두기보다 조직과 실천의 윤리를 우선시하였다. 그 목표는 전지구적 지배의 기세를 드러내고, 그것이 성당하지 않은 것임을 알리고, 그 기반을 약화시키는 것이다. 이런 일과 동시에 자율적 공간을 만들어내면서 말이다. 그 자율적 공간은 급진적 대안의 실현 가능성을 체화하고 있으며, 신디 밀스타인(Cindy Millstein)의 표현을 빌면, '예시적'(prefigurative) 공간이다. 이것은 네그리가 '구성 권력'(constituent power)이라 부르는 것을 끊임없이 촉발하는 한 방법이다. 시애틀이나 워싱턴, 프라하 혹은 제노바에서 일어났던 대중적 직접행동은 이 모든 것을 동시에 이루어내는 것을 목표로 삼았다. 왜냐하면 직접민주주의를 채택하고, 지도자가 없는 그 조직 자체가 거대한 사회적 실험이었으며, 참가자 대부분에게 눈부시게 성공적인 경험이었기 때문이다. 동시에, 영구적인 공동체(enclave)[2]도 설립될 수 있다. 치아파스의 자율적인 자치 당국들이나 아르헨티나에 있는 점거된 공장들이 그 예다. 이런 전략

---

2) [역주] 'enclave'는 단순한 공동체라기보다, 주위와 다른 질서를 가진 독특한 공간을 의미한다.

에서, 가장 끊임없이 사용되는 단어는 '과정'(process)이라는 말이다. 통상 매우 권위주의적인 하향적 의사결정 구조와 결합되어 이데올로기적 순응을 요구하는 경향을 가진 맑스주의 정당들과 달리, 아나키스트들에 의해 시작된 혁명적 '네트워크'와 '회합'(convergence)은 어떠한 이념적 단일성도 존재할 수 없고, 존재해서도 안 된다고 여기는 의사 결정 과정을 사용한다. 이 의사 결정 과정은 차라리 다양성, 심지어 통약불가능성을 운용하는 방법이 되며, 다양성이나 통약불가능성은 그 자체로 가치 있는 것이라 여겨진다. 여기에 가정된 것은 다양성과 통약불가능성이 이성적 태도와 상호 합의라는 정신을 통해 운용될 수 있다는 것이다. 이런 이성적 태도와 상호 합의의 정신은 공유하고 있는 행동 계획들에 대한 헌신에서 나올 수 있다. 즉, 아나키스트 스타일의 집단은 일부러 실재의 정의에 대한 정치적 논쟁을 피한다. 대신 의사결정 구조들은 현재 행동에 대한 직접적인 질문이나, 그 행동을 진행하면서 계속 평등한 과정을 유지하는 일에 대한 것이나, 이런 형태의 과정을 정의로운 사회에 대한 전망의 중심적 모델로(혹은 아마도 더 나은, 기본적이며 새싹과 같은 본보기로) 만드는 것에 집중해야 한다고 생각한다. 실제로 이는 다양성을 자원이자 가치로서 보호하는 하나의 방법이다. 왜냐하면, 만약 어떤 일이 본질적으로 실질적 문제를 해결하는 것에 관한 것이라면, 다양한(심지어 공식적으로 통약불가능한) 관점을 가진 열 사람이, 동일한 경험과 관점을 공유하고 있는 열 사람보다 그 문제에 대한 가능한 해결책을 더 잘 만들어낼 수 있음은 아주 명백하기 때문이다. 그러니까 대부분의 외부 관찰자들은 어리석음이나 운동의 순진함으로 여기는 바로 그것이, 아나키스트들의 가장 정교한 성취이자 혁명적 이론에 대한 기여였음이 드러난다. 내가 말하는 것은 바로 이것이다. 이것은 이데올로기를 결여한 새로운 운동이 아니다.

과거에 내가 말했듯이, 이처럼 관점의 다양성을 가정하고 이를 접합하는 방법으로 기능하는 새로운 형태의 조직들이 그것의 이데올로기이다. 나는 이 실용적 모델이 사회 이론, 특히 이론적 다양성의 문제에 영향을 미칠 수 있으리라 생각한다. 마지막 절인 다음 절에서는 내가 생각할 때 여기에 어떤 문제가 걸려 있는지 설명해 보겠다.

규제적 원리에 관하여

현재 사회 이론은 과거보다 더욱 파편화되었으며, 이것이 좋은 일인지 나쁜 일인지에 대한 수많은 논의가 존재한다. 일정 정도의 이론적 파편화는 불가피해 보인다. 이론의 대상(사회적 실재)이 경제학에서 출발된 나소 낡은 잔해로 구성된 점을 고려하면 말이다. 이론적으로 통일된 신고전주의 경제학이, 점차 현재 나타나고 있는 거의 모든 전지구적 거버넌스 제도들이 보유하는 규칙의 실질적 이데올로기가 될 정도로 지배적이 되고, 또 '합리성'의 경제학적 버전이 다른 분과들을 식민화하기 시작하고 있는 시점에서, 이러한 상황에 저항하고자 하는 사람들이 이러한 이론적 다양성을 전략적 약점으로 여기는 것은 이해가능한 일이다.

하지만, 경제주의에 맞서는 지적으로 통일된 전선이 정치적인 전선보다 이데올로기적 단일성이나 완전한 통약성을 더 필요로 하지는 않는다. 예를 들어보자. 많은 사람들이 경제주의 세계관에 이론적으로 도전하는 가장 좋은 방법은 행위에 대한 대안 이론을 만들어내는 것이라고 파악했다. 창조성, 그리고 새로운 사회적 형태를 만들어내는 능력을 찾아내는데 주목함으로써, 경제주의가 퍼뜨린 실제가 본질적으로 얼마나 소외되어 있는지 드러내는 대안 이론 말이다. 이런 식의 수많은 시도들이 존재해왔다. 미국 실용주의 전통에 있는 한스 요하스의 작업에서부터, 증여에서 발견되는 새로운 사회적 관계의 창출을 다루는 알랭 카이예, 그리고 맑스의 생산을 행위에 대한 가치이론으로 재해석한 나의 작업에 이르기까지 말이다. 이 모든 이론들이 완전히 조화될 수 있는지는 분명치 않다. 하지만 조화될 수 있는지 그렇지 않은지 분명치 않다는 사실이 문제가 된다는 것 또한 분명치 않다. 분명히, 이 접근들에는 존재론적 관점에서조차 완전히 조화될 수 없는 지점이 있다. 그리고 이처럼 조화될 수 없다는 사실은 더 재미있고 생산적인 요소를 포함하고 있다. 예를 들어, 행위자-네트워크 이론(Actor Network Theory)은 '사회'를 원인이라기보다는 하나의 효과로 파악한다. 이는 비판적 실재론과 양립할 수 없다. 비판적 실재론은 사회를 다른 어떤 것으로도 완전히 환원될 수 없는 창발적 실재로 파악하기 때문이다. 그리고 내가 이 글의 초반부에서 상상과 실재의 상호 구성에 대해 주장한 바는 앞서 언급한 두 가지 이론 중 그 어느것과도 양립할 수 없을 것이다. 하지만 나는 이러한 통약불가능성이 하나의 가치로, 공통의 행동 계획(어떤 종류의 진실에 대한 추구나, 그런 추구와 분리될 수 없는 어떤 가치 등)을 통해 실천적으로 통합될 수 있는 유용한 지점으로 여겨지지 못할 만한 이유를 찾지 못하겠다. 이러한 통약불가능성이 규제적 원리라고 부를 만한 것이라는 점에는 동의할 수 있을 것이다. 분명한 것은, 이런 것들의 연장선 상에 있는 무언가 없이는, 우리는 시장의 논리에 더 강하게 지배되리라는 점이다.

규제적 원리의 부재 속에서

내가 이를 통해 의미하고자 한 바를 확실히 설명해보겠다. 시장 논리가 다른 장(field)을 식민화하는 일은 공개된 수준에서만 일어나는 것이 아니다(즉, '합리적 선택' 모델들이나 다른 뻔뻔스러운 형태의 경제주의가 득세함으로써 나타나는 것). 완전히 무의식적인 것처럼 보이는 수준에서도 일어난다. 외견상 가장 급진적인 비판이론들은 놀랍도록 다양한 방법으로, 향후에 나타난 신자유주의적 주장을 미리 주장한 것으로 알려져 왔다. 예를 들어 '포스트모더니즘'이라는 개념을 살펴보자. 이는 교묘한 용어이다. 왜냐하면 실제로 자기가 나서서 스스로를 '포스트모더니스트'라 부르는 학자는 별로 없었기 때문이다. 하지만 바로 이 점이 그 용어를 아주 강력하게 만들었다. '포스트모더니즘'은 어느 누구도 제안하지 않았지만, 모두가 받아들일 수밖에 없는 기정사실이 되었다. 1980년대부터, 포스트모더니즘은 단순화하자면 아래와 같은 형태로 요약되는 일련의 주장으로 제시되는 것이 일반적이었다.

① 우리는 지금 탈근대(postmodern) 시대에 살고 있다. 세계는 변화되었다. 누구도 거기에 책임을 가지고 있지 않다. 그 변화는 멈출 수 없는 과정의 결과로 발생한 것이다. 우리가 그것을 어찌할 수도 없다. 그저 새로운 조건에 적응해야만 한다.

② 탈근대가 가져온 하나의 결과는, 세계나 인간 사회를 집합적인 정치적 행동을 통해 바꾸는 도식이 더 이상 가능하지 않게 되었다는 점이다. 모든 것은 단절되고 파편화되었다. 어떻든, 그러한 도식들은 필연적으로 불가능한 것으로 드러나거나, 혹은 전체주의적 악몽을 만들어낼 것이다.

③ 이것이 역사에서 인간의 행위가 힘을 발휘할 여지를 거의 남기지 않는 것처럼 보이지만, 완전히 절망할 필요는 없다. 합법적인 정치적 행동은 개인적 수준에서라면 일어날 수 있다. 전복적인 정체성을 흉내 낸다

거나, 창조적 소비의 형태를 취하거나 하는 방식으로 말이다. 이런 행동은 그 자체로 정치적이며 잠재적으로 해방적인 것이다.

내가 말했듯이, 이는 단순화된 것이다. 특정한 이론적 계열에서 나온 실제 주장들은 보통 이보다 훨씬 많이 복잡하다. 하지만 이들은 거의 항상 이 세 가지 주제를 어떤 형태로든 공유하고 있다. 그러면 이 세 주제를 1990년대부터 대중적 매체에서 득세하기 시작한, '전지구화'(globalization)라고 언급되는 현상에 대한 주장들과 비교해보도록 하자.

① 우리는 전지구적 시장의 시대에 살고 있다. 세계는 변화되었다. 누구도 거기에 책임이 없다. 그 변화는 멈출 수 없는 과정의 결과 발생한 것이다. 어찌 해 볼 도리도 없다. 그저 새로운 조건에 적응해야만 한다.
② 이런 변화의 한 가지 결과는 사회를 집합적인 정치적 행동으로 변화시키려고 목표하는 도식이 더 이상 가능하지 않게 되었다는 점이다. 혁명의 꿈들은 불가능한 것으로 드러나거나, 더 나쁜 경우에는 전체주의적 악몽을 만들어내게 된다. 선거 정치를 통해 사회를 바꾸겠다는 생각조차 '경쟁력'이라는 명목으로 폐기된다.
③ 만약 이것이 민주주의에 여지를 남기지 않는 것처럼 보인다면, 절망할 필요는 없다. 시장 행위, 그리고 특히 개인적인 소비 결정이 민주주의이다. 그것이 우리에게 실제로 필요한 민주주의의 전부이다.

물론 두 주장들 사이에는 커다란 차이점이 하나 있다. 포스트모더니즘을 찬양한 이들의 중심 주장은 우리가 전체화하는 체계들(과학, 인간성, 민족, 진리 등등)이 전부 산산조각 난 세계에 진입했다는 것이다. 이제 통약불가능한 방식으로 파편이 되어버린 세계를 다시 통일시킬 거대한 메커니즘은 존재하지 않는다. 모든 것을 측정할 수 있는 하나의 표준적 가치가 존재한다는 것은 더 이상 상상조차 할 수 없다. 반면 신자유주의는 전지구적 시장을 찬양하는 노래를 부른다. 전지구적 시장은 사실 이제껏 창조된 척도 중 가장 거대하며 획일적인 체계이며, 지구상에 존재하는 모든 것(모든 사물, 모든 땅, 모든 인간의 능력과 관계)을 하나의 가치 표준으로 복속시키는 전체화하는 체계이다.

탈근대를 찬양하던 이들이 묘사한 것이 많은 부분 이러한 보편적 시장 체계의 효과에 불과했음이 점차 명백해지고 있다. 보편적 시장 체계는 다른 종류의 전체화하는 가치 체계가 그러하듯, 다른 모든 것을 의심과 혼란 속에 던져넣는다. 지금 목적의 핵심은 어떻게 그들이 이를 알아채지 못했는지를 묻는 것이 아니라, 하나의 단순한 진실을 확립하는 것이다. 상이한 관점들이 서로 접합하는 원리가 존재하지 않는 이론적 우주를 가정하는 것은 비합리적이라는 진실 말이다. 누구든 이런 원리를 완전히 없애버린 척하는 사람은, 당대의 지배적 이데올로기를 은밀한 형태로 재도입하게 될 것이다. 그리고 바로 이것이 대부분의 인식론적으로 급진적인 접근들이 종국에 하게 된 일이다. 시장의 논리와 정신을(끝없는 유동성, 선택, 재창조와 같은 에토스와 함께) 다른 이름으로 재도입하게 한 일 말이다. 이와 다르게 하기 위해서는 대안적인 접합 원리를 만들어내는 것이 필요하다.

예시적 사회 이론?

위에서 이러한 이론이 어떤 특성을 가졌을지에 대해 매우 예비적인 생각을 간략히 제시했다. 구체적인 주장을 발전시키기보다는(그럴 자리가 아닌 것 같다) 사회 이론 그 자체가 어떤 '예시적' 역할을 하지 못할 하등의 이유가 없다는 이야기를 함으로써 끝을 맺고 싶다. 예시적 역할이란, 극히 다양한 철학들을 자신의 조직 체계 안에서 접합해냄으로써, 지금보다 더 합당한 정치적 질서의 모습이 어떠할지에 대한 전망을 이론 안에서 체현하는 것을 의미한다. 나는 이것이 가능하다고 생각한다. 하지만 특정한 사유의 습관은 반드시 바뀌어야 한다. 일상적인 실천에서, 서로 다른 학파들이 상호작용하는 방식은 맑스주의 분파들이 논쟁을 할 때 선호하는 주장의 스타일을 닮은 만큼 시장 관계와는 비슷하지 않다. 우리는 똑같은 분파적 습관을 알고 있다. 다른 이들의 입장을 적대적으로 단순화하여 미리 만들어놓은 범주에(이 범주들은 각각 일종의 이데올로기적 오류를 대표하는 범주들이다.) 처박아버리는 습관, 작은 차이를 마치 도덕적으로 타협할 수 없는 큰 분열인 것처럼 여기는 습관 같은 것 말이다. 이런 습관이 출현한 것에는 깊은 역사적 원인이 있다. 지적 학파나 경향의 조직은 항상 전위주의 정치 정당의 조직과 닮아 있었다(그리고 어떤 면에서는 아방가르드 예술 운동과도 닮아 있다). 하지만 이런 습관이 발생한 것은 어느 정도는 이 셋 모두가 생시몽과 콩트라는 동일한 장소를 기원으로 삼기 때문이다. 생시몽과 콩트는 새로운 종교의 사제를 예술적 '아방가르드'가 담당할지, 사회과학자들이 담당할지에서만 차이를 보였을 뿐이다. 경제주의의 헤게모니에 맞서 사회사상의 다양한 계열을 통합하기 위해서는, 우선 이런 치명적으로 유해한 역사를 극복하고 대신 내가 이 전 장에서 제시했던 것과 같은 것을 구성할 필요가 있다. 사회적 실재에 대한 여러 접근들의 모음(collection) 말이다. 이런 접근들의 모음은 필연적으로 어떤 유토피아적 사회적 상상과의 연관 속에서 실재를 구성하면서도, 마치 권력을 잡으려는 분파들처럼 자신을 유일하게 정당한 접근으로 강요하기 위해 통합된 것이 아니라, 그런 방식에 반대하는 윤리와 계획에 대한 공통된 헌신을 통해 통합되어 있다고 할 수 있다. 이는 매우 벅찬 계획이다. 분파주의적 습관은 아주 뿌리가 깊다. 하지만 불가능한 것은 아니다. 최고의 사회연구들은 대부분 적어도 암묵적으로 이미 이런 접근을 채택하고 있다. 다시 말하지만, 이는 무엇보다도 우리가 실천의 차원에서 이미 시작하고 있는 일을 진지하게 사유해보는 일이라 할 수 있다.

11장_ 하나의 서구는 없었다

혹은 민주주의는 사이 공간에서 발생한다

이어지는 내용은 대부분 내가 경험한 대안 세계화 운동에서 나온 것이다. 그 운동에서는 민주주의가 토론의 가장 중심적인 주제였다. 유럽이나 북미의 아나키스트와 남반구에 위치한 토착 조직들은 서로 놀랍도록 비슷한 논의들과 씨름하고 있었다. '민주주의'는 원래 서구의 개념인가? 민주주의는 통치의 형태(자치적인 자기 조직적 양식)를 말하는 것인가, 아니면 정부의 형태(국가 기구를 조직화하는 하나의 특정한 방식)를 말하는 것인가? 민주주의는 필연적으로 다수결원칙을 포함하는가? 대의 민주주의를 진짜 민주주의라고 할 수 있는가? 군사적이고 노예를 소유하며 여성에 대한 체계적인 억압에 근거한 사회였던 아테네에서 발생했다는 점에서, 이 단어는 영구적으로 오염된 것인가? 혹은 애초에 우리가 지금 '민주주의'라고 부르는 것이 아테네 민주주의와 역사적 연관을 진짜 가지고 있기는 한 것인가? 합의에 기반한 직접민주주의의 탈중심화된 형태를 만들어 내려 하는 이들이 이 단어를 되찾는 것이 가능한가? 만약 그렇다면, '민주주의'가 대표를 뽑는 것과 아무런 관련이 없다는 점을 대다수의 사람들에게 어떻게 납득시킬 것인가? 만약 아니라면, 만약 대신 민주주의의 표준적인 정의를 받아들이고 직접민주주의는 다른 말로 부르기 시작한다면,

우리는 어떻게 민주주의에 반대한다고 말할 수 있는가? 이처럼 긍정적인 연상 작용을 보편적으로 일으키는 단어에 대해 말이다.

이것들은 실천에 대한 논쟁이라기보다는 말들에 대한 논쟁이다. 사실 실천에 있어서는 놀라울 정도의 합의가 존재한다. 특히 운동에서 좀 더 급진적인 사람들 사이에서는 말이다. 치아파스에 있는 사파티스타의 일원이나, 아르헨티나에 고용되지 않은 피케테로스(piqueteros),[1] 혹은 네덜란드 점거 활동가들,[2] 또는 남아프리카의 추방 반대 활동가와 이야기를 해보면, 거의 모두가 수직적인 구조가 아닌, 수평적인 구조의 중요성에 동의한다. 또한 명령 체계를 통해 아래로 전달되는 조직이 아닌, 상대적으로 작고 자기 조직적이며 자율적인 집단으로부터 시작된 주도권이 아래에서 위로 올라 가는 것의 필요성에 동감한다. 그리고 이른바 유명인사에 의한 지휘 구조가 계속되는 것에 반대한다. 대신 전통적인 참여 메커니즘에서 주변화되거나 배제된 이들의 목소리를 들리게 하도록 하는 몇몇 종류의 메커니즘을 유지할 필요성에 동감한다(이것이 북미 스타일의 '촉진'facilitation이 되었건, 사파티스타 스타일의 여성과 젊은이의 간부제가 되었건, 다른 수많은 가능성이 되었건 간에 말이다). 과거에 있었던 다수결 지지자와 합의과정 지지자 사이에 있었던 몇몇 거친 충돌은 해소되었다. 혹은 좀더 정확하게 말하자면 별로 중요하지 않게 되었다. 점점 더 많은 사회 운동이 완전 합의를 작은 집단에서만 사용하고, 더 큰 연합(coalition)을 위해서는 '변형된 합의'의 다양한 형태를 사용하게 되면서

---

1) [역주] 영어로 하자면 피켓(picket)에서 파생된 신조어로 아르헨티나에서 피켓을 들고 시위를 하는 이들을 의미한다.
2) [역주] 버려지거나 사용되지 않고 있는 땅이나 건물을 점거하는 이들을 의미한다.

말이다. 무언가가 발생하고 있다. 문제는 그것을 무엇이라고 부르느냐이다. 운동의 핵심 원리 중 많은 것들이 아나키스트 전통에서 만들어졌다(자기 조직, 자발적 연합, 상호 부조, 국가 권력의 거부). 그럼에도 이러한 여러 원리를 채택하는 사람들은 자신들을 '아나키스트'라고 부르는 것을 주저하거나 전적으로 부정한다. 민주주의도 비슷하다. 내가 민주주의라는 개념에 접근하는 방식은 보통 두 관점 모두를 포괄하는 것이었다. 아나키즘과 민주주의가 상당 부분 동일하다고(혹은 그래야 한다고) 주장하기 위해서다. 하지만 내가 말했듯이, 이 주제에 대해서는 합의가 존재하지 않으며, 심지어 뚜렷하게 다수를 점하는 입장도 없다.

　내가 보기에 이는 무엇보다 전략적이며 정치적인 문제이다. '민주주의'라는 단어는 역사에서 여러 가지 다른 것들을 의미했다. 처음 개념이 고안되었을 때, 민주주의는 공동체의 시민이 공동의 집회에서 동등한 한 표를 가지고 결정을 할 수 있는 체제를 의미했다. 대부분의 역사에서, 민주주의는 정치적 무질서, 폭동, 집단 폭력, 당파적 폭력을 가리켜왔다(사실, 민주주의라는 단어는 오늘날 아나키라는 단어가 불러일으키는 연상과 상당히 비슷한 연상을 불러일으켜왔다). 최근이 되어서야 민주주의라는 단어가 국가의 시민이 대표자를 뽑아 그들의 이름으로 국가 권력을 행사하도록 하는 체계를 가리키게 되었다. 확실히, 여기에 새로 발견할 진정한 본질은 존재하지 않는다. 이처럼 서로 다른 지시 대상이 공유하고 있는 아마도 유일한 공통점은 통상 소수 특권층의 관심사였던 정치적 질문이 모두에게 열리게 된다는 것, 그리고 이것이 아주 좋거나 아주 나쁜 것이라는 점 정도일 것이다. 이 용어는 항상 함축하는 바가 너무도 많았기에, 민주주의의 역사를 냉정하고 중립적으로 서술하는 것은 그 용어의 성격상 거의 모순에 가깝다. 중립이라는 외관을 유지하고 싶은 대부분의 학자는 이 단어를 피한다. 민주주의에 대한 일반화를 시도하는 사람들은 틀림없이 다른 속셈을 가지기 마련이다.

　나 역시 속셈을 가지고 있다. 애초부터 내 속셈을 독자들에게 분명히 드러내는 것이 공평하겠다고 생각한 것은 그 때문이다. 내가 보기엔, 정말 끊임없이 독재와 민중선동에 의해 민주주의라는 단어가 남용되었음에도 불구하고, 여전히 '민주주의'라는 단어가 굳건한 대중적 호소력을 가지는 데에는 이유가 있는 것 같다. 대부분의 사람들에게 여전히 민주주의는 평범한 사람들이 집합적으로 자신들의 문제들을 다루는 것이라는 관념으로 여겨진다. 민주주의라는 단어는 19세기에 이미 이런 의미를 내포하고 있었다. 19세기 정치가들이 그 전에는 이 용어를 피하다가, 주저하면서 이 용어를 받아들이고 자신을 '민주주의자'라고 지칭하게 된 것은 바로 이 때문이다. 그리고 정치가들은 점차 자신들이 고대 그리스까지 거슬러 올라가는 전통의 계승자라고 내세울 수 있도록 역사를 짜 맞추기 시작했다. 하지만, 나는 '민주주의'의 역사는 '민주주의'라는 단어의 역사 이상의 것으로 다루어져야 한다고 상정할 것이다(특별한 이유나 특정한 학술적 이유가 있는 것은 아니다. 왜냐하면 이는 학술적 질문이 아니라 윤리적이고 정치적인 질문이기 때문이다). 만약 민주주의가 단순히 자신의 문제를 개방적이고 상대적으로 평등한 공적 토론의 과정을 통해 다루는 공동체에 대한 문제라면, 아프리카나 브라질의 교외 공동체에서 작동하는 의사결정의 평등주의적 형태들이, 오늘날 대부분의 민족 국가들에서 나타나는 헌정 체계만큼 그 이름[민주주의]에 어울린다고 말하지 못할 이유가 없다. 아마 많은 경우 훨씬 더 적합할 것이다.

　이런 관점에서, 나는 이와 관련된 몇 가지 주장을 할 것이다. 내가 주장하려는 바를 당장 내보이는 것이 글을 진행하는 데 아마도 가장 좋은 방법이 될 것 같다.

1. 이 주제에 대해서 글을 쓰는 거의 대부분의 사람들은 '민주주의'란 고대 아테네에서 그 역사가 시작된 '서구'의 개념이라고 가정한다. 그들은 또한 18, 19세기의 정치학자들이 서구 유럽과 북미에서 부활시키기 시작한 것이 본질적으로 민주주의와 동일한 것이라고 여긴다. 그러므로 민주주의는, 서구 유럽과 영어나 프랑스어 사용자들이 정착한 식민지 어딘가를 본래적 장소로 삼는 어떤 것이라고 여겨졌다. 이런 가정 중 어느 하나도 정당하다고 증명되지 않았다. '서구 문명'은 특히 일관성 없는 개념이다. 하지만 만약 그것이 무언가를 가리킨다고 한다면, 그것은 지적 전통을 의미한다. 전체적으로 보아 이 지적 전통은 우리가 인도나 중국이나 중앙아메리카의 어떤 것들을 민주주의라고 인식하는 것에 적대적이다.

2. 하지만 민주주의적 실천―평등주의적 의사결정 과정들―은 어디에서든 일어나며, 그래서 특정한 '문명'이나 문화 혹은 전통에 특별히 한정되지 않는다. 민주적 실천은 인간 삶이 체계적인 구조적 억압을 벗어나 이루어지는 곳이라면 어디에서든 발생하는 경향을 가진다.

3. 이 '민주주의적 이상향'은 특정한 역사적 상황 속에서, 지식인이나 정치가가 통상 국가와 대중적 운동 혹은 대중적 실천 사이에서 그들의 길을 탐색할 때, 그들의 전통이 민주주의의 본질적인 핵심을 가졌다고 주장하기 위해 과거나 오늘날의 민주적 실천의 사례를 열거하면서 그들 고유의 전통을 찾으려 할 때(이는 항상 다른 전통과의 대화를 통해 이루어진다.) 나타나게 된다. 나는 이런 순간을 '민주주의의 재정립'이라고 부른다. 지적 전통의 관점에서, 그것들은 또한 회복의 순간이다. 이런 이상들과 제도들은 매우 다양한 역사와 전통을 가진 사람들 사이에 발생하는

상호작용의 엄청나게 복잡한 형태들에서 만들어진 것이다. 그런데 이런 회복의 순간에는 마치 그것이 지적 전통 그 자체의 논리에서 출현한 것으로 표상된다. 특히 19세기와 20세기에는, 이러한 순간[회복의 순간]이 유럽에서만이 아니라 거의 모든 곳에서 발생했다.

4. 이런 이상이 항상 발명된 전통(적어도 부분적으로는) 위에 세워진다는 사실은 그것이 진짜가 아니라거나 정당하지 않다거나 다른 것보다 덜 진짜이고 덜 정당하다는 것을 의미하지 않는다. 하지만 진짜 모순은, 이런 이상이 항상 민주적 과정과 실천을 국가의 강압적인 메커니즘과 결합시키려는 불가능한 꿈 위에 세워진다는 데 있다. 그렇게 만들어진 결과는 세계에 존재하는 어떤 유의미한 감각으로도 '민주주의들'이라 볼 수 없다. 오직 소수의, 통상 매우 제한적인 민주적 요소를 가진 공화국들만이 이를 민주주의라고 여길 것이다.

5. 우리가 오늘날 경험하는 것은 민주주의의 위기라기보다는 국가의 위기다. 최근 몇 년간, 전 지구적 사회 운동에서, 민주주의적 실천과 과정에 대한 거대한 관심이 부활했다. 하지만 이것은 거의 완전히 국가주의적 (statist) 틀 바깥에서 진행되었다. 민주주의의 미래는 정확히 이 영역에 놓여 있다.

이제 이것을 위에 서술한 순서대로 다루도록 하겠다. 일단 민주주의가 어쨌든 '서구적 개념'이라는 희한한 발상에서부터 시작하겠다.

1. '서구적 전통'이라는 개념의 모순에 대하여

우선 상대적으로 쉬운 표적으로부터 출발하겠다. 새뮤얼 헌팅턴의 유명한 '문명의 충돌'에 대한 글 말이다. 헌팅턴은 하버드 대학의 국제관계학 교수이며, 고전적인 냉전 지식인이고, 우파 싱크탱크에게 사랑받는 존재이다. 1993년 헌팅턴은 이제 냉전이 끝났으니, 세계적 분쟁의 중심은 오래된 문화적 전통 사이의 충돌로 옮겨가게 될 것이라는 글을 출판했다. 헌팅턴의 주장은 어느 정도의 문화적 겸손함을 증진시켰다는 점에서 주목할 만했다. 아널드 토인비(Arnold Toynbee)의 작업에 기대어, 헌팅턴은 서구 문명은 수많은 문명 중 하나에 불과하며, 서구 문명의 가치가 보편적이라고 할 수 없다는 것을 이해하라고 서양인들에게 충고했다. 특히 그는 민주주의가 확실히 서구적인 사상이며, 그것을 나머지 세계에 부과하려는 노력을 폐기해야 한다고 주장했다.

> 표면적인 수준에서, 서구 문화의 많은 부분은 분명 세계의 나머지 부분에 퍼지게 되었다. 하지만 보다 기본적인 수준에서, 서구적 개념은 다른 문명을 지배하는 개념들과 근본적으로 다르다. 개인주의, 자유주의, 헌정주의, 인권, 평등, 자유, 법치, 민주주의, 자유 시장, 신정 분리 등의 서구적 개념은 이슬람 문화나, 유교 문화, 일본 문화, 힌두 문화, 불교 문화, 그리스 정교 문화들과 많은 경우 별로 공통점이 없다. 서구적 사상들을 전파하려는 서구의 노력은 대신 '인권 제국주의'에 대한 반발을 낳았고 토착적 가치를 다시 긍정하는 효과를 만들어냈다. 비서구 문화에서 젊은 세대들이 종교적 근본주의를 지지하는 것에서 확인할 수 있는 것처럼 말이다. '보편적 문명'이 있다는 바로 그 관념은 서구의 생각이다. 대부분 아시아 사회는 특수주의적 관점을 취하고 있고 한 사람이 다른 사람과 어떻게 다르고 구분되는지 강조하는데, 서구의 관념은 이와 충돌한다. (1993: 120)

여기서 제시된 서구적 개념의 목록은 여러 각도에서 흥미롭다. 예를 들어 이를 말 그대로 다 받아들인다면, '서구'란 19세기 혹은 심지어 20세기에 이르러서야 형태를 갖추게 되었음을 뜻하게 된다. 왜냐하면 그 전에는 '서구인들'의 압도적 대다수가 이 모든 원리들을 즉각 거부했을 것이기 때문이다(만약 서구인들이 그 원리가 무엇인지 파악할 수 있기나 했다면 말이다). 원한다면, 유럽 여러 다른 지역들의 지난 2, 3천 년의 역사를 헤집어서 이런 원리의 그럴듯한 전신을 찾아볼 수 있을 것이다. 많이들 이런 시도를 한다. 5세기의 아테네는 이런 측면에서 유용한 자원이 된다. 그때부터 서기 1215년이나 1776년이 될 때까지 일어난 거의 모든 일들을 무시하거나 건너뛴다면 말이다. 이것이 개략적으로 대부분의 전통적인 교과서에서 취하는 접근방법이다. 헌팅턴은 조금 모호하다. 그는 그리스와 로마를 서로 다른 '고전 문명'으로 취급한다. 각각은 동부(그리스)와 서부(라틴) 기독교로 분리되었다(그리고 물론 나중에는 이슬람 문명도 등장한다). 서구 문명이 시작되었을 때, 그것은 라틴 기독교 제국(Latin Christendom)에 다름 아니었다. 하지만 종교개혁과 반종교개혁의 발생 이후, 문명은 종교적 특이성을 잃어버리고는 더 광범위하고 본질적으로는 세속적인 어떤 것으로 변형되었다. 하지만 그 결과는 전통적인 교과서와 대동소이하다. 왜냐하면 헌팅턴 역시 서구 전통은 처음부터 '상당 부분' 고전 문명의 계승자라고(그 경쟁상대인 그리스 정교나 이슬람의 계승자가 아니라) 말하기 때문이다.

자, 헌팅턴의 입장을 비판할 수 있는 방법은 엄청나게 많다. 그가 제시하는 '서구적 개념들'의 목록은 매우 임의적인 것으로 보인다. 수많은 개념들이 서구 유럽에 오랫동안 떠돌아다녔고, 훨씬 더 폭넓게 받아들여진 개념들도 많았다. 다른 것들이 아닌 이 목록을 선택한 이유가 뭔가? 기준이 뭔가? 분명, 헌팅턴의 직접적 목표는 서구 유럽이나 북미에서는 광범위하게 받아들여지는 많은 생각들이 다른 지역에서는 의심스럽게 비춰진다는 점을 보여주는 것이었다. 하지만, 심지어 이런 기반 위에서도, 완전히 다른 목록을 똑같이 만들어낼 수 있지 않을까? 예를 들어 '서구 문화'는 과학과, 개인주의와, 관료적 합리성과, 민족주의와, 민족적 이론과, 지리적 확장에 대한 끊임없는 동력에 기반하고 있다는 점을 주장하고 서구 문화의 최고조는 제3제국에서 그 정점을 맞이했다고 주장할 수도 있지 않을까(실제로, 서구에 대한 급진적인 비판은 거의 정확히 이런 주장을 하고 있다)? 하지만 비판을 받은 이후에도, 헌팅턴은 거의 동일한 임의적인 목록에 계속 집착하고 있다(예를 들어 1996).

내가 보기에 헌팅턴이 그런 목록을 만든 이유를 이해하는 유일한 방법은 헌팅턴이 '문화'(culture)와 '문명'(civilization)이라는 용어를 사용하는 방법을 검토하는 것이다. 실제로, 헌팅턴의 글을 주의 깊게 읽어보면, '서구 문화'와 '서구 문명'이 많은 부분 교체 가능하게 쓰이고 있다는 점을 확인할 수 있다. 각 문명은 고유의 문화를 가진다. 그리고 문화들은 기본적으로 '사상', '개념', '가치'들로 구성되어 있다. 서구의 사례에서, 이런 사상과 가치들은 특정한 종류의 기독교와 밀접하게 엮여 있던 것으로 보인다. 하지만 이제는 서구 유럽과 영어/프랑스어 사용자가 정착한 식민지에 그 뿌리를 내리면서,[3] 기본적으로 지리적 혹은 민족적 전파를 이루어냈다. 헌팅턴의 목록에 올라 있는 다른 문명들은 지리적 관점에서 규정되지 않는다. (일본을 제외하고) 그것들은 종교적인 관점에서 규정되어 있

---

3) 하지만 스페인어나 포르투갈어를 쓰는 정착자들은 제외된다. 헌팅턴이 보어인들에 대해 판단을 내린 적이 있는지는 확실하지 않다.

다. 이슬람 문명, 유교 문명, 불교 문명, 힌두 문명, 그리스 정교 문명. 이런 정의는 벌써 조금 혼란스럽다. 왜 서구는 1520년 즈음에 기본적으로 종교적인 관점에서 정의되기를 멈춘 것인가(대부분의 서구인들이 스스로를 '기독교인'이라고 부르고 있음에도 말이다)? 다른 문명들은 여전히 종교적 관점에서 정의되고 있는 데에 반해서 말이다(심지어 대부분의 중국인은 스스로를 '유교주의자'라고 분명 부르지 않을 텐데 말이다). 헌팅턴은 이런 영역에서는 시종일관한데, 아마 이것은 그렇지 않으면 자신이 배제하고 싶지 않은 집단들(가톨릭 혹은 프로테스탄트, 유태인, 이신론자, 세속적 철학자)을 서구에서 배제해야만 하거나, 혹은 서구가 왜 다른 모든 문명들과 달리 여러 믿음과 철학의 복잡한 혼합물로 이루어질 수 있는지에 대한 설명을 제시하여야 했기 때문일 것이다. 인도나 중국 같은 지리적 단위의 역사를 조사해보면(힌두주의나 유교주의 같은 꾸며낸 실체 말고), 여러 믿음과 철학의 복잡한 혼합물을 바로 여기에서 발견할 수 있음에도 말이다.

이는 점점 더 악화된다. "서구를 서구로 만드는 것이 무엇인가?"(1996)라는 나중에 나온 설명에서, 헌팅턴은 실제로 '다원주의'가 서구의 독특한 특징이라고 주장한다:

역사적으로 서구 사회는 매우 다원주의적이었다. 칼 도이치(Karl Deutsch)가 지적하듯이, "서구의 독특한 점은 다양하고 자율적인 집단들이 혈연이나 결혼에 기반하지 않고 발생하고 유지된다는 점이다". 6세기, 7세기부터 시작된 이 집단들은 처음에는 수도원과 수도회와 길드들을 포함했다. 하지만 그 후 이 집단들은 유럽의 여러 지역으로 확장하여 다양한 다른 연합과 사회들을 포함하게 되었다.(1996: 234)

그는 더 나아가 이런 다양성은 계급의 다원성(강력한 귀족제), 사회적 다원주의(대의 정치체들), 언어적 다양성 등을 또한 포함한다고 설명한다. 그리고 이 모든 것은 서구 시민사회의 독특한 복잡성 때문에 점진적으로 토대가 마련되었다고 한다. 자, 이 모든 것이 얼마나 이상한지 지적하는 것은 쉬운 일이다. 예를 들어 중국이나 인도가 그들 역사 대부분의 기간 동안, 서구 유럽보다 훨씬 종교적으로 다양했음을 생각해볼 수 있다.[4] 그리고 대부분의 아시아 사회가 현기증이 날 정도로 다양한 교단과 길드, 대학, 비밀 결사, 협회, 전문적이고 시민적인 집단들에 의해 특징지어진다는 점을 지적할 수도 있다. 이교도와 이단을 근절하는 전쟁이나 종교 재판이나 마녀 사냥처럼, 통일성을 강요하는 분명한 서구적 양식을 다른 그어떤 문명도 고안해 낸 적 없다는 점을 떠올릴 수도 있다. 하지만 놀라운 점은 헌팅턴이 여기서 자기 범주의 비일관성을 그것의 규정적 특징으로 전환하려고 시도한다는 것이다. 우선, 그가 아시아 문명을 묘사한 방식을 따라가면, 그것은 정의상 다원성을 띨 수가 없게 된다. 그리고 만약 누군가 그가 '서구'라고 뭉뚱그려 말하는 사람들이 (언어, 종교, 철학, 통치 양식 등에서) 전혀 공통점을 가지고 있지 않다고 불평한다면, 헌팅턴은 이런 다원주의가 곧 서구의 규정적 특징이라고 간단히 대답할 수 있을 것이다. 이것은 완벽한 순환 논증이다.

대부분 헌팅턴의 주장은 전형적이고 오래된 오리엔탈리즘일 뿐이다. 유럽 문명은 본성적으로 역동적인 것으로 표현되며, '동양'은 침체되

---

4) 예를 들어, 명나라 관리가 젊을 때는 도교 신자였다가, 중년에는 유교를 신봉하고, 말년에는 불교 신자가 되는 것은 별로 놀랄 만한 일도 아니었다. 이와 비슷한 현상은 서구에서는 현재에도 찾아보기 힘들다.

고, 변하지 않고, 획일적이라고 (적어도 암묵적으로는) 표현된다. 하지만 내가 정말로 주목하고 싶은 지점은, 헌팅턴의 '문명'과 '문화'라는 개념이 얼마나 일관성이 없는가 하는 것이다. '문명'이라는 단어는 결국 두 가지 전혀 다른 방식으로 쓰일 수 있다. 그것은 사람들이 도시에서 살아가는 사회를 지칭하는 데 쓰일 수 있다. 고고학자들이 인더스 유역에 주목하는 것처럼 말이다. 혹은 그것은 세련됨, 업적, 문화적 성취를 뜻할 수도 있다. 문화도 이와 거의 마찬가지로 이중적 의미를 지니고 있다. 문화라는 용어를 인류학적 의미에서 사용할 수 있다. 주어진 문화의 구성원이 성장과정에서 습득하고 그들의 일상의 모든 측면에 영향을 미치는 감성의 구조나 상징적 코드를 의미하는 단어로 사용한다는 말이다. 여기서 문화란 말하고 먹고 결혼하고 손짓 발짓 하고 음악을 연주하는 방식 등의 온갖 것을 다 가리킨다. 부르디외의 용어를 빌려서, 이런 방식의 문화를 아비투스 (habitus)라고 부를 수도 있을 것이다. 이와 다르게, 문화라는 단어를 '상류 문화'라고 불리는 것을 가리키는 데 사용할 수도 있다. 몇몇 예술적이고, 문학적이고 철학적인 엘리트가 생산하는 가장 심오한 산물들 말이다. 서구를 그것의 가장 뛰어나고 가치 있는 개념들(자유나 인권 같은)을 통해 정의하려는 헌팅턴의 고집은, 그가 마음에 두고 있는 방식이 문명의 의미든, '문화'의 의미든 모두 후자임을 알려준다. 결국, 만약 '문화'가 인류학적 의미에서 규정된다면, 고대 그리스인의 가장 직접적인 계승자는 현대 영국인이나 프랑스인이 아니라 현대 그리스인임이 분명하다. 이에 반해 헌팅턴의 체계에서, 현대 그리스인은 1500년 전 잘못된 기독교 형태로 전환했을 때 서구와 갈라졌다.

요컨대, '문명'이라는 관념을 헌팅턴이 사용하는 의미에서 정말로 타당하게 만들기 위해서는, 문명은 기본적으로 서로의 책을 읽는 사람들의 전통으로 인식되어야만 한다. 나폴레옹과 디즈레일리(Benjamin Disraeli)가 그리스 목동보다 플라톤(Plato)과 투키디데스(Thucydides)의 자손에 더 가깝다고 말할 수 있는 이유는 오직 하나밖에 없다. 그 두 사람이 플라톤이나 투키디데스의 책을 읽었을 가능성이 더 많다는 것이다. 서구 문화는 단순히 여러 생각을 모아놓은 것이 아니다. 그것은 교과서에서 가르쳐지고 강의실, 카페, 문학 살롱에서 토론되는 생각들을 모아놓은 것이다. 이렇게 보지 않는다면, 어떻게 하나의 문명이 고대 그리스에서 시작되어 로마를 거쳐 중세 가톨릭 세계에서는 반쯤 살아있는 상태로 유지되다가 이탈리아 르네상스에서 되살아나, 그 다음엔 주로 북대서양을 둘러싼 국가들로 건너가 그곳에서 자리잡게 되었는지 상상하기 힘들다. 또한 거의 서구 전 역사에서, 인권이나 민주주의 같은 '서구적 개념들'이 어떻게 **잠재적인 형태로**만 존재했었는지 설명하는 것 역시 불가능하다. 우리는 이렇게 말할 수 있다. 이것은 문자적이고 철학적인 전통이며, 고대 그리스에서 처음 상상된 생각들의 집합이고, 그 이후엔 책과 강의와 세미나를 통해 수천 년에 걸쳐 전달되었으며, 서쪽으로 서서히 이동하다가 한두 세기 전에 대서양 주위의 몇몇 작은 국가들에서 비로소 자유와 민주주의의 잠재성이 완전히 실현된 것이다. 일단 새로운 민주주의적 제도 안에 안치되자, 이 개념들은 평범한 시민들의 사회적·정치적 상식을 슬금슬금 장악했다. 그 결과, 이 개념들을 지지하는 사람들은 이 개념들이 보편성을 가지고 있다고 여기게 되었고 이것을 나머지 세계에 전파하려고 노력했다. 하지만 여기서 그들은 한계에 직면했다. 왜냐하면 서구와는 다른 개념이나 가치를 심어주는 서구 문명만큼 강력한 경쟁자의 문자 전통이 존재하는 곳(코란의 학문이나 부처의 가르침에 기반하고 있는 지역들)으로는 궁극적으로 이를 확장할 수 없었기 때문이다.

이런 자세는 적어도 학문적으로는 일관되게 나타난다. 이를 문명에 대한 위대한 책 이론(Great Book theory)이라고 부를 수 있으리라. 한편에서, 이는 굉장한 설득력을 가진다. 서구인이 된다는 것은 아비투스와 아무런 상관이 없다고 말할 수도 있다. 서구인답다는 것은 어린 시절 습득하는, 세계에 대해 깊이 체화한 이해방식에 대한 것이 아니다. 어떤 이는 상류계급의 영국 여성으로, 어떤 이는 바이에른 지방의 어린 농장 일꾼으로, 또 다른 이는 브루클린 출신의 이탈리아인 아이로 만들어주는, 그런 세계에 대한 이해방식 말이다. 서구는 그보다 문자적이며 철학적인 전통이며, 서구인들은 청소년기에 이를 처음 접하게 된다(물론 이런 전통 중 몇몇 요소는 점차 모든 이들이 공유하는 상식이 되었지만 말이다). 문제는 만약 헌팅턴이 이런 모델을 일관되게 적용한다면, 그의 주장이 무너지게 된다는 점이다. 만약 문명이 깊이 체화되어 있지 않다면, 왜 페루의 상위 계층 여성이나 방글라데시의 농장 일꾼인 아이가 서구인들과 동일한 교과 과정을 소화하고 다른 이들처럼 서구인이 되지 못할 이유가 무엇이겠는가? 하지만 이것은 정확히 헌팅턴이 부정하려고 애쓰는 지점이다.

그 결과, 그는 두 가지 의미의 '문명'과 '문화' 사이를 계속 왔다 갔다 한다. 대부분의 경우 서구는 그것의 가장 고결한 이상에 의해 규정된다. 하지만 간혹 진행 중인 제도적 구조에 의해 규정될 때도 있다. 예를 들어 모든 초기 중세 길드나 수도회는, 플라톤이나 아리스토텔레스(Aristotle)를 읽어서 나온 것은 아닌 것 같은데, 저절로 불쑥 나타났다. 어떤 때에 서구 개인주의는 추상적인 원칙으로, 보통은 억눌러져 고대의 글들에 보존되어 있다가 가끔 마그나 카르타 같은 문서들을 통해 머리를 삐쭉 내미는 어떤 것으로 여겨진다. 또 어떤 때에 그것은 깊이 박힌 전통적 이해방식으로, 다른 문화적 전통에서 성장한 이들은 직관적으로 이해할 수 없는 어떤 것으로 여겨진다.

앞서 말했듯, 나는 헌팅턴이 아주 쉬운 타깃이기에 그를 선택했다. 『문명의 충돌』에 나오는 주장은 특히 엉성하다.[5] 비판자들은 헌팅턴이 비서구 문명에 대해서 말했던 대부분의 것을 예상대로 무참히 비판했다. 이지점에서 독자는 왜 내가 헌팅턴에게 이렇게 많은 시간을 투여하면서 성가시게 하고 있는지 궁금해할 수 있다. 이유는 이렇다. 부분적으로는 헌팅턴에 대한 비판들이 아주 서투르기 때문이다. 그렇기 때문에 헌팅턴의 주장은 대부분의 사람들에 의해 공유되는 가정들에 존재하는 비일관성을 끌어내어 우리에게 보여준다. 내가 알기로는 비판자 중 누구도 '서구'라고 여겨질 수 있는 전체가 존재한다는 생각에 대해서, 그리고 그것이 고대 그리스에서 출현한 문자적 전통이자, 동시에 오늘날 서부 유럽과 북미에 사는 사람들의 상식적 문화로서 동시에 다루어질 수 있다는 생각에 대해서 비판하지 않았다. 이와 비슷하게, 개인주의나 민주주의 같은 개념이 서구의 독특한 특징이라는 가정도 비판되지 않았다. 이 모든 것은 논쟁의 기반으로 그저 당연하게 여겨진다. 몇몇은 서구를 자유의 탄생지로 찬양한다. 다른 이들은 제국적 폭력의 근원으로 서구를 비난한다. 하지만 좌파에서든 우파에서든, '이런 서구적 전통'에 의미있는 바가 진짜 존재하는지를 의심하는 정치적 · 철학적 · 사회적 사상가를 찾는 것은 거의 불가능하다. 사실 가장 급진적인 사람들은 이것 이외의 다른 모든 것에

---

5) 거기에 나오는 헌팅턴의 몇몇 주장들은 엄청나게 충격적이어서, 어떻게 진지한 학자가 이런 주장을 할 수 있는지 궁금할 정도이다(예를 들어 서구와 달리 이슬람, 불교, 유교 전통들은 보편적 진리를 주장하지 않는다는 주장이나, 이슬람과 달리 서구 전통은 늘 법을 세우고 지키려 노력했다는 주장 같은 것들).

대해서는 의미 있는 바를 말하는 것이 불가능하다고 여기는 것 같다.[6]

삽입 메모 : 서구적 눈의 미덥지 못함(slipperiness)에 대하여

내가 말하는 것은, 서구라는 바로 그 관념이 텍스트적 전통과 일상적 행동 형태 사이에서 계속해서 흐릿해져가는 선에 근거하고 있다는 점이다. 이를 뚜렷하게 보여주는 특정한 예를 제시해보겠다. 1920년대에 프랑스 철학자인 뤼시앵 레비-브륄(Lucien Levy-Bruhl)은 인류학자들이 연구한 많은 사회가 '전-논리적 심성'을 보여준다고 주장하는 여러 책을 썼다 (1926 등). 그가 주장하길, 근대 서구인들이 논리적-경험적 사유를 채택하는 지점에서 원시인들은 아주 다른 원리를 가져온다. 이 전체 주장을 자세히 설명할 필요는 없을 것이다. 레비-브륄이 원시인들의 논리에 대해 주장한 것은 거의 곧바로 공격받았으며, 그의 주장은 이제 완전히 신빙성 없는 것으로 여겨지고 있다. 일반적으로 보자면, 레비-브륄을 비판하는 이들이 지적하지 못한 것은 그가 사과와 오렌지를 비교하고 있다는 점이다. 기본적으로 레비-브륄이 했던 것은, 아프리카나 뉴기니 같은 장소에서 활동하던 유럽 선교사들이나 식민지 관리인들의 관찰 기록에서 나오는 혼란스러운 의례적 표현이나 익숙지 않은 상황에 놀란 반응들을 모아놓고, 논리를 뽑아내려고 한 것이다. 그리고 그는 이것들을 프랑스나 다른 서구 국가에서 찾을 수 있는 비슷한 요소들과 비교한 것이 아니라, 서구인들이 어떻게 행위해야 하는지에 대한 (철학적이고 과학적인

---

6) 사실, 헌팅턴에 대해서 몹시 적대적인 몇몇 저자들은 많은 경우 아예 헌팅턴보다 더 나아간다. 예를 들어 사랑이 '서구적 개념'이며 그렇기에 인도네시아나 브라질에 사는 사람들에 대해 서술할 때는 사용할 수 없다고 주장하는 경우도 있다.

글에 근거하여) 이상화된 개념들과 비교했다(이것은, 당연히, 철학자나 다른 학자들이 그런 글들을 논의하고 주장할 때 행동하는 방식을 관찰한 결과에 의해 지지되었다). 그 결과는 명백하게도 불합리했다(우리 모두는 평범한 사람이 아리스토텔레스적인 삼단 논법이나 실험적 방법을 그의 일상적 삶에 적용하지 않는다는 것을 안다). 하지만 누구도 여기에 문제제기를 하지 않는다는 점이 이런 스타일의 글이 가지는 신비한 마법이다.

왜냐하면, 사실 이런 스타일의 글이 또한 극히 일반적이기 때문이다. 어떻게 이런 마법이 작동하는가? 많은 경우, 이는 독자들이 퍼즐을 풀려고 노력하는 불특정한 인간존재와 자신을 동일시하게 만듦으로써 가능하다. 서구 철학적 전통에서 이를 확인할 수 있다. 특히 이것은 아리스토텔레스의 작업에서 연원하는데, 다른 철학적 전통에서의 유사한 작업과 비교해보면, 그것은 우주가 어제 만들어졌다는 인상을 주고, 그리하여 선행 지식은 불필요하다는 것을 시사한다(다른 철학적 전통들은 그처럼 탈맥락화된 사상가로부터 시작하는 경우는 드물다). 이전의 지식들은 불필요하다고 주장한다. 게다가 이는 상식에서 벗어나지 않는 화자(narrator)가 어떤 이국적인 행동과 맞닥뜨리는 모습을 보여주는 경향이 있다. 바로 이것이 현대의 독일인이 타키투스의 『게르마니아』를 읽으면서 그들의 조상과 동일시하는 대신 이탈리아 화자와 자신을 동일시하게 되는 것을 가능하게 하는 것이며,[7] 이탈리아 무신론자들이 영국 선교사가 짐바브웨의 의례들에 대해 설명하는 것을 읽으면서 정작 그 관찰자[영국 선교사]가 기

---

7) 혹은 포시도니우스가 고대 갈리아인에 대해 설명하는 것을 읽는 프랑스 사람이 고대 그리스인의 관점과 동일시하는 것(만약 프랑스 사람이 고대 그리스인을 실제로 만났다면, 아마도 일단 아랍인이라 생각했을 것이다).

이한 다도(茶道)에 빠져 있는 것이나 화체설(化體說)[8]을 주장하는 것을 별달리 문제 삼지 않도록 만드는 것이다. 그러므로 서구의 전체 역사는 '발명'과 '발견'의 이야기라는 틀 안에서 생각해 볼 수 있다. 무엇보다도, 이런 주제들을 다루는 글을 실제로 쓰기 시작할 때(내가 지금 하는 것처럼), 너무 압도적이라 벗어날 수 없을 것처럼 보이는 전통과 규범의 일부가 사실상 되어버리는 것이다.

무엇보다도, 레비-브륄에게(혹은 그런 점에서 대부분의 현대의 인류학자들에게) '서구적 개인'은 무엇보다도 특정한 성질을 가지지 않는 합리적 관찰자이다. 그는 육체로부터 분리된 시선을 가지고 있으며, 그 어떤 종류의 개인적 혹은 사회적 내용도 남김없이 제거된 존재이다. 특정한 종류의 글을 쓸 때 우리는 이런 종류의 인간이 된 것처럼 가장하기도 한다. 이런 형태의 인간은 실제로 존재하며 성장하고 사랑과 증오를 경험하고 무언가에 헌신하는 인간과 아무런 관련이 없다. 이것은 순수한 추상이다. 이 모든 것을 인정하는 것은 인류학자들에게 큰 골칫거리를 안겨준다. 만약 '서구적 개인'이 존재하지 않는다면, 무엇이 비교의 지점이 되어야 하는가?

서구적 개인이라는 형상을 '민주주의'의 담지자로 보고 싶은 이들에게, 이는 더 큰 문제를 야기하는 것 같다. 만약 민주주의가 공동의 자기 통치라면, 서구 개인은 이미 공동체와의 모든 연계를 끊어낸 행위자이다. 이러한 상대적으로 특징이 없는 합리적 행위자를 특정한 형태의 시장 경제에서 활동하는 존재로 여기는 것은 가능할 수 있다. 하지만 이러한 존재를 민주주의자로 만드는 것은, 민주주의를 행위자들이 경제적 이해만

---

8) [역주] 가톨릭에서 신부가 선언을 하면 포도주와 빵이 실제 예수의 피와 살이 된다고 말하는 것.

을 가지고 들어오게 되는 시장의 일종으로 정의할 때에만 가능하다. 이것은 물론 합리적 선택 이론에 의해 부추겨진 접근 방식이기도 하며, 어느 정도는 루소 이후 민주적 의사 결정에 대한 주류적 접근 방식에 이미 내재되어 있다고 말할 수 있다. 이러한 접근 방식은 '협의'(deliberation)를 주체가 그 자체가 구성되고 형성되는 과정이라기보다는, 이해의 균형을 이루는 과정으로만 보는 경향이 있다(Manin 1994).[9] 이처럼 모든 구체적 공동체에서 유리된 추상적 존재가, 주기적인 선거 참여 같은 역시 가장 추상적인 민주적 과정 이외의 대화나 합의에 참여하는 것을 목격하는 일은 매우 어렵다고 할 수 있다.

변형된 세계-체계

독자는 아마 이렇게 질문할 수 있을 것이다. 만약 '서구'가 의미 없는 범주라면, 우리는 어떻게 그런 문제에 대해서 이야기할 수 있는가? 우리는 완전히 새로운 범주의 집합이 필요한 것 같다. 여기서는 이를 자세하게 설명할 지면이 별로 없다. 하지만 나는 다른 글에서 사유를 실질적으로 바꾸어주는 다른 계열의 용어들이 존재한다고 주장한 적이 있다(서구로부터 시작하여, '근대'라는 단어도 포괄하는 용어의 계열 말이다). 만약 도시의 집중이나 문자적-철학적 전통에 주목한다면, 유라시아가 세 가지 중요한 중심으로 나뉠 수 있다는 인상을 피하기 어렵다. 중국에 중심을 둔 동양 체계, 지금은 인도인 곳에 중심을 두고 있는 남아시아, 그리고 우리가 '중동'이라고 부르는 곳에 중심을 둔 서구 문명이 그것이다(이 서구 문명

---

9) 이것이 고대 그리스 철학자들이 민주주의를 그토록 의심의 눈초리로 바라보았던 이유이다. 왜냐하면, 그들이 주장하길, 그것은 선을 가르치지 않기 때문이다.

은 때때로 지중해까지 확장된다).[10] 세계-체계의 관점에서, 중세의 대부분 동안 유럽과 아프리카는 둘 다 메소포타미아와 레반트(Levant)의 핵심 국가와 거의 동일한 관계를 맺고 있었다. 그들은 전형적인 경제적 변방으로서, 제조품을 수입하고 금이나 은, 그리고 결정적으로 많은 수의 노예 같은 원자재를 공급했다(바스라에서 868년과 883년 사이 아프리카 노예의 반란이 일어난 이후, 압바스 왕조는 대신 유럽 노예를 수입한 것 같다. 그들이 더 유순하다고 여겨졌기 때문이다). 이 대부분의 기간 동안 유럽과 아프리카는 문화적 변방이기도 했다. 이슬람은 향후 '서구 문명'이라고 불리게 될 것을 여러모로 닮아 있었다. 유대 기독교 성서를 그리스 철학의 범주와 융합하려는 지적 노력이나, 기사도적 사랑에 대한 문학적 강조나, 과학적 합리주의나, 율법주의나, 청교도적 일신론이나, 선교를 하려는 충동이나, 팽창주의적 상인 자본주의나 심지어 일시적으로 유행했던 '동양 신비주의'에 매혹까지 비슷하다. 그렇기에 사실 이것이 서구 전통이며, 이슬람화는 서구화의 한 형태였고, 중세 유럽에서 야만인들의 왕국에 살던 이들은 이슬람을 닮게 되었을 때 비로소 우리가 지금 '서구'라고 부르는 것과 비슷해졌다는 결론이 내려진다. 유럽 역사가들이 이런 결론에 이르지 못하게 하는 것은 뿌리 깊은 역사적 편견 때문일 뿐이다.

만약 그렇다면, 우리가 흔히 '서구의 발생'이라고 부르는 사건은 (세계 체계의 관점에서) 미셸-롤프 트루요(Michel-Rolph Trouillot, 2003)가 '북대서양 체계'라고 부른 것의 발생으로 여기는 것이 더 적합할 것이다. 북대서양 체계는 지중해를 반-주변으로 되돌려놓았다. 그리고 점차, 천

---

10) 세계-체계의 관점에서 이런 결론은 전례가 없는 것이 아니다. 예를 들어 내가 설명하고 있는 것은 데이비드 윌킨슨(David Wilkinson)이 '중심 문명'이라 부른 것과 상응한다.

천히, 고생스럽게, 경쟁자였던 더 오래된 세계 경제를 통합하면서(구 세계 경제는 인도양에 있는 범세계적인 사회들에 중심을 두고 있었다.) 스스로 세계시장에 모습을 드러냈다. 이 북대서양 세계 체계는 상상하기 힘들 정도의 재앙을 거쳐 등장했다. 문명들의 완전한 파괴, 대량으로 일어난 노예화, 최소한 수천만 명에 이르는 인간의 죽음 같은 재앙 말이다. 또한 그것은 나름의 새로운 세계주의(cosmopolitanism)를 만들었다. 이는 아프리카와 미국 원주민과 유럽의 전통을 하나로 융합함으로써 가능했다. 북대서양의 해상 프롤레타리아트의 역사는 이제 겨우 재구성되기 시작했다(Gilroy 1993; Sakolsky&Koehnline 1993; Rediker 1981, 1990; Linebaugh and Rediker 201; 등등). 폭동, 해적, 반란, 탈주, 실험적 공동체의 역사와 반규범적이고 대중적인 모든 사상의 역사는 보수적 해석과 설명 때문에 억눌리고 대부분 영원히 사라졌다. 하지만 이것들은 '민주주의'라고 불리게 되는 많은 급진적 사상에서 핵심적인 역할을 수행했다. 이는 저 뒤에서 설명할 내용이다. 여기서는 그저 우리가 헤르더(Johann Gottfied von Herder, 1744~1803, 독일 철학자)나 헤겔주의적 내적 전개 과정을 통해 발전하는 '문명'의 역사를 다루는 것이 아니라, 완전히 얽혀 있고 혼잡한 사회들을 다룬다는 사실을 강조하고 싶다.

2. 민주주의는 발명되지 않았다

나는 민주주의의 역사를 두 가지 서로 다른 방법으로 기술할 수 있다고 주장하면서 이 글을 시작했다. 하나는 고대 아테네로부터 시작하여 '민주주의'라는 단어의 역사를 기술하는 것이고, 다른 하나는 아테네에서 '민주적'이라고 불렸던 평등한 의사 결정 과정의 역사를 기술하는 것이다.

보통은, 두 가지가 사실상 동일하다고 가정한다. 왜냐하면 상식적인 지식에 따르면 민주주의는 과학이나 철학과 마찬가지로 고대 그리스에서 발명된 것이기 때문이다. 표면적으로 이는 이상한 주장처럼 보인다. 평등주의적 공동체는 인간 역사 상 계속 존재해왔고(그중 많은 것들은 5세기 아테네보다 훨씬 더 평등하다.), 그들 각각은 중요한 사항을 집단적으로 결정하는 절차들을 가지고 있었다. 많은 경우, 이 절차에는 공동체의 모든 사람들이 (적어도 이론적으로) 동등한 발언권을 가지는 토론을 벌이는 것도 포함했다. 하지만 어떤 이유에서인지 이런 과정들은 정확히 말하자면 '민주적'이라고 할 수 없다고 여겨졌다.

이런 주장이 직관적으로 말이 되는 것처럼 보이는 주요한 이유는, [아테네가 아닌 곳에서 이루어진] 이러한 다른 회합에서 투표가 이루어지지 않았기 때문이다. 거의 항상, 그들은 합의를 찾아나가는 방식을 사용했다. 이것은 그 자체로 흥미로운 일이다. 손을 들거나, 어떤 제안에 찬성하는 사람은 광장의 한편에 서고, 반대하는 사람은 다른 한편에 선다는 생각[즉, 투표]이 고대의 천재가 '발명'해야만 하는 섬세하고 복잡한 아이디어가 아님을 인정한다면, 왜 그것[투표]은 이처럼 별로 사용되지 않는 것일까? 왜 공동체들은 항상 투표 대신 훨씬 더 어려운 일인 만장일치를 이루는 방식을 더 좋아했을까?

내가 제안하는 설명은 이러하다. 얼굴과 얼굴을 마주하는 공동체에서는, 사람들 대부분이 무엇을 하고 싶은지를 알아내는 것이, 뭔가를 하고 싶지 않은 사람들의 마음을 어떻게 돌릴지를 알아내는 것보다 훨씬 쉬웠기 때문이다. 합의를 통한 의사 결정은 소수자들에게 다수자들의 결정에 동의하라고 강제할 수가 없었던 공동체들에서 전형적으로 나타나는 현상이었다. 강제력을 독점한 국가가 없거나, 국가가 지역적인 의사 결정에 개입하는 데 관심이 없든가 그렇게 하지 않으려고 하기 때문에 이런 상황이 조성될 수 있었다. 만약 다수의 결정을 따르는 것이 달갑지 않은 사람들을 강제할 방법이 아무것도 없을 경우, 사람들이 가장 꺼려하는 일이 투표를 하는 것이었다. 왜냐하면 투표란 누군가가 패배했다는 것을 공적으로 드러내는 일이기 때문이다. 투표는, 결국에는 공동체의 해체로 이어질 모욕이나 원한이나 증오를 만들어내는 데 적합한 제도이다. 오늘날 직접행동 그룹에서 소통하는 법을 익힌 모든 활동가들이 말해주는 것처럼, 합의 과정은 의회에서의 토론과는 전혀 다르며, 합의를 해가는 과정 역시 투표와 전혀 다르다. 오히려 우리는, 내려진 결정이 나무나 불쾌해서 도저히 찬성할 수 없다고 생각하는 사람이 존재하지 않도록 하는, 결정에 이르는 타협이나 종합의 과정을 다루고 있다. 말하자면 우리가 통상 구분해왔던 두 가지 수준(의사 결정과 강제)이 여기서는 실질적으로 붕괴된다. 모두가 동의해야 한다는 것이 아니다. 대부분 합의의 과정은 수많은 수준의 비동의를 포함한다. 핵심은 누구도 자신의 관점이 완전히 무시되었다고 느끼며 나가버리지 않는 것이며, 그래서 집단이 나쁜 결정을 내렸다고 생각하는 사람조차 기꺼이 수동적으로 묵인하게 되는 것이다.

(이렇게 부를 수 있을 텐데) 다수적 민주주의는 두 가지 요인이 동시에 일어날 때만 발생할 수 있다.

① 사람들이 집단적 결정을 할 때 동등한 발언권을 가져야 한다는 느낌, 그리고

② 이 결정을 강제할 힘을 가진 강압적 기구

대부분의 인간 역사에서, 이 둘이 동시에 존재한 일은 극히 드물다. 평등한 사회가 존재했던 곳에서는, 체계적인 강제를 부과하는 것은 통상 잘못

된 것이라고 여겨졌다. 강압적 조직이 존재했던 곳에서는, 강압을 휘두르는 이들이 어떤 종류의 대중적 의지를 집행한다는 것은 생각조차 해 본 적이 없었다.

고대 그리스가 역사상 가장 경쟁적인 사회 중 하나라는 것은 무척 타당한 지적이다. 고대 그리스는 체육에서 철학이나 비극적 드라마까지, 모든 것을 공개적인 경연으로 만들어버리는 경향이 있는 사회였다. 그렇기에 그리스인들이 정치적인 의사 결정마저 공개적인 경연으로 만들어버린 것이 그리 놀라운 일은 아닐 터이다. 의사 결정이 무장한 민중(populace)에 의해 이루어졌다는 사실은 좀더 결정적인 지점이다. 아리스토텔레스는 『정치학』이라는 책에서, 그리스 도시 국가의 구조는 보통 그 군대에서 가장 주요한 무력이 무엇인지에 달려 있다고 말한다. 만약 주요한 무력이 기갑을 두른 기사라면, 국가의 구조는 귀족정이 된다. 말은 비싸기 때문이다. 만약 중장비 보병이 중요하다면, 과두 정치가 된다. 모두가 방호구나 훈련비용을 감당할 수는 없기 때문이다. 만약 그 국가의 무력이 해군이나 가벼운 보병에 기반한다면, 민주주의를 기대할 수 있다. 모든 사람이 노를 저을 수 있고 투석기를 사용할 수 있기 때문이다. 다른 말로 하자면, 만약 누군가 무장을 한다면 그의 의견을 고려해야 한다. 이것이 어떻게 작동하는지 크세노폰(Xenophon)의 『페르시아 침입기』에서 가장 적나라하게 볼 수 있다. 그 책은 갑작스럽게 지도자를 잃고 페르시아 한복판에서 길을 잃어버린 그리스 용병 부대의 이야기를 들려준다. 그들은 새 지휘자를 뽑고, 다음에 무엇을 할지 결정하기 위해 투표를 한다. 이와 같은 경우에는 심지어 투표가 60대 40이라도, 모두는 힘의 균형이 어디로 쏠리는지, 만약 실제로 싸우게 된다면 어떻게 될지 잘 알 수 있었다. 모든 투표는 실제적인 의미에서 정복(conquest)이라 할 수 있다.

다시 말해서, 여기서도 의사 결정과 강제 수단은 실질적으로 붕괴되었다(혹은 붕괴될 수 있다). 하지만 다른 방식으로 무너진 것이다.

로마 군단은 이와 비슷한 방식으로 민주적이었다. 바로 이것이 그들의 로마 진입이 허용되지 않았던 주요한 이유였다. 그리고 마키아벨리(Machiavelli)가 '근대'의 여명에서 민주적 공화국의 관념을 되살려냈을 때, 그는 즉각 무장한 민중이라는 관념을 복구시켰다.

이것은 '민주주의'라는 용어 자체를 설명하는 데 도움을 준다. 민주주의라는 용어는 엘리트주의자인 반대자들이 모욕의 일종으로 만들어낸 단어이다. 그것은 어원적으로는 사람들의 '힘' 혹은 심지어 '폭력'을 의미한다. 아르코스(archos[지배자. 아나키즘anarchism이란 곧 '없음'을 의미하는 접두어 'an'과 지배자를 의미하는 'archos'가 결합해서 만들어진 말이다.])가 아니라 크라토스(kratos[지배. 민주주의democracy는 사람들의demo 지배kratos를 의미한다])라는 말이다. 이 용어를 만들어낸 엘리트주의자들은 항상 민주주의가 단순한 폭동이나 폭도들의 지배와 그리 다르지 않다고 여겼다. 물론 그들의 해결책이란 다른 누군가가 사람들을 영원히 정복(conquest)하는 것이었지만 말이다. 아이러니하게도, 그들이 이런 이유로 민주주의를 억압하려고 할 때(그리고 보통 억압하려 했다), 일반적인 민중들이 자신의 의지를 알리는 유일한 방법이 바로 폭동이었다는 점이다. 그 실천 방식[폭동]은 로마 제국이나 18세기 영국에서 상당히 제도화되어 있었다.

역사적 조사를 요하는 하나의 질문이 있다. 이런 현상이 어느 정도까지 실제로 국가에 의해 추동되었는지에 대한 질문이다. 물론 여기서 나는 문자 그대로의 폭동을 말하는 게 아니다. 그 대신 내가 '왜곡된 거울'(ugly mirror)이라고 부르는 것을 말하는 것이다. 대중적 의사결정은 폭력적이거나 혼란스럽거나 임의적인 중우정치로 전락할 수밖에 없다며 윽박지르는 엘리트들이 만들어내고 유지하는 제도들 말이다. 나는 이것들이 권위주의적 체제에 아주 공통적으로 존재하는 것이라고 생각한다. 예를 들어 민주주의 아테네에서 결정적인 공적 행사가 아고라(agora)였던 반면, 권위주의적인 로마에서 결정적인 공적 행사는 서커스(circus, 원형극장)였다. 평민들이 경주나 검투사들의 결투나 대량 처형을 보기 위해 모이는 집회 말이다. 이런 게임들은 국가에 의해 직접 후원되거나, 몇몇 특별한 엘리트들에 의해 후원되었다(Veyne 1976, Kyle 1998, Lomar and Cornell 2003). 특히 검투사의 대결에서 흥미로운 것은 그것이 일종의 대중적 의사결정을 포함하고 있었다는 점이다. 대중의 갈채에 의해 목숨을 빼앗거나 보존하거나 했던 것이다. 하지만 아테네적인 아고라의 절차가 대중(demos)의 존엄성과 그 숙의과정의 사려를 극대화하기 위해 기획된 장소라면(비록 그 근저에는 강제적 요소가 존재하고, 피를 부르는 끔찍한 결정을 간혹 내릴 수 있다는 사실에도 불구하고 말이다), 로마의 서커스는 정확히 그 반대이다. 그것은 국가가 후원하는 정규적 린치(lynch)의 분위기를 띤다. 민주주의에 적대적인 후대 저자들이 보통 '폭도'(the mob)에게 속한다고 주장한 거의 모든 특질들(변덕, 공공연한 잔인성, 당파주의[마차 경주에서 서로 다른 팀을 응원한 팬들이 경쟁팀 팬과 길거리에서 싸움을 벌이는 일은 정기적으로 일어났다.], 영웅 숭배, 광적인 열정)은 로마의 서커스에서 묵인되었을 뿐 아니라 실제로 조장되었다. 이것은 마치 권위주의적 엘리트가 공중에게 카오스에 대한 끊임없는 악몽을 심어주려 노력한 것 같다. 군중이 스스로 권력을 장악했을 때 일어날 것이라 여겨지는 악몽 말이다.

내가 직접민주주의의 군사적 기원을 강조하는 것은 중세 도시나 뉴잉글랜드 도시에서 일어났던 대중적 회합이 보통 질서 정연하고 품위 있는 과정이 아니었다는 것을 시사하려는 의도가 아니다. 비록 부분적이기는 하나, 실제로 합의를 모색하는 어떤 기준치가 존재했다. 하지만 그들은 정치적 엘리트들이 대중적 지배란 제국 로마나 비잔티움의 서커스나 폭동과 비슷할 것이라고 생각하는 것을 바로잡아주려고 하지는 않은 것 같다. 「연방주의자 논고」(the Federalist Paper)[11]의 저자들은, 그 시기의 대부분 학자들처럼, 그들이 '민주주의'라고 부르는 것(그들은 이 용어를 통해 직접민주주의, '순수한 민주주의'를 뜻했다.)이 본성상 가장 불안하고, 통치의 가장 격정적인 형태이며, 말할 필요도 없이 소수자들의 권리를 위험에 처하게 하는 통치 형태라는 점을 당연하게 여겼다(여기서 그들이 특히 염두에 두고 있는 소수자는 부자들이다). '민주주의'라는 용어가 대의(representation)의 원리를 포함하는 것으로 거의 완전히 변형되고서야, 민주주의라는 용어는 그 명예를 회복하였으며(좋은 집안에서 태어난 정치이론가들의 눈에 말이다.) 오늘날 가지는 의미를 획득하게 되었다(대의라는 용어는 그 자체로 매우 신기한 역사를 가지고 있다. 코르넬리우스 카스토리아디스가 즐겨 지적하듯이[Castoriadis 1991; Godbout 2005], 이것은 원래 왕 앞에 선 민중의 대표를 가리켰다. 이들은 그들 스스로 힘을 행사하는 사람들이라기보다는 국내인 대사에 가까웠다). 다음 절에서는 어떻게 이것이 일어났는지 간단하게 살펴보겠다.

3. '민주적 이상'의 발생에 대하여

놀랄 만한 것은 민주주의라는 용어가 오늘날과 같은 의미를 획득하는 데

---

11) 미국 헌법을 지지하는 85개의 논문. 해밀턴, 매디슨 등이 그 저자이다.

에 정말 많은 시간이 걸렸다는 점이다. 북대서양 체계가 시작된 처음 300년 동안, 민주주의는 계속 '폭도'를 의미했다. 심지어 '혁명의 시대'에도 마찬가지였다. 영국, 프랑스, 미국에서 지금은 최초의 민주적 구조라고 여겨지는 것을 설립한 사람들은, 거의 모든 경우에서 자신들이 '민주주의'를 도입하려고 시도한다는 생각을 거부하고 받아들이지 않았다. 프랑시스 두퓌-데리(Francis Dupuis-Déri 1999, 2004)는 다음과 같이 논평한다.

> 미국과 프랑스에서 근대적인 선거 제도를 만들어낸 사람은 명백히 반-민주주의적이었다. 이런 민주주의에 대한 반대는 부분적으로 그들이 고대 그리스 · 로마의 역사적이고 문헌학적이고 철학적인 글들에 대한 방대한 지식을 가졌던 사실 때문이라고 설명될 수 있다. 정치적 역사를 고려했을 때, 미국과 프랑스의 정치적 인물들은 공통적으로 자신들을 고전 문명의 직접적인 계승자라고 여긴다. 그리고 아테네와 로마부터 보스톤과 파리까지, 역사를 관통하여 동일한 정치적 힘이 끊임없는 투쟁에서 대결을 해왔다고 믿는다. 이 설립자들[미국과 프랑스에서 선거 제도를 만든 사람들]은 귀족정과 민주정에 반해 역사적인 공화주의적 힘을 지지했다. 그리고 로마 공화제가 미국인과 프랑스인들 모두에게 정치적 모델이었다. 반면 아테네 민주주의는 경멸받는 반-모델(counter-model)이었다. (Dupuis-Déri 2004: 120)

예를 들어 영어 사용권에서 살고 있던 18세기 후반의 가장 교육받은 사람들은, 토머스 홉스가 번역한 투키디데스의 글을 통해 아테네 민주주의에 대해서 대부분 잘 알고 있었다. 민주주의는 불안정하고 격동하며, 분파주의와 선동에 사로잡히기 쉽고, 독재로 변하기 쉬운 경향이 강하다는 그들의 결론은 그리 놀라운 것이 아니다.

대부분의 정치가들은 민주주의를 연상케 하는 어떤 것에든 적대적이었다. 자신을 우리가 '서구적 전통'이라고 부르는 것의 계승자라고 여겼기 때문이었다. 예를 들어 로마 공화제의 이상은 미국 헌법 속에 간직되게 되었으며, 그 헌법을 짠 사람들은 아주 의식적으로 로마의 '혼합 정체'(mixed constitution)를, 군주제와 귀족정과 민주정의 요소들이 균형을 이루는 혼합 정체를 모방하려고 했다. 이를테면 존 애덤스(John Adams)는 『헌법의 수호』(1797)에서 진정 평등한 사회는 존재하지 않는다고 주장한다. 모든 알려진 인간 사회에는 상위의 지도자와 귀족(그것이 부에 의한 것이든 미덕에 의한 '자연적인 귀족사회'든)과 대중이 있었다. 그리고 로마 정체는 이 각각의 힘들을 가장 완벽하게 조화시킨 것이었다. 미국 헌법은 강력한 대통령과, 부자를 대표하는 상원과, 일반 사람들을 대표하는 하원을 만들어서 이 균형을 재생산하는 것을 의도하고 있었다. 비록 하원의 권한은 대중들이 세금의 분배를 통제하는 것을 확실하게 하는 것으로 한정되었지만 말이다. 이러한 공화적 이상은 모든 '민주적' 헌법과 정체의 근간에 놓여 있다. 오늘날까지도 미국의 많은 보수적 사상가들은 '미국은 민주주의가 아니라 공화제다'라고 지적하기를 좋아한다.

반면, 존 마코프(John Markoff)가 지적하듯이, "18세기 끝자락에 스스로를 민주주의자라고 부른 이들은 의회에 대해서 의심을 품었고 경쟁적인 정치적 정당에 명백하게 적대적이었으며, 무기명 투표에 비판적이었고, 여성들의 투표권에 관심이 없거나 적대적이었으며, 때때로 노예제를 용인했다"(1999: 661). 다시 말하지만, 이런 점은 고대 아테네와 연장선상에 있는 뭔가를 부활시키려고 하는 이들에게는 놀라운 일이 아니었다.

당시, 이런 종류의 철저한 민주주의자들(예를 들어 토머스 페인 같은 이들)은 혁명 정체 안에서조차 소수의 오합지졸 선동가로 여겨졌다. 다음 세기가 되어서야 변화가 생기기 시작했다. 19세기 초반 미국에서 선거권이 확대되면서, 그리고 정치가들이 점점 소농민이나 도시 노동자의 표를 얻을 필요가 생기면서, 몇몇이 이 용어[민주주의]를 채택하기 시작했다. 앤드류 잭슨(Andrew Jackson)이 그러했다. 그는 1820년대에 자신을 민주주의자라고 칭하기 시작했다. 이후 20년 내에, 거의 모든 정치 정당이, 대중 친화적 정당뿐 아니라 가장 보수적인 정당도, 이러한 길을 따르기 시작했다. 프랑스에서는 사회주의자들이 1830년대에 '민주주의'를 요구하기 시작했고, 이는 비슷한 결과를 낳았다. 이후 10년 내지 15년 안에, 심지어 중도적이거나 보수적인 공화주의자들도 민주주의라는 용어를 사용하게 되었다. 대중들의 표를 얻기 위해 경쟁해야 했기 때문이다. (Dupuis-Déri 1999, 2004) 동일한 시기에 아테네는 극적인 재평가를 경험하게 된다. 아테네는 (역시나 1820년대부터) 폭력적인 대중 심리가 나타났던 악몽이라기보다, 공적인 참여의 고귀한 이상을 체현한 것으로 여겨지기 시작했다(Saxonhouse 1993). 하지만 이것은 누군가가 이때에 아테네 스타일의 직접민주주의를 지역적 수준에서라도 승인했기 때문이 아니다(사실, 사람들은 아테네의 부흥이 정확히 이런 방식으로 일어났다고 상상한다). 대부분 정치가들은 '공화제'라는 단어를 '민주주의'로 의미 변화 없이 단순히 대체하기 시작했을 뿐이었다. 나는 아테네의 긍정적인 재평가가 다른 것보다는 당시 그리스에서 일어난 사건들에 사람들이 매혹된 일과 더 많은 관련이 있다는 생각을 하고 있다. 구체적으로는 1821년과 1829년 사이에 일어났던 오스만 제국에 대항한 독립 전쟁이 큰 영향을 미쳤다. 이 사건은 헤로도토스가 기술했던 페르시아 제국과 그리스 도시국가 사이에 일어났던 충돌이 현대에 다시 일어난 일이라고 쉽게 비춰졌다. 헤로도

토스의 글은 자유를 사랑하는 유럽과 전제적인 동양의 대립을 그린, 말하자면 최초의 글이지 않은가. 그리고 참조하는 틀을 투키디데스에서 헤로도토스로 바꾼 것은 물론 아테네의 이미지를 좋게 만들어 줄 수 밖에 없었다.

빅토르 위고 같은 소설가나 월트 휘트먼 같은 시인은 민주주의를 아름다운 이상향으로 칭송하기 시작했다. 하지만 그들은 엘리트들의 입장에서 말장난에 호소하는 것이 아니라, 보다 넓은 대중적 감성에 호소했고, 이는 우선 소농민이나 도시 노동자가 이 용어에 호의를 가지고 대하게 만들었다. 심지어 엘리트 정치가들이 여전히 많은 경우 민주주의를 모욕적인 뜻으로 사용하고 있을 때에도 말이다. 다시 말하자면, '민주적 이상향'은 서구의 문자적-철학적 전통에서 발생하지 않았다. 차라리 그것은 거기에 덧씌워졌다고 할 수 있다. 민주주의가 명백히 '서구적' 이상이라는 관념은 사실상 한참 뒤에야 등장했다. 19세기 대부분의 기간 동안, 그러니까 유럽 사람들이 자신들을 '동방'(east)과 '동양'(orient)에 반하는 존재로 정의했던 시기에, 유럽 사람들은 자신들을 '서구인들'이 아니라 '유럽인들'로 규정함으로써 이를 달성했다.[12] 거의 예외 없이, '서구'는 미 대륙을 가리켰다. 1890년대가 되고 나서야, 유럽인들이 미국을 동일하게 동등한 문명의 일부로 받아들이기 시작했다. 그리고 그 이후에야 많은 사람들이 서구라는 용어를 오늘날과 같은 의미로 사용하게 되었다. (GoGwilt 1995; Martin & Wigan 1997: 49-62) 헌팅턴이 말하는 '서구 문명'

---

12) 이 사실이 많은 경우 간과되는 이유는 헤겔이 근대적 의미에서 '서구'라는 말을 처음 쓴 사람 중 한 명이기 때문이다. 그리고 맑스가 많은 경우 그를 뒤따랐다. 하지만 이런 용법은 당시에는 매우 드문 것이었다.

은 그보다 더 뒤에 등장했다. 이 관념은 1차 세계대전 이후에 미국 대학들에서 처음 발생했다. (Federici 1955: 67) 당시는 이미 독일 지식인들이 그들이 서구의 일부인지 아닌지에 대한 토론에 사로잡혀 있던 시기였다. 20세기 동안, '서구 문명'이라는 개념은 식민 제국이 점차 붕괴하는 시대에 완벽하게 들어맞는 용어임을 입증했다. 왜냐하면 그 개념이 그 전에 존재했던 식민지 모국과 그 모국이 가진 부유하고 힘 있는 정착 식민지를 뭉뚱그려 놓고 있기 때문이다. 그들이 공유하는 두덕적·지적 우월성을 강조하는 동시에, 다른 이들을 반드시 '문명화'해야 한다는 관념을 폐기하면서 말이다. '서구적 과학'이나 '서구적 자유' 혹은 '서구적 소비 상품' 같은 문장에서 이러한 긴장이 뚜렷이 드러난다. ——이것들은 모든 인간이 인식해야만 하는 보편적 진리를 반영하는가? 혹은 이들은 많은 전통 중 한 전통의 산물일 뿐인가? 이러한 긴장은 직접적으로 당시 역사적 순간이 가진 모호성 때문에 나타난 것으로 보인다. 내가 앞서 지적했듯이, 그 결과 발생한 정식(formulation)은 너무나 모순적이어서 대체 어떻게 이런 것이 등장할 수 있었는지 알기 어려울 정도이다. 특정한 역사적 필요를 충족시키기 위해 등장했다는 실명만이 가능할 뿐이다.

하지만 이런 용어를 좀더 자세히 살펴보면, 이 모든 '서구적' 대상들은 끝없는 혼합과 얽힘의 산물임을 확실히 알 수 있다. '서구 과학'은 많은 대륙에서 이루어진 발견들을 짜깁기한 것이며, 지금도 많은 부분이 비-서구인들에 의해 생산되고 있다. '서구 소비재'들은 항상 전세계로부터 가져온 원료들로 만들어져 왔으며, 많은 부분 노골적으로 아시아에서 생산된 것들을 모방하였으며, 최근에는 모두 중국에서 생산된다. '서구적 자유'라는 개념 역시 동일한 과정의 산물이라고 말할 수 있을까?

아마 독자는 나의 대답이 무엇일지 짐작할 수 있을 것이다.

4. 회복(Recuperation)

자본주의의 기원에 대한 논쟁에서, 논쟁의 핵심 뼈대 중 하나는 자본주의가(혹은 달리 말하자면 산업 자본주의가) 유럽 사회 안에서 일차적으로 형성되었는지, 아니면 유럽과 그것의 바다 건너 소유물이었던 시장과 해외 노동력 자원을 연결하는 더 큰 세계-체계의 맥락에서 발생했는지를 둘러싼 논란이다. 이러한 논쟁이 가능한 이유는, 여러 자본주의적 양식들이 아주 일찍부터 형성되기 시작했기 때문이다. 여러 자본주의적 양식은 유럽이 확장하기 시작한 바로 그때에 이미 적어도 맹아적 형태로는 존재했다고 말할 수 있다. 민주주의에 대해서 이렇게 설명하기는 쉽지 않다. 지금 받아들여지는 관례를 따라 공화주의적 형태의 정부를 민주주의로 여긴다 하더라도, 민주주의는 영국이나 프랑스 같은 제국의 중심과 미국과 같은 식민지에서 대서양 체계가 거의 300년 이상 지속한 이후에야 발생했다.

지오반니 아리기(Giovanni Arrighi)와 이프티카 아마드(Iftikhar Ahmad)와 스민원(Miin-wen Shih 1997)은 헌팅턴에 대해 (내 생각에) 흥미로운 응답들을 내놓았다. 특히 아시아에서 일어난 지난 몇 세기 동안의 유럽인의 확장에 대한 세계-체계적 분석이 흥미롭다. 그들의 설명에서 가장 매력적인 요소 중 하나는 어떻게 유럽권력이 스스로를 '민주적'이라고 여기기 시작한 바로 그 시점부터 (1830년대, 40년대, 50년대에) 해외에서는 민주적 개혁과 약간이라도 닮은 모든 것에 반대하는 반동적 엘리트들을 의식적으로 지원하는 정책을 추진했는지에 대한 설명이다. 대영제국은 특별히 이 지점에서 악명이 높았다. 1838년 발타 리만(Balta Liman) 협정 이후 이집트 통치자인 무하마드 알리의 반란에 대항하여 오스만 제국을 지원한 일이나, 1942년 난징조약 이후 태평천국운동에 대항해 청 제국을 지원한 일에서 이를 확인할 수 있다. 두 경우 모두 영국은 거대한 아시아 구체제 중 하나에 군사적 공격을 감행할 구실을 찾고, 군사적으로 이들을 격퇴하고, 상업적으로 이익이 되는 조약을 부과했다. 그리고 이렇게 한 즉시 영국이 지지하는 '서구적' 가치에 해당 체제보다 훨씬 더 가까운 정치적 반란 세력에 반하여 동일한 체제를 지지하는 쪽으로 돌아섰다. 첫 번째 사례는 이집트를 근대적 민족 국가와 유사한 형태로 바꾸려고 한 반란이었고, 두 번째는 보편적 형제애를 요구한 평등주의적 기독교 운동이었다. 1857년 인도에서 일어난 거대한 반란 이후, 영국은 식민지에도 동일한 전략을 적용하기 시작했다. 의식적으로 "인도 제국 안에 있는 '토착 국가들'의 작은 지배사와 궁시에 몰린 권력자"를 지원하기 시작했다 (1997: 34). 이 모든 것은 지적 차원에서 보강되었다. 이와 유사한 시기에, 아시아에서 이런 권위주의적 체제는 필연적이며, 민주화 운동은 자연스럽지 않거나 존재하지 않았다고 말하는 오리엔탈리즘 이론들이 발달했던 것이다.[13]

요컨대, 서구 문명이 자유주의와 헌정주의, 인권과 평등, 자유와 법치, 민주주의와 자유 시장 그리고 다른 유사한 매력적인 이상들(이 모든 것은

---

13) 여기에 한 가지 작은 단서를 붙여야 할 것 같다. 오리엔탈리즘은 식민 권력들이 경쟁적 문명들과 야만인을 구분할 수 있게 해주었다. 전자는 절망적으로 타락하고 부패한 것이고, 후자는 인종적으로 너무나 열등하지 않은 한, '문명화의 사명'(civilizing mission)의 대상이 될 수 있는 것이었다. 아마 그래서 영국이 1860년대에 인도의 제도들을 개혁하려는 시도를 대부분 포기했는지도 모르겠다. 하지만 영국은 나중에 아프리카에서 정확히 동일한 수사를 동원했다. 아프리카는 한때 서구도 경험했던 '야만적 지점'으로 격하되었다. 즉, 유럽인들이 자신들을 '서구인들'이라고 결정하기 전에 위치했던 지점에 있다는 말이다.

다른 문명에는 오직 피상적으로만 보급되었다고 이야기된다.)의 유산을 가졌다는 헌팅턴의 주장은, 소위 민족국가 시대에 아시아에서 서구가 무슨 일을 했는지 익숙한 이들에게는 모두 거짓임이 드러난다. 이렇게 길게 열거된 이상들의 목록에서 그 시대를 주도했던 서구 권력이 직접 식민지 지배에 종속시키려한 민족들을 다루거나 그들이 종주권을 설립시키려 했던 정부를 다루는 방식을 보면, 부분적으로 혹은 전적으로 부정되지 않는 이상은 하나도 찾기 힘들다. 그리고 거꾸로, 서구 권력에 대항하는 이들의 민족 해방운동에서 이런 이상들 가운데 단 하나라도 지지 하지 않은 경우를 찾는 것 또한 힘들다. 하지만 이런 이상을 지지하는 과정에서 비서구의 민족들과 정부들은 그 이상들을 자신의 고유 문명(이 영역에서 그들은 서구로부터 배운 것이 거의 없었다)에서 파생한 이상과 항상 혼합했다. (Arrighi, Ahmad and Shih 1997: 25)

사실 나는 훨씬 더 나아갈 수 있다고 생각한다. 세계 대부분에서 나타나는 유럽 확장에 대한 반대 움직임은 '서구적 가치'라는 이름을 달고 이루어진다. 심지어 아주 초기에 일어난 반대에서도 마찬가지다. 이때 언급되는 서구적 가치는 정작 당사자인 유럽인들도 아직 가지고 있지 않은 것들이었다. 예를 들어 엥셍 호(Engseng Ho 2004: 222~24)는 인도양에서 유럽인들에 대항해 일어났던 지하드(jihad, 聖戰)라는 관념이 처음으로 언급된 지점으로 주의를 돌린다. 『포르투갈인들에 관한 문제에서 나타난 지하드 전사의 재능』(*Gift of the Jihad Warriors in Matters Regarding the Portuguese*)이라는 이름의 그 책은 1574년 자인 알-딘 알 말리바리(Zayn al-Din al Malibari)라는 아랍 법학자에 의해 쓰어졌는데, 데칸 고원에 자리잡은 비자푸르(Bijapur)라는 나라의 술탄에게 바쳐진 것이었다. 거기에서, 저자는 포르투갈인들과 전쟁을 벌이는 것이 정당함을 강력히 주장한다. 왜냐하면 그들은 이슬람교도, 힌두교도, 기독교인, 유대인이 서로 그럭저럭 항상 공존해온 관용적이고 복수적인 사회를 파괴했기 때문이다.

인도양의 이슬람교도의 교역 영역에서, 헌팅턴의 가치 중 몇몇(특정한 형태의 자유와 평등의 관념, 교역의 자유와 법치에 대한 분명한 사상)은 오랫동안 중요하다고 간주되었다. 다른 가치들, 그러니까 종교적 관용 같은 가치들은 유럽인들이 등장한 결과 중요해진 요소들일 것이다. 비교를 하자면 그렇다. 내가 말하고자 하는 진짜 핵심은 누구도 도저히 이 가치들을 어떤 특정한 도덕적, 지적, 문화적 전통에 일방적으로 부여할 수 없다는 것이며, 좋든 싫든 간에 이런 종류의 상호작용에서 나타난다.

나는 또한 다른 지점을 지적하고 싶다. 우리는 남부 인노의 왕에게 이슬람 법학자가 헌정한 저작을 다루고 있다. 그가 지키려 한 관용과 상호 조정의 가치(사실 이건 우리가 사용하는 용어다. 그 법학자는 '친절'이라고 썼다)는 아마 서로 다른 문화들 사이에 존재하던 복잡한 공간에서, 지배적인 국가권력 바깥에서 생겨났을 것이다. 그리고 이것들은 이 공간을 파괴하려고 하는 이들에 직면하여서야 가치로서 구체화되었을 것이다. 하지만 이 가치들에 대해 서술하고 이를 지키는 것을 정당화하기 위해, 그는 국가를 다루어야만 했고 하나의 문자적-철학적 전통의 관점에서 자신의 주장을 표현해야만 했다. 이 경우에는, 이슬람 수니파의 법적 전통에서 말이다. 여기에는 재편입(reincorporation)이라는 행동이 존재한다. 국가 권력과 문자적 권위의 세계에 다시 들어오는 한, 필연적으로 그래야 한다. 그리고 후대의 저자가 그런 사상에 대해서 서술할 경우, 그들은 마치 이러한 이상이 사이 공간이 아니라 특정한 전통에서 발생한 것처럼 표현한다.

역사가도 마찬가지다. 역사가들이 그렇게 하는 것은 어느 정도는 거의 필연적이다. 그들이 다루는 자료의 특성을 고려한다면 말이다. 결국 역사가들은 일차적으로 문자적 전통을 연구하는 이들이며, 많은 경우 사이 공간의 정보들을 손에 넣기란 아주 힘들다. 게다가 역사가들은 그들이 다루는 자료와 동일한 문자적 전통 안에서 글을 쓴다(적어도 '서구 전통'에 대해서 서술할 때에는 말이다). 민주적 이상의 진짜 기원을 재구성하기가 참으로 어려운 까닭은 바로 이 때문이다(특히 정치가들이 우선 받아들일 수밖에 없었던 자유나 대중적 주권에 대한 대중적 열망의 기원 말이다). 내가 '서구적 눈의 미덥지 않음'[앞서 나온 소절 제목]에 대해 이야기 한 바를 떠올려보라. 이런 전통은 생경한 사회를 합리적 관찰자에 의해 해석되어야 하는 퍼즐로 묘사하는 경향을 가져왔다. 그 결과, 생경한 사회들에 대한 묘사는 당시에 많은 경우 정치적 주장을 하는 하나의 방식으로 사용되었다(그리고 지금까지도 사용되고 있다). 유럽 사회를 아메리카 원주민들의 상대적 자유와 대립시키건 혹은 중국의 상대적 질서와 대비시키건 말이다. 하지만 그들은 자기 자신들이 다른 사회들과 상당히 얽혀 있고 자신들의 제도가 다른 사회에 의해 상당히 영향받았음을 파악하지 못하는 경향이 있었다. 사실, 초기의 인류학을 배운 학생이라면 누구나 알고 있듯이, 심지어 스스로가 부분적으로는 미국 원주민이거나 중국인인 저자들도, 혹은 한 번도 유럽에 가보지 않았던 저자들도 글을 이렇게 쓰는 경향이 있다. 활동하는 인간으로서 그들은 여러 세계 사이에서 나름의 길을 찾는다. 그들의 경험들을 서술하는 때가 되면, 그들은 특징 없는 추상이 된다. 제도적 역사에 대해서 쓰게 될 때, 그들은 거의 항상 고전적 세계를 다시 언급했다.

1977년에, 이로쿼이 연맹을 연구하는 한 역사가는(그 자신이 아메리카 원
주민이며, 아메리카 원주민 운동 AIM의 일원이다.) 미국 헌법의 특정한 구
성 요소(특히 그것의 연방적 구조)가 부분적으로 여섯 민족 연맹(League of
Six Nations)[14]에 의해 고무되었다고 주장하는 글을 썼다. 그는 이 주장을
1980년대에 다른 저자, 데이비드 요한슨(David Johansen)이라는 사람과
함께 더욱 확장했다. 크게 보아 우리가 미국 민주주의적 정신이라 여기는
것이 어느 정도는 아메리카 원주민의 사례에 의해 영감을 받았다고 주장
한 것이다.

그들이 모은 몇몇 구체적 증거는 상당히 설득력이 있었다. 일종의 식
민지 연방을 형성한다는 생각은 1744년 랭커스터 협정 협상 중에, 서로
분리되어 있는 수많은 식민지와 협상을 하느라 몹시 지쳐 있던 카나사테
고(Canassatego)라는 이름의 오논다가인(Onondaga) 대사가 제안한 것
이다. 그가 연합의 힘을 보여주기 위해 사용했던 이미지는 여섯 개의 화
살 묶음이었으며, 이는 미 합중국 북부 연합의 문장에 여전히 남아 있다
(화살의 숫자는 나중에 열셋으로 늘어난다). 벤저민 프랭클린은 이 자리에
참석했었는데, 이 생각을 받아들인 이후 십 년간 그의 인쇄소를 활용해
이 생각을 널리 홍보했다. 그리고 1754년, 그의 노력은 뉴욕주의 올버니
에서 결실을 보게 되었다. 6개 식민지 대표가 참석한 가운데 올버니 연방
안(Albany Plan of Union)이라고 알려진 것을 이끌어낸 것이다. 이 안은
영국 당국과 의회 둘 모두에 의해 결국 거부되었다. 하지만 이것은 분명
중요한 첫 걸음이었다. 좀더 중요하게, '영향 이론'이라 불리게 될 것을 지

---

14) [역주] 이로쿼이 연맹은 '여섯 민족 연맹', '다섯 민족 연맹'이라는 이름으로도 불린다.

지하는 사람들은 여러 동부 산림 사회의 특징인 평등주의와 개인의 자유라는 가치들이, 식민지 반란이 주장했던 평등과 자유를 보다 넓은 범위에서 촉발하고 그것에 영감을 주었다고 주장했다. 보스턴의 애국자들이 모호크 인으로 분장하고 영국 차를 항구에 던져버림으로써 그들의 혁명에 방아쇠를 당겼을 때, 그들은 자신들이 가지고 있는 개인적 자유의 모델이 무엇인지 의식적으로 선포한 셈이다.

이로쿼이 연맹 제도가 미 헌법에 어떤 영향을 미쳤다는 주장은, 19세기에 간혹 제안되었을 때에는 별로 주목받지 못했던 생각이었다. 이 주장이 1980년대에 다시 제기되었을 때, 그것은 정치적 격동을 일으켰다. 많은 아메리카 원주민은 이 생각을 강하게 지지했다. 하원은 이를 인정하는 법안을 통과시켰고, 그 즉시 온갖 우파 논평가들이 달려들어 이것은 정치적 올바름(political correctness)의 가장 나쁜 예라고 비판했다. 동시에, 그 주장은 즉각적이고 맹렬한 반대와 마주했다. 헌법의 권위자라고 여겨지는 역사 전문가로부터, 그리고 이로쿼이 족에 대한 인류학적 전문가들로부터 말이다.

이 논쟁은 결국 이로쿼이 제도들과 미 헌법을 만든 사람들의 생각 사이에 직접적인 연결이 존재하는 것을 증명할 수 있는지 여부에 관한 것이 되어버렸다. 예를 들어 페인(1999)은 몇몇 뉴잉글랜드 식민주의자들은 연맹[여섯 민족 연맹]의 존재를 알기도 전에 연방제 형태를 논의했었다고 지적한다. 더 큰 맥락에서 보면, 이런 입장에 동의했던 이들은 '영향 이론'의 지지자들이 본질적으로 책을 날조했다고 주장한다. 그들이 보기에 이들[영향 이론의 지지자들]은 식민지 정치가들의 저작에서 이로쿼이 제도를 칭찬한 부분만 쏙 뽑아내고, 그 동일한 정치가들이 이로쿼이 사람들과 나아가 인디언 일반을 무지한 야만인, 살인자들이라고 깎아내린 수많은 책들은 깡그리 무시했다고 주장한다. 영향 이론의 지지자들은 독자들에게 미 헌법과 정체에 이로쿼이 사람들이 영향을 끼친 명백하고 문자에 기반한 증거가 존재한다는 인상을 남긴다. 하지만 그들이 생각하기에 이는 사실이 아니다. 심지어 헌법제정의회[constitutional convention, 1787년 5월에 개최]에 참여한 인디언들도 불만을 표시하려고 거기에 갔지, 충고를 하려고 간 것이 아니다. 식민지 정치가들이 자기 사상의 기원을 논의할 때, 그들은 항상 고전이나 성경에 나오는 예나 유럽적인 예들을 동원했다. 사사기, 아카이아 연방(그리스 쪽 연방), 스위스 연맹, 네덜란드의 연합 지방 같은 것들 말이다. 영향 이론의 지지자들은 이런 선형적 사고가 지나치게 단순하다고 대답했다. 누구도 여섯 민족 연맹이 미국 연방주의를 만들어낸 유일한 모델이나 제1의 모델이라고 주장하지 않았다. 혼합되어 있는 여러 가지 요소 중 하나의 요소라고 말했을 뿐이다. 그리고 여섯 민족 연맹이 식민지인들이 유일하게 직접적으로 경험했던 실제 시행 중인 연방 체계임을 고려해볼 때, 이것이 아무런 영향력을 미치지 않았다고 주장하는 것은 이상한 생각이다. 확실히, 인류학자들이 제시한 몇몇 반대 의견은 매우 이상해 보인다. 예를 들어 엘리자베스 투커(Elisabeth Tooker 1998)는 연맹은 합의에 의해 작동하고 여성들이 중요한 자리를 차지했던 반면, 미국 헌법은 다수결 체계를 사용하고 남자만 투표하게 했기 때문에, 하나는 다른 하나의 영감의 원천이 될 수 없다고 봤다. 혹은 딘 스노우(Dean Snow 1994: 154)는 이런 주장이 "이로쿼이 정부의 절묘하며 인상적인 특징들을 뒤섞고 더럽힌다"고 언급했다. 여기서 우리는 아메리카 원주민 활동가인 바인 들로리아(Vine Deloria)가 내린 결론이 타당하다는 것을 확인할 수 있다. 그에 따르면 이 모든 것은 학자들의 자기 밥그릇 싸움일 뿐이다. 즉, 지적 재산권의 문제라는 것이다(Johansen 1998: 82).

이런 소유자적인 반응은 몇몇 영역에서 좀더 명백하게 볼 수 있다. 『더 뉴 리퍼블릭』(*The New Republic*)의 한 기고자는 "이 신화는 바보 같을 뿐 아니라 파괴적이다"라고 썼다. "그리스에서 시작한 서구 문명은 건국의 아버지들(Founding Fathers; 미 헌법 제정자들)에게 훨씬 더 많은 영향을 미쳤다. 영감을 얻기 위해 신세계에 주목하는 일은 없었다."(Newman 1998: 18) 미국의 수많은 건국의 아버지들이 가졌던 즉각적인 인식 상태를 고려하면, 아마 이는 사실일 것이다. 하지만 만약 우리가 미국 **민주주의**에 대한 이로쿼이 문화의 영향력을 이해하려고 노력한다면, 문제는 아주 다르게 보인다. 이미 살펴보았듯이, 미국 정체/헌법의 틀을 세운 인물들은 고전적 전통과 스스로를 동일시했다. 하지만 그들은 바로 그런 이유에서 민주주의에 적대적이었다. 그들은 민주주의를 제약없는 자유, 평등과 동일시했다. 그리고 만약 이들이 인디언 전통을 조금이라도 알고 있었다면, 그들은 인디언들을 정확히 동일한 이유에서 못마땅하게 생각했을 것이다.

논의된 내용들을 다시 검토해보면, 이를 정확히 볼 수 있다. 기억하듯이, 존 애덤스는 『헌법의 수호』에서 평등주의적 사회는 존재하지 않는다고 주장했다. 그에 따르면 모든 인간 사회의 정치적 힘은 군주제적, 귀족제적, 민주적 원리들로 나뉘어 있다. 그는 인디언이 고대 독일인을 닮았다고 봤다. "특히 민주적 분파가 매우 확고하여, 현실적 주권이 사람들에게 있다"는 점에서 말이다. 그가 말하길 이런 체계는 부의 실질적 집중 없이 영토에 넓게 산개되어 있는 인구를 다룰 때 잘 작동한다. 하지만 고트족이 로마 제국을 정복했을 때 깨달았던 것처럼, 이런 인구가 좀더 정착하게 되고 관리해야 하는 주요한 자원을 갖게 되면, 이런 체계는 혼란과 불안정과 투쟁으로 이어질 뿐이다.(Adams: 296, Levy 1999: 598을 참고하라, Payne 1999: 618) 그의 소견들은 전형적이다. 매디슨, 심지어 제퍼슨은 인디언을 존 로크가 했던 것처럼 어떤 형태의 국가나 체계적 강압으로 속박되지 않은 개인의 전형으로 묘사하는 경향이 있었다. 인디언 사회에서는 재산이 뚜렷하게 분할되어 있지 않다는 사실 때문이다. 그들은 아메리카 원주민의 제도가 그들 자신의 사회와 같은 것에는 명백히 부적합하다고 여겼으며, 실제로 그러했다.

하지만, 계몽주의 이론이 주장하는 바와는 반대로, 국가는 현명한 입법자의 행위들로 탄생한 것이 아니다. 민주주의도 글에서 탄생한 것이 아니다. 우리가 그 역사를 알아내기 위해 글들에 의존하도록 강요받는다 해도 말이다. 실제로, 헌법을 쓴 사람들은 대부분 부유한 지주였을 뿐만 아니라, 평등한 집단에 있어본 경험도 거의 없다. 적어도 그들이 식민지 의회에 참여하게 되기 전까지는 말이다. 민주적 실천은 이런 사람들의 시야에서 까마득히 떨어져 있는 곳에서 처음 만들어지는 경향이 있다. 그리고 만약 그들의 동시대에서 이런 문제에 가장 직접적인 경험을 가진 사람을 찾으려 한다면, 때때로 놀라운 결과를 마주한다. 유럽 민주주의에 대한 현재 선도적 역사가중 하나인 존 마코프는 「민주주의는 어디서 언제 발명되었나?」라는 글에서 거의 지나가는 말처럼 이렇게 말한다.

리더십은 더 높은 권위에 의해 부여되는 것이 아니라 따르는 자들의 동의에서 나온다는 사실은, 근대 초기 대서양 세계에서 해적선을 타고 있던 선원들의 경험과 일치한다. 해적선 선원은 그들의 선장을 선출했을 뿐 아니라 이를 상쇄시키는 힘에도 익숙했다(갑판수나 선상 회의 등의 형태로). 그리고 개인과 집단의 계약적 관계에도 익숙했다(노획물의 할당량이나 근무 중에 입은 부상에 대한 보상액 등을 구체적으로 기록한 선박의 조

항 같은 형태로). (Markoff 1999: 673n62)

사실 18세기 해적선의 전형적 조직은 마커스 레디커(Marcus Rediker, 2004: 60-82) 같은 역사학자들의 재구성에 따르면, 대단히 민주적인 것으로 나타난다. 선장은 선출될 뿐만 아니라, 아메리카 원주민의 전쟁 추장처럼 활동했다. 즉 사냥이나 전투 동안만 전적인 권한을 부여받았으며, 다른 때에는 평범한 선원과 다를 바가 없었다. 선장이 좀더 전반적인 권한을 보장받는 배에서는 선장이 비겁하다거나 잔인하다는 등의 이유로 선장의 권한을 언제라도 박탈할 선원의 권리도 역시 강조했다. 모든 경우, 궁극적인 권력은 총회(general assembly)에 존재했다. 거기서는 대부분 가장 사소한 문제까지도 거수로 결정하는 다수결에 의해 다루어졌다.

이 모든 것은 해적의 기원을 고려한다면 그리 놀라운 일이 아니다. 해적은 일반적으로 반란자였다. 대개 대서양 곳곳의 항구 도시에서 그들의 의지에 반해 선원으로 강제 동원되었고, 독재적인 선장에 항명하여 "세계 전체에 전쟁을 선포한" 이들이었던 것이다. 그들은 많은 경우 고전적인 의적이 되었다. 선원을 학대하는 선장에게 복수를 했으며, 본인들이 생각하기에 문제가 없는 이들은 풀어주고 심지어 보상을 해줬다. 선원의 구성은 많은 경우 매우 이질적이었다. "1717년 블랙 샘 밸러미(Black Sam Ballamy)의 선원은 모든 나라들이 '섞인' 다중(multitude)이었다. 영국인, 프랑스인, 네덜란드인, 스페인인, 스웨덴인, 아메리카 원주민, 미국 흑인, 노예선에서 탈출한 아프리카인 이십여 명 등."(Rediker 2004: 53) 다시 말해서, 우리는 매우 넓은 범위의 직접민주주의 제도에 대한 직접적 지식이 적어도 조금이라도 존재했을 만한 공간에 있었던 사람들에 대해 말하고 있는 것이다. 이는 스웨덴의 팅(ting)[15]에서부터 아프리카의 부족 회합, 그리고 미 원주민의 의회(여섯 민족 연맹은 여기에서 발달해나왔다)에까지 이어진다. 그들은 국가가 완전히 부재한 곳에서 자기 통치의 어떤 양식을 즉흥적으로 만들어야만 했다. 이것은 실험을 위한 완벽하게 사이-문화적(intercultural) 공간이었다. 사실, 당시 대서양 세계 어디에서도 새로운 민주적 제도가 발달하는 데에 이보다 더 좋은 공간은 존재하지 않았을 것이다.

내가 이 이야기를 꺼낸 것은 두 가지 이유에서다. 한 가지 이유는 자명하다. 우리는 18세기 초 대서양 해적선에서 발달한 민주적 실천이, 직접적으로든 간접적으로든 60~70년 후에 진화해 나온 민주적 정체/헌법에 어떤 영향을 미쳤다는 증거를 가지고 있지 않다. 증거를 가질 수도 없다. 해적과 그들의 모험에 대한 이야기는 오늘날까지도 그렇듯 대중적인 매력을 가지고 널리 알려졌지만(아마 당시에는 오늘날 할리우드 판 서사들보다는 좀더 정확한 이야기였을 것이다.), 프랑스, 영국, 혹은 식민지 신사는 이 사실을 알리고 하지 않았다. 해적의 관습이 민주적 헌법/정체에 영향을 끼쳤을 법하다는 말을 하려는 것이 아니다. 만약 그랬다 해도 우리는 이를 알 수 없으리라는 말이다. 아마도 이 해적들은 보통 '아메리카 야만인들'이라 불렀던 이들과 그리 다르게 취급되지는 않았을 것이다.

다른 이유는 아메리카 대륙의 개척 사회도 아마 우리가 상상했던 것보다 해적선과 비슷했을 것이라는 점이다. 그들은 해적선처럼 인구 밀도가 높지 않았을 것이며, 지속적으로 협력해야 할 즉각적인 필요성도 없었을 것이다. 하지만 그 사회는 즉석에서 만들어진 사이-문화적 공간이

---

15) [역주] 중세 바이킹의 부락집회. 직접민주주의 의결기관이라 할 수 있다.

었으며, 많은 부분 국가의 시야에서 벗어나 있었다. 콜린 캘러웨이(Colin Calloway)는 정착민 사회와 원주민 사회가 많은 경우 서로 얼마나 얽혀 있었는지를 기록했다(Calloway 1997; cf. Axtell 1985). 정착민은 인디언의 곡물과 옷과 약과 관습과 전투 방식을 받아들였다. 그들과 교역하고, 많은 경우 바로 옆에 살면서, 때로는 서로 결혼했다. 그리고 무엇보다 식민지 공동체와 군대의 지도자들에게 끝없는 공포를 불러일으켰다. 그들의 신민들이 평등과 개인적 자유를 구가하는 인디언의 태도를 받아들이고 있었기 때문이다. 예를 들어 뉴잉글랜드의 청교도 목사였던 코튼 매더(Cotton Mather)는 해적을 인간에 대한 모독이라고 통렬히 비난하면서, 동시에 인디언의 자녀 양육 관습을 따라가고 인디언들의 '멍청한 방종' 때문에(체벌을 폐기하는 것 등의) 가족에서 점차 올바른 훈육과 '엄격함'의 원칙을 망각하는(주인과 노예 사이, 남자와 여자 사이, 젊은이와 연장자 사이) 동료 식민지 이주민들을 비난했다(Calloway 1997: 192).[16] 이런 현상은 무엇보다 식민 정부의 통제를 완전히 벗어나 "인디언이 되어버린" 도망 노예나 하인들로 구성된 공동체에서 잘 볼 수 있었다.(Sakolsky & Koehnline 1993) 혹은 라인보(Linebaugh)와 레디커(Rediker)가 "대서양 프롤레타리아트"라고 불렀던, 도서 지역 소수민족 거주지에서 잘 관찰되곤 했다. 이들은 근대 인종주의가 등장하기 전 북대서양 세계의 항구도시에서 발생한 자유민, 선원, 선상 매춘부, 배교자, 도덕률 폐기론자, 반역자가 모여서 이룬 혼성 집단이었다. 그리고 이들로부터 미국 혁명의 민

---

16) "처음 이 나라에 정착한 영국인 농장주들은 보통 그 가족 안에서 규율과 통제방식을 가지고 있었고 충분히 그것에 엄격했다. 하지만 마치 기후가 영국인들을 인디언화한 것처럼, 사람들은 너무나 헤이해지면서 이런 것들은 옆으로 치워지고, 아이들에 대한 멍청한 방종이 나라 전체에 전염병처럼 번졌으며, 많은 나쁜 결과를 내놓고 있다." (앞의 책에서 인용)

주적 추진력이 처음으로 발생한 것처럼 보인다. 하지만 이것은 평범한 정착민들에게서도 나타나는 일이었다. 아이러니는 이것이 부르스 요한슨(Bruce Johansen)의 책인 『잊혀진 창시자들』(*Forgotten Founders*, 1982)의 진짜 주장이라는 점이다. 이 책은 처음 '영향 논쟁'을 불러일으켰다(이 책의 주장은 헌법/정체에 대한 온갖 소음과 격분 속에 많은 부분 사라져버렸다). 그 주장은 이러하다. 식민지에 정착한 평범한 영국인과 프랑스인은 인디언과 자신들이 비슷하다고 여기게 되면서 스스로를 '아메리칸'이라고, 자유를 사랑하는 새로운 종류의 사람으로 생각했다. 그리고 이런 의식은 제퍼슨이나 애덤 스미스가 쓴 글에 나오는 어떤 종류의 멀리 떨어진 낭만주의에 의해 고무된 것이 아니라, 차라리 본질적으로(캘러웨이가 지적하듯) '혼합물'인 개척 사회에 살게 되는 실제 경험에 의해 고무되었다. 아메리카로 온 식민지인들은 실제로, 그들이 특이한 상황에 있음을 알게 되었다. 유럽의 위계나 순응주의(conformism)에서 크게 벗어나, 지금까지는 상상하지 못한 평등이나 개인주의의 원리에 훨씬 더 강하게 헌신하는 토착 인구와 마주한 자기자신을 발견한 것이다. 그러고는 이 토착 인구를 대다수 몰살시킨다. 그들의 관습과 습관과 태도를 받아들이면서도 말이다.

나는 이 시기에 다섯 민족 연맹 역시 혼합물이었다는 점을 덧붙이겠다. 원래 논쟁을 중재하고 평화를 유지하기 위해 서로 일종의 계약을 맺었던 집단들의 집합이었던 이들은, 17세기 팽창기 동안 여러 민족들이 얽히고 섞인 기이한 집단이 되었다. 그 인구의 많은 부분이 전쟁에서 죽은 가족 구성원을 대체하기 위해 이로쿼이 가족으로 편입된 전쟁 포로였다. 당시의 선교사들은 세네카 인들(Seneca)에게 그들의 언어로 선교하기가 어렵다고 불평했다. 왜냐하면 대다수가 그 자신들의 언어를 잘 몰랐기 때문이다(Quain 1937). 심지어 예를 들어 18세기 동안에도, 카나사테고는 오논다가의 추장이었지만 식민지인들과 협상하던 다른 주요한 인물인 스와타나(Swatana. 시켈러미Shikellamy라고도 부른다.)는 사실 프랑스인이었다(혹은 적어도 지금의 캐나다인 지역에서 프랑스인 부모에게서 태어났다). 모든 측면에서, 경계가 흐릿했다. 우리는 즉흥적으로 만들어진 민주적 공간의 단계적인 연속을 다루고 있는 것이다. 도시 의회를 가진 뉴잉글랜드의 청교도 공동체에서, 개척 공동체를 거쳐, 이로쿼이 자체까지.

끝없는 재창설 행위로서의 전통

이제 이 조각들을 합쳐보자.

이 글 내내 나는 민주적 실천이 평등주의적 의사 결정 과정으로 규정되든 공적 토론에 의한 통치를 의미하든, 민주적 실천은 국가의 범위 외부에서 자신들의 일을 처리하는 이런저런 공동체가 있는 상황에서 발생하는 경향이 있다고 주장했다. 국가 권력의 부재는 결정을 강제할 체계적인 기제가 없다는 것을 뜻한다. 이것은 어떤 형태의 합의 과정으로 귀결되거나, 혹은 그리스 중장 보병이나 해적선같이 본질적으로 군사적 구조에서는 다수결로 귀결되는 경향이 있다(왜냐하면 군사적 구조의 경우 실제로 경쟁이 벌어졌을 때, 그 결과가 아주 분명하기 때문이다). 민주주의적 혁신, 그리고 민주주의적 가치라고 불릴 수 있는 것의 발생은 내가 문화적 즉흥성(improvisation)이라고 부르는 공간에서 튀어나오는 경향이 있다. 그것은 통상 국가의 통제 바깥이며, 서로 다른 전통과 경험을 가진 다양한 사람들이 서로를 대하는 방법을 찾아내야만 하는 장소이다. 마다가스카르나 중세 아이슬란드에서 나타나는 개척 공동체나, 해적선이나, 인도양 무역 공동체나, 유럽 팽창을 최전선에서 마주하고 있던 아메리카 원주민의 연맹이 모두 그 예들이다.

이 모든 것은 위대한 문자적-철학적 전통과는, 위대한 문명의 기둥처럼 보이는 그 전통과는 별 관련이 없다. 확실히, 별 예외 없이, 이런 전통은 민주적 절차와 그것을 채택하는 사람들에게 전반적으로 분명 적대적이었다.[17] 통치 엘리트는 이런 형태를 무시하거나 짓밟으려 했다.[18]

하지만 어느 순간 대서양 체계의 핵심 국가들(그 중에서도 영국과 프랑스를 들 수 있는데, 이 두 국가는 북아메리카에 가장 큰 식민지를 가지고 있었다.)에서 처음으로 이것이 변화하기 시작했다. 그 체계의 창조는 유례가 없는 파괴를 통해 알려졌고, 이는 당시 출현하고 있던 '대서양 프롤레타리아트'들에게 새로운 즉흥적 공간을 끊임없이 제공했다. 국가는 사회운동의 입력을 받아 개혁을 시작했다. 결국, 엘리트주의적인 문자직 전통을 연구하던 이들이 선례를 찾기 시작했다. 그 결과가 로마 공화제를 본떠 만든 대의 체계를 창안한 것이었다. 이것은 나중에 대중적 압력 하에서 '민주주의'라고 다시 이름 붙여졌고, 아테네까지 그 기원을 거슬러 올라가게 되었다.

사실 나는 민주적 회복과 재창출의 이러한 과정이 아마도 모든 문명

---

17) 보통 민주주의를 지지하는 목소리를 여기저기서 꼽아볼 수 있다. 하지만 이들은 확실히 소수의 목소리인 경향이 있다. 예를 들어 고대 그리스에서는, 스스로를 민주주의자로 여기는 저자가 세 명 있었다. 히포다모스, 프로타고라스, 그리고 데모크리토스. 하지만 이들의 저작 중 어느 것도 남아 있지 않아서 이들의 입장은 반-민주주의 문헌에 인용된 것을 통해서만 알려져 있다.

18) 이런 관점에서 아테네를 살펴보면 재미있다. 그 결과는 확실히 조금 복잡하다. 아테네는 그리스 도시 중에서는 단연 가장 세계주의적인(cosmopolitan) 장소였다(비록 외국인들은 투표할 수 없었지만). 그리고 역사학자들은 아직 아테네를 하나의 국가로 볼 수 있는지 합의에 이르지 못했다. 국가로 여길 수 있는가 여부는 맑스주의적 관점을 취하느냐 베버주의적 관점을 취하느냐에 달려 있다. 아테네에는 너무 큰 규모였는지는 모르지만 분명 지배 계급이 있었다. 하지만 행정 기구는 아무것도 없었다.

전통에서 나타나는 광범위한 과정의 전형적 모습이지만, 다만 당시에 이 과정이 지극히 격렬한 단계로 들어서고 있었다고 생각한다. 유럽 국가들이 확장하고 대서양 체계가 세계를 아우르게 되면서, 온갖 종류의 세계적 영향이 유럽 수도들에서 합쳐지고, 나중에 결국 '서구'라고 알려지는 전통 안으로 재흡수된 것처럼 보인다. 그런데 근대 국가에 통합된 요소들의 실제 계보는 아마 재구성할 수 없을 것이다. 만약 이런 현상이 나타나는 것이 그 회복 과정이 문자로 쓰여 있는 설명에서 이국적인 요소들을 지워 버리려는 경향을 가졌기 때문만이라면 그나마도 다행이지만, 그것만이 아니라면 이는 그 과정이 다른 요소들을 [서구 엘리트들에게] 익숙한 창조와 발견의 장소(topoi)로 통합하려 했기 때문일 것이다. 그러므로 역사가들, 거의 배타적으로 문자만을 참조하고 증거에 표준화의 잣대를 들이대는 일을 자랑스럽게 생각하는 역사가들은, 많은 경우 마치 새로운 사상들이 문자적 전통 안에서 발생해 나오는 것처럼 작업하는 것을 그들의 직업적 사명으로 삼게 되어버렸다. 그들이 이로쿼이 영향 이론에 대해서 했던 것처럼 말이다. 두 가지 예를 들어보겠다.

아프리카 물신주의와 사회계약의 아이디어 당연한 말이지만, 대서양 체계는 심지어 콜럼버스가 아메리카로 항해하기 이전부터 서아프리카에서 형성되기 시작했다. 윌리엄 피에츠는 몇 편의 흥미로운 글들에서(1985, 1987, 1988), 대서양 체계의 결과로 형성된 해안 집단 거주구역(enclave)의 삶을 묘사했다. 그곳에서는 수십 가지 서로 다른 언어를 사용하는 베네치아인, 네덜란드인, 포르투갈인, 그리고 그 외 다양한 유럽 상인들과 모험가들이 아프리카 상인과 모험가들과 함께 살고 있었고 이슬람교와 가톨릭과 신교와 여러 조상 숭배가 뒤섞여 있었다. 이 집단 거주지 사이의 무역은 유럽인들이 '물신'이라고 부르는 대상에 의해 조정되었다. 피에츠는 궁극적으로 이 관념이 만들어낸 가치와 물질성에 관한 유럽 상인들의 이론에 대해 매우 열심히 연구했다. 아마도 더욱 재미있는 것은 아프리카인들의 관점일 것이다. 재구성될 수만 있다면, 이것은 동시대 유럽에서 토머스 홉스 등에 의해 발달한 사회계약론과 충격적일 정도로 비슷한 것 같다(Macgaffey 1994, Graeber 2005). 본질적으로, 물신은 다른 이들과 계속해서 경제적 관계를 맺고자 하는 일련의 계약 집단에 의해 만들어졌다. 그리고 물신은 재산권에 대한 약속과 교환의 규칙을 동반했다. 이것을 어기는 자는 그 대상[물신]의 힘에 의해 파괴될 것이다. 다시 말해, 홉스처럼, 사람들은 서로의 재산권과 계약된 의무 사항을 존중하지 않을 경우 그들을 폭력으로 위협할 주권 권력을 창조하는 데 동의한다. 이를 통해 사회적 관계가 만들어지는 것이다. 이후에, 아프리카 인들의 글에서는 심지어 물신을 만인에 대한 만인의 투쟁을 방지하는 것으로 찬양하기도 했다. 불행하게도, 홉스가 이것을 알고 있었다는 증거를 찾는 것은 불가능하다. 그는 생애의 대부분을 항구 도시에서 살았고 이런 관습에 익숙한 무역업자를 만났을 수 있다. 하지만 그의 정치적 저작은 아프리카 대륙에 관한 어떠한 언급도 하지 않는다.

중국과 유럽의 민족 국가(nation-state) 근대 초기를 거치면서, 유럽 엘리트들은 점차 동일한 언어를 사용하고 동일한 법과 행정 체계 아래에 있는 동질적인 인구를 다스린다는 통치의 이상을 상상하게 되었다. 그리고 결국 이런 체계는 능력 있는 엘리트에 의해 관리되어야 한다. 모국어 문자로 된 고전들을 공부하는 훈련을 받은 엘리트들에 의해서 말이다. 이상한 것은 이런 종류의 국가를 유럽 역사상 그 어느 곳에서도 그 전례를 찾기 어려웠다는 점이다. 비록 이것이 유럽인들이 중국 제국에서 지배적이었다고 생각한 그리고 실제로도 상당히 지배적이었던 체계와 거의 완전하게 상응하지만 말이다.[19] 중국 '영향 이론'을 입증할 증거가 있는가? 이경우는 근거가 조금 있다. 유럽 철학자들의 눈에 중국 정부의 위신이 분명히 아프리카의 상인들보다 높아 보였고, 이런 영향은 완전히 무시될 수없었다.

유럽이 중국으로 선교사를 보낼 게 아니라 중국이 오히려 유럽으로 선교사를 보내야 한다는 라이프니츠의 유명한 발언에서부터 몽테스키외와 볼테르의 작업까지, 중국 제도들을 극찬하던 정치철학자들이, 절대주의가 형성되던 정확히 바로 그 시기에 계속해서 나타나는 것을 볼 수 있다. 이는 중국이 유럽의 제국주의 팽창의 대상이 되어버린 19세기에 이르러서는 사라졌다. 분명 이 중 어느 것도 근대적 민족 국가가 중국의 자극에 의해 만들어졌다는 증거가 되지는 못한다. 하지만 그것이 설혹 사실이라 해도, 우리가 다루고 있는 문자적 전통의 본성을 고려한다면, 이것이 우리가 기대할 수 있는 거의 최대치의 증거라 할 수 있을 것이다.

그래서 근대 민족 국가는 정말, 아메리카 원주민 사회의 영향과 대서양 프롤레타리아트의 압력으로 만들어진 민주적 추진력을 통제하고 조절하기 위해 중국식 행정 모델을 채택한 것을 결국 아프리카에서 나온 사회계

---

19) 분명 중국 국가는 이런 상상과는 여러 가지 면에서 현격히 다르기도 했다. 우선 그것은 보편주의적인 제국이었다. 하지만 ─ 투커같은 학자는 그에 반대하긴 했으나 ─ 모든 것을 받아들이지 않더라도 아이디어의 일부를 빌려올 수 있는 법이다.

약론으로 정당화했던 것일까? 아마 그렇지는 않을 것이다. 적어도 분명 이는 몹시 과장된 주장일 터이다. 하지만 나는 국가 운영의 민주적 이상이 처음 발생한 시기가, 대서양 권력이 방대한 세계 제국의 중심에 있었을 때, 그래서 지식과 영향들이 끝없이 합류할 시기였다는 사실이 우연이라고 생각하지 않는다. 또한 대서양 열강들이 결국 이 이상이 배타적으로 그들의 '서구' 문명에서 발생했다는 이론을 발전시킨 것도 우연이라고 생각하지 않는다(유럽이 세계 제국의 중심이 아니었던 시기 동안에는 그런 종류의 이론을 전혀 만들지 않았다는 사실에도 불구하고 말이다).

마지막으로, 나는 이 회복(recuperation)의 과정이 결코 유럽에 한정되지 않는다는 점을 강조하는 것이 중요하다고 생각한다. 사실, 인상적인 것 중 하나는 얼마나 신속하게 세계의 거의 모든 사람들이 동일한 게임에 참여하기 시작했는가 하는 점이다. 말리바리의 사례에서 볼 수 있듯, 이는 아마도 어느 정도로는 심지어 유럽에서 일어나기도 전에 세계의 다른 부분에서 진행 중이었을 것이다. 물론, 바다 건너에서 일어난 이러한 운동들은 아주 나중에야 '민주주의'라는 단어를 사용하기 시작했다(하지만 대서양 세계에서도, 그 용어는 19세기 중반에 와서야 통상적으로 쓰이게 되었다). 영국이 민주주의적이고 대중적인 운동이 될 만한 잠재성이 조금이라도 보이는 해외의 움직임을 죄다 억압하는, 매우 의식적인 정책을 앞장서서 펼친 시기도 역시 19세기 중반 무렵이었다(이는 정확히 유럽 권력들이 민주주의 개념을 자신들의 전통으로 회복시키기 시작한 때이다). 대부분의 식민지 세계에서 나온 최종적인 대응은 정확히 동일한 게임을 시작하는 것이다. 식민지 지배를 반대하는 사람들은 고대 아테네와 유사한 무언가를 찾아내기 위해 그들 고유의 문자적-철학적 전통들을 샅샅이 뒤졌다. 그와 동시에 전통적인 공동체의 의사결정 양식을 내륙지역(後背

地, hinterland)에서 조사하면서 말이다. 예를 들어 스티브 뮬렌버거(Steve Muhlenberger)와 필 페인(Phil Payne)이 기록하고 있는 것처럼, 만약 민주주의를 공적인 토론을 통한 의사 결정으로 규정한다면, '민주주의'는 꽤나 평범한 현상이다.(Muhlenberger & Payne 1993, Baechler 1985) 그렇게 보면 민주주의의 사례는 심지어 국가들이나 제국들에서도 발견할 수 있다. 국가나 제국의 통치자가 흥미를 가지지 않은 인간 활동 영역에서라면 말이다. 예를 들어 인도를 연구하는 그리스 역사가들은 그 이름[민주주의]에 걸맞은 수많은 정치체를 발견했었다. 1911년과 1918년 사이에, 수많은 인도인 역사학자들이 이런 현상의 원천과 근원을 조사하기 시작했다(K. P. Jayaswal, D. R. Bhandarkar, R. C. Majumdar).[20] 알렉산더 원정에 대한 그리스의 기술에서만이 아니라 팔리어(Pali)와 초기 힌두교 어휘로 기록된 초기 불교 문서들과 정치 이론 작업들까지 찾기도 했다. 그들은 남아시아 영토에서 5세기 아테네와 동등한 수십 가지의 지역적 정치체를 찾아냈다. 그런 도시와 정치 연맹들에서는, 공식적으로 전사로 분류된 모든 남성들이(어떤 경우에 이는 성인 남성 대부분을 의미했다.) 공동의 회합에서 공적인 협의를 통해 집단적으로 중요한 결정을 내렸다. 문자로 기록된 당대의 자료는 그리스의 자료들이 그러하듯 대부분 대중적 통치에 적대적이다.[21] 하지만 적어도 서기 400년 무렵까지, 이런 정체는 분명히 존

---

20) 20세기 초기 인도 학계에 대한 전문가인 척하는 것보다, 여기서는 뮬렌버거의 각주를 다시 소개하는 선에서 그치겠다. "K. P. Jayaswal, *Hindu Polity : A Constitutional History of India in Hindu Times* 2nd and enl. edn.(Bangalore, 1943), (1911~13년 잡지 형태로 출판), D. R. Bhandarkar, *Lectures on the Ancient History of India on the Period from 650 to 325 B.C.*, The Carmichael Lectures, 1918(Calcutta, 1919); R. C. Majumdar, *Corporate Life in Ancient India*(orig. written in 1918; cited here from 3rd ed., Calcutta, 1969, as *Corporate Life*).

21) '거의' 그랬다고 말해야 하겠다. 초기 불교는 아주 동정적이었다. 특히 붓다 자신이 그러했다. 하지만 브라만적 전통은 한결같이 적대적이었다.

재했다. 그리고 그들이 채택한 협의적 기제는 오늘날까지도 계속 채택되고 있다. 불교 사원의 관리 방식에서부터 기술자들의 길드에 이르는 모든 것에서 그렇다. 그렇다면 인도인 혹은 심지어 힌두교도의 전통은 본성적으로 민주주의적이었다고 말하는 것이 가능하다. 그리고 이것은 독립을 열망하는 이들에게 강력한 논거가 되었다.

이러한 초기 역사가들은 분명 자신의 입장을 과장해서 진술했다고 말할 수 있다. 독립 이후에 필연적으로 이에 대한 반발이 일어났다. 역사가들은 이 '씨족 공화국'(clan republic)이 기껏해야 제한된 민주주의에 지나지 않았으며, 인구의 대다수(여성, 노예, 외부인으로 규정된 자)는 선거권을 전혀 가지지 못했다고 지적했다. 물론, 이 모든 것은 아테네도 마찬가지였다. 그리고 역사가들은 이것을 자세히 지적하기 시작했다. 하지만 내가 보기에 진정성에 대한 질문은 잘해야 부차적인 중요성을 가질 뿐이다. 이런 전통들은 항상 대부분 날조된 것이다. 어느 정도는 그것이 전통이라는 것의 정체이다. 끊임없이 자신을 날조하는 과정이 바로 전통이다. 핵심은 모든 사례에서 우리가 정치적 엘리트를, 본질적으로는 공화주의적인 통치 형태를 유효화하려는 목적으로 민주주의 전통과 자신을 동일시하는 정치적 엘리트를(혹은 정치적 엘리트가 될 사람들을) 발견한다는 점이다. 또한, 민주주의가 '서구'의 특별한 발명품이 아닐 뿐만 아니라 이 회복과 재창설의 과정 역시 서구의 발명품이 아니라는 점 역시 핵심이라 할 수 있다. 인도의 엘리트들이 영국과 프랑스의 엘리트들이 참여했던 게임을 약 60년이 지난 후에야 똑같이 했다는 것은 사실이다. 하지만 역사적으로 봤을 때, 이것은 그리 긴 기간이 아니다. 내가 보기에 이는 인도나 마다가스카르 혹은 츠와나(Tswana)인이나 마야(Maya)인이 서구를 흉내내기 위해 타고난 민주적 전통을 가지고 있음을 주장한 것이라기보다는,

동일한 전세계적 과정(planetary process)의 서로 다른 측면이 드러난 것처럼 보인다. 즉 오래 지속된 민주적 관행이 전지구적 체계의 형성과정에서 구체화되었다는 말이다. 그 와중에 사상들은 모든 방향을 향해 이리저리 날아다녔고, 통치 엘리트들은 이들 중 일부를 마지못해 점진적으로 받아들이게 되었다.

그런데 민주주의를 어떤 특정한 문화적 '기원'에서 찾아내고 싶은 유혹은 거의 불가항력적인 것 같다. 심지어 진지한 학자들도 계속 이런 유혹에 빠진다. 마지막 사례(내 생각에 특별히 아이러니한)를 살펴보기 위해 하버드로 돌아가자. 『발발: 문명의 기원들』(*The Breakout: The Origins of Civilization*, M. Lamberg-Karlovsky 2000)이라는 이름의 책은 미국의 선도적인 상징 고고학자들에 의해 쓰여졌다.[22] 책에 담긴 일련의 주장은 창(K. C. Chang)이라는 고고학자가 초기 중국 문명은 이집트나 메소포타미아와 전혀 다른 종류의 이념에 기반하고 있다고 주장하면서 시작된다. [그에 따르면] 중국 문명은 본질적으로 그 전 수렵 사회 질서의 연속이다. 거기서 군주는 샤먼을 대체하고, 신성한 힘(divine power)과 배타적이고 개인적인 연계를 갖게 된다. 그 결과는 절대적 권위였다. 창은 최근 비문(碑文)이 번역되어 알려진 초기 중국 문명과 고전 마야 문명 사이의 유사성에 매혹되었다. 그가 지적한 유사점은 "새가 앉아 있는 장대한 나무와 종교인이 존재해, 상층과 중간층 그리고 하층 세계를 이어주는 성층화된 우주"라는 점이나, 메시지 전달자로 동물이 사용된 것, 그리고 주로 정치와 의례를 위해 글쓰기가 사용된 것과 조상 숭배가 존재한다는 점 등이다(1988, 2000: 7). 중동에서 세 번째 천년에 발생한 국가들은 반대로 대안적

---

22) 사실 대부분의 글들이 『상징들』(*Symbols*)이라는 학술지에 기고된 것이다.

인, 좀더 다원적인 모델을 향한 어떤 종류의 돌파를 보여준다. 그것은 신과 그 성직자가 국가로부터 독립한 것처럼 나타날 때 시작되었다. 그 결과 나온 대부분의 책은 이 돌파가 실제로 무엇을 수반했는지에 대한 추정으로 구성되어 있다. 람베르그-칼루프스키(C. C. Lamberg-Karlovsky)는 그 비결이 고대 메소포타미아에서 자유와 평등의 관념이 처음 출현한 것에 있다고 주장한다. 그 관념은 개별 도시 국가 통치자와 그 신민 사이의 사회계약을 발견할 수 있는 왕실의 교서들에서 확인할 수 있다. 그는 이것을 '발발'(breakout)이라고 부르는데, 대부분의 기고자들은 이것이 "서구 민주주의를 향한 길을 가리키고 있는 것"이라는 점에 동의한다(122). 사실, 곧 논쟁의 중심 주제는 누가 혹은 무엇이 이에 대한 기여를 인정받을 만하냐에 관한 것으로 변하게 된다. 메이슨 해먼드(Mason Hammond)는 "민주적 사회라는 개념의 인도-유럽 기원설"을 주장한다. 그는 민주주의라는 관념은 "근동(Near East)이나 메소포타미아와의 접촉을 통해 그리스에 도착한 것이 아니라(근동이나 메소포타미아의 평등과 정의는 통치자가 주는 선물이었다.), 주권이, 최고지위자가 아닌, 연장자들의 회합이나 무장한 남성들의 집회에 달려 있었다고 말할수 있을 법한 인도유럽적 사회구성 개념에서 파생했다"고 말한다(59). 다른 한편 고든 윌리(Gordon Willey)는 민주주의적 욕망이 자유시장에서 발생한 것으로 본다. 그가 생각하기에 자유시장은 중국보다는 메소포타미아에서 발달했는데, 마야 왕국에는 거의 없었다. 마야 왕국은 통치자가 신성한 권위를 통해 통치하고 있었으며, "추장제 내부나 국가 안에서 그것을 견제할 대항 균형 권력에 대한 어떠한 증거도 존재하지 않는다"(29).[23] 고대 마야 연구의 최

---

23) 누군가는 이런 지점이 우리에게 헌팅턴이 말한 '서구 문명'의 기원에 대한 두 가지 이론 중 하

고 권위자 린다 셸(Linda Schele)은 이에 동의하며, 이런 샤먼적인 우주는 "근대 마야 공동체"에서 "여전히 살아 있고 기능한다."고 덧붙인다(54). 다른 학자들은 그들 각자가 연구하는 고대 세계 영역에 대해 호의적인 말을 해주려고 애를 쓴다. 이를테면 이집트, 이스라엘, 하랍파(Harappan) 문명 같은 곳 말이다.

간혹 보면 이 주장들은 내가 역사가들에게서 발견할 수 있다고 비판했던 논리들을 코믹하게 패러디해놓은 것처럼 보인다. 이 논증들은 아주 명백하게, 직접 증거가 없는 것은 존재하지 않는 것처럼 취급될 수 있다고 상정한다. 이런 태도는 고대 초기를 연구할 때는 특히 부적합해 보인다. 그 방대한 풍경, 고고학과 언어학이 잘 해봐야 몇 안 되는 조그만 창문을 열어서 관찰할 수 밖에 없는 방대한 풍경[고대 초기]을 연구하는 데에는 적절하지 않은 방법이라는 말이다. 예를 들어 보자. '원시 켈트인과 게르만인'이 공동 회합에서 만났다는 사실은, 그 자체로 공동 회합(communal assembly)이 인도-유럽적 기원을 가진다는 것을 증명하지 않는다. 당시 인도-유럽 언어가 아닌 언어를 사용하는 국가 없는 사회에서

나를 선택하게 만든다고 말할지도 모르겠다. 하나는 신자유주의적 이론이고 다른 하나는 비밀 파시스트적 이론이다. 하지만 이것은 아마 불공평한 일일 것이다. 적어도 여기서 저자들은 나중에 이슬람을 '서구' 블록의 일부로 포함하는 넓은 영역을 다루고 있다. 이 넓은 영역은 자유라는 서구적 사상의 기원이 된다고 여겨지는 곳이다. 사실 그렇다고 이와 다른 관점을 제시하는 것도 어려운 일이긴 하다. 왜냐하면 이런 이른 시기에 유럽에서 무슨 일이 일어났는지에 대해서는 사실상 알려진 바가 거의 없기 때문이다. 아마 가장 흥미로운 기여는 그레고리 포셀(Gregory Possehl)이 쓴 인도 최초의 도시 문명이었던 하랍파 문명에 대한 글이라 할 수 있을 것이다. 이 문명은, 적어도 지금까지 알려진 바에 따르면, 왕위나 어떤 종류의 중앙집권화된 국가를 가지고 있지 않았다. 여기서 제시되는 뻔한 질문은, 이 사실이 초기 인도의 '민주주의'들이나 '공화국'들의 존재에 대해서 무엇을 이야기해 주는 가이다. 예를 들어, 남아시아 역사에서 처음 2000년 동안의 시기는 사실 좀더 평등주의적인 정치적 형태가 점차 무너진 과정이라고 할 수는 없는 것일까?

는 회합을 하지 않았다는 것을 입증할 수 있는 것이 아니라면 말이다. 사실, 이 주장은 거의 순환적인 것처럼 보인다. 왜냐하면 저자들은 '원시'라는 단어가 곧 '국가 없는' 혹은 '상대적으로 평등한'을 의미한다고 보는 것 같고, 그러한 사회는 정의상 독재로 통치될 수 없기 때문이다. 그 사회가 무슨 언어를 쓰든 말이다. 이와 유사하게, 고대 마야가 '대항 제도들'을 결여하고 있다고 묘사할 때, 윌리는 심지어 피에 굶주린 아즈텍인들이 오히려 덜 권위주의적이었다고 묘사한다. 그들이 더 발달된 시장을 갖추고 있었다는 이유에서다. 누구도 고대 로마 혹은 중세 영국을 폐허가 된 건물이나 비석에 새겨진 공식 성명들에 근거해서만 연구한다면 이들이 어떻게 보일지에 대해서는 생각하지 않는 듯하다.

만약 내 주장이 사실이라면, 사실 이 저자들은 가장 가능성 낮은 곳에서 민주주의의 기원을 찾으려 시도한 것이다. 자기-통치와 집합적 협의를 실현하는 여러 지역적 방식을 대부분 억눌러버리는 국가들의 성명서나, 그런 국가의 행동을 정당화하고 있는 문자적-철학적 전통에서 민주주의를 찾으려 했던 셈이기 때문이다(적어도 이는 왜 이탈리아나 그리스나 인도 같은 곳에서 주권을 보유한 합의체들(sovereign assemblies)이 기술된 역사에서 초기에 등장했다가 곧 사라지게 되는 것인지 설명해준다). 마야의 운명은 여기서 많은 도움이 된다. 첫 번째 천년 후반의 어느 시점엔가 고전 마야 문명은 무너진다. 고고학자는 그 이유에 대해서 논쟁을 벌인다(아마 항상 그럴 것이다). 대부분의 이론들은 대중 반란이 적어도 어떤 역할을 했다고 추정한다. 스페인 사람들이 600년 후에 도착했을 즈음, 마야 사회는 완전히 탈중심화되어 있었고, 수없이 다양한 작은 도시 국가와 선출된 것이 틀림없는 지도자를 가지고 있었다. 마야 사회를 정복하는 데에 페루나 멕시코를 정복할 때보다 훨씬 더 많은 시간이 걸렸다. 그리고 마야 공동체는 지난 500년간 아주 지속적으로 자신들이 반항적임을 증명해왔다. 무장반란 상태에 있지 않은 순간이 거의 없었다. 가장 아이러니한 것은, 오늘날의 전 지구 정의운동이 EZLN(사파티스타 민족해방군)에 의해 시작되었다는 점이다. 그들은 대개 치아파스에서 마야어를 쓰는 반란자들이었으며, 대부분 라칸돈(Lacandon) 우림에 있는 새로운 공동체에 다시 정착한 농부(campersino)들이었다. 1994년에 일어난 그들의 반란은 명시적으로 민주주의의 이름으로 수행되었다. 그들이 말하는 민주주의는 (통상 민주주의라는 이름을 전유해온 공화주의적 통치 형태가 아니라) 아테네 스타일의 직접민주주의에 가까운 것이었다. 사파티스타는 세심한 체계를 만들어냈다. 그 체계 안에는 해임 가능한 대표자들이 만든 의회를 통해 공동 회합이 촘촘히 조직되어 있다. 이 회합은 합의에 기반하여 작동하며 성인 남성의 전통적인 지배력을 여성이나 젊은 참가자들을 보충하여 조절하고 균형을 맞추게 되어 있다. 그들은 이런 체계가 마야어를 쓰는 공동체가 수천 년 동안 스스로를 통치한 방식에 뿌리를 두고 있다고(그보다 급진화된 형태이긴 하지만) 주장했다. 우리는 고지대의 마야 공동체 대부분이 어떤 종류의 합의 체계에 의해 통치되어왔음을 잘 알고 있다. 왜냐하면 기록이 있기 때문이다. 그러니까 적어도 500년 동안은 말이다. 1000년 남짓 전에 있었던 고대 마야 문명의 전성기 동안에는 교외 공동체에 이러한 체계가 존재하지 않았을 수도 있다. 하지만 그랬을 것 같지는 않다.

확실히, 오늘날의 반란자들은 고전 마야에 대해 나름의 관점을 분명 밝힌다. 최근에 촐어를 사용하는(Chol-Speaking) 사파티스타 중 한 명이 팔랑케(Palenque)의 폐허를 가리키면서 내 친구에게 이렇게 말했듯이 말이다. "우리는 그 자들을 쫓아낼 수 있었다. 나는 멕시코 정부가 그들에 비해 그렇게까지 큰 도전이라고 생각하지는 않는다."

5. 국가의 위기

우리는 민주주의의 새로운 형식을 요구하는 전 지구적 운동의 발발과 함께, 마침내 우리가 처음 시작했던 곳으로 돌아왔다. 어떤 면에서 보자면, 이 글의 요지는 사파티스타가 전혀 특이할 게 없다는 것을 증명하는데 있었던 셈이다. 그들은 전통적으로 특정 정도의 자기 통치가 허락되는 공동체에서 온(이 때문에 이들은 다른 곳에 있는 목장이나 농장에서 일할 수 있는 토착 노동력 역할을 할 수 있었다.), 다양한 마야 언어(첼탈Tzeltal, 토홀라발Tojolabal, 촐Chol, 초칠Tzotzil, 맘Mam)를 사용하는 사람들이었다. 그리고 라칸돈에 있는 새로 생긴 땅에 모여 새로 다민족 공농제를 크게 꾸렸다(Collier 1999; Ross 2000; Rus, Hernandez & Mattiace 2003). 다시 말해서, 그들은 내가 민주주의적 즉흥성의 공간이라고 불러왔던 것의 고전적인 사례를 만들어냈던 것이다. 그 즉흥성의 공간에서, 대부분 공동체적인 자기 통치의 여러 방법들을 적어도 조금씩이라도 경험해본 이질적인 사람들이, 직접적인 국가의 감시에서 벗어나 새로운 공동체를 꾸리게 된다. 그들이 전 지구적으로 영향을 끼치고 또 받는 위치에 있다는 것은 새삼스러운 사실이 아니다. 이들은 모든 곳으로부터 오는 사상과 아이디어들을 흡수하고, 온 지구에 걸쳐 있는 사회운동들에 엄청난 영향력을 가지게 된다. 예를 들어, 1996년 첫번째 사파티스타 회합(encuentro)은 결국 자치, 수평성(horizontality), 직접민주주의의 원리에 기초한 국제적 네트워크(지구적 민중행동People's Global Action, PGA)의 형성을 이끌어냈다. 이 네트워크는 브라질의 '땅 없는 농민 운동'(Movimento dos Trabalhadores Rurais Sem Terra, MST), 간디사회주의 직접행동그룹인 인도의 '카르나타카 주 농민협회'(Karnataka State Farmers' Association, KRSS), 캐나다 우편노동자연합, 그리고 전대륙의 토착 조직들과 유럽과 아메리카의 각종 아나키스트 집단들처럼, 전혀 나른 집단들을 포괄했다. 예를 들어, 1999년 11월 시애틀에서 예정되어 있던 WTO 회의에 반대하는 행동을 처음 호소한 것이 바로 PGA였다. 더욱이 사파티스타 주의(Zapatismo)의 원칙들인 전위주의(vanguardism)에 대한 거부나 전 지구적 자본의 논리를 전복하기 위한 방법으로 자기 자신의 공동체 내부에서 실행 가능한 대안을 만드는 것을 강조하는 주장이, 사회 운동의 참여자들에게 엄청난 영향을 미쳤다. 어떤 경우에 그 참가자들은 사파티스타에 대해 겨우 어렴풋이만 알고 있거나, PGA에 대해서는 한 번도 들어본 적도 없었는데 말이다. 인터넷과 글로벌 커뮤니케이션의 발달은 일들이 그 어느 때보다 빨리 진행되도록 만들어주었고, 좀더 뚜렷하고 공식적인 연합이 가능하도록 만들었다. 하지만 그렇다고 해서 우리가 전적으로 전례가 없는 현상을 경험하고 있는 것은 아니다.

이런 지점을 망각할 때 어떤 일이 생기는지 살펴봄으로써 그 중요성을 생각해볼 수도 있다. 내 입장과 사실상 상당히 유사한 입장을 가진 한 저자를 주목해보도록 하자. 문학 이론가인 월터 미뇰로(Walter Mignolo)는 『세계시민주의』(Cosmopolitanism, 2002)라는 책에서, 어떻게 칸트의 세계시민주의나 인권에 관한 UN의 담론이 많은 부분 정복과 제국주의라는 맥락에서 발달하게 되었는지에 대해 훌륭하게 요약하고 있다. 그리고 슬라보예 지젝이 "고대 그리스로부터 나온 유럽의 진정한 유산"(1998: 1009)인 민주주의를 받아들이기 위해 좌파들은 유럽 중심주의에 대한 비판을 누그러뜨릴 필요가 있다고 주장한 것을 반박하기 위해 사파티스타가 민주주의를 호명했던 것을 지적한다. 미뇰로는 이렇게 서술한다.

사파티스타는 민주주의라는 단어를 멕시코 정부와는 전혀 다른 의미로 사용함에도 불구하고 민주주의라는 단어를 사용해왔다. 사파티스타에게 민주주의는 유럽 정치 철학의 관점에서 개념화되지 않는다. 대신 그것은 호혜주의, (개인 대신) 공동체의 가치들, 인식론보다는 지혜의 가치, 기타 등등에 기반하고 있는 마야의 사회 조직의 관점에서 개념화된다. …… 사파티스타는 정치적 헤게모니가 부과한 그 단어를 사용할 수밖에 없다. 비록 그 단어를 쓴다고 그것의 단일 논리적(mono-logic) 해석을 따르는 것은 아니지만 말이다. 일단 사파티스타가 민주주의라는 단어를 지목하여 사용하게 되자, 그 단어는 민주주의의 자유주의적 개념들과 토착적 개념들(공공의 선을 위한 공동체 사회 조직과 호혜주의)이 타협하게 되는 연결점이 되었다. (Mignolo 2002: 108)

멋진 생각이다. 미뇰로는 이를 '경계 사유'(border thinking)라고 부른다. 그는 칸트나 지젝으로 대표되는 유럽 중심적 사유에 반하여, 건강한 '비판적 세계시민주의'를 만들어 내는 방법으로 이를 제시한다. 그럼에도 불구하고 문제는 있다. 이 과정에서 미뇰로는 자신이 벗어나려 했던 바로 그 본질화하는 담론의 좀더 온건한 버전으로 빠져 들어가는 것처럼 보이기 때문이다.

우선, "사파티스타가 그 단어(민주주의)를 사용할 수밖에 없었다"라고 한 그 말은 전혀 사실이 아니다. 그들에게는 당연히 선택지가 있다. 토착민에 기반하고 있는 다른 그룹들은 전혀 다른 선택을 했다. 아무 예나 들자면, 볼리비아의 아이마라(Aymara) 운동은 민주주의라는 단어를 완전히 거부하는 쪽을 택했다. 그들의 역사적 경험 속에서 민주주의는 폭력적으로 그들에게 부과되었던 체계의 이름일 뿐이었기 때문이다.[24] 그래서 그들은 그들 자신의 평등주의적 의사 결정 전통이 민주주의와는 아무런 관련이 없는 것으로 본다. 내가 보기에 사파티스타가 그 용어[민주주의]를 수용하기로 결정한 것은, 무엇보다도 정체성의 정치의 기미가 보이는 모든 것을 거부하고 동맹자들에게 호소하겠다는 결정이다. 멕시코에 있든 어디에 있든, 자발적 조직(self-organization)에 대해 대화를 나누는데 관심이 있는 동맹자들을 염두에 두고 내린 결정이라 하겠다(그들은 이와 아주 유사한 방식으로 '혁명'과 같은 단어의 의미를 재검토하는 데 관심 있는 이들과 대화를 시도했다). 둘째로, 미놀로는 레비-브륄과 크게 다르지 않은 방식으로, 사과와 오렌지처럼 동일선상에서 비교할 수 없는 것들 사이의 대립을 만들어내고 말았다. 그는 서구의 이론과 토착민들의 실천을 대조한 것이다. 사실, 사파티스타주의는 단순히 전통적인 마야 관습의 소산이 아니다. 사파티스타주의의 기원은 마야 관습들과 다른 것들 사이의 오래된 대립에서도 기원을 찾아봐야 한다. 그 다른 것들이란 다른 무엇보다 지역 마야 지식인들(짐작건대 많은 경우 이들은 칸트의 작업을 아예 모르지는 않았을 것이다.)이나 해방신학자들(이들은 고대 팔레스타인어로 되어 있는 예언적 글로부터 영감을 끌어낸다.), 그리고 메스티소 혁명가들(이들은 중국에 살았던 마오의 저작으로부터 영감을 끌어낸 이들이었다.)의 사상을 말한다. 결과적으로 민주주의는 누군가의 담론에서 나온 것이 아니다. 이는 마치 서구의 문자적 전통을 시작점으로 삼게 되면(비록 비판적 목적

---

24) 나는 여기서 놀라스코 마마니(Nolasco Mamani)와 나눴던 대화를 근거로 이야기를 하고 있는 것이다. 그는 다른 무엇보다 2004년 런던에서 열린 유럽 사회포럼 중 UN의 아이마라 대표자로 활동하던 사람이었다.

을 가지고 있다 해도) 논자들은 마치 미뉼처럼 항상 어떻게든 그 안에서 갇히고 마는 것 같다.

사실, 이 경우 '정치적 헤게모니가 부과한 단어'는 그 자체로 하나의 균열된 절충안이다. 만약 그렇지 않다면, 원래는 공동의 자기 통치 형식을 기술하기 위해 만들어졌던 그리스어 단어가 대의적 공화제에 적용되는 일은 애초에 일어나지 않았을 것이다. 사파티스타가 포착하고 이용한 것이 바로 이 모순이다. 사실, 이를 없애는 것은 불가능해 보인다. 자유주의 이론가들(예를 들어 사르토리Sartori 1987: 279)은 때때로 아테네 민주주의를 완전히 무시해버리자는 바람을, 아테네 민주주의가 부적절하다고 선언하고 그것과 연을 끊어버리자는 바람을 피력하기도 한다. 하지만 이데올로기적인 목적 때문에, 그러한 움직임은 받아들여지기 힘들 것이다. 결국, 아테네 없는, '서구의 전통'이 민주적인 어떤 것을 타고났다고 말할 방법이 없지 않은가. 우리는 우리의 정치적 이상의 기원을 찾아 플라톤의 전체주의적 사색으로까지 거슬러 올라가게 될 것이다. 혹은 그렇지 않다면, 아마도 '서구'라는 것은 정말로 존재하지 않는다는 것을 받아들이게 될 것이다. 실제로, 자유주의 이론가들은 자신을 구석에 몰아넣었다. 명백히 사파티스타들이 이 모순을 포착하고 이용한 첫번째 혁명가라고 말하기는 힘들다. 하지만 그들의 행동은 이 시대에 보기 드문 강한 공명을 일으켰다. 왜냐하면 부분적으로 이 시대가 국가가 커다란 위기에 처한 순간이기 때문이다.

불가능한 결혼

내 생각에 본질적으로 이 모순은 단순히 언어의 문제가 아니다. 이 모순은 좀더 깊은 어떤 것을 반영한다. 지난 200년간 민주주의자들은 국가의 강압적인 기구들에 대중적 자기 통치의 이상을 접목하기 위해 노력해왔다. 결국, 그 프로젝트는 도저히 실행할 수 없는 것이었다. 본성상 국가는 진실로 민주주의화될 수 없다. 결국 국가는 기본적으로 폭력을 조직하는 방식들이 아닌가. 미국 연방주의자들이 민주주의는 부의 불평등에 기초한 사회와는 양립하지 않는다고 주장했을 때, 그들은 꽤나 현실적이었던 것이다. 왜냐하면 사람들이 부를 지키기 위해서는, 민주주의가 권한을 부여해주는 바로 그 '폭도'를 진압할 강압 기구가 필요하기 때문이다. 이런 점에서 아테네는 독특한 경우이다. 왜냐하면 아테네는 사실상 과도기에 있었기 때문이다. 부의 불평등이 분명히 존재했고, 이론의 여지는 있지만 심지어 지배계층도 존재했다. 하지만 공식적인 강압 기구는 사실상 존재하지 않았다. 그래서 학자들 사이에서 아테네를 정말 국가로 간주할 수 있는지에 대한 합의가 내려지지 않은 것이다.

근대 국가가 강압력을 독점하고 있는 문제를 고려하는 바로 그 순간, 민주주의의 모든 가식은 엄청난 모순들로 귀착되고 만다. 예를 들어 근대의 엘리트들은 '폭도'가 살인적인 '거대한 괴물'이라는 초기 담론을 대부분 무시해왔다. 그런데 이 똑같은 이미지는 강압 기구를 민주화하자고 누군가 제안하는 순간, 거의 16세기의 그 형태 그대로 되돌아온다. 예를 들어 미국에서, '배심원 완전 판결 운동'(Fully informed jury movement)을 지지하는 사람들은 언론에서 자주 비난을 당한다. 그들은 헌법이 단지 증거의 문제만 아니라, 법의 문제에 관해서도 배심원들이 결정할 수 있도록 허용하고 있다고 지적한다. 그런데 그들의 그런 생각은 린치와 중우정치가 횡행하던 시절로 돌아가고 싶어한다는 것으로 비난의 대상이 되곤 하는 것이다. 미국이 자신의 민주적 정신을 자랑하면서도, 경찰을 신화화하고 심지어 신격화하도록 세계를 이끌어온 것은 우연이 아니다.

프랑시스 두퓌-데리(Dupuis-Déri 2002)는 '정치적 광장공포증' (political agoraphobia)이라는 말을 고안해냈다. 서구 전통을 관통하여 흐르는 공공 협의와 공공 의사결정에 대한 불신을 지칭하기 위해서다. 이는 플라톤이나 아리스토텔레스에게서 발견되는 것처럼, 콩스탕(Benjamin Constant), 시에예스(Emmanuel Joseph Sieyès), 매디슨(James Madison)의 저작들에서도 발견할 수 있다. 나는 자유주의 국가의 가장 인상적인 업적들과 가장 진실한 민주주의적 요소들(예를 들어, 의사 표현의 자유와 집회의 자유에 대한 보장)조차도 그러한 광장공포증을 전제로 한다는 것을 덧붙이고 싶다. 대중의 의사표현과 집회가 신성불가침한 것으로 취급된 것은, 그것들이 더 이상 그 자체로 정치적 의사 결정의 수단이 아니며, 기껏해야 정치적 의사 결정자들에게 제안을 하거나 영향을 미치거나 비판을 가하려는 시도임이 명확해진 이후에서였다. 결정적으로, 이러한 광장공포증은 정치가들과 전문 언론인 뿐만 아니라, 상당 부분 대중 스스로도 공유하고 있다. 내가 생각하기에 그 이유는 멀리서 찾지 않아도 된다. 자유민주주의는 아테네의 아고라와 닮은 어떤 것을 결여하고 있는 반면, 로마의 서커스에 대응하는 것은 확실히 가지고 있다. 지배 엘리트들은 대중들이 통치에 얼마나 부적합한지 끊임없이 상기시키는 여러 방식의 대중 참여를 부추긴다. 이러한 왜곡된 거울(ugly mirror) 현상은 많은 근대 국가들에서 전례 없는 완벽한 상태로 되살아난 것 같다. 예를 들어 대중교통을 이용하는 경험에 반하여, 고속도로로 운전해서 일하러 가는 경험을 일반화함으로써 끌어내는 인간 본성에 대한 관점을 생각해보자. 그런데도 미국인들이(혹은 독일인들이) 차에 열광하게 된 것은 1930년대에 시작된 정치와 기업 엘리트들의 의식적인 정책 결정의 결과물이다. 텔레비전이나 소비주의에 대해서도 비슷한 역사를 써볼 수 있을 것이다. 혹은 오래전에 폴라니가 지적했듯이 '시장'에 대해서도 마찬가지이다.

한편, 법학자들은 국가의 강압적인 본성이 민주적 헌법과 정체가 근본적인 모순 위에 기반하도록 만든다는 사실을 오랫동안 알고 있었다. 발터 벤야민(Walter Benjamin 1978)은 폭력 사용의 독점을 주장하는 모든 법적 질서는 법적 질서 이외의 어떤 힘에 의해 수립되어야 하며, 이는 어떤 법체계든 기존의 법체계에 따르면 필연적으로 불법으로 규정되는 행위에 의한 것일 수밖에 없음을 뜻한다고 지적함으로써 이 문제를 멋지게 요약한다. 그러므로 법체계의 적법성은 필연적으로 범죄적 폭력 행위에 기대게 된다. 미국이나 프랑스의 혁명가들은 그들이 속해 있던 법에 따르면 결국 대역죄를 범한 것이다. 물론, 아프리카에서 네팔에 이르기까지 신성한 왕들은 스스로를 신처럼 체계의 바깥에 위치시킴으로써 이 논리적 난제를 가까스로 풀어냈다. 하지만 아감벤에서 네그리에 이르기까지 정치 이론가들이 우리에게 상기시키듯이, '국민'(the people)이 동일한 방식으로 주권을 행사하는 확실한 방법은 없다. 우파의 해결책(헌법적 질서는 대중의 의지를 체현하고 있는 영감에 가득 찬 지도자들에 의해 창설될 수 있고 무효화될 수 있다. 그들이 '건국의 아버지들'이건 '총통들'Führers이건 간에 말이다)과 좌파의 해결책(헌법적 질서는 통상 폭력적인 대중 혁명들을 통해 적법성을 획득한다)은 모두 끝없는 현실적 모순들로 이어진다. 사실, 사회학자인 마이클 만(Michael Mann)이 암시했듯이(1999), 20세기에 일어난 살육의 대부분은 이러한 모순의 어떤 형태에서 발생한 것이다. 지구상에 있는 모든 영토 안에서 단일한 강압 기구를 만드는 동시에 그 기구가 '국민'으로부터 나왔다는 적법성을 계속 가장하려는 요구는 한 가지 필요로 이어졌다. 대체 그 '국민'이 정확히 누구인가 하는 것을 결정하고자 하는 끝없는 필요 말이다.

지난 80년 동안 열린 여러 독일 법정(바이마르에서 나치를 거쳐 공산주의 독일민주공화국[DDR, 동독]으로, 또 독일연방공화국[Bundesrepublik, 서독]으로 이어진)에서 모든 재판관들은 같은 형식의 개회 문구를 사용했다. "국민의 이름으로"(In Namen des Volkes)라는 문구였다. 미국 법정들은 "아무개 대 국민의 소송 사건"(The Case of the People versus X)이라는 문구를 더 선호한다. (Mann 1999: 19)

다시 말해서, '국민'은 폭력을 시행하는 일 배후에 있는 권위로서 반드시 환기되어야만 한다. 소송절차가 그래도 민주화되었다는 주장이, 소송 관련자 모두를 경악케 할 것이라는 사실에도 불구하고 말이다. 이러한 모순을 해결하려는 실용주의적 노력들로, 즉 폭력기구를 유지하는 이들이 자신의 권위의 원천이 될 만한 자격이 있다고 생각되는 단일한 "국민"만을 식별하고 구성해내기 위해 이 기구를 사용함으로써, 20세기 한 세기 동안에만도 최소한 600만 명이 살해되는 데 이르렀다고 만(Mann)은 시사한다.

바로 이런 맥락에서 나는 아나키스트 해법(이러한 역설에는 사실 아무런 해결책이 없다는 것)이 정말 완전히 비합리적인 것은 아니라고 주장할 수 있을 듯하다. 민주주의 국가는 언제나 모순이었다. 세계화는 전지구적 수준에서 의사결정 구조를 만들어낼 필요를 낳음으로써 이처럼 부패한 기반을 노출했을 뿐이다. 전지구적 수준에서는 대중적 참여는커녕, 국민 주권을 가장하려는 시도조차도 명백히 터무니없는 일이 아닌가. 물론, 신자유주의적 해결책은 시장이 사람에게 정말 필요한 대중적 협의의 유일한 형태라고 선언하고 국가를 강압적 기능만으로 제한하는 것이다. 그런 의미에서, 사파티스타의 응답(혁명이 국가의 강압 기구를 장악하는 문제라는 관념을 폐기하고, 대신 자율적 공동체의 자발적 조직에서 민주주의를 다시 세울 것을 제안한 것)은 완벽하게 타당한 대응이다. 남부 멕시코에서 일어난 눈에 띄지 않는 반란이 처음에 급진적인 사람들 사이에서 돌풍을 일으킨 것은 바로 이 때문이다. 그때, 민주주의는 일단 그 기간 동안 만큼은 그것이 태어난 곳, 사이 공간들(Spaces in between)로 되돌아가고 있었다. 이러한 민주주의가 세계에 퍼질 수 있을지 없을지는, 우리가 그것에 대해 어떤 종류의 이론을 만들어내는지보다, 우리가 진심으로 협의체를 이루고 있는 평범한 인간들이 자신들의 문제를, 엘리트들이 하는 것만큼(이 엘리트들의 결정은 무력에 의해 뒷받침된다.) 잘 다루어낼 수 있다고 믿고 있는가에, 혹은 심지어 지금은 그런 능력이 없다 해도 사람들은 그렇게 할 권리가 있다고 진심으로 믿느냐에 달려 있다. 대부분의 인간 역사에서, 이러한 질문에 직면한 전문가 지식인들은 거의 항상 엘리트의 편에 섰다. 만약 나의 느낌이 맞다면, 기본적으로 여전히 압도적인 다수는 다양한 왜곡된 거울들에 현혹되고, 대중 민주주의의 가능성에 대한 진실한 믿음을 가지고 있지 않다. 하지만 아마 이것 또한 변할 수 있으리라.

12장 _ 거대한 꼭두각시들의 현상학에 대하여
깨진 유리창, 상상의 소변통, 그리고 미국 문화에서 경찰의 우주론적 역할

이 글은 사건들에 대한 해석이다. 그 해석은 북아메리카에서 나타난 직접 행동과 이른바 '반-세계화 운동'에 의해 조직된 대중 동원에 대한 것이며, 특히 그를 둘러싼 이미지들의 전쟁에 대한 것이다. 이는 간단한 관찰에서 시작한다. 내 생각에 만약 평범한 미국인이 이런 동원에 대해 단 두 가지만 알고 있다면, 아마 그 첫 번째는 창문을 깨는 검은 옷을 입은 사람들이 종종 있다는 것이고, 두 번째는 형형색색의 거대한 꼭두각시가 등장한다는 사실일 것이다. 나는 왜 유독 이런 이미지들이 대중들의 상상을 그토록 자극하는지에 대해 질문함으로써 시작할까 한다. 나는 또한 왜 미국 경찰이 이 둘 중에 꼭두각시들을 더 싫어하는지 질문하고 싶다. 많은 활동가들이 목격했듯이, 미국에서 질서유지 세력은 거대한 꼭두각시에 엄청난 반감을 가지고 있는 것 같다. 많은 경우 경찰의 전략은 이 꼭두각시들이 거리에 나타나기 전에 파괴하거나 사로잡는 데 초점이 맞추어져 있다. 그 결과, 이 꼭두각시들을 잘 숨겨서 경찰들이 미리 부수지 못하도록 하는 것이 이런 활동을 계획하는 이들의 주된 관심사가 되었다. 게다가 적어도 많은 개개의 경찰관들에게, 꼭두각시에 대한 반감은 단지 전략적인 것을 넘어, 개인적이고 본능적인 것이다. 경찰은 꼭두각시를 싫어한다.

활동가들은 왜 그런지 잘 모르겠다며 어리둥절한다.

이 글은 어느 정도는 바로 이런 어리둥절함에서 나온 것이다. 이 글은 상당 부분 참여사의 관점에서 씌어졌다. 나는 현재 6년 동안 전 지구정의운동[1]에 참여해왔으며, 작든 크든 이런 활동을 조직하는 것을 도우면서 거기에 참여해왔고, 이런 문제를 고민하는 데 많은 시간을 쏟았다. 만약 이 글이 단순히 경찰 심리에 대한 글이라면, 내가 [운동에] 참여한 것은 이 글을 쓰는 데 큰 불이익이 되었을 것이다. 참여하느라 경찰들이랑 자세한 인터뷰를 할 수 없었기 때문이다. 물론, 운동에 적극적으로 참여하다 보면 경찰들과 간단한 대화를 나눌 수 있는 기회가 자주 생긴다. 하지만 이런 대화가 항상 많은 것을 알게 해주는 것은 아니다. 내가 꼭두각시에 대해서 경찰관과 유일하게 긴 대화를 나눈 것은, 체포되어 수갑이 채워졌을 때였다. 그래서 기록을 하기가 아주 어려웠다. 어쨌든, 이 글은 경찰관이나 활동가들의 심리에 대한 자세한 사항이라기보다는, 아날학파 역사가들이 '정세의 구조'(structure of conjunture)라고 부르는 요소에 대한 것이다. 국가와 자본, 대중 매체와 세계화 운동이 촉발한 대항 운동 사이에 일어나는 특이한 그리고 끊임없이 변화하는 상징적 상호작용에 대한 것이라는 말이다. 어떠한 전략적 계획도 이런 사안들에 대한 이해에서 출발해야 하기 때문에, 활동을 계획하는 데 참여하는 사람들은 현재 정세에 대해 끊임없이 토론하기 마련이다. 그러므로 나는 이 글이 현재 진행

---

1) 나는 여기서 북아메리카에 있는 참가자들이 보통 사용하는 용어를 차용하도록 하겠다. 대부분은 '반-세계화'(anti-globalization)라는 용어를 거부한다. 예전에는 단순히 '세계화 운동'이라는 용어를 제안했다. 하지만 몇몇 사람들이 이를 혼란스럽게 생각했다. 유럽에서, '대안(alternative)-세계화'라는 용어가 많은 경우 사용되지만, 아직 미국에서 이런 용어가 많이 받아들여지지는 않았다.

중인 대화에 공헌한다고 본다(이것은 필연적으로 미학적인 동시에 비판적이고, 윤리적이며 정치적이다). 나는 또한 궁극적으로 이 글은 또 다른 양식으로 이 운동의 목표들을 추구하고 운동의 열망을 지속하는 것이라 생각한다. 이런 것들을 질문하는 것(왜 꼭두각시인가? 왜 창문인가? 왜 이런 이미지들은 어떤 미신적 힘을 가지는 것처럼 보이는가? 왜 국가의 대리자들은 그런식으로 반응하는가? 대중의 인식이란 무엇인가? '대중'이란 또 대체 무엇인가? '대중'을 다른 어떤 것으로 전환하는 일이 어떻게 가능한가?)은 상징적 전투라는 게임의 암묵적 규칙을 종합하려 시도하는 것이다. 그 기초적인 가정에서부터 어떻게 주어진 특정한 활동에서 교전의 조건이 협상되는 지에 대한 구체적인 사항에 이르기까지 규칙들을 하나하나 완성해가는데 이는, 궁극적으로는 새로운 혁명적 정치의 형태에 수반되는 위험이 무엇인지 이해하기 위해서다. 내 개인적으로는 이런 이해가 그것 자체로 혁명적 함의를 가진다고 굳게 믿는다.

그렇기에, 이 글은 이상한 구조를 취하게 될 것이다. 꼭두각시의 상징에 대한 분석이 경찰 언론 전략의 논의로 이어지고, 거기에서 폭력의 본성에 대한 고찰과 국제 정세에 대한 고찰까지 이어지는 구조다. 이것은 그 안에 매우 깊숙이 들어와 있는 누군가에 관한 관점에서부터 역사적 순간을 이해하려는 하나의 시도이다.

문제 지점

1999년 11월 시애틀에서 열린 WTO 장관급 회담을 둘러싼 일련의 사건이 북아메리카에서 새로운 운동의 시작을 알렸다는 것이 사람들 사이에 널리 공유된 인식이다. 그러나 시애틀은 사실 훨씬 더 거대한 전 지구적 운동(이 운동은 적어도 1994년 사파티스타 반란에까지 거슬러 올라갈 수 있다.)이 북아메리카 연안에 처음 모습을 드러낸 순간이라고 말하는 게 더 나을지도 모르겠다. 그렇다고 해도 시애틀에서의 활동들은 많은 이들에게 굉장한 승리로 여겨졌다. 그 직후 2000년과 2001년에 워싱턴에서, 프라하에서, 퀘벡에서, 제노바에서 유사한 형태를 띤 일련의 대중 동원이 나타났다. 점점 더 규모는 커졌지만, 점점 증가하는 국가적 억압을 마주해야 했다. 9·11과 이에 뒤따르는 '테러와의 전쟁'은 활동이 구성되는 장의 성격을 바꾸어놓았으며, 정부는 억압의 수준을 아주 극적으로 높일 수 있었다. 이는 2003년 11월 마이애미에서 미주자유무역지대(FTAA) 정상회담 중 시위대를 맞아 경찰이 저지른 엄청난 폭력에서 아주 분명해졌다. 그 후로, 운동은 많은 부분 조직의 재편성 과정을 겪고 있다. 비록 이 글을 쓰는 동안(2006년 여름) 두번째 바람이 부는 징조가 점차 늘어나고 있지만 말이다.

운동에서 나타난 이러한 난맥상은 단지 억압의 강도가 높아졌기 때문에 나타난 것만은 아니다. 역설적이지만, 또 다른 이유는, 겨냥했던 목표들을 너무 빨리 성취했기 때문이다. 시애틀 이후, WTO의 조정과정은 계류되어버렸으며, 실질적으로 다시 회복되지 못했다. 대부분의 야심찬 세계 무역 계획안들은 꺾여버렸다. 정치 담론에 끼친 영향은 더욱 크다. 사실 변화가 너무 극적이라, 시애틀 직전에 정치적 담론이 실제로 어떠했는지 기억하는 것조차 어려울 정도다. 1990년대 후반, 처음 '워싱턴 컨센서스'라는 것이 나왔을 때, 여기에 대적할 만한 적수가 없었다. 미국 내의 정치가들과 기자들은 급진적인 '자유 시장 개혁'이 장소를 막론하고 모든 곳에서 경제적 발전을 달성할 가능한 유일한 방법이라는 주장에 이견이 없는 것 같았다. 이 믿음의 기본적 교리에 도전하는 이들은 누구나 주류 언론에서 말 그대로 미쳤다고 취급되기 십상이었다. 2000년 초의 몇달 사이에 비로소 적극적으로 참여하기 시작한 사람으로서 말하자면, 비록 시애틀에서 생긴 일 때문에 신이 났다 해도, 우리 대부분은 그 전제들(워싱턴 컨센서스)을 부숴버리는 일에 5년이나 10년 정도가 걸릴 거라고 생각하고 있었다. 그런데 실제로는 채 2년도 걸리지 않았다. 2001년 후반기가 되면, 고작 몇 달 전까지 시위대를 무지한 어린아이들이라 깎아내리던 뉴스 보도들조차 우리가 아이디어의 전쟁에서 승리했다고 선언하는 일이 흔해졌다. 1970년대와 1980년대 초반 반핵운동 과정에서 깨달았듯이, 직접행동이라는 접근방식은 매우 효과적이어서, 단기적 목표는 거의 바로 성취되었으며, 오히려 참여자들이 이 운동이 실제로 무엇이었는지 재규정하면서 싸우도록 했다. '반-기업'과 '반-자본주의자'는 빠르게 분열되었다. 아나키스트적인 생각과 조직 형태가 점점 더 중요해지기 시작하자, 노조나 NGO는 뒷걸음질 치기 시작했다. 현재 이 글의 목적을 위해 결정적인 부분은, 초기 운동이 그 메시지를 전하는 데 너무나 성공적이어서 이 모든 것이 문제가 되었다는 사실이다.

하지만 나는 한 가지 핵심적인 단서를 제시해야 하겠다. 이 성공은 오직 운동의 부정적 메시지 — 우리가 반대하는 것 — 에만 적용될 수 있다. IMF나 WTO, 세계은행 같은 조직들이 태생적으로 책임질 줄 모르고 비민주적이라는 것, 신자유주의 정책이 지구를 파괴하고 수백만의 인간들을 죽음과 가난과 절망에 몰아넣는다는 것 등의 메시지 말이다. 이 모든 것은 상대적으로 소통하기 쉬운 메시지들이다. 비록 주류 언론들이 우리 측 대변인의 발언을 인용하거나 우리가 그들에게 보낸 논설을 싣지는 않았지만, 공인된 전문가나 토킹 헤드(talking head)[2]가 (조셉 스티글리

---

2) [역주] 텔레비전 토론 프로그램 등에 출연해 어떤 사안에 대해 의견을 말하는 사람들을 의미

츠 같은 배반자 경제학자에게 자극받아) 그들 자신이 직접 생각해낸 것마냥 우리가 한 말과 똑같은 말을 그대로 반복하기 시작하는 데에는 오랜 시간이 걸리지 않았다. 물론, 미국 신문 칼럼니스트가 운동의 주장 전체를 반복하는 일은 없었다. 그들은 당연히 이 문제가 궁극적으로 국가와 자본주의의 본성에 뿌리박고 있다고 하는 주장까지 반복하고 싶진 않았을 테니 말이다. 하지만 당면한 직접적인 메시지는 어쨌든 알려졌다.

그것이 이 운동에 참여한 이들 대부분이 실제로 추구하던 바는 아니었다. 만약 전 지구정의운동에 주어진 하나의 중요한 자극이 있다면, 그것은 직접행동의 원리였다. 이것은 다름 아닌 아나키스트 전통의 핵심적 관념이었고, 사실 그리고 이 운동의 중심 조직자 대부분은 시간이 가면 갈수록 더욱더 자신들을 아나키스트라 여겼다. 혹은 적어도, 아나키스트 사상으로부터 많은 영향을 받았다고 인정했다. 이들은 대중 동원이 현존하는 제도의 비합법적이고 비민주적인 본성을 폭로하는 기회라고 보았을 뿐만 아니라, 대중 동원 자체를 이런 제도들이 왜 불필요한지를 보여주는 형식을 통해 폭로하는 방식이라고 생각했다. 즉 진정한 직접민주주의의 살아 있는 사례를 보여줌으로써 말이다. 여기서 핵심단어는 '과정' (process)이다. 즉 의사결정과정 말이다. 직접행동네트워크(Direct Action Network)나 비슷한 단체의 회원이 다른 단체와 일을 할지 말지 고려할 때, 처음 던지는 질문은, "그들이 어떤 종류의 과정을 채택하는가?"이다 (즉, 그들이 내적으로 민주주의를 실천하고 있는가? 그들은 투표를 하는가? 아니면 합의를 사용하는가? 공식적인 지도자가 존재하는가?). 보통 이런 질문들이 이념에 대한 질문보다 좀더 즉각적인 중요성을 가진다고 간주된

한다.

다.[3] 이와 비슷하게, 중요한 대중 동원에 처음 참여한 사람과 이야기를 나누게 되어 이러한 경험에서 그 사람이 가장 새롭거나 흥미롭다고 느낀 것이 무엇인지 묻는다면, 아마 그 사람은 친화 집단(affinity groups), 클러스터(cluster), 봉쇄(blockade), 특별 기동대(flying squad), 발언위원회, 그리고 네트워크적 구조 같은 것에 대한 설명을 늘어놓거나, 수천 명의 사람들이 공식적인 지도 체계 없이 서로 행동을 서로 조율하게 해주는 합의적 의사 결정의 기적에 대해서 이야기할 것이다. 이 모든 일을 설명하는 전문적인 용어가 있다. '예시적 정치'(prefigurative politics)가 그것이다. 직접행동은 그 구조를 통해 우리가 창조하기를 희망하는 자유로운 사회를 미리 보여준다. 혁명적 행동은 미래에 올 자유로운 세계를 쟁취하기 위해 무엇이든 하겠다는 비장한 헌신이나 자기희생과 같은 형태가 아니다. 혁명적 행동은 마치 자신이 이미 자유로운 것처럼 행동하기를 반항적으로 고집하는 것이다.

그러니까, 이러한 적극적인 메시지는 민주주의의 새로운 전망이라 할 수 있다. 하지만 더 많은 대중들에게 이를 소개하는 일에서, 이 운동들은 충격적인 실패만 남겼다. 직접행동네트워크 같은 집단들은 활동가 집단들 안에서 그 의사결정 모델을 퍼트리는 데는 큰 효과를 거두었다(왜냐하면 이 모델이 사실 기가 막히게 잘 작동하기 때문이다). 하지만 이런 활동가 집단을 넘어서는 신통치 않았다. 주류 언론들은 민주주의의 본성에

---

3) 자명한 것이지만, 이는 지금 논의되는 집단들이 넓게는 유사한 성향의 집단임을 가정하고 있다. 만약 한 집단이 지나치게 인종주의적이거나 성차별적이라면, 누구도 그들의 내적 의사 결정 과정에 대해 궁금해하지 않는다. 핵심은 과정에 대한 질문이 과거 급진 정치를 지배했던 분파주의적 친화성보다 훨씬 더 중요하다는 말이다(분파주의적 친화성의 예: 아나코 생디칼리즘 vs 사회 생태주의자들 혹은 평의회주의자들 등등). 어떤 때에 이런 요소들이 개입되기도 한다. 하지만 그때조차, 이에 대한 반대는 과정에 대한 관점에서 발생하기 쉬웠다.

대해 대중적인 논쟁을 일으키려는 초기 시도들을 항상 싹 무시해버렸다. 새로운 조직 형태에 대해서도 마찬가지다. 주류 언론 신문의 독자들이나 TV시청자들은, 이 운동에 대해 매우 꼼꼼하게 살핀 사람들조차, 이런 것들이 존재하고 있는지조차 알기 힘들었다.

미디어 이미지

나는 독자들에게 전 지구정의운동에 참여한 많은 이들이 언론 매체를 통해 메시지를 퍼트리는 것을 중요한 과업으로 삼았다는 인상을 주고 싶지 않다. 새로운 운동에서 이러한 시도는 다소 드물었다. 그 운동에서 대다수는 소위 '상업 언론'에 영향을 미치거나 그것에 참여하는 것 자체에 대놓고 적대적이었다. 그들은 CNN 같은 회사나 연합뉴스(AP)를 자본주의적 회사들이라 주장한다. 그런 이들이 자본주의에 적극적으로 반대하는 입장을 우호적으로 방송해줄 거라 믿는 것은 완전히 순진한 일이다. 반-자본주의적 메시지를 대중에게 전달해주는 것은 고사하고 말이다. 몇몇은, 권력 구조의 핵심 요소로서, 언론 기구 자체를 직접행동의 적합한 표적이자 공격 대상으로 고려해야 한다고 주장한다. 사실 이 운동의 가장 큰 성과 중 하나는 완전히 새롭고 대안적인 언론 네트워크가 만들어지게 된 것이다. 독립 언론(Independent Media), 그러니까 국제적이고, 참여형이며, 활동가들에 의해 운영되고, 대부분 인터넷에 기반을 둔 이 언론 프로젝트는, 시애틀 이후 거대한 동원(mobilization)의 소식을 시시각각 이메일과 인쇄물과 라디오와 영상물의 형태로 제공해왔다.

이 모든 것은 많은 부분 직접행동의 정신과 궤를 같이한다. 그럼에도 항상 좀더 전통적인 방식의 언론 작업을 하려고 하는 활동가들이 있다(심지어 아나키스트들조차). 나 스스로도 종종 그런 사람으로 분류된다. 몇몇 대중동원을 기획하면서, 나는 기자 회견을 준비하고, 어떻게 하루하루 적당한 구호나 이슈를 제기할지 의논하는 회의에 참석하고, 기자들로부터 걸려오는 전화를 받느라고 하루의 대부분을 쓰곤 했다. 실은 그 때문에 어떤 아주 엄격한 아나키스트 그룹으로부터 맹비난을 받았었다. 그래도 나는 그 아나키스트들의 비판이 대부분 옳았다고 생각한다. 특히 미국에서는 말이다. 내 경험상, 미국에서 대부분의 기자들이나 편집자들은 본능적으로 시위를 의심스럽게 바라본다. 그리하여 이들은 시위를 진짜 뉴스거리로 보기보다는 기자나 편집자들에게 영향을 미치기 위해 조작된 인위적 사건으로 보는 경향이 있다.[4] 이들은 적합한 권위자들이 그런 행사를 조직할 때에만 이런 인위적 사건을 보도하려 한다. 그들이 활동가늘의 일을 보도할 때, 그들은 자신들이 조정되지는 않을까 싶어 스스로 매우 경계한다. 특히 이런 시위가 '폭력적'이라고 판단했을 때는 더 그러하다. 기자들에게, 이는 내적인 딜레마이다. 왜냐하면 폭력 그 자체는 원래 뉴스거리이기 때문이다. '폭력적 시위'는 보통 보도될 공산이 훨씬 크다. 하지만 이런 이유로, 기자들이 가장 하기 싫어하는 일이, 폭력적 시위자들이 메시지를 전하기 위해 언론를 '탈취'하도록 내버려두는 일이다. 이 문제는 기자들이 '폭력'을 매우 특이하게 정의하고 있다는 사실 때문에 더 복잡해진다. 그들의 정의에 따르면, 폭력은 "적합하게 구축된 권위에 의

---

4) 이러한 방침은 『뉴욕타임스』의 고위 편집자인 빌 보더스(Bill Borders)가 잘 보여준다. 그는 왜 『뉴욕타임스』는 2000년 취임 시위(미국 역사상 두번째로 큰 규모의 취임 시위)를 왜 전혀 취재하지 않았냐고 따지는 언론감시집단 중 하나인 FAIR에 맞서, 『뉴욕타임스』는 시위가 그 자체로 뉴스거리라고 보지 않는다고, 대신 그것이 "연출된 사건"이자, "취재되려고 계획된" 일이며, 그렇기에 "진정한 뉴스"가 아니라고 답했다(FAIR 2001). 말할 것도 없이, FAIR는 취임식 행진 그 자체가 대체 이와 무엇이 다른지 다시 질문했다.

해 허가받지 않은 상태에서 개인이나 재산에 손해를 입히는 것"과 같은 어떤 것으로 정의한다. 그래서 만약 단 한 명의 시위자라도 스타벅스 유리창을 깨면, '폭력적 시위'라고 이야기할 수 있다. 하지만 만약 경찰이 그에 대해, 그곳에 참석한 모든 이들을 상대로 하여 전기충격기와 곤봉과 플라스틱 총알로 공격하면, 이것은 폭력으로 묘사될 수 없다. 이런 상황에서, 아나키스트 언론 팀들이 결국 피해 대책반의 역할을 맡게 된 것은 놀라운 일이 아니다.

이제 유리창을 깨는 블랙 블록(Black Bloc)의 아나키스트들과 형형색색의 꼭두각시들의 이미지가 언론에서 압도적으로 많이 보도되는 환경을 이해할 수 있을 것이다. '메시지'는 대부분 보도되지 않는다. 대부분의 중요한 대중동원에는 급진 성향의 학자들이 모여 IMF나 G8이나 기타 등등의 정책을 분석하고 가능한 대안을 논의하는 공개 세미나가 하루는 꼭 포함되어 있었다. 그러나 내가 알기로 이런 내용은 기업화된 언론에서는 단 한 번도 보도되지 않았다. '과정'을 시각적으로 포착하기는 복잡하고 어렵다. 그리고 어쨌든 회의는 보통 기자들에게 공개되어 있지 않다. 하지만, 거리 차단과 노상 파티, 봉쇄, 큰 건물에도 현수막 걸치기, 떼거리로 자전거 타기(critical mass ride) 같은 것들에 관심이 적은 것은 설명하기 어렵다. 이 모든 것은 극적이고, 대중적이며, 많은 경우 시각적으로 굉장히 눈에 띈다. 명백한 사실이지만, 이런 전술에 참여하는 이들을 '폭력적'이라고 묘사하는 것은 거의 불가능하다. 그렇기에 이런 참여자들이 종종 최루탄을 맞거나, 얻어맞거나, 페퍼 스프레이에 당하거나, 플라스틱 총알에 맞거나, 경찰에 의해 거칠게 다루어진다는 사실을 보도할 경우에 대부분 저널리스트들은 가급적 회피하고 싶었던 서사적 딜레마와 마주해야

만 하는 것이다.[5] 하지만 이것만으로는 적합한 설명이 될 수 없다.[6]

우리는 이제 나의 첫번째 관찰로 돌아온다. 마스크를 쓰고 유리창을 깨는 시위자들과 거대한 꼭두각시라는 이 한 쌍의 이미지에 뭔가 강한 힘이 있는 것처럼 보인다. 왜 그럴까?

달리 뭔가가 없다면, 일단 깔끔하게 구조적 대립을 이루고 있다는 점을 들 수 있겠다. 블랙 블록에 있는 아나키스트들은 그들 스스로를 익명적이고 상호 교체 가능한 존재들로 여기려 한다. 즉 자신들의 정치적 친화성과 전투적 전술에 대한 적극적 참여, 그리고 서로에 대한 연대라는 특징으로만 식별 가능하도록 만들려고 한다는 말이다. 그러므로, 다들 똑같이 검은색 후드 티셔츠 차림에 검은색 손수건을 마스크처럼 쓰는 걸로 충분하다. 그런데 활동에 쓰이는 종이 반숙 꼭두각시들은 모두 다 제각기 독특하며 개별적이다. 밝은 색을 하고 있는 경우가 많고, 크기나 모양이나 콘셉트에서는 서로 아주 많이 다르다. 자, 그러니까 한편에는 얼굴 없

---

5) 미국 언론이 폭력을 이처럼 희한하게 정의함으로 말미암아 생기는 한 가지 효과는, 일반적으로 말해 미국에서 간디적인 전술은 통하지 않는다는 것이다. 비폭력 시민불복종의 목표 중 하나는 국가의 본성적 폭력을 까발리고, 국가는 물리적 피해를 입힐 수 없는 반대자들조차 짐승처럼 취급할 준비가 되어 있음을 보여주는 것이다. 하지만 1960년대 이래, 미국 언론들은 모든 종류의 승인된 경찰 활동은 폭력으로 비추고 나타내기를 거부했다. 예를 들어 시애틀에서 운동이 있기 바로 몇 해전, 서부 해안의 산림 활동가들은 봉쇄(lockdown) 기술을 개발해내었다. 그것은 콘크리트로 강화된 PVC 배관으로 팔을 못 움직이게 해서, 그들 자신이 타인들에게 해를 끼칠 수 없음과 동시에 자신들을 쉽게 흩어버리거나 진압하기 힘들게 만드는 것이었다. 이는 고전적인 간디적 전략이었다. 이에 대한 경찰의 대응은 고문 기술이라고밖에 묘사할 수 없는 것을 개발하는 것이었다. 옴짝달싹하지도 못하는 활동가들의 눈에 페퍼 스프레이를 비벼버리는 것이었다. 이런 사태조차 언론으로부터 격분을 일으키지 못했을 때(실상, 법정에서는 도리어 경찰측의 행동을 옹호했다.), 많은 이들이 미국에서는 간디적인 전술이 통하지 않는다고 결론지었다. 시애틀에서 봉쇄 전략을 거부하고 좀더 유동적이고 공격적인 전술을 택했던 블랙 블록 아나키스트 중 상당수가, 다름 아닌 과거에 나무에 매달려 있기(tree sit)나 봉쇄 전술을 썼던 산림 활동가였다는 사실은 중요한 지점이다.
6) 꼭두각시를 들고 있던 이들 역시 자주 공격을 받고 체포되었다. 하지만 내가 알기로는, 기업 언론은 결코 이를 취재하지 않았다.

는 검은 익명의 형상들이 있다. 이들은 대강 다 똑같다. 다른 한편에는 형형색색의 여신들과, 새들과, 돼지와 정치인들이 있다. 하나는 익명적이고, 파괴적이며, 극도로 진지하다. 다른 하나는 기발한 창조성을 화려하게 보여주는 다양성이다.

만약 이 한 쌍의 이미지들이 왠지 강력해 보인다면, 이런 병치가 사실 직접행동이 쟁취하려고 하는 것에 대해 중요한 무언가를 말해주기 때문일 것이다. 재산을 파괴하는 일을 먼저 생각해보자. 이런 행위는 결코 임의적이지 않으며, 엄격한 윤리적 지침을 따르는 경향이 있다. 개인적 소유물들은 건드리지 않는다. 소유자의 생계와 직결되어있는 상업적 소유물도 건드리지 않는다. 실제 사람에게 해를 입히지 않도록 가능한 한 모든 예방 조치를 취한다. 목표는(많은 경우 사전에 주의 깊게 조사한다.) 회사 건물 외벽이나, 은행, 그리고 대형 아울렛 매장, 정부 건물, 혹은 국가 권력을 나타내는 다른 상징물들이다. 전략적 비전을 설명할 때, 아나키스트들은 상황주의에 기대는 경향이 있다(아나키스트 인포샵[7]에서 기 드보르나 라울 바네겜Raoul Vaneigem은 가장 인기 있는 프랑스 이론가들이다). 소비 자본주의는 우리를 고립된 수동적 구경꾼으로 만들어버렸다. 우리가 서로 맺는 유일한 관계는, 결국 잃어버린 공동체와 전체성을 표상하는 끝없는 이미지들의 놀이에 우리가 매혹되고 있다는 것밖에 없다. 그렇기에 소유물 파괴는 이를 뒤집고 재정의하기 위해 "주문을 깨는" 시도이다. 이는 스펙터클에 대한 직접적 공격이다. "소유물의 폭력에 대하여"라고 이름 붙인 절에 나온, 유명한 N30[8] 시애틀 블랙 블록의 말을 검토해보자.

---

7) [역주] 아나키스트들이 정보를 교환하는 센터.
8) [역주] 1999년 11월 30일 시애틀에서 열린 WTO 장관급 회의(밀레니엄라운드)에 반대하여 일

우리가 창문을 깰 때, 우리는 사적 소유권을 둘러싸고 있는 합법성의 얄팍한 허식을 깨려고 하는 것이다. 동시에, 우리는 우리 주변의 거의 모든 것을 감염시켜온 일련의 파괴적이고 폭력적인 사회적 관계를 몰아내려고 하는 것이다. 사적 소유물을 '파괴'함으로써, 우리는 그것의 한정된 교환가치를 확장된 사용가치로 전환한다. 가게 앞 창문은 아울렛 매장의 억압적 분위기에 맑은 공기를 불어넣는 환풍구가 된다(적어도 경찰이 근처 길거리 봉쇄에다가 최루가스를 뿌리기 전까지는 말이다). 신문 가판(newspaper box)은 이런 환풍구를 만들어내는 도구가 되거나, 공적 공간을 되찾는 작은 봉쇄의 역할을 하거나, 그 위에 올라섬으로써 유리한 위치를 차지하게 해주는 사물이 된다. 대형 쓰레기 컨테이너는 폭력적인 경찰들의 진형을 방어하는 장애물이 되고, 열과 빛의 원료가 된다. 빌딩 외벽은 더 나은 세상을 위한 자유로운 구상을 기록하는 칠판이 된다.

N30이후, 많은 사람들은 결코 상점의 창문이나 망치를 전과 같은 방식으로 보지 않을 것이다. 전체 도시경관의 잠재적 용법은 천 배로 증가했다. 깨진 유리창의 수는 깨진 마법의 수와 비교해보면 미미하다. 우리를 안심시켜 사적 소유권이라는 이름으로 자행된 모든 폭력을 잊고, 사적 소유권 없이 운영되는 사회의 잠재성을 잊게 만들고자, 기업 헤게모니가 우리들에게 건 마법의 주문 말이다. 깨진 유리창은 판자를 쳐서라도 또 복원되고 결국에는 교체될 수 있다(우리의 숲을 또 훼손시켜가면서 말이다). 하지만 이런 위장들이 깨어진 것은 바라건대, 어쩌면 앞으로 상당기간은 유지될 것이다. (David & X 2002: 56)

어난 각종 시위 등 일련의 사건을 의미한다. 11월(November) 30일에 일어났다고 하여, 이를 줄여서 'N30'이라는 별칭을 사용한다.

소유물 파괴는 끝없이 이어지는 기업의 외벽들로 채워진 도시 풍경을 변치 않고 영원하고 기념비적으로 보이는 번쩍번쩍한 이미지를 가져다가, 그것이 사실 얼마나 부서져 버릴 수 있는 것인지를 드러내는 문제이다. 그것은 말 그대로 환상을 산산조각 내버리는 것이다.

그러면 꼭두각시는?

다시 말하지만, 그것들은 완벽한 보완물인 것처럼 보인다. 거대한 종이반죽 꼭두각시는 가장 일시적인 재료(아이디어, 종이, 철망)를 모아 그것을 기념물과 같은 것으로 탈바꿈함으로써 창조된다. 비록 그들이 좀 우스꽝스럽긴 하지만 말이다. 거대 꼭두각시는 기념물이라는 생각을, 그 기념물이 보여주고자 하는 모든 것을 비웃는 것이다.[9] 그것은 접근불가능성을 비웃고, 단조로운 엄숙함을 비웃고, 무엇보다 영원함이라는 함의, 즉 국가가 자신의 원리와 역사를 영원한 진리로 만들려는 시도를 비웃는다 (국가라는 것 자체가 결국 어딘지 우스꽝스러운 것인데 말이다). "만약 소유물 파괴"가 기존의 스펙터클을 산산조각 내버리는 의미가 있다면, 내가 보기에 거대 꼭두각시는 새로운 스펙터클을 만들어낼 수 있는 영원한 능력을 보여준다.

사실, 활동가들의 관점에서, 다시금 진짜 핵심은 과정이라 할 수 있다(이 경우는 생산과정). 테마와 비전을 구상하기 위한 모임과, 조직화 회의가 이루어진다. 하지만 무엇보다 철사들과 틀들이 여러 날 동안 주차장이나 마당이나 창고나 공사장 비슷한 곳의 바닥에 널려 있다. 페인트 통이나 건축 자재 같은 것에 둘러싸인 채 말이다. 그리고 참가팀들도 함께 있다. 그들은 꼭두각시 종이 반죽을 빚고 페인트 칠도 하고 담배도 피우

---

9) 나는 이 표현을 일라나 거숀(Ilana Gershon)에게 빚지고 있다.

고 밥도 먹고 음악도 연주하고 논쟁을 하기도 하고 들락날락하기도 한다. 모든 것은 공동체적이고, 평등하며, 자기 표현이 가능하도록 기획된다. 사물들[꼭두각시] 자체는 지속될 것으로 여겨지지는 않는다. 그것들은 대부분 무척 약한 물질로 만들어진다. 비바람을 견딜 수 있는 것은 거의 없다. 어떤 것들은 심지어 행동 중에 고의로 파괴되거나 불태워진다. 영구적인 저장 시설이 없기 때문에, 보통 그것들은 금방 부서지기 시작한다.

이런 이미지들을 좀더 살펴자면, 이것들은 분명 일종의 우주를 포함하며 구성하고 있다. 보통 퍼핏티스타(Puppetistas)[10]는 (때때로 그들이 스스로를 지칭하는 이름이다.) 긍정적인 이미지와 부정적인 이미지 사이에서 대강의 균형을 유지하는 것을 목표로 한다. 한편에서, 세계은행을 상징하는 거대 돼지를 들고 나올 수 있다. 다른 한편에서, (고속도로 전체를 막아버릴 수 있는 팔을 갖고 있는) 해방 인형(Giant Liberation Puppet)을 들고 나올 수도 있다. 가장 유명한 이미지들 중 많은 것들은 행진하는 사람들과 그들이 입거나 들고 가는 사물들이 동일시된다. 예를 들어 A16[11]에서 거대 새 인형은 모든 사람들에게 나누어준 팻말의 맨 위에 붙어 있는 수백 마리의 작은 새와 연결된다. 비슷하게, 헤이마켓 순교자들이나 사파티스타, 자유의 여신상, 해방 멍키렌치(Liberation Monkeywrench)[12]는 참가자 자신이 들고 있는 팻말이나 스티커 혹은 참가자들이 입고 있는 티셔츠와 유사한 슬로건을 들고 다닌다.

---

10) [역주] 꼭두각시(Puppet)와 사파티스타(Zapatista)의 합성어. 대중 시위에 참여하는 급진적 예술가들을 가리키기 위해 고안된 단어이다.
11) [역주] 2000년 4월 16일(April 16)에 있었던 IMF와 세계은행을 반대하는 시위를 의미한다. 2005년 같은 날짜에 있었던 시위도 똑같은 A16으로 지칭하기도 한다.
12) [역주] 급진적 환경 운동 그룹.

그런데 가장 인상적인 이미지들은 종종 부정적인 것들이다. 2000년 민주당 전당대회에 나타난 기업 통제 꼭두각시는 부시와 고어를 모두 꼭두각시처럼 조종하는 것이었다. 페퍼 스프레이를 쏘아대는 거대 경찰들도 있는가 하면, 그 외에도 조롱당할 우상들은 무수히 많다.

우상들을 조롱하고 파괴하는 것은 물론 정치 시위에서 가장 오래되고 친숙한 제스처 중 하나이다. 종종, 이런 우상들은 기념비성에 대한 명백한 공격이다. 정권의 몰락은 동상들을 허물어뜨리는 것을 통해 표명된다. 거의 모든 사람의 마음속에서, 사담 후세인 체제의 실질적인 종말을 확정지은 것은, 바그다드에 있는 사담 후세인 동상을 무너뜨렸을 때라 할 수 있다. 비슷하게, 조지 부시가 2004년 영국을 방문했을 때, 시위자들은 부시의 모습을 본따서 수없이 많은 크고 작은 가짜 동상을 세웠다. 그 목적은 순전히 그것을 다시 무너뜨리기 위해서였다.

그렇다고 긍정적인 이미지들이라고 해서 이런 우상들보다 더 정중하게 다루어지는 것도 아니다.

아래의 글은 내가 이 주제에 대해 초기에 생각해 보면서 기록했던 메모에서 발췌한 것이다. 2000년 공화당 전당대회 전에 필라델피아 인형 창고에서 시간을 보내고 얼마 지나지 않았을 때 끄적거린 것이다. 약간 재편집했다.

(현장 메모 중 발췌, 2000년 7월 31일)

계속되는 질문은 이것이다. 이것들을 '꼭두각시'라고 부르는 이유는 대체 뭘까? 통상, '꼭두각시들'은 인형사의 움직임에 반응하여 움직이는 형상으로 여겨진다. 꼭두각시 대부분은, 움직이는 부분이 없고, 이동하는 동상에 가깝다. 때로는 그것을 옷처럼 입거나 때로는 뭔가에 싣거나 들어서 운반했다. 그러니 뭐 때문에 이들이 '꼭두각시'인가?

이 꼭두각시들은 대단히 시각적이며 거대하다. 하지만 동시에 약하고 일시적이다. 통상 그것들은 행동이 한 번 있고 난 후 해체된다. 이런 엄청난 큰 크기와 가벼움의 조합은, 내가 보기에 그것들을 현실과 말 사이의 가교로 만들어 준다. 그들은 변이의 지점이다. 그것들은 아이디어를 실재로 만들고 그것에 단단한 형상을 부여하는 능력이며, 우리의 세계관을 물리적 크기를 가지고 있고 과시적 힘을 가진 어떤 것으로 만드는 능력이다. 심지어 그것을 막아서는 국가 폭력의 기관과 같은 물리적 크기를 갖고 있고 그 원동력보다 더 큰 힘을 가진 무엇으로 말이다. 그것들이 우리의 마음과, 언어의 연장이라는 발상은 '꼭두각시'라는 용어의 사용을 설명해줄지도 모른다. 그것들은 어떤 한 개인의 의지의 연장으로 움직이는 것은 아닐지도 모른다. 하지만, 만약 그렇다면, 이것은 또 집합적 창조성에 대한 강조와 다소 어긋날 것이다. 꼭두각시들이 연극의 등장인물이라면, 그것은 집합적 저자를 가진 연극이다. 그것들이 조종되는 한 행렬에 함께 하는 모든 이들에 의해 조종된다. 한 활동가의 손에서 다른 활동가의 손으로 넘어가며 말이다. 무엇보다, 그들은 집합적 상상력의 발산을 의미한다. 이처럼, 이 꼭두각시들이 완전히 단단해지거나 혹은 완전히 한 개인에 의해 조종되는 것은 핵심과 모순되는 일일 것이다.

대규모 행동에서 사람들은 꼭두각시를 의상처럼 입기도 한다. 그것들은 사실 의상과 연속적이다. 모든 중요한 대중동원은 고유의 토템(혹은 토템들)을 가진다. 시애틀의 유명한 바다 거북, A16의 새와 상어, R2K(필라델피아에서 열린 공화당 전당대회)의 춤추는 해골, 부시 취임식에서의 순록이 그것들이다. 혹은 피카소의 「게르니카」라는 작품의 조각들이 2003년에 다가올 이라크 침공에 반대하는 시위에서 쓰이기 위해 제작되기도 했다. 이들은 각각 흩어져서 돌아다니다가, 간헐적으로 합쳐졌다.

사실 꼭두각시와 의상, 현수막과 상징물, 그리고 소품이 서로 뚜렷하게 구분되는 것은 아니다. 모든 것은 서로 겹치고 서로를 보완하도록 디자인되어 있다. 꼭두각시들은 훨씬 더 큰 '카니발 블록'에 둘러싸이기도 한다. 이 블록은 어디서나 등장하는 드럼과 호각 외에 어릿광대들과 죽마타고 걷는 사람들, 저글링하는 사람들, 불쇼 하는 사람들, 외발자전거를 타는 사람들, 급진적 치어리더들(Radical Cheerleaders),[13] 의상을 차려입은 댄서들(kick-line),[14] 혹은 행군 악대로 가득하다. 이 행군 악대(시애틀에서 지옥 소음 여단Infernal Noise Brigade이나 뉴욕에서의 배고픈 행군 악대Hungry March Band 같은 이들)는 통상 클레즈머(klezmer)[15]나 서커스 음악 전문이다. 서커스의 은유는 아나키스트와 특별히 잘 어울리는 것 같다. 무엇보다 그것은 서커스가 극단적 개인들의 집합이기 때문이다(서커스하는 괴짜들의 집합보다 더 개별적이고 개성이 강하기는 힘들다). 그럼에도 이들은 일상의 경계를 넘어서는 순전히 집합적인 계획에 참여한다. 2004년 토니 블레어는 "몇몇 떠돌이 아나키스트 서커스"에 휘둘리지 않을 것이라는 유명한 말을 한 바 있다. 많은 이들은 이를 모욕으로 받아들이지 않았다. 사실 상당히 많은 수의 공공연한 아나키스트 서커스 극단들이 있다. 이들의 수에 필적할 만한 것은 아마도 다양한 사이비 설교자들의 수밖에 없을 것이다. 이 연결은 중요하다. 우선 모든 행동들에서 서커스 하

---

13) [역주] 치어리더와 닮았지만, 전형적인 치어리더와는 거리가 먼 복장을 하고 시위의 구호를 외치면서 행진하는 이들. 주로 페미니스트들이 연관된 시위에서 등장하는 경우가 많다.
14) [역주] 캉캉 같은 발로 하는 춤을 추는 일련의 사람들을 일컫는 말.
15) [역주] 유대인들의 민속 음악.

는 일당들이 나타날 것이라는 점이 중요하다. 넓은 도로 봉쇄선을 돌아다니면서 사기를 북돋우고 노상 공연을 하며, (핵심적으로) 긴장이 고조되거나 충돌 가능성이 있는 순간을 완화시키려 하는, 특별 기동대의 무리 말이다. 긴장과 잠재적 충돌을 완화한다는 것이 핵심이다. 왜냐하면 허가된 행진과 달리 직접행동은 진행요원이나 공식적 평화유지대(경찰이 항상 포섭하려 하는)를 철저하게 피하기 때문이다. 꼭두각시, 서커스 일당들은 많은 경우 결국 이들이 하는 것과 비슷한 기능을 수행한다. 이것이 실제로 어떻게 작동하는지에 대해 채플힐(Chapel Hill)에서 온 바로 그런 류의 친화 잡단인 "종이손 꼭두각시 개입"[16]의 구성원들은 이렇게 설명했었다.

버거(Burger)와 짐머맨(Zimmerman)은 2년 전 시애틀에서 열린 WTO의 폭발적 시위에 꼭두각시들을 가지고 왔다. 거기서 그들은 회담이 벌어지는 빌딩을 봉쇄하는 집단에 합류했다. "사람들은 서로 팔짱을 끼었어요." 짐머맨이 말한다. "경찰들은 이미 이들을 때리고 페퍼 스프레이를 뿌렸어요. 그리고 5분 있다 돌아와서 다시 공격하겠다고 위협했지요." 하지만 시위자들은 페퍼 스프레이 때문에 앞도 보지 못한채, 서로 팔장을 끼고 눈물을 흘리면서 봉쇄선을 지켰다. 버거와 짐머맨 그리고 그들의 친구들은 죽마를 타고, 어릿광대, 12m짜리 인형과 벨리댄서를 이끌고 참여했다. 그들은 봉쇄선을 오르락내리락 하면서 시위자들에

---

16) [역주] Paperhand Puppet Intervention (종이손 꼭두각시 개입). 도노반 짐머맨과 잰 버거가 창립해서 노스캐롤라이나 주에 기반을 두고 활동하는 꼭두각시 극단으로, 활동가들이 중심이 되어 대형 꼭두각시나 가면, 그림자 인형극 등을 이용해 다양한 극을 선보인다.

게서 노래를 유도했다. 보안 차량들이 돌아오자, 그들은 거대 인형을 가지고 가로막았다. 그럭저럭, 이 잡다한 서커스가 상황을 분산시켰다. 짐머맨은 이렇게 말한다. "경찰들도 노래를 부르고 있는 수많은 사람들은 차마 공격할 수 없었지요." 그에 따르면, 엄숙한 상황에 유머와 축제 분위기를 불어넣는 것이 꼭두각시를 사용하여 개입하는 일의 본질이다. (Cooks 2001)

온갖 서커스적인 외양과 특징에도 불구하고, 거대 인형을 만들고 배치하는 데 참여하는 사람들은 많은 경우 그들이 진정으로 진지하다고 주장한다. "꼭두각시들은 머펫(muppet)[17]처럼 귀엽지 않아요." 빵과 꼭두각시 극단(Bread and Puppet Theater)의 감독인 피터 슈만(Peter Schumann)은 이렇게 주장한다. 이들은 1960년대의 정치 시위에서 종이 반죽 인형의 활용을 대중화시킨 가장 대표적인 집단이다. "꼭두각시들은 우상이자 신들이며 의미 있는 창조물이죠."[18] 때로는, 말 그대로 그런 경우도 있다. 2003년 9월 칸쿤에서 WTO 회담 참석자들을 마중 나온 마야 신처럼 말이다. 항상, 그들은 어떤 신령스러운 특성을 가진다.

하지만 만약 거대 꼭두각시들이 신이라면, 일반적으로 말해 대부분

---

17) [역주] 팔과 손가락으로 조작하는 인형.
18) 비슷한 주제가 급진적인 꼭두각시를 들고 나오는 사람들과의 인터뷰에서 반복된다. 다음은 필라델피아에 기반을 둔 '나선형 Q 꼭두각시 극단'(Spiral Q Puppet Theater)의 매티보이(Mattyboy)와의 인터뷰에서 나온 부분이다. "그래요, 나는 23살이에요, 나는 13명의 친구를 에이즈로 잃었어요. 지금은 전쟁 상황이에요, 이건 전염병이에요. 내가 그걸 감당해 내고 다룰 방법은 이것밖에 없어요, 꼭두각시로 나는 나만의 신화를 만듭니다. 나는 신과 여신들로서 그 친구들을 다시 불러 옵니다."(Freid 1997) '빵과 꼭두각시 극단'(Bread & Puppet)에 대한 어떤 사진 에세이집은 실제로 이렇게 제목이 붙어 있다. 『신들과 리허설하기 : 빵과 꼭두각시 극단에 대한 사진과 글들』(Simon & Estrin 2004)

은 분명 바보 같고 이상한 신들이다. 꼭두각시를 만들고 전시하는 과정은 신을 만드는 힘을 가지는 것임과 동시에 그것을 비웃는 것인 듯하다. 여기서 우리는 대단히 아나키스트적인 어떤 감성에 부딪치게 되는 것 같다. 아나키즘에서 우리는 신화적이거나 심오한 의미를 가진 것에 접근할 때, 이와 유사한 충동을 만나게 된다. 이런 충동은 제르잔주의자들 (Zerzanites)[19]이나 이와 유사한 원시주의자(Primitivist)들의 선언에서 나타나는 것으로 보인다. 이들은 의도적으로 신화를 만들려고 하는데(그들 고유한 버전의 에덴동산과 타락, 도래할 계시), 이 신화는 전 세계적 규모의 산업 붕괴로 수백만 명이 목숨을 잃기를 바라고, 농업이나 심지어는 언어까지 폐지하려고 하는 것 같다(그런데 그들이 실제로 그런 것을 바라거나 추구하고 있는 것이 아니냐고 다른 사람들이 암시라도 할라치면 불쾌한 듯 고개를 치켜든다). 이것은 피터 램본 윌슨(Peter Lamborn Wilson)과 같은 이론가들의 저작에서 분명히 드러나고 있다. 윌슨은 정신 나간 남색(男色) 이스마일 교도 시인으로 설정된 하킴 베이(Hakim Bay)라는 필명 하에, 혁명적 행동에서 신성성이 하는 역할에 관한 명상록을 썼다. 이는 리클레이밍(Reclaiming) 같은 토속 신앙 아나키스트 그룹에서 좀더 분명히 드러난다. 이들은 1980년대 반핵 운동 이후에(Epstein 1991) 많은 경우 이교도 의식에 대한 터무니없는 풍자처럼 보이는 일을 벌이는 것을 전문으로 해왔다. 하지만 이들은 이것들이 정말 효과가 있는 진짜 의식이며, 그들이 세계에 대한 가능한 가장 심오한 영적 진실이라고 여기는 것을 보여준다

---

19) [역주] 존 제르잔(John Zerzan)의 영향을 받은 원시주의자들. 제르잔은 언어, 상징적 사고 등 농경문화 일반에 비판적인 아나키스트이다.

고 주장한다.[20]

꼭두각시들은 이 논리를 일종의 극단으로 밀어붙인다. 여기서 신성한 존재는 궁극적으로, 상상력과 창조력이라는 순수한 힘이다. 혹은 아마 좀더 정확하게 말하자면, 이 상상을 현실로 실현시키는 힘이다. 결국 이것은 모든 혁명적 실천의 궁극적 이상이다. 68의 구호였던 "상상력에 권력을"처럼 말이다. 하지만 또한 신성한 것의 민주화란 일종의 익살스러운 풍자를 통해서만 성취될 수 있는 것 같다. 그래서 계속해서 자기조롱을 하는 것이고, 이는 지금 주장되고 있는 것의 중요성이나 중대함을 진짜 약화시키기 위한 것이 아니다. 차라리 그것은 비록 신들은 인간의 창조물이지만, 신은 신이며, 이를 너무 심각하게 여기는 것이 위험할 수 있다는 궁극적인 인식을 시사하는 데 의미가 있다.

경찰 측의 상징적 전투

내가 말했듯이 아나키스트들은 언론를 중심으로 전략을 짜는 일을 피하려 한다. 하지만 경찰은 그렇지 않다.

시애틀에서 있었던 N30이라는 사건이 미국 정부에 종사하는 사람들 대부분을 크게 놀라게 했음은 분명하다. 시애틀 경찰은 호텔을 둘러싼 수백의 친화 집단들이 사용한 정교한 전략들에 분명 대비가 되어있지 않았고, 그래서 그들은 적어도 첫날 회담은 실질적으로 봉쇄해 버릴 수 있

---

20) 이 토속 신앙 블록은 시애틀 이후 일어난 큰 규모의 행동들에 고정적으로 참여했다. 그리고 퀘이커 교도나 시민불복종을 지지하는 다른 기독교도와 달리, 궁극적으로는 블랙 블록의 활동을 비폭력의 한 형태로 받아들였고 심지어 이들과 암묵적 동맹을 맺기도 했다.

었다. 많은 지휘관들의 처음 반응은 이 활동의 비-폭력성을 존중하는 것이었다.[21] 매들린 올브라이트(Madeleine Albright)[22]가 호텔 내에서 주지사에게 전화해서, 이 봉쇄를 풀기 위해서라면 무엇이든 하라고 명령하도록 요청한 것은 30일 오후 1시 이후였다. 그때부터 경찰은 최루가스와, 페퍼 스프레이와 진동 수류탄을 사용하며 전면적인 공격에 나섰다.[23] 이때까지도 많은 경찰이 주저했다. 그런 와중에 다른 경찰들은 일단 난투에 돌입하자 거친 광기에 사로잡혀, 시애틀 상업 지구에 있는 평범한 다수의 쇼핑객들을 공격하고 체포하기 시작했다. 결국, 주지사는 주 방위군을 호출할 수밖에 없었다. 언론에서 경찰 작전은 이런 일이 있은 지 한참 후에나 시작된 블랙 블록의 행동에 대응한 것이었다고 떠들며 응원하는 동안, 연방 군대를 끌고 들어올 수밖에 없었던 것은 경찰 입장에서는 부인할 수 없는 화려한 상징적 패배였다.

시애틀의 즉각적인 결과로, 법을 집행하는 공무원들은 (국내적 혹은 국제적 수준에서) 새로운 전략을 개발하기 위해 합심해서 협력하기 시작했다. 이런 협의의 구체적인 사항은 물론 대중에게 공개되지 않는다. 그럼에도 불구하고, 이후에 일어난 일들에 근거해 판단해보면, 그들의 결론은 (별로 놀랍지는 않은데) "시애틀 경찰이 폭력을 좀더 신속하고 효율적으로 사용하지 못했다."인 것으로 보인다. 새로운 전략은 공세적인 선점이었던 것으로 나타났다(이는 워싱턴, 윈저, 필라델피아, 로스엔젤레스, 퀘

---

21) 비디오 예술가들은 첫 번째 날 경찰 지휘관들이 활동가들에게 시애틀 경찰은 "비폭력적 시위자들은 결코 공격한 적이 없고, 앞으로도 공격하지 않을 것"이라고 말하는 것을 기록해뒀다. 불과 몇 시간 후에, 동일한 경찰 지휘관들이 그 방침을 완전히 뒤집었다.

22) [역주] 당시 미국 국무부 장관.

23) 이 사건과 관련되어 내가 찾아낸 최고의 참고 자료는 보스키의 책(Boski 2002)이다.

백에서 있었던 이후의 행동들에서 곧 실행에 옮겨졌다). 이 과정에서 당연히 나타난 문제는, 압도적으로 비-폭력적이며 대부분 범죄라고 정의할 수조차 없는, 그리고 그들이 전하는 메시지는 적어도 잠재적으로는 강한 대중적 지지를 받을 수 있는 운동에 대해서 행사된 이런 전략이 대체 어떻게 정당화될 수 있느냐는 것이었다.[24]

이렇게 표현할 수도 있을 것이다. 이러한 운동이 표적으로 삼은 사건들(무역 협정, 전당대회, IMF 회담)은 대체로 상징적인 행사들이었다. 대부분 정치적 결정이 이루어지는 공식적인 자리가 아니었으며, 보통은 이것들은 축하연이나, 자축 행사 혹은 지구상에서 가장 부유하거나 힘 있는 사람들이 인맥을 쌓는 자리였다. 통상, 이런 행동의 효과는 회담을 봉쇄하는 것이 아니라, 포위되었다는 감각을 만들어내는 것이다. 이것은 물리적으로는 누구에게도 위험을 끼치지 않는 방식으로 이루어진다. (퀘벡에서 그랬던 것처럼) 투석기가 동원되어도 기껏해야 곰 인형 같은 봉제인형을 쏘아올리는 데 사용될 뿐이다. 하지만 이런 행동이 일어나면, 회의는 아수라장이 된다. 참가자들은 중무장을 한 경호원들의 호위를 받고, 칵테일 파티는 취소되고 행사는 실질적으로 엉망이 된다. 1990년대에 그런 회담에 팽배했던 승리의 필연성이라는 분위기를 깨버리는 데 그보다 더 효과적인 것이 없었다. '질서유지세력'이 공격적으로 반응하지 않으리라고 생각하는 것은 확실히 순진한 일이다. 그들에게, 봉쇄하는 사람들의 비폭력성은 고려사항이 아니다. 혹은, 더 정확하게 말하자면, 그것이 대중적인

---

24) 사실 거리를 차단하는 것은 엄밀히 말해 범죄라 할 수 없다. 그것은 법률을 '위반'하고 법에 '위배'되는 것이다. 이와 법적으로 동일한 일은 무단횡단이나 불법주차 같은 것이 있다. 이러한 법령을 비-정치적 목적으로 위반한다면, 그냥 딱지 정도를 받을 것이라 예상할 것이다. 경찰서에 끌려가서 구치소에서 밤을 보낼 것이라고는 상상하지 못할 것이다.

인식에서 잠재적인 문제를 일으킬 때에만 고려사항이 된다. 하지만 이 문제는 아주 심각하다. 어떻게 시위자들을 공적인 안전에 위협이 되는 이들로 표현해서 극단적인 수단을 정당화할 수 있겠는가? 실제로 그들이 아무런 물리적 위해를 가하지 않는 경우에 어떤가.

여기서는 그냥 사건들을 그대로 보여주어야 할 것 같다. 시애틀 바로 직후 몇 달 동안 일어난 일들을 본다면, 우리가 관찰하는 첫 번째 지점은 일련의 선제 공격이다. 이것들은 항상 전혀 현실화되어 있지 않은 위협들을 겨냥한다(이라크의 대량 살상 무기와 다르지 않다).

2000년 4월, 워싱턴 D.C.

4월 15일, IMF와 세계은행에 반대하는 시위가 시작되기 몇 시간 전, 경찰은 가두행진 참가자 600명을 선제 체포를 통해 연행했고 시위자들의 회합장소를 장악했다. 경찰 서장인 찰스 램지(Charles Ramsey)는 화염병과 사제 페퍼 스프레이를 만드는 작업장을 발견했다고 강하게 주장했다. 나중에 경찰은 그런 작업장은 존재하지 않았다고 시인했다(사실 그들은 미술 제작에 사용되는 신나와 가스파초(gazpacho)를 만드는 데 사용된 후춧가루를 발견했을 뿐이다). 그러나, 회합장소는 여전히 문이 닫혀 있으며, 그 안에 있던 수많은 미술작품과 꼭두각시들은 압수되었다.

2000년 7월 미니애폴리스

국제동물유전학회(International Society of Animal Genetics)에 반대해 계획된 시위가 있기 며칠 전, 지역 경찰은 활동가들이 맥도날드에서 시안화물(cyanide) 폭탄을 터뜨렸으며, 도난당한 폭발물을 가지고 있었던 것 같다고 주장했다. 그 다음 날 마약단속국은 조직자들이 사용 중이던 집을 급습했으며, 피 흘리는 거주자들을 끌어내고, 그들의 컴퓨터와 홍보자료들로 가득 차있던 상자들을 압류했다. 나중에 경찰은 시안화물 폭탄 같은 건 없었으며, 활동가들이 폭발물을 가지고 있다고 여길 만한 아무런 근거가 없었음을 시인했다.

2000년 8월 필라델피아

공화당 전당대회에 반대하는 시위가 있기 몇 시간 전에, 경찰은 제보를 들었다고 하며, 활동에 쓰려고 준비해둔 미술품과 현수막과 꼭두각시 들이 있는 창고를 포위하고, 그 안에 있던 최소한 75명은 되는 활동가들을 체포했다. 경찰서장인 존 티머니(John Timoney)는 C4폭탄들과 염산이 가득 찬 물풍선을 건물 안에서 발견했다고 강력하게 주장했다. 나중에 경찰은 폭탄은 물론 염산도 없었음을 인정했다. 하지만 그때 체포된 이들은 활동이 끝나고 한참 지난 후에도 풀려나지 않았다. 시위에 쓰려 했던 모든 꼭두각시, 현수막, 미술품, 문서 들은 조직적으로 파괴되었다.

물론 우리는 순전히 착오로 벌어진 보기 드문 일련의 실수들을 접한 것일 수도 있다. 하지만 이것은 분명 활동가들이 대중에게 메시지를 전하기 위해 사용하려 했던 여러 도구들을 공격하는 것으로 비춰지기는 한다. 물론, 이것은 활동가들이 이 사건들을 해석하는 방식이다. 특히 필라델피아 이후에 말이다. LA에서 있었던 민주당 전당대회에 반대하는 유사한 시위를 계획한 조직가들은 경찰들이 그들의 회합장소를 공격하는 것을 막는 접근금지 명령을 얻었다. 하지만 그 이후 중요한 대중동원이 있기 여러 주 전에, 핵심적 이슈는 항상 꼭두각시들을 어떻게 숨기고 지키느냐였다.

필라델피아에 이르자, 경찰들이 아주 의식적으로 언론 전술을 사용했던 것이 명백하게 드러났다. 경찰 대변인은 매일 기자회견을 열어 터무니 없는 비난을 쏟아냈다. 이들은 경찰에게 배정된 범죄 담당 기자들(이 기자들은 먹고살려고 이런 경찰들과 좋은 협력관계를 맺고 있다.)이 경찰이 말한 것을 무비판적으로 그대로 받아 적으면서, 나중에 그 내용이 거짓으로 드러날지 어떨지 거의 고려하지 않는다는 사실을 잘 알고 있었다. 난 이 시기 대부분 동안 활동가 언론 팀에서 전화 받는 일을 맡고 있었다. 그리고 우리가 결국 하게 된 주된 업무는 우리가 "오늘의 거짓말"이라고 부른 것들에 대응을 하는 일이었음을 증언할 수 있다. 첫 번째 날, 경찰은 활동가들이 도시 한가운데에서 풀어놓으려고 했던 독사와 파충류 등의 동물들로 가득 찬 승합차를 압수했다고 발표했다(나중에 경찰은 그것이 애완동물 가게의 승합차였고, 시위와 아무 상관 없었음을 인정해야 했다). 두 번째 날, 그들은 아나키스트들이 경관의 얼굴에 산(酸)을 뿌렸다고 주장했다. 우리는 실제로 무슨 일이 일어났는지 서둘러 알아내기 위해 재빨리 움직여야 했다. 경찰은 즉시 그 이야기를 철회했는데, 혹시나 뭔가가 경관의 얼굴에 튀었다면, 아마도 벽에다 뿌리려던 빨간 페인트였을 것이라는 사실이 밝혀졌던 것이다. 세 번째 날에 우리는 '드라이아이스 폭탄'을 도시 전역에 설치했다는 혐의를 받았다. 이번에도 다시, 정확히 드라이아이스 폭탄이 무엇인지 알아내려고 아나키스트 언론 팀을 보내느라 분주했다(그것은 경찰이 『아나키스트 요리책』(Anarchist Cookbook)[25]이라는 책에서 보고 찾아낸 내용임이 드러났다). 재미있게도, 이 마지막

---

25) [역주] 1971년 윌리엄 파웰(William Powell)이 출간한 책으로, 사제 폭탄 제조법이나 초보적 순준의 통신해킹용 장비 제작법, 그 외의 다른 물품들에 대한 제조법을 기술해놓은 설명서 형태의 책.

이야기는 뉴스가 되지 못했다. 그때 즈음해서, 대부분의 기자들은 공권력에 의해 주장되는 극적인 주장들을 더는 기사화하지 않으려 했다. 하지만 앞의 두 주장이 거짓으로 드러났다는 사실이나 꼭두각시 창고에서 산과 폭탄을 발견했다는 허위 주장, 그리고 티머니가 기자들에게 거짓말을 하는 의도적 정책을 사용한 것으로 나타났다는 사실 자체는 뉴스거리가되지 않았다. 그리고 이런 활동들을 기획했던 실제 이유에 대해서도 보도가 되지 않았다. 그것은 사람들이 감옥-산업 복합체(Prison-Industrial Complex)[26]라는 것에 주목하기 위함이었다(이는 우리가 늘 기자들에게 끊임없이 말했지만, 한 줄도 실리지 않았다). 아마도 폭력적 시위자들이 언론을 '탈취'하도록 기자들이 허용하는 것은 비윤리적이라는 명분에 근거해그렇게 한 것이 아닌가 추측하고 있다.

　같은 시기 동안, 시애틀에서 일어난 일에 대한 이상한 설명들도 늘어나기 시작했다. WTO 반대 시위가 일어날 동안에는, 시애틀 경찰을 포함하여 누구도(꼭 강조해야 하겠다), 아나키스트들이 유리창을 깨는 것 이상의 폭력적 행동을 했다고 주장하지 않았다. 그 일이 일어난 것은 1999년 11월 말이었다. 2000년 3월, 채 세 달도 지나지 않았을 무렵 『보스턴 헤럴드』(Boston Herald)는 생명공학 학회 일주일 전에, 시애틀로부터 온 경관들이 지역 경찰들에게 '시애틀 전술'에 대해 어떻게 대처해야 하는지 브리핑을 했다고 전한다. 시애틀 전술이란, 경찰을 "콘크리트 덩어리, BB탄총, 손목 로켓, 표백제와 소변이 장전된 고성능 물총"(Martinez 2000) 등으로 공격하는 것이었다. 6월에는 『뉴욕 타임스』의 니콜 크리스천(Nicole

---

26) [역주] 정부와 산업 영역의 이해관계가 겹치면서 실제로는 경제적, 사회적, 정치적인 문제들에 대한 해결책으로 감시, 치안, 투옥을 이용하는 것을 가리키는 용어.

Christian)이라는 기자가, 윈저(Windsor)에 있는 캐나다 국경을 통해 일어나는 무역 반대 시위를 대비하고 있는 디트로이트 경찰에게 듣게 된 이야기에 기반한 내용이라고 하면서, 시애틀 시위자들이 "대표자들과 경찰들에게 화염병, 돌, 배설물을 던졌다"고 주장했다. 이 사건의 경우에는, 뉴욕 직접행동네트워크가 『뉴욕 타임스』 건물 앞에서 피켓팅을 한 이후에, 『뉴욕 타임스』는 결국 입장을 철회했다. 그리고 시애틀 공권력에 따르면 어떠한 물건도 사람을 행해 던져진 적이 없었음을 시인해야 했다.[27] 그럼에도, 이러한 설명이 정설이 되어가고 있는 듯하다. 새로운 대중 동원이 일어나는 경우마다 이러한 이야기들이 어김없이 지역 신문을 장식했다. '시애틀 전술'이라는 동일한 목록과 함께 말이다(이 목록은 거리의 경찰에게 배포된 훈련 매뉴얼에도 징식으로 기술된 것 같다). 예를 들어 2003년 마이애미에서 열린 미대륙 정상회담 전에, 지역 사업자들과 시민 단체들에게 안내문이 뿌려졌다. 이 안내문에는 일단 아나키스트가 도착했다 하면, 거리에서 벌어질 일이라며 이 '시애틀 전술'의 세세한 내용이 적혀 있었다:

손목 로켓(Wrist Rockets): 아나키스트들이 철제 볼 베어링이나 큰 볼트를 쏘기 위해 사용하는 큰 새총. 매우 위험하고 치명적인 무기이다.

화염병: 시애틀과 퀘벡에서 많은 수가 투척되었으며 큰 피해를 입혔다.

---

27) 『뉴욕 타임스』, 6월 6일 정정보도, A2면. 원래 기사는 "디트로이트는 강경한 입장을 고수"라고 의미심장하게 제목이 붙여졌다(Christian 2000). 정정보도는 다음과 같다: "오늘까지 윈저에서 열렸던 미대륙간 회의에 반대하여 디트로이트와 [캐나다] 온타리오 주의 윈저에서 있을 시위에 어떻게 대처할 것인지에 대해 일요일에 실렸던 기사는 작년 시애틀에서 11월에 있었던 WTO회의 반대시위에 대해 잘못 언급하고 있다. 시애틀 시위는 기본적으로 평화적이었다. 당시 공권력에 따르면, 건물을 향해 뭔가가 날아가는 일은 있었지만, 사람에게 던져지는 일은 없었다. 시위대 중 누구도 회의 참석자나 경찰에게 물건을 던졌다는 혐의를 받지 않았다. 돌이나 화염병을 포함해서 말이다."

쇠지렛대: 창문이나 차 등등을 부수기 위한 것. 그걸로 보도블럭을 깨서 경관에게 던지기도 한다. 이것 역시 시애틀에서 광범위하게 행해졌다.

물총: 산(酸)이나 소변으로 채워져 있다.[28]

다시 말하지만, 지역 경찰이 스스로 인정하듯, 이 중 어떤 무기나 전술도 시애틀에서 사용되지 않았다. 이후에 일어난 대중동원에서도 사용되었다는 증거가 없다.[29] 마이애미에서, 첫 번째 행진이 시작될 무렵 번화가 상점 대부분이 셔터를 내리고 문을 닫은 것은 예견된 결과였다.

9·11 이후 새롭게 조성된 안보 분위기에서 일어난 첫 번째 중요한 회합이었던 마이애미에서는, 이런 접근이 최고조를 이뤘다고 할 수 있다. 공격적인 허위 정보유포와 활동가들에 대한 선제공격이 함께 이루어졌다. 활동 중에, 경찰 서장(이번에도 존 티머니다.)은 경관들에게 활동가들이 돌과 병과 소변과 배설물을 경찰에게 던졌다는 말을 끝없이 흘리도록 했다(말할 필요도 없지만, 도처에 있는 비디오카메라와 수백 건의 연행에도 불구하고, 누구도 앞서 언급된 물질을 이용해 경관을 공격했다고 유죄 선고를 받기는커녕 기소되지도 않았다. 어떠한 물질로도 말이다. 그리고 어떤 기자도 활동가들이 그렇게 하는 사진을 찍지 못했다). 경찰의 전략은 거의 대부분 시위자들에 대한 급습과 선제공격으로 이루어져 있다. "치명적이지 않

---

28) 당시 이 문서는 옮겨져서 활동가 리스트에 올라간 이들 사이에서 널리 퍼졌다. 『마이애미 헤럴드』에 실린 한 기사에 따르면, 이 정보는 "은퇴한 미국 마약 단속국 요원이며, 지금은 크롤 사(Kroll Inc.)라는 국제 보안과 기업 컨설팅 업체의 관리 이사를 맡고 있는 톰 캐시(63)"로부터 나왔다. 그리고 캐시는 그 정보가 '경찰 정보' 출처로부터 나왔다고 주장했다.

29) 퀘벡에서 열린 FTAA(미주자유무역지대) 정상회담 중에 다수의 화염병이 사용되었다. 이는 퀘벡 거주자들에 의해 사용된 것으로 밝혀졌다. 하지만 프랑스어권 지역의 캐나다는 아주 다른 공격성의 전통을 가진 곳이다.

은" 온갖 신/구 무기들을 가지고서 말이다. 전기 충격기, 페퍼 스프레이, 플라스틱 총알, 고무 총알, 나무 총알, 페퍼 스프레이에 적신 콩 주머니탄, 최루탄 등등이 사용되었다. 그리고 임의대로 사실상 그 누구에게든 이를 쏠 수 있다는 교전 규칙도 도입되었다.

여기서도 또 꼭두각시들이 지목되었다. 정상회담이 있기 몇 달 전, 마이애미 시의회는 꼭두각시 전시를 불법으로 만드는 법을 통과시키려고 했다. 그것이 폭탄이나 다른 무기를 숨기는 데 활용될 수 있다는 근거로 말이다(Koerner 2003). 이런 시도는 실패했다. 명백히 헌법에 어긋났기 때문이다. 하지만 메시지는 충분히 전달되었다. 그 결과, 마이애미의 블랙 블록은 대부분의 시간과 정력을 꼭두각시들을 지키는 데 쓰게 되었다. 또한 마이애미에서는 많은 경찰들이 종이 반죽으로 만든 거대한 형상에 대해 알 수 없는 개인적 적의를 가지는 것을 잘 볼 수 있다. 한 목격자에 따르면, 경찰들이 시위자들을 시사이드 플라자(Seaside Plaza)로부터 나오게 유도한 이후에, 강제로 꼭두각시를 버리도록 하고 그 다음 30분 정도 동안 꼭두각시들을 조직적으로 파괴하고 공격했다. 쏘고, 발로 차고, 남은 것들을 찢고 하면서 말이다. 어떤 경찰은 심지어 거대 꼭두각시를 경찰차 안에 넣고 그 머리만 밖으로 내놓은 채 달렸다. 거리의 표지판에 부딪쳐 부서지도록 하기 위해서다.

부대를 결집시키기

보스턴의 사례는 특히 인상적이다. 왜냐하면 그 사례에서 시애틀 경찰이 실제로 다른 경찰들에게 폭력적 전략을, 시애틀 경찰 공식 대변인이 실제로는 일어나지 않았다고 이야기했던 그러한 폭력적 전략을 어떻게 다루어야 할지 가르쳐준 것이 사실임이 드러나기 때문이다. 여기서 정확히 어떤 일이 일어나는지 파악하는 것은 쉽지 않다. 심지어 '경찰 관계자'라고 끝없이 언급되는 사람이 실제로 대체 누구인지 알아내는 것도 어렵다. 우리는 다양한 연방경찰대책위원회들과 사설 경비 업체와 이들과 연계되어 있는 우파 싱크탱크들 사이를 왔다 갔다 하면서 정보가 수집되고 조직되고 건네지는 그러한 어두컴컴한 영역으로 들어가고 있는 것 같았다. 여기서 이미지들은 스스로 강화된다. 그리고 아마도 누구도 무엇이 진실이고 거짓인지 확신할 수 없을 것이다. 하지만 어쩌다가 특정한 무리의 신원을 확보하는 일이 시애틀의 결과로 나타난 주요한 관심사가 되었는지는 쉽게 파악할 수 있다. 시애틀에서 지휘관들이 알게 된 것은, 스스로를 공공 안전의 수호자라고 생각해온 경관들의 경우 곤봉 공격을 명령받고도 주저하거나, 최소한 흔들리는 일이 많았다는 것이다. 그들의 공격 대상이 폭력을 사용하지 않는 16살짜리 백인 소녀들의 무리란 것을 알게 되었을 때 말이다. 왜냐하면 결국 이들은 통상 그들이 보호해야 한다고 여겨온 바로 그런 종류의 사람들이기 때문이다. 그러므로 적어도 이미지들 중 몇몇은 평범한 교통경찰의 감성에 호소하기 위해 특별히 제작되는 것으로 보인다.

이것은 적어도 신체 분비물을 유난히 강조하는 이유를 설명해준다. 예를 들면 표백제와 소변으로 채워진 물총이나 경찰이 소변이나 대변을 맞았다는 주장들 말이다. 이것은 경찰의 강박관념인 것 같다. 물론 이는 아나키스트의 감성과 거의 아무런 관련이 없다. 내가 활동가들에게 대체 그런 이야기가 어디서 오는 것 같으냐고 물었을 때, 대부분은 정말 잘 모르겠다고 고백했다. 활동가들 중 한두 명은, 포위된 점거 지점을 방어할 때 가끔은 인간 배설물이 든 양동이가 던질 수 있는 몇 안 되는 물건 중 하나일 때가 있다고 이야기했다. 하지만 누구도 실제로 경찰에게 던지거나 쏘기 위해 이런 배설물을 군이 운반까지 해왔다는 사례를 들은 바가 없었고, 대체 무엇 때문에 그런 것을 하고 싶을지에 대해서도 설명할 수 없었다. 사실 벽돌은 완전 무장한 경찰에게 상처를 입히기 힘들다. 그래도 벽돌을 던지면 경찰들의 속도는 늦춰질 것이다. 하지만 소변을 뿌리는 건 대체 무슨 소용이 있을까? 그럼에도 이와 같은 이미지는 경찰이 선제공격을 정당화하려 시도할 때마다 다시 출현한다. 기자회견을 하면, 경찰들은 활동가들의 회합장소나 가방에 숨겨져 있는 것을 발견했다면서 실제로 소변 통이나 대변 가방을 증거라고 내놓기도 했다.[30]

경찰처럼 본질적으로 군사적 에토스로 작동하는 제도에서는 개인적 명예의 경제라는 희한한 것이 나타난다. 그런데 이 개인적 명예의 경제 안으로 들어가지 않고서는, 이런 주장은 타당하다고 여겨지기 어렵다. 경찰관에게, 폭력이 가장 합법적으로 정당화되는 순간은 누군가의 개인적

---

30) 경찰이 이것을 어디서 구했는지 궁금해하지 않을 수 없는 노릇이다. 내 경험상 전형적인 예는 2002년 초에 뉴욕에서 열린 세계경제포럼(WEF) 때 볼 수 있었다. 어느 순간 경찰이 시위자를 공격하기 시작했다. 이들은 허가받은 행진이 시작되기를 기다리는 이들이었는데, 이들이 방패로 쓸 수 있도록 이중으로 만들어진 특수 아크릴 수지 포스터를 나누어주는 것을 보고 공격한 것이다. 시위자 몇몇은 질질 끌려나왔고 체포되었다. 나중에 경찰은 왜 공격했는지 그 이유를 설명하는 몇 가지 이야기를 퍼트렸다. 하지만 결국 이들이 확정한 설명은, 체포된 이들이 근처의 플라자 호텔을 공격할 준비를 하고 있었다는 것이었다. 경찰은 그들에게서 "납 파이프와 소변으로 가득 찬 병"을 발견했다고 주장했다. 하지만 이번에는 그들은 증거를 제시하지 못했다. 나는 이 상황을 직접 경험해서 알고 있는데, 왜냐하면 그 체포된 이들을 알고 있었고 그 일이 일어날 때 몇 미터 옆에 서 있었기 때문이다. 사실 체포된 이들은 뉴잉글랜드 지역의 작은 인문대학 학부생들이었다. 이들은 행진을 시작하기 전 이들이 행진을 준비하고 그것에 대해 배워나가는 과정을 ABC 나이트라인에서 나온 리포터 한 팀이 촬영하기로 약속까지 해놓은 상태였다 (운이 나쁘게도, 이 기자들이 당시 현장에 없었다). 이들이 불량배라는 생각은 상상하기 어려웠다. 말할 필요도 없지만, 시위자들은 경찰이 시위대가 소변통을 미리 준비해서 행진에 나왔다고 주장하는 것을 듣고 매우 놀라고 혼란스러워했다. 이런 사례들에서 활동가들은 소변이나 배설물이 있다는 주장을 경찰이 증거를 조작하고 있다는 즉각적이고 절대적인 증거로 여겼다.

존엄성을 손상했을 때이다. 누군가에게 똥소변을 퍼붓는 것은 할 수 있는 최대한의 인격 모독이다. 또한 이는 1960년대 시위자들이 베트남 전쟁에서 돌아온 '군복을 입은 군인들'에게 침을 뱉는 유명한 이미지를 의식적으로 암시하는 것인 듯도 하다. 이 이미지의 신화적인 힘은 우파 서클에 한정되지 않고 오늘날까지 울려퍼지고 있다. 그런 일이 실제로 일어났는지에 대해서는 증거가 거의 없음에도 말이다.[31] 이건 마치 누군가가 이런 이미지의 수위를 한 등급 더 올려놓으려고 작정한 것만 같다. "군복에 침을 뱉는 것이 큰 모욕이라면, 그보다 심한 것은 무엇이 있을까?"

이런 노력에 일종의 조정이 개입되었을 것이라는 점도 추측해볼 수 있다. 정확히 2000년 여름 민주당과 공화당의 전당대회가 열렸던 즈음부터, 미국 전역의 시장들과 경찰서장들이 아나키스트들은 사실 '부잣집 아이'들이며, 뭔가를 깨부술 때 자신들의 부유한 부모들이 TV에서 자기를 알아보지 못하도록 하려고 얼굴을 가린다고 선포하기 시작했기 때문이다. 그것도 많은 경우 매우 유사한 용어들을 사용해서 말이다(그리고 그에 대한 증거는 전혀 없었다). 그리고 이런 혐의는 미국 전역의 우파 토크쇼 진행자나 법 집행 전문가에게 일반적인 통념으로 수용된다.[32] 거리의

---

31) 또한 1960년대 시위자들이 군인들에게 침을 뱉었다는 주장도, 초기 페미니스트들이 브래지어를 실제로 불태웠다는 주장만큼이나 분명한 증거가 없다. 적어도, 누구도 이러한 행동에 대한 동시대에 있었던 참고자료를 제시하지 못하고 있다. 이런 이야기들은 1970년대 후반과 1980년대 초기에 등장하게 된 것 같다. 그리고 최근의 다큐멘터리인 *Sir! No Sir!* (군대에서 상관들에게 대답할 때 쓰는 표현인 Sir! yes Sir!를 뒤집어서 반전의 의미로 사용하였다.)에서 잘 보여주듯이, 이런 일이 자신에게 일어났다고 주장했던 유일한 참전 용사는 거짓말을 하고 있었던 것으로 보인다.

32) 나는 누가 맨 처음 이런 주장을 공적으로 하기 시작했는지 추적할 수가 없었다. 하지만 당시에 대한 내 기억에 따르면, 이런 주장은 LA시장인 리오단과 필라델피아 의 한 민주당 관계자로부터 해당 도시에서 경선을 준비할 때 거의 동시에 나왔다. 이런 주장은 또한 분명 자유주의자들이 '문화엘리트'의 일원이라는 식의 보수적인 고정관념에 호소하기 위함이었다(이는

경관들에게 전해지는 메시지는 명백하다. "당신의 역할을, 경제적 사안들에 대해 당신도 충분히 동의할 만한 입장들을 가진 시위대에 반하여 당신을 경멸하는 은행가들이나 정치가들을 지키는 것이라고 생각하지 마라, 차라리, 그 은행가들과 정치가의 아이들을 때려줄 기회라고 생각해라." 어떤 의미에서는, 이런 메시지가 필요한 탄압의 정도에 따라 정확하게 조절되었다고 말할 수도 있다. 왜냐하면 이 메시지는 적당한 폭력은 괜찮지만, 치명적인 폭력은 적절하지 않다고 말하고 있기 때문이다. 만약 시위자를 정말로 불구로 만들어 버리거나 죽이기라도 한다면, 그 인물이 상원의원이나 CEO의 아들 딸일 수도 있는 것이고, 그렇게 되면 그것은 대중적 물의를 일으킬 것이다.

또한 경찰은 꼭두각시들이 폭탄이나 무기를 숨기는 데 사용될 수 있다고 분명하게 주기적으로 경고한다.[33] 왜 꼭두각시들을 향해서 적의를 품냐고 물어보면, 경찰들은 이렇게 대답한다. 하지만 이 대답 하나만으로 마이애미나 다른 운동들에서 나타난 [경찰들의 꼭두각시에 대한] 개인적 앙심을 설명하기엔 부족하다. 특히 꼭두각시를 갈가리 찢는 경찰은 그 전에 그 안에 아무것도 없음을 잘 알고 있었음이 틀림없기 때문이다. 반감은 훨씬 더 깊은 것 같다. 많은 활동가들은 그 이유에 대해서 다음과 같이

놀랍게도 광범위한 영향력을 가졌다). 스티븐 슈카이티스(Stevphen Shukaitis 2005)가 지적하듯, 이런 주장은 심지어 NGO 커뮤니티 안에서도 동정적인 목소리에 의해 재생산되었다. 비록 내가 연구를 하면서 아나키스트들의 사회경제적 배경에 대해 체계적인 조사를 해보지는 못했지만, 지난 6년간의 개인적 경험에 비추어볼 때, 운동 내부에 '부잣집 아이들'은 정말이지 드물다. 주요 도시들에는 한두 명 정도 있기 마련이다. 많은 경우 물자나 자원에 대한 접근 수단이 좋아서 눈에 띌 뿐이다. 하지만 그런 물려받을 펀드를 가진 부잣집 출신 아나키스트가 한 명 있다면, 나는 최소한 두세 명 정도의 군인 집안 출신 아나키스트들을 알고 있다.

33) 한 가지 공통적으로 나타나는 공포는 꼭두각시를 만드는 데 사용되었던 나무 장부촉을 떼어서 곤봉으로 사용하거나 유리창을 깨는 데 사용할 수 있다는 것이었다.

추측했다.

데이비드 코스턴 놀스(David Corston-Knowles): 이 사람들은 피해망상을 갖도록 훈련받은 사람들이라는 점을 기억해야 한다. 그들은 뭔가 정체를 알 수 없는 큰 물건 안에는 폭탄이 들어 있을지도 모른다고 늘 의심해야 하는 사람들이다. 비-폭력 시위자의 관점에서는 이상하기 짝이 없어 보이지만 말이다. 경찰은 자신들의 직업을 단순한 법 집행으로만 여기는 게 아니라, 질서를 지키는 일이라고까지 여긴다. 그리고 이 직업을 매우 사적으로 받아들인다. 대규모 시위와 대형 꼭두각시 인형은 전혀 질서 잡혀 있지 않다. 그것들은 뭔가 다른 것(다른 사회, 사회를 보는 다른 방법)을 창조하려고 한다. 그리고 창조성은 현상유지와는 근본적으로 배치하는 것이다.

대니얼 랭(Daniel Lang): 음, 하나의 이론은 경찰들이 더 큰 볼거리를 제공하는 누군가가 나타나 관심을 가로채는 것을 싫어한다는 것이다. 결국, 보통은 바로 그들이 스펙터클이니 말이다. 그들은 푸른 제복을 입고 있고, 헬리콥터와 말과 빛나는 오토바이 행렬을 가지고 있다. 그래서 아마 누군가가 더 크고 심지어 시각적으로 더 인상적인 뭔가를 가져와서 그 주목을 빼앗아가는 것에 골이 나는 것일지도 모른다. 그들은 경쟁자를 제거하고 싶은 것이다.

이본 리우(Yvonne Liu): 그건 꼭두각시들이 엄청나게 크기 때문이다. 경찰들은 그들 위에 우뚝 솟아 있는 뭔가를 좋아하지 않는다. 경찰들이 말 타고 있는 걸 좋아하는 것은 그 때문이다. 게다가, 꼭두각시들은 웃기게 생겼고 둥글둥글하고 보기 흉하다. 경찰들이 얼마나 항상 일직선을 유지해야 하는지 아는가? 늘 줄 맞춰 서고, 다른 사람들까지도 늘 줄을 맞춰 서게 만들려고 노력한다.…… 내 생각에 둥글둥글하고 불품없게 생긴 것은 왠지 그들을 다소 불편하게 만드는 것 같다.

막스 울렌벡(Max Uhlenbeck): 분명히, 꼭두각시의 존재가 그들 자신이 꼭두각시에 불과하다는 것을 상기시키는 것이 싫어서 그러는 것일 거다.

나는 곧 이 질문으로 다시 돌아올 것이다.

분석 1. 할리우드 영화의 원리

이 기간 동안 있었던 보안 관련 공무원들의 입장에서, 병력을 모으는 것은 아마 쉬운 일이었을 것이다. 그보다 더 까다로운 문제는 대부분의 미국 대중이 전 지구적정의운동을 위협으로 보지 않는다는 사실을 어떻게 처리할 것인가에 있었다. 내가 아는 한 당시 이 질문을 물어본 유일한 설문조사(2000년 공화당 전당대회 때 시청자들을 대상으로 조그비 아메리카 Zogby America에서 진행한 조사)에서는 응답자의 1/3이 TV에서 시위자들을 봤을 때 '자부심'을 느낀다고 답했으며, 16% 이하의 응답자가 무조건적인 부정적 반응을 보였다(Reuters/Zogby 2000).[34] 텔레비전 시청자를 대상으로 한 조사에서 결과가 이렇게 나온 것은 각별히 인상적이었다. 왜냐하면 전당대회 당시 TV 보도는 [이 사건에 대해] 끊임없이 적대적이었

---

34) "조그비 아메리카의 1,004명의 성인을 대상으로 한 설문조사에서, 32.9%가 시위대가 자랑스럽다고 응답하였으며, 31.2%는 시위대를 경계한다고 응답하였다. 13.2%는 그들에 대해 공감한다고 응답하였고, 15.7%는 짜증난다고, 6.9%는 확신하지 못한다고 답하였다." 보도에서 나타났던 일관된 적대적 논조를 고려할 때, 1/3의 사람들이 그럼에도 불구하고 "자랑스럽다"고 답한 것, 그리고 1/6 이하의 사람들의 반응이 부정적이었다는 사실은 매우 놀라운 일이다.

으며, 이 사건들을 거의 잠재적 안보 위협으로만 다루었기 때문이다.

내가 보기에 이에 대한 간명한 설명이 가능하다. 나는 이를 할리우드 영화의 원리라고 부를 것을 제안한다. TV에서 극적인 대립을 보는 대부분의 미국인들은 스스로에게 묻는다. "만약 이게 할리우드 영화라면, 누가 착한 놈들일까?" 사실 누구도 해치지 않는 이상주의자 아이들의 집단으로 보이는 이들과, 무역장관들과 대기업 CEO를 보호하기 위해 중무장한 폭동 진압 경찰 사이에서, 대답은 아주 자명하다. 한 명의 이단아 경찰이라면 영화의 주인공이 될 수 있다. 하지만 폭동 진압 경찰은 그렇게 될 리 없다. 사실, 할리우드 영화에서, 폭동 진압 경찰은 거의 등장하지 않는다. 영화에서 폭동 진압 경찰과 가장 가까운 것으로 볼 수 있는 것은 「스타워즈」에 나오는 제국군 부대인 스톰 트루퍼다. 이들은 대장인 다스베이더처럼 악의 가장 친숙한 원형으로서 미국 대중문화에서 나타난다. 이런 점을 아나키스트들은 놓치지 않았다. A16 때부터 아나키스트들은 「스타워즈」 속 스톰 트루퍼의 주제곡을 가져와서 폭동 진압 경찰들이 전진하자마자 크게 틀어대곤 했다.

만약 그렇다면, 질서유지세력의 핵심 문제는 이것이 된다. 이 인식을 뒤집으려면 뭘 해야 하는가? 어떻게 시위자들을 악당으로 만들 것인가?

시애틀 직후, 모든 초점은 깨진 유리창에 맞추어졌다. 우리가 보았듯이, 이 이미지는 특정한 종류의 감정을 자극했다. 하지만 단호한 조치를 취할 필요가 있다는 인식을 만들어내는 데서는, 사유재산 파괴라는 것으로부터 국가적 쟁점을 이끌어내려는 시도는 놀랍게도 별로 효과가 없다. 내 분석의 관점에서, 이것은 너무도 당연한 일이다. 결국, 할리우드의 도덕 경제에서, 사유재산 파괴는 기껏해야 경미한 과오일 뿐이다. 「터미네이터」, 「리셀웨폰」, 「다이하드」 같은 시리즈의 대중적 인기가 보여주는 것이 있다면, 사실 대부분의 미국인은 사유물 파괴를 오히려 좋아하는 것처럼 보인다는 점이다. 만약 대중들이 누군가가 지역 은행의 지점이나 맥도날드 매장(경찰차는 말할 것도 없고, 쇼핑몰, 복잡한 건설 장비)을 박살내는 것에 내심 신이 난 게 아니라면, 왜 대중들이 번번이 자기 돈을 내면서까지, '이상주의적인 박애주의자들'이 영화 처음부터 끝까지 몇 시간 동안 그런 것들을 박살내는 것을 보러가는지 이해하기 어렵다. 물론 영화의 마법을 통해 (블랙 블록의 행동들이 그러했듯이) 이 과정에서 영화 속의 무고한 구경꾼이나 행인들은 아무도 해를 입지 않는다. 확실히 상당수의 미국인들은 은행을 날려버리는 판타지를 가지고 있는 것 같다. 자동차 파괴 경기[35]가 열리고 초대형 트럭[36]이 돌아다니는 이 땅에서, 블랙 블록 아나키스트들은 아메리칸 드림의 숨겨진 측면을 살아가는 이들이라 말할 수 있을지도 모르겠다.

분명히, 이것들은 판타지들에 불과하다. 대부분 미국 노동계급은 스타벅스의 창문을 깨버리는 것을 대놓고 옹호하지 않는다. 하지만 떠들어대는 공론(空論) 계급들[상층 계급]과 달리, 이런 활동을 군사적 유형의 억압을 필요로 하는 어떤 것은커녕, 국가에 대한 위협으로 보지도 않는다.

분석 2. 창조적 파괴와 욕망의 사유화

누군가는 이런 의미에서 블랙 블록이 다다이스트, 초현실주의자, 상황주

---

35) [역주] demolition derby, 자동차들이 서로 충돌하며 달리면서 끝까지 달리는 차가 우승하는 경기.
36) [역주] 아주 큰 픽업 트럭.

의자들을 관통하며 이어져온 예술적/혁명적 전통을 보여주는 가장 최근의 화신인 것 같다고까지 말할지도 모르겠다. 자본주의의 파괴적이고 평준화하는 힘이 자본주의 자체를 향하도록 함으로써 자본주의의 모순을 조롱하려 했던 그런 전통 말이다. 자본주의 사회는(그리고 특히 미국은) 본질적으로 포틀래치(potlatch)[37] 사회이다. 즉 이 사회는 소비재들의 과시적 파괴를 둘러싸고 형성되어 있다.[38] 자본주의 사회들은 스스로가 '경제'라고 부르는 어떤 것, 즉 '생산'과 '소비'를 이어주는 연쇄 위에 존재한다고 상상하는 사회이다. 끊임없이 상품을 토해내고 그것을 다시 파괴하면서 말이다. 이것은 모두 산업 생산의 무한한 확장 원리에 기반하고 있기 때문에(블랙 블록의 아나키스트들은 대부분 아주 생태학적으로 의식 있는 반-자본주의자들이며, 그래서 이 원리에 가장 격렬하게 반대한다.) 모든 물건은 새로운 물건에 자리를 내주기 위해 계속 파괴되어야만 한다. 하지만 이것은 결과적으로 자본주의를 가능하게 하는 관계의 구조를 분쇄해버리는 기쁨에 쉽게 빠질 수도 있는, 소유물의 파괴에서 느껴지는 기쁨이나 감정을 가르치는 것을 의미하기도 한다. 이 사회는 그 자신이 파괴되리라는 전망에서 비롯되는 은밀한 기쁨을 배양함으로써만 스스로를 회복할 수 있는 시스템이다.[39]

---

37) [역주] 포틀래치는 북미 서해안(현 브리티시 컬럼비아)에 거주하는 인디언 부족사회의 풍습으로, 겨울에 축제를 열어 재산을 많이 모은 부족이 다른 부족에게 선물을 나눠주는 것에서 유래되었다. 그런데 이 축제 중에는 부족들 간에 우월성을 증명하기 위해 서로의 재물을 경쟁적으로 파괴하는 행사들이 있었다.

38) 아마도 생산 능력의 파괴 또한 함께 일어날 것이다. 이는 끝없이 재생되어야 한다.

39) 미국이 세계로 수출하는 주요한 품목이 할리우드 액션 영화와 PC라는 사실이 이 대목에서 의미심장하다. 이에 대해서 생각해보면, 그 둘은 내가 앞서 설명했던 '창문을 깨는 벽돌 / 거대 꼭두각시' 세트를 보완하는 쌍을 형성한다. 혹은 차라리 벽돌/꼭두각시 세트가 이들의 전복적이고 탈승화된 반영이라고 할 수도 있을 것이다. 전자는 소유물 파괴에 대한 찬가를 담고

실제로, 20세기의 예술적/혁명적 사유에 두 가지 계통이 있었다고 주장할 수도 있다. 그리고 그 둘 모두는 (끊임없이 양가적인) 포틀래치의 이미지에서 뒤얽히게 된다. 예를 들어 1930년대에, 조르주 바타유는 마르셀 모스가 묘사한 콰키우틀 족의 포틀래치에서 사유물이 과시적으로 파괴되는 데에 깊이 매혹되었다. 그것은 결국 그의 유명한 '소비'의 이론과, 그가 느끼기에 궁극적으로 현대 자본주의에서는 결여되어 있던, 파괴를 통한 의미 창출의 이론에 기초가 되었다. 여기에는 끝없는 아이러니들이 있다. 첫 번째로, 바타유와 이후의 학자들이 주목한 것은 사실 전혀 [일반적인] '포틀래치'가 아니다. 그것은 세기 변환기에, 그러니까 콰키우틀 족의 인구가 급격히 감소하고 동시에 소소한 경제 호황을 맞으면서 해당 지역에 전례없이 소비품이 넘쳐난 때에 일어난 예외적이며 몇 안 되는 포틀래치였다. 평범한 포틀래치에서는 보통 소유물의 파괴가 일어나지 않는다. 포틀래치는 귀족 계급이 공동체에 부를 아낌없이 줘버리는 기회일 뿐이다. 만약 수천 장의 모포나 다른 소비품에 불을 붙이는 인디언들의 이미지가 매혹적이라면, 이는 그 이 이미지가 자본주의가 잃어버린 인간 사회의 본질적인 진리를 보여주기 때문이 아니라, 그것이 소비 자본주의 자체가 가진 궁극적 진리를 반영하기 때문이다. 1937년에, 바타유는 로제 카유아와 팀을 이루어 '사회학 학교'(Collège de Sociologie)라고 불리는 독서 집단을 수립했다. 이 집단을 통해 바타유는 혁명적 축제의 일반이론에까지 시야를 확장했다. 그리고 대중적 축제에 체현되어 있는 신성의 원리와 신화의 힘을 이용함으로써만 효과적인 혁명적 활동이 가능하다고 주

있고, 후자는 좀더 오래되고 영속하는 형태를 위한 자리에 새롭지만 일시적이고 공허한 이미지를 끊임없이 만들 수 있는 능력을 보여준다.

장했다. 비슷한 생각이 1950년대 앙리 르페브르(Henri Lefebvre)에 의해 발전되었다. 그건 문자주의인터내셔널(Lettrist International)[40] 안에서 일어났는데, 기 드보르가 편집했던 그들 모임의 잡지명은 의미심장하게도 『포틀래치』였다.[41] 물론 여기에서 상황주의자에게서 펑크 운동과 오늘날의 아나키즘에 이르는 직접적인 선을 발견할 수 있다. 이들은 예술을 혁명적 직접행동의 한 형태로 선포한다.

만약 블랙 블록이 이 전통 중 한 측면을 체현하고 있다면(즉 궁극적으로는 자본주의 자신에게로도 되돌려질 수 있는 소비주의적 파괴에 대한 일종의 매혹을 자본주의가 조장하는 것), 꼭두각시들은 분명 다른 면을 보여주고 있다. 집합적 축제에서 나타나는 신성함의 회복과 소외되지 않은 경험이라는 측면 말이다. 급진적인 꼭두각시 조종사들은 그들의 예술이 중세 축제에 등장했던 가르강튀아와 팡타그뤼엘, 고리 버들로 만든 거인이나 용들에 큰 영향을 받고 있다는 사실을 날카롭게 자각하고 있었다. 라블레나 바흐친을 읽지 않는 사람들도 카니발(carnivalesque)이라는 개념에 익숙하다.[42] 회합(convergence)은 많은 경우 "자본주의에 반하는 축제들"이나 "저항의 축제들"로 표현된다. 가장 기초적인 참조점은 자본주의가 발흥하기 직전인 중세 후기인 것 같다. 이 시기는 특히 흑사병이 창궐한 이후, 인구의 급격한 감소로 인해 노동계급의 손에 전례 없을 만큼 많은

---

40) [역주] 1952~1957년에 파리를 중심으로 형성된 급진적 예술가, 이론가 모임.
41) 이런 역사 중 일부는 다시 이야기되었고, 그 이야기는 '거리를 되찾아라' 운동과 자본주의에 반해서 현재 일어나는 카니발 들로 소환되었다. 그라인돈의 책(Grindon 2006)을 보라.
42) 이런 것을 반영하는 좋은 예로, 『현명한 바보 꼭두각시 개입』(Wise Fool Puppet Intervention)을 보라. '현명한 바보'(꼭두각시 예술가와 활동가 그룹이 결합한 활동체)는 자신들의 예술을 축제보다는 중세의 신비극으로 그 기원을 찾아 거슬러 올라가긴 하지만, 괜찮은 역사적 관점을 제시해준다.

돈이 들어왔던 시기였다. 이런 돈 대부분은 이런저런 종류의 대중적 축제에 쏟아부어졌으며, 이 축제들은 점점 늘어나더니 일 년이라는 시간의 많은 부분을 차지하기에 이르렀다. 오늘날 '집합적 소비'라는 사건이나, 음탕함과 떠들썩한 즐거움의 향연, (만약 바흐친을 믿는다면) 위계의 원리 그 자체에 대한 무언의 공격이라는 이름으로 불릴 법한 그런 것들 말이다. 누군가는 자본주의의 첫 번째 물결(때로는 청교도적 순간이라고 불리기도 하는)이 이런 세계에 대한 협공으로 시작되었다고 말할 수 있을 것이다. 진보적 지주들과 초기 자본가들은 이러한 세계를 이교도적이고 비도덕적이며 노동 규율 유지에 전혀 도움이 되지 않는다고 비난했다. 물론, 대중 축제를 모두 없애버리려는 움직임이 영원히 지속될 수는 없었다. 영국에서 크롬웰의 지배는 그가 크리스마스를 불법으로 만들었다는 것 때문에 오늘날까지 비난받고 있다. 보다 중요하게는, 축제의 한 요소였던 집합적 소비가 사라져버린 순간, 발흥하던 자본주의는 어떻게 그 상품을 팔 것이냐 하는 명백한 문제를 안게 되었다. 특히 생산을 계속적으로 늘려야 한다는 필요의 관점에서 더욱 문제적이다. 그 최종적인 결과가 욕망의 사유화 과정이라고 이름하고 싶은 어떤 것이었다. 개인적, 가족, 혹은 반쯤 은밀한 소비 형태의 끝없는 창출 말이다(우리가 정말 많은 경우 다시금 상기하게 되듯이, 이러한 소비 중 어느 것도 완전히 만족스러울 수가 없다. 하지만 그렇지 않으면 끝없는 확장의 논리 자체가 기능하지 않는다). 경찰 전략가들이 이 모든 것을 완전히 이해한다고 보기는 힘들지만, 경찰의 존재 그 자체는 이런 형태의 집합적 소비를 본질적으로 무질서하고, (중세 카니발처럼) 항상 폭력적인 반란을 불러올 가능성이 있는 것으로 바라보는 정치적 우주관과 밀접히 연결되어 있다. '질서'는 시민들이 집에 가서 TV나 보

는 것을 의미한다.[43]

혁명가들이 대중적 축제의 재창조를 통해 신성함을 분출하는 것으로 보는 사건이, 경찰에게는 '무질서한 집회'이다. 그들이 나서서 해산시켜야만 하는 그런 것일 뿐이다. 하지만, 축제를 위협적인 것으로 보는 이런 감각이 다른 많은 TV 시청자들과 공명하는 것 같지 않자, 경찰은, 말하자면, 각본을 바꿀 수밖에 없었다. 그렇게 해서 우리가 목격하게 된 것은 상징적 전투의 고도의 계산된 군사 작전이다. 그것은 형형색색의 행진용 장식차량과 꼭두각시들의 이미지를 없애고, 염산이나 폭탄(경찰의 판타지에서 이 물질들은 종이 반죽으로 된 껍데기 안에 실제로 숨겨져 있다)의 이미지로 대체하는 시도라 할 수 있다.

분석 3. 전쟁의 규칙

하지만 꼭두각시들의 지위를 완전히 이해하기 위해서는, 교전 수칙에 대한 질문을 붙잡고 고투해야 한다.

나는 이전에 이 질문을 이미 간접적으로 다루었다. 정치인들이 경찰들에게 시위자들이 '부잣집 아이들'이라고 알려주었을 때, 그들이 실제로 의도한 것은 시위자들을 난폭하게 다루되 죽이거나 불구로 만들면 곤란하며, 경찰의 전략은 이에 따라 구성되어야 한다고, 말하려는 것이었다고 시사했을 때를 이르는 것이다. 민족지학자의 관점에서, 직접행동에서 가장 곤혹스러운 일 중 하나는, 이런 수칙들이 실제로 어떻게 협상되는지

---

43) 그런데 집에서 TV를 켜면 애초에 그들을 거리에서 밀어내는 역할을 맡았던 바로 그 경찰의 관점에서 제작된 TV쇼들이 나온다. 나중에 이에 대해 더 자세히 서술하겠다.

이해하는 것이다. 물론, 수칙들은 존재한다. 경찰이 큰 대중적 물의의 위험을 감수할 것이 아니라면 넘어서는 안될 선들이 있다. 활동가들이 넘을 수 없는 선들은 무한하게 있다. 하지만 각자는 이런 과정이 마치 상대방과의 어떤 협의도 없이 자기 고유의 과정을 통해서만 배타적으로 도출해낸 규칙에 따라 진행되는 게임인 것처럼 행동한다. 하지만 본질적으로는 이럴 수가 없다. 나는 2000년 여름 공화당 전당대회 때 필라델피아를 경험한 이후, 이런 질문을 처음 던지기 시작했다. 내가 말했던 것처럼, 나는 주로 활동가 언론 팀에서 일했었다. 하지만 활동 기간 동안, 내 일은 휴대전화를 들고 거리를 돌아다니면서 실제로 무슨 일이 일어나고 있는지 언론 팀에게 알려주는 것이었다. 그러다 블랙 블록 대열과 합류하게 되었다. 그들의 활동은 원래 시내 다른 지역에 있는 거리 봉쇄물로부터 경찰들을 끌어내어 분산시키는 것이었다. 경찰들은 이 미끼를 물지 않기로 결정한 것처럼 보였다. 그리고 그 결과, 그 블랙 블록은 일시적으로 필라델피아 번화가의 넓은 부분을 차지하게 되었다.

(현장 메모: 필라델피아, 2000년 8월 1일)

어디선가 난데없이 나타나 재빨리 움직이는 수백의 아나키스트 대열과 마주하면서, 소그룹의 경찰들은 종종 차를 버리고 갔고, 아나키스트들은 거기에 스프레이를 뿌리고 부숴버린다. 20~30대의 경찰차와, 한 대의 리무진과, 수많은 공공 건물이 그 다음 한 시간 남짓 동안 공격받았다. 결국, 증원군, 오토바이 경찰 부대가 등장했고, 곧 아슬아슬한 힘의 균형이 생겼다. 여기서 이후에 일어난 일들은 어떤 종류의 비폭력적 전투 사건이라고 부를 수밖에 없는 것들이다. 몇 명의 블랙 블록 애들은 버스 뒤쪽의 밸브를 조작해서 버스를 멈추려고 했다. 오토바이 경찰의 한 분대는 여기에 급습하여 몇몇을 잡아서 수갑을 채우고는 이들을 붙잡아둘 진지를 만들기 위해 오토바이들을 서로 묶었다. 그러자 다른 방향에서 다수의 시위자들이 나타났고, 경찰들은 결국 그들의 조그만 오토바이 진지 안에 포위되었다. 블랙 블록 참가자들이 그들을 에워싸고, 위협하고, 페인트 폭탄을 그들의 머리 위로 던졌다. 실제로 공격하는 것 말고는 모든 것을 했다. 그 블록이 연행된 동료를 아직 구해내지 못했을 때, 증원 경찰이 호송차량과 함께 그들을 데려가기 위해 나타났다. 다른 곳에서는 성공적인 '구출'의 루머가 떠돌았다. 경찰은 바로 이 대치에서 심지어 상해를 입기도 했다. 과체중의 경찰 한 명이, 긴장과 숨 막히는 열기에 압도되어 쓰러졌는데, 호송되었다고도 하고, 후자극제 냄새를 맡고 다시 깨어났다고도 한다.

양 측이 교전 수칙을 이해하고 있음은 자명하다. 활동가들은 그들의 원칙을 사전에 세심하게 다듬는다. 물론 전통적인 비폭력 시민불복종 원칙을 적용하는 이들과(이를테면, 비폭력 훈련을 받은 이들), 내가 함께 있던 좀더 전투적인 이들 사이에는 차이가 있다. 하지만 모두 적어도 직접적으로 인간에게 해를 끼치는 일은 피한다는 원칙과 개인 재산이나 영세한 자영업자들의 상점에는 해를 끼치지 않는다는 원칙에는 동의한다. 경찰은 물론 다소 자의적으로 시위자들을 공격할 수도 있다. 하지만 적어도 이 시점에서는, 그들은 그 누구도 죽거나, 여러 사람이 병원 신세를 지는 일이 일어나지 않도록 하는 방법으로 행동해야 한다고 느끼는 것 같다. 이런 원칙은 특별한 훈련이나 기술이 없다면, 상당한 제약을 낳게 된다.

이 기본적 원칙은 내내 적용되었다. 하지만 그 하루 동안에도, 사건들의 방향은 끊임없이 변화했다. 블랙 블록이 만들어내는 대치는 팽팽하고 공격적이었다. 다른 지역은 평온하거나 수수한 의례가 진행되었다. 여기에 북 치는 이들이 나타나고 빙글빙글 돌면서 춤을 추는 토속 신앙 의식[44]이 벌어졌다. 또 다른 지역은 음악이 울려퍼지고 희한한 카니발이 열렸다. 예를 들어 내가 함께한 블랙 블록 대열은 결국 일련의 다른 이들과 합류했다. 그리고 도시 중심부 전역을 통과해 거의 천명의 아나키스트가 광란하듯 지나가는 지경에 이르렀다. 검찰청은 페인트 폭탄으로 초토화되었다. 더 많은 경찰차가 파괴되었다. 하지만 이 모든 일은 이동 중에 신속하게 이루어졌다. 더 많은 오토바이 부대가 우리 대열을 따라오기 시작했고, 이 블럭을 깨고 연행이 가능하도록 작은 집단으로 만들어 고립시키려고 위협했다. 우리는 점점 더 빠르게 뛰었으며, 뒷골목과 주차장을 통과하면서 숨었다.

마침내 가장 큰 무리가 허가된 집회가 열리고 있는 광장으로 돌아왔다. 이곳은 안전한 공간으로 여겨진다. 사실, 실제로는 별로 그렇지가 않았다. 폭동 진압 경찰은 곧 광장을 둘러싸기 시작하고 도주로를 차단하기 시작한다. 마치 대량 연행을 준비하는 것 같다. 이런 문제는 통상 단순하게 숫자로 귀착된다. 거리의 시위자를 대량으로 연행하기 위해서는 시위자 한 명 당 현장 경찰 두 명 정도가 필요하다. 만약 이들이 저항하거나 어떻게 연행시도에 저항하는지 안다면(서로 팔짱을 끼고 연속된 선을 유지하려고 하는 것), 아마 세 명이 동원되어야 할 것이다. 이런 상황에서 블랙 블록은 무엇을 해야 하는지 정확히 알고 있다. 다른 이들, 그러니까 자신들이 안전하고 허가된 집회에 있다고 생각하는 이들은 대부분 전혀 준

---

44) [역주] 페이건 스파이럴 댄스(pagan spiral dance)라고 하여 통상 마녀의 부활 혹은 공동체의 가치를 강조하면서 빙글빙글 돌면서 추는 춤을 의미한다.

비되어 있지 않다. 그럼에도 블랙 블록이 앞장서 이끄는 대로 따를 것이다. 다른 한편, 그들은 갇혔고, 증원을 받을 방법이 없다. 그리고 경찰은 계속 증원을 받고 있었다. 긴장감은 극도로 고조되었다. 기존에 티치인 (teach-in)[45]이나 감옥 산업 복합체에 반하는 행진을 경험해본 활동가들은 대형 광고 판 주위를 불안한 듯 빙글빙글 돌았다. 이제 손수건이나 방독면을 쓴 2, 3백 명의 검은 형상으로 환원된 블랙 블록은 약식 발언위원회를 형성했다. 이들은 경찰 저지선이 뚫린 곳이 있어 보이는 두 개의 다른 지점에서 경찰과 대치했다(통상 경찰이 처음 배치될 때, 그런 곳이 생기기 마련이다). 하지만 소용이 없었다.

나는 친구 브래드와 이야기하며 광장에 머물렀다. 브래드는 배낭과 소지품의 대부분을 아침에 있었던 경찰의 꼭두각시 창고 급습에서 잃어버렸다고 불평하고 있었다. 우리는 사과를 깨물어 먹으며(우리 둘 다 하루 종일 아무것도 먹지 못했다), 자전거를 탄 네 명의 행위 예술가가 종이 반죽 염소 머리를 쓰고 ""유권자 염소"(Goats With A Vote)"라고 써 있는 작은 팻말을 든 채, 아카펠라 랩을 하기 위해 경찰 저지선으로 돌진하기 시작하는 것을 보았다. "꼭두각시만 있으면 뭘 할 수 있는지 알겠지?" 브래드가 웃었다. "[꼭두각시가 아니면] 그 누구도 저런 짓을 하고 빠져나갈 수는 없을 걸."

염소들은, 나중에 드러났지만, 첫 번째 물결에 불과했다. 10분 후에, 일종의 '꼭두각시 개입'이 일어났다. 진짜 꼭두각시들은 없었다. 그날 아침 창고에서 꼭두각시들은 모조리 피괴되었고, 음악가들도 모두 연행되었다. 대신, '혁명적 아나키스트 어릿광대 블록'(Revolutionary Anarchist

---

45) [역주] 사회적 항의를 위한 교수와 학생의 장기간 토론집회.

Clown Bloc)이 나타났다. 높은 자전거에서 뿔과 카추[46]를 불고 있는 두 사람에 의해 인도되어, 색 띠와 색종이 조각을 사방에 뿌려댔다. 옆에는 턱시도와 이브닝 드레스를 입은 '부시(혹은 고어)를 위한 억만 장자들'이라는 대규모 대표단이 있었다. 그들은 다 합쳐 30명에서 40명 정도에 불과했지만, 순식간에 전체 행사의 방향을 바꾸어버렸고 모든 것을 혼돈 속에 빠뜨렸다. 억만장자들은 경찰들에게 가짜 돈을 뿌려대기 시작했다 ("반대자들을 억압해주는 데 대한 감사의 의미로"). 어릿광대들은 뽕망치를 가지고 억만장자들을 공격하기 시작했다. 외발 자전거가 등장하고 불공으로 저글링하는 사람이 등장했다. 계속되는 혼란 속에서, 드디어 경찰 저지선에 균열이 나타났고, 앞장선 블랙 블록을 따라 거기 있던 모든 사람들이 대형을 이루어 뛰쳐나가서 인접한 곳으로 나아갔다.

잠깐 비폭력 전투라는 개념에 대해 논의해보자. 이 표현은 과연 얼마만큼이나 은유적이라고 할 수 있는가?

누군가는 이것이 전혀 은유가 아니라고 주장할 수도 있을 것이다. 클라우제비츠의 주장에도 불구하고, 전쟁은 규칙이 없는 힘들의 순수한 충돌이었던 적이 없다. 모든 무장 충돌에는 적대하는 집단들 사이의 복잡하고 구체적인 상호적 이해가 존재했다(총력전을 일으킨 사람들은 ── 아틸라와 코르테스[47] ── 바로 이런 이유로 천 년 후에도 기억되는 것이다). 규칙은 항상 있다. 이스라엘 군사 이론가인 마틴 반 크레벨드(Martin Van

---

46) [역주] 피리와 유사한 악기.
47) [역주] 아틸라는 훈족의 왕이며 코르테스는 아즈텍 왕국을 무너뜨린 정복자이다. 둘 모두 무자비한 정복 전쟁을 일으킨 이들이다.

Creveld 1991)의 관찰에 따르면, 다른건 차치하더라도, 무장 충돌에는 통상 이런 규칙이 존재한다.

- 협상과 정전의 규칙(예를 들어 이것은 협상자의 불가침성을 포함한다).
- 어떻게 항복하고 포로는 어떻게 다뤄야 하는지에 대한 규칙.
- 비전투원을 어떻게 식별하고 다루어야 하는지에 대한 규칙(보통 위생병을 그 대상으로 포함한다).
- 전투원 사이에 허락되는 힘의 종류와 수준에 대한 규칙. 어떤 무기나 전술이 불명예스럽고 불법적인지에 대한 것(즉 심지어 히틀러와 스탈린이 전쟁을 할 때도, 양쪽 모두 상대를 암살하려고 하거나 화학 무기를 쓰지는 않았다).

반 크레벨드는 이런 규칙들이 모든 실질적인 힘의 행사에서 현실적으로 필요하다는 점을 강조한다. 왜냐하면 효과적인 군대를 유지하기 위해서는, 어떤 명예와 규율의 감각을, 착한 편이라는 감각을 유지할 필요가 있기 때문이다. 달리 말하자면, 규칙들 없이는 군대의 사기나 명령 체계를 유지할 수가 없다. 규칙을 지키지 않는 군대는 약탈자들로 변해가며, 진짜 군대와 만나면 약탈자들은 예외 없이 질 수밖에 없다. 반 크레벨드는 규칙이 필요한 다른 이유도 있다고 제시한다. 예를 들어, 폭력은 본질적으로 매우 두려운 것이기에 사람들은 항상 즉각적으로 폭력을 규칙으로 둘러싸버린다는 것이다. 하지만 가장 재미있는 것은, 이러한 사항들은 전쟁터가 얼마나 더 큰 정치적 장의 연장인지 상기시키므로, 규칙 없이는 언제 이겼는지 아는 것이 불가능하다는 점이다. 왜냐하면 궁극적으로는 양자 모두가 이 문제에 동의를 해야 하기 때문이다.

이제 경찰을 생각해보자. 경찰은 당연히 자신들을 일종의 군인이라 여긴다. 하지만 그들이 스스로를 전쟁에서 싸우는 자들로 보는 한(소위 '범죄와의 전쟁'), 처음부터 승리란 정의상 있을 수 없는 충돌에 휘말렸다는 점도 알고 있다.

이것이 교전 규칙에는 어떻게 영향을 주는 것일까? 한 가지 수준에서 답은 명백하다. 힘의 수준에서 볼 때, 그러니까 어떤 종류의 무기나 전술을 어떤 상황에서 쓸 수 있는지의 대해서, 경찰은 아주 큰 제약(어떤 군대보다도 더 큰) 하에서 활동한다. 이 제약 중 몇몇은 암묵적으로 존재한다. 그 외의 제약들은 완전히 법적이고 명백하다. 물론, 경찰이 총을 쏠 때마다, 항상 조사가 수반된다. 이것이 대중들의 통제를 위해 '비-치명적인' 무기들을 끊임없이 공들여 만드는 이유 중 하나이다(전기충격기나 플라스틱 총알, 페퍼 스프레이, 기타 등등). 여기에는 동일한 제한이 가해지지 않는다. 다른 한편, 경찰이 치명적인 무기를 사용하지 않는다고 여겨지는 활동을 할 때, 그리고 그 활동이 마지막에 용의자의 유죄 선고로 이어지는 것이 아닐 때, 경찰들이 하는 일에는 거의 아무런 제약이 없다(물론, 아무 것도 어떤 방식으로건 강제 집행될 수는 없다).[48]

그러므로 반 크레벨드의 마지막 범주(공개된 전투에서 사용될 수 있는 특정한 종류의 무기들, 특히 치명적 무력의 사용)에는 끝없는 제약이 있다. 다른 규칙에 대해서는, 직접행동에 참여한 모든 이들이 경찰이 체계적으

---

48) 경찰 사회학에서 이러한 제약과 '자유재량권'에 대해서 일반적으로 어떻게 이해하는지 잘 요약된 책으로는 비트너의 책이 있다(Bittner 1990). 대부분의 미국인이 경찰은 보통 범죄를 예방하거나 수사한다고 생각하기 때문에, 사람들은 경찰의 행동이 매우 많은 행정적 제약으로 묶여 있다고 생각한다. 사실, 경찰 사회학의 중요한 발견 중 하나는, 경찰이 범죄와 관련된 일에는 놀랄 만큼이나 적은 비중의 시간만을 투여한다는 점에 있다.

로 이 모든 규칙을 어긴다는 것을 증언할 수 있다. 경찰은 전쟁에서라면 터무니없다고 여겨질 만한, 적어도 아주 불명예스럽다고 여겨질 만한 행동을 자주 행한다. 경찰은 자주 중재자를 연행한다. 만약 한 친화 집단의 구성원들이 건물을 점거하고 있는 와중에, 한 사람은 그러지 않고 경찰의 연락책을 하고 있다면, 결국 그 연락책인 사람이 실제로 연행되는 유일한 사람이 되곤 한다. 만약 누군가가 경찰과 협정을 맺는다고 하더라도, 경찰들은 거의 항상 이를 위반한다. 경찰은 안전 통행을 약속한 바로 그 당사자들을 공격하거나 연행한다. 이 때 의료진이 경찰의 표적이 되는 경우가 많다. 만약 도시의 한 지점에서 활동을 하고 있던 사람들이 다른 지점에서 '그린 존'이나 안전지대를 만들려고 한다면(다른 말로 해서, 그들이 전투원과 비전투원을 구분하는 방법의 일환으로 모든 이들이 법을 어기지 않고 공권력을 자극하지 않는 지대를 세우려고 한다면), 경찰은 거의 예외 없이 그린 존을 공격할 것이다.

왜 그런가? 여러 가지 이유가 있다. 몇몇은 아주 실용적인 이유다. 만약 당신이 시위자를 연행할 수 있는데, 시위자는 당신을 연행하지 못할 경우, 어떻게 죄수를 다루어야 하는지 이해할 필요는 없다. 하지만, 더 넓은 의미에서, 이런 행동은 그 어떤 종류의 동등함도 거부하는 수단이 된다(전통적인 전쟁에서 다른 군대와 싸울 때에는, 동등함은 그냥 전제되는 원칙이다). 경찰은 국가를 표상한다. 국가는 영토 안에서 폭력의 합법적인 사용을 독점한다. 그러므로, 영토 안에서, 경찰은 정의상 다른 어떤 것과도 통약불가능하다. 이것은 경찰이 실제로 무엇인지 이해하는 데 본질적인 부분이다. 많은 사회학적 연구들이 경찰관의 시간 중 아마 6% 정도만이 미미하게나마 '범죄와의 전쟁'이라고 여겨질 만한 활동에 쓰인다는 것을 지적해왔다. 경찰은 정부 관리자들 중 사다리꼴의 하층에 해당하는 무장 집단이다. 경찰은 집행에 있어서 나타나는 문제를 해결하는 데 도움을 주고자, 물리적 힘을 과학적으로 적용하는 훈련을 받은 이들이다. 이들은 총을 가진 관료들이다. 그들이 길 잃은 아이를 보호하든, 고주망태가 되어 난동을 피우는 술꾼을 구슬러 술집에서 데리고 나오든, 공원에서 진행되는 무료 콘서트를 관리하든, 그들이 배치되는 상황에서 나타나는 공통적인 특성은 "잠재적인 무력 사용으로 뒷받침되는 비-협상적인(non-negotiable) 해결방식"[49]을 동원해야만 할지도 모른다는 가능성에 있다. 여기서 핵심 용어는, 내 생각에 "비-협상적인"이다. 경찰은 협상하지 않는다(적어도 중요한 뭔가에 있어서는). 왜냐하면 이것은 동등성을 함축하는 행동이기 때문이다. 경찰들이 어쩔 수 없이 협상을 할 수밖에 없을 때, 그들은 거의 예외 없이 약속을 어긴다.[50]

다시 말해, 경찰들은 자신들이 역설적인 위치에 있음을 발견한다. 그들의 직업은 강제력 행사에 대한 국가의 독점권을 체현하는 것이다. 그럼에도 그들이 이 힘을 사용할 수 있는 자유는 극단적으로 제한되어 있다. 상대편을 명예로운 적으로, 따라서, 그 어떤 식으로든 동등한 존재로 취급하기를 거부하는 것만이, 국가의 대리자가 정의상 반드시 유지해야 하는 절대적 통약불가능성의 원리를 유지하는 유일한 방법인 것처럼 보인다. 이것이 경찰의 강제력 사용에 대한 제약이 사라질 때, 왜 그 결과가 그토록 참담한지를 보여주는 이유인 것으로 나타난다. 우리가 모든 규칙을

---

49) 비트너의 문장이다. 네오클레우스의 책도 참고해 볼 수 있다(Neocleus 2000).

50) '경찰 협상가들'이 일반적으로 인질극이 벌어지는 상황에서 투입된다는 사실을 고려해보라. 달리 말하자면, 경찰이 실제로 협상을 하게 만들려면, 문자 그대로 누군가의 머리에 총을 들이대야만 한다. 이런 상황에서 경찰이 자신들을 약속을 지킬 것이라 기대하기는 어렵다. 사실, 그들은 그렇게 하지 말아야 할 도덕적 의무가 있다고 주장할 것이다.

어기고 시민에 대한 끔찍한 흉악성이 나타나는 전쟁을 목격한다면, 그 전쟁은 틀림없이 '경찰 행동'으로 표현될 것이다.

명백하게도, 이중 어떤 것도 어떻게 교전의 규칙이 협상되느냐는 질문에 대답을 해주지 못한다. 하지만 이것은 왜 그것이 직접적으로 이루어질 수 없는지를 명확하게 해준다. 이는 특히 미국에서 그러한 것 같다. 이탈리아에서 마다가스카르까지 많은 나라에서, 시민 저항의 규칙은 때때로 아주 분명하게 작동한다. 그 결과 시위는 결국 그 규칙을 양측이 분명하게 이해하고 있는 일종의 게임이 된다. 좋은 예가 이탈리아에서 1999년과 2001년에 채택된 '하얀 작업복'(*tute bianche*) 전술이다. 시위자들은 여러 겹의 패딩이나 옷 안에 팽창식 튜브 같은 걸 넣어 무장하고는 바리케이드로 돌진했다. 다른 인간에게 피해를 주지 않겠다고 서약하면서 말이다. 참가자들은 그 규칙이 대부분 직접적으로 협상되었다고 인정했다. "당신들은 우리를 원하는 만큼 세게 때려도 된다. 이 패딩을 때리는 한에서 말이야. 우리는 당신을 때리지 않을 것이다. 하지만 바리케이드를 무너뜨리려고 노력할 것이다. 누가 이기는지 한번 해보자!" 사실, 사태가 이 지경에 이르자 협상이 예상되었다. 제노바에서의 G8회의 전에, 정부가 폭력 진압이라는 정책을 선택했을 때, 그들은 LA경찰들을 불러 이탈리아 경찰을 훈련시켜야만 했다. 어떻게 시위자들과 상호작용을 하지 **않는지**, 어떻게 한쪽이 다른 쪽의 시선에서 실질적으로 인간화되지 **않도록** 하는지를 훈련시키기 위해서 말이다.[51] 그러나 미국에서 경찰은 원칙적으로 이

---

51) 제노바에서 활동했던 조직가들은 활동 중에 모든 경찰 지휘관들이 갑자기 활동가들의 전화를 받기를 거부했을 때 받았던 충격에 대해서 공통적으로 이야기했다(경찰 지휘관들의 번호를 미리 수집해두었다).

런 협상을 반대하는 것처럼 보인다(시위자들이 진짜로 연행 되려고 작정을 하고, [그렇게 된 상황에서] 조건을 협상할 의향이 있는 것이라면 또 모르겠지만.).

하지만 어떤 수준에서 협상은 일어나야만 한다. 게다가, 그 수준이 무엇이든, 그것은 권력의 실제적 수준이다. 그러므로 결국, 정치에서 늘 그렇듯이, 진짜 권력은 경기에서 이기는 힘이 아니라, 문제를 규정하고 규칙을 규정하는 힘이다. 논쟁에서 이기는 힘이 아니라, 논쟁이 무엇에 관한 것인지 규정하는 힘이다. 여기서, 권력이 한 쪽에만 있지 않다는 것은 명백하다. 도덕적-정치적 투쟁이 계속되어온 세월 때문에, 경찰이 강제력 사용에서 일반적으로 극단적인 제약을 받아들여야만 하는 상황이 만들어졌다고 말할지도 모르겠다. 물론 이는 '백인'이라고 정의되는 사람들과 관련될 때에는 더욱 잘 나타나긴 하지만, 그럼에도 이것은 반대자를 억압하는 경찰의 능력에 실제 제한을 가한다. 직접행동의 원리에 헌신하는 사람들에게 문제는, 이 교전 규칙(특히 경찰이 행사해도 좋다고 허가되는 강제력의 수준)이 계속적인 재협상 하에 있기는 하지만, 이 과정이 아나키스트가 원칙적으로는 반대하는 제도를 통해서 일어날 것으로 예상된다는 점이다. 법정에서 사건을 고발하려면 (자유주의적인 NGO나 동정적인 정치인의 도움을 받아) 보통 '권리'니 '경찰의 잔학 행위'니 하는 언어를 사용해야만 할 것이다. 하지만 그 무엇보다 '대중의 여론이라는 법정' 안에서 싸우게 될 것이다. 당연히 이는 상업 언론을 통하는 것을 의미한다. 왜냐하면 이 맥락에서 '대중'이란 상업 언론의 시청자들에 지나지 않기 때문이다. 물론, 아나키스트들에게, 인간이 '대중'으로 조직된다는 사실, 원자화된 구경꾼의 집합이 되어버린다는 사실 자체가 정확히 문제다. 이 문제의 해결책은 자기-조직화다. 그들은 대중이 구경꾼으로서의 역할을 버리고, 무한하며 중첩되는 직접민주주의적 자발적 연합들과 공동체들로 자신들을 조직하기를 바란다. 하지만, 언론계나 정계에 종사하는 계층이 보통 채택하는 어법으로는, 대중이 이렇게 하기 시작할 때, 즉 그들이 어떤 방식으로든(말하자면, 노동조합을 만들든 정치 연합을 만들든) 자기-조직화할 때, 그들은 더 이상 대중이 아니라, '특정 이해집단'이 된다. 이들은 정의상 대중의 이해와는 반한다고 추정된다(이것은 허가된 행사에서 대다수 미국인에게 공유되고 있는 시각을 표현하는 평화적 시위자조차 결코 '대중'의 일원으로 묘사되지 않는 이유를 설명하는 데 도움을 준다).

그래서 협상은 간접적으로 일어나야 하는 것으로 여겨진다. 양측은 언론매체를 통해 자신들의 주장을 펼친다(주로 이런 주장 전개는 [미국]경찰들은 아주 공격적인 방식으로 기꺼이 참여하려고 하는 반면, 활동가들, 특히 아나키스트들은 점점 더 참여하길 꺼리는 계산된 상징적 전투라는 류의 게임을 통해 일어난다). 아나키스트들과 그들의 동맹은 무엇보다 이 게임을 회피하려고 노력한다. 활동가들은 자신들의 언론를 만들어냄으로써 이를 어느 정도까지 회피하려고 한다. 어느 정도까지는, 상업 언론을 통해 이미지를 전달함으로써 그렇게 해보려고 한다. 그들은 자신들이 전달하려는 이미지가 교외의 중산층 시청자 대부분은 소외시킬 공산이 크다는 것은 알지만, 그래도 잠재적으로 혁명적인 지지자(억압받는 소수자, 소외된 청소년, 노동 빈민)들을 자극할 수 있을 거란 희망을 가지고 있다. 많은 블랙 블록의 아나키스트들이 시애틀 이후 언론이 사유재산 파괴를 '선정적으로 보도'하는 것을 보고 기뻐한 것은 이 때문이다. 또한 어느 정도까지, 그들은 전장에서 일어나는 교전의 수칙을 재협상할 힘을 쥐려고 노력함으로써 이 게임을 피하려고 한다. 내 생각에 경찰이 근본적으로 불공평하다고 여기는 것은 마지막 방법이다.

그래서 왜 경찰들은 꼭두각시들을 싫어하는가?

이제 다시 '꼭두각시 개입'이라는 개념으로 돌아가자.

필라델피아에서의 첫 날 저녁, 우리는 연행되지 않고 탈출한 몇 안되는 꼭두각시 조종사 중 한 명이 중심이 된 기자회견을 열었다. 기자회견이 진행되고 언론매체와 대화가 이루어지는 중, 우리는 모두 꼭두각시를 조종하는 사람들은 모두 실질적으로 평화유지자들(peacekeeper)이라는 점을 강조했다. 그들의 중요한 역할 중 하나는 잠재적으로 폭력적이 될수 있는 상황에 개입해서 이를 무마하는 것이다. 만약 경찰이 정말 자신들이 주장하듯이 공공질서를 유지하는 데 우선적인 관심이 있다면, 평화유지자들을 선제공격하는 것은 이상한 선택으로 보인다.

지금쯤이면, 경찰들이 왜 상황을 이런 식으로 보지 않는지 쉽게 파악될 것이다. 꼭두각시 창고를 공격하는 것이 대중을 보호하기 위함이라기보다 정치적 동기에 의해 이루어졌다고 한 우리의 주장이 틀렸다는 말이아니다.[52] 그것은 정치적인 동기에 의해 이루어진다. 우리가 봤듯이, 이것은(폭탄과 염산이 있다는 황당한 주장들과 더불어) 상징적 전투를 수행하는 계산된 작전의 일부였다. 동시에, 잠재적인 폭력적 상황을 무마하기 위해 꼭두각시를 이용하는 **방식**은, 이를테면, 시위 진행요원이 사용하는 방식과 완전히 다르다. 경찰은 진행요원들의 존재를 좋아하는 경향이 있다. 진행요원들은 명령체계에 따라 조직되어 있고, 경찰들은 이러한 명령체

---

52) 나는 아직껏, 그 어떤 소란스러운 아나키스트 전략에 의해서도, 지나가는 행인이나 다른 '대중'의 일원이 단 한 명이라도 부상을 입었다는 이야기를 들어본 적이 없다. 대규모 활동이 일어나면, 지나가는 많은 수의 행인들은 오히려 경찰에 의해 최루탄을 맡고, 부상을 당하거나 체포될 가능성이 많다.

계를 즉시 자신들이 가진 명령체계의 단순한 연장으로 보는 경향이 있기 때문이다. 그리고 그 결과, 종종 실질적으로 그렇게 된다. 진행요원들과 달리, 꼭두각시들은 명령을 따르는 데 쓰일 수 없다. 차라리 그것은 어릿광대와 억만장자처럼, 잠재적 충돌이 일어나는 상황을 변형하고 재정의하는 것을 목표로 한다.

여기서 경찰이 표상하는 폭력(혹은 '강제력')의 본성을 생각해보는 것이 도움이 될지도 모르겠다. 한 전직 LA 경찰청 경관은 로드니 킹 사건[53]에 대해 서술하면서, 시민이 경찰에게 심하게 얻어맞는 대부분의 경우, 희생자는 실제로 어떤 범죄도 저지르지 않은 것으로 드러난다고 지적한 바 있다. 그는 이렇게 말한다. "경찰은 강도를 두들겨 패지 않는다." 만약 경찰을 폭력적으로 만들고 싶다면, 가장 확실한 방법은 **상황을 규정하는 그들의 권리에 도전하는 것이다.**[54] 이건 강도가 할 법한 일이 아니다 (Cooper 1991). 본질적으로 경찰은 총을 가진 관료들이라는 점을 기억한다면, 이는 당연히 완벽하게 수긍이 된다. 관료적 절차는 모두 뭔가를 정의하고 규정하는 것과 관련되어 있다. 혹은, 좀더 정확하게 말하자면, 관료적 절차란 미리 설정된 좁은 범위의 틀을 대개 그보다 무한하게 더 복잡한 사회적 현실에 부과하는 일에 대한 것이다.─군중은 질서 정연하거나, 무질서하다. 시민들은 백인이거나, 흑인이거나, 히스패닉 계이거나, 아시아/환태평양 지역 주민이다. 탄원자는 사진이 부착된 유효한 신분증

---

53) [역주] 1991년 3월 LA 경찰청 소속의 백인 경찰관 4명이 과속 혐의로 체포된 흑인 로드니 킹을 무차별적으로 집단 구타한 사건. 한 주민이 촬영한 이 장면 영상이 TV에 나간 후 해당 경찰들이 기소되었으나, 배심원단이 무죄 평결을 내리자 분노한 흑인들이 거리로 뛰쳐나와 폭동을 일으켰다. 이것이 1992년 4월에 벌어진 'LA폭동'이다.
54) 나는 다른 책에서 이 주제에 대해 훨씬 자세하게 이야기했었다(Graeber 2006).

을 가지고 있거나, 가지고 있지 않다.—이러한 극단적으로 단순한 규정은 대화가 없을 때에만 유지되고 지켜질 수 있다. 그러므로, 관료적 폭력의 본질적 형식은 누군가가 '대꾸'할 때 곤봉으로 때리는 것이다.

나는 이 글이 사건에 대한 해석이라고 이야기하면서 글을 시작했다. 사실, 이 글은 해석의 한계에 대한, 좌절된 해석에 관한 글이기도 하다. 궁극적으로, 나는 이러한 해석의 좌절은 폭력(관료제적 폭력이든 그 외의 것이든)의 본성으로까지 그 기원을 찾아 거슬러 올라갈 수 있다고 생각한다. 폭력은, 전혀 모르는 타인의 행동에 영향을 미칠 가능성을 드러낸다는 점에서 인간 행동 중 사실 특이한 형태의 행동이다. 타인의 행동에 영향을 미치고자 하는 다른 방법은, 적어도 그 타인이 누구라고 생각하는지, 그들이 무엇을 원하는지, 뭐가 진행되고 있는지에 대해서 생각을 가지고 있어야 한다. 해석이 필요하다는 말이다. 그리고 거기에는 어느 정도의 상상적 동일시가 필요하다. 누군가의 머리를 세게 칠 경우, 이 모든 것은 상관이 없어진다. 물론 동등한 폭력 대결을 벌이고 있는 두 집단은 통상 상대의 머릿속에 뭐가 들어 있는지 아는 게 좋다. 하지만 폭력에 대한 접근성이 극단적으로 불평등한 상황일 때, 이런 필요성은 없어진다. 이것은 구조적 폭력의 상황에서 전형적으로 나타난다. 궁극적으로 힘의 위협에 의해 뒷받침되는 체계적인 불평등 상황 말이다. 구조적 폭력은 항상 극단적으로 한쪽으로 치우진 상상의 구조를 만들어내는 것처럼 보인다. 여기서 사실 젠더는 유효한 예가 된다. 거의 모든 곳의 여성들이 남성의 일, 생애, 경험에 대해서 상당히 많은 것을 안다. 남성은 거의 항상 여성의 삶에 대해 무지할 뿐만 아니라, 여성으로 살아간다는 것이 어떠할지 상상하려고 노력해 봐야 한다는 말이라도 듣게 되면, 많은 경우 분노로 반응한다. 대부분의 확실한 종속 관계들에서 이런 경우가 전형적으로 관찰된다. —— 주인과 노예, 고용주와 고용자, 부자와 빈자. 구조적 폭력의 희생자는 분명 그것에 의해 이익을 얻는 자들이 어떠할지 상상하느라 많은 시간을 쓰게 된다. 반대는 잘 일어나지 않는다. 여기에 동반되는 일 중 하나가 희생자가 종종 구조적 폭력에서 이득을 보는 자를 걱정하고 그와 동일시하게 되는 것이다(이것은 폭력 그 자체를 제외하고는, 불평등한 체계가 영속하도록 하는 가장 강력한 힘 중 하나일 것이다). 구조적 폭력에 동반되는 것 중 또 다른 지점은, 우리가 보았듯이 폭력이 일상적인 인간 상호 관계가 기반하고 있는 계속적인 상호 해석의 미묘함을 없애버릴 수도 있다는 점이다.

구조적 폭력에 대응하여 작동하는 이런 상상의 구체적인 면모는 엄청나게 복잡하며, 여기서 그것의 이론적 영향을 완전히 파악하기는 어렵다. 지금으로서는, 두 가지 핵심적인 지점만 강조하고자 한다.

첫 번째는 폭동 진압 경찰의 저지선은 정확히 구조적 폭력이 실제의 폭력으로 변하는 지점이라는 사실이다. 그러므로, 경찰 저지선은 상상적 동일시를 가로막는 일종의 벽으로 기능한다. 비폭력 훈련은 실제로 이 장벽을 깨려고 노력하는 데 초점이 맞추어져 있으며, 활동가들에게 경찰이 무엇을 생각할 법한지 끊임없이 염두에 두는 방법을 가르친다. 하지만, 심지어 여기서도, 우리는 보통 가장 기본적이고 동물적인 수준의 생각들을 다룬다. —— "경찰은 궁지에 몰렸다는 생각이 들면 패닉에 빠질 것이다", "경찰이 볼 때, 당신이 총을 꺼내려 한다고 오해하게 할 만한 행동은" 등등. 대부분의 아나키스트들에게, 상상의 벽이 존재한다는 것은 무척 절망적인 일이다. 왜냐하면 아나키스트의 도덕성은 상상적 동일시를 향한 도덕적 명령에 기반하고 있기 때문이다.[55] 많은 경우에, 나는 법조 영역 담당 훈련인(legal trainer)이 활동가들에게 연행 경관과 결코 말을 섞지 말라고 가르치는 것을 보았다(경관들의 성향이 어떠하든 말이다). 그들이 겉으로는 아무리 개방적이고 재미있어 보여도, 실제로 그들은 그냥 유죄 판결에 도움이 될 만한 어떤 정보를 낚고 있는 것일 수 있기 때문이다. 그리고 활동 자체가 진행되는 중, 우리는 경찰이 비폭력 시민들에게 최루가스를 발사하고 곤봉으로 때리면서 대체 무슨 생각을 하는지에 대해 여러 혼란스러운 추측을 끊임없이 듣게 된다(그리고 이런 대화를 들어보면 아무도 경찰의 심적 상태를 잘 모른다는 것을 확실히 알 수 있다). 하지만 이것이 정확히 경찰의 역할이다. 군사적 방식의 훈련에서 핵심은 개인 경찰의 실제 생각이나 의견을 꿰뚫을 수 없게 만드는 것만이 아니라, 완전히 상관없도록 만드는 것이다.

분명, 절대로 뚫을 수 없는 벽은 존재하지 않는다. 충분한 압력을 가하면, 어떤 것도 결국에는 부서진다. 대중 활동을 조직하는 데 힘쓰는 사람들 대부분은, 역사적으로 아나키스트들이 실제로 승리했을 때, 그리고 어떤 종류의 시민 저항 운동이건 그것이 정부를 와해시켰을 때는, 통상 경찰이 그들에게 발포하기를 거부했을 때라는 점을 잘 알고 있다. 이것이 시애틀에서 방독면 뒤에서 울고 있던 시애틀 경찰관의 이미지가 그들에게 그토록 중요했던 하나의 이유이다. 안보 담당 관료들도 이 원리를 아주 잘 알고 있는 것 같다. 이것이 안보 담당 관료들이 시애틀 이후 몇 달

---

55) 피터 크로포트킨(1909~1924)은 아마 지금까지도 여전히 분명한 형태의 윤리 이론을 만들어 낸 가장 유명한 아나키스트 사상가일 것이다. 그는 모든 도덕은 상상에 기반한다고 주장했다. 대부분의 현대 아나키스트들은 이 점에 있어서 크로포트킨을 따르는 것으로 보인다. 적어도 암묵적으로는 말이다.

동안, 그들의 부대를 결집시키려고 그토록 정력적으로 노력한 이유일 것이다.

그래서 이것이 첫 번째 지점이다 : 상상의 벽.

두 번째 지점은 이런 상상과 폭력의 병치가 행동의 두 가지 원리 사이의 더 큰 충돌을 반영하고 있다는 사실이다. 이를 정치적 실재에 대한 두 가지 개념 사이의 충돌이라고 할 수도 있을 것이다. 첫 번째는(폭력의 정치 존재론이라 부를 수 있을 텐데) 궁극적인 실재가 힘들의 실재라고 여긴다. 여기서 '힘'은 대개 다양한 물리적 억압 기술들에 대한 완곡어법이다. 예를 들어 국제 관계에서 '현실적'이 된다는 것은 물질적 실재를 인식하는 것과는 아무런 관계가 없다(사실 이것은 '국가들'nations이라고 알려진 상상적 총체에 '이해관계'라는 속성을 결부시키는 것이다). 그것은 폭력의 실재를 기꺼이 받아들이느냐의 문제이다. 민족 국가들은 그들이 당신을 죽일 수 있기 때문에 실재적이다. 여기서 폭력은 정말로 상황을 규정하는 요소이다. 다른 하나는 상상의 정치 존재론이라고 설명할 수 있는 것이다. 이는 "상상력에 권력을" 주는 문제라기보다는, 상상이 일차적으로 권력의 근원이라고 인식하는 것을 의미한다(그리고 여기서 우리는 아나키스트 서점에서 상황주의자들 다음으로 가장 자주 마주치는 프랑스 이론가가 코르넬리우스 카스토리아디스라는 점을 기억해야 한다).[56] 이것이 상상적 권

---

56) 특히 그의 『사회의 상상적 제도』(Imaginary Institution of Society)가 그러하다. 다시 한 번 말하지만, 이 주제는 내가 다른 글을 통해서나 완전히 발전시켜 다룰 수 있을 만한 것이다. 하지만 18세기 후반부터의 좌파 사상의 역사가 창조성과 상상이 근원적인 존재론적 원리라는 가정을 중심으로 발달해왔다고 설명할 수는 있을 듯하다. 낭만주의의 경우 이는 확실하게 드러난다. 하지만 맑스도 마찬가지이다. 맑스는 그의 유명한 건축가와 일벌의 비교에서, 인간이 동물과 다른 것은 생산에서 상상이 하는 역할 때문이라고 주장했다. 결과적으로 맑스는 당시 노동자 운동에서 이미 현행화 된 관점을 상세히 설명하고 있었던 것이다. 내 생각에 이것은 아방가르드 예술가들이 혁명적 정치에 대해 항상 악명 높을 정도로 친화성을 느끼고 있었던

력에 신성함이 스민 것처럼 보이는 이유다. 아나키스트들이 보통 하려고 노력하는 것은 상황을 정의하는 경찰의 권리에 대한, 그리고 공권력 전반에 대한 체계적이고 지속적인 도전이다. 아나키스트들은 끊임없이 대안적 틀을 제시함으로써 이를 시도한다. 혹은 좀더 정확하게 말하자면, 원할 때는 언제든 틀을 바꿀 수 있는 권력을 주장함으로써 이를 시도한다. 꼭두각시들은 바로 이런 권력의 구현물이다.

이것이 거리에서 의미하는 바는 활동가들이 정치적이고 협상적인 과정을 실질적으로 붕괴시켜 활동 그 자체의 구조로 변환시키려고 노력하고 있다는 것이다. 말하자면, 계속해서 장이 무엇인지, 규칙이 무엇인지, 걸려있는 것이 무엇인지에 대한 정의와 규정을 바꿈으로써 경기에서 이기려고 하는 것이다(그리고 장 자체에 대해서 이를 시도하는 것이다).[57] 일종의 비폭력적 전쟁과 같은 상황은 서커스 같은 상황이나, 연극적인 퍼포먼스나, 종교적 의식과 같은 상황으로 변화하며, 한편으로는 손쉽게 거꾸로 다시 돌아갈 수도 있다. 물론, 경찰의 관점에서는, 이것은 단순한 속임수다. 경찰들 머리 위로 페인트 공을 던지다가, 노래를 부르고 춤추며 왔다 갔다 하는 시위자들은 정정당당하게 싸우는 것이 아니라는 것이다. 하지만, 우리가 보았듯이, 경찰들도 정정당당하게 싸우지 않는다. 그들은

점을 설명해준다. 우파 사상은 항상 좌파가 '파괴 수단'의 중요성을 고려하지 않는 순진함에 빠져 있다고 비난했다. 인간관계를 정의하는 데 폭력의 근본적인 역할을 무시하는 것은 치명적인 영향을 만들어낼 뿐이라고 주장하면서 말이다.

57) 여기서 합의적 의사결정에서 전형적으로 나타나는 [서로 다른] 수준들의 붕괴와 유사성을 찾을 수 있을지도 모르겠다. 합의 과정을 사유하는 한 가지 방법은 그것을 숙고의 과정과 집행의 과정을 합치려는 시도로 바라보는 것이다. 만약 소수 집단을 다수의 결정에 순응하도록 강제하는 별개의 억압 기제가 갖춰져 있지 않다면, 다수결은 분명 권장할 만한 것이 아니다. 합의를 찾는 과정은 별개의 집행 기제를 필요로 하지 않는 결과를 만들어낼 것이라 여겨졌다. 왜냐하면 결과에 대한 승복이 의사 결정 과정 자체 안에서 이미 확보되었기 때문이다.

조직적으로 전투의 모든 법률을 어긴다. 그들은 조직적으로 협약을 위반한다. 그들은 원리상 그래야만 한다. 그러지 않는 것은 이중 권력의 상황이 존재함을 인정하는 것이기 때문이다. 이는 국가의 절대적 통약불가능성을 부정하는 것이다.

어떤 면에서는, 여기서 우리가 마주하고 있는 것은 구성권력의 익숙한 역설이라고 할 수 있다. 독일과 이탈리아의 여러 이론가들이 우리에게 상기시켜 주고 싶어 하는 것처럼, 어떤 시스템도 스스로를 창조할 수는 없기 때문에(바꿔 말하면, 어떤 신도 자신이 세운 도덕적 질서에 구속되지 않기 때문에), 모든 법적·정치적 질서는 이 질서가 적용될 수 없는 어떤 힘에 의해 생길 수밖에 없다.[58] 현대 유럽-미국 역사에서, 이러한 사실은 헌법과 체제의 정당성이 궁극적으로는 어떤 종류의 대중 혁명을 떠올리게 한다는 점을 의미해왔었다. 정확히 이 지점이, 나의 용어로 말하자면 힘의 정치가 상상의 정치를 만나는 지점이다. 자, 물론 혁명은 꼭두각시와 함께 하는 사람들이 꼭두각시가 궁극적으로 의미하는 바라고 느끼는 것이다(비록 그들이 실제 폭력은 절대적으로 거의 사용하지 않지만). 하지만 내가 보기에 질서유지세력 측으로부터 정말 가장 폭력적인 반응을 이끌어내는 것은 구성 권력(새로운 체제의 형태를 창조하려는 대중적 상상력의 힘)을 한순간 섬광처럼 나타나는 형태가 아니라 계속적으로 나타나게 만들려는 시도이다. 이는 상황을 정의하는 공권력의 능력에 끊임없이 도전한다. 말하자면, 전투의 장에서 교전의 규칙이 계속적으로 재협상될 수 있다고 주장하는 것은, 즉 이야기 중간에 계속 서사를 바꿀 수 있다

---

58) 물론 나는 이 부분에서 칼 슈미트와 발터 벤야민, 그리고 더 최근에는 안토니오 네그리와 조르조 아감벤을 참조하고 있는 것이다.

고 고집하는 것은, 이런 관점에서 보면 더 큰 현상의 한 측면일 뿐이다. 이것은 또한 왜 아나키스트가 심지어 좋은 뜻을 가진 상업 언론나 자유주의적 NGO에게조차 자신들이 어떤 방식으로건 기댄다고 생각하는 것을 싫어하는지 설명해준다(심지어 기꺼이 후원자가 되려는, 하지만 후원을 하는 조건으로 아나키스트들을 그들이 미리 만들어놓은 서사 구조 안에 끌어들일 수 있는 권리를 요구하는 이들에 대해 아나키스트들이 자주 적대적으로 대하는 이유도 설명해준다). 직접행동은, 그 정의상 매개되지 않는다. 직접행동은 이러한 모든 규칙과 틀을 뚫고 나아가, 뭔가를 정의하고 규정하는 권력을 거리에 되돌려놓는 것이다. 명백하게도, 평범한 조건에서는(즉, 경찰이 실제로 발포를 거부하는 마술 같은 순간이 아니고서는) 사람들은 아주 제한적인 수준에서만 이를 실제로 해볼 수 있다. 그 사이에, '대중 여론의 법정'에서 펼쳐지는 도덕-정치적 투쟁(법적 투쟁뿐만 아니라)은 피할 수 없는 일인 것처럼 보인다. 몇몇 아나키스트들은 이를 부정한다. 다른 이들은 마지못해 이를 받아들인다. 이들 모두는 직접행동을 궁극적인 이상으로 고수한다.

내 생각에 이러한 지점은 왜 거대 꼭두각시(아주 특별하게 창의적이지만 동시에 의도적으로 일시적이고, 기념물이 표상한다고 여겨지는 영원한 진실성이라는 생각을 비웃는)가 그렇게 쉽게 사회적 창조성의 권력을, 그러니까 제도를 재정의하고 재창조하는 권력을, 장악하는 시도를 상징하게 되었는지 이해할 수 있도록 해준다.[59] 그 결과 왜 꼭두각시들이 이 운

---

59) '행동하는 예술'(Arts in Action)이라는 집단(이들은 실제로 꼭두각시를 많이 만든 이들이기도 하다)의 티셔츠는 브레히트의 다음 문장을 인용하고 있다. "예술은 현실을 비추는 거울이 아니라 현실을 만들어내는 망치라고, 우리는 생각한다."

동을 보여준 표준적인 매체들이 지워버린 모든 것(조직의 새로운 형태들, 민주적 과정에 대한 강조)을 결국 대신하게 되었는지도 알 수 있게 해준다. 그들은 혁명의 영구성을 체현한다. '질서 유지세력'의 관점에서 보면, 바로 이러한 지점 때문에 꼭두각시들은 우스꽝스러우면서도 다소 악마적인 뭔가가 된다. 많은 아나키스트들의 관점에서는, 바로 이러한 지점 때문에 꼭두각시들에게는 우스꽝스러우면서도 왠지 신성한 무언가가 있는 것이다.[60]

몇 가지 아주 보잘것없는 결론

그렇기에 이 글은 아마도 이 글이 애초 시작해야 했던 곳에서 끝내야 할 것 같다. '혁명'이라는 사상을 완전히 다시 사유해야 할 필요성을 보여주면서 말이다. 직접행동의 정치들에 참여하는 대부분의 이들은 스스로를 어떤 의미에서 혁명가라고 생각하고 있지만, 현 시점에서 그들 중 고전적 혁명의 틀 안에서 활동하는 이는 드물다. 혁명적 조직화가 국가와 폭력적이고 종말론적인 대립을 만들어내기 위해 작동하는 그런 고전적인 혁명 틀 안에서 활동하는 이가 드물다는 말이다. 혁명을 국가 권력의 장악과 그 기제를 통한 사회의 변형으로 보는 사람은 더 드물다. 한편에서, 그들은 '개입적 철수'[61] 전략(비르노의 '혁명적 엑소더스'에서 나오는)에만 관

---

60) 미국 사상 안에 창조성이 본성상 반-사회적이며 그렇기에 악마적이라고 보는 오랜 전통이 있음을 목격하는 것은 흥미로운 일이다. 이는 특히 인종 이념에서 강하게 나타난다. 하지만 이 주제는 다른 글에서 다루는 것이 적절할 것이다.

61) [역주] engaged withdrawal: 국가로부터 철수하고 탈주하는 데, 단순히 피하는 것이 아니라 새로운 질서를 만들어냄으로써 국가에서 벗어나는 전략을 의미한다.

심이 있는 것도 아니며, 새로운 자율적인 공동체를 창립하는 데(Virno & Hardt 1996)에도 관심이 없다. 어떤 면에서, 직접행동의 정치는, 국가 권력의 바로 면전에서 조직화의 대안적 형태를 창출하려 노력함으로써, 정확히 이 두 대안 사이의 중간 지점을 탐사하려고 하는 것이라고 할 수도 있다. 어쨌든, 우리는 새로운 종합을 다루고 있다. 내 생각에 이는 아직 완전히 도출되지 않았다.

적어도, 이 글에서 제시된 몇몇 이론적 틀은 현재 역사에 대한 흥미로운 시점을 제공한다. '테러와의 전쟁'이라는 개념을 생각해 보자. 많은 이들이 여기에 암시된 것처럼 보이는 영구 전쟁이라는 개념에 경악한다. 사실, 20세기가 영구 전쟁의 일종이었다고 설명할 수 있는 반면(1914년과 1991년 사이의 거의 전 기간은 싸움을 벌이고 있거나, 그렇지 않으면 이런저런 세계대전을 준비하는 기간이었다.), 21세기를 동일한 용어로 묘사할 수 있는지는 전혀 명확하지 않다. 미국이 세계에 부과하려는 것은 사실 전혀 전쟁이 아니라고 말하는 게 차라리 나을지도 모른다. 핵무기가 급격히 늘어나면서, 국가들 사이에 전쟁이 선포되는 일은 더 이상 일어나지 않게 되었다. 그리고 모든 충돌은 '경찰 행동'으로 틀 지어지게 되었다. 하지만, 경찰 활동이 다른 것과 구분되는 그들의 고유한 질적 특성을 가지고 있다는 점을 기억하는 것은 또한 여전히 중요하다. 경찰은 자신들이 많은 부분 규칙이 없는 전쟁에, 명예롭지 않은 적에 대항하는 전쟁에, 그렇기에 명예롭게 행동하지 않아도 되는 전쟁에, 하지만 승리는 궁극적으로 불가능한 전쟁에 참여하고 있다고 생각한다.

국가는 국민과 국가의 관계를 이런저런 종류의 이길 수 없는 전쟁이라는 면에서 정의하려는 강한 경향을 보인다. 미국이라는 국가는 이런 관점에서 가장 극악무도한 국가이다. 최근 수십 년간, 우리는 빈곤에 대한 전쟁이 범죄에 대한 전쟁으로(이는 국제적으로 확장되었다.), 그리고 마약에 대한 전쟁으로, 마지막으로 지금은 테러와의 전쟁으로 퇴보하는 것을 보아왔다. 하지만 이런 연쇄가 분명하게 보여주는 것은, 테러와의 전쟁이 전혀 전쟁이 아니며, 다만 이런 내적 논리를 전 세계로 확장하려는 시도에 불과하다는 점이다. 이것은 일종의 확산된 전 지구적 경찰국가를 선포하려는 시도이다. 마지막 분석에서, 나는 국가 측에서 나타나는 공포에 질린 반응이 오사마 빈 라덴의 위협에 대한 반응이라기보다는, 비록 미묘하지만 점차 전개되고 있는 전 지구적 반-자본주의 봉기의 성공에 대한 반응이라 추측한다(비록 오사마 빈 라덴의 위협이 궁극적으로 편리한 핑계가 되어주기는 했지만). 다만 도덕-정치적 투쟁을 통해 교전수칙이 만들어져 미국이 정말 타격하고 싶어하는 이들에 대해서 직접적으로 타격하기 힘들어진 것은 세계적 수준에서도 마찬가지가 되었을 뿐이다.[62]

좀더 그럴싸하게 말해보자. 상상에 기반을 둔 정치적 존재론에 가장 적합한 폭력의 형식이 혁명인 것처럼, 폭력에 기반을 둔 정치적 존재론에게 가장 적합한 상상의 형식은 테러다. 이런 관점에서 부시와 빈 라덴이 제휴적인 관계에 있다고 덧붙일 수도 있다(내 생각에 만약 알카에다가 뭔가 거대한 유토피아적 비전 — 고대 이슬람 인도양 유민들의 재통합? 칼리프 통치의 복원? — 을 품고 있다면, 그들이 우리에게 이를 말해주지 않은 것은 중요한 일이다).

---

62) 미국에서 시위 진압에 관여한 거의 모든 주요 인물들이 미국이 이라크를 점령한 이후 바그다드에서 '한보 자문'이 되었다는 사실은 이에 대해 주요한 지점을 말해주고 있는 것 같다. 물론, 이들은 정말로 폭력적인 적(예를 들어 이들이라면 IMF와 세계은행 관료들을 실제로 폭파해 버리는 식으로 그들을 처리해 버리는 일도 서슴지 않고 할 수 있다.)을 상대로 할 때 자신들의 전술이 그리 효과적이지 않다는 것을 깨닫게 되었다.

물론 이는 의심의 여지없이 너무 단순한 설명이다. 미국 체제를 세계적 구조로 이해하고, 동시에 그것의 모순을 이해하기 위해서는, 미국 문화에서 경찰의 우주론적 역할로 되돌아가야만 한다고 나는 생각한다. 보통의 경우, 경찰과 상대해야 하거나 경찰 업무로 이어질 수 있는 상황은 어떻게든 피하기 위해 하루종일 애를 쓰던 대부분의 미국 시민이, 역시 통상 집에 가서는 경찰관의 관점에서 세계를 보데 만드는 드라마를 몇 시간씩 시청한다는 사실은, 미국에서 나타나는 삶의 기이한 특징이다. 늘 그랬던 것은 아니다. 1960년대 이전에 경찰이 호감 가는 영웅으로 나오는 미국 영화를 찾기란 사실 꽤나 어려웠다. 그런데 1960년대를 지나면서, 경찰은 전에 미국 오락물에서 카우보이가 했던 역할을 갑자기 차지하게 되었다.[63] 이렇게 변화한 시점은 중요하지 않을 수 없다. 그리고 영화와 TV속 미국 경찰의 이미지가 전 세계 구석구석으로 거침없이 수출되고 있고, 그와 동시에 그 실물의 등가물들[현실 속의 실제 미국 경찰]도 전 세계로 퍼져나가고 있다는 사실 또한 간과할 수 없는 사안이다. 내가 여기서 강조하고 싶은 것은, [경찰과 카우보이] 둘 다 면책권을 가지며, 이는 역설적으로 그들이 일종의 자신에 반하는 구성권력을 체현할 수 있도록 한다는 점이다. 할리우드 판 경찰은 카우보이처럼 모든 규칙을 깨는, 고독한 이단아다(이것은 허용될 뿐만 아니라, 심지어 필요하다. 왜냐하면 그는 항상 명예롭지 않은 적을 상대하기 때문이다). 사실, 할리우드 액션영화에서 얻는 즐거움의 대부분을 차지하는 끊임없는 사유재산 파괴는, 정확히 이런

---

63) 클린트 이스트우드는 '스파게티 웨스턴'(1960~70년대에 이탈리아에서 제작한 미국 서부를 배경으로 한 영화들. 이스트우드 주연의 「황야의 무법자」가 대표적이다.)에서 '더티 해리'(이스트우드 주연의 경찰 영화—옮긴이)로 넘어오면서 이런 변환을 가장 잘 보여주었다. 경찰 영화가 최고의 자리로 올라설 때, 카우보이 영화는 실질적으로 사라져버렸다.

이단아 경찰이 하는 일이다. 다른 말로 하자면, 이런 영화에서 경찰이 영웅이 될 수 있는 것은 그들이 법을 체계적으로 무시하는 유일한 인물이기 때문이다. 물론 이것은 그들 자신에 반하는 구성 권력이다. 왜냐하면 경찰은 스크린에서나 실제에서나 아무것도 창조하지(혹은 구성하지) 않기 때문이다. 그들은 단지 현 상태를 유지하고 있을 뿐이다.

어떤 점에서, 이것은 무엇보다 가장 영리한 이념적 치환이다. 이는 앞에서 말한 (소비자) 욕망의 사유화를 완벽히 보완한다. 대중적 축제가 지속되는 한, 이런 경찰의 이미지는 순수한 구경거리가 된다. 포틀래치의 달인이라는 역할을 하면서 말이다. 이런 역할은 실제 삶에서 대중 축제적인 행동이 실제로 발생하게 될 때 이를 강제로 억압하는 일을 담당하는 인물에게 주어지는 것이다.

하지만 여러 이념적 도식에서처럼, 이것[영화나 TV에서 경찰의 이미지를 통해 나타나는 이념적 치환] 역시 놀랍도록 불안정하고, 모순투성이다(미국 경찰이 처음에 전 지구화 운동을 억압하는 데 애를 먹었던 것이 이를 생생하게 보여준다). 내가 보기에 이것은 체계적 억압을 통해서만 유지될 수 있는 극단적 소외와 불안정의 상황을 다루는 방법으로 여기는 것이 가장 적절한 것 같다. 조금이나마 창조적이고 소외되지 않은 경험을 닮은 무언가와 마주하는 순간, 이것은 국가적 재난의 시기에 나오는 탈취제 광고만큼이나 생뚱맞아 보인다. 하지만 나는 아나키스트이다. 아나키스트의 문제는 어떻게 이런 종류의 경험을, 그 뒤에 놓여 있는 상상의 힘을, 일상으로, 이미 우리 아나키스트들이 만들어놓은 작고 자율적인 거품들 바깥으로 끌어내느냐에 있다. 이것은 계속되는 문제이다. 하지만 내가 보기에 만약 이것이 가능해지면, 경찰 우주론의 권력과 경찰 그 자체의 권력이 간단히 사라져버릴 것이라고 믿을 만한 이유는 충분하다.

옮긴이의 말

이 책은 아나키스트 인류학자로 널리 알려진 데이비드 그레이버(David Graeber)의 [가능성들](Possibilities: Essays on Hierarchy, Rebellion, and Desire)을 번역한 결과물이다. 그는 이 책에서 예절, 위계, 소비, 자본주의 같은 현대 사회의 중요한 구성 요소들을 참신한 시각으로 분석하면서, 공동체를 다른 형태로 구성하는 데 도움이 될 원리와 가능성을 찾으려 시도한다. 이를 위해 마다가스카르 사회로부터 현대의 지구정의운동에 이르기까지 다양한 사례들을 폭넓게 탐색한다. 인류학을 비롯한 여러 분야의 사회이론을 종횡무진하며 자유로운 형식으로 전개되는 저자의 주장과 통찰은, 현대 사회를 더 깊이 이해할 수 있도록 도와 줌과 동시에 인간 사회의 풍요로운 가능성을 깨닫게 만들어준다.

이 책을 번역하는 과정에 많은 이들의 참여와 도움이 있었다. 번역 기획은 2009년 연구공간 수유+너머가 주최한 제3회 〈국제워크샵〉을 계기로 이루어졌다. 이 워크샵은 데이비드 그레이버를 한국에 초청하여 그가 제기한 여러 이슈에 대해 많은 사람과 토론하는 집중 세미나 형태로 진행되었다. 당시 연구공간 수유+너머의 회원들은 행사 참여자들이 함께 읽을 수 있도록 [가능성들]을 우리말로 번역했다. 이 작업에 참여한 사람들은 조원광(서문, 1, 2, 8, 11, 12장), 김태진(3장), 변성찬(4장), 황희선(5장), 소하영(6장), 최순영(7장), 정정훈(9장), 유일환(10장)이다. 다만 초역 작업이 행사 일정에 맞춰 촉박하게 진행되었기 때문에 결과물의 완성도가 다소 낮았고, 본서의 출판을 위해서 세 사람의 책임 역자가 다시 번역하는 과정을 거쳤다. 최종적으로 1부는 조원광이, 2부는 황희선이, 3부는 조원광과 최순영이 재번역했다. 책이 나오기까지 함께 힘을 써준 많은 이들에게 깊은 감사의 말을 전한다. 〈국제워크샵〉을 주최하여 저자와의 교류의 장을 만들어주었던 당시 연구공간 수유+너머의 여러 회원들에게도 감사의 마음을 전한다.

원래 계획했던 것보다 작업이 많이 늦어졌다. 출간을 기다리고 있었을지도 모를 분들께 매우 송구스럽다. 작업 과정에서 그린비 출판사의 이희선 대표이사님과 박순기 편집장님을 비롯한 여러 분께서 인내심을 가지고 역자들을 기다려주었고, 번거롭게 반복되는 원고 수정 요청에 기꺼이 응해주었다. 이 자리를 빌어 감사의 말씀을 드린다. 무엇보다 현대 사회의 위계와 지배, 그리고 그것을 넘어서는 가능성에 대해 고민하는 많은 이들에게 이 번역이 도움이 되기를 바란다.

옮긴이들을 대표해서 조원광 씀

*1부 4장의 원고는 초기에 이미 완성도가 높았기에, 변성찬의 원고를 조원광이 교열하고 빠진 부분을 보충하는 수준으로 작업이 이루어졌다.

참고문헌

Abrahamsson, Hans 1952 *The Origin of Death: Studies in African Mythology*. Studia ethnographica Upsaliensia; III. Uppsala: Almquist.

Abu-Lughod, Janet 1989 *Before European Hegemony: The World System AD 1250-1350*. New York: Oxford University Press.

Adams, John 1797 *Defense of the Constitutions of Government of the United States of America, Against the Attack of M. Turgot in his Letter to Dr. Price, Dated the Twenty-Second Day of March, 1778*. Philadelphia: W. Cobbet.

Agamben, Giorgio 1993a *Stanzas: Word and Phantasm in Western Culture*. Minneapolis: University of Minnesota Press.

Agamben, Giorgio 1993b *Infancy and History: Essays on the Destruction of Experience*. (Liz Heron, trans.) London: Verso Press.

Akiga 1939 *Akiga's story: the Tiv tribe as seen by one of its members*. Translated and annotated by Rupert East. London, New York, Published for the International African Institute by the Oxford University Press.

Akins, David and Joel Robbins 1999 "An Introduction to Melanesian Currencies: Agencies, Identity, and Social Reproduction." In *Money and Modernity: State and Local Currencies in Melanesia* (David Atkins and Joel Robbins, eds.) Pittsburgh: University of Pittsburgh Press.

Althabe, Gerard 1969 *Oppression et libération dans l'imaginaire: les communautés villageoises de la côte orientale de Madagascar*. Paris: Maspero.

Althabe, Gérard 2000 *Anthropologie politique d'une decolonization*. Paris: L' Harmattan.

Aly, Jacques 1984 "Le Discours Rituel chez les Betsimisaraka de la Côte Est de Madagascar." *Presénce Africaine* 132: 54-61.

Amin, Samir 1988 *L'Eurocentrisme. Critique d'une ideologie*. Paris: Anthropos.

Amin, Samir 1991 "The Ancient World-Systems Versus the Modern Capitalist World-System." *Review* 14: 3(Summer): 349-385.

Anderson, Perry 1974a *Passages from Antiquity to Feudalism*. New York: Verso Press.

Anderson, Perry 1974b *Lineages of the Absolutist State*. New York: Verso Press.

Andriamanjato, Richard 1957 *Le Tsiny et le Tody dans la pensée Malgache*. Paris: Presénce Africaine.

Apter, Emily and William Pietz, eds. 1993 *Fetishism as Cultural Discourse*. Ithaca: Cornell University, 1990.

Aries, Philippe 1962 *Centuries of Childhood*. New York: Vintage Press.

Arrighi, Giovanni, Ahmad, Iftikhar, and Miin-wen Shih 1997 "Beyond Western Hegemonies." Paper presented at the XXI Meeting of the Social Science History Association, New Orleans, Louisiana, October 10-13, 1996. Available at: hnp://fbc.binghamton.edu/gaht5.htm.

Arrighi, Giovanni, Po-Keung Hui, Ho-Fung Hung, and Mark Selden 2003 "Historical Capitalism, East and West." In *The Resurgence of East Asia: 500, 150, and 50 Year Perspectives* (G. Arrighi, T. Hamashita, and M. Selden, eds.) London: Routledge.

Astuti, Rita 1995 *People of the Sea: Identity and Descent Among the Vezo of Madagascar*. Cambridge: Cambridge University Press.

Axtell, James 1985 *The Invasion Within: The Contest of Cultures in Colonial North America*. Oxford: Oxford University Press.

Aylmer, G.E. 1980 "The Meaning of Property in Seventeenth-Century England." *Past and Present* 86: 87-97.

Baechler, Jean 1985 *Démocraties*. Paris: Calmann-Lévy.

Bakhtin, Mikhail 1984 *Rabelais and his World*. Bloomington: Indiana University Press.

Barraud, Cecile, Daniel de Coppet, André lteanu, and Raymond Jamous 1994

Of Relations and the Dead: Four Societies Viewed from the Angle of Their Exchanges. (Stephen J. Suffern, trans.) Oxford: Berg Press.

Barth, Frederick 1969 *Ethnic Groups and Boundaries: The Social Organization of Culture Difference*. Bergen: Universitetsforlaget.

Bataille, Georges 1937 "The Notion of Expenditure." *Visions of Excess, Selected Writings, 1927-1939*. Minneapolis: University of Minnesota Press.

Battaglia, Debbora 1983 "Projecting Personhood in Melanesia: the Dialectics of Artefact Symbolism on Sabarl Island." *Man* n.s. 18: 289-304.

Battaglia, Debbora 1990 *On the Bones of the Serpent: Person, Memory and Mortality in Sabarl Island Society*. Chicago: University of Chicago Press.

Baudrillard, Jean 1972 *Pour un critique de l'economie du Signe*. Paris: Gallimard.

Beidelman, Thomas 1966 "Utani: Kaguru Notions of Sexuality, Death, and Affinity." *Southwestern Journal of Anthropology* 20 : 354-380.

Benedict, Ruth 1934 "The Norrhwesr Coasr of America," chaprer 6 of *Patterns of Culture* (New York: Penguin): 160-205.

Benjamin, Walter 1978 "Critique of Violence." In *Reflections: Essays, Aphorisms, and Autobiographical Writings*. New York: Harcourt Brace Jovanovich.

Bercé, Yves-Marie 1976 *Fête et Révolte*. Paris: Hachette.

Berg, Gerald 1979 "Royal Authority and the Protector System in Nineteenth Century Imerina." In *Madagascar in History: Essays from the 1970s* (R. Kent, ed.) Albany: The Foundation for Malagasy Studies.

Berg, Maxine, and Helen Clifford, editors 1999 *Consumers and Luxury: Consumer Culture in Europe, 1650-1850*. Manchester: Manchester University Press.

Bernard-Thierry, S. 1959 "Perles magiques à Madagascar" in *Journal des Africanistes*, 29: 33-90.

Bey, Hakim 1991 *T. A. Z.: The Temporary Autonomous Zone, Ontological Anarchy, Poetic Terrorism*. New York: Autonomedia.

Bhaskar, Roy. 1979 *The Possibility of Naturalism*. Hempstead: Harvester Wheatshaft (Second edition 1989).

Bhaskar, Roy. 1993 *Dialectic: The Pulse of Freedom*. London: Verso.

Bhaskar, Roy. 1994 *Plato Etc*. London: Verso.

Bhaskar, Roy. 2001 *Reflections on Meta-Reality: Transcendence, Emancipation, and Everyday Life*. New Delhi and Thousand Oaks, CA: Sage Publications.

Bhaskar, Roy. 2002 *From Science to Emancipation: Alienation and the Actuality of Enlightenment*. New Delhi and Thousand Oaks, CA: Sage Publications.

Bittner, Egon 1990 *Aspects of Police Work*. Boston: Northeastern University Press.

Blaut, James 1993 *The Colonizer's Model of the World: Geographical Diffusion and Eurocentric History*. New York: Guilford.

Bloch, Marc 1961 *Feudal Society*. 2 vols. Cambridge University Press, Cambridge.

Bloch, Maurice 1971 "Decision-making in Councils Among the Merina." In *Councils in action* (Audrey Richards and Adam Kuper, eds.) Cambridge Papers in Social Anthropology. Cambridge: Cambridge University Press.

Bloch, Maurice 1971 *Placing the Dead: Tombs, Ancestral Villages, and Kinship Organization in Madagascar*. London: Seminar Press.

Bloch, Maurice 1977 "The Disconnection between Power and Rank as a Process: An Outline of the Development of Kingdoms in Central Madagascar." *European Journal of Sociology* vol.18: 303-330.

Bloch, Maurice 1982 "Death, Women and Power." In *Death and the Regeneration of Life* (M. Bloch and J. Parry, eds.) Cambridge: Cambridge University Press, 211-230.

Bloch, Maurice 1985 "Almost Eating the Ancestors." *Man* (n.s.) 20: 631-646.

Bloch, Maurice 1986a *From Blessing to Violence: History and Ideology in the Circumcision Ritual of the Merina of Madagascar*. Cambridge: Cambridge University Press.

Bloch, Maurice 1986b "Hierarchy and Equality in Merina Kinship." In *Madagascar: Society and History* (C. P. Kottak, J.-A. Rakotoarisoa, A.

Southall and P. Vérin, eds.) Durham: Carolina Academic Press.

Bloch, Maurice 1989 "The Ritual of the Royal Bath in Madagascar: The Dissolution of Death, Birth, and Fertility into Authority." In *Ritual, History and Power: Selected Papers in Anthropology*. London: Athlone Press.

Bloch, Maurice 1989 "The Ritual of the Royal Bath in Madagascar: The Dissolution of Death, Birth, and Fertility into Authority." In *Ritual, History and Power: Selected Papers in Anthropology*. London: Athlone Press.

Bocock, Robert 1993 *Consumption*. London: Routledge.

Bohannan, Laura 1952 "A Genealogical Charter." *Africa* 22: 301-15.

Bohannan, Paul 1955 "Some Principles of Exchange and Investment among the Tiv." *American Anthropologist* 57: 60-67.

Bohannan, Paul 1957 *Justice and Judgment among the Tiv*. London: Oxford University Press.

Bohannan, Paul 1958 "Extra-Processual Events in Tiv Political Institutions." *American Anthropologist* 60: 1-12

Bohannan, Paul 1959 "The Impact of Money on an African Subsistence Economy." *Journal of Economic History* 19: 491-503.

Bohannan, Paul and Laura Bohannan 1953 *The Tiv of Central Nigeria*. London: International African Institute.

Bohannan, Paul and Laura Bohannan 1968 *Tiv Economy*. Evanston : Northwestern University Press.

Bohannan, Paul and Laura Bohannan 1969 *A Source Notebook on Tiv Religion*. 5 volumes. New Haven: Human Relations Area Files.

Bonald, Louis-Gabriei-Ambroise 1864 *Œuvres complètes de M. de Bonald*. Paris : J.P. Migne.

Boski, Joseph 2002 "The Costs of Global Governance: Security and International Meetings since WTO Seattle." Paper Presented at the CYBER Conference, Globalization: Governance and Inequality, May 31-June 1, 2002, Ventura California.

Bosman, Willem 1705 *A new and accurate description of the coast of Guinea, divided into the Gold, the Slave, and the Ivory Coasts*. London: Knapton

(New York: Barnes & Noble, 1967).

Bourdieu, Pierre 1977 *Outline of a Theory of Practice*. (Richard Nice, trans.) Cambridge: Cambridge University Press.

Bourdieu, Pierre 1993 *The Field of Cultural Production: Essays on Art and Literature* (Randal Johnson, ed.) Cambridge, England: Polity Press.

Bourdieu, Pierre 2000 *Pascalian meditations* (Richard Nice, trans.) Cambridge: Polity Press.

Brenner, Robert 1976 "Agrarian Economic Development and Pre-Capitalist Class Structure in Pre-Industrial Europe." *Past and Present* 70: 30-75.

Brenner, Robert 1982 "The Agrarian Roots of Modern Capitalism." *Past and Present* 97: 16-113.

Brigden, Susan 1982 "Youth and the English Reformation." *Past and Present* 95: 37-67.

Buck-Morss, Susan 2000 *Dreamworld and Catastrophe: The Passing of Mass Utopia in East and West.* Cambridge: MIT Press.

Burke, Peter 1978 *Popular Culture in Early Modern Europe*. Cambridge: Cambridge University Press.

Cabanes, Robert 1972 "Cultes des possession dans la plaine de Tananarive." *Cahiers du Centre d'Étude des Coutumes* 9: 33-66.

Caillé, Alain 1984 "Deux mythes modernes: la rareté et la rationalité économiques." *Bulletin du MAUSS* 12: 9-37.

Caillé, Alain 1989 *Critique de la raison utilitaire: Manifeste du MAUSS*. Paris: Editions la Découverte/MAUSS.

Caillé, Alain 1994 *Don, intérêt et désintéressement: Bourdieu, Mauss, Platon et quelques autres.* Paris: Editions la Découverte/MAUSS.

Caillé, Alain 2000 *Anthropologie du Don: le Tiers Paradigme*. Paris: Descelée de Brouwer.

Callet, R. P. 1908 *Tantara ny Andriana eto Madagascar.* 2 vols. Tananarive: Académie Malgache.

Calloway, Colin 1997 *New Worlds For All: Indians, Europeans, and the Remaking of Early America.* Baltimore: Johns Hopkins.

Camboué, R. P. 1909 "Les Dix Premiers Ans de l'enfance chez le Malgaches. Circoncision, nom, éducacion." *Anthropos* IV: 375-386.

Campbell, Colin 1987 *The Romantic Ethic and the Spirit of Modern Consumerism*. Oxford: Blackwell.

Capp, Bernard 1977 "Communication: English Youth Groups and the Pinder of Wakefield." *Past and Present* 76: 111-16.

Carol, Jean 1898 *Chez les Hova (au pays rouge)*. Paris: Pavanne.

Casey, Edward S. and J. Melvin Woody 1983 "Hegel and Lacan: the Dialectic of Desire." In *Interpreting Lacan* (Joseph Smith and William Kerrigan, eds.) New Haven: Yale University Press.

Castoriadis, Cornelius 1987 *The Imaginary Institution of Society* (Kathleen Blarney, trans.). Cambridge: Polity Press.

Castoriadis, Cornelius 1991 *Philosophy, Politics, Autonomy: Essays in Political Philosophy* (David Ames Curtis, ed.) New York: Oxford University Press.

Castoriadis, Cornelius 1992 "Philosophie ist eine Ausdruckform der Auronomie," *Deutsche Zeitschrift für Philosophie* 40 no 5: 464.

Chagnon, Napoleon 1968 *Yanomamo, the Fierce People*. New York: Holt, Rinehart & Winston.

Chase-Dunn, Christopher, and Thomas D. Hall 1997 *Rise and Demise: Comparing World-Systems*. Boulder: Westview Press.

Chaudhuri, K. 1985 *Trade and Civilization in the Indian Ocean: an Economic History from the Rise of Islam to 1750*. Cambridge: Cambridge University Press.

Chaudhuri, K. 1990 *Asia Before Europe: Economy and Civilization in the Indian Ocean from the Rise of Islam to 1750*. Cambridge: Cambridge University Press.

Christian, Nicole 2000 "Detroit Defends Get-Tough Stance." *New York Times*, June 4, 2000, A6.

Ciaramelli, Fabio 1998 "The Circle of the Origin." In *Reinterpreting the Political: Continental Philosophy and Political Theory* (Lenore Langsdorf and Stephen H. Watson with Karen A. Smith, eds.) Albany: State University of New York Press.

Clark, Henry 1896 "The Zanak'Antitra Tribe: Its Origins and Peculiarities." *Antananarivo Annual and Malagasy Magazine* 16: 450-456.

Cohn, Norman 1970 *The Pursuit of the Millennium.* Norman: University of Oklahoma Press.

Cole, Jennifer 2001 *Forget Colonialism? Sacrifice and the Art of Memory in Madagascar.* Berkeley: University of California Press.

Collier, George A. with Elizabeth Lowery Quaratiello 1999 *Basta! Land & The Zapatista Rebellion in Chiapas.* Revised Edition. Oakland: Food First Books.

Comte, Auguste 1852 *Catechisme Positiviste. ou Sommaire Exposition de la Religion Universelle en Onze Entretiens Systematiques entre une Femme et un Prêtre de l'Humanité.* Paris: Chez le Auteur.

Condominas, Gerard 1960 *Fokonolona et Collectivités Rurales en Imerina.* Paris: Berger-Levrault.

Cooks, Ristin 2001 "Puppet Masters: Paper Hand Puppet Intervention Brings Its Brand of Political Theater Back to Chapel Hill." *Independent Ontline*, August 8, 2001, http://indyweek.com/durham/2001-08-08/ae.html, accessed June 2004.

Cooper, Marc 1991 "Dum Da Dum-Dum." *Village Voice*, April 16, 1991, 28-33.

Coquery-Vidrovitch, C. 1978 "Research on an African Mode of Production." In *Relations of Production* (D. Seddon, ed.) London: Frank Cass.

Corlette, Ewan 1935 "Notes on the Natives of the New Hebrides." *Oceania* 5: 474-487.

Couliano, loan 1987 *Eros and Magic in the Renaissance.* (Margaret Cook, trans.) Chicago: University of Chicago Press.

Cousins, William 1896 "The Abolition of Slavery in Madagascar: with Some Remarks on Malagasy Slavery Generally" *Antananarivo Annual and Malagasy Magazine* 21 : 446-50.

Cousins, William E. 1963 *Fomba Gasy.* (H. Randzavola, ed.) Tananarive: Imarivolanitra.

Creveld, Martin Van 1991 *The Transformation of War*. New York, Free Press.

Dahle, Lars 1886-88 "Sikidy and Vintana: Half-Hours with Malagasy Diviners" *Antananarivo Annual and Malagasy Magazine*, 11(1886): 218-34; 12(1887): 315-24; 13(1888): 457-67.

Dahle, Lars 1984 *Anganon'ny Ntaolo, Tantara Mampiseho ny Fombandrazana sy ny Finoana Sasany Nanganany*. (L. Sims, ed., original edition 1878) Antananarivo: Trano Printy Loterana.

Danielli, Mary 1947 "The Witches of Madagascar." *Folklore* 58: 261-76.

Dant, Tim 1996 "Fetishism and the Social Value of Objects." *Sociological Review* 44: 495-516.

Darnton, Robert 1984 *The Great Cat Massacre*. New York: Vintage Books.

David and X 2002 *The Black Bloc Papers*, compiled by David and X of the Green Mountain Anarchist Collective. Baltimore: Black Clover Press.

Davidson, A. 1889 "The Ramanenjana or Dancing Mania of Madagascar." *The Antananarivo Annual and Madagascar Magazine* 13 (1889); Reprint vol. IV/1 : 19-27.

Davis, Natalie Zemon 1975 *Society and Culture in Early Modern France*. Stanford: Stanford University Press.

Debord, Guy 1994 *Society of the Spectacle*. New York: Zone Books.

Deleuze, Gilles, and Felix Guattari 1983 *Anti-Oedipus: Capitalism and Schizophrenia*. Minneapolis: University of Minnesota Press.

Delumeau, Jean 2000 *History of Paradise: The Garden of Eden in Myth and Tradition*. (Matthew O'Connell, trans.) Chicago: University of Illinois Press.

Dever, William G. 2000 "How Was Ancient Israel Different?" In *The Breakout: The Origins of Civilization*, M. Lamber-Karlovsky, ed. Cambridge, MA: Harvard University Press.

Dez, Jacques 1975 "Première structure d'encadrement rural: le Fokonolona." *Asie du Sud Est et Monde Insulindien* 6: 31-69.

Dobb, Maurice 1947 *Studies in the Development of Capitalism*. London: International Publishers.

Domenichini, Jean-Pierre, and Bakoly Domenichini-Ramiaramanana 1980

"Regards croisés sur les grands Sycomores, ou l'armée noire des anciens princes d'Imerina." *Asie du Sud Est et Monde Insulindien* XI(1-4): 55-95.

Domenichini, Jean-Pierre, and Bakoly Domenichini-Ramiaramanana 1982 "Aspects de l'esclavage sous la monarchie merina." *Omaly sy Anio* 15: 53-98.

Domenichini-Ramiaramanana, Bakoly 1983 *Du ohabolana au hainteny: langue, littérature et politique à Madagascar.* Paris : Karthala.

Dominichini, Jean-Pierre 1977 *Les Dieux au Service des Rois: Histoire des Palladium d'Emyrne.* Paris: Karthala.

Douglas, Mary 1975 "Jokes." *Implicit Meanings: Essays in Anthropology.* London: Routledge.

Duby, Georges 1982 *Rural Economy and the Country Lift in the Medieval West.* Routledge and Kegan Paul, New York.

Dumont, Louis 1970 *Homo Hierarchicus.* Chicago: University of Chicago Press.

Dumont, Louis 1981 *From Mandeville to Marx: the Genesis and Triumph of Economic Ideology.* Chicago: University of Chicago Press.

Dumont, Louis 1986 *Essays on Individualism.* Chicago : University of Chicago Press.

Dupuis-Déri, Francis 1999 "L'Esprit Anti-Démocratique des Fondateurs des 'Démocraties' modernes." *Agone* 22: 95-113.

Dupuis-Déri, Francis 2002 "The Struggle Between Political Agoraphobia and Agoraphilia." Paper presented at the Massachusetts Institute of Technology, political science workshop.

Dupuis-Déri, Francis 2004 "The Political Power of Words : The Birth of Pro-Democratic Discourse in the Nineteenth Century in the United States and Canada." *Political Studies* 52: 118-134.

Dupuis-Déri, Francis 2005 "Anarchy in Political Philosophy." *Anarchist Studies.* Volume 13 no.1: 8-22.

Durkheim, Emile 1901 *Les formes élémentaires de la vie religieuse, le système totémique en Australie.* Paris: Presses Universitaires de France, 1968.

Edmunds, William 1897 "Charms and Superstitions in Southeast Imerina."

Antananarivo Annual and Malagasy Magazine, 22: 61–67.

Eggan, Fred 1937 "The Cheyenne and Arapaho Kinship System." In *The Social Anthropology of North American Tribes* (F. Eggan, ed.). Chicago: University of Chicago Press.

Ekholm, Kajsa 1991 *Catastrophe and Creation: The Transformation of an African Culture*. Philadelphia: Harwood Academic Publishers.

Ekholm, Kajsa, and Jonathan Friedman 1982 "'Capital' Imperialism and Exploitation in Ancient World-Systems." *Review* 4: 87–109.

Elias, Norbert 1978 *The History of Manners*. New York: Pantheon Books.

Ellen, Roy 1988 "Fetishism." *Man* (n.s.) 23 : 213–35.

Ellen, Roy 1990 "Nuaulu Sacred Shields. The Reproduction of Things or the Reproduction of Images?" *Etnofoor* 3 (I): 5–25.

Ellis, William 1838 *History of Madagascar*. 2 vols. London: Fisher & Son.

Epstein, Barbara 1991 *Political Protest and Cultural Revolution: Non-violent Direct Action in the 1970s and 1980s*. Berkeley: University of California Press.

Epstein, Barbara 2001 "Anarchism and the Anti-Globalization Movement." *Monthly Review* 53 (4), September 2001: 1–14.

Evans-Pritchard, Edward E. 1940 *The Nuer: A Description of the Modes of Livelihood and Political Institutions of a Nilotic People*. Oxford: Oxford University Press.

FAIR (Fairness and Accuracy In Reporting) 2001 "ACTIVISM UPDATE: New York Times Responds on Inauguration Criticism." News release, February 22, 2001.

Fajans, Jane 1997 *They Make Themselves: Work and Play among the Baining of Papua New Guinea*. Chicago: University of Chicago Press.

Federici, Silvia, ed. 1995 *Enduring Western Civilization: The Construction of the Concept of Western Civilization and its "Others."* London: Praeger.

Feeley-Harnik, Gillian 1982 "The King's Men in Madagascar: Slavery, Citizenship and Sakalava Monarchy." *Africa* 52: 31–50.

Feeley-Harnik, Gillian 1984 "The Political Economy of Death: Communication and Change in Malagasy Colonial History." *American Ethnologist* 8: 231-254.

Feeley-Harnik, Gillian 1989 "Cloth and the Creation of Ancestors in Madagascar." In *Cloth and Human Experience*. (J. Schneider and A. B. Weiner, eds.) Washington, DC: Smithsonian Institution Press.

Feeley-Harnik, Gillian 1991 *A Green Estate: Restoring Independence in Madagascar*. Washington, DC: Smithsonian Institution Press.

Ferguson, James 2006 *Global Shadows: Africa in the Neoliberal World Order*. Durham: Duke University Press.

Finley, Moses 1960a "The Servile Statuses of Ancient Greece," *Revue International des droits de l'antiquité*, 7: 165-89.

Finley, Moses 1960b *Slavery in Classical Antiquity*. Cambridge: Heffer.

Finley, Moses 1964 "Between Slavery and Freedom." *Comparative Studies in Society and History*, 6: 233-49.

Finley, Moses 1973 *The Ancient Economy*. Cambridge: Cambridge University Press.

Firaketana, see Ravelojaona, Randzavola, Rajaona.

Firth, Raymond 1959 *Economics of the New Zealand Maori*. Wellington, New Zealand : Owen Press.

Firth, Raymond 1965 *Primitive Polynesian Economy*. London: Routledge & Kegan Paul.

Flandrin, Jean-Louis 1979 *Families in Former Times*. Cambridge: Cambridge University Press.

Fleischman, Joan 2003 "Trade Protesters Mean Business, Analyst Warns." *Miami Herald*, October 1, 2003.

Fortunati, Leopoldini 1995 *The Arcana of Reproduction: Housework, Prostitution, Labor and Capital*. (Hillary Creek, trans.) New York: Autonomedia [1981].

Frank, Andre Gunder 1991 "Transitional Ideological Modes: Feudalism, Capitalism, Socialism." *Critique of Anthropology* 11: 171-188.

Frank, Andre Gunder 1993 "Bronze Age World Systems Cycles." *Current*

Anthropology 34: 383-429.

Frank, Andre Gunder 1998 *ReOrient: The Silver Age in Asia and the World Economy*. Berkeley: University of California Press.

Frank, Andre Gunder and Barry K. Gills 1993 *The World System: Five Hundred Years or Five Thousand?* London: Routledge.

Frazer, James 1911-15 *The Golden Bough: A Study in Magic and Religion*. London : Macmillan and Company.

Freid, Daisy 1997 "The Puppets Are Coming." *Philadelphia Citypaper*, January 16-23, 1997.

Fremigacci, Jean 1975 "Mise en valeur coloniale et travail forcé: la construction du chemin de fer Tananarive-Antsirabe (1911-1923)" *Omaly sy Anio*, 1-2: 75-137.

Fremigacci, Jean 1978 "L'administration coloniale: les aspects oppressifs" *Omaly sy Anio* 7-8: 209-237.

Friedman, John Block 1981 *The Monstrous Races in Medieval Art and Thought*. Cambridge, MA: Harvard University Press.

Friedman, Jonathan 1994 "Introduction" to *Consumption and Identity*. Amsterdam: Harwood Academic Publishers.

Friedman, Jonathan 2000 "Concretizing the continuity argument in global systems analysis." In *World System History: The Social Science of Long-Term Change* (Robert A. Denemark, Jonathan Friedman, Barry K. Gills, George Modelski, eds.) London: Routledge.

Gates, Moira and Genevieve Lloyd 1999 *Collective Imaginings: Spinoza, Past and Present*. London: Routledge.

Gilroy, Paul 1993 *The Black Atlantic: Modernity and Double Consciousness*. Cambridge: Harvard University Press.

Godbout, Jacques 2005 "Pas de représentation sans représentativité?" *Revue du MAUSS Semestrielle*. No.26: 90-104.

Godbout, Jacques T. and Alain Caillé 1998 *The World of the Gift*. Montréal: McGill-Queen's University Press.

Godelier, Maurice 1977 *Perspectives in Marxist Anthropology*. New York:

Cambridge University Press.

Godelier, Maurice 1978 "'Salt Money' and the Circulation of Commodities among the Baruya of New Guinea." In *Perspectives in Marxist Anthropology* (M. Godelier, ed.). Cambridge: Cambridge University Press.

Godelier, Maurice 1986 *The Making of Great Men: Male Domination and Power among the New Guinea Baruya.* Cambridge: Cambridge University Press.

Goffman, Erving 1956 *The Presentation of the Self in Everyday Lift.* Edinburgh: University of Edinburgh Press.

GoGwilt, Chris 1995 "True West: The Changing Idea of the West from the 1880s to the 1920s." In *Western Civilization and its "Others"* (S . Federici, ed.) London: Praeger.

Goody, Jack 1996 *The East in the West.* Cambridge: Cambridge University Press.

Graburn, Nelson 1982. Television and the Canadian Inuit. *Études Inuit Studies* 6(2): 7-24.

Graeber, David 1995 "Dancing with Corpses Reconsidered: an Interpretation of Famadihana in Arivonimamo, (Madagascar)" *American Ethnologist* 22: 258-278.

Graeber, David 1996 "Beads and Money: Notes Toward a Theory of Wealth and Power." *American Ethnologist,* 23: 1-36.

Graeber, David 1996 "Love Magic and Political Morality in Central Madagascar, 1875-1990." *Gender and History* 8(3): 94-117.

Graeber, David 1997 "Manners, Deference and Private Property: The Generalization of Avoidance in Early Modern Europe." *Comparative Studies in Society and History* 39(4): 694-728.

Graeber, David 2001 *Toward an Anthropological Theory of Value.* New York: Palgrave.

Graeber, David 2004 *Fragments of an Anarchist Anthropology.* Chicago: University of Chicago Press.

Graeber, David 2005 "Fetishism and Social Creativity, or Fetishes are Gods in

Process of Construction." *Anthropological Theory*, Volume 5 no.4: 407–438. (이 책 4장)

Graeber, David 2006 "Beyond Power/Knowledge: an Exploration of the Relation of Power, Ignorance, and Stupidity." Malinowski Memorial Lecture, London School of Economics. May 25. Available at http://www.lse.ac.uk/collecrions/LSEPublicLecturesAndEvents/pdf/20060525-Graeber.pdf.

Graeber, David 2006 "Turning Modes of Production Inside Out: Or, Why Capitalism is a Transformation of Slavery (short version)," *Critique of Anthropology* Volume 26 no.1 (March 2006), 61–81.

Graeber, David 2007 *Lost People: Magic and the Legacy of Slavery in Madagascar.* Bloomington: Indiana University Press.

Graeber, David and Stevphen Shukaitis, editors 2007 *Constituent Imagination: Militant Investigation,* Collective Research. Oakland: AK Press.

Graham, Bessie 1883 "Notes." Report of the Medical Mission for 1882, *Friends' Foreign Missionary Society Annual Report*: 62–3.

Grinde, Donald A. 1977 *The Iroquois and the Founding of the American Nation.* San Francisco: Indian Historian Press.

Grinde, Donald A., and Bruce E. Johansen 1990 *Exemplar of Liberty: Native America and the Evolution of Democracy.* Los Angeles: University of California Los Angeles.

Grinde, Donald A., and Bruce E. Johansen 1995. "Sauce for the Goose: Demand and Definitions for 'Proof' Regarding the Iroquois and Democracy." *William & Mary Quarterly* 53(3): 628–635.

Grindon, Gavin 2006 "The Breath of the Possible." In *Constituent Imagination: Militant Investigation, Collective Research* (David Graeber and Stevphen Shukaitis, eds.) Oakland: AK Press.

Gueunier, Noël Jacques 1982 "Review of *Le Tsimahafotsy d'Ambohimanga,* by Adolphe Razafintsalama." *Asie du Sud Est et Monde Insulindien* 13: 235–241.

Gurevich, A. J. 1985 *Categories of Medieval Culture.* London: Routledge &

Kegan Paul.

Guyer, Jane I. 1993 "Wealth in People and Self-Realization in Equatorial Africa." *Man* 28 (2): 243-65.

Guyer, Jane I. and Samuel M. Eno Belinga 1995 "Wealth in People as Wealth in Knowledge: Accumulation and Composition in Equatorial Africa." *Journal of African History* 36: 91-120.

Haile, John 1891 "Famadihana, a Malagasy burial custom." *Antananarivo Annual and Malagasy Magazine* 16: 406-416.

Haile, John 1893 "Malagasy Village Life: Pen and Ink Sketches of the People of Western Imerina." *Antananarivo Annual and Malagasy Magazine* 18: 1-20.

Hajnal, John 1965 "European Marriage Patterns in Perspective." In *Population in History.* (D. V. Glass and D. E. C. Eversley, eds.) Chicago: Aldine.

Hajnal, John 1982 "Two Kinds of Preindustrial Household Formation System." *Population and Development Review* 8: 3 (September): 449-94.

Hammond, Mason 2000. "The Indo-European Origins of the Concept of a Democratic Society." In *The Breakout: The Origins of Civilization* (M. Lamber-Karlovsky, ed.) Cambridge, MA: Harvard University Press.

Hébert, Jean-Claude 1958 "La parenté à plaisanterie à Madagascar." *Bulletin de l'Académie Malgache*, mars 1958(142): 175-217 avril 1958(143) : 267-303.

Heesterman, J. C. 1993 *The Broken World of Sacrifice: An Essay in Ancient Indian Ritual.* Chicago: University of Chicago Press.

Hegel, Georg Wilhelm Friedrich 1997 *Phenomenology of Spirit* (A. V. Miller, trans.). Oxford: Clarendon Press.

Herlihy, David 1960 "The Carolingian Mansus." *Economic History Review* vol. 13.

Herlihy, David 1985 *Medieval Households.* Cambridge: Harvard University Press.

Hertz, Robert 1907 "Contribution à une étude sur la représentation de la mort." *L'Année Sociologique* 10: 48-137.

Hill, Christopher 1964 *Society and Puritanism in England.* London: Routledge

& Kegan Paul.

Hill, Christopher 1972 *The World Turned Upside Down*. New York: Penguin Press.

Hill, Christopher 1975 *Change and Continuity in 17th Century England*. Cambridge: Harvard University Press.

Ho, Engseng 2004 "Empire Through Diasporic Eyes : A View From the Other Boat." *Comparative Studies in Society and History* 46(2): 210-246.

Hobbes, Thomas 1651 *Leviathan, or, The Matter, Form, and Power of a Common-Wealth Ecclesiastical and Civil*. London: Printed for Andrew Crooke, at the Green Dragon in Sr. Pauls Churchyard.

Hobbes, Thomas 1968 *Leviathan*. Harmondsworth: Penguin Press.

Hocart, A. M. 1968 *Caste, a Comparative Study*. New York: Russell & Russell.

Hocart, A. M. 1970 *Kings and Councillors: An Essay in the Comparative Anatomy of Human Society*. Chicago: University of Chicago Press.

Hodgson, Dorothy 1999 "Critical Interventions." *Identities* 6(2-3): 201-224.

Holloway, John 2003 *Change the World Without Taking Power: The Meaning of Revolution Today*. London: Pluto Press.

Houlder, J. A. 1915 *Ohabolana, or, Malagasy proverbs: illustrating the wit and wisdom of the Hova of Madagascar*. Faravohitra: Friends' Foreign Missionary Association.

Humphries, Susan C. 1978 *Anthropology and the Greeks*. London: Routledge and Kegan Paul.

Hunt, William 1983 *The Puritan Moment: The Coming of Revolution in an English County*. Cambridge, MA: Harvard University Press.

Huntington, Samuel P. 1993 "The Clash of Civilizations." *Foreign Affairs* 72(3): 22-48.

Huntington, Samuel P. 1996 "The West: Unique, Not Universal." *Foreign Affairs* 75(1): 28-46.

Hutton, Ronald 1994 *The Rise and Fall of Merry England: The Ritual Year, 1400-1700*. London: Oxford University Press.

Jackson, Jean 1995 "Culture, Genuine and Spurious: The Politics of Indianness in Vaupes, Columbia." *American Anthropologist* 22(1): 3–27.

James, C. L. R. 1938 *The Black Jacobins: Toussaint L'Ouverture and the San Domingo Revolution*. London: Seeker and Warburg.

Jamous, Raymond 1981 *Honneur et Baraka: les structures sociales traditionelles dans le Rif*. Paris: Atelier d'Anthropologie Sociale, Maison des Sciences de l'Homme.

Joas, Hans 1993 "Institutionalization as a Creative Process: The Sociological Importance of Cornelius Castoriadis' Political Philosophy." In *Pragmatism and Social Theory*. Chicago: University of Chicago Press.

Joas, Hans 1996 *The Creativity of Action*. Chicago: University of Chicago Press.

Joas, Hans 2000 *The Genesis of Values*. Cambridge: Polity Press.

Johansen, Bruce 1982 *Forgotten Founders: How the American Indian Helped Shape Democracy*. Boston: Harvard Common Press.

Johansen, Bruce 1998 *Debating Democracy: Native American Legacy of Freedom*. Santa Fe: Clear Light Publishers.

Johansen, J. Prytz 1954 *The Maori and His Religion*. Copenhagen: Munksgaard.

Jully, Antoine 1894 "Funerailles, tombeaux et honneurs rendus aux morts à Madagascar." *Anthropologie* 5: 385–401.

Jully, Antony 1899 "Croyances et pratiques superstitieuses chez les Merinas ou Haves" *Revue de Madagascar* tome I (October 1899) : 311–328.

Katsiaficas, George 2004 "Aesthetic and Political Avant-Gardes." *Journal of Aesthetics & Protest 3*.

Keane, Webb 1997 "From Fetishism to Sincerity: On Agency, the Speaking Subject, and Their Historicity in the Context of Religious Conversion." *Comparative Studies in Society and History* 39: 674–693.

Keane, Webb 1998 "Calvin in the Tropics: Objects and Subjects at the Religious Frontier." In *Border Fetishisms: Material Objects in Unstable Spaces* (P. Spyer, ed.) New York: Routledge.

Koerner, Brendan I, 2003 "Can Miami Really Ban Giant Puppets?" *Slate*, Nov. 12, 2003. http://www.slate.com/id/2091139/.

Kojéve, Alexandre 1969 *Introduction to the Reading of Hegel*. New York: Basic

Books.

Kottak, Conrad Phillip 1986 "Kinship Modeling: Adaptation, Fosterage, and Fictive Kinship among the Betsileo." In *Madagascar: Society and History.* (C. P. Kottack, J.-A. Rakotoarisoa, A. Southall and P. Vérin, eds.) Durham: Carolina Academic Press.

Kroeber, Alfred 1925 *Handbook of the Indians of California.* Washington D.C.: Bureau of American Ethnology 78.

Kroeber, Alfred 1928 "The Law of the Yurok Indians." *Proceedings of the 22nd International Congress of Americanists.* 511-516.

Kropotkin, Peter 1909 *Anarchist Morality.* London: Freedom Office.

Kropotkin, Peter 1924 *Ethics, Origin and Development.* (Authorized translation from the Russian, by Louis S. Friedland and Joseph R. Piroshnikoff.) New York: The Dial Press.

Kussmaul, Ann 1981 *Servants in Husbandry in Early Modern England.* Cambridge: Cambridge University Press.

Kyle, Donald G. 1998 *Spectacles of Death in Ancient Rome.* New York: Routledge.

Lacan, Jacques 1977 *Écrits: A Selection.* New York: Norton Press.

Lambek, Michael 1992 "Taboo as Cultural Practice among Malagasy Speakers." *Man* 27: 245-266.

Lambek, Michael 2002 *The Weight of the Past: Living with History in Mahajanga, Madagascar.* New York: Palgrave Macmillan.

Lamberg-Karlovsky, C.C. 2000 "The Eastern 'Breakout' and the Mesopotamian Social Contract." In *The Breakout: The Origins of Civilization* (M. Lamber-Karlovsky, ed.) Cambridge, MA: Harvard University Press.

Lamberg-Karlovsky, Martha, ed. 2000 *The Breakout: The Origins of Civilization.* Peabody Museum Monographs. Cambridge: Harvard University Press.

Larsen, Pier 1995 "Multiple Narrarives, Gendered Voices: Remembering the Past in Highland Central Madagascar," *The International Journal of African Historical Studies,* 28: 295-325.

Larson, Pier 2000 *History and Memory in the Age of Enslavement: Becoming Merina in Highland Madagascar, 1770-1822* (Social History of Africa) Portsmouth: Heinemann.

Laslett, Peter 1972 "Characteristics of the Western Family Considered over Time." In *Household and Family in Past Time* (Laslett and Wall, eds.) Cambridge: Cambridge University Press.

Laslett, Peter 1977 *Family Life and Illicit Love in Earlier Generations*. Cambridge: Cambridge University Press.

Laslett, Peter 1983 "Family and Household as Work Group and Kin Group." In *Family Forms in Historic Europe* (R. Wall, ed.). Cambridge: Cambridge University Press.

Laslett, Peter 1972 "Characteristics of the Western Family Considered over Time." In *Household and Family in Past Time* (P. Laslett and R. Wall, eds.) Cambridge: Cambridge University Press.

Le Goff, Jacques 1978 *Time, Work and Culture in the Middle Ages*. Cambridge: Cambridge University Press.

Leach, Edmund 1954 *Political Systems of Highland Burma*. Cambridge: Cambridge University Press.

Leach, Edmund 1964 "Anthropological Aspects of Language: Animal Categories and Verbal Abuse." In *New Directions in the Study of Language* (E. Lennenberg, ed.). Cambridge: MIT Press.

Levi-Strauss, Claude 1962 *Totemism*. Boston: Beacon Press.

Levi-Strauss, Claude 1966 *The Savage Mind*. Chicago: University of Chicago Press.

Levy, Philip A. 1996 "Exemplars of Taking Liberties: The Iroquois Influence Thesis and the Problem of Evidence." *William & Mary Quarterly* 53(3): 587-604.

Lévy-Bruhl, Lucien 1986[1926] *How Natives Think* (Lilian Clare, trans.) Salem: Ayer & Co.

Lewis, Martin W., and Kären E. Wigen 1997 *The Myth of Continents: A Critique of Metageography*. Berkeley: University of California Press.

Lienhardt, Godfrey 1961 *Divinity and Experience*. Oxford: Oxford University Press.

Linebaugh, Peter 1991 *The London Hanged: Crime and Civil Society in the Eighteenth Century*. New York: Allen Lane, The Penguin Press.

Linebaugh, Peter, and Marcus Rediker 2000 *Many-Headed Hydra: Sailors, Slaves, Commoners, and the Hidden History of the Revolutionary Atlantic*. Boston: Beacon Press.

Linton, Ralph 1924 "Totemism and the A. E. F." *American Anthropologist* (New Series) Vol. 26 (2): 296-300.

Lodziak, Conrad 2002 *The Myth of Consumerism*. London: Pluto Press.

Lomar, Kathryn, and Tim Cornell, eds. 2003 *"Bread and Circuses": Euergetism and Municipal Patronage in Roman Italy*. London: Routledge.

Lovejoy, Arthur 1936 *The Great Chain of Being*. Cambridge: Harvard University Press.

Lovejoy, Arthur 1955. "The Chinese Origin of a Romanticism." In *Essays in the History of Ideas*. New York: George Braziller.

Lovejoy, Paul E. 2000 *Transformations in Slavery: A History of Slavery in Africa*. 2nd edition. Cambridge: Cambridge University Press.

MacAllister, J. Gilbert 1937 "Kiowa-Apache Social Organization." In *The Social Anthropology of North American Tribes* (Fred Eggan, ed.). Chicago: University of Chicago Press.

MacFarlane, Alan 1970 *Witchcraft in Tudor and Stuart England: A Regional and Comparative Study*. London: Routledge & Kegan Paul.

MacFarlane, Alan 1978 *The Origins of English Individualism*. Oxford: Oxford University Press.

MacGaffey, Wyatt 1970 *Custom and Government in the Lower Congo*. Los Angeles: University of California.

MacGaffey, Wyatt 1977 "Fetishism Revisited: Kongo nkisi in Sociological Perspective." *Africa* 47 (2): 172-184.

MacGaffey, Wyatt 1983 *Modern Kongo Prophets: Religion in a Plural Society*. Bloomington: Indiana University Press.

MacGaffey, Wyatt 1986 *Religion and Society in Central Africa*. Chicago: University of Chicago Press.

MacGaffey, Wyatt 1987 "Lulendo: The Recovery of a Kongo Nkisi." *Ethnos* 52: 339-49.

MacGaffey, Wyatt 1988 "Complexity, Astonishment and Power: The Visual Vocabulary of Kongo Mikisi." *Journal of Southern African Studies* 14 (2): 188-203.

MacGaffey, Wyatt 1991 *Art and Healing of the Bakongo Commented by Themselves: Minkisi from the Laman Collection*. Stockholm: Folkens Museum Etnografiska.

MacGaffey, Wyatt 1994 "African Objects and the Idea of the Fetish." *RES: Journal of Anthropology and Aesthetics* 25: 123-31.

MacGaffey, Wyatt 2000 *Kongo political culture: the conceptual challenge of the particular*. Bloomington: Indiana University Press.

MacPherson, C. B. 1962 *The Political Theory of Possessive Individualism*. Oxford: Oxford University Press.

MacPherson, C. B. 1973 "Servants and Labourers in Seventeenth Century England." In C. B. MacPherson, *Democratic Theory: Essays in Retrieval*. London: Oxford University Press.

Maistre, Joseph Marie, comte de 1822 *Considerations sur la France*. Paris: J. B. Pélagaud & cie.

Manin, Bernard 1994 "On Legitimacy and Political Deliberation." In *New French Thought: Political Philosophy* (M. Lilla, ed.) Princeton: Princeton University Press.

Mann, Michael 1999 "The Dark Side of Democracy: the Modern Tradition of Ethnic and Political Cleansing." *New Left Review* 235: 18-45.

Markoff, John 1995 *Waves of Democracy: Social Movements and Political Change*. Thousand Oaks: Pine Forge Press.

Markoff, John 1999 "Where and When Was Democracy Invented?" *Comparative Studies in Society and History* 41 (4): 660-690.

Martinez, José 2000 "Police Prep for Protests over Biotech Conference at

Hynes." *Saturday Boston Herald*, March 4 2000.

Marx, Karl 1846 *The German Ideology*. New York: International Publishers (1970).

Marx, Karl 1858 *Pre-Capitalist Economic Formations* (Jack Cohen, trans.) New York: International Publishers (1964).

Marx, Karl 1858 *The Grundrisse*. New York: Harper and Row (1973).

Marx, Karl 1859 *Contribution to the Critique of Political Economy*. New York: International Publishers (1970).

Marx, Karl 1867 *Capital*. 3 volumes. New York: New World Paperbacks (1967).

Maschia-Lees, Frances, Patricia Sharpe, Colleen Ballerino Cohen 1989 "The Postmodernist Turn in Anthropology: Cautions from a Feminist Perspective." *Signs* 15(1): 7-33.

Mauss, Marcel 1925 "Essai sur le don. Forme et raison de l'échange dans les sociétés archaïques." *Annee sociologique*, 1 (series 2): 30-186.

Mauss, Marcel 1925a "Socialisme et Bolchévisme." Le Monde Slave, Year 2 number 2, 201-22. Translated as "A Sociological Assessment of Bolshevism" by Ben Brewster in *The Radical Sociology of Durkheim and Mauss*. London: Routledge.

Mauss, Marcel 1947 *Manuel d'ethnographie*. Paris: Payor.

Mauss, Marcel 1954 *The Gift*. Beacon Press, Boston.

Mauss, Marcel 1965 *The Gift: Forms and Functions of Exchange in Archaic Societies*. (I. Cunnison, trans.) New York: Norton.

Mauss, Marcel 1968 "A Category of the Human Spirit." *Psychoanalytic Review* 55: 457-481.

Mauss, Marcel 1968-69 *Oeuvres*. 3 volumes. Paris: Editions de Minuit.

Mauss, Marcel 1997 *Écrits Politiques: Textes réunis et présentés par Marcel Fournier*. Paris: Fayard.

Mayeur, Nicolas 1913 "Voyage au pays d'Ancove, outremente dite des hovas(1777)." *Bulletin de la Academie Malgache* 12(1): 139-176.

McKendrick, Neil, John Brewer, and J. H. Plumb 1982 *Birth of a Consumer Society: The Commercialization of Eighteenth-Century England*. London :

Europa.

Mead, Margaret 1930 *Growing Up in New Guinea: A Comparative Study of Primitive Education*. New York: Morrow & Co.

Mead, Margaret 1934 *Kinship Organization in the Admiralty Islands*. New York: American Museum of Natural History.

Mead, Margaret 1937 "The Manus of the Admiralty Islands." *Cooperation and Competition among Primitive Peoples*. New York: MacGraw Hill.

Meillassoux, Claude 1975 *L'esclavage en Afrique precoloniale*. Paris : Maspero.

Meillassoux, Claude 1979 "Historical Modalities of the Exploitation and Over-Exploitation of Labor." *Critique of Anthropology* 4: 7-16.

Meillassoux, Claude 1981 *Maidens, Meal and Money: Capitalism and Domestic Community*. Cambridge: Cambridge University Press.

Mignolo, Walter D. 2002 "The Many Faces of Cosmo-polis: Border Thinking and Critical Cosmopolitanism." In *Cosmopolitanism* (C. Breckenridge, S. Pollock, H. Bhabha, and D. Chakrabarty, eds.) Durham: Duke University Press.

Miklitscb, Robert 1996 "The Commodity-Body-Sign: Toward a General Economy of Commodity Fetishism." *Cultural Critique* 33: 5-70.

Miller, Daniel 1987 *Material Culture and Mass Consumption*. London: Basil Blackwell.

Miller, Daniel 1995 *Acknowledging Consumption: A Review of New Studies* (D. Miller, ed.) London: Routledge.

Morgan, Edmund Sears 1944 *The Puritan Family*. Boston: Trustees of the Public Library.

Moulier-Boutang, Yann 1998 *De l'esclavage au salariat: économie historique du salariat bridé*. Paris: Presses Universitaires de France.

Muhlberger, Steven, and Phil Paine 1993 "Democracy's Place in World History." *Journal of World History* 4(1): 23-45.

Muhlberger, Steven, and Phil Paine 1997 "Democracy in Ancient India." World History of Democracy site, http://www.nipissingu.ca./department/history/histdem/ accessed November 22, 2004.

Munn, Nancy 1977 "The Spatiotemporal Transformations of Gawan Canoes." *Journal de la Société des Océanistes*. Tome 33 (mars-juin) 54-55: 39-53.

Munn, Nancy 1986 *The Fame of Gawa: A Symbolic Study of Value Transformation in a Massim (Papua New Guinea) Society*. Cambridge: Cambridge University Press.

Myers, Fred 1986 *Pintupi Country, Pintupi Self Sentiment, Place, and Politics among Western Desert Aborigines*. Washington: Smithsonian Institution Press.

Myers, Fred 1986 *Pintupi Country, Pintupi Self*. Washington: Smithsonian Press.

Negri, Antonio 1991 *The Savage Anomaly: The Power of Spinoza's Metaphysics and Politics*. (Michael Hardt, trans.) Minnesota: University of Minnesota Press.

Negri, Antonio 1999 *Insurgencies: Constituent Power and the Modern State* (Maurizia Boscagli, trans.) Minneapolis: University of Minnesota Press.

Neocleus, Mark 2000 *The Fabrication of Social Order: A Critical Theory of Police Power*. London: Pluto Press.

Newman, Michael 1998 "Founding Feathers: The Iroquois and the Constitution." *The New Republic* 199(19): 17-21.

Nicholls, Jonathan 1985 *The Matter of Courtesy*. Woodbridge: Brewer Press.

Ober, Josiah 1996 *The Athenian Revolution: Essays on Ancient Greek Democracy and Political Theory*. Princeton: Princeton University Press.

Ochs (Keenan), Elinor 1974 "Norm-makers, Norm-breakers: Uses of Speech by Men and Women in a Malagasy Community." In *Explorations in the Ethnography of Speaking* (Robert Bauman and John Sherzer, eds.) Cambridge: Cambridge University Press.

Ochs (Keenan), Elinor 1975 "A Sliding Sense of Obligatoriness: the Polystructure of Malagasy Oratory," *Language in Society* 2: 225-43.

Ostrom, Elinor 1990 *Governing the Commons: The Evolution of Institutions for Collective Action*. Cambridge: Cambridge University Press.

Patterson, Orlando 1982 *Slavery and Social Death: A Comparative Study*.

Cambridge, M.A.: Harvard University Press.

Payne, Samuel B. 1997 "The Iroquois League, the Articles of the Confederation, and the Constitution." *William and Mary Quarterly* 53(3): 605-620.

Pearse, John 1899 "Women in Madagascar: Their Social Position, Employments and Influence," *Antananarivo Annual and Malagasy Magazine*, 23: 263-64.

Pels, Peter 1998 "The Spirit of Matter: On Fetish, Rarity, Fact, and Fancy." In *Border Fetishisms: Material Objects in Unstable Spaces* (P. Spyer, ed.) New York: Routledge.

Pietz, William 1985 "The Problem of the Fetish I." *RES: Journal of Anthropology and Aesthetics* 9: 5-17.

Pietz, William 1987 "The Problem of the Fetish II : The Origin of the Fetish." *RES: Journal of Anthropology and Aesthetics* 13: 23-45.

Pietz, William 1988 "The Problem of the Fetish IIIa: Bosman's Guinea and the Enlightenment Theory of Fetishism." *RES: Journal of Anthropology and Aesthetics* 16: 105-123.

Pietz, William 1993 "Fetishism and Materialism: The Limits of Theory in Marx." In *Fetishism as Cultural Discourse* (Emily Apter and William Pietz, eds.) Ithaca: Cornell University Press.

Pietz, William 1995a "The Spirit of Civilization : Blood Sacrifice and Monetary Debt" *RES: Journal of Anthropology and Aesthetics* 28 : 23-38.

Pietz, William 1995b "Death and the Deodand: Accursed Objects and the Money Value of Human Life." In *(Un) Fixing Representation* (Judith Farquar, Tomoko Masuzawa, and Carol Mavor, eds.) Minneapolis: University of Minnesota Press.

Piolet, J. B. 1896 "De l'Esclavage à Madagascar." *Le Correspondant* (Paris), 10 February 1896: 447-80.

Piot, Charles 1991 "Of Persons and Things: Some Reflections on African Spheres of Exchange." *Man* (n.s.) 26 : 405-424.

Pleij, Herman 2001 *Dreaming of Cockaigne: Medieval Fantasies of the Perfect Life* (Diane Webb, trans.) New York: Columbia University Press.

Poggioli, Renato 1968 *The Theory of the Avant-Garde*. Cambridge, MA: Harvard University Press.

Polanyi, Karl 1944 *The Great Transformation*. New York: Rinehart.

Polanyi, Karl 1957 "The Economy as an Instituted Process." In *Trade and Market in the Early Empires* (K. Polanyi, C. Arensberg and H. Pearson eds.) Glencoe: The Free Press.

Polanyi, Karl 1968 *Primitive, Archaic, and Modern Economies: Essays of Karl Polanyi* (George Dalton, ed.) New York: Anchor.

Pommeranz, Kenneth 2000 *The Great Divergence: China, Europe, and the Making of the Modern World Economy*. Princeton: Princeton University Press.

Pool, Robert 1990 "Fetishism Deconstructed." *Etnofoor* 3 (1): 114-127.

Quiggin, A. H, 1949 *Trade Routes, Trade and Currency in East Africa*. Rhodes-Livingstone Museum: Occasional Papers no.5.

Quigley, Declan 1993 *The Interpretation of Caste*. Oxford: Clarendon Press.

Radimilahy, C., S. Andriamampianina, S. Blanchy, J.-A. Rakotoarisoa, and S. Razafimahazo 2006 "Lieux de culte autochtone à Antananarivo." In *Le dieux au service du peuple* (Sophie Blanchy, Jean-Aimé Rakotoarisoa, Philippe Beaujard, and Chantal Radimilahy, eds.) Paris: Karthala.

Raison, Françoise 1976 "Les Ramanenjana: une mise en cause populaire du christianisme en Imerina, 1863." *Asie du sud-est et le monde insulindien* VII(ii-iii): 271-93.

Raison, Jean-Pierre 1984 *Les Hautes Terres de Madagascar et Leurs Confins Occidentaux: enracinement et mobilité des sociétés rurales*. Paris: Karthala.

Raison-Jourde, Françoise 1991 *Bible et pouvoir à Madagascar au XIXe siècle*. Paris: Karthala.

Rajemisa-Raolison, Régis 1985 *Rakibolana Malagasy*. Fianarantsoa: Ambozatany.

Raombana n.d. *Annales*. Manuscript preserved in the archives of the Academie Malgache, Antananarivo.

Rasamimanana, Joseph and Louis Razafindrazaka 1957 *Contribution a l' histoire des Malgaches*: *Ny Andriantompokoindrindra*. Tananarive: Volamahitsy.

Ratrimoharinosy, Hélène 1986 "La Societé Malgache vers 1800." In *Madagascar: Society and History* (C. P. Kottak, J.-A. Rakotoarisoa, A. Southall, and P. Vérin, eds.) Durham: Carolina Academic Press.

Ravelojaona, Randzavola, Rajaona, 1937 *Firaketana ny fiteny sy zavatra Malagasy.* Tananarive: Imprimerie Industrielle.

Razafindratovo, Janine 1980 "Noms Passés, Noms Presents chez les Merina." *Asie du Sud Est et Monde Insulindien* 11 : 169-182.

Razafintsalama, Adolphe 1981 *Les Tsimahafotsy d'Ambohimanga. Organisation familiale et sociale en Imerina (Madagascar).* Paris : SELAF.

Rediker, Marcus 1981 "'Under the Banner of King Death': The Social World of Anglo-American Pirates, 1716-1726." *William & Mary Quarterly*, 3rd series, 38(2): 203-227.

Rediker, Marcus 1987 *Between the Devil and the Deep Blue Sea: Merchant Seamen, Pirates, and the Anglo-American Maritime World, 1700-1750.* Cambridge: Cambridge University Press.

Rediker, Marcus 2004 *Villains of All Nations: Atlantic Pirates in the Golden Age.* Beacon Press: Boston.

Renel, Charles 1910 *Contes de Madagascar* (3 volumes) Paris: Ernest Leroux.

Renel, Charles 1915 "Les amulettes malgaches, Ody et Sampy." In *Bulletin de La Academie Malgache* (n.s) 2: 29-281.

Reuters/Zogby 2000 "Convention Protests Bring Mixed Reactions," Newswire: Monday August 21 2000 4:45 PM ET.

Robbins, Joel 1994 "Equality as a Value: Dumont, Melanesia, and the West." *Social Analysis* 36: 21-70.

Rospabé, Philippe 1995 *La Dette de Vie: aux origines de la monnaie sauvage.* Paris: Editions la Découverte/MAUSS.

Ross, John 2000. *The War Against Oblivion: The Zapatista Chronicles.* Monroe, ME: Common Courage Press.

Rus, Jan, Rosalva Aída Hernández Castillo, and Shannan L. Mattiace 2003

Mayan Lives, Mayan Utopias: The Indigenous Peoples of Chiapas and the Zapatista Rebellion. Lanham, MD: Rowman and Littlefield.

Ruud, Jørgen 1960 *Taboo: A Study of Malagasy Beliefs and Customs.* New York: Humanities Press.

Sahlins, Marshall 1972 *Stone Age Economics.* Chicago: Aldine / University of Chicago Press.

Sahlins, Marshall 1976 *Culture and Practical Reason.* Chicago: University of Chicago Press.

Sahlins, Marshall 1981 *Historical Metaphors and Mythical Realities.* A.S.A.O. Special Publication no. 1. Ann Arbor: University of Michigan Press.

Sahlins, Marshall 1982 "Individual Experience and Cultural Order." In *The Social Sciences: Their Nature and Uses* (William Kruskal, ed.) Chicago: University of Chicago Press.

Sahlins, Marshall 1985 *Islands of History.* Chicago: University of Chicago Press.

Sahlins, Marshall 1988 "Cosmologies of Capitalism." *Proceedings of the British Academy* 74: 1-51.

Sahlins, Marshall 1991 "The Return of the Event, Again: With Reflections on the Beginnings of the Great Fijian War of 1843 to 1855 Between the Kingdoms of Bau and Rewa." In *Clio in Oceania* (Aletta Biersack, ed.) Washington: Smithsonian Press.

Sahlins, Marshall 1995 *How "Natives" Think: About Captain Cook, For Example.* Chicago: University of Chicago Press.

Sahlins, Marshall 1996. "The Sadness of Sweetness: or, The Native Anthropology of Western Cosmology?" *Current Anthropology* 37 no. 3: 395-428.

Sahlins, Marshall 2001 *Culture in Practice: Selected Essays.* New York: Zone Books.

Saint-Simon, Henri, comte de 1825 *Nouveau Christianisme: dialogues entre un conservateur et un novateur, primier dialogue.* Paris: Bossange.

Sakolsky, Ron and James Koehnline, eds. 1993 *Gone to Croatan: The Origins of North American Dropout Culture.* Brooklyn, NY: Autonomedia.

Sangren, P. Steven 1987 *History and Magical Power in a Chinese Community*. Stanford : Stanford University Press.

Sangren, P. Steven 2000 *Chinese Sociologies: An Anthropological Approach to the Study of Alienation in Social Reproduction*. London: Athlone Press.

Sartori, Giovanni 1987 *The Theory of Democracy Revisited*. Chatham, NJ : Chatham House.

Saxonhouse, Arlene W. 1993 "Athenian Democracy: Modern Mythmakers and Ancient Theorists." *PS: Political Science and Politics* (26)3: 486-490.

Scarry, Elaine 1985 *The Body in Pain: The Making and Unmaking of the World*. Oxford : Oxford University Press.

Schivelbusch, Wolfgang 1992 *Tastes of Paradise: A Social History of Spices, Stimulants and Intoxicants*. New York: Vintage Press.

Schor, Juliet B. and Douglas B. Holt, eds. 2000 *The Consumer Society Reader*. New York: The New Press.

Scott, James 1992 *Domination and the Arts of Resistance*. New Haven: Yale University Press.

Sewell, Joseph 1876 *Remarks on Slavery in Madagascar*. London: Elliot Stock.

Sherratt, Andrew 2000 "Envisioning Global Change: A Long-Term Perspective." In *World System History: The Social Science of Long-Term Change* (Robert A. Denemark, Jonathan Friedman, Barry K. Gills, George Modelski, eds.) London: Routledge.

Shirres, M. P. 1982 "Tapu." *Journal of the Polynesian Society* 91 (1): 29-51.

Shukaitis, Stevphen 2005 "Space, Imagination // Rupture: The Cognitive Architecture of Utopian Political Thought in the Global Justice Movement." *University of Sussex Journal of Contemporary History* 8.

Sibree, James 1875 *Madagascar: the Great African Island*. London: Trübner & Co.

Sibree, James 1880 *Madagascar: the Great African Island*. London: Trübner & Co.

Sibree, James 1896 *Madagascar Before the Conquest: The Island, the Country, and the People*. London: T. Fisher Unwin.

Sibree, James 1897 "The Malagasy Custom of 'Brotherhood by Blood.'" *Antananarivo Annual and Malagasy Magazine* 21: 1-6.

Silverman, Hugh 2000 "Twentieth-Century Desire and the Histories of Philosophy." *Philosophy & Desire*. New York: Routledge.

Simon, Ronald T., & Marc Estrin 2004 *Rehearsing with Gods: Photographs and Essays on the Bread & Puppet Theater*. White River Junction, VT.: Chelsea Green Pub. Co.

Skeat, Walter 1900 *Malay Magic: Being an Introduction to the Folklore and Popular Religion of the Malay Peninsula*. London: Macmillan and Co.

Smith, Adam 1761 *Theory of Moral Sentiments*. Cambridge, U.K.: Cambridge University Press (2002).

Smith, Adam 1776 *An Inquiry Into the Nature and Causes of the Wealth Of Nations*. Oxford: Clarendon Press.

Smith, Jean 1974 *Tapu Removal in Maori Religion*. Memoirs of the Polynesian Society no.40. Wellington: Polynesian Society.

Smith, Woodruff D. 2002 *Consumption and the Making of Respectability: 1600-1800*. London: Routledge.

Snow, Dean R. 1994 *The Iroquois*. London: Blackwell.

Southall, Aidan 1971 "Ideology and Group Composition in Madagascar." *American Anthropologist* 73: 144-164.

Southall, Aidan 1986 "Common Themes in Malagasy Culture. In *Madagascar: Society and History* (C. P. Kottak, J.-A. Rakotoarisoa, A. Southall and P. Vérin, eds.) Durham: Carolina Academic Press.

Sperber, Dan 1985 *On Anthropological Knowledge: Three Essays*. New York: Cambridge University Press.

Spinoza, Baruch 2000 *Ethics*. (G.H.R. Parkinson, ed. and trans.) Oxford: Oxford University Press.

Spyer, Patricia 1998 *Border Fetishisms: Material Objects in Unstable Spaces* (P. Spyer, ed.). New York: Routledge, 183-207.

Standing, Henry L. 1883 "Malagasy 'Fady.'" *Antananarivo Annual and Malagasy Magazine* 8: 253-265.

Standing, Herbert F. 1887 "The Tribal Divisions of the Hova Malagasy." *Antananarivo Annual and Malagasy Magazine* IX: 354-358.

Stasch, Rupert 2002 "Joking Avoidance: A Korowai Pragmatics of Being Two." *American Ethnologist* 29(2): 335-365.

Stearns, Peter 2001 *Consumerism in World History: The Global Transformation of Desire*. London: Routledge.

Stone, Laurence 1965 *The Crisis of the Aristocracy, 1558-1641*. Oxford: Clarendon Press.

Stone, Laurence 1968 *The Family, Sex and Marriage in England 1500-1800*. London: Weidenfeld & Nicholson.

Terray, Emmanuel 1969 *Le Marxism devant les sociétés "primitives"*. Paris: Maspero.

Thomas, Keith 1971 *Religion and the Decline of Magic*. New York: Scribner Press.

Thomas, Keith 1976 "Age and Authority in Early Modern England." *Proceedings of the British Academy* 62: 1-46.

Thompson, E. P. 1966 *The Making of the English Working Class*. New York: Vintage Press.

Thompson, E. P. 1967 "Time, Labor Discipline, and Industrial Capitalism." *Past and Present* 38: 56-97.

Thompson, E. P. 1967 "Time, Work-Discipline and Industrial Capitalism." *Past and Present* no.38 (Dec. 1967) 56-97.

Thompson, E. P. 1976 "The Grid of Inheritance." In *Family and Inheritance* (J. Goody, J. Thirsk, and E. P. Thompson, eds.). Cambridge: Cambridge University Press.

Thompson, Laura 1940 *The Southern Lau, Fiji*. Bernice Bishop Museum Bulletin no.162.

Thornton, John 1987 "The Kingdom of Kongo, ca. 1390-1678: the Development of an African Social Formation." *Cahiers d'Études africaines* 22: 325-42.

Thrupp, Sylvia 1977 *Society & History: Essays*. Ann Arbor: University of

Michigan Press.

Tibebu, Tashame 1990 "On the Question of Feudalism, Absolutism, and the Bourgeois Revolution." *Review* 13: 49-152.

Todorov, Tzvetan 2001 *Life in Common: An Essay in General Anthropology.* (Katherine Golsan & Lucy Golsan, trans.) Lincoln : University of Nebraska Press.

Tooker, Elizabeth 1988 "The United States Constitution and the Iroquois League." *Ethnohistory* 35: 305-36.

Tooker, Elizabeth 1990 "Rejoinder to Johansen." *Ethnohistory* 37: 291-297.

Toulmin, Stephen 1992 *Cosmopolis: The Hidden Agenda of Modernity.* Chicago: University of Chicago Press.

Toulmin, Stephen 2001 *Return to Reason.* Cambridge, MA.: Harvard University Press.

Toynbee, Arnold 1934-1961 *A Study of History.* 12 volumes. New York: Oxford University Press.

Trouillot, Michel-Rolph 2003 *Global Transformations: Anthropology and the Modern World.* New York: Palgrave.

Tseayo, Justin Iyorbee 1975 *Conflict and Incorporation in Nigeria: The Integration of the Tiv.* Zaria, Nigeria: Gaskiya.

Tuck, Richard 1970 *Natural Rights Theories: Their Origin and Development.* Cambridge: Cambridge University Press.

Turner, Stephen, and Regis Factor 1994 *Max Weber: The Lawyer as Social Thinker.* London: Routledge.

Turner, Terence 1979 "Anthropology and the Politics of Indigenous Peoples' Struggles." *Cambridge Anthropology* 5: 1-43.

Turner, Terence 1980 "The Social Skin." In *Not Work Alone* (Jeremy Cherfas and R. Lewas, eds.) Beverly Hills: Sage Productions.

Turner, Terence 1984 "Value, Production and Exploitation in Non-Capitalist societies." Unpublished essay based on a paper presented at the AAA 82nd Annual Meeting, Denver, Colorado. To appear in *Critique of Pure Culture.* New York: Berg Press[forthcoming].

Turner, Terence 1984 "Value, Production and Exploitation in Non-Capitalist societies." Unpublished essay based on a paper presented at the AAA 82nd Annual Meeting, Denver, Colorado. To appear in *Whose Creative Energy?: Action and Reflection in the Creation of Society* (ed. David Graeber and Setsuko Nakayama, Berghahn Press).

Turner, Terence 1987 *The Kayapo of Southeastern Para*. Unpublished monograph prepared for CEDI, Povos Indigenas do Brasil, Vol. VIII, Sul do Para, Part II.

Turner, Terence 1993 "The Poetics of Play: Ritual Clowning, Masking and Performative Mimesis among the Kayapo." Unpublished essay. To appear in Bruce Kapferer and Peter Koepping, eds. *The Ludic: Forces of Generation and Fracture*. Oxford: Berg Press.

Turner, Terence 1995 "Social body and embodied subject: the production of bodies, actors and society among the Kayapo." *Cultural Anthropology* 10 : 2.

Turner, Terence and Jane Fajans 1988 "Where the Action Is: An Anthropological Perspective on 'Activity Theory,' with Ethnographic Implications." Unpublished manuscript, University of Chicago.

Turner, Victor 1967 *The Forest of Symbols: Aspects of Ndembu Ritual*. Ithaca, N. Y., Cornell University Press.

Turner, Victor 1969 *The Ritual Process: Structure and Anti-Structure*. Ithaca, NY: Cornell University Press.

Valeri, Valerio 1985 *Kingship and Sacrifice: Ritual and Society in Ancient Hawaii* (Paula Wissing, trans.) Chicago: University of Chicago Press.

Valeri, Valerio 2001 "The Ferish" (Sarah Hill, trans.) In *Fragments from Forests and Libraries, A Collection of Essays by Valerio Valeri* (Janet Hoskins, ed.) Durham: Carolina Academic Press.

Van Gennep, Arnold 1904 *Tabou et Totemism à Madagascar*. Paris: Ernest Leroux.

Van Gennep, Arnold 1960 *The Rites of Passage*. Chicago: University of Chicago Press.

Vansina, Jan 1973 *The Tio Kingdom of the Middle Congo 1880-1892*. Oxford: Oxford University Press.

Vansina, Jan 1990 *Paths in the Rainforests: Toward a History of Political Tradition in Equatorial Africa*. Madison: University of Wisconsin Press.

Veyne, Paul 1976 *Le Pain et Le Cirque: Sociologie Historique d'un Pluralisme Politique*. Paris: Editions du Seuil.

Vig, Lars 1969 *Charmes: Spécimens de Magie Malgache*. Oslo: Universitetsforlagets Trykningssentral.

Virno, Paolo, and Michael Hardt, eds. 1996 *Radical Thought in Italy: A Potential Politics*. Minneapolis, MN: University of Minnesota Press.

Vogel, Claude 1982 *Les quatres-méres d'Ambohibao: étude d'une population régionale d'Imerina (Madagascar)*. Paris : SELAF.

Wagner, Roy 1967 *The Curse of Souw*. Chicago: University of Chicago Press.

Wagner, Roy 1995 "If You Have the Advertisement You Don't Need the Product." In *Rhetorics of Self-Making* (D. Battaglia, ed.) Berkeley: University of California Press.

Wall, Richard 1972 "Mean Household Size in England from Printed Sources." In *Household and Family in Past Time* (Peter Laslett, ed.) Cambridge: Cambridge University Press.

Wall, Richard 1983 *Family Forms in Historic Europe*. Cambridge: Cambridge University Press.

Wallerstein, Immanuel 2000 *The Essential Wallerstein*. New York: The New Press.

Warburton, David 2000 "State and Economy in Ancient Egypt." In *World System History: The Social Science of Long-Term Change* (Robert A. Denemark, Jonathan Friedman, Barry K. Gills, George Modelski, eds.). London: Routledge.

Weber, Max 1930 *The Protestant Ethic and the Spirit of Capitalism*. London : Unwin Press.

Weber, Max 1968 *Economy and Society: An Outline of Interpretive Sociology*. 2 vols. (Guenther Roth and Claus Wittich, eds.; Ephraim Fischoff, trans.) New

York: Bedminster Press.

Whitaker, Mark P. 1996 "Relativism." In *Encyclopedia of Social and Cultural Anthropology* (Alan Barnard & Jonathan Spencer eds.) London: Routledge.

Wiedemann, Thomas 1981 *Greek and Roman Slavery*. London: Routledge.

Wilkinson, David 1985 "Central Civilization." *Comparative Civilizations Review*, Fall 1985: 31–53.

Williams, Eric 1944 *Capitalism and Slavery*. Chapel Hill: University of North Carolina Press.

Williams, Raymond 1983 *Keywords: A Vocabulary of Culture and Society* (revised edition). New York: Oxford University Press.

Wilson, Peter 1977 "The Problem with Primitive Folk." *Natural History* 81: 26–35.

Wilson, Peter 1991 *Freedom by a Hair's Breadth: Tsimihety in Madagascar*. Ann Arbor: University of Michigan Press.

Wise Fool Puppet Intervention n.d. "History of Radical Puppetry," www.zeitgeist.net/wfca/radpup.htm. Accessed July 15, 2007.

Wolf, Eric 1982 *Europe and the People without History*. Berkeley: University of California Press.

Wolf, Eric 1999 *Envisioning Power: Ideologies of Dominance and Crisis*. Berkeley: University of California Press.

Wood, Ellen Meiskins 2002 *The Origin of Capitalism: A Larger View*. London: Verso.

Wright, A.R., and T. E. Lones 1938 *British Calendar Customs*. London: William Glaisher for the Folklore Society.

Wrightson, Keith, and David Levine 1979 *Poverty and Piety in an English Village*. Cambridge: Cambridge University Press.

Yar, Majeed 2001 "Recognirion and rhe Politics of Human(e) Desire." *Theory, Culture and Society* 18(2–3): 57–76.

Yates, Frances 1964 *Giordano Bruno and the Hermetic Tradition*. Chicago: University of Chicago Press.

Yates, Frances 1966 *The Art of Memory*. Chicago: University of Chicago Press.

Yovel, Yirmiyahu (ed.) 1999 *Desire and Affect: Spinoza as Psychologist*. New York: Little Room Press.

Žižek, Slavoj 1998 "A Leftist Plea for Eurocentrism." *Critical Inquiry* 24: 989–1009.

찾아보기

서적 · 논문

『가치이론에 대한 인류학적 접근』 156,
    176

『게르마니아』 498

『고통 속의 육체』 430, 432

『국부론』 104

『낭만주의적 윤리와 현대 소비주의의 정
    신』 112

『더 뉴 리퍼블릭』(The New Republic)
    522

『도덕감정론』 104

『독일 이데올로기』 154, 226

『마다가스카르 사유 체계에서 비난과 보
    복』 339

『무엇을 할 것인가』 453

『문명의 충돌』 496

『미래의 충격』 471

『발발: 문명의 기원들』(The Breakout:
    The Origins of Civilization) 337, 536

『세계시민주의』 542

『앙티오이디푸스』 107

「연방주의자 논고」(the Federalist Paper)
    508

『유럽과 역사 없는 인민』 142

『잊혀진 창시자들』 527

『자본론』 155, 224, 446

『정신현상학』 108

『정치경제학비판을 위하여』 154

『정치학』 505

『증여론』 230

『철학의 빈곤』 141

『페르시아 침입기』 505

『포르투갈인들에 관한 문제에서 나타난
    지하드 전사의 재능』 516

『헌법의 수호』 510, 522

이름 · 용어

CNN 558

EZLN(사파티스타 민족해방군) 540

G8 560

IMF 469, 555, 560, 574, 575, 618

NAFTA 469

PGA 541-542

UN 544

WTO 469, 542, 553, 554, 555, 569,
    570

ㄱ

가디너, 스티븐 (Stephen Gardiner) 85

가면무도회 4
가상 공간 472
가상 현실 472
가장 무도 65
가치 224
가치 분석 155
가치이론 19
가타리(Pierre-Félix Guattari) 106
감싸안기 114, 115, 122, 125
개인적 공동체 215
개인주의 118
개체론적 모델 175
거숀, 일라나(Ilana Gershon) 564
거울 단계 106
건국의 아버지들 522, 548
게바라, 체(Che Guevara) 453, 465
경계 사유 543
계급 120, 140, 144
계몽주의 523
계층 460
고드윈(William Godwin) 444
고전적 상대주의 434, 436
고프만, 어빙(Erving Goffman) 42
공경 28, 36, 63
공납적 생산양식 141
공동체 14, 460, 462
공산주의 211
교육 75
교차 사촌 31
교환 47, 69
교환 가치 48
교환관계 66
구성 권력 473
구이어, 제인(jane Guyer) 232

국가 238, 246, 248, 251, 257, 262,
    267, 271-272, 466, 468-469, 528,
    549, 552, 556
국경 통제 469
권력 206, 209, 246, 374, 464
권리청원 467
권위 12, 14, 437, 460, 462
규제적 원리 475
금기 222, 289, 294-298, 322-323,
    387
길스, 베리(Barry Gills) 146
꼭두각시 551-553, 560-561, 564-
    567, 569-570, 572, 585, 607, 615

ㄴ

나폴레옹(Napoleon Bonaparte) 459,
    494
낙원 121
난징조약 515
냉전 488
네그리, 토니(Tony Negri) 178, 473,
    548
노동 118, 155, 165, 224-225, 462
노예 169, 373, 393, 419, 535
노예 노동 173
노예무역 173
노예제 137, 139, 151, 167-168, 353,
    360, 379, 394
노예제도 11
놀스, 조 (Joe Knowles) 16
농담 36, 56, 79, 89
농담 공격 87
농담 관계 30, 34, 38, 47, 61
농담 상대 34, 36

뉴욕직접행동네트워크 8
니스벳, 로버트(Robert Nisbet) 460
니체(Nietzsche) 106-107

ㄷ

다다이스트(Dadaist) 454
다섯 민족 연맹 527
다원주의 4, 492
대서양 프롤레타리아트 529, 532
대서양 해적선 525
대의 민주주의 482
대중문화의 개혁 64
더글라스, 메리(Mary Douglas) 33
데이비스, 나탈리 제먼(Natalie Zemon
　Davis) 80
데즈, 자크(Jacques Dez) 264
데카르트(Descartes) 125
도덕 철학 461
도이치, 칼(Karl Deutsch) 491
도제 76, 78
독립 언론 558
동방 512
동산 노예 171
동양 512
동일성 45
동일화 44, 46
두퓌-데리(Dupuis-Déri) 547
뒤르켐, 에밀(Émile Durkheim) 42,
　221, 463-464
뒤몽, 루이(Louis Dumont) 51
드 메스트르(Joseph de Maistre) 449,
　460
드보르, 기(Guy Debord) 454
들로리아, 바인(Vine Deloria) 521

들뢰즈, 질(Gilles Deleuze) 106
디오게네스(Diogenes) 49
디즈레일리(Benjamin Disraeli) 494

ㄹ

라르손, 피어 (Pier Larson) 424
라블레(François Rabelais) 30
라이프니츠(Gottfried Wilhelm Leibniz)
　468, 532
라캉, 자크(Jacques Lacan) 106, 119
람베르그-칼루프스키(C. C. Lamberg-
　Karlovsky) 537
랭커스터 협정 519
러브조이, 아서 (Arthur Oncken
　Lovejoy) 51, 94
레디커, 마커스(Marcus Rediker) 524
레벌러스(Levellers) 71
레비-브륄, 뤼시앵(Lucien Levy-Bruhl)
　497, 499, 544
레비스트로스, 클로드(Claude Lévi-
　Strauss) 39
로크, 존(John Locke) 523
르브, 로렌(Lauren Leve) 11
르페브르, 앙리(Henri Lefebvre) 592
리치, 에드먼드(Edmund Leach) 37
리카도, 데이비드(David Ricardo) 101
린하르트, 고드프리(Godfrey Lienhardt)
　119

ㅁ

마그나 카르타(Magna Carta) 467, 495
마나 32
마녀 365-366, 369, 373
마다가스카르 11-12, 14, 18, 150,

213-216, 238-239, 247, 253, 255, 257, 262, 267, 272, 274, 318, 324, 332-333, 429-430, 433, 528

마마니, 놀라스코(Nolasco Mamani) 544

마법 181, 186

마오리 인 45, 47, 54

마오쩌둥(Mao Tse-Tung) 453

마이어스(Myers) 156

마코프, 존(John Markoff) 510

마키아벨리(Machiavelli) 506

만, 마이클(Michael Mann) 548-549

만족 103

말라가시어 377

말레비치(Malevich) 451

말리노프스키(Malinowski) 161

말리바리, 자인 알-딘 알(Zayn al-Din al Malibari) 516

맑스(Karl Marx) 139, 141, 152-155, 169, 177-178, 217, 223, 226, 229, 234, 446, 453, 463, 464

맑스주의 18, 141, 147, 168, 216, 228, 251, 441, 443, 445, 473, 474, 480

맑스주의 정치경제학 97

맑스주의자 446, 451

매더, 코튼 (Cotton Mather) 526

매디슨(James Madison) 547

맥가피, 와이어트(Wyatt MacGaffy) 202-203

맥퍼슨(C. B. MacPherson) 73, 125

맥퍼슨크로포드(C. B. MacPherson) 70

먼, 낸시(Nancy Munn) 156, 176

메이 폴 65

메이게임 88

메이데이 88

메이야수(Meillassoux) 139

멜라네시아 31

모리셔스(Mauritius) 356

모스, 마르셀(Marcel Mauss) 45, 176, 181, 211, 221, 230, 591

목표 소득 122

몽테뉴(Montaigne) 459

몽테스키외(Montesquieu) 532

무솔리니(Mussolini) 450

무정부주의자 263

무표항(unmarked term) 55

문명 490-493, 495, 502

문명의 충돌 488

문자주의인터내셔널(Lettrist International) 592

문화 490, 493, 495

문화상대주의 15, 434

문화적 측흥성 528

물신 175, 182, 187, 190, 195, 199, 213, 216, 220, 223, 233-234, 531

물신주의 11, 181, 183, 217, 230, 530

물질을 공유하는 관계들 48

물질적 저층 123

뮬렌버거, 스티브 (Steve Muhlenberger) 534

미국 민주주의적 정신 519

미뇰로, 월터(Walter Mignolo) 542-544

미드, 마거릿(Margaret Mead) 68

미래주의자(Futurist) 454

민족 국가 531, 532

민족지학 30, 33-34, 45, 89, 456, 458, 460, 594

민주주의 19, 482, 485, 494, 499, 503,
　506, 509-512, 515, 529, 535, 541,
　550
민주주의 기원 536
밀스타인, 신디(Cindy Millstein) 473

ㅂ

바기나 덴타타(Vagina dentata) 39
바스카, 로이(Roy Bhaskar) 179
바콩고인(BaKongo) 194, 210
바쿠닌, 미하일(Mikhail Aleksandrovich
　Bakunin) 444, 446
바타유, 조르주(George Bataille) 102,
　129, 591
바흐친, 미하일(Mikhail M. Bakhtin)
　38, 57, 60, 62, 121, 123, 593
반란 61, 240, 246, 261, 408, 501-
　502, 514-515, 520, 524, 539-540,
　550
반-세계화 운동 457, 551
반핵운동 555
발레리, 발레리오(Valerio Valeri) 234
발전 경제학 465
발타 리만(Balta Liman) 협정 514
배제 45, 46, 53, 69
배타적 소유 65
버크, 피터(Peter Burke) 29-30, 59,
　63-64, 460
범죄 86, 462, 548, 574, 577, 608
범죄와의 전쟁 601-602, 618
법인 회사 174
베버, 막스(Max Weber) 28, 68, 247,
　463, 464
베치미사라카인(Betsimisaraka) 255,
257
베트남 전쟁 584
벤야민, 발터(Walter Benjamin) 548
변증법적 상대주의 15, 433, 437
보날드(Bonald) 449
보드리야르, 장(Jean Baudrillard) 98,
　464
보스, 히에로니무스 (Hieronymus
　Bosch) 59
보스만(Bosman) 187
보유권 70
보편주의 434, 469, 532
보해넌((Paul Bohannan & Laura
　Bohannan) 197, 208
보헤미아(Bohemia) 451-452, 454
볼테르(Voltaire) 532
봉기 406, 445, 455-456, 473, 618
부르노, 조르다노(Gioradno Bruno)
　116-117
부르디외, 피에르(Pierre Bourdieu) 6,
　19, 444, 451-452, 493
부적 186, 213, 221, 223, 333, 334
부탕, 얀 물리에르(Yann Moulier-
　Boutang) 169
북대서양 체계 501
분파주의 14, 440-442, 447, 454
브레너 가설 172
브뤼헐, 피터르(Pieter Brueghel) 59
블랙 블록(Black Bloc) 560-561, 573,
　589, 590, 592
블록, 모리스(Maurice Bloch) 163,
　276, 279, 371
비교 민족지 458
비교 민족지학 30, 89

비들먼, 토머스(Thomas Beidelman) 39

비판사회이론 5

빅, 라르스 (Lars Vig) 341, 345

빅토리아 여왕 30

ㅅ

사르트르(Jean-Pau Sartre) 110

사술(witchcraft) 12, 196, 336, 370

사이-문화적(intercultural) 공간 525, 550

사적 소유 28, 71-74, 91

사적 소유물 30, 65, 68-73,

사적 소유의 이데올로기 74

사파티스타 483, 541-544, 549, 554

사회계급 7, 86

사회계급론 251

사회계약 190, 210, 530

사회관계 6, 43, 48, 96, 111, 141, 268, 269

사회구성체 140

사회적 실재 32, 458, 461, 463, 465

사회적 죽음 170

사회적 창조성 175, 211, 215, 223, 228, 234, 235

사회학 450, 460, 462, 463, 465, 467

산업 혁명 103

살린스, 마샬(Marshall Sahlins) 6, 44, 104, 204

삼피(sampy) 220, 223

상부구조 154

상상력에 권력을 460, 572

상업자본주의 173

상징 노동 396

생그런(Sangren) 156

생명 권력 32

생산 97, 101-102, 590

생산관계 139

생산력 139

생산양식 137, 139, 141, 143, 144, 152, 154, 156, 166, 172

생시몽(Henri de Saint-Simon) 449, 461

생애 주기 근무 168

생애주기상의 문턱 의식 194

샤머니즘 32

서구 488, 489, 490, 491, 492, 496, 497, 499, 501, 512

서구 문명 512, 515, 537

서구 문화 494

서구적 자유 513

서커스(circus) 507

선물 47, 176, 211

선물 경제 67, 103

선물 교환 166

선형적 위계 51

성 아우구스티누스(St. Augustine) 104

성애이론 114

세계 정부 467

세계은행 555, 565, 575

세계-제국들 144

세계주의 502

세계-체계 137, 143-145, 164, 500, 501, 514

세계화 465, 482, 549, 552

섹스 39

셸, 린다(Linda Schele) 538

소비 10, 96, 97, 99-100, 102, 104,

112, 120, 125, 130, 590, 591
소비 사회 102
소비자 사회 105
소비자 행위 132
소비주의 105, 111-112, 117, 122,
133
소외 223, 451, 453, 455
소유관계 251
소유권 44
소유물 43, 46-47, 47, 65, 69-70, 74-
75, 96
소유물의 파괴 590, 591
소유적 개인주의 8, 125
소크라테스(Socrates) 49
속성 44
수용권 126
순응주의 527
슈만, 피터(Peter Schumann) 570
슈티르너(Stirner) 444
스미스, 애덤(Adam Smith) 100, 103,
147, 527
스민원(Miin-wen Shih) 514
스케리, 일레인(Elaine Scarry) 430,
432
스콧, 제임스(James Scott) 423-424
스토아(stoa) 49
스티글리츠, 조셉(Joseph Eugene
Stiglitz) 555
스파게티 웨스턴 619
스피노자(Spinoza) 106-107
시버리(Charivaris) 58, 65, 87
시에예스(Emmanuel Joseph Sieyès)
547
시월, 조셉(Joseph Sewell) 392

시장 58, 62, 65, 74, 77, 82, 93-94,
143-146, 167-169, 244, 251, 267,
448, 452
시체와 춤 274
식민주의 469
신들림 411
신성함 42, 460
신자유주의 467, 479, 555
신정론 192
신체 32
신화 110, 114, 160, 191-191, 223,
255-256, 300, 571
실재 460, 466, 474, 476, 480
씨족 54
씨족 공화국 535

ㅇ
아감벤, 조르조(Giorgio Agamben) 10,
113, 115, 116, 124-125, 548
아고라(agora) 507
아나키스트 12, 14, 16, 440-447, 451,
453, 473-474, 482, 484, 549, 555-
556, 559-560, 562, 568, 571-572,
579, 590, 595, 598, 620
아나키스트 인류학 19
아나키즘 12, 13, 14, 146, 442, 443,
444, 445, 447, 506
아날학파 552
아리기, 지오반니(Giovanni Arrighi)
514
아리스토텔레스(Aristotle) 495, 498,
505, 547
아리에스, 필립 (Philippe Aries) 77
아마드, 이프티카(Iftikhar Ahmad) 514

아메리카 원주민 524, 532

아민, 사미르(Samir Amin) 141

아방가르드 448, 450-451, 453, 455

아비투스(habitus) 8, 493, 495

아시아적 모델 142

아우구스티누스(Sanctus Aurelius
　　Augustinus) 124, 204, 206

아이마라(Aymara) 운동 543

아즈텍 102

아콤보(akombo) 195, 198, 201, 207

아프리카적 생산양식 141

알타베, 제럴드(Gerald Althabe) 257

알튀세르, 루이(Louis Althusser) 139,
　　143

애덤스, 존(John Adams) 510, 522

애정 주술 332, 348

앤더슨, 페리(Perry Anderson) 139,
　　142

야노마미인 47

억압 377, 438

에콜름 카즈사(Kajsa Eckholm) 147

엔도키(endoki) 206

엘리아데, 미르치아(Mircea Eliade) 10

엘리아스, 노르베르트(Norbert Elias)
　　28, 56, 63, 74-75

엡스타인, 바바라(Barbara Epstein)
　　443

여섯 민족 연맹 519

역사 사회학 466, 467

역사 유물론 152

연대 32, 39, 462, 561

연속론 22, 146-150

영구적인 공동체 473

영국 혁명 29

영매 409, 415, 417, 420

영적 체계 114

영토적 민족국가(territorial nation-
　　state) 468

영향 이론 519-521, 532

예속 48, 263

예술 그 자체를 위한 예술 451

예시적(prefigurative) 공간 473

예시적 정치(prefigurative politics) 557

예절 4, 6, 8, 28, 30, 56, 63, 66, 73, 75,
　　77, 91

예절 교본 75

예절의 개혁 65, 82

오리엔탈리즘 515

오버턴, 리처드(Richard Overton) 72

오스트레일리아 선주민 32

올버니 연방안 519

올브라이트, 매들린(Madeleine
　　Albright) 573

와일드, 오스카(Oscar Wilde) 451

왐펌 212-214

왜곡된 거울 506, 547

요루바인 39

요하스, 한스(Hans Joas) 175, 226,
　　476

요한슨, 데이비드(David Johansen)
　　519

요한슨, 부르스(Bruce Johansen) 527

욕구 32, 36, 105-107, 110, 121, 152,
　　166, 223

욕망 6, 96, 103-105, 109, 117-119,
　　121-124, 182, 222

우드 피티(ody fitia) 332, 338, 348,
　　370, 374, 418, 419

우상 222
우울증 114
울프, 에릭(Eric Wolf) 142-143, 145
워싱턴 컨센서스 554, 555
원시적 사회 30
월러스틴, 이매뉴얼(Immanuel
    Wallerstein) 11, 143, 144, 465, 472
위계 8, 28, 33, 40, 48-50, 59, 63, 89,
    207, 421, 427, 449, 527
위계적 관계 69
위고, 빅토르(Victor-marie Hugo) 512
위세 160
윈투인 145
윌리, 고든(Gordon Willey) 537
윌슨, 피터 램본(Peter Lamborn Wilson)
    571
유록(Yurok) 인디언 68
유물론 460
유비(analogy) 45
유토피아 460, 463, 465
은뎀부인(Ndembu) 194
이로쿼이 연맹 519, 520
이메리나(Imerina) 213, 220, 242,
    253, 266, 332, 335, 341
이혼 462
인간 본성 6, 109, 124
인격 46-48, 62, 66, 79
인격성 90
인권 494, 515
인류학적 가치이론 156
인정 109-111
인클로저 70-71
일반화된 호혜성 49
임금노동 11, 73, 81, 99, 148-151,
    158
잉여 140-142, 166

ㅈ

자본주의 4, 138-139, 149, 556, 590
자본주의 기원 6, 33
자유 520
자유시장 537
자유의 이데올로기 171
자유주의 515
자율성 257, 263, 265, 270
자율적 공동체 550
자율주의 학파 179
잔여적 범주 45, 53, 57
잠정적 자율지대 12, 238, 263
장례의식 12
재분배 103, 144
잭슨, 앤드류(Andrew Jackson) 511
저강도 전쟁 469
저우언라이(Chou En Lai) 452
저주 294, 296, 298, 299, 323
전 지구적 시민권 467
전 지구적 운동 457, 541, 553
전 지구정의운동 552, 556, 558
전복 62
전위 453, 454, 455
전위주의 18, 440, 448, 453
전지구적 봉기 473
전지구화 478
전체론적(holistic) 모델 175
젊음의 사원(youth abbeys) 80
접촉 38
정념(passion) 119, 205
정세의 구조 552

정체성 44

정체성의 위기 465

정치경제학 461

정치적 광장공포증 547

제임스(C. L. R. James) 173

제퍼슨(Thomas Jefferson) 523, 527

젠더 120

존경 48

존재의 거대한 고리(Great Chain of
  Being) 51, 94

종교 분쟁 462

주문 36, 186, 333

주술 12, 221, 332, 420

주인-노예 변증법 108

죽음의 기원 256

중국 모델 469

중세 체계의 특징 92

중우정치 546

증여 47, 475

지구적 민중행동(People's Global
  Action) 541

지구정의운동 7, 16, 19

지배 108, 464

지배권 127

지젝, 슬라보예(Slavoj Zizek) 542-543

지하드(jihad) 516

직접민주주의 264, 473, 482, 507, 556

직접행동 473, 504, 555, 556, 558,
  615, 616

직접행동네트워크 17, 557

직접행동네트워크(Direct Action
  Network) 17, 556-557

질서 449

짐지기 393, 401, 403

집합 의식 462

ㅊ

창(K. C. Chang) 536

창조적 소비 131-132

청교도 65, 82, 84, 87-88

청교도주의 92, 97

청제국 468

체계 모델 464

체이스 던(Christopher Chase-Dunn)
  145-146

초월 205, 215

초월적 이미지 129

총체적 상호의존성 211, 214

추상 노동 169-170, 173

추장 54

축제 129

충동 106-108, 111

친드리나(tsindriana) 377

친족관계 12

ㅋ

카니발 4, 58-62, 65, 87, 90, 121, 592

카스토리아디스, 코르넬리우스
  (Cornelius Castoriadis) 178-179, 508

카스트 제도 52

카스트로, 피델(Fidel Castro) 453

카이예, 알랭(Alain Caillé) 175, 181,
  212, 476

칸구루인 39

칸트(Immanuel Kant) 543

칼뱅주의 29, 82

캘러웨이, 콜린(Colin Calloway) 526

캠벨, 콜린(Colin Campbell) 9, 112-

113, 116-118, 452
코나투스(Conatus) 107
코뮤니즘 229
코제브, 알렉산디(Alexandre Kojève)
 108
콜럼버스(Christopher Columbus) 530
콩스탕(Benjamin Constant) 547
콩트, 오귀스트(Auguste Comte) 449-
 450, 461
콰키우틀 103
쾌락주의 112
쿨라 교환 161
쿨리아노 116, 117
쿨리아노, 이안(Iouan Couliano) 113
크레벨드, 마틴 반(Martin Van Creveld)
 599-601
크로버, 앨프리드(Alfred Kroeber) 68
크로포트킨, 표트르(Peter Kropotkin)
 444, 453
크롬웰(Thomas Cromwell) 593
크뤽섕크, 브로디(Brodie Cruickshank)
 188
크세노폰(Xenophon) 505
키오와 아파치인 66

ㅌ

타부 44-45
타키투스(Publius Cornelius Tacitus)
 498
타푸 41, 45, 46, 47, 54
탈중심화 482
태평천국운동 515
터너, 빅터(Victor Turner) 61, 193
터너, 테리(Terry Turner) 156, 176,

225
터부 32, 46
테러와의 전쟁 617, 618
테레이(Terray) 139
토도로프, 츠베탕 (Tzvetan Todorov)
 108, 110
토머스, 키스 (Keith Thomas) 83
토인비, 아널드(Arnold Toynbee) 488
토템 32, 181
토플러, 앨빈(Alvin Toffler) 471
톨스토이(Lev Nikolayevich Tolstoy)
 451
통약불가능성 5, 474, 476
투커, 엘리자베스(Elisabeth Tooker)
 521
투키디데스(Thucydides) 494, 509,
 512
트로츠키(Trotsky) 445
트루요, 미셸-롤프(Michel-Rolph
 Trouillot) 501
특권층 58-59, 97, 121-123, 125,
 243, 253, 359, 361, 364, 484
티브인 196, 198-199, 201

ㅍ

파눔포나(fanompoana) 353, 360
파디(fady) 290, 295-296
파마디아나(famadihana) 276, 279-
 280, 283, 288, 291, 293, 310-313,
 319-321, 325, 327-330
파시스트 450
파티드라(fatidra) 214
패러다임 465
패리(Jonathan Parry) 163

퍼거슨, 제임스(James Ferguson) 271

페르소나 46, 55

페미니스트 584

페미니즘 18

페인, 토머스(Thomas Paine) 510

페인, 필(Phil Payne) 534

평등 72, 88, 259, 282, 358, 474, 485,
488, 502, 517, 520, 5229523, 526-
528, 537-539

평등주의 15, 40, 93-94, 376, 486,
503, 510, 515, 520, 544

평형 모델 464

포셀, 그레고리(Gregory Possehl) 538

포스트모더니즘 477, 478

포틀래치(potlatch) 103, 181, 590,
591, 592

포함적 위계(hierarchies of inclusion)
51

폭력 106, 249, 257, 262, 267, 273

폭력적 시위 559, 560

폴라니, 칼(Karl polany) 144, 148,
151, 462, 548

폴리네시아 42

푸르동(Pierre-Joseph Proudhon) 444

푸코(Michel Foucault) 337, 445, 464

프랑스 혁명 459, 466, 472

프랑크, 안드레 군더 (Andre Gunder
Frank) 146-147, 152

프랑크푸르트 학파 98

프랭클린, 벤저민(Benjamin Franklin)
519

프로이트, 지그문트(Sigmund Freud)
182, 234

프로테스탄티즘 29

프리드먼, 조너선(Jonathan Friedman)
98, 138, 146-147, 151

플라톤(Plato) 494-495, 547

플랜테이션 농장 173

플레이, 헤르만 (Herman Pleij) 121

피사로(Pissarro) 451

피에츠, 윌리엄 (William Pietz) 12,
182-184, 190, 218-219, 231, 236,
530-531

핀리, 모제스 (Moses Finley) 148-149,
151, 171

필리-하닉, 질리언(Gillian Feeley-
Harnik) 257

ㅎ

하부구조 154, 268

하인 72, 80-81, 92

하인 제도 78

합리적 선택 176

합의 17-18, 72, 126, 203, 212, 264-
265, 269-270, 364, 440, 462, 466,
472, 474, 482-484, 502-504, 508,
519, 521, 528, 556-557, 613,

해먼드, 메이슨 (Mason Hammond)
537

해상 프롤레타리아트 502

행위자-네트워크 이론 476

헌팅턴, 새뮤얼(Huntington, Samuel)
487, 489-493, 496, 512, 514, 516-
517, 537

헤게모니 337, 442, 480, 543, 545,
563,

헤겔(Hegel, Georg Wilhelm Friedrich)
108-109

헤로도토스(Herodotos) 458, 511-512

헤르더(Johann Gottfied von Herder
502

헤르츠, 로베르(Robert Hertz) 313

혁명 13, 19, 29, 71-72, 103, 147,
260-261, 264, 270, 376, 440, 443,
446, 448-449, 451-456, 509, 511,
520, 544-545, 548, 553, 557, 571-
572, 590-592, 594, 598, 606, 612,
614, 616, 618

호, 엥셍(Engseng Ho) 516

홀러웨이 존(John Holloway) 154

홉스, 토머스(Thomas Hobbes) 104,
204, 211, 509, 531

히틀러(Adolf Hitler) 450, 600